ORIENS CHRISTIANUS

Hefte für die Kunde des christlichen Orients

Band 77

ORIENS CHRISTIANUS

Hefte für
die Kunde des christlichen Orients

Im Auftrag der Görres-Gesellschaft

herausgegeben von Julius Aßfalg und Hubert Kaufhold

Band 77 · 1993

HARRASSOWITZ VERLAG · WIESBADEN

Gedruckt mit Unterstützung der Görres-Gesellschaft
und der Deutschen Forschungsgemeinschaft.

Manuskripte werden erbeten an
Prof. Dr. Dr. Hubert Kaufhold, Brucknerstraße 15, 81677 München,
Besprechungsexemplare und Sonderdrucke an
Prof. Dr. Julius Aßfalg, Kaulbachstraße 95, 80802 München.

Gedruckt auf alterungsbeständigem Papier der Fa. Hannover Papier, Alfeld (Leine)
Druck und Verarbeitung: MZ-Verlagsdruckerei GmbH, Memmingen
Printed in Germany

ISSN 0340-6407

Inhalt

Anschriften der Mitarbeiter VIII

Abkürzungen IX

Beiträge

HUBERT KAUFHOLD
Griechisch-syrische Väterlisten der frühen griechischen Synoden (mit 1 Abbildung) 1

WILLIAM F. MACOMBER
The Nicene Creed in a Liturgical Fragment of the 5th or 6th Century from Upper Egypt (mit 2 Abbildungen) 98

EDMUND BECK (†)
Ephräm und der Diatessaronkommentar im Abschnitt über die Wunder beim Tode Jesu am Kreuz 104

PETER BRUNS
Brief Aithallahas, des Bischofs von Edessa (Urhai), an die Christen des Perserlandes über den Glauben 120

JÜRGEN TUBACH
Ein Palmyrener als Bischof der Mesene 137

EVA MARIA SYNEK
In der Kirche möge sie schweigen 151

G. J. REININK
The Beginnings of Syriac Apologetic Literature in Response to Islam . . 165

HAIM GOLDFUS AND BENJAMIN ARUBAS
Mar Elijah, the Bishop of Edessa (768/9 C.E.), on an Inscription from the Monastery of Mar Gabriel at Tur ʿAbdin 188

W. BAARS UND JAN HELDERMAN
Neue Materialien zum Text und zur Interpretation des Kindheitsevangeliums des Pseudo-Thomas 191

JEFFREY W. CHILDERS
Corrigenda to Gérard Garitte's Edition of the Old Georgian Acts 227

LOTHAR STÖRK
Ein literarisches Zeugnis zur dritten Reise des äthiopischen Gesandten Khodja Murād nach Batavia (Java) 233

Mitteilungen

Bibliographie von Prof. Dr. P. Edmund Beck OSB (St. Haering) 236
The Fifth International Congress of Coptic Studies (C. D. G. Müller) 240
Centre for Kartvelian Studies 241

Personalia (J. Aßfalg) 243

Totentafel (J. Aßfalg) 246

Besprechungen

Y. E. Meimaris ..., Chronological Systems in Roman-Byzantine Palestine and Arabia. The evidence of the dated Greek inscriptions, Athen 1992 (H. Kaufhold) 248

C. G. Fürst, Canones-Synopse zum Codex Iuris Canonici und Codex Canonum Ecclesiarum Orientalium, Freiburg–Basel–Wien 1992 (H. Kaufhold) 250

R. F. Taft, A History of the Liturgy of St. John Chrysostom, Band IV: The Diptychs (= OCA 238), Rom 1991 (A.-A. Thiermeyer) 251

A. Wezler–E. Hammerschmidt (Hrsg.), Proceedings of the XXXII International Congress for Asian and North African Studies, Hamburg 25th-30th August 1986, Stuttgart 1992 (H. Kaufhold) 254

Aphrahat, Demonstrationes – Unterweisungen. Aus dem Syrischen übersetzt und eingeleitet von P. Bruns (= Fontes Christiani 5/1-2), Freiburg 1991, 2 Bände (W. Cramer) 256

C. Stewart, ›Working the Earth of the Heart‹. The Messalian Controversy in History, Texts and Language to AD 431, Oxford 1991 (M. van Esbroeck) 257

G. Levi della Vida, Pitagora, Bardesane e altri studi siriaci, a cura die Ricardo Contini, Roma 1989 (M. van Esbroeck) 258

M. Breydy, Etudes Maronites, Glückstadt 1991 (H. Kaufhold) 258

J. Kollaparambil, The Babylonian Origin of the Southists among the St. Thomas Christians, Rom 1992 (H. Kaufhold) 259

P. Kannookadan, The East Syrian Lectionary. A Historico-Liturgical Study, Rom 1991 (M. van Esbroeck) 262

Ch. Müller-Kessler, Grammatik des Christlich-Palästinisch-Aramäischen. Teil 1: Lautlehre, Formenlehre, Hildesheim 1991 (M. van Esbroeck) 262

Hannā Šaiḫū, Kaldān al-qarn al-ʿišrīn (J. H. Cheikho, Chaldeans in the 20th Century), Detroit 1992 (H. Kaufhold) 263

J. Nasrallah, Histoire du mouvement littéraire dans l'Église Melchite du Ve au XXe siècle, Vol. II/2 (750-Xe S.), Paris (1988); Vol. III/1 (969-1250), Paris 1983; Vol. III/2 (1250-1516), Paris 1981; Vol. IV/1 (1516-1724), Paris 1979; Vol. IV/2 (1724-1800), Paris 1989 (J. Aßfalg) 264

S. P. Cowe, Commentary on the Divine Liturgy by Xosrov Anjewacʿi, Translated with an Introduction, New York 1991 (G. Winkler) 268

B. Coulie, Répertoire des bibliothèques et des catalogues de manuscrits arméniens, Turnhout 1992 (M. van Esbroeck) 271

A. Böhlig, Gnosis und Synkretismus, 1. und 2. Teil, Tübingen 1989 (C. D.G. Müller) 272

T. Orlandi, Evangelium Veritatis, Brescia 1992 (R. Schulz) 276

J. Zandee, The Teachings of Sylvanus (Nag Hammadi Codex VII,4). Text, Translation, Commentary, Leiden 1991 (R. Schulz) 278

C. Wietheger, Das Jeremias-Kloster zu Saqqara unter besonderer Berücksichtigung der Inschriften, Altenberge 1992 (R. Schulz) 280

H. J. Polotsky, Grundlagen des koptischen Satzbaus – 1. Hälfte, Decatur 1987, 2. Hälfte, Atlanta 1990 (R. Schulz) 281

Anschriften der Mitarbeiter

BENJAMIN ARUBAS, 15/2 Ramat Hagolan st., Jerusalem/Israel.

Prof. Dr. JULIUS ASSFALG, Kaulbachstraße 95/III, D-80802 München.

Prof. Dr. W. BAARS, Vrije Universiteit Amsterdam, Faculteit der Letteren, De Boelelaan 1105, NL-1081 HV Amsterdam.

Prof. Dr. P. EDMUND BECK OSB (†), Benediktinerabtei Metten, D-94526 Metten.

Dr. PETER BRUNS, Tippelsberger Straße 3, D-44807 Bochum.

JEFFREY W. CHILDERS, 3 Bath Place, Holywell Street, GB-Oxford OX1 3SU.

Prof. Dr. WINFRIED CRAMER OSB, Servatiikirchplatz 9, D-48143 Münster i.W.

HAIM GOLDFUS, 23 Kore Hadorot st., Jerusalem/Israel.

Dr. P. STEPHAN HAERING OSB, Benediktinerabtei Metten, D-94526 Metten.

Prof. Dr. JAN HELDERMAN, Ampèrestraat 46, NL-1171 BV Badhoevedorp.

Prof. Dr. Dr. HUBERT KAUFHOLD, Brucknerstraße 15/I, D-81677 München.

Prof. Dr. WILLIAM F. MACOMBER, 915 Sixth Ave., So., St. Cloud MN 56301, USA.

Prof. Dr. C. DETLEF G. MÜLLER, Alte Straße 24, D-53424 Remagen.

Prof. Dr. G.J. REININK, Rijksuniversiteit Groningen, Faculteit der Letteren, Postbus 716, NL-9700 AS Groningen.

Dr. REGINE SCHULZ, Universität München, Institut für Ägyptologie, Meiserstraße 10/II, D-80333 München.

Privatdozent Dr. LOTHAR STÖRK, Am Schulwald 45, D-22415 Hamburg.

Dr. EVA MARIA SYNEK, Universität Wien, Institut für Kirchenrecht, Freyung 6/ Stg. 2/4, A-1010 Wien.

Dr. ABRAHAM-ANDREAS THIERMEYER, Pfarrgasse 5, D-92339 Beilngries.

Privatdozent Dr. JÜRGEN TUBACH, Bopparder Straße 19, D-56154 Boppard (= Bad Salzig).

Prof. Dr. MICHEL VAN ESBROECK SJ, Kaulbachstraße 22a, D-80539 München.

Prof. Dr. GABRIELE WINKLER, Fürststraße 3/I, D-72072 Tübingen.

Abkürzungen

AnBoll	=	Analecta Bollandiana
Bardenhewer	=	O. Bardenhewer, Geschichte der altkirchlichen Literatur, Freiburg i. B., I^2 1913, II^2 1914, III^3 1923, IV 1924, V 1932.
Baumstark	=	A. Baumstark, Geschichte der syrischen Literatur mit Ausschluß der christlich-palästinensischen Texte (Bonn 1922)
BGL	=	Bibliothek der griechischen Literatur
BHG	=	Bibliotheca Hagiographica Graeca
BHO	=	Bibliotheca Hagiographica Orientalis
BK	=	Bedi Kartlisa. Revua de kartvélologie
BKV^2	=	Bibliothek der Kirchenväter, 2. Auflage
BSOAS	=	Bulletin of the School of Oriental and African Studies
BullSocArchCopt	=	Bulletin de la Société d'Archéologie Copte
ByZ	=	Byzantinische Zeitschrift
CChr. SL	=	Corpus Christianorum, Series Latina, Turnhout 1953 ff.
ChrOst	=	Der christliche Osten
CSCO	=	Corpus Scriptorum Christianorum Orientalium
CSEL	=	Corpus Scriptorum Ecclesiasticorum Latinorum
DACL	=	Dictionnaire d'archéologie chrétienne et de liturgie
DHGE	=	Dictionnaire d'histoire et de géographie ecclésiastiques
DThC	=	Dictionnaire de théologie catholique
EI	=	The Encyclopaedia of Islam. New Edition
GAL	=	C. Brockelmann, Geschichte der arabischen Literatur I-II (Leiden ^{2}1943-49)
GALS	=	C. Brockelmann, Geschichte der arabischen Literatur – Supplementbände I-III (Leiden 1937-42)
GAS	=	F. Sezgin, Geschichte des arabischen Schrifttums, Leiden 1970 ff.
GCS	=	Die griechischen christlichen Schriftsteller der ersten drei Jahrhunderte
Graf	=	G. Graf, Geschichte der christlichen arabischen Literatur I-V = Studi e testi 118 (Città del Vaticano 1944), 132 (1947), 146 (1949), 147 (1951) und 172 (1953).

HO	=	B. Spuler (Hrsg.), Handbuch der Orientalistik
JSSt	=	Journal of Semitic Studies
JThS	=	Journal of Theological Studies
LQF	=	Liturgiegeschichtliche Quellen und Forschungen
LThK	=	Lexikon für Theologie und Kirche (^{2}1975 ff.)
MUSJ	=	Mélanges de l'Université Saint-Joseph (Beyrouth)
OLZ	=	Orientalistische Literaturzeitung
OrChr	=	Oriens Christianus
OrChrA	=	Orientalia Christiana Analecta
OrChrP	=	Orientalia Christiana Periodica
OrSyr	=	L'Orient Syrien
OstkSt	=	Ostkirchliche Studien
PG	=	P. Migne, Patrologia Graeca
PL	=	P. Migne, Patrologia Latina
PO	=	Patrologia Orientalis
POC	=	Proche-Orient Chrétien
PTS	=	Patristische Texte und Studien (Berlin)
RAC	=	Reallexikon für Antike und Christentum
RE	=	Realencyklopädie für protestantische Theologie und Kirche (Leipzig ^{3}1896-1913)
REA	=	Revue des Études Arméniennes
RGG	=	Die Religion in Geschichte und Gegenwart (^{3}1957 ff.)
ROC	=	Revue de l'Orient Chrétien
RRAL	=	Rendiconti della Reale Accademia dei Lincei
ThLZ	=	Theologische Literaturzeitung
ThWNT	=	G. Kittel † – G. Friedrich (Hrsg.), Theologisches Wörterbuch zum Neuen Testament
TU	=	Texte und Untersuchungen zur Geschichte der altchristlichen Literatur
VigChr	=	Vigiliae Christianae
ZA	=	Zeitschrift für Assyriologie
ZAW	=	Zeitschrift für die alttestamentliche Wissenschaft
ZDMG	=	Zeitschrift der Deutschen Morgenländischen Gesellschaft
ZKG	=	Zeitschrift für Kirchengeschichte
ZNW	=	Zeitschrift für die neutestamentliche Wissenschaft und die Kunde der älteren Kirchen
ZSem	=	Zeitschrift für Semitistik und verwandte Gebiete

Hubert Kaufhold

Griechisch-syrische Väterlisten der frühen griechischen Synoden

A) Einleitung

I. Allgemeines

Bekanntlich sind zwar die Kanones, nicht aber vollständige Akten der griechischen Synoden von Nikaia bis Konstantinopel I erhalten. Die Namen der Teilnehmer an diesen Bischofsversammlungen sind verhältnismäßig schlecht überliefert. Eine Sammlung der Kanones von Ankyra bis Laodikeia, nämlich das wohl in den sechziger Jahren des 4. Jhdts. in Antiocheia entstandene »Corpus Canonum«, wurde kurz vor dem Konzil von Konstantinopel (381 A.D.) um Texte des Konzils von Nikaia und wenig später um solche von Konstantinopel, nach 451 A.D. um Material von Chalkedon erweitert. Man kann davon ausgehen, daß es auch Listen mit den Namen der teilnehmenden Bischöfe enthielt. Diese Zusammenstellung wurde aber später offenbar durch andere griechische Sammlungen ersetzt und ist in griechischer Sprache nicht mehr vorhanden. Sie läßt sich aber insbesondere aufgrund syrischer, koptischer, armenischer und lateinischer Übersetzungen rekonstruieren.[1]

II. Die zweisprachigen Teilnehmerlisten der Handschrift Mardin Orth. 309

Neben den bisher schon herangezogenen syrischen Handschriften stellt die erst seit verhältnismäßig kurzer Zeit bekannte syrische Hs. Mardin Orth. 309 einen weiteren Textzeugen für das »Corpus Canonum« dar.[2] Es handelt sich um eine umfangreiche Sammlung kirchenrechtlicher Texte. Sie enthält zunächst pseudoapostolische Werke, dann die Kanones und teilweise weitere Schriftstücke der

1 Zum »Corpus Canonum« s. vor allem E. Schwartz, Die Kanonessammlungen der alten Reichskirche, in: Zeitschrift der Savigny-Stiftung für Rechtsgeschichte, Kanonistische Abteilung, Band 56, Weimar 1936, 1-114 (= Gesammelte Schriften, Band 4, Berlin 1960, 159-275); ders., Über die Sammlung des Cod. Veronensis LX, in: ZNW 35 (1936) 1-23; ders., Über die Bischofslisten der Synoden von Chalkedon, Nicaea und Konstantinopel, München 1937 (Abhandlungen der Bayer. Akademie der Wiss., phil.-hist. Abt. NF, Heft 13), 62ff.

2 Auf sie machte im Westen zuerst A. Vööbus in mehreren Veröffentlichungen aufmerksam, vgl. etwa: Syrische Kanonessammlungen. Ein Beitrag zur Quellenkunde, Louvain 1970 (= CSCO 307, 317), 443-447.

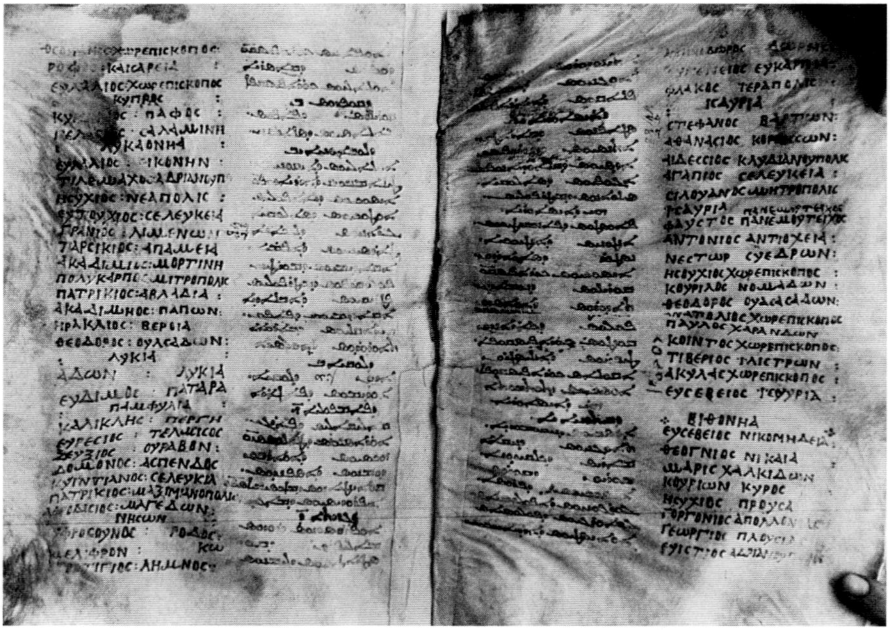

Hs. Mardin Orth. 309, fol. 35v

frühen griechischen Synoden (Nikaia, Ankyra, Neokaisareia, Gangra, Antiocheia, Laodikeia, Konstantinopel und Ephesos), ferner die sogenannte Lehre des Apostels Addai, Texte der Synoden von Karthago, Sardika und Chalkedon sowie schließlich Schriften griechischer Kirchenväter und Kanones des syrischen Bischofs Jakob von Edessa (†705 A.D.). Anfang und Ende sind nicht erhalten, so daß sich der vollständige Inhalt nicht sicher ermitteln läßt. Übriggebliebenen sind 160 Pergamentblätter. Ursprünglich müssen es mindestens 220 gewesen sein (22 Lagen zu je 10 Blatt). Die schöne, regelmäßige Estranglā-Schrift deutet auf das 8. oder 9. Jhdt.[3] Die Handschrift hat – was die Abfolge der Texte und deren Lesarten betrifft – große Ähnlichkeit mit der schon lange bekannten Hs. Paris Syr. 62[4].

Die Hs. Mardin Orth. 309 weist die Besonderheit auf, daß im Text vorkommende, syrisch geschriebene griechische Namen und Fremdwörter häufig am Rand oder auch zwischen den Zeilen zusätzlich in griechischer Majuskelschrift

3 Beschreibung: H. Kaufhold–W. Selb, Syrische und christlich-arabische Handschriften juristischen Inhalts in der Türkei und in Syrien, Wien (in Vorbereitung).

4 H. Zotenberg, Catalogues des manuscrits syriaques et sabéens (mandaïtes) de la Bibliothèque Nationale, Paris 1874, 22-29.

angegeben sind, vermutlich vom selben Schreiber. Damit steht sie keineswegs allein. Es gibt eine Reihe weiterer, nichtjuristischer Handschriften, in denen wir denselben Befund haben.[5] Die älteste mir bekannte aus dem Jahre 675 A.D. ist möglicherweise ein Autograph des gerade genannten Jakob von Edessa, der auch durch zahlreiche Übersetzungen aus dem Griechischen – nicht zuletzt von kirchenrechtlichen Texten – und sein philologisches Interesse hervorgetreten ist.[6] Bei den griechischen Bischofsnamen in der Hs. Mardin Orth. 309 handelt es sich also nicht eigentlich um Listen in griechischer Sprache, sondern es werden lediglich die im syrischen Text erscheinenden Namen daneben in griechischer Schrift wiederholt. Während in den griechischen Quellen nach dem Namen des Bischofs sein Sitz im Genitiv folgt (z. B. ΓΕΡΜΑΝΟϹ ΝΕΑΠΟΛΕⲰϹ) stehen in unserer Handschrift griechischer Personenname und Ort in der Regel unverbunden im Nominativ nebeneinander (ΓΕΡΜΑΝΟϹ ΝΕΑΠΟΛΙϹ). Im syrischen Text ist der Sitz natürlich ordnungsgemäß mit der Relativpartikel *d-* angeschlossen (ܓܪܡܢܘܣ ܕܢܐܐܦܘܠܝܣ)[7].

Im strengen Sinn sind außerdem nur die Listen von Nikaia, Ankyra/Neokaisareia und Konstantinopel zweisprachig und vom Schreiber offensichtlich von vornherein so geplant, nämlich in zwei Spalten nebeneinander. Die dem Buchfalz jeweils nähere Spalte ist syrisch geschrieben, die äußere griechisch.[8] Bei den übrigen Synoden dagegen stehen innerhalb des Schriftspiegels nur die syrischen Namen, die griechischen sind am Rand – aber wohl vom selben Schreiber – nachgetragen.

Ungefähr das letzte Viertel der griechisch-syrischen Liste der Väter von Nikaia ist bereits durch ein St.-Petersburger Fragment einer syrischen Handschrift bekannt, nämlich ein Pergamentblatt aus der Sammlung N.P. Lichačev, das Ende der zwanziger Jahre unseres Jahrhunderts in die dortige Öffentliche Bi-

5 675 A.D.: Brit. Libr. Add. 17,134 (= W. Wright, Catalogue of the Syriac Manuscripts in the British Museum, 3 Bände, London 1870-1872, Nr. 421, S. 330ff.; Abb. in Band III, Tafel 5, und bei E. Tisserant, Specimina Codicum Orientalium, Bonn 1914, Nr. 24). – 697 A.D.: Brit. Libr. Add. 12,134 (= Wright Nr. 49, S. 30). – 7. Jhdt.: Brit. Libr. Add. 14,463 (= Wright Nr. 78, S. 54f.; Wiedergabe syrischer Wörter in griechischer Schrift). – 719 A.D.: Brit. Libr. Add. 14,429 (= Wright Nr. 60, S. 38; Abb. in Band III, Tafel 7). – 790 A.D.: Brit. Libr. Add. 14,548 (= Wright Nr. 558, S. 434-436; Abb. bei Tisserant aaO Nr. 28). – 8./9. Jhdt.: Brit. Libr. Add. 14,541 (= Wright Nr. 699, S. 585f.; s. auch van Esbroecks Ausgabe eines der Texte in OrChrAn 236 [1990] 192f.) – 845 A.D.: Brit. Libr. Add. 12, 153 (= Wright Nr. 555, S. 427). – 9. Jhdt.: Brit. Libr. Add. 18,816 (= Wright Nr. 422, S. 339) und Brit. Libr. Add. 14,547 (= Wright Nr. 557, S. 432f.). – 980 A.D.: Vat. Syr. 152 (Abb. bei Tisserant aaO Nr. 26). – 12. Jhdt.: Brit. Libr. Add. 18,715 (= Wright Nr. 32, S. 19) und Brit. Libr. Add. 7183 (= F. Rosen – J. Forshall, Catalogus codicum manuscriptorum orientalium, pars 1, London 1838, 65 b).

6 Baumstark 248, 251f.

7 Bei dem Brief der Synode von Karthago: *d-men* (»aus«) mit Ortsnamen.

8 Bei der Liste von Neokaisareia können griechischer und syrischer Personenname zusammen in einer Spalte stehen, weil keine Ortsnamen angegeben sind.

bliothek gelangte.[9] Es dürfte etwa im 9. Jahrhundert entstanden sein[10] und enthält den Schluß der Bischofsliste, die Fortsetzung des Berichts über die Synode von Nikaia sowie deren Kanones 1 bis 5, und zwar alles genau in derselben Version wie in der Hs. Mardin Orth. 309 oder – was den syrischen Text anbelangt – in der Hs. Paris Syr. 62. Die St.-Petersburger Bischofsliste wurde von Vladimir N. Beneševič mit Anmerkungen herausgegeben.[11] Seine Ausgabe druckte Ernst Honigmann nochmals ab.[12]

Da die beiden Handschriften – wie gesagt – streng genommen keine griechische Liste enthalten, sondern nur unverbundene Bischofs- und Ortsnamen, kann man die Frage stellen, ob wirklich eine griechische Handschrift der Konzilsväter zugrundeliegt oder ob nicht der Schreiber nur die syrischen Namensformen ins Griechische zurücktranskribierte. Letzteres meinte Honigmann, der im Zusammenhang mit dem St.-Petersburger Fragment schrieb: »Sans aucun doute, le texte grec n'est qu'une transcription littérale et maladroite des noms syriaques ... car, en stricte conformité avec les formes choisies dans le texte syriaque, mais sans égard à l'esprit de la langue grecque, les noms d'évêques et ceux de leur évêchés sont juxtaposés, les dernier tantôt au génitif, tantôt au nominatif«.[13]

Ich glaube dagegen, daß der Schreiber eine griechische Liste vor Augen hatte. Zunächst spricht gegen die Ansicht von Honigmann, daß in einigen Fällen, in denen griechisch geschriebene Ortsnamen doch im Genitiv stehen, der syrische Text dieser Genitivform – von wenigen Ausnahmen abgesehen – gar nicht entspricht, die griechische Form also nicht unmittelbar von dort stammen kann (etwa ΛΥΔΩΝ – ܠܘܕ »Lōd«, ΓΑΒΟΥΛΩΝ – ܓܒܘܠܐ »Gabbūlā«, ΒΟϹΤΡΩΝ – ܒܘܣܛܪܐ »Bosṭrā« und vor allem Fälle, in denen der griechi-

9 Erste kurze Beschreibung von H. Goussen in OrChr 23 (1927), der es offenbar bei einem Frankfurter Antiquar gesehen und eine Abschrift angefertigt hatte. Ausführlich: V.N. Beneševič, Novyja dannyja dlja istoričeskoj geografii Bližnjago Vostoka [= Neues Material für die geschichtliche Geographie des Nahen Ostens], in: Izvestija Kavkazskogo Istoriko-Archeologičeskogo Instituta (= Bulletin de l'Institut Causasien d'Histoire et d'Archéologie), tom 2 (1917-1925) 111-134. S. auch N.V. Pigulevskaja, Katalog sirijskich rukopisej Leningrada, in: Palestinskij Sbornik 6 (69) (1960) 120 (Nr. 36).

10 Goussen aaO: 7./8. Jhdt.; nach der von Beneševič aaO 112 wiedergegebenen Ansicht des Petersburger Orientalisten P.K. von Kokovzov: 9./10. Jhdt. Beneševič selbst (aaO 113) datiert die griechische Unzialschrift in das 8. (?)/9. Jhdt.

11 Aao 116-118.

12 Sur les listes des évêques participant aux conciles de Nicée, de Constantinople et de Chalcédoine, in: Byzantion 12 (1937) 323-347 (= Besprechungsaufsatz zu dem in Fußn. 1 angeführten Buch von Schwartz), hier: 335-337. Unrichtig übrigens auch Honigmanns Angabe (S. 337), das St.-Petersburger Fragment sei in nestorianischer Schrift geschrieben, offenbar in Anlehnung an die bei Beneševič (aaO 111, Fußn. 1) abgedruckte, in der Sammlung Lichačev befindliche Notiz des St. Petersburger Staatsrates und Akademiemitgliedes Bernhard Dorn vom 14. 11. 1859: »La feuille avec des signatures grecques et syriaques, écrite en charactères nestoriens ...«

13 AaO 337f.

schen Namensform eine andere, syrische gegenübersteht, wie ΕΔΕΣΗΣ – ܐܘܪܗܝ »Urhāi« oder ΠΕΡCΙΔΟC – ܦܪܣ »Pāres«; einige weitere Beispiele unten im Abschnitt über die Orthographie). Der Genitiv bei den griechischen Ortsnamen in der Hs. Mard. Orth. 309 wird teilweise daher rühren, daß der Bearbeiter vergessen hat, ihn in den Nominativ zu setzen, teilweise vielleicht auch daher, daß ihm der Nominativ nicht geläufig war. Eine ganze Reihe stehengebliebener Genitive betrifft nämlich unbekannte Orte, solche, die in den geographischen Werken des Hierokles (vor 535) und des Georg von Zypern (Anfang des 7. Jhdts.)[14] nicht zu finden sind. Es gibt weiterhin Fälle, in denen sich die syrische und die griechische Spalte in sonstiger Weise nicht entsprechen (vgl. Nikaia Nr. 28, 100, 168, 214 in der Edition unten).

Es erscheinen in den griechisch geschriebenen Spalten der Hs. Mardin Orth. 309 bei den Synoden von Nikaia und Konstantinopel darüber hinaus aber nicht nur die griechischen Namen, sondern auch einige sonstige griechische Wörter. Soweit Bischöfe sich bei der Unterschrift vertreten ließen, steht dort ebenso wie in den griechischen Handschriften διὰ N.N. πρεσβυτέρου (syrisch: ܒܝܕ ܩܫܝܫܐ N.N. »durch den Priester N.N.«). An mehreren Stellen sind ferner Namen von Priestern mit καί verbunden, einmal kommt bei Ortsnamen ἤτοι vor (Nikaia Nr. 214). Die Bischöfe von Rhodos, Kos, Lemnos und Kerkyra werden in der Liste von Nikaia unter der Gruppe Νήσων »Inseln« zusammengefaßt. Dieses Wort erscheint auch in der griechischen Spalte unserer Handschrift (vor Nr. 203), in der syrischen steht die Übersetzung (*gazrāṯā*). Bei den Vätern von Konstantinopel lesen wir am Schluß der griechischen Spalte – wie in den beiden erhaltenen griechischen Handschriften dieser Liste – die Formulierung διὰ Ἀκύλου ἀναγνωστοῦ, im Syrischen steht das einheimische Wort für »Lektor« (*qārōyā*): ܒܝܕ ܐܩܘܠܘܣ ܩܪܘܝܐ . Es ist nicht anzunehmen, daß der Schreiber der griechisch-syrischen Liste seinen syrischen Text an diesen Stellen sogar in die griechische Sprache zurückübersetzte.

Im übrigen sind die griechischen Personen- und Ortsnamen, selbst ganz ungebräuchliche (vgl. besonders die der Liste von Karthago), erstaunlich korrekt angegeben (wenn man vom häufigen Itazismus und der Vertauschung langer und kurzer Vokale, die in der Aussprache nicht mehr unterschieden wurden, absieht). Das wäre bei bloßer Transliteration aus der syrischen Schrift, die wegen des Fehlens von Vokalen und der Verwendung gleicher Buchstaben für verschiedene griechische Laute oft vieldeutig ist (s. unten das Kapitel über die Orthographie), und ohne Benutzung einer griechischen Vorlage so nicht möglich gewesen.

Es ist im übrigen auch keineswegs überraschend, daß die griechische Schrei-

14 E. Honigmann, Le synekdèmos d'Hiéroklès et l'opuscule géographique de Georges de Chypre, Bruxelles 1939.

bung auf eine griechische Handschrift mit kirchenrechtlichen Quellen zurückgeht. Schließlich handelt es sich bei den syrischen Texten um Übersetzungen aus dem Griechischen. Es könnte sein, daß bereits der Übersetzer die griechischen Namensformen aus seiner Vorlage mit übernahm und die Ortsnamen in den Nominativ setzte. Wahrscheinlicher ist aber, daß ein späterer Bearbeiter, dem eine griechische Handschrift zur Verfügung stand, dafür verantwortlich ist. Für diese Annahme spricht auch, daß bei der Synode von Neokaisareia die Reihenfolge der Namen in der Hs. Mardin 309 sekundär ist. Der Bearbeiter war dabei wohl seiner syrischen Vorlage gefolgt und merkte die griechischen Namen jeweils an der passenden Stelle an (s. unten zur Liste von Neokaisareia). Er wollte den syrischen Lesern offenbar bei den Bischofslisten ebenso wie bei den sonstigen Fremdwörtern die griechische Schreibung und damit die richtige Aussprache mitteilen, die aufgrund der syrischen Schrift oft nur schwer (wenn überhaupt!) feststellbar ist. Dabei hätte der griechische Genitiv des Ortsnamens, der den Nominativ nicht immer ohne weiteres erkennen läßt, nur gestört. Dieses ersichtlich philologische Interesse – das wir auch für die oben erwähnten anderen Handschriften voraussetzen dürfen – könnte auf den bereits erwähnten Jakob von Edessa deuten, der aus hier nicht zu erörternden Gründen ohnehin als Bearbeiter der Sammlung kirchenrechtlicher Quellen in Betracht kommt.[15]

Es lassen sich vielleicht sogar Rückschlüsse auf den Inhalt der griechischen Handschrift ziehen, die der syrische Bearbeiter zur Hand hatte. Wir finden Randbemerkungen bei folgenden Stücken, die alle aus dem Griechischen übersetzt sind:

a) Buch 4 und 6 des klementinischen Octateuch (Paralleltexte zum 8. Buch der Apostolischen Konstitutionen)
b) griechische Synoden von Nikaia bis Konstantinopel (erweitertes Corpus Canonum)
c) Synoden von Ephesos, Karthago (256 A.D.), Chalkedon, Sardika
d) Kirchenvätertexte: Auszüge aus Ignatiosbriefen, Petros von Alexandreia über die Lapsi, 20 Antworten des Timotheos von Alexandreia, Briefe des Athanasios von Alexandreia, Basileios' des Großen und Gregors von Nyssa
e) »Kephalaia aus dem Osten«[16].

Keine griechischen Vermerke finden wir dagegen bei:

a) den Büchern 3, 7 und 8 des klementinischen Oktateuchs
b) der Lehre des Apostels Addai
c) dem Brief aus Italien an die Bischöfe des Ostens[17]
d) den (syrisch verfaßten) Schriften des Jakob von Edessa.

15 Vgl. Baumstark 263.

16 Vgl. Vööbus, Syrische Kanonessammlungen 167-175, der sie auf die Jahre zwischen 532 und 534 datiert.

17 Vgl. W. Selb, Orientalisches Kirchenrecht. Band 2: Die Geschichte des Kirchenrechts der West-

Bei einigen Stücken sind die griechischen Glossen sehr sparsam, beschränken sich fast auf die Namen im Titel. Sie können deshalb an sich natürlich auch ohne griechische Vorlage (oder aus einer anderen Vorlage) hinzugeschrieben worden sein. Da die Texte aber auch sonst in Kanonessammlungen vorkommen, kann man – wenngleich mit Vorbehalt – vermuten, daß die benutzte griechische Handschrift neben den Synodalkanones auch zwei ps.-apostolische Texte (merkwürdigerweise nicht das 8. Buch des Octateuchs, also die sonst sehr verbreiteten »Apostolischen Kanones«) und Kirchenväterschriften enthielt, also einem späteren Stadium angehörte.

Bestätigt wird die Annahme, daß griechische Listen zugrundelagen, noch dadurch, daß die syrische Schreibung der Namen sich an den griechischen zu orientieren scheint, nicht umgekehrt.[18] Darauf komme ich unten in Abschnitt J noch zu sprechen.

Es besteht also kein Grund, an der Zuverlässigkeit der griechischen Namen in der Hs. Mardin Orth. 309 zu zweifeln. Sie können ohne weiteres als Zeuge für die griechische Tradition gewertet werden. Da einige der Listen griechisch sonst nicht überliefert sind und erhaltene Textzeugen teilweise an das Alter der syrischen Handschrift nicht heranreichen, kommt ihnen sogar besondere Bedeutung zu.

B) Die Liste der Väter von Nikaia

I. Griechische Listen

In griechischer Sprache ist die Liste der Bischöfe, die das Glaubensbekenntnis von Nikaia unterschrieben haben, in zweifacher Gestalt erhalten, allerdings nicht in einer Kanonessammlung. Die erste dürfte im wesentlichen ein Auszug aus dem »Corpus Canonum« und authentisch sein. Sie enthält 212 Namen und ist nach den Provinzen des römischen Reiches angeordnet.[19] Die andere Liste ist um zusätzliche Namen erweitert, damit die traditionelle Zahl von 318 Konzilsvätern (die Anzahl der Knechte Abrahams, Gen. 14, 14)[20] erreicht wird.

syrer, Wien 1989, 103; Schwartz, Zur Geschichte des Athanasius. VI. 279ff. (Gesammelte Schriften III 144).

18 Umgekehrt ist es zweifellos bei der oben in Fußn. 5 genannten Handschrift Brit. Libr. Add. 14,541. Dort beruhen die falschen griechischen Entsprechungen offensichtlich auf der syrischen Schreibung (s. die oben angegebene Literatur).

19 S. Schwartz, Bischofslisten 62ff.; vgl. auch E. Honigmann, The Original Lists of the Members of the Council of Nicaea, in: Byzantion 16 (1942/3) 22-28.

20 Vgl. M. Aubineau, Les 318 serviteurs d'Abraham (Gen., XIV, 14) et le nombre des pères au concile de Nicée (325), in: Revue d'Histoire Ecclesiastique 61 (1966) 5-42 (Zusammenstellung von Belegen aus den Quellen für die Teilnehmerzahl von 318); Ergänzungen von H. Chadwick, ebda. 808-811.

1. Die Liste mit 212 Namen findet sich in der sogenannten Historia tripartita des Theodoros Anagnostes (Theodorus Lector; 5./6. Jhdt.). Das Werk ist eine Zusammenstellung der Kirchengeschichten des Sokrates, des Sozomenos und des Theodoret. Es ist hauptsächlich in der Venediger Handschrift Marc. graec. 344, fol. 36-38, überliefert. Die Namen der nizänischen Väter, die wohl aus einer Kanoneshandschrift stammen[21], gab Heinrich Gelzer nach der genannten Handschrift heraus.[22]

2. Von der Liste mit 318 Vätern sind bisher fünf Handschriften bekannt geworden:[23] Vat. graec. 44, fol. 242^r-242^v (14. Jhdt.)[24], Sinait. graec. 1117, fol. 249^r-250^r (14. Jhdt.)[25], zwei Jerusalemer Handschriften, Metoch. 2 sqq., fol. 338^v-339^v, und Patr. 167 sq., fol. 233^r-233^v,[26] sowie die Hs. Vat. graec. 1587 (1389 A.D.), fol. 355^r-357[27]. Sie brauchen uns hier nicht weiter zu beschäftigen, auch wenn sie sicher teilweise auf einer authentischen griechischen Liste der »alexandrinischen« Version (s. gleich) beruht[28].

II. Die koptische Liste

Bisher liegt nur ein einziger, und auch nur fragmentarischer koptischer Textzeuge mit den Vätern von Nikaia vor, nämlich die aus 9 Pergamentblättern bestehende Hs. Borg. Copt 159 aus dem Jahre 1002/3 A.D.[29]. Sie stimmt an sich

21 Vgl. G.C. Hansen, Theodoros Anagnostes. Kirchengeschichte, Berlin 1971 (= Die griechischen christlichen Schriftsteller der ersten Jahrhunderte. 54), 11.

22 Patrum Nicaenorum nomina latine graece coptice syriace arabice armeniace sociata opera ediderunt H. Gelzer, H. Hilgenfeld, O. Cuntz, Leipzig 1898, 61-70 (Einleitung: S. XVIII-XXI).

23 E. Honigmann, Recherches sur les listes des pères de Nicée et de Constantinople, in: Byzantion 11 (1936) 429-449 (insbesondere: 430).

24 Ausgabe von Gelzer in: Patrum Nicaenorum nomina 71-75 (Einleitung: S. XIX-XXI).

25 Ausgabe: V.N. Beneševič, Sinajskij spisok otcov Nikejskago pervago vselenskago sobora, in: Bulletin de l'Académie imperiale des sciences de St.-Pétersbourg, VI. serie, tome 2, St.-Petersbourg 1908, 281-306.

26 Benutzt von D. Lebedev, Spisok episkopov pervago vselenskago sobora v 318 imen, in: Zapiski Rossijskoj Akademii Nauk, t. 13, VIIIe serie, Petrograd 1922, 1-112.

27 Ausgabe: E. Honigmann, Une liste inedite des pères de Nicée: Cod. Vat. gr. 1587, fol. 355^r-357^v, in: Byzantion 20 (1950) 63-71.

28 Vgl. zu ihr E. Honigmann, La liste originale des pères de Nicée, in: Byzantion 14 (1939) 17-76; hier: La liste des 318 noms (S. 52-61).

29 Ausgabe: G. Zoega, Catalogus 242f. Neue Ausgabe mit von G. Steindorff revidierter lateinischer Übersetzung in: Patrum Nicaenorum nomina 78-93 (Einleitung von H. Gelzer: S. XXIf.). Ein weiterer Teil der Handschrift (18 Blätter) befindet sich jetzt in Neapel (Cassetta I. B. 10, fasc. 415; beschrieben von Zoega aaO 573-577, als Nr. 239). Auch die Bibliothèque Nationale in Paris und das Institut Français d'Archéologie Orientale in Kairo besitzen 9 bzw. 8 weitere Blätter dieser Handschrift. Insgesamt sind 44 von ursprünglich 101 Blättern erhalten, vgl. F. Haase, Die koptischen Quellen zum Konzil von Nizäa, Paderborn 1920, 1-6 (zur Handschrift) sowie 24-28 (Übersetzung der Liste) und besonders R.-G. Coquin, Le *Corpus Canonum* copte. Un nouveau complément: le ms. *I.F.A.O.*, *Copte* 6, in: Orientalia 50 (Rom 1981), 40-86.

mit der griechischen Liste der 212 Väter überein, ist also auch streng geographisch geordnet. Am Anfang unterscheidet sie sich jedoch ganz wesentlich von ihr. Während die griechische Liste die Provinzen Ägypten (12 Bischöfe), Thebais (4 Bischöfe), Oberlibyen (4 Bischöfe) und Unterlibyen (1 Bischof) unterscheidet, faßt die koptische jeweils Ägypten und Thebais (17 Bischöfe) sowie die beiden libyschen Provinzen (6 Bischöfe) zusammen. Schon die Zahlen zeigen, daß die koptische Liste zusätzliche Namen enthält.

Eduard Schwartz war der Meinung, daß die koptische Liste einen anderen Ursprung haben müsse als die des antiochenischen Corpus canonum. Sie gehe zurück auf Aufzeichnungen der *notarii* des alexandrinischen Bischofs 325 in Nikaia. Das gelte jedoch nicht für die ganze Liste, sondern nur für den Anfang, also die ägyptischen und libyschen Bischöfe. Im übrigen weise sie soviel Übereinstimmungen mit der antiochenischen Liste auf, daß sie davon abhängig sein müsse, »die koptische Liste (sei) die des antiochenischen Corpus..., das aus einem im alexandrinischen Patriarchat vorhandenen, von jener Liste unabhängigen Material hier und da, nicht durchweg ergänzt und verbessert« wurde.[30] Der nicht näher begründeten Annahme, die Liste sei in Ägypten bearbeitet worden, schloß sich Ernst Honigmann ohne weiteres an.[31] Ihm war aber nicht nur aufgefallen, daß die koptische Liste »überraschenderweise« genau mit derjenigen übereinstimmt, die sich in der syrischen Chronik Michaels des Syrers (12. Jhdt.) findet[32], sondern auch mit der des St.-Petersburger syrischen Fragments: bei letzterem handele es sich um ein »fragment de la liste ›alexandrine‹, qui correspond à la partie finale de Michel [le Syrien]«[33]. Der Umstand, daß die angeblich »alexandrinische« Liste syrisch demnach gut bezeugt ist, hätte ihm eigentlich zu denken geben müssen. Mit der Hs. Mardin 309 haben wir nun ein vollständiges Exemplar davon.

Schwartz stellte bereits fest, daß die koptische Liste zwar eine Reihe von Fehlern mit den syrischen und lateinischen Listen teilt, so daß sie auf einen gemeinsamen Archetypus zurückgehen müßten, nämlich das antiochenische Corpus Canonum. Er erkannte aber auch an, daß die koptische Liste eine Reihe besserer Lesarten enthalte und sie »für die wissenschaftliche Behandlung der nicaenischen Liste unentbehrlich« sei.[34] Die Liste der Hs. Mardin 309 ist demgegenüber noch von ungleich größerem Gewicht, weil sie zum einen – anders als die

30 Schwartz, Bischofslisten 66, 70.

31 In seinem Besprechungsaufsatz in Byzantion 12 (1937) (s. oben Fußn. 12) 325: »M. Schwartz a démontré que toutes les listes remontent ou immédiatement à celle du *Corpus Canonum* d'Antioche, ou à la liste éditée après 380 avec certaines retouches par le patriarcat alexandrin.« Vgl. auch ebda. S. 332f.

32 J.B. Chabot, Chronique de Michel le Syrien, tome I (Paris 1899) 247-253 (Übersetzung), tome IV (1910) 124-127 (Text). Vgl. Honigmann, Besprechungsaufsatz 325f.

33 Ebda. 335.

34 Bischofslisten 69f.

koptische – vollständig erhalten ist und zum anderen die Namen im wesentlichen in der richtigen griechischen Form wiedergibt, während sie in der koptischen häufig entstellt sind und dort auch teilweise koptische Ortsnamen verwendet werden. Die syrische Liste Michaels des Syrers war wegen der zahlreichen fehlerhaften Schreibungen kein genügender Ersatz.

III. Die syrischen Listen

1. Westsyrische Tradition

Die syrische Version des antiochenischen Corpus Canonum liegt uns in der kritischen Ausgabe von Friedrich Schulthess vor.[35] Nur in einer der von ihm benutzten westsyrischen Handschriften (Brit. Libr. Add. 14,528[36]; Sigle A der Ausgabe)[37] kommt die Liste der Väter von Nikaia vor, und zwar einsprachig syrisch. Die zweite zugrundegelegte Handschrift mit den Namen, ebenfalls nur syrisch, ist ostsyrischer Herkunft (Borg. Syr. 82; Sigle F). Beide Handschriften entsprechen der griechischen Liste des Theodoros Anagnostes.

Die Edition von Schulthess zeigt schon äußerlich, daß es zwei syrische Übersetzungen für die Kanones der frühen griechischen Synoden gibt, die so verschieden sind, daß sie nur getrennt herausgegeben werden konnten. Auf der oberen Hälfte der Seiten teilt Schulthess den Text mit, der in der Regel von den Handschriften mit den Siglen A, F und H geboten wird, auf der unteren Hälfte den der Handschriften B, C, D und E.

a) Der »obere« Text ist
A die bereits genannte Hs. Brit. Libr. Add. 14,528 aus dem 6. Jhdt.,
H die ebenfalls westsyrische Hs. Brit. Libr. Add. 14,529 (7./8. Jhdt.)[38] und
F die schon erwähnte ostsyrische Handschrift Borg. Syr. 82, auf die ich unten noch zu sprechen komme.

35 Die syrischen Kanones der Synoden von Nicaea bis Chalcedon nebst einigen zugehörigen Dokumenten, in: Abhandlungen der Königlichen Gesellschaft der Wissenschaften zu Göttingen, philol.-hist. Klasse. Neue Folge Band 10, Nr. 2, Berlin 1908.
Ältere (Teil-)Ausgaben nur nach der Hs. Brit. Libr. 14,528: Analecta Nicaena. Fragments Relating to the Council of Nice. The Syriac Text from an Ancient Ms. in the British Museum. With a Translation, Notes etc. by B. Harris Cowper, London-Edinburgh 1857, 6-18; J.B. Pitra, Analecta Sacra Spicilegio Solesmensi parata, t. IV, Paris 1883, 234-237 (Übersetzung: 459-462).

36 Katalog: W. Wright, Catalogue of Manuscripts in the British Museum, 3 Bde., London 1870-1872, II 1030 (Nr. 906).

37 Schulthess aaO 4-13. Syrischer Text der Liste mit Transkription und lateinischer Übersetzung von H. Hilgenfeld auch in: Patrum Nicaenorum nomina 96-117 (Einleitung S. XXII-XXIV).

38 Katalog: Wright aaO 919f. (Nr. 856).

Die gleiche Textgestalt bietet noch die Hs. Harvard Syr. 93 (= Harris 85) aus dem 8./9. Jhdt., die Schulthess noch nicht zur Verfügung stand.[39/40] Sie ist zwar sehr lückenhaft, doch läßt sich feststellen, daß sie die Namen der Väter von Nikaia ebensowenig enthielt wie die Hs. Brit. Libr. 14,529.[41] Auch die fragmentarische Hs. Vat. Syr. 107 (7. Jhdt.) dürfte hierher gehören.[42]

Die Hs. Brit. Libr. 14,528 gibt uns erfreulicherweise Aufschluß über die Entstehung der Übersetzung. Am Schluß, nach einigen Stücken aus den Akten von Chalkedon, heißt es: »Beendet wurden in diesem Buch die 193 Kanones, die auf acht verschiedenen Synoden erlassen wurden, und sie wurden richtig und klar übersetzt aus der griechischen Sprache in die aramäische in der Stadt Mabbug im Jahre 812 des Alexander.« Diese Übersetzung der Kanones von Nikaia, Ankyra, Neokaisareia, Gangra, Antiocheia, Laodikeia, Konstantinopel und Chalkedon aus dem Griechischen ins Syrische ist demnach im Jahre 501/2 A.D. in Hierapolis entstanden. Es besteht kein Anlaß, an dieser Notiz zu zweifeln. Sie ist inhaltlich plausibel, weil alle bis 501 A.D. vorliegenden Kanones übersetzt sind.

b) Der »untere« Text

Die von Schulthess hierfür benutzten Handschriften sind alle westsyrischer Herkunft. Es handelt sich um

B Brit. Libr. Add. 14,526 (7. Jhdt.)[43]
C Brit. Libr. Add. 12,155 (8. Jhdt.)[44]
D Vat. Syr. 127 (9. Jhdt.)[45] und
E Paris Syr. 62 (8./9. Jhdt.)[46].

Auch für diese Textgestalt lassen sich jetzt weitere Handschriften nennen: Mardin Orth. 309 (8./9. Jhdt.), die Handschrift, von der eingangs schon die Rede war,

39 M.H. Goshen-Gottstein, Syriac Manuscripts in the Harvard College Library. A Catalogue, Missoula 1979, 75f.; A. Vööbus, Syrische Kanonessammlungen. Ein Beitrag zur Quellenkunde, Louvrain 1970 (= CSCO 307, 317) 452-454; W. Selb, Orientalisches Kirchenrecht II 98ff.

40 Die von A. Baumstark, Geschichte der syrischen Literatur, Bonn 1922, 82 Fußn. 5, genannte Hs. VtB 2 ist nicht einschlägig, ich habe nicht ermitteln können, welche Handschrift Baumstark gemeint hat.

41 Der Inhalt von Harvard Syr. läßt sich im großen und ganzen rekonstruieren. Die Hs.umfaßte lediglich die Kanones.

42 J.S. und St. E. Assemani, Bibliothecae Apostolicae Vaticanae codicum manuscriptorum catalogus. Pars I, tomus 3, Rom 1758, 49-61 (zu den kirchenrechtlichen Texten ab fol. 72 vgl. 54-56).

43 Katalog: Wright aaO 1033-5 (Nr. 907).

44 Katalog: Wright aaO 949 (Nr. 857).

45 Assemani, Catalogus, aaO, pars I, tomus 2, Rom 1759, 178-181. Die Hs. Vat. Syr. 353 ist nur eine Abschrift davon, s. A. Mai, Scriptorum Veterum Nova Collectio, tomus V, Rom 1831, 37.

46 H. Zotenberg, Catalogues des manuscrits syriaques et sabéens (mandaïtes) de la Bibliothèque Nationale, Paris 1874, 23f.

Mardin Orth. 310 (9. Jhdt.)[47] sowie deren Abschrift Ming. Syr. 8 (1911 A. D.)[48]
Vat. Syr. 560 (8./9. Jhdt.)[49],
Dam. 8/11 (1204)[50],
Borg. Syr. 148 (1576)[51].

Die Handschriften des »unteren« Textes stimmen nicht alle vollständig miteinander überein und lassen sich in Gruppen einteilen. Größere Abweichungen enthält die Hs. Paris Syr. 62 (= F); sie teilt sie mit den neugefundenen Hss. Mardin 309 und 310.

Die Bischofslisten von Nikaia sind nur bei dieser Untergruppe, und zwar in den Hss. Mardin 309 (zweisprachig) und 310 (nebst Abschrift Ming. Syr. 8; syrisch, fragmentarisch, ab Nr. 206 meiner Ausgabe unten) enthalten.

Über die Entstehung der Übersetzung des unteren Textes erfahren wir ausdrücklich nichts. Ein Umstand ist jedoch sehr aussagekräftig: Die unterschiedlichen Textgestalten (»oberer« und »unterer« Text) finden sich nur bei den Synoden von Nikaia bis Konstantinopel, nicht mehr bei Chalkedon. Der Text von Chalkedon ist einheitlich und gehört vom Übersetzungsstil dem »oberen« Text an. Es drängt sich deshalb die Annahme auf, daß der »untere« Text eine ältere, vor Chalkedon (451) entstandene Übersetzung darstellt, an die in den vorliegenden Handschriften die Stücke aus den Akten der Synode von Chalkedon aus der späteren Übersetzung des Jahres 501/2 A. D. angehängt wurden.[52]

Eine Art Inhaltsverzeichnis (*titloi*), das beiden Versionen vorangestellt ist, dürfte auf einen noch älteren Zustand des Corpus Canonum zurückgehen, weil darin nur die Kanones der Synoden von Nikaia bis Laodikeia aufgenommen sind, also sogar diejenigen von Konstantinopel noch fehlen. Ob es schon griechisch so vorlag oder aufgrund einer frühen syrischen Übersetzung zusammengestellt wurde, wäre noch zu prüfen.

Der »untere« Text ist also wohl die älteste erhaltene syrische Übersetzung des antiochenischen Corpus Canonum, das nach Eduard Schwartz kurz vor der Synode von Konstantinopel (381) entstand und wenig später um die Kanones

47 Vööbus, Kanonessammlungen aaO 447-452; Kaufhold – Selb aaO (oben Fußn. 3).

48 A. Mingana, Catalogue of the Mingana Collection of Manuscripts, vol. 1, Cambridge 1933, 25-37.

49 Katalog: A. van Lantschoot, Inventaire des manuscrits syriaques des fonds vatican (490 [richtig: 460]-631), Città del Vaticano 1965, 78-84.

50 Vööbus, Syrische Kanonessammlungen 458-464; Kaufhold – Selb aaO.

51 Katalog: A. Scher, Notices sur les manuscrits syriaques du Musee Borgia, in: Journal Asiatique X, 13 (1909) 280. Sie scheint sich stärker mit der Hs. Paris Syr. 62 zu berühren, wie die Kollation der antiochenischen Texte von F. Nau, ROC 14 (1909) 18f., zeigt. Sie wird im folgenden nicht eigens erwähnt.

52 Vgl. bereits H. Kaufhold, Die Rechtssammlung des Gabriel von Baṣra und ihr Verhältnis zu den anderen juristischen Sammelwerken der Nestorianer, Berlin 1976, 8ff., 16; Selb, Orientalisches Kirchenrecht II 139f.

dieser Synode erweitert wurde. Dies bedeutet, daß es sich beim Anfang der Liste der nizänischen Väter, wie sie in den Hss. Mardin Orth. 309 und 310, bei Michael dem Syrer sowie in der koptischen Liste überliefert ist, nicht unbedingt um eine in Ägypten veränderte Version handeln muß, sondern daß sie durchaus die im ursprünglichen griechischen Corpus Canonum enthaltene Liste repräsentieren, also antiochenischer Herkunft sein kann. Freilich geht auch die abweichende Liste der Hs Brit. Libr. 14,528 auf eine griechische Vorlage zurück, wie der Paralleltext bei Theodoros Anagnostes zeigt. Welche der beiden Listen letztlich authentisch ist, läßt sich nur nach inhaltlichen, historischen wie geographischen, Gesichtspunkten entscheiden. Der Umstand, daß die wesentlichen Abweichungen die Kirche Ägyptens betreffen, macht die Annahme Schwartz' aber nicht unwahrscheinlich, daß sie etwas mit der Abweichung zu tun hat.[53]

Es ist noch besonders darauf hinzuweisen, daß sich die Hs. Mardin 309, das St.-Petersburger Fragment und die Liste bei Michael dem Syrer in einem Punkt erheblich von allen anderen Versionen, auch der koptischen, unterscheidet. Gegen Ende ist die Reihenfolge von Provinzen umgestellt, außerdem steht für »Pisidia« der Name »Lykaonia«:

fast alle Versionen:	Mardin 309 (u. a.):
Phrygia	Phrygia
	Isauria
	Bithynia
	Kypros
Pisidia	Lykaonia[54]
Lykia	Lykia
Pamphylia[55]	Pamphylia
Inseln	Inseln
Karia	Karia
Isauria	
Kypros	
Bithynia	

53 Immerhin findet sich in den Briefen des Alexandros von Alexandreia an Alexander von Thessalonike und in dem an alle Bischöfe (beide 324 A.D.) die gleiche Einteilung: »Ägypten und Thebais, Libyen und Pentapolis...«, s. H.-G. Opitz, Urkunden zur Geschichte des arianischen Streites, Berlin–Leipzig 1934, 29, 31.

54 Beginn des St.-Petersburger Fragments. Zur Gleichsetzung von Pisidien und Lykaonien s. K. Belke–M. Restle, Tabula Imperii Byzantini. Band 3: Galatien und Lykaonien, Wien 1981, 41: »Der in diokletianischer Zeit geschaffenen Provinz Pisidien wurde auch ein Großteil Lykaoniens angeschlossen, sodaß... die (um 370) verselbständigte Provinz Lykaonien anfänglich manchmal noch Pisidien genannt wurde.«

55 Die einzige, lückenhafte Handschrift der koptischen Version bricht nach der Überschrift ab.

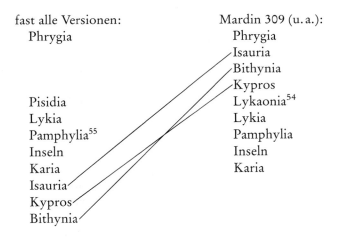

Die Provinzen Isauria, Kypros und Bithynia stehen an anderer Stelle. Bereits Schwartz hatte darauf hingewiesen, daß die beiden ersten an sich zur Dioecesis Oriens, letztere zur Dioecesis Pontica gehörten, sie in der Liste aber innerhalb der Dioecesis Asia eingereiht seien; er vermutete, daß dies durch »Besonderheiten der Administration veranlaßt ist, ... der kirchlichen, nicht der politischen«.[56] Die drei Provinzen bleiben auch in der Version der Hs. Mardin 309 innerhalb der Dioecesis Asia, also außerhalb ihrer Diözese. Honigmann ging in seiner Besprechung auf diesen Sachverhalt gleichfalls ein und kam zu dem Ergebnis, daß »la liste de Michel ne représente pas une forme plus ancienne que les autres, mais un texte retouché«. (Daß diese Provinzen in dem bei ihm wenig später abgedruckten St.-Petersburger Fragment an derselben Stelle wie bei Michael stehen, erwähnt er nicht.) Eine schlüssige Erklärung für die Umstellung konnte er allerdings ebenfalls nicht geben, wies aber darauf hin, daß wenigstens zwei dieser Provinzen auch in der Liste von Konstantinopel am falschen Platz stehen, ihre Einordnung also wohl noch unsicher gewesen sei.[57] Eine überzeugende Erklärung für die unterschiedliche Reihenfolge bleibt noch zu finden. Es fällt jedenfalls schwer anzunehmen, daß diese syrische Version entgegen allen anderen Versionen insoweit ursprünglicher sein soll.

Die Handschriften, die den »oberen« bzw. »unteren« Text enthalten, unterscheiden sich übrigens auch in bezug auf das aufgenommene Material.[58]

c) Die Liste in der Chronik Michaels des Syrers

Die Übereinstimmung zwischen der koptischen Liste und derjenigen Michaels des Syrers überrascht nun nicht mehr. Michael hat eine Handschrift herangezogen, die große Ähnlichkeit mit Mardin Orth. 309 hatte. Damit ist auch die

56 Bischofslisten 75.

57 AaO 332-334. Im oben (Fußnote 53) schon erwähnten Tomos Alexandros' von Alexandreia an alle Bischöfe werden eine ganze Reihe von Provinzen aufgezählt, allerdings wieder in anderer Reihenfolge, s. Opitz aaO 31 (... Karia, Lykia, Lydia, Phrygia, Pamphylia, Galatia, Pisidia, Pontos...).

58 Zum Inhalt der westsyrischen Kanonessammlungen s. die Tabellen bei Selb, Orientalisches Kirchenrecht II 100-127 (passim). Bei der Gruppe des »oberen« Textes dürfte insbesondere ps.-apostolisches Material gefehlt haben. Doch enthält bereits die Hs. Harvard Syr. 93 eine Bearbeitung der »Apostolischen Überlieferung« des Hippolyt (vielleicht auch schon die »Apostolischen Kanones«), außerdem einen ephesinischen Kanon und die 15 Antworten des Timotheos von Alexandreia. Letztere wurden sicher schon früh aufgenommen, wie auch die koptische Sammlung zeigt (s. Coquin, Le *Corpus Canonum* copte [oben Fußn. 29] 4). Bei einem Teil der Handschriften des »unteren« Textes (Brit. Libr. Add. 12,155 und 14,526, Vat. Syr. 127) stimmt der Umfang der aufgenommenen Texte mit dem der Hs. Harvard Syr. 93 überein (mit den »Apostolischen Kanones«), die weiteren Handschriften (Mardin Orth. 309, 310, Paris Syr. 62, Vat. Syr. 560, Borg. Syr. 148) sind um zahlreiche weitere Texte erweitert, u.z. um syrische Originaltexte, aber auch Übersetzungen griechischer Werke, die teilweise griechisch nicht erhalten und für die Geschichte des byzantinischen Kirchenrechts bisher nicht herangezogen wurden (Vööbus behandelt letztere übrigens zu Unrecht in seinem bereits angeführten Buch »Syrische Kanonessammlungen. I. Westsyrische Original(!)urkunden« mit).

Vermutung von Honigmann gegenstandslos, Michael könnte die Namen einer syrischen Übersetzung der Kirchengeschichte des Sokrates entnommen haben, welche eine andere – aber nicht erhaltene – Liste der Väter von Nikaia enthielt, als sie bei Theodoros Anagnostes überliefert ist.[59] Richtig ist, daß Michael sich bei seinem Bericht über das Konzil von Nikaia auf Sokrates stützt, es spricht aber nichts dagegen, daß er die Namen der Väter aus einer anderen Quelle, nämlich einer Handschrift mit Konzilskanones, exzerpierte.[60]

2. Die ostsyrische Tradition

a) Chronologische Rechtssammlung

In den Akten der Synode des ostsyrischen Katholikos Yahbalāhā (420 A.D.) heißt es, daß die Väter um »die berühmten τάξεις (baten), die durch die Überlieferung von unseren seligen Vätern, den Aposteln her für die Leitung des Priestertums geziemend erlassen sind, zusammen mit den wahren Gesetzen und Kanones, die zu verschiedenen Zeiten auf einer Bischofssynode im Westen erlassen wurden«; dann folgen deren Namen: Nikaia, Ankyra, Syria (lies: Kaisareia) in Kappadokien, [Neo]Kaisareia, Gangra, Antiocheia und Laodikeia.[61] Das 1. Konzil von Konstantinopel fehlt noch, und wir haben hier einen weiteren Beleg für das ursprüngliche antiochenische Corpus Canonum.

In der chronologischen Kanonessammlung der ostsyrischen Kirche findet sich diese frühe Sammlung aber nicht, die – wie wir gesehen haben – mit dem »unteren« Text in der Ausgabe von Schulthess gleichzusetzen wäre. Falls Yahḇalāhā und seine Bischöfe sie in syrischer Sprache bekommen haben, so ist sie in ostsyrischer Überlieferung jedenfalls nicht erhalten. Aufgenommen in die Sammlung wurde vielmehr die spätere Übersetzung aus dem Jahre 501/2 A.D., repräsentiert bei Schulthess durch die (ostsyrische) Hs. Borg. Syr. 82 (Sigle F)[62]; diese Handschrift ist eine aus dem 19. Jhdt. stammende Abschrift einer heute im chaldäischen Kloster in Bagdad aufbewahrten Handschrift des 13. oder 14.

59 Besprechungsaufsatz zu Schwartz 328.

60 Er schließt das Kapitel über Nikaia vor (!) der Bischofsliste mit den Worten: »Dies hat Sokrates geschrieben.« (Chabot aaO I 247; IV 127). Die Bischofsliste endet mit: »Diese Namen der Väter, die wir gefunden haben, haben wir geschrieben.« (I 253; IV 127). Damit ist auch die von Honigmann ebda. zitierte und offengelassene Feststellung Chabots, Chronique, aaO, Band 1, Einleitung S. XXVIII, beantwortet: »Nous ignorons par quel intermédiaire les noms des évêques qui ont souscrit aux conciles de Nicée et de Constantinople ont passé du grec dans notre Chronique.«

61 O. Braun, Das Buch der Synhados, Stuttgart–Wien 1900, 38f.; J.-B. Chabot, Synodicon orientale, Paris 1902, 38/278. Zur Übernahme der griechischen Synoden durch die Ostsyrer (und zur angeblichen Synode von Kaisareia) s. Kaufhold, Gabriel von Baṣra 9-20; vgl. auch W. Selb, Orientalisches Kirchenrecht. I: Die Geschichte des Kirchenrechts der Nestorianer, Wien 1981, 83-89.

62 Katalog: A. Scher, Notice sur les manuscrits syriaques du Musée Borgia aujourd'hui à la Bibliothèque Vaticane, in: Journal Asiatique, 10. Série, tome 13, Paris 1909, 280.

Jhdts. (Nr. 509[63] = olim Notre-Dame des Semences 90[64] bzw. 169[65]). Es ist deshalb auch nicht verwunderlich, daß die darin enthaltene Liste der Väter von Nikaia – wenn man von Schreibfehlern absieht – genau mit derjenigen der Hs. Brit. Libr. Add. 14,528, also dem »oberen Text«, übereinstimmt. Diese ostsyrische Liste wurde zuerst in deutscher Übersetzung von Oscar Braun veröffentlicht[66], ist in der Ausgabe von Schulthess zugänglich und wurde nochmals, aber unbefriedigend von Arthur Vööbus mit englischer Übersetzung herausgegeben[67].

b) Nomokanon des Ebedjesus

Offensichtlich aus einer solchen ostsyrischen chronologischen Sammlung hat der ostsyrische Metropolit ʿAbdīšōʿ bar Brīkā (Ebedjesus von Nisibis) Ende des 13. Jhdts. diese Liste in eines seiner beiden juristischen Sammelwerke, den sogenannten Nomokanon, übernommen; nur die Liste der mesopotamischen Bischöfe, der Heimat des Verfassers, ist um einige Namen erweitert[68]. Der syrische Text und eine lateinische Übersetzung von Aloysius Assemani findet sich in Band 10 von Angelo Mais »Scriptorum veterum nova collectio«[69] und in von Heinrich Hilgenfeld verbesserter Form bei Gelzer–Hilgenfeld–Cuntz[70]. Daneben gibt es noch eine weitere, im Westen aber kaum zugängliche Edition von Y.E. de Kellayta.[71]

63 Neuster Katalog (englischer Titel): P. Haddad – J. Isaac, Syriac and Arabic Manuscripts in the Library of the Chaldean Monastery Baghdad. Part 1: Syriac Manuscripts, Bagdad 1988, 224-229.

64 Signatur nach der Beschreibung von Addai Scher, in: Journal Asiatique, 10. Série, tome 8 (Paris 1906) 55-58.

65 Signatur nach der Beschreibung von J.-M. Vosté, in: Angelicum 5 (Rom 1928) 187-190 = separat Rom–Paris 1929, 63-66.

66 De Sancta Nicaena Synodo. Syrische Texte des Maruta von Maipherkat, Münster i.W. 1898, 29-34.

67 The Canons ascribed to Mārūtā of Maipherqaṭ and related sources, Louvain 1982 (= CSCO 439, 440), 117-122 (Text); 98-101 (Übersetzung). Im Übersetzungsband (S. 101, Fußnote 67) weist er kurz und ungenügend auf die zweisprachige Liste von Nikaia der Hs. Mardin 309 hin, berücksichtigt sie aber nur an dieser Stelle und noch dazu mit einer falschen Lesung. Sein Katalog, auf den er dort verweist, ist nicht erschienen.

68 Vgl. Honigmann, La liste original (oben Fußn. 28) 62f. (mit Literatur). Neben Geschichtswerken (z.B. Chronik von Seert [Ed. Scher 276f.]) führt auch der Ostsyrer Elias von Nisibis (11. Jhdt.) in einer arabischen Schrift einige Bischöfe seiner Kirche an, die am Konzil von Nikaia teilgenommen haben. Er stimmt jedoch ebensowenig wie die historischen Werke genau mit der Liste von Nikaia noch mit der im Nomokanon des Ebedjesus überein (s. L. Horst, Des Metropoliten Elias von Nisibis Buch vom Beweis der Wahrheit des Glaubens, Colmar 1886, 25).

69 Rom 1838, 204-207 (Text), 38-40 (Übersetzung).

70 Patrum Nicaenorum nomina 118-141. Vgl. auch die Einleitung S. XXIV-XXVI.

71 Englischer Titel: The Nomocanon or The Collection of Synodical Canons of Mar Abdisho bar Brikha, Metropolitan of Nisibis and Armenia; 1290 A.D., edited and published..., Urmia Persia 1918 A.D. Die Liste der Väter von Nikaia steht auf S. 15-17. Darauf beruht die englische

IV. Die armenische Liste

Das armenische Kanonbuch (*Kanonagirkʿ Hayocʿ*), die umfassende Sammlung von Synodal- und Väterkanones, geht in ihrem ältesten Bestand auf den Katholikos Johannes von Odzun (8. Jhdt.) zurück. Es enthält die Liste der Väter von Nikaia ebenfalls.[72] Die Namen sind in den Handschriften teilweise stärker verunstaltet. Zweifelsfrei liegt aber ein griechischer Text zugrunde, wie wir ihn von Theodoros Anagnostes oder – in syrischer Übersetzung – von der Hs. Brit. Libr. Add. 14,528 oder der Hs. Bagdad 509 (mit Abschriften) kennen, also dem »oberen Text« bei Schulthess.

V. Die lateinischen Listen

Die lateinische Überlieferung griechischer Kanones ist vielfältiger und nicht geradlinig.[73] Es lassen sich – mit der Ausgabe von Cuthbert Hamilton Turner[74] – fünf Gruppen von Handschriften unterscheiden. Drei davon, Λ1 (Dionysiana-Hadriana), Λ2 (Isidoriana vulgata) und Λ3 (jüngere Prisca) gehen mit Theodoros Anagnostes und der syrischen Übersetzung des Jahres 501/2 A.D. einher, die beiden anderen, Λ4 (Prisca) und Λ5 enthalten Varianten, die – wie Eduard Schwartz schreibt – »in der koptischen Liste wiederkehren«, die »Listen ΛIIII.V (hängen) irgendwie mit der koptischen Liste zusammen«[75], also auch mit dem Text der Hss. Mardin Orth. 309 und 310. Honigmann sieht die Zusammenhänge etws anders: Λ5 sei von allen Listen, die das antiochenische Corpus Canonum repräsentieren, unabhängig und älter; der Autor der koptischen Liste gehe auf denselben griechischen Prototyp wie Λ5 zurück, habe ihn aber mit Varianten aus der Liste des Corpus Canonum ergänzt.[75a] Die Frage mag hier auf sich beruhen.

Übersetzung von Mar Aprem, des nestorianischen Bischofs von Trichur (Indien), in: Voice of the East 39 (Trichur 1992), No. 1, S. 2-7 (vgl. die Einleitung in vol. 38 [1991], No. 9 & 10, S. 16).

72 Ausgabe und Übersetzung: Gelzer–Hilgenfeld–Cuntz, Patrum Nicaenorum nomina 183-215 (vgl. auch die Einleitung S. XXXI-XXXVII). Neuste (kritische) Ausgabe: V. Hakobjan, Kanonagirkʿ Hayocʿ, Band 1, Erevan 1964, 134-150. Französische Übersetzung danach: Ch. Mercier, Les canons des conciles œcumeniques et locaux en version arménienne, in: REA NS 15 (1981) 187-262; hier: 198-201.

73 Vgl. etwa F. Maaßen, Geschichte der Quellen und der Literatur des canonischen Rechts, Band 1, Graz 1870, 420ff. sowie die Arbeiten von Schwartz und Turner.

74 Ecclesiae Occidentalis Monumenta Iuris Antiquissima. Canonum et conciliorum graecorum interpretationes latinae, Band 1, Oxford 1899. Namen der Bischöfe: 35-91.

75 Bischofslisten 66f.

75a The Original Lists of the Members of the Council of Nicaea, the Robber-Synod and the Council of Chalcedon, in: Byzantion 16 (Boston 1944) 43.

VI. Die arabische Liste

In den üblichen arabischen Kanonessammlungen ist die Liste der Väter von Nikaia nicht zu finden.[76] Die in wenigen anderen Handschriften überlieferte Liste enthält 318 Namen[77] und beruht auf einer griechischen Handschrift mit der traditionellen Anzahl.[78]

VII. Ergebnis

Die auf das antiochenische Corpus Canonum zurückgehende Liste der Väter von Nikaia mit etwa 220 Namen liegt in zwei verschiedenen Versionen vor. Sie unterscheiden sich insbesondere bei den am Anfang stehenden afrikanischen Bischöfen. Die eine der Versionen ist unmittelbar griechisch nicht erhalten. Sie wurde zunächst nur in koptischer Sprache bekannt und galt – wohl nicht zuletzt deshalb – als Werk der ägyptischen Kirche. Da sie aber auch in syrischer Sprache vorliegt und Anklänge daran in einem Teil der lateinischen Überlieferung festzustellen sind, war sie offenbar weiter verbreitet. Es ist durchaus möglich, daß es sich um die ursprüngliche Fassung des Corpus Canonum handelt, zumal sie teilweise bessere Lesarten enthält, die betreffende syrische Übersetzung vermutlich älter ist als die syrische Übersetzung der anderen Version und sie – wie nicht zuletzt die griechischen Entsprechungen in der Hs. Mardin 309 und in dem St.-Petersburger Fragmentes zeigen – auch in griechischer Sprache vorhanden gewesen sein muß. Schon die griechische Überlieferung der nizänischen Liste war offenbar zweigeteilt. Die andere Version, die in griechischer Sprache im Geschichtswerk des Theodoros Anagnostes vorliegt, wurde ebenfalls ins Syrische und Lateinische, außerdem noch ins Armenische übersetzt.

Die Hs. Mardin 309 und das St.-Petersburger Fragment erlauben mit ihrem griechischen Teil einen besseren Rückschluß auf die nicht erhaltene griechische Fassung dieser Version, als das bisher aufgrund der fragmentarischen und teilweise entstellten koptischen Liste und der syrischen, noch stärker vom Schreiber verunstalteten Liste in der Chronik Michaels des Großen möglich war. Natürlich sind aber auch sie nicht fehlerfrei.

So beruht ein auffälliger Unterschied zwischen der koptischen Liste und derjenigen der Hs. Mardin 309 (neben der Einordnung der Provinzen Isauria, Bithynia und Kypros, s. oben) offenbar auf einem Mißverständnis des Syrers. Während erstere die Provinzen »Äypten und Thebais« mit 15 Bischöfen sowie

76 Graf I 589, 593; J.B. Darblade, La collection canonique arabe des Melkites, Harissa (Libanon) 1946, 69ff.; J. Nasrallah, Histoire du mouvement litteraire dans l'eglise chretienne, vol. II/2, Louvain-Paris 1988, 200ff.

77 Ausgabe nach einer Oxforder Handschrift und Übersetzung von Hilgenfeld in: Gelzer–Hilgenfeld–Cuntz, Patrum Nicaenorum nomina 143-181 (vgl. auch die Einleitung S. XXVII-XXXI).

78 Graf I 593; Beneševič, Sinaijskij spisok (oben Fußn. 25), insbesondere 285ff.

»Libyen und Oberlibyen« mit 6 Bischöfen kennt[79] (die andere Version weicht hier sowieso völlig ab), hat die Liste der Hs. Mardin 309, welche die gleichen Namen und Orte nennt, folgende Einteilung: Ägypten und Thebais (5 Bischöfe), Setroites (10 Bischöfe) und Oberlibyen (6 Bischöfe). Eine Provinz Setroites ist aber ganz unbekannt. In der koptischen Liste lautet der fünfte Eintrag für Ägypten/Thebais: ⲡⲟⲧⲁⲙⲱⲛ ϩⲛ̄ ϩⲏⲣⲁⲕⲗⲉⲩⲥ ⲑⲣⲟⲓⲇⲟⲥ. Bereits Zoega verbesserte das letzte Wort zu (ⲥⲉ)ⲑⲣⲟⲓⲇⲟⲥ, eine Konjektur, die jetzt durch die Hs. Mardin 309 gestützt wird.[80] Die griechische Vorlage lautete wahrscheinlich, obwohl nirgendwo direkt belegt: ΠΟΤΑΜωΝ ΗΡΑΚΛΕΟΥC ΤΟΥ CΕΘΡΟΙΤΟΥ.[81] Den zweiten Bestandteil des Ortsnamens faßte der syrische Bearbeiter als Überschrift für eine neue Provinz auf und teilte die Konzilsteilnehmer neu auf, so daß für Ägypten/Thebais nur noch 5 Bischöfe übrigblieben und die angebliche Provinz Setroites 10 Bischöfe umfaßt; die jeweilige Gesamtzahl der Bischöfe nahm er – wie bei den übrigen Provinzen – in die betreffenden Überschriften auf. Die gleiche Einteilung weist auch die Liste in der Chronik Michaels des Großen auf, wo allerdings das Wort Setroites entstellt ist (*'sṭrmṭys*) und die Provinz laut Überschrift zwölf Bischöfe umfassen soll. In Wirklichkeit sind es dort aber – wie Honigmann feststellte – auch nur zehn, und »ce qui suit n'est que le reste des villes égyptiennes«[82].

Der interessanteste Teil der Hs. ist gleichwohl der Anfang, weil hier die beiden Versionen deutlich voneinander abweichen. Die griechischen Namen stimmen in der Hs. Mardin 309, abgesehen von orthographischen Varianten, im allgemeinen mit der koptischen Liste überein, bieten teilweise aber auch einen besseren Text. So sind – verglichen mit den sonstigen Listen – die Namen der römischen Delegaten besser wiedergegeben, wird richtig »Arpokration« statt »Arpokrator« (Nr. 19)[83], »Titos« statt »Dios« (Nr. 21) »Sekundos« statt »Segentos« (Nr. 22) und »Dakes« statt »Takes« (Nr. 25) gelesen. Ferner füllt sie die Lücke in der koptischen Handschrift mit »Arpokras von Phragonia« (Nr. 11). Dagegen scheint die Lesung »Plusianos« in der koptischen Liste richtiger zu sein als »Plusios« (Nr. 17)[84]. Ob die Lesung »Tiberianos« oder »Tiberios« (Nr. 7) vorzuziehen ist, muß wohl offenbleiben. Bei Nr. 8 wird die Konjektur Honigmanns (»Tanis«) bestätigt.[85] Als Sitz des Bischofs Zopyros (Nr. 23) finden wir in der griechischen Spalte der Hs. Mardin 309 die Namen »Barkē« und »Alkistēs«, im Syrischen durch *aukēt* »das heißt« verbunden. Damit scheint mir Ho-

79 Gelzer–Hilgenfeld–Cuntz, Patrum Nicaenorum nomina 78-80.
80 Vgl. ebda. 78, Fußn. 3. In der Hs. Mardin 309 wird das Wort mit T, nicht mit Θ geschrieben.
81 Honigmann, Besprechungsaufsatz zu Schwartz 329, unter Bezugnahme auf Chabot, Chronique de Michel I 248.
82 Ebda.
83 Zählung immer nach der Ausgabe unten.
84 Honigmann, La liste originale 31.
85 Besprechungsaufsatz zu Schwartz 329.

nigmanns Versuch gegenstandslos, die in einem Teil der lateinischen Listen zu findenden Namensform »Arcisteis« (u. ä.) innerlateinisch aus einem ursprünglichen »Zopirus ⟨B⟩arcis ⟨Lybiae⟩ siccae« (Libya sicca = unteres Libyen), das nach Ausfall des »Libyae« zunächst zu »arcisiccae« geworden wäre, zu erklären.[86]

Die Hs. Mardin 309 trägt allerdings nicht viel zum besseren Verständnis des stärker entstellten Anfangs der Liste bei Michael dem Syrer bei, obwohl die beiden Texte sonst weitgehend übereinstimmen. Die Interpolationen in der Chronik, die Honigmann annimmt,[87] fehlen in der Mardiner Handschrift.

Auch sonst stimmen die Konzilsteilnehmer und Orte sowie deren Reihenfolge in der Hs. Mardin 309 im allgemeinen mit der koptischen Liste überein und berühren sich stärker mit einem Teil der lateinischen Überlieferung (Λ IIII und V); die Schreibungen der Namen in der griechischen Spalte decken sich dagegen weitgehend mit dem erhaltenen griechischen Text. Auf Einzelheiten kann an dieser Stelle nicht näher eingegangen werden.[88] Die wichtigeren Abweichungen der koptischen Liste sind unten im Apparat der Ausgabe angegeben. Im folgenden seien nur noch einige Besonderheiten erwähnt.

Palästina: Die syrische Spalte der Hs. Mardin 309 unterscheidet Marinos von »Sebaste-Land« und Gaios von der »Stadt Sebaste«. In der griechischen Spalte erscheint Marinos dagegen nur als »Chorbischof« ohne Ortsangabe, was seiner Stellung als kirchlicher Leiter des »Land«(= χῶρα)bezirks aber durchaus entspricht. Die Stelle ist in der koptischen Liste nicht erhalten. Bei Michael dem Syrer ist der Text durcheinandergeraten (»Marinos von Sebaste, Gaios von Kaisareia«). Die andere Version liest in der griechischen Fassung: Μαριανὸς Σεβαστηνός und Γαιανὸς Σεβαστῆς; aus der Adjektivform des Ortsnamens läßt sich wohl ebenfalls entnehmen, daß Marianos nicht Bischof von Sebaste war, denn der Sitz eines Bischofs wird sonst immer im Genitiv nachgestellt.

Syrien: Die unbegründete Unterscheidung der koptischen Liste zwischen »Untersyrien (14 Bischöfe) und »Obersyrien« (9 Bischöfe) macht die Hs. Mardin 309 nicht mit (bei ihr sind es insgesamt 23 Bischöfe).

Arabien: Der letzte Eintrag weicht von allen anderen Listen ab (die koptische ist wieder nicht erhalten) und kann so nicht richtig sein, scheint aber auf einem vollständigeren Text zu beruhen. Er lautet griechisch: ΔΙΟΝΥCΗC ΚΝΑΘΟΝ CΕΥΙΡΟC, syrisch: S'wyrws d-Rāmat Gelʿad Qnt. Er berührt sich mit dem entsprechenden griechischen Text des Theodoros Anagnostes, der Σευῆρος Διονυσιάδος lautet. Der Personenname Severos steht sowohl in der

86 La liste originale 31.

87 Ebda. 328f. Das auf »Aigyptos« folgende »*theos*« gibt vielleicht »Thebais« wieder.

88 Die Unterschiede der Listen werden vor allem diskutiert von Schwartz, Bischofslisten 66-71; Honigmann, Besprechungsaufsatz dazu 328-341; ders., Les listes originales 31-41; Beneševič, Novyja dannyja (oben Fußn. 9); ders., Sinajski spisok (oben Fußn. 25).

griechischen wie in der syrischen Spalte unserer Handschrift. Der Ortsname Dionysias (heute: as-Suwaida)[89] findet sich jedoch nur in der griechischen. Das griechische KNAΘON und das syrische *Qnt* meinen sicherlich das zur Dekapolis gehörige Κάνωθα (Κάναθα; heute: al-Qanawāt)[90]; der zugehörige Personenname scheint zu fehlen. Rāmat Gel'ad ist biblisch gut belegt (Rāmōt Gil'ad), es liegt im selben Gebiet und müßte eigentlich dem Dionysias der griechischen Spalte entsprechen, doch ist – soweit ich sehe – eine Gleichsetzung damit sonst nicht belegt; der Frage müßte noch näher nachgegangen werden. Die Liste bei Michael dem Syrer verkürzt zu »Severos von Rāmat Gel'ad«.

Kappadokien: Die Hs. Mardin 309 bestätigt die wohl richtige[91] Lesart bei Michael dem Syrer und einem Teil der lateinischen Überlieferung (Λ IIII und V), wonach der vierte und fünfte Bischof dieser Provinz »Timotheos von Kybista« und »Ambrosios von Komana« waren. In der koptischen Liste sind durch ein Schreiberversehen zwei Namen ausgefallen, so daß daraus ein »Timotheos in Komana« wurde. In der anderen Version lautet der Name des Bischofs von Komana dagegen Elpidios. Ebenso heißt dort der Bischof des gleichlautenden Ortes Komana in der Provinz (Dios)pontos, was ein merkwürdiger Zufall wäre; in der Hs. Mardin 309 wird dieser dagegen Eulysios genannt[92].

Hellespont: Die Hs. Mardin 309 kennt – wie die an sich der anderen Version angehörende jüngere syrische Übersetzung (»oberer« Text) – nach der Provinz Asien (6 Bischöfe) eine eigene Provinz Hellespont (1 Bischof), während der griechische Text des Theodoros Anagnostes, alle lateinischen und die armenische Liste die 7 Bischöfe unter der Überschrift Asien zusammenfassen. In der koptischen Liste fehlt die Überschrift Hellespont und der siebte Bischof. Die Aufteilung auf die beiden Provinzen in den syrischen Listen macht Schwierigkeiten, weil nach dem Synekdemos des Hierokles das laut dem Syrer in der Provinz Hellespont liegende A(i)nea gerade zu Asien, und das unter Asien angeführte Ilion zum Hellespont gehört[93]. Die Lösung scheinen die lateinischen Versionen Λ I-IIII zu bieten, die beim vorletzten Ortsnamen »ilio elesponti« (u. ä.) lesen. Das Wort Hellespontos ist offenbar eine nähere Bestimmung des Ortes Ilion, nicht aber die Überschrift für eine neue Provinz (zum gleichen Fehler bei der »Provinz« Setroites s. oben). Merkwürdig ist allerdings, daß hier die beiden syrischen Listen übereinstimmen, die an sich verschiedenen Versionen zugehören. In der koptischen Liste kommt der Name Ilion bei dieser Provinz zweimal vor. Nach unserem Text ist beim zweiten Mal dagegen Ioulion zu

89 M. Le Quien, Oriens Christianus, tom. 2, Paris 1740, 866.

90 Le Quien, ebda. 867; H. Klengel, Syrien zwischen Alexander und Mohammed, Leipzig 1986, 190f.

91 So Schwartz, Bischofslisten 70; Honigmann, La liste originale 34.

92 Michael der Syrer: 'ylksyws; Kopt. EYRHCIOC; Latein. (IIII, V) Elisidius uel Elpidius.

93 Ed. Honigmann (oben Fußnote 14) 21, 23 (659,2 bzw. 662,8).

lesen, ein Ort, der sonst wohl nicht bezeugt ist. Eine überzeugende Deutung steht nach wie vor aus.[94]

Lykaonien (Pisidien): Zur Umstellung der Provinzen s. oben. Hier weicht einmal die Reihenfolge der Hs. Mardin 309 von der der koptischen Liste ab; beide stimmen aber auch nicht mit der anderen syrischen Version, der (unvollständigen) griechischen Liste bei Theodoros Anagnostes und der armenischen Liste überein; die koptische berührt sich mit Λ IIII. In der Hs. Mardin 309 und bei Michael dem Syrer heißt der Bischof von Limena Granios (koptisch nicht erhalten), eine Lesart, die sich in der lateinischen Version V (Granius) und merkwürdigerweise wohl auch im Armenischen (Gramiws) wiederfindet, während die andere Version Araunios liest. Der Name Akademios kommt in der Hs. Mardin 309, bei Michael und in der koptischen Liste zweimal vor, der eine ist Bischof von MOPTINH, der andere von ΠΑΠΩN (Pappa). Schwartz war aufgrund der lateinischen Liste in Λ IIII (murtinensis paporum u. ä.), aber wohl ohne zwingenden Grund, der Meinung, es handele sich um nur einen Bischof, und der erstere, in einer Inschrift belegte Ortsname sei lediglich *locus attributus* des pisidischen Pappa.[95] Honigmann erwog dagegen, ob es sich dabei um die Stadt Misthia handele[96], eine angesichts der Schreibung MOPTINH sehr fernliegende Möglichkeit.

Isaurien: Der letzte Eintrag lautet in der syrischen Spalte der Hs. Mardin 309 »Eusebeios d-ṭauṭābūṯā hāi d-Isauria«. *ṭauṭābūṯā* gibt das griechische παροικία (oder das lateinische *dioecesis*) wieder[97], so daß zu übersetzen ist »Eusebeios von der Paroikia von Isaurien«.[98] Das Wort παροικία findet sich auch in der Liste des Theodoros Anagnostes (Εὐσέβειος Παροικίας) und als Fremdwort in der anderen syrischen Version (*d-prwq' d-Isauropolis*). In der griechischen Spalte der Hs. Mardin 309 fehlt es, offenbar weil grundsätzlich bloß griechische Fremdwörter griechisch wiedergegeben werden; wir finden deshalb nur EYCEBEIOC ICAYPIA. Der koptische Text ist nicht erhalten. Die armenische Liste übersetzt es ebenfalls, und zwar durch *išḫanutʿiwn*, was unter anderem als Äquivalent für παροικία belegt ist[99] In der lateinischen Überlieferung finden wir in Λ I und IIII »parrichia isauriae« (o. ä.), in Λ II und III »diocesis isauriae«.

94 Vgl. dazu Schwartz, Bischofslisten 67; Honigmann, Besprechungsaufsatz 330; ders., La liste originale 36.

95 Bischofslisten 68 f. Belke–Restle, Galatien und Lykaonien (oben Fußn. 54) 206: »Schwartz' Erklärung der offensichtlichen Korruptele dieser Stelle ist eher unwahrscheinlich.«

96 La liste originale 37. Vgl. Synekdemos, Ed. Honigmann 27 (675,3).

97 R. Payne-Smith (Hrsg.), Thesaurus Syriacus, Band 1, Oxford 1879 ff., Sp. 1647.

98 Zur Bedeutung vgl. Schwartz, Bischofslisten 75. Vgl. auch Honigmann, La liste originale 38 f.

99 Nor bargirk haikazean lezoui, Band 1, Venedig 1836, 866 a.

C) Die Listen der Väter von Ankyra und Neokaisareia

In der syrischen und einem Teil der lateinischen Überlieferung stehen die Listen von Ankyra und Neokaisareia unmittelbar hintereinander. Sie finden sich vor den Kanones von Ankyra, an die sich die Bestimmungen von Neokaisareia gleich anschließen, nur durch eine Überschrift und einen Redaktionsvermerk getrennt. Die beiden Synoden waren offenbar schon zu einer Einheit zusammengefaßt und ihre Teilnehmerlisten untereinander geschrieben worden, bevor sie in das antiochenischen Corpus Canonum aufgenommen wurden.[100] Soweit die Listen in den anderen Quellen getrennt erscheinen, wird das sekundär sein, zumal die Liste von Neokaisareia dann an unterschiedlichen Stellen steht. Während in der Liste von Ankyra auch die Bischofssitze angegeben sind, enthält die von Neokaisareia nur die Namen der Väter.

Griechisch ist keine der beiden Listen erhalten. Die Blätter der koptischen Handschrift, auf denen die Listen gestanden haben dürften, sind verlorengegangen.[101]

I. Die Liste von Ankyra

1. In den lateinischen Sammlungen finden wir drei verschiedene Listen. Die Prisca und die Isidoriana enthalten für Ankyra je dreizehn Namen[102], die Hadriana achtzehn[103]. Bei der Prisca und den ersten dreizehn Namen der Hadriana stimmt die Reihenfolge genau überein; die zusätzlichen Namen in der Hadriana stammen aus der Liste von Neokaisareia, die sich dort nicht unmittelbar anschließt. Bei der Isidoriana ist der erste Bischof (Vitalis von Antiochia) an die vierte Stelle gerückt. Weitere Abweichungen der Reihenfolge bei mehreren Handschriften der Isidoriana erklären sich – worauf schon Turner hinwies[104] – dadurch, daß der Abschreiber eine Vorlage, bei der in jeder Zeile zwei Namen standen, die also gewissermaßen zweispaltig war, nicht, wie es richtig gewesen wäre, jeweils von links nach rechts, sondern spaltenweise von oben nach unten lesend abschrieb.

2. Die beiden Versionen der syrischen Kanonessammlung, nämlich der »obere« und der »untere« Text bei Schulthess, unterscheiden sich weder in der Anzahl der Väter noch in deren Reihenfolge, sondern nur in der Orthographie;

100 So Schwartz, Die Kanonessammlungen der alten Reichskirche (oben Fußnote 1) 15-17 (= Gesammelte Schriften IV 172-174).

101 Vgl. Coquin, Le *Corpus Canonum* copte (oben Fußnote 29) 43.

102 Turner, Ecclesiae Occidentalis Monumenta I,2, S. 32a, 50.

103 Ebda. 51.

104 Ebda. 50, Apparat.

es handelt sich – wie im Lateinischen – um dreizehn Namen.[105] Der »obere« Text gibt – entgegen allen anderen Versionen – bei den Orten zusätzlich noch die jeweilige Provinz an (außer bei Ikonion und Neronias).

3. Die armenische Liste von Ankyra ist in eine kurze Einleitung zu den Kanones einbezogen. Sie enthält nur elf Namen, die beiden letzten fehlen. Wie in der lateinischen Isidoriana steht Vitalis von Antiocheia erst an vierter Stelle. Außerdem lautet der Name des Bischofs von Tarsos nicht Lupus, sondern Paulos.[106] Diese Variante ist sonst nirgends bezeugt und dürfte auf einer Buchstabenvertauschung beruhen (aus Ġowpos ist Pawġos geworden), zumal Lupus zu Recht auch in der armenischen Überlieferung unter den Vätern von Neokaisareia erscheint.

II. Die Liste von Neokaisareia

Sie umfaßt in der Prisca und einem Teil der Handschriften der Isidoriana 20 Namen.[107] Die beiden Versionen unterscheiden sich voneinander nur dadurch, daß der neunte Bischof in ersterer Sebius und in letzterer Sedus heißt[108].

Diese Liste hat, wie andere Versionen zeigen, auch in zweispaltiger Form vorgelegen (die im folgenden verwendeten Namensformen entsprechen etwa denen der griechischen Spalte in der Hs. Mardin 309):

1/1	Vitalios	11/2	Sanktos
2/3	Lupos	12/4	Valentinos
3/5	Leontios	13/6	Narkissos
4/7	Basileios	14/8	Dikasios
5/9	Gregorios	15/10	Alphios
6/11	Longinos	16/12	Germanos
7/13	Herakleios	17/14	Gerontios
8/15	Amphion	18/16	Stephanos
9/17	Sados	19/18	Salamanios
10/19	Erythrios	20/20	Leontios

Während die Reihenfolge der beiden lateinischen Versionen spaltenweise senkrecht verläuft (Zahlen vor dem Schrägstrich), hat der Kopist bei der Version, die durch den syrischen »oberen« Text[109] und die damit übereinstimmende armeni-

105 Schulthess aaO (oben Fußnote 35) 29f.
106 Hakobyan, Kanonagirkʿ 153; französische Übersetzung: Mercier, Les canons des conciles 205.
107 Turner aaO 32b, 52a.
108 Die abweichende Reihenfolge in einigen Handschriften beruht wieder auf spaltenweiser Abschrift, vgl. Turner ebda. 52, Apparat.
109 Schulthess aaO 30f.

sche Liste[110] repräsentiert wird, die Namen Zeile für Zeile abgeschrieben (Zahlen hinter dem Schrägstrich).

Hier stellt sich die Frage, welche Reihenfolge die ursprüngliche ist. Sie ist deshalb schwer zu beantworten, weil wir weder bei der Liste von Ankyra noch bei der von Neokaisareia das Anordnungsprinzip kennen, zumal bei letzterer nicht einmal die Bischofssitze angegeben sind. Nach Kirchenprovinzen – wie bei Nikaia und Konstantinopel – sind sie wohl nicht geordnet. Das lag aufgrund der geringen Zahl auch fern. Die Reihung wird eher nach der Bedeutung des Sitzes oder dem (Weihe-)Alter des Bischofs erfolgt sein. Vergleicht man die Listen, so erscheinen fünf Bischöfe, die in Ankyra anwesend waren, wohl auch in der Liste von Neokaisareia, nämlich Vitalios von Antiocheia (Nr. 1 in Ankyra), Lupos von Tarsos (Nr. 4), Basileios von Amasia (Nr. 5), Herakleos von Zelon (Nr. 8) und Narkissos von Neronias (Nr. 13). Sie finden sich bemerkenswerterweise in genau gleicher Reihenfolge als Nr. 1, 2, 4 und 7 der ersten Spalte sowie als Nr. 13 der zweiten Spalte der Liste von Neokaisareia. Es ist also wahrscheinlicher, daß man die Spalten dieser Liste von oben nach unten zu lesen hat und die zeilenweise Abschrift des syrischen »oberen« Textes und der armenischen Liste sekundär ist.

Auf der also wohl ursprünglichen Reihenfolge, wie wir sie in der Prisca finden, beruht auch die Reihenfolge des syrischen »unteren« Textes. Sie wurde allerdings in der vorliegenden Form (Hs. Paris Syr. 62, Mardin 310) noch weiter verändert. Sie muß auf eine nicht erhaltene Zwischenversion zurückgehen, bei der der Kopist die Namen ab Sados (Nr. 9) nicht mehr fortlaufend hinter- oder untereinandergeschrieben hatte, sondern in zwei Spalten. Dies dürfte bereits ein Syrer gewesen sein, weil er die Reihe rechts mit »Sados« beginnt und den nächsten Namen »Erythrios« links daneben schrieb, bevor er zur nächsten Zeile überging, also der Richtung der syrischen Schrift folgte. Der Kopist des erhaltenen »unteren« Textes schrieb dann offenbar die beiden Spalten ab Nr. 10 jeweils wieder senkrecht ab. Schulthess hat also in gewisser Weise recht, wenn er für den »unteren« Text feststellt, ein Kopist habe eine zweispaltige Vorlage entgegen der ursprünglichen Reihenfolge spaltenweise abgeschrieben; er ging dabei allerdings zu Unrecht vom »oberen« Text als Vorlage aus.[111] Die folgende Anordnung der Namen ist die der vermutlichen Zwischenversion. Die Zahlen vor dem Schrägstrich geben die Reihenfolge der Prisca an, die Zahlen dahinter die des »unteren« Textes:

(1/1) Vitalis, (2/2) Lupos, (3/3) Leontios, (4/4) Basileios,
(5/6) Gregorios, (6/7) Longinos, (7/8) Herakleios, (8/9) Amphion

110 Hakobyan, Kanonagirkʿ 150; Mercier, Les canons des conciles 201.
111 AaO 30, Fußnote 1.

10/10	Erythrios	9/16	Sados
12/11	Valentinos	11/17	Sanktos
14/12	Dikasios	13/18	Narkissos
16/13	Germanos	15/19	Alphios
18/14	Stephanos	17/20	Gerontios
20/15	Leontios [bzw. *Gregorios*]	19/21	Salamanios
		–/22	*Theodoros*

Nach Basileios (Nr. 4) schiebt der »untere« Text fälschlich bereits Valentinos ein, der nochmals als Nr. 12 bzw. 11 erscheint, so daß oben die Zahlen entsprechend auseinandergehen. Statt des Namens Leontios bieten die Hss. Paris Syr 62 und Mardin 310 (und die sogleich noch zu besprechende Hs. Mardin 309) den Namen Gregorios.[112] Außerdem fügt der »untere« Text am Schluß zusätzlich »Theodoros« hinzu. In der Ausgabe von Schulthess fehlt der Name Stephanos. Hier liegt jedoch nur eine Auslassung in der von ihm benutzten Hs. Paris Syr. 62 vor. Die Handschrift Mardin 310, die nahe mit ihr verwandt ist, liest richtig: »... Dikasios, Germanos, Stephanos, Gregorios, Sados ...«

Damit ist bei den syrischen Kanonessammlungen das Endstadium aber noch nicht erreicht. Die Hs. Mardin 309, in der die griechischen Namensformen angegeben werden, muß auf einem Text beruhen, bei dem an sich zwar die Reihenfolge des »unteren« Textes (wie in den Hss. Paris Syr. 62 und Mardin 310) eingehalten war (von Erythrios (Nr. 10) bis Theodoros (Nr. 22), die Namen aber noch in folgender Weise wieder zweispaltig geschrieben waren. Bemerkenswerterweise geschah dies entgegen der syrischen Schreibrichtung, vielleicht deshalb, weil bereits die griechischen Namensformen danebenstanden (Zahlen vor dem Schrägstrich: Reihenfolge des Hss. Paris Syr. 62 und Mardin 310, Zahlen danach: Reihenfolge der Hs. Mardin 309):

10/10	Erythrios		
11/11	Valentinos	12/17	Dikasios
13/12	Germanos	14/18	Stephanos
15/13	*Gregorios*	16/19	Sados
17/14	Sanktos	18/20	Narkissos
19/15	Alphios	20/21	Gerontios
21/16	Salamanios	22/22	*Theodoros*

Der Kopist oder Bearbeiter der Hs. Mardin 309 (oder von deren Vorlage)

112 Die Ergänzung zu Gerontios bei Schulthess 31, Fußnote 1, ist also unrichtig, zumal der Name dann zweimal vorkäme.

schrieb nun die Spalten senkrecht ab, so daß sich wieder eine neue Reihenfolge ergab. Die Abfolge der Namen in der Mardiner Handschrift ist also alles andere als ursprünglich. Das bedeutet aber nicht, daß die angegebenen griechischen Namensformen unzutreffend sein müssen, auch wenn wir für die griechische Liste eine andere Reihenfolge anzunehmen haben. Der Schreiber hat zwar den ihm vorliegenden syrischen Text zugrundegelegt, daneben aber die ihm sicherlich in anderer Reihenfolge vorliegenden griechischen Namen notiert.

Nicht minder kompliziert ist der Sachverhalt bei den anderen Handschriften der lateinischen Isidoriana[113] und der Hadriana[114]. Bei ersterer steht die Teilnehmerliste unmittelbar vor den Kanones von Neokaisareia, in der Hadriana dahinter. Beide enthalten nur 19 Namen; der 20. Bischof, Leontios, fehlt; der Name kommt an anderer Stelle noch einmal vor, in den anderen Versionen also doppelt.

Für die betreffende Fassung der Isidoriana gibt Turner im Text seiner Ausgabe eine Reihenfolge der Namen an, die mir weiter verändert erscheint als die anderer Handschriften, die von ihm im Apparat angegeben sind. Ausgangspunkt ist die folgende Anordnung der Namen. Ich verwende der Einfachheit halber weiterhin die griechischen Formen:

Vitalios	Basileios	Herakleios	Erythrios	Narkissos
Germanos	Salamanios	Leontios	Lupos	Longinos
Gregorios	Sados	Amphion	Valentinos	Sanktos
Alphios	Dikasios	Stephanos	Gerontios	

Diese Aufstellung kann man zeilen- oder spaltenweise lesen. Liest man sie Spalte für Spalte, ergibt sich die Reihenfolge der Handschriften, die Turner in den Text aufgenommen hat. Folgt man ihr zeilenweise, so ergibt sich ebenso einfach die Reihenfolge der Handschriften des Apparats.

Die Frage, welche Reihenfolge ursprünglicher ist, also welche auf der anderen beruht, wird nur dadurch entschieden, daß sich die im Apparat angegebene leicht auf eine Version wie die Prisca zurückführen läßt, während die andere sonst unerklärlich, also eine freie Erfindung wäre. Die Vorlage für die Handschriften im Apparat wird nämlich so ausgesehen haben, daß in jeder Zeile drei Namen – entsprechend der Reihenfolge wie in der Prisca – angeordnet waren. Bei der folgenden hypothetischen Anordnung bezeichnen die Zahlen vor dem Schrägstrich die Reihenfolge der Prisca, die danach diejenige der Handschriften im Apparat Turners:

113 Turner 52b.
114 Ebda. 53.

1/1	Vitalios	2/9	Lupos	3/8	Leontios
4/2	Basileios	5/11	Gregorios	6/10	Longinos
7/3	Herakleos	8/13	Amphion	9/12	Sados
10/4	Erytrios	11/15	Sanktos	12/14	Valentinos
13/5	Narkissos	14/17	Dikasios	15/16	Alphios
16/6	Germanos	17/19	Gerontios	18/18	Stephanos
19/7	Salamanios	20/-	Leontios		

Der Kopist der Version, die durch die Handschriften im Apparat belegt sind, hat offenbar zunächst die erste Spalte senkrecht abgeschrieben (1-7), die zweite und dritte aber zeilenweise, und noch dazu von rechts nach links: 8/9, 10/11 usw. Warum er so vorging, kann ich nicht sagen. Die syrische Schreibrichtung von rechts nach links kann bei diesen lateinischen Handschriften keine Rolle gespielt haben. Ich habe aber auch keine andere Erklärung gefunden. Sein vermutliches Vorgehen ist zwar seltsam, wird aber irgendwie mit seiner Vorlage zusammenhängen. Die Regelmäßigkeit zeigt jedenfalls ganz klar, daß zwischen der Prisca und den Handschriften im Apparat bei Turner eine nähere Beziehung besteht. Eine Erklärung der Reihenfolge der Handschriften, die Turner für seinen Text verwendete, hat sich dagegen überhaupt nicht angeboten, abgesehen von der bereits oben geschilderten Ableitung von den Handschriften des Apparats, die damit als gesichert gelten kann.

Wieder eine andere Reihenfolge hat die lateinische Hadrina. Sie stimmt von Nr. 10 bis 19 mit dem sekundären Text der Isidoriana überein (also dem der Handschriften im Text Turners). Soweit sie bei den Nummern 1 bis 9 voneinander abweichen, beruht das auch hier wieder auf zeilenweiser Abschrift entgegen der Vorlage. Im folgenden meint die Zahl vor dem Schrägstrich die Turnersche Textfassung der Isidoriana, die Zahl danach die Hadriana:

1/1	Vitalios	6/2	Salamanios
2/3	Germanos	7/4	Sados
3/5	Gregorios	8/6	Dikasios
4/7	Alphios	9/8	Herakleios
5/9	Basileius	10/10	Leontios
		11/11	Amphion
		usw. (in derselben Reihenfolge)	

Im armenischen Kanonbuch folgt die Liste der Teilnehmer von (Neo)Kaisareia fälschlich unmittelbar auf die der Väter von Nikaia, noch vor dem nizänischen Schlußvermerk »Dies sind insgesamt 318«. Sie stimmt in der Abfolge mit dem »oberen« syrischen Text überein und umfaßt ebenfalls zwanzig, zum Teil aber etwas entstellte Namen.[115] So steht etwa *Ewstaǧios* (Eustalios) für Vitalis.

Daß es sich nach dem armenischen Text um die Väter einer Synode von Kaisareia handeln soll, ist unrichtig. Das armenische Kanonbuch enthält zwar nicht nur Kanones der Synode von Neokaisareia, sondern auch solche einer angeblichen Synode von Kaisareia, doch handelt es sich hier um eine Fiktion des armenischen Bearbeiters.[116]

Arabische Listen der Väter von Ankyra und Neokaisareia scheinen in den eigentlichen Kanonessammlungen nicht vorhanden oder wenigstens nicht erhalten zu sein. Der Kopte Abu'l-Barakāt (14. Jhdt.) zählt jedoch im 5. Kapitel seiner arabischen Enzyklopädie »Lampe der Finsternis« für Ankyra 33 Namen auf. Es handelt sich um 13 Väter von Ankyra und 19 von Neokaisareia. Während die Liste von Ankyra mit der griechischen übereinstimmt, weicht die von Neokaisareia von allen bisher genannten ab. Soweit dies die manchmal stark entstellten Namensformen erkennen lassen, dürften die Abweichungen teilweise wieder auf spaltenweiser Abschrift der Vorlage beruhen. Die Liste wird auf eine koptische Vorlage zurückgehen.[117]

III. Ergebnis

1. Die Liste von Ankyra ist verhältnismäßig einheitlich überliefert. Die Hs. Mardin 309 (und Parallelen) weicht beim sechsten Bischof, Philadelphos, von den anderen Versionen durch den Ortsnamen »Heliupolis« (in Galatien) ab, anstelle von »Iuliupolis«. Zwar wird Philadelphos in der Liste von Nikaia (Nr. 129) ebenfalls als Bischof von »Iuliupolis« betitelt, doch findet sich die Form Ἡλιούπολις immerhin auch im Synekdemos des Hierokles[118]. Der sechste Bischof heißt nach allen Versionen und auch nach der syrischen Spalte der Hs. Mardin 309 »Eustolios« (von Nikomedeia), nur in der griechischen Spalte EYTAΛIOC. Nach der nizänischen Liste ist Bischof von Nikomedien natürlich der bekannte Eusebeios (Nr. 169); ob beide identisch und die Liste von Ankyra damit fehlerhaft ist, muß ich offenlassen.

2. Die textliche Überlieferung der Liste von Neokaisareia ist verwickelter. Es lassen sich zwei Grundversionen (nebst Ableitungen davon) feststellen. Sie unterscheiden sich durch die Anordnung der Namen. Die wohl ursprünglichere

115 Hakobyan, Kanonagirkʿ 150; Mercier, Les canons des conciles 201.

116 Vgl. Kaufhold, Die Rechtssammlung des Gabriel von Baṣra (oben Fußnote 52) 11-14.

117 Zu den Kanonessammlungen vgl. Graf I 593-595; Darblade, La collection canonique 62-65, zu Abu'l-Barakāt: Graf II 439f. und besonders W. Riedel, Die Kirchenrechtsquellen des Patriarchats Alexandrien, Leipzig 1900; Ausgabe der Enzyklopädie: Khalil Samir, Miṣbāḥ aẓ-ẓulmah fī idāḥ al-ḫidmah, Kairo 1971, 123.

118 Ed. Honigmann 35, Spalte 2. Auch bei Belke–Restle, Galatien und Lykaonien (oben Fußnote 25) 181 sind beide Formen angegeben.

stellen die lateinischen Fassungen und der »untere« syrische Text dar, die andere der »obere« syrische und der armenische Text. Bei diesem Befund muß man davon ausgehen, daß beide Fassungen bereits in griechischer Sprache vorlagen. Sie sind leider nicht erhalten. Wesentliche inhaltliche Unterschiede gibt es nicht.

D) Die Liste der Väter von Gangra

Es handelt sich um die Namen am Anfang des Synodalbriefes. Auch hier bestehen beträchtliche Abweichungen zwischen den verschiedenen Versionen. Die griechische Liste enthält 13 Namen[119], während die lateinischen[120], syrischen[121] und armenischen[122] 14 bis 17 nennen. Die einzige einschlägige koptische Handschrift ist an der betreffenden Stelle unvollständig. Die griechische Liste, die lateinischen der Prisca und der Isidoriana, die syrischen in der Ausgabe von Schulthess und die armenische weichen in der Reihenfolge nicht sehr stark voneinander ab. Demgegenüber ist die Abfolge der Bischöfe in den Hss. Mardin 309 und 310, die unter sich genau übereinstimmen, sowie der Hs. Paris Syr. 62, aber auch in der lateinischen Dionysiana, die damit gewisse Übereinstimmungen zeigt, wesentlich anders, ohne daß ich die Unterschiede wie im Fall der Synode von Neokaisareia mit dem Abschreiben von Spalten der Vorlage in vertikaler Richtung erklären könnte; allerdings läßt die abweichende Anordnung in diesen Textzeugen gegenüber den anderen Versionen auch noch eine gewisse Regelmäßigkeit erkennen (vgl. die folgende Tabelle). Die Übereinstimmungen zwischen der Dionysiana und einem Teil der syrischen Überlieferung deutet darauf hin, daß es auch eine ähnliche griechische Version gegeben hat.

Griechisch	*Lateinisch*		*Syrisch*		*Armen.*	*Latein.*	*Mardin*	*Paris*
	Prisc.	*Isid.*	*»ober.«*	*»unter.«*		*Dionys.*	*309, 310*	*Syr. 62*
Eusebios	1	–	1	1	1	2	1	1
Ailianos	2	8	2	2	2	1	2	2
Eugenios	3	2	3	3	3	3	7	7
Olympios	4	3	4	4	4	10	15	15
Bithynikos	5	4	5	5	5	5	8	8

119 P.-P. Joannou, Les canons des Synodes Particuliers, Grottaferrata 1962 (= Codificazione Canonica Orientale. Fonti, fasc. IX), 85. Die Aufzählung im georgischen »Großen Nomokanon«, der aus dem Griechischen übersetzt wurde, enthält als 14. Namen am Schluß noch Eugenios (E. Gabidzašvili u. a. [Hrsg.], Didi sdžuliskanoni, Tbilisi 1975, 242. Namenslisten für die übrigen Synoden fehlen ebenso wie in den griechischen Kanonessammlungen.

120 Turner, Monumenta II,2 S. 153 (Prisca), 172 (Isidora), 173 (Dionysiana).

121 Schulthess aaO 51 f.

122 Hakobyan, Kanonagirkʿ 191 f.; F. Macler, Une récension arménienne des canons du concile de Gangres, in: REA 9 (1929) 77 (Text), 84 (Übersetzung); Mercier, Les canons des conciles 222.

Gregorios	6	5	6	6	6	13	3	3
Philetos	7	6	7	7	13	6	9	9
Pappos	8	9	8	9	15	15	10	16
Eulalios	9	1	9	10	7	9	16	4
Hypatios	10	10	10	11	8	4	4	14
Proairesios	11	11	12	12	9	16	5	5
Basileios	12	12	15	15	10	17	12	12
Bassos	–	13	11	8	11	14	14	10
[Eugenios]	13	14	13	13	12	8	13	13
[Herakleios]	14	–	14	14	14	11	6	6
[Bassianos]	–	–	–	–	–	7	11	11
		(u. a.)				(u. a.)		

Die lateinische Überlieferung hat noch eine Reihe abweichender Versionen, die aus dem Apparat der Ausgabe von Turner zu ersehen sind. Zwei Handschriften des syrischen »unteren« Textes stimmen mit dem ohnehin ähnlichen »oberen« Text überein.

Die griechischen Namensformen am Rand der Hs. Mardin 309 decken sich mit denen der überlieferten griechischen Fassungen. Die Hs. Mardin 309 ist allerdings teilweise schlecht zu lesen, besonders bei dem Namen »Bithynikos«, so daß sich nicht genau feststellen läßt, ob dort BIΘYNIOC (wie im syrischen Text der Hss. Mardin 309, 310 und Paris Syr. 62: ܒܝܬܘܢܝܘܣ) oder doch BIΘYNIKOC steht (wie in den anderen syrischen Handschriften der Ausgabe von Schulthess: ܒܝܬܘܢܝܩܘܣ). Die armenische Version hat eine eher der Lesung BIΘYNIOC entsprechende Form: *Biwtʿanios* (u.ä.), in den lateinischen Versionen kommen beide Formen vor: Bytinicus, Bythinicus und Bithinius.

Eine kritische Ausgabe des arabischen Textes fehlt. Die Hs. Mardin 311 (koptischer Herkunft) hält die Reihenfolge der griechischen Version ein (als Nr. 15: Bassianos). In der Hs. Mardin 312 (melchitisch) sind die 15 Namen etwas umgestellt. Die gleiche Reihenfolge wie in Mardin 312 findet sich in der arabischen Enzyklopädie des Abu'l-Barakāt; die Namen stehen in der Ausgabe von Khalil Samir (aaO 160) in koptischer Schrift, jedoch teilweise so entstellt, daß man eher eine Transkription aus dem Arabischen annehmen muß als eine Abschrift einer griechischen Vorlage.

E) Die Liste der Väter von Antiocheia sowie die Absender des Briefes an Alexander von Neu-Rom

Die Teilnehmer der Synode von Antiocheia, angeblich des Jahres 341 (»in encaeniis«), die nach allgemeiner Meinung aber 324/325 A.D. stattgefunden haben soll,[123] werden dreimal genannt, einmal in der Vorrede der Synode, ein weiteres Mal in einer Unterschriftenliste und schließlich als Absender des Briefes an Alexander von Neu-Rom, dessen Authentizität allerdings fraglich ist. In griechischen Handschriften sind die Listen nicht überliefert. Der Brief an Alexander ist überhaupt nur syrisch erhalten.

I. Synode von Antiocheia

1. Das Verzeichnis am Anfang der Kanones (Teilnehmerliste)[124]

In der lateinischen Isidoriana und mehreren syrischen Handschriften sind 29 oder 32 Teilnehmer der Synode von Antiocheia am Anfang, vor den Kanones, aufgelistet.

Die unterschiedliche Abfolge ist aus der folgenden Anordnung der Namen ersichtlich, wobei die Zahlen vor dem Schrägstrich den syrischen »oberen« Text (Hss. Brit. Libr. Add. 14,528[125] und Borg. 82) angeben[126], die Zahlen danach die der lateinischen Isidoriana[127]. In diesen syrischen Handschriften ist fast überall der Bischofssitz (mit Provinz) angegeben, in den lateinischen Handschriften fehlt er. In Klammern folgt die Reihenfolge der lateinischen Dionysiana, bei der die Konzilsväter in einigen Handschriften hinter den Kanones stehen und ebenfalls die Bischofssitze ausgelassen sind[128]:

1/1	(1)	Eusebios (Kaisareia/Pal.)	10/17	(2)	Theodotos (Laodikeia/Syrien)
2/2	(–)	Theodoros (Sidon/Phön.)	11/18	(6)	Ḥalaf = Alphios (Apameia/Syr.)
3/3	(7)	Narkissos (Neronias)	–/19	(8)	Niketas (ohne Angabe)
4/4	(4)	Antiochos (Kapetolias)	–/20	(5)	Agapios (ohne Angabe)
5/5	(10)	Paulos (Maximianupolis/Pal.)	12/21	(11)	Tarkodimantos (Aigea/Kil.)
6/6	(12)	Sirikios (Kyrrhos/Syrien)	13/22	(13)	Bassos (Zeugma/Syrien)
–/7	(14)	Archelaos (ohne Angabe)	14/23	(15)	Alexandros (Nikopolis)
7/8	(–)	Eustathios (Arestan/Syr.)	15/24	(16)	Petros (?/Palästina)
8/9	(17)	Mokimos (ohne Angabe)	16/25	(18)	Mōšē (Kastabale/Kilikien)
9/10	(19)	Hesychios (Alexandreia/Kil.)	18/26	(–)	Patrikios (ohne Angabe)
17/11	(30)	Manikios (Ḥamat/Syrien)	24/27	(9)	Anatolios (Ḥoms/Phönizien)
19/12	(20)	Aitherios (ohne Angabe)	25/28	(21)	Makedonios (Mopsuestia/Kilikien)
20/13	(22)	Yaʿkōb (Nisibis)	26/29	(23)	Petros (Gindaros/Syrien)
21/14	(24)	Agapios (Seleukeia/Isaur.)	27/30	(25)	Kyrion (Philadelphia)
22/15	(26)	Magnos (Damaskos/Phön.)	28/31	(27)	Theodotos [-ros] (ohne Angabe)
23/16	(28)	Aineas (Akko/Phönizien)	29/32	(29)	Theodotos [-sios] (ohne Angabe)

123 Vgl. Schwartz, Kanonessammlungen 5, 33f. (= Gesammelte Schriften IV 163, 192f.); ders., Zur Geschichte des Athanasius, VI, in: Nachrichten von der k. Gesellschaft der Wissenschaften zu Göttingen, phil.-hist. Kl., 1905, 257-299 (= Gesammelte Schriften III 117-168); H. Chadwick, Ossius of Cordova and the Presidency of the Council of Antioch, 325, in: JThS 9 (1958) 292-304; kritisch: D.L. Holland, Die Synode von Antiochien (324/5) ..., in: ZKG 81 (1970) 163-181 (mit Literatur).

124 Vgl. Schwartz, Bischofslisten 77f.

125 Die Handschrift ist lückenhaft, die Namen setzen erst mit Nr. 15 ein.

126 Schulthess aaO 65f.

127 Turner, Monumenta II, 2, S. 231. Die Namen sind von 1 bis 16 und von 17 bis 32 jeweils in zwei Spalten angeordnet. Die Spalteneinteilung der Vorlage (1-16, 17-32) ist also erkennbar. Die von

Die Reihenfolge in den beiden syrischen Handschriften und der Isodoriana stimmt grundsätzlich überein, wenn man von der Vertauschung der Nummern 17 und 18 sowie den drei fehlenden Namen in ersteren absieht. Nach Nr. 9/10 und 18/26 sind allerdings Brüche in der Reihenfolge erkennbar (oben angedeutet durch den größeren Zeilenabstand). Die Vorlage der Isidoriana war offenbar zweispaltig geschrieben, und zwar von 1 bis 9, daneben 10 bis 18 sowie von Nr. 17 bis 23, daneben Nr. 24 bis 29. Die Unterbrechung nach Nr. 9 und 18 in der Tabelle läßt sich mit einem Seitenende in der Vorlage erklären, bei dem der Schreiber den ersten Teil der Namen (1-18) noch auf der laufenden Seite unterbrachte, den zweiten Teil aber erst auf der nächsten, und zwar jeweils zweispaltig. Der Schreiber der Isidoriana berücksichtigte den Seitenwechsel dagegen nicht, sondern schrieb zunächst beide linken Spalten und dann beide rechten hintereinander ab. Die Reihenfolge der syrischen Handschriften dürfte somit die ursprünglichere sein, zumal dort die Bischofssitze noch angegeben sind, die in den anderen Versionen ausgelassen wurden.

Auf einer Vorlage, die der Isidoriana ähnlich war, beruht – wie bereits Turner feststellte[129] – dann die Dionysiana. Ihr Bearbeiter schreibt die Spalten nicht senkrecht ab, sondern zeilenweise von links nach rechts, wobei allerdings die Zahlen oben in der Aufstellung zeigen, daß einige Unregelmäßigkeiten vorliegen.

Auch die Hss. Paris Syr. 62, Borg. Syr. 148[130], Mardin 309 und 310 stellen die Teilnehmerliste (26 Namen ohne Angabe der Bischofssitze) vor die Kanones. Sie stimmen in der Reihenfolge der Namen miteinander genau überein, weichen aber von den bisher besprochenen Versionen ab.[131] Um ihre Anordnung der Namen zu durchschauen, muß nochmals von der soeben dargestellten der lateinischen Isidoriana ausgegangen werden, wobei die Namen, die in den drei syrischen Handschriften fehlen, in Klammern stehen und bei der Zählung ausgelassen sind:

–	[Eusebios]	1	Theodotos
2	Theodoros	3	Alphios
4	Narkissos	–	[Niketas]

Turner im Apparat angegebene Reihenfolge anderer Handschriften erklärt sich durch eine dreispaltig zeilenweise angelegte Vorlage, die Spalte für Spalte (1-31, 2-32, 3-30) abgeschrieben wurde (mit wenigen Unregelmäßigkeiten).

128 Turner ebda. 313, 315, jeweils Spalte b.

129 Turner ebda. 313a.

130 F. Nau, Litterature canonique syriaque inedite, in: ROC 14 (1909) 13 (Übersetzung), 17f. (Text).

131 Für die Hs. Paris Syr. 62 vgl. Schulthess aaO 65, Fußnote 1.

5	Antiochos	6	Agapios
7	Paulos		
		8	Tarkodimantos
9	Sirikios	10	Bassos
11	Archelaos	12	Alexandros
13	Eustathios	14	Petros
15	Mokimos	16	Mōšē
17	Hesychios	18	Patrikios
19	Manikios	20	Anatolios
21	Aitherios	22	Makedonios
23	Yaʿqōḇ	24	Petros
25	Agapios	26	Kyrion
27	Magnos	28	Theodotos (Theodoros)
29	Aineas	–	[Theodotos (Theodosios)]

Die drei syrischen Handschriften Paris Syr. 62, Mardin 309 und 310 müssen auf einer Zwischenversion beruhen, bei der die vorstehenden Namen zeilenweise waagerecht gelesen und dann zunächst in drei Spalten übertragen wurden, aus mir nicht erklärlichen Gründen beginnend mit (8) Tarkodimantos (wohl wegen der Länge dieses Namens enthielt die erste Zeile nur zwei Bischöfe). Am Schluß wurden dann die ersten, noch fehlenden Namen der Vorlage (oben durch einen Zwischenraum kenntlich gemacht) senkrecht gelesen und unter die beiden ersten Spalten gesetzt, Nr. 2 und 4 nebeneinander, die anderen spaltenweise darunter. Die Reihenfolge der drei syrischen Handschriften ergibt sich dann dadurch, daß die drei Spalten nacheinander senkrecht gelesen wurden. Die folgende Aufstellung verdeutlicht die Anordnung der Namen dieser nicht erhaltenen Zwischenversion. Die Zahlen vor dem Schrägstrich bezeichnen die Isidoriana, die danach die Reihenfolge der drei syrischen Handschriften:

8/1	Tarkodimantos			9/23	Sirikios
10/2	Bassos	11/13	Archelaos	12/24	Alexandros
13/3	Eustathios	14/14	Petros	15/25	Mokimos
16/4	Moses	17/15	Hesychios	18/26	Patrikios
19/5	Manikios	20/16	Anatolios	21/27	Aitherios
22/6	Makedonios	23/17	Yaʿqōḇ	24/28	Petros
25/7	Agapios	26/18	Kyrion	27/29	Magnos
28/8	Theodotos [-ros]	29/19	Aineas		
2/9	Theodosios	4/20	Narkissos		
1/10	Theodotos	5/21	Antiochos		
3/11	Alphios	7/22	Paulos		
6/12	Agapios				

2. Das Verzeichnis hinter den Kanones (Unterschriftenliste)

Neben der Dionysiana lassen noch weitere Versionen die Namen der Synodalväter den Kanones folgen.

Im syrischen »oberen« Text sowie in einem Teil der Handschriften der Isidoriana finden sich die Konzilsväter nicht nur – wie gerade besprochen – am Anfang, sondern noch einmal, aber mit nur 20 bzw. 23 Namen kürzer und ohne Bischofssitze, am Schluß der Kanones[132]. Nach der Ausgabe von Schulthess sind die Namen im Syrischen wie folgt angeordnet (die dort fehlenden Namen stehen in eckigen Klammern, die Reihenfolge der Isidoriana ist in runden Klammern angegeben):

		Eusebios	(1)
Hesychios	(13)	Theodoros	(2)
Manikios	(–)		
Theodotos	(15 [Theodosios])		
Moses	(16)	Theodoros	(–)
Mokimos	(17)	Niketas	(3)
Magnos	(18)	Makedonios	(4)
Agapios	(19)	Anatolios	(5)
Archelaos	(10)	Tarkodimantos	(6)
Bassos	(11)	Aitherios	(7)
		[Narkissos]	(8)
Sirikios	(12)	Alphios	(9)
		Maurikios	(14)
[Agapitus]	(20)		
[Magnos]	(21)		
[Aineas]	(22)		
[Paulos]	(23)		

Zunächst ist festzustellen, daß die Reihenfolge weitestgehend übereinstimmt, wenn man bei der syrischen Handschrift entsprechend der syrischen Schreibrichtung mit der rechten Spalte beginnt. Nur die Nummern 10 bis 12 der lateinischen Zählung fallen heraus. Die Namen Maurikios und Manikios scheinen wegen ihrer Ähnlichkeit zu Unstimmigkeiten geführt zu haben: Manikios fehlt im Lateinischen, dafür hat dort Maurikios die nach der Reihenfolge eigentlich Manikios zustehende Nr. 14.

Die syrischen Handschriften beschränken sich bei den beiden ersten Bischöfen nicht darauf, bloß die Namen zu nennen. Dort steht vielmehr: »Eusebios, indem ich anwesend bin, stimme alledem zu, was bestimmt wurde. (Ich,) Theo-

132 Schulthess aaO 84f.; Turner, Monumenta II, 2, S. 312b, 314b.

doros stimme alledem zu, was von der heiligen Synode bestimmt wurde, indem ich anwesend bin.« In der Isidoriana steht der Vermerk nur bei Eusebios: »Eusebios omnibus quae constituta sunt praesens consensui.«[133]

Die 20 bzw. 23 Namen der Liste am Schluß erscheinen zwar alle auch in der umfangreicheren Liste am Anfang, wenn auch in anderer Abfolge, doch handelt es sich, wie sich aus der Formulierung ergibt, nicht um eine Teilnehmerliste, sondern eben um diejenigen Bischöfe, die den Beschlüssen der Synode zustimmten. Ob die dort fehlenden Personen ihre Zustimmung verweigerten oder aus anderen Gründen nicht unterschrieben, ist nicht erkennbar. Denkbar wäre auch, daß die Aufzählung am Schluß unvollständig ist. Die Dionysiana – zumindest einige Handschriften davon – enthält nämlich am Schluß nach dem Satz »Et subscripserunt XXX episcopi qui in eodem concilio conuenerunt« dreißig Namen.[134] Wie wir jedoch oben (unter a) bereits gesehen haben, handelt es sich bei dieser Liste aber um eine Bearbeitung der *Teilnehmer*liste am Anfang. Der Einleitungssatz ist demnach irreführend.

Auch die Liste am Schluß der Prisca[135] wird eingeleitet mit: »Et subscripserunt«. Sie stimmt im großen und ganzen mit der Liste am Schluß der Isidoriana (deren Reihenfolge im folgenden in Klammern vor dem Schrägstrich) und der syrischen Handschriften (nach dem Schrägstrich) überein:

1 Eusebios praesens omnibus subscripsi. (1/1)
Theodorus omnibus constitutis in sancta synodus praesens subscripsi. (2/2)
Tharcudamantos (6/7)
Theodotus (–/3 [Theodoros])
5 Mauricius (14/10)
Niceta (3/4)
Machedonius (4/5)
Anatholius (5/6)
Eutherius (7/8)
10 Narcissus (8/–)
Alphion (9/9)
Archelaos (10/18)
Bassus (11/19)
Syricus (12/20)
15 Paulus (22/–)
Hisichius (13/11)
Manicius (–/12)
Theodotus (15 [Theodosios]/13)
Moses (16/14)
20 Mocimus (17/15)
[Magnus] (18/16)
Agapius (19 [et Agapitus (= 20)]/17)
Eustatius (–/–)

133 Turner ebda. 312 b, rechts.
134 Ebda. 313 b.
135 Ebda. 312 a, 314 a.

3. Einige Handschriften der Isidoriana enthalten am Schluß keine Namensliste, sondern nur noch Folgendes: »Eusebius Theodorus et ceteri, quorum nomina in greco iam superius continentur, consensimus.«[136] Die griechischen Texte standen also offenbar voran.[137] Ein ähnlicher Schlußvermerk, der sich allerdings nicht auf einen vorangestellten griechischen Text bezieht, findet sich auch in den syrischen Handschriften Paris Syr. 62, Mardin 309 und 310, also dem »unteren« Text: »Zuende sind die fünfundzwanzig Kanones der Synode von Antiocheia. Eusebios, indem ich anwesend bin, stimme allem zu, was von der heiligen Synode bestimmt wurde. Und auch jene übrigen haben in derselben Weise unterschrieben.«[138] Die Namen »der übrigen« sind ausgelassen.

4. Im Anschluß an die Teilnehmerlisten am Anfang werden noch die Provinzen aufgezählt, aus denen die Bischöfe kommen[139]:
Koilesyrien (Isidoriana: Syriae coles; M 309 griechisch am Rand: unleserlich)
Phönizien (Isidoriana: Foenicis veteris; M 309 am Rand: ΦΟΙΝΙΚΗ)
Palästina (Isidoriana: fehlt; M 309 am Rand: ΠΑΛΕΣΤΙΝΑ)
Arabien (Isidoriana: Arabiae; M 309 am Rand: ΑΡΑΒΙΑ)
Mesopotamien (Isidoriana: Mesopotamiae; M 309 am Rand: [ΜΕΣΟ]ΠΟΤΑ-ΜΙΑ)
Kilikien (Isidoriana: Ciliciae; M 309 am Rand: ΚΙΛΙΚΙΑ)
Isaurien (Isidoriana: Isauriae; M 309 am Rand: ΙΣΑΥΡΙΑ).

Die Dionysiana verbindet diese Provinzen mit den ersten sechs Namen seiner angeblichen Unterschriftsliste: »Eusebius palestinensis, Theodotus mesopotamiensis, Theodorus isauriensis, Anthiocus finicensis, Agapius arabiensis, Alfios ciliciensis, Narcissus quyles syriae«, eine klare Fiktion, die mit der tatsächlichen Herkunft der betreffenden Bischöfe nicht in Einklang zu bringen ist.[140]

5. Die koptische, arabische und armenische Kanonessammlung
Die koptische Kanonessammlung hat im Anschluß an die Kanones zwei Zustimmungsvermerke, und zwar des Eusebios und des Theodoros, etwa in derselben Form wie die bereits besprochenen Versionen.[141] Ob am Anfang eine Liste der Bischöfe steht, läßt sich nicht feststellen, weil die einzige bekannte Handschrift dort eine Lücke aufweist.

In den erhaltenen arabischen Kanonessammlungen fehlen die Namen. Nach der Darstellung Riedels soll Abu'l-Barakāt in seiner Enzyklopädie 13 Väter von

136 Turner ebda. 312 b, links.
137 Vgl. Schwartz, Kanonessammlungen (oben Fußn. 1) 13 (= Gesammelte Schriften 4, 171 f.).
138 Schulthess aaO 84, unten, Fußnote 25 (für die Hs. Paris Syr. 62). Borg. Syr. 148: Nau aaO (oben Fußnote 130) 13 (Übersetzung), 18 (Text).
139 Turner, Monumenta II, 2, S. 231 (Dionysiana); Schulthess aaO 66.
140 So schon Turner ebda. 313 b.
141 Coquin, Le *Corpus Canonum* copte 51 a, Zeilen 20-30 (Text), 66 (Übersetzung).

Antiocheia nennen. Diese Stelle ist jedoch in der Ausgabe von Khalil Samir nicht zu finden.[142]

Die armenische Sammlung berichtet in der Einleitung zu den Kanones, daß sich 31 Bischöfe versammelt hätten, nennt deren Namen aber nicht. Am Schluß erscheinen nur die beiden Zustimmungsvermerke des Eusebios und des Theodosios.[143]

6. Ergebnis: Auch bei der Synode von Antiocheia ist wieder festzustellen, daß unterschiedliche Versionen der Teilnehmer- und Unterschriftenlisten in verschiedenen Sprachen überliefert sind. Man wird deshalb davon ausgehen können, daß es entsprechende griechische Fassungen gegeben hat. Inhaltlich bieten die Listen der Hs. Mardin 309 (und Parallelen) nicht viel Neues, zumal die griechischen Namensformen darin nur sehr schlecht erhalten sind.

II. Der Brief der Synode an Alexandros

Der Brief, bei dem zu Anfang die Absender aufgezählt sind, ist bloß syrisch erhalten und er steht nur in den eng verwandten Handschriften Paris Syr. 62, Borg. Syr. 148, Mardin 309 und 310 (nebst Abschrift Ming. Syr. 8)[144]. Die Anzahl der Namen ist beträchtlich höher als in der Teilnehmer- und Unterschriftsliste für die Synode von Antiocheia, nämlich 56. Die Identität mit deren Namen läßt sich schlecht feststellen, weil hier keine Bischofssitze angegeben sind und auch Namen in der Liste mehrfach vorkommen. Immerhin scheinen die meisten, nämlich jeweils etwa zwei Drittel, der in den Teilnehmer- und Unterschriftslisten vorkommenden Väter auch Absender des Briefes zu sein.

Schwartz rekonstruierte aufgrund der genauen syrischen Transkription der Namen (vgl. unten Abschnitt J) bereits die griechischen Formen. Die Liste der Hs. Mardin 309, die sie erstmals unmittelbar überliefert, bestätigt sie, soweit das aufgrund ihres sehr schlechten Erhaltungszustandes gesagt werden kann.

Nach den erhaltenen griechischen Buchstaben sind jedenfalls keine Abweichungen feststellbar. Der syrische Text weist dagegen einige Varianten auf. An erster Stelle steht in der Hs. Paris Syr. 62 *'wsbyos*, was man nicht anders als Εὐσέβιος wiedergeben kann, wie es Schwartz tat. Später schloß er sich in einer Rezension zu Hans-Georg Opitz' Buch »Urkunden zur Geschichte des ariani-

142 Riedel, Kirchenrechtsquellen 34; vgl. Khalil Samir aaO 161 f. S. auch unten Fußnote 146.

143 Hakobyan, Kanonagirkʿ 205, 223; Mercier, Les canons des conciles 227, 235.

144 Zu den historischen Fragen im Zusammenhang mit dem Brief vgl. die oben in Fußnote 123 angegebene Literatur. Schwartz, Zur Geschichte des Athanasius. VI, veröffentlichte den syrischen Text mit wörtlicher griechischer Übersetzung (S. 272-279 bzw. Ges. Schr. III 136-143); Ausgabe auch bei Schulthess aaO 160-163 und H. G. Opitz, Urkunden zur Geschichte des arianischen Streites, Berlin–Leipzig 1934, Urkunde 18 (S. 36-41). Ferner, nach den Hss. Paris Syr. 62 und Borg. Syr. 148: Nau aaO 13-16 (Übersetzung), 18-24 (Text).

schen Streites« (1934) aber dessen Vorschlag an, in »Hosios« zu verbessern.[145] Diese Konjektur wird durch die Hss. Mardin 309 und 310 bestätigt, in denen deutlich *'wsyws* (Spiritus asper ist nicht ausgedrückt) zu lesen ist; die griechische Namensform am Rand der Hs. Mardin 309 ist nicht zu erkennen. Während unter Nr. 18 in der Hs. Paris Syr. 62 *wpṭrws* steht, das Schwartz zu Σώπατρος ergänzt, finden wir in den Mardiner Handschriften übereinstimmend *Pṭrws*, also Πέτρος; hier ist vom griechischen Namen am Rand nur]ΡΟΣ zu erkennen, doch kann der Platz davor für vier Buchstaben kaum ausgereicht haben, so daß es bei Petros bleiben muß.

Bei Nr. 7 haben die Mardiner Handschriften dieselbe Lesart *'g'm'ns* wie die Pariser Handschrift, die Schwartz zu Σαλαμάνης verbessert.

Da die Hs. Mardin 309 auch bei diesem Brief die griechischen Namensformen vermerkt, liegt die Annahme sehr nahe, daß dem Bearbeiter eine griechische Fassung zur Verfügung stand. Das besagt für die Authentizität des Briefes an sich nicht viel, zeigt aber immerhin, daß er weiter verbreitet war und jedenfalls keine Fiktion eines Syrers ist.

III. Der Umstand, daß die Väter in der Hs. Brit. Libr. Add. 14,528 nicht nur am Anfang der Kanones aufgezählt werden, sondern nochmals am Ende, hat anscheinend William Wright dazu verleitet, die Liste am Schluß für die Teilnehmerliste der folgenden Synode von Laodikeia zu halten.[146] In Wirklichkeit wurden die Kanones von Laodikeia aber »nur in epitomierter Form gegeben; jede Zeitangabe fehlt, sowohl Präsenz- als Unterschriftenliste sind weggelassen«[147].

145 Deutsche Literaturzeitung 56 (1935) 717: »Brillantows Verbesserung des überlieferten Eusebios, mit dem ich nicht zurechtkommen konnte, hat mir sofort eingeleuchtet.« Zu Brillantows Konjektur Näheres bei Chadwick, Ossius of Cordova (oben Fußnote 123) 295f., der auch bereits auf die Lesart ܐܘܣܝܘܣ (*'wsyws*) in der Hs. Ming. Syr. 8, einer Abschrift von Mardin 310, hinwies (ebda. 297f.). Vgl. auch Opitz aaO 36, zu Z. 3: ܗܘܣܝܘܣ (*Hwsyws*). Hosios (Osios) und Eusebios werden in der Chronik Michaels des Syrers bei den Vätern von Nikaia ebenfalls verwechselt, vgl. Honigmann, Besprechungsaufsatz zu Schwartz 327.

146 Catalogue, aaO (oben Fußnote 5) II 1031. Wie seine fol.-Angabe 72b zeigt, ist tatsächlich die Unterschriftsliste von Antiocheia gemeint (s. Schulthess aaO 84f., Sigle A). Auf Wrights Irrtum dürfte die entsprechende Angabe von Selb, Orientalisches Kirchenrecht II 99 Fußnote 76 und Synopsis II, Nr. 17, beruhen. Der gleiche Fehler liegt auch in der Enzyklopädie des Abu'l-Barakāt vor, wo 19 angebliche Väter der Synode von Laodikeia erscheinen (Riedel, Kirchenrechtsquellen 43; Samir Khalil aaO 170). In Wirklichkeit ist es ein Auszug aus der Anwesenheitsliste von Antiocheia mit abweichender Reihenfolge.

147 Schwartz, Kanonessammlungen 31 (= Gesammelte Schriften IV 190).

F) Die Liste der Väter von Konstantinopel[148]

Es handelt sich um eine umfangreiche Unterschriftenliste, die in allen Versionen – wie bei Nikaia – nach Provinzen angelegt ist.

I. Sie ist griechisch nur in zwei Patmos-Handschriften überliefert, die um 800 A.D. geschrieben wurden.[149] Dort umfaßt sie 145 Einträge (bzw. 146 Namen)[150], also etwas weniger als die traditionelle Teilnehmerzahl der »Synode der 150 Väter«.

II. In den lateinischen Kanonessammlungen gibt es eine vollständige Liste mit 146 Einträgen (Prisca und ein Teil der Dionysiana), daneben eine, die nur die ersten zwanzig enthält und bei der die Einteilung in Provinzen fehlt (der andere Teil der Dionysiana und die Isidoriana).[151]

III. 1. In der Ausgabe der syrischen Kanonessammlung von Schulthess[152] ist die Liste der Väter – wie bei der von Nikaia – nur durch die Handschriften Brit. Libr. Add. 14,528 aus dem Jahre 501 A.D. und Hs. Borg. Syr. 82 vertreten (146 Einträge, d.h. Namen).[153] Einen weiteren Textzeugen stellt nun die Hs. Mardin 309 dar. Die Teilnehmer sind außerdem in der Chronik Michaels des Syrers aufgelistet.[154]

2. Die syrischen Hss. Paris Syr. 62 und Mardin 310 enthalten dagegen nur zehn Namen.[155] Es sind (die Reihenfolge ist in eckigen Klammern angegeben): die Bischöfe der wichtigsten Städte (Nektarios von Konstantinopel [1], Timotheos von Alexandreia [2], Meletios von Antiocheia [3], Kyrillos von Jerusalem

148 Vgl. insbesondere Schwartz, Bischofslisten (oben Fußnote 1) 83-85; E. Honigmann, Recherches sur les listes des pères de Nicée et de Constantinople (oben Fußn. 23); ders., The Original Lists (oben Fußnoten 19) 20f.; N.Q. King, The 150 Fathers of the Council of Constantinople 381 A.D. Some notes on the Bishop-lists, in: Studia Patristica I, ed. K. Aland–F.L. Cross, Berlin 1957 (= TU 63), 635-641; ferner die in den nächsten Fußnoten genannte Literatur.

149 Herausgegeben von V.N. Beneševič, Kanoničeskij sbornik XIV titulov, St.-Petersburg 1905, 87-89; C.H. Turner, Canons attributed to the council of Constantinople, A.D. 381, together with the names of the bishops, from two Patmos MSS ΡΟΒ' ΡΟΓ', in: JThS 15 (1914) 161-178 (Liste: 168-170). Vgl. auch Schwartz, Bischofslisten 64ff.

150 Die beiden Nummern 31 und 35 bei Turner, Canons of Constantinople (= 31 und 36 in der Edition unten) enthalten jeweils zwei Namen. Beneševič zählt dagegen jeden einzeln, läßt aber offenbar versehentlich Τουήσιος (Nr. 87 bei Turner) aus, so daß er auf 146 Teilnehmer kommt. In seinen Ecclesiae Occidentalis Monumenta Iuris Antiquissima II,3, S. 434-464 (Spalte III) zählt Turner 146 Einträge. Die Fälle, in denen neben dem Bischof sein Vertreter genannt wird, bleiben bei der Zählung überall unberücksichtigt (Nr. 21, 60, 70, 117, 121, 134, 148 der Edition unten).

151 Turner ebda. (Spalte I, IV).

152 AaO 113-119.

153 Ausgabe nach der Hs. Borg. Syr. 82 auch: O. Braun, Syrische Texte über die erste allgemeine Synode von Konstantinopel, in: Orientalische Studien Th. Nöldeke gewidmet, Leipzig 1906, Band 1, 463ff., hier: 467-475.

154 Chabot, Chronique I 313-320 (Übersetzung), IV 158-160 (Text).

155 Schulthess aaO 113 (Apparat) für die Hs. Paris Syr. 62.

[4]), ferner berühmte Theologen (Gregorios von Nazianz [7], Gregorios von Nyssa [8]) sowie vier weitere Bischöfe, bei denen nicht ganz klar ist, warum sie genannt werden: Theodoros von Oxyrhynchos [5] und Gelasios von Kaisareia in Palästina [9] vielleicht deshalb, weil sie in den beiden ersten genannten Provinzen – Ägypten und Palästina – an zweiter Stelle stehen, Eulogios von Edessa [10] möglicherweise als Bischof der Diözese, welcher der syrische Bearbeiter angehörte oder die für ihn als Syrer von besonderer Bedeutung war. Bei Pelagios von Kaisareia in Kappadokien [6] liegt wohl ein Irrtum vor, denn der dortige Bischof wird in den anderen Listen übereinstimmend El(l)adios genannt.

Wie schon die Hs. Mardin 309 zeigt, muß es aber auch in Handschriften dieser Untergruppe eine vollständige Bischofsliste gegeben haben. Dafür gibt es einen weiteren Textzeugen. Eine alte syrische Handschrift der Turgāmē des Moses bar Kepha, die sich im Privatbesitz in New Jersey/USA befindet, enthält merkwürdigerweise einen Auszug aus einer Kanonessammlung. Für den Hinweis darauf und Photos einiger Seiten bin ich J. F. Coakley, Oxford, sehr dankbar. Soweit ich anhand der wenigen, teilweise schwer lesbaren Blätter feststellen konnte, beginnt dieser Teil auf fol. $263^{r/v}$ mit der Einleitung der Synode von Nikaia, dem Brief Konstantins und der Fortsetzung der Einleitung, und zwar in der Gestalt, wie die Texte auch in der Hs. Paris Syr. 62[156] und Mardin 310 stehen. Auf der nächsten mir in Kopie vorliegenden Seite (fol. 270^{r}) stehen die Namen der Väter von Konstantinopel (ab Nr. 115 [meiner Zählung unten] bis zum Ende) und der Schlußvermerk für die Liste in einer ganz ähnlichen Form wie in Paris Syr. 62, Mardin 309 und 310[157]. Auf fol. 270^{v} beginnt das Glaubensbekenntnis[158]. Daß die wenigen Blätter 265 bis 269 die gesamten Väter von Nikaia und den Beginn der Liste von Konstantinopel enthalten, erscheint mir zweifelhaft. Die Frage kann hier auf sich beruhen. Fest steht, daß nach dem Aufbau der Stücke und der Textgestalt eine Version vorliegt, die zu Paris Syr. 62 und Mardin 310 gehört, aber anders als diese die vollständige Liste der Väter von Konstantinopel umfaßt.

IV. Die koptische Liste enthält nur die ersten fünf Namen und schreibt dann bloß noch »und die anderen«.[159] Im armenischen »Kanonbuch« und in der arabischen Sammlungen fehlen die Väter von Konstantinopel ganz.[160]

V. Ergebnis: Die vier syrischen Versionen weichen voneinander und von den Listen in anderen Sprachen nur wenig ab. Besonders am Schluß (ab Nr. 142) sind sie und die lateinischen Listen den beiden einzigen unmittelbaren griechi-

156 Ebda. 158, Z. 1-8; 1, Z. 1-11; 158, Z. 9-11.
157 Ebda. 113, Hs. E im Apparat zu B/D.
158 Ebda. 3, Z. 18ff.
159 Coquin, Le *Corpus Canonum* copte 63 a/b (Text), 80 (Übersetzung).
160 Vgl. Hakobyan, Kanonagirkʿ 273-276; Mercier, Canons des conciles 201-203; Graf I 597; Darblade, La collection canonique 99–101; Nasrallah, Mouvement II/2 260.

schen Textzeugen, den Patmos-Handschriften, überlegen. Deren Lesarten insgesamt hat bereits Turner ausführlich diskutiert.[161] Die griechische Spalte der Hs. Mardin 309 enthält ihnen gegenüber auch sonst meist den besseren Text und gewinnt damit auch hier besondere Bedeutung. Das gilt sowohl für die Personennamen wie auch für die Ortsnamen, wo sie jedenfalls viel mehr mit dem Synekdemos des Hierokles übereinstimmt als die griechischen Handschriften[162]. Bessere Lesarten finden sich insbesondere bei den Nummern 9, 16, 36, 45, 52, 69, 74, 78, 92, 95, 100ff., 121, 125, 126, 133, 138, 142ff. Allerdings gibt es auch Verschlechterungen: vgl. vor allem 31, 85, 88, 122. Folgende Einzelfälle seien besonders erwähnt:

Palästina (Nr. 5): Die Hs. Mardin 309 liest in beiden Spalten, ebenso wie die syrischen Listen der Hss. BL Add. 14,528 und Borg. Syr. 82, wie Michael der Syrer sowie die lateinischen Listen »Gelasios von Kaisareia«. So steht es auch in der Kirchengeschichte des Theodoret von Kyrrhos (V 8). Die Patmos-Handschriften haben dafür »Pelagios von Kaisareia«, eine Variante, die sie mit der koptischen Liste teilen.[163] Coquin behauptete dazu, die syrische Hs. Paris Syr. 62 habe ebenfalls diese Lesart. Richtig ist zwar, daß in dieser Handschrift (und in der Hs. Mardin 310) ein »Pelagios von Kaisareia« erscheint[164], doch handelt es sich ausdrücklich um Kaisareia in Kappadokien (diese Angabe ist – wie bereits erwähnt – falsch, denn der betreffende Bischof hieß Elladios). Der Bischof von Kaisareia in Palästina wird dagegen richtig »Gelasios« genannt. Es ist aber denkbar, daß der (falsche) Pelagios von Kaisareia in Kappadokien koptisch zu einem Pelagios von Kaisareia in Palästina wurde. Die genannten syrischen Handschriften und der koptische Text berühren sich sonst durchaus. Bei beiden handelt es sich um gekürzte Listen mit nur wenigen Namen und sie weisen noch eine weitere Gemeinsamkeit auf: der kurz vorher genannte Bischof von Oxyrhynchos heißt bei ihnen »Theodoros«, in den anderen Versionen dagegen »Dorotheos«. Die gekürzte lateinische Version teilt diese Besonderheiten allerdings nicht. Es ist auch nicht ersichtlich, warum die koptische Liste beim Namen Pelagios mit den Patmos-Handschriften übereinstimmt, während sie sonst mit den anderen vollständigen Versionen geht.

161 Canons attributed to the council of Constantinople 170-178. Vgl. auch die Einschätzung von Honigmann, The Original Lists (oben Fußn. 19) 20: »The Greek list, almost identical in both MSS, is in many cases more carelessly written than either the Latin or the Syriac version« und – wie man hinzufügen muß – als die griechische Spalte in der Hs. Mardin 309.

162 Nur die Nummern 38, 47, 104, 109, 115, 118, 120 und 145 habe ich im Synekdemos nicht finden können. Die meisten der dort fehlenden Orte lassen sich aber in den Bänden der Tabula Imperii Byzantini nachweisen. Bei der Liste von Nikaia gibt es viel mehr Orte, die im Synekdemos nicht erscheinen. Das ist wegen des größeren zeitlichen Abstands zu Hierokles auch kein Wunder.

163 Coquin, Le *Corpus Canonum* copte 63b (Text), 80 (Übersetzung).

164 Schulthess aao 113.

Kypros (Nr. 83): Hier hat die Hs. Mardin 309 die falsche Lesung ΚΙΠΙΟC anstelle von ΚΙΤΤΙΟΝ in den Patmos-Handschriften, den lateinischen Listen und dem syrischen Text bei Schulthess; es handelt sich um den Ort Κίτιον auf Zypern. Da die Verschreibung TT zu Π vom Griechischen her leicht erklärbar ist, dürfte die syrische Form in der Hs. Mardin 309 (*Qypywn*) aus der griechischen Verschreibung entstanden sein, ein Hinweis, daß der Bearbeiter nicht – wie Honigmann meinte – die syrischen Namensformen ins Griechische transkribierte, sondern umgekehrt einen griechischen Text den syrischen Namensformen zugrundelegte, worauf ich gleich noch eingehe. Es gibt noch ein weiteres solches Beispiel dafür:

Pisidien (Nr. 110): Sämtliche Versionen haben beim zweiten Buchstaben des Ortsnamens (richtig: Ἀδαδῶν) ein Δ, eine Lesung, die auch durch Münzen bestätigt wird.[165] In der Hs. Mardin 309 begegnet uns dagegen das im Griechischen damit leicht zu verwechselnde Λ (ΑΛΑΔΑ), das dann in die syrische Spalte übernommen wurde (*'lad'*).

Kein Beweis ist aber der folgende Fall:

Lykien (Nr. 126): Der betreffende Ort erscheint in den meisten Versionen als Λυμυρῶν (richtig – wie Münzen zeigen – wohl Λιμυρῶν)[166]. Es muß aber schon im griechischen Bereich eine Verschreibung des Anfangsbuchstabens zu Δ gegeben haben, wie die lateinische Dionysiana (dimyrensis) und die syrischen Listen bei Schulthess (*dymwrwn*) und in der Hs. Mardin 309 (ΔΙΜΥΡΑ bzw. *dymwr'*) beweisen.

G) Die Liste der hauptsächlichen Väter von Ephesos

I. Die Teilnehmer an der allgemeinen Synode von Ephesos (431 A.D.) sind vor allem durch die umfangreichen griechischen und lateinischen Akten gut bekannt.[167] Das Konzil fand erst nach der Zusammenstellung des antiochenischen Corpus Canonum statt, und die späteren Erweiterungen der Sammlung enthalten nur einen kurzen Text darüber.

II. Die Synode von Ephesos ist in den syrischen Kanonessammlungen recht beiläufig vertreten. Sie kommt allein in Handschriften des »unteren« Textes vor. Einige von ihnen geben nur einen einzigen Kanon wieder, die Hs. Paris Syr. 62

165 Turner, Monumenta II,3, S. 454f. S. auch K. Belke–N. Mersich, Tabula Imperii Byzantini. Band 4: Phrygien und Pisidien, Wien 1990, 170 (Adada).

166 Turner ebda. 458.

167 Einen schnellen Überblick bieten die entsprechenden Indizes in: E. Schwartz, Concilium Universale Ephesinum (= Acta Conciliorum Oecumenicorum), t. I, vol. I, pars 8, Berlin–Leipzig 1930, 14-25, und vol. IV, pars 2 (1922/23), 255-262 (jeweils Angabe der Listen und Index der Namen).

zwei.[168] In letzterer werden am Schluß sechs Bischöfe mit ihren Sitzen genannt. Es sind die wichtigsten Vertreter: Caelestinus von Rom, Kyrillos von Alexandreia, Iuvenalios von Jerusalem, Memnon von Ephesos, Theodotos von Ankyra und Akakios von Melitene. Sie erscheinen natürlich auch in der verwandten Handschrift Mardin 310. In der Handschrift Mardin 309 ist der Text wegen des Verlustes eines Blattes lückenhaft und setzt gerade mit der kurzen Liste wieder ein, lediglich der Name Caelestinus fehlt. Die griechischen Namen am Rand zeigen keine Besonderheiten, was bei den allgemein bekannten Personen und Orten ohnehin nicht zu erwarten gewesen wäre.

III. Die Synode von Ephesos kommt in der koptischen Kanonessammlung nicht mehr vor.[169]

IV. In den arabischen Kanonessammlungen finden sich unterschiedliche Texte, zum Teil – wie in einer der syrischen Versionen – nur ein Kanon.[170]

V. In der armenischen Kanonessammlung ist Ephesos ebenfalls vertreten.[171] Auf einen Index folgen eine kurze Einleitung über den Anlaß der Synode sowie sechs Kanones. Namen der Teilnehmer fehlen.

H) Die Teilnehmer an der karthagischen Synode des Jahres 256

In griechische und syrische Kanonessammlungen wurden auch Texte der Synode Cyprians vom September des Jahres 256 übernommen, auf der es um den Ketzertaufstreit ging.[172] Es handelt sich – nach einer kurzen Einleitung – um ein Schreiben der Synode an Januarius und andere Bischöfe, in dem am Anfang die etwa 30 Absender und die 15 Empfänger nur namentlich aufgezählt sind.[173] Dann folgen die protokollierten Meinungen der Bischöfe (»sententiae episcoporum«), in denen die 87 Teilnehmer mit ihrem Sitz genannt werden[174]; obwohl

168 Schulthess aaO 148 bzw. 148f.

169 Coquin aaO 43.

170 Graf I 599f.; Darblade, La collection canonique 101f.; Nasrallah, Mouvement II/2, S. 207.

171 Hakobyan, Kanonagirkʿ 277-281. Übersetzung: Mercier, Les canons des conciles 203f. (der die Kanones entgegen der Anordnung im armenischen Text gleich an die von Nikaia anschließt). Vgl. auch I. Rucker, Ephesinische Konzilsakten in armenisch-georgischer Überlieferung, in: Sitzungsberichte der Bayerischen Akademie der Wissenschaften, Philos.-hist. Abteilung, Jahrgang 1930, Heft 3, München 1930; S.P. Cowe, The Armeno-Georgian Acts of Ephesus, in: JThS 40 (1989) 125-129.

172 Vgl. etwa J.A. Fischer, Das Konzil zu Karthago im Spätsommer 256, in: Annuarium Historiae Conciliorum 16 (1984, 1-39, Teilnehmer: S. 2-7).

173 = Brief 70. Lateinischer Text: G. Hartel, S. Thasci Caecili Cypriani opera omnia, Band 2, Wien 1871 (= CSEL III,2) 766-770; griechischer Text: P. de Lagarde, Reliquiae iuris ecclesiastici antiquissimae graece, Leipzig 1856, 37-40 (Einleitung und Brief); Joannou, Les canons des Pères Grecs, aaO 303-313 (Einleitung und Brief; mit lateinischem Text). Syrischer Text: Lagarde, Reliquiae ... syriace 62f. (Einleitung), 63-67 (Brief).

174 Lateinischer Text: Hartel ebda., Band 1, Wien 1868 (= CSEL III,1) 433-461; H. von Soden,

es keine Liste ist, sondern die Namen nur in der Überschrift der jeweiligen Sentenz vorkommen, sollen sie unten der Vollständigkeit halber listenmäßig mit veröffentlicht werden. Der Text wurde bei den Syrern nur in die Kanonessammlung des »unteren« Textes aufgenommen[175]. Bei ihnen fehlt im übrigen – ebenso wie bei den Kopten und Armeniern – die Synode von Karthago des Jahres 419, die in den Kanonessammlungen anderer Kirchen enthalten ist.[176]

Die syrische Übersetzung ist datiert. Ein entsprechender Vermerk lautet: »Sie (die Texte) wurden übersetzt aus der lateinischen Sprache in die griechische; jetzt aber, im Jahre 998 der Griechen [= 686/7 A.D.], aus der griechischen in die syrische.«[177] Die Übersetzung stammt also aus der Zeit des schon mehrfach erwähnten Jakob von Edessa und geht sicher auf ihn oder seine Umgebung zurück. Daß sich der syrische und der griechische Text eng berühren, ist offensichtlich. Beide weichen aber erheblich vom lateinischen ab. Teilweise ist die Lesung der Hs. Mardin 309 den sonstigen griechischen Handschriften vorzuziehen.

I) Sardika und Chalkedon

I. Die Kanones der Synode von Sardika (343/344 A.D.) gehören zwar ebenfalls nicht zum antiochenischen Corpus Canonum, haben aber später Eingang in viele Kanonessammlungen gefunden.[178] Bei den Syrern finden sie sich wieder nur in Handschriften des »unteren« Textes[179]. Eine Bischofsliste ist nicht dabei. Es werden lediglich die Provinzen aufgezählt, aus denen die Väter kommen. Die Hs. Mardin 309 enthält auch insoweit die griechischen Namensformen, die aber keine Besonderheiten aufweisen.

Sententiae LXXXVII episcoporum. Das Protokoll der Synode von Karthago am 1. September 256, in: Nachrichten von der Königlichen Gesellschaft der Wissenschaften zu Göttingen, Philol.-hist. KL. 1909, 247-277. Griechischer Text: Lagarde, Reliquiae ... graece 41-55. Syrischer Text (nach der Hs. Paris Syr. 62): Lagarde, Reliquiae ... syriace 67-88.

175 Vgl. die Tabelle bei Selb, Orientalisches Kirchenrecht II nach S. 105, Nr. 24, 25.
Im Syrischen handelt es sich eigentlich nur um 86 Bischöfe, denn Kyprianos wird zweimal genannt, als erster und letzter. Dafür fehlt der in der lateinischen Liste an 40. Stelle stehende Victor. Bei den Nummern 10-19 weicht die Reihenfolge ab.

176 Insbesondere die der lateinischen Kirche. Griechisch: Joannou, Les Canons des Synodes Particuliers aaO 190-436. Arabisch: Graf I 597; Darblade aaO 67f. (der u.a. darauf hinweist, daß die Synode von Neokaisareia gelegentlich als Synode von Karthago bezeichnet wird; vgl. auch Nasrallah, Mouvement, aaO, II/2 200; III 353).

177 Lagarde, Reliquiae ... syriace 98.

178 Griechisch: P.-P. Joannou, Les canons des Synodes Particuliers, Grottaferrata 1962 (= Codificazione Canonica Orientale. Fonti, fasc. IX), 156-189. Lateinisch: C.H. Turner, Ecclesiae Occidentalis Monumenta Iuris Antiquissima, Band 2, Oxford 1913, 441-559 (mit Bischofsliste). Arabisch: Graf I 594, 596f.; Darblade, La collection canonique 67; Nasrallah, Mouvement II/2 206.

179 Vgl. die Tabelle bei Selb, Orientalisches Kirchenrecht II nach S. 105, Nr. 30.

II. Die Synode von Chalkedon wird zwar von den nichtbyzantinischen orientalischen Kirchen abgelehnt, doch sind deren 27 Kanones in den Sammlungen gleichwohl enthalten. Die beiden Hss. Brit. Libr. Add. 14,528 (westsyrisch) und Borg. Syr. 82 (ostsyrisch) bieten sogar die umfangreiche und wieder nach Provinzen geordnete Liste der Bischöfe, die die Beschlüsse unterschrieben.[180] Die Handschriften des »unteren« Textes lassen sie jedoch aus, so daß in der Hs. Mardin 309 die griechischen Namen nicht zu finden sind. Dagegen führt sie Michael der Syrer in seinem Geschichtswerk syrisch vollständig auf (365 Namen).[181] Da er zumindest bei den Vätern von Nikaia den »unteren« Text benutzt hat, könnte man vermuten, daß es auch Handschriften dieser Version mit den Namen gegeben hat. Michael kann insoweit aber genauso gut auch eine andere Vorlage benutzt haben.

Der Ostsyrer ʿAbdīšōʿ von Nisibis, der in seinem Nomokanon die Väter von Nikaia vollständig namentlich aufführt, hatte bereits auf die von Konstantinopel verzichtet und auch die von Chalkedon läßt er aus, obwohl sie noch in der von ihm benutzten Sammlung stand.

In der koptischen und armenischen Kanonessammlung fehlt Chalkedon ganz, in den arabischen ist keine Bischofsliste enthalten.

J) Bemerkungen zur Transkription der griechischen Wörter im Syrischen

Wie bereits eingangs erwähnt, wurden die griechischen Synoden von Nikaia bis Konstantinopel zweimal und unabhängig voneinander ins Syrische übersetzt. Die beiden Übersetzungen, der »obere« und der »untere« Text in der Ausgabe von Schulthess, unterscheiden sich demzufolge deutlich. Auch die Transkription der griechischen Personen- und Ortsnamen, die vor allem, aber nicht nur in den Bischofslisten vorkommen, weicht voneinander ab. In den Fällen, in denen es griechische und einheimische Bezeichnungen für denselben Ort gibt, wird ohne Konsequenz die eine oder andere verwendet.[182] Prinzipielle Unterschiede zwischen dem »oberen« und dem ursprünglichen »unteren« Text bestehen aller-

180 Schulthess aaO 121-130.

181 Chabot, Chronique II 59-69 (Übersetzung), IV 197-203 (Text). Vgl. Honigmann, Besprechungsaufsatz zu Schwartz (s. oben Fußn. 12) 326. Im übrigen resümiert Michael dann die griechisch verlorene Schrift des Johannes Philoponos gegen das Chalcedonense (Chabot, ebda. 92-121), der in Kapitel 2 zunächst bestreitet, die Zahl der Teilnehmer habe 630 betragen; es seien nur 300 gewesen, darunter viele Priester und Diakone als Vertreter von Bischöfen; in Kapitel 4 heißt es, die Verurteilung sei durch 200 erfolgt, wobei viele Priester und Diakone gewesen seien (ebda. 98, 102).

182 N(ikaia Nr.) 87: M 309 Neapolis, »oberer« Text Šamrīn; N 35: M 309 Bēt Gubrīn, oT Eleutheropolis; N 62: M 309 Marʿaš, oT Germanikeia: N 70; M 309 Šaizar, oT Larissa; N 89: M 309 Makedonopolis, oT Bīrta.

dings nicht. Es sind – zumindest bei den gängigen Namen – die üblichen Schreibungen, die auch in sonstigen Texen verwendet werden.

Das gilt aber nicht für die Handschrift mit der Sigle E bei Schulthess (Paris Syr. 62) und für die seitdem bekanntgewordenen, damit eng verwandten Hss. Mardin 309 und 310, die jetzt wesentlich mehr Anschauungsmaterial bieten, weil sie – im Gegensatz zur Hs. Paris Syr. 62 – die nizänische und konstantinopolitanische Liste umfassen.[183] Die Handschriften dieser Gruppe zeichnen sich durch eine charakteristische und konsequente[184] Transkription der griechischen Namen und Fremdwörter aus. Es ist anzunehmen, daß der Bearbeiter der gemeinsamen Vorlage die ihm bereits vorliegende Fassung des »unteren« Textes an der griechischen Schreibweise ausrichtete, vielleicht zusammen mit der Notierung der Namen in griechischer Schrift in einer zweiten Spalte oder am Rand (die in den Hss. Mardin 310 und Paris Syr. 62 von späteren Schreibern dann wieder weggelassen wurden). Schon bei der Besprechung der Liste von Konstantinopel habe ich darauf hingewiesen, daß einige syrische Sonderlesarten dieser Handschriftengruppe nur aus der Verschreibung des griechischen Textes zu erklären sind. Das Transkriptionssystem dieser Handschriften soll im folgenden dargestellt werden.

Jeder griechische Buchstabe und jeder im zeitgenössischen Griechisch als Monophthong ausgesprochener Diphthong wird in der Regel durch *einen* syrischen Buchstaben, bei Ξ und Ψ durch zwei wiedergegeben. Vokale bleiben allerdings häufig unbezeichnet. Bei den Konsonanten bereitet das keine Schwierigkeit. Die syrischen Entsprechungen der meisten liegen auf der Hand. Folgende Konsonanten und Konsonantenverbindungen seien eigens angegeben.

B = ܒ. Damit wird auch das lateinische *v* ausgedrückt (z.B. BITΩN, CIΛBANOC), das aber auch als OY erscheint (z.B. CIΛOYANOC, OYAΛENTINOC)

ΓΓ = ܓܓ (ΛOΓΓINOC; in K 112 einfaches ܓ : CAΛAΓΓACCOC [vielleicht andere Aussprache])

ΓX = ܢܟ (AΓXIAΛOC, ΠAΓXAPIOC)

ΓK = ܢܩ (AΓKYPA)

Z = ܙ

Θ = ܬ

K = ܩ

Ξ = ܟܣ

P = ܪ (Spiritus asper wird nicht ausgedrückt)

C = ܣ

183 Bei der Teilnehmerliste von Antiocheia dürfte Schulthess die abweichenden Schreibungen der Hs. Paris Syr. 62 nicht vollständig vermerkt haben, wie ein Vergleich mit der Ausgae von F. Nau (ROC 14 [1909] 13, 17f.) zeigt.

184 Die in den Handschriften gelegentlich vorkommenden Inkonsequenzen gehen im wesentlichen wohl auf das Konto der Kopisten.

Τ = ܛ
Φ = ܦ
Χ = ܟ
Ψ = ܦܣ

Verdoppelte Konsonanten im Griechischen werden syrisch in der Regel nur einfach geschrieben, z.B. ΑΡΑΒΙCCΟC = ܐܪܒܝܣܘܣ ; ΚΑΠΠΑΔΟ-ΚΕΙΑ = ܩܦܕܘܩܝܐ ΚΥΡΙΛΛΟC = ܩܘܪܝܠܘܣ ; ΚΥΡΡΟC = ܩܘܪܘܣ (aber auch: ܩܘܪܪܘܣ , K[onstantinopel] 50), usw.

Spiritus asper kann durch ܗ ausgedrückt werden, aber auch unbezeichnet bleiben. Mit ܗ : bei ΗΡΑΚΛΕΙΟC (N[ikaia] 118 u.ö.), ΥΠΑΤΙΟC (G[angra] 4), ΥΨΙCΤΙΟC (K 72), ΕΛΛΕCΠΟΝΤΟC (vor N 136), ΗΡΑΚΛΗΑ (N 212), ΟΙΝΟΑΔΑ (K 125)[185], ΥΔΗC (K 101), ΥΠΕΠΩΝ (N 134). Unbezeichnet: ΑΡΠΟΚΡΑΤΙΟΝ (N 16), ΕΤΟΙΜΑCΙΟC (N 139), ΗΛΙΟΔΟΡΟC (N 38), ΗΡΑΚΛΕΙΟC (N 118), ΗΡΑΚΛΙΔΗC (K 91), ΗCΥΧΙΟC (N 100 u.ö.), ΟΝΟΡΑΤΟC (K[ar]t[hago] B[rief] 13 u.ö.), ΟCΙΟC (N 1), ΗΜΗΜΟΝΤΟC (K 147), ΗΦΕCΤΙΑ (N 219), ΙΕΡΑΠΟΛΙC (N 151), ΙΠΠΩΝ (K[ar]t[hago] S[ententiae] 19, 72).[186]

Griechische Pluralia können im Syrischen Pluralpunkte tragen: ΚΑΝΑΙ = ܩܢ̈ܐ , ΚΑCCΩΝ = ܩܣ̈ܐ , ΛΑΛΔΑ = ܐܠ̈ܕܐ (in den griechischen Handschriften Plural: Ἀνδάνων), ΛΙΜΕΝΑ = ܠܝ̈ܡܢܐ (Αἰμενων; lies: Λι-μένων), ΑΘΗΝΑC = ܐܬ̈ܢܐܣ , ΘΗΒΑC = ܬ̈ܒܐܣ , ΤΟΜΕΑ = ܛܘ̈ܡܝܐ (Τομαίων), ΠΟCΑΛΑ = ܦܘ̈ܣܠܐ (Ποσάλων). Bei ܐܘܣܕܪ̈ܘܐܝܢ = ΟCΔΡΩΗΝΗ ist der Gleichklang mit dem syrischen Plural auf *-e* für die Punkte verantwortlich.

Der Name CΕΥΗΡΟC findet sich sowohl in der im Syrischen gebräuchlichen Form »Sever*i*os« (ܣܐܘܪܝܘܣ N 83, 85, K 30, 41) wie auch in der ursprünglichen »Severos«, wenn auch in unüblicher Schreibung (ܣܐܘܐܪܘܣ, K 106).

Bei den Vokalen und Diphthongen ist die spätere griechische Aussprache zu berücksichtigen, insbesondere der Itazismus.[187] Sie werden in unserer Handschrift wie folgt ausgedrückt:

a) Einzelne Vokale:
Α = ܐ
Ε = ܐ

185 Laut Synekdemos des Hierokles mit Spiritus asper (Ed. Honigmann 31: 685,4, 2. Spalte).

186 Im »oberen« Text der Ausgabe von Schulthess wird der Spiritus asper sehr viel häufiger, aber ebenfalls nicht konsequent, ausgedrückt.

187 Zur Aussprache des Griechischen vgl. R. Browning, Medieval and Modern Greek, London 1969, 32f., 62ff.

H (gesprochen: *i*) = ܝ. H erscheint sehr oft für ursprüngliches ι.
I = ܝ
O = ܘ
Y = ܘ (noch kein Itazismus!)
ω = ܘ
A, E, O, Y werden aber auch teilweise nicht durch einen eigenen syrischen Buchstaben bezeichnet (ohne Konsequenz); bei H und OY ist das sehr selten (sofern nicht überhaupt ein Kopistenversehen).

b) Wenn die Vokale H, I oder O am Silbenanfang stehen, wird ein ܐ vorgesetzt, eine im Syrischen auch sonst bekannte Erscheinung:
H: z.B. HCYXIOC = ܐܝܣܘܟܝܘܣ
I: z.B. IBωPA = ܐܝܒܘܪܐ
O: z.B. OΛYMΠIOC = ܐܘܠܘܡܦܝܘܣ

c) Diphthonge (entsprechend der griechischen Aussprache meist als Monophthonge):
AI: (gesprochen: *e*): ܐ (z.B. AIΘEPIOC = ܐܬܐܪܝܘܣ, AINEA = ܐܢܐܐ)
AY: ܐܘ (ΦAYCTOC = ܦܐܘܣܛܘܣ; gelegentlich, wohl in bekannteren Namen, auch nur: ܘ (ICAYPIA = ܐܝܣܘܪܝܐ; ΠAYΛOC = ܦܘܠܘܣ)
EI (gesprochen: *i*): ܝ (z.B. EYCEBEIOC = ܐܘܣܐܒܝܘܣ)
am Anfang: ܐܝ (z.B. EIPHNOΠOΛIC = ܐܝܪܝܢܘܦܘܠܝܣ)
EY: ܐܘ (z.B. EYΛOΓIOC = ܐܘܠܘܓܝܘܣ)
selten nur: ܘ (z.B. CEΛEYKEIA = ܣܠܘܩܝܐ)
OI (gesprochen: *ü*): ܘ (z.B. BOIωTIA = ܒܘܐܘܛܝܐ, MOIPA = ܡܘܪܐ, OINOAΔA = ܗܘܢܘܐܕܐ, ΠOIMANΔPOC = ܦܘܡܐܢܕܪܘܣ)
OY gesprochen: *u*) = ܘ (z.B. POYΦOC = ܪܘܦܘܣ)
am Anfang: ܐܘ (z.B. OYPANIOC = ܐܘܪܢܝܘܣ)

d) Sonstige Vokalverbindungen:
AA = ܐܐ (z.B. ΠAPAACA = ܦܐܪܐܐܣܐ)
AE = ܐܐ (z.B. AEPIOC = ܐܐܪܝܘܣ)
AO = ܐܘ (z.B. ΛAOΔIKEIA = ܠܐܘܕܝܩܝܐ)
AIA (gesprochen: *ea*) = ܐܐ (z.B. NIKAIA = ܢܝܩܐܐ)
AIH (gesprochen: *ei*) = ܐܝ (z.B. ΘECCAIH = ܬܐܣܐܝ)
EA = ܐܐ (z.B. ΠANEAC = ܦܐܢܐܐܣ)
EIO (gesprochen: *io*) = ܝܘ (z.B. ΔAPEIOC = ܕܐܪܝܘܣ)
EO = ܐܘ (z.B. ΘEOΦIΛOC = ܬܐܘܦܝܠܘܣ)
Eω = ܐܘ (z.B. NEωN = ܢܐܘܢ)

HA = ܝܐ (z. B. NAZHANZOC = ܢܙܝܐܢܙܘܣ
HO = ܝܘ (z. B. ΔΗΟC = ܕܝܘܣ)
IA = ܝܐ (z. B. ΛΟΛΛΙΑΝΟC = ܠܘܠܝܐܢܘܣ)
IO = ܝܘ (z. B. ΔΙΟΝΥCΙΟC = ܕܝܘܢܘܣܝܘܣ; sehr häufig in Endungen)
OA = ܘܐ (z. B. ΟΙΝΟΑΔΑ = ܐܘܢܘܐܕܐ)
OYA = ܘܐ (z. B. ΙΑΝΟΥΑΡΙΟC = ܝܢܘܐܪܝܘܣ)
OYE = ܘܐ (z. B. ΜΟ[Μ]ΨΟΥΕCΤΙΑ = ܡܘܦܣܘܐܣܛܝܐ)
YA = ܘܐ (z. B. ΤΥΑΝΑ = ܛܘܐܢܐ)

e) Häufig wird dem zweiten Vokal, wie am Anfang des Wortes, ein ܐ vorangestellt, um den Stimmabsatz zu bezeichnen:
AO = ܐܐܘ (z. B. ΛΟΥΚΑΟΝΙΑ = ܠܘܩܐܐܘܢܝܐ)
EO = ܐܐܘ (z. B. ΛΕΟΝΤΙΟC = ܠܐܐܘܢܛܝܘܣ)
IO = ܝܐܘ (z. B. ΔΙΟΚΑΙCΑΡΕΙΑ = ܕܝܐܘܩܝܣܪܝܐ)
am Anfang: ܐܝܐܘ (z. B. ΙΟΒΙΝΟC = ܐܝܐܘܒܝܢܘܣ)
Mit mehreren Vokalen bzw. Diphthongen:
AIO = ܐܐܝܐܘ (z. B. ΓΑΙΟC = ܓܐܐܝܐܘܣ [daneben: ܓܐܝܘܣ])
EYH = ܐܘܐܝ (z. B. CΕΥΗΡΟC = ܣܐܘܐܝܪܘܣ)
HIO = ܝܐܝܐܘ (z. B. ΟΤΡΗΙΟC = ܐܘܛܪܝܐܝܐܘܣ)
IOY = ܝܐܘ (z. B. ΠΟΜΠΙΟΥΠΟΛΙC = ܦܘܡܦܝܐܘܦܘܠܝܣ)
am Anfang: ܐܝܐܘ (z. B. ΙΟΥΛΙΟC = ܐܝܐܘܠܝܘܣ)
OIω = ܘܐܘ (z. B. ΒΟΙωΤΙΑ = ܒܘܐܘܛܝܐ)
OYH = ܘܐܝ (z. B. ΘΜΟΥΗC = ܬܡܘܐܝܣ, ΤΟΥΗCΙΑΝΟC = ܛܘܐܝܣܝܐܢܘܣ)
YH = ܘܐܝ (z. B. ΛΗΒΥΗ = ܠܝܒܘܐܝ)
YI = ܘܐܝ (z. B. ΚΥΙΝΤΙΑΝΟC = ܩܘܐܝܢܛܝܐܢܘܣ)
YOY = ܘܐܘ (z. B. ΠΙΤΥΟΥCΑ = ܦܝܛܘܐܘܣܐ)

f) Endungen
Dabei findet sich das vorgesetzte ܐ (s. oben e) selten:
-EOC = ܐܘܣ-
-IOC = ܝܘܣ-
-IANOC = ܝܐܢܘܣ-
-EA = ܐܐ-
-IA = ܝܐ-
-ION = ܝܘܢ-
-AC = ܐܣ-
-EAC = ܐܐܣ-
-IAC = ܐܣ- oder ܝܐܣ-
-OYC = ܘܣ-
-OYN = ܘܐܘܢ-

g) Inkonsequenzen
Die Schreibungen sind nicht immer konsequent, vor allem wohl bei bekannteren Namen, bei denen sich schon eine feste Orthographie eingebürgert hatte. Auf die zum Teil fehlenden kurzen Vokale wurde oben bereits hingewiesen. Zwei Beispiele:

ANTIOX(E)IA = ܐܢܛܝܘܟܝܐ (K 22, 107), ܐܢܛܝܐܘܟܝܐ (K 75)
KAICAPEIA = ܩܐܣܪܝܐ (K 5), ܩܐܣܐܪܝܐ KECAPEIA, K 62)

h) Umgekehrt geben die nachstehenden syrischen Vokale oder Vokalverbindungen folgende griechische Äquivalente wieder. Die Liste soll auch zeigen, wie vieldeutig die syrischen Schreibungen sein können und daß es häufig praktisch nicht möglich ist, daraus unbekannte griechische Namen zu rekonstruieren:

ܐ = A, AI oder E
ܐܐ = AA, AE, AIA oder EA
ܐܐܘ = AO oder EO
ܐܐܝܐܘ = AIO
ܐܘ = AIO, AO, AY, EO, EY, EΩ, O oder OY
ܐܘܐܝ = EYH
ܐܝ = AIH, EI, H oder I
ܐܝܐܘ = IO oder IOY
ܘ = AY, EY, O, OI, OY, Y oder Ω
ܘܐ = OA, OYA, OYE oder YA
ܘܐܘ = OIΩ oder YOY
ܘܐܝ = OI, OYH, YH oder YI
ܘܝ = OI
ܝ = EI, H oder I
ܝܐ = IA oder HA
ܝܐܘ = IO oder IOY
ܝܐܝܐܘ = HIO
ܝܐܘ = IOY
ܝܘ = EIO, HO oder IO

i) Einheimische Personen- und Ortsnamen
Bei semitischen Namen wird regelmäßig die ursprüngliche syrische Schreibung verwendet:
Personennamen:

ABPAMIOC = ܐܒܪܗܡܣ
AIΘIΛΛA = ܐܝܬܠܗܐ
BAPΛAAC = ܒܪܠܗܐ
IAKΩBOC = ܝܥܩܘܒ
IΩANNIC = ܝܘܚܢܢ
MAPAC = ܡܐܪܐ
MΩCHC = ܡܘܫܐ

Ortsnamen:

ΑCΚΑΛωΝ = ܐܫܩܠܘܢ
ΑΜΑΡΙΑ = ܐܡܪܝܢ
ΑΡΒΟΥΚΑΔΑΜ = ܚܪܒܩܕܡ
ΑΡΕΘΟΥCΑ = ܐܪܣܬܢ
ΑΡΚΑ = ܥܪܩܐ
ΒΑΤΝωΝ = ܒܛܢܢ
ΕΜΙCΑ = ܚܡܨ
ΕCΒΟΥΝΤΟC = ܚܫܒܘܢ
ΙΕΡΙΧω = ܐܪܝܚܘ.
ΙΕΡΟCΟΛΥΜΑ = ܐܘܪܫܠܡ
ΠΕΡΡΗ = ܦܪܝܢ
CΑΜΟCΑΤΑ = ܫܡܝܫܛ
CΙΔΟΝ = ܨܝܕܘܢ
ΤΥΡΟC = ܨܘܪ

Anstelle vieler griechischer Länder- und Ortsnamen finden sich die einheimischen Bezeichnungen:[188]

ΑΙΓΥΠΤΟC = ܡܨܪܝܢ
ΑΡΜΕΝΙΑ ΜΙΚΡΑ = ܐܪܡܝܢܝܐ ܙܥܘܪܬܐ
ΒΕΡΟΙΑ = ܚܠܒ
ΓΕΡΜΑΝΙΚΕΙΑ = ܡܪܥܫ
ΕΔΕCCΑ = ܐܘܪܗܝ
ΕΛΕΥΘΕΡΟΠΟΛΙC = ܒܝܬ ܓܘܒܪܝܢ
ΕΠΙΦΑΝΕΙΑ = ܚܡܬ.
ΙΕΡΑΠΟΛΙC = ܡܒܘܓ
ΚΑΡΡΑΙ = ܚܪܢ
ΚΟΝCΤΑΝΤΙΝΑ = ܬܠܠܐ
ΛΑΡΙCCΑ = ܫܝܙܪ
ΜΕCΟΠΟΤΑΜΙΑ = ܒܝܬ ܢܗܪܝܢ
ΠΑΛΜΥΡΑ = ܬܕܡܘܪ
ΠΤΟΛΕΜΑΙC = ܥܟܘ
CΚΥΤΟΠΟΛΙC = ܒܝܫܢ
CΥΡΙΑ ΚΟΙΛΗ = ܣܘܪܝܐ ܒܩܥܬܐ
ΧΑΛΚΙC = ܩܢܫܪܝܢ

j) Die dargestellte Methode der Schreibung griechischer Wörter geht wahrscheinlich auf den mehrfach erwähnten Jakob von Edessa zurück. Seine philologischen Bemühungen sind bekannt. Dabei ging es ihm nicht zuletzt um die eindeutige Vokalisierung der syrischen Schrift, die besonders bei Fremdwörtern wichtig ist. Die von ihm verfaßte Grammatik ist »vor allem dadurch merkwürdig, daß J(akob) über das spätere gemein-westsyrische System einer Vokalbezeichnung mit Hilfe der betreffenden griechischen Buchstaben [die über oder unter die syrischen Buchstaben gesetzt werden][189] hinaus es versuchte, sogar für neugeschaffene und in die Konsonantenschrift selbst organisch einzugliedernde Vokalzeichen Boden zu gewinnen«[190]. Ferner erstellte er einen eklektischen Bibeltext, bei dem er in Anmerkungen die genaue Aussprache einzelner Worte

188 Vgl. dazu auch oben Fußnote 180.

189 Das vielleicht auch von ihm stammt: s. J.P. Martin, Jacques d'Édesse et les voyelles syriennes, in: JA, 6. série, tome 13 (1869) 447-482 (insbesondere 454-456, 464-473); W. Wright, Catalogue of the Syriac Manuscripts in the British Museum, Band 3, London 1872, 1168b. Nöldeke, Grammatik § 9 (S. 8): »ungefähr seit 700 n. Chr. bei den Jacobiten aufgekommen«.

190 Baumstark 255. Auszüge (mit Beispielen) bei Wright aaO 1169-1172. Die Grammatik ist anscheinend vollständig erhalten in der Hs. Ming. Syr. 104 (Mingana, Catalog [s. oben Fußn. 46]

notierte.[191] Außerdem stammt von ihm ein Schreiben über die Orthographie, das in der Regel als Anhang zur westsyrischen Bibelmassora überliefert und an einen Bischof Georg von Srūḡ gerichtet ist sowie an »alle Schreiber, die auf dieses Buch [die Massora] stoßen«.[192] Darin gibt Jakob den Schreibern, »die oft nicht verstehen, was sie schreiben«, genaue Anweisungen für die Behandlung des Textes. Er ermahnt sie unter anderem, bei griechischen Fremdwörtern keinen von den Buchstaben wegzulassen, die er geschrieben habe, und nennt einige Beispiele, die genau zu dem in der Hs. Mardin 309 (und Parallelen) verwendeten Transkriptionssystem passen: ܩܐܛܐܣܛܐܣܝܣ, ܦܐܢܛܐܣܝܐ, ܬܐܘܠܘܓܝܐ, ܦܠܝܪܘܦܘܪܝܐ, ܦܝܠܘܣܘܦܝܐ, ܩܘܣܛܢܛܝܢܘܣ, ܐܬܐܢܐܣܝܘܣ usw. (= κατάστασις, φαντασία, θεολογία, πληροφορία, φιλοσοφία, Κωνσταντῖνος, ᾿Αθανάσιος).[193]

Es sieht ganz so aus, als ob Jakob, gleichermaßen kanonistisch wie philologisch interessiert, den ihm bereits vorliegenden »unteren« Text der Kanonessammlung philologisch bearbeitet, mit den Formen in griechischer Schrift versehen und zusätzlich um weitere griechische und syrische Quellen, die in den anderen Handschriften des »unteren« Textes nicht erscheinen,[194] ergänzt hat.

K) Die Texte

I. Die folgenden Listen werden im Prinzip nach der Hs. Mardin 309 (»M 309«) abgedruckt. Unsichere Buchstaben des griechischen Textes sind durch Unterpunkte gekennzeichnet, nicht lesbare Stellen durch eckige Klammern. Vom

Sp. 253, B). Zu den Vokalzeichen vgl. auch Martin aaO 456-460. Die bei Martin zitierte Stelle aus Barhebraeus' »Buch der Strahlen« findet sich in der Ausgabe von A. Moberg, Le Livre des Splendeurs, Lund 1922, S. 193, Z. 7ff. (Übersetzung: Moberg, Buch der Strahlen, Leipzig 1907, 6).

191 Baumstark 251 (zu Fußnote 2).

192 Baumstark 249 (zu Fußnote 4), 260. Ausgabe: G. Phillips, A Letter by Mār Jacob, bishop of Edessa, on Syriac Orthograpy, London 1869; J. P. Martin, Jacobi episcopi Edesseni epistola ad Georgium episcopum Sarugensen de orthographia syriaca, Paris–London–Leipzig 1869. Enthalten ist der Brief u.a. in der Hs. Brit. Libr. 7183, vgl. die Beschreibung mit Auszügen in Rosen–Forshall, Catalogus (oben Fußnote 6) 69-71 (Nr. XLII); ferner in der Hs. Ming. Syr. 104 (Mingana, Catalogue aaO, A).

193 Rosen–Forshall aaO 69/70; Phillips aaO 7 und Martin, Epistola aaO X bzw. (syrisch) 4 (jeweils mit Abweichungen). Martin, Jacques d'Edesse 472, meinte zur Beifügung der griechischen Schreibung, daß Jakob »semble avoir voulu souvent légitimer son orthographie en écrivant à la marge le mot grec«. Dieser Gesichtspunkt mag bei grammatischen Schriften eine Rolle gespielt haben, kaum aber bei den Bischofslisten. Bei der Vermutung E.J. Revells, »the major cause for the need of vowel signs ... in Syriac was the fact that Arabic had become the vernacular of most ... Syrian Christians« (in: Parole de l'Orient 3 [1972] 373), ist – für das Ende des 7. Jhdts. – schon die Behauptung irrig, Syrisch sei nicht mehr gesprochen worden.

194 Vgl. die Tabellen bei Selb, Orientalisches Kirchenrecht II, nach S. 105 und 119 (einerseits Hss. BL 14,526, BL Add. 12,155, Vat. Syr. 127, andererseits Hss. M 309, M 310, Ming. Syr. 8, B. Nat. Syr. 62, Borg. Syr. 148 und wohl auch Vat. Syr. 560; Dam. 8/11 ist ein Sonderfall.

Schreiber nachträglich eingefügte Buchstaben werden durch ˋ ˊ bezeichnet. Offenbar versehentlich ausgelassene Buchstaben stehen in spitzen Klammern; diese Korrekturen ergeben sich vor allem aus den Lesarten der syrischen Parallelen. Aufgelöste Abkürzungen sind durch runde Klammern kenntlich gemacht. Sonstige offensichtlich falsche Lesarten lassen sich dem Apparat entnehmen. Die Zählung am Rand stammt vom Herausgeber.

II. Bei der Liste von Nikaia stehen die ersten Namen (bis Nr. 6) nur in syrischer Schrift im Text der Handschrift, die griechischen Entsprechungen finden sich senkrecht zwischen den Spalten. Erst mit der neuen Seite (fol. 33^{r}) ist die Liste dann zweispaltig. Der Apparat gibt die Lesarten der eng verwandten koptischen Liste an (»Kopt.«; aber nur soweit erhebliche Abweichungen vorliegen; der koptische Text enthält zahlreiche, vor allem orthographische Varianten), ferner vollständig die des St.-Petersburger syrisch-griechischen Fragments (»StP«; ab Nr. 186) nach der Ausgabe von Beneševič[195] und die der erst mit Nr. 206 einsetzenden Hs. Mardin 310 (»M 310«). Die Lesarten der sonstigen griechischen und syrischen Listen (»Sch« = Ausgabe von Schulthess) sind nur bei wichtigeren sachlichen Abweichungen im Apparat vermerkt; auf eine vollständige Angabe der Varianten mußte wegen deren großer Zahl verzichtet werden. Das gilt auch für die Liste in der Chronik Michaels des Syrers (»M«), die zwar derselben Version wie die Hs. Mardin 309 angehört, bei der aber in der von Chabot veröffentlichten Reproduktion der Handschrift die Namensformen sehr oft verunstaltet sind.

Die Provinzen stehen in der Handschrift in der syrischen Spalte jeweils in einer eigenen Zeile, sind eingerückt und durch rote Farbe hervorgehoben. In der griechischen Spalte nehmen sie zwar in der Regel auch eine besondere Zeile ein, werden aber erst ab »Kappadokeia« durch vor- und nachgestellte Viererpunkte betont.

III. Die zweispaltig in den Schriftspiegel einbezogenen Listen von Anyra und Neokaisareia sind am äußeren Seitenrand schwer lesbar. Griechische oder koptische Parallelen können nicht herangezogen werden, weil sie nicht erhalten sind. Sachliche Abweichungen der lateinischen (»Lat.«) und armenischen (»Armen.«) Liste sind vermerkt. Bei der syrischen Spalte wurden die Varianten der Hss. Mardin 310 und Paris Syr. 62 sowie des »oberen« Textes der Ausgabe von Schulthess angegeben. Die abweichende Zählung dieser Handschriften ist den Ausführungen oben im Text zu entnehmen.

IV. Die Absender des Briefes der Synode von Gangra sind im Syrischen fortlaufend geschrieben. Die griechischen Formen stehen Name für Name unter-

195 Novyja dannyja 116-118. Die Handschrift war mir nicht zugänglich. Die Ausgabe von Beneševič scheint – wie bereits Honigmann vermutete (Besprechungsaufsatz zu Schwartz 337) – Druckfehler zu enthalten.

einander am Rand. Sie sind bis auf wenige Buchstaben gut zu lesen. Im Apparat sind die Varianten des griechischen Textes nach der Ausgabe von Joannou[196] (»Griech.«) angegeben. Die Hs. Mardin 310 weicht nur an einer Stelle ab und hat dort wohl den besseren Text als die Hs. Mardin 309. Merkwürdigerweise stimmt die Schreibung der Hs. Paris Syr. 62 nicht mit den Mardiner Handschriften überein, soweit sich das der Ausgabe von Schulthess entnehmen läßt, obwohl sie sonst insbesondere mit Mardin 310 geht. Die Varianten der Ausgabe von Schulthess erschienen entbehrlich.

V. Auch die Teilnehmer der Synode von Antiocheia (Liste vor den Kanones) sind fortlaufend geschrieben, die griechischen Namen stehen ebenfalls einzeln am rechten und in einer Zeile am unteren Rand. Der Rand der Seite hat wohl durch Feuchtigkeit gelitten und ist im unteren Teil vor allem durch das Umblättern stark abgegriffen, so daß von dort stehenden griechischen Namen nichts mehr zu erkennen ist. Eine griechische oder koptische Teilnehmerliste, die für den griechischen Teil zum Vergleich herangezogen werden könnte, ist nicht überliefert. Bei der syrischen Spalte werden die Lesarten der Hs. Mardin 310 vermerkt. Wieder ist auffällig, daß die Hs. Paris Syr. 62 nach der Ausgabe von Schulthess meist eine andere Orthographie bei den Namen verwendet.

VI. Bei den Absendern des Briefes der Synode von Antiocheia stehen die griechischen Namen am linken Rand untereinander und am unteren Blattrand. Auch hier hat der Text auf dem äußeren Rand durch Feuchtigkeit und die Benutzung des Buches sehr gelitten, so daß die ersten und die weiter unten stehenden griechischen Namen völlig verschwunden sind, die dazwischen sind nur noch zum Teil lesbar. Außerdem wurde die Handschrift von einem späteren Buchbinder so beschnitten, daß die ersten Buchstaben der Namen weggefallen sind. Für die griechische Spalte werden die von Schwartz rekonstruierten Namen angegeben, für die syrische die Varianten der Hss. Mardin 310 und Paris Syr. 62.[197]

VII. Bei der Liste von Konstantinopel erstrecken sich die vier ersten syrischen Namen über die gesamte linke Spalte der Seite. Für die griechischen Entsprechungen ist wenig Raum, so daß sie am Rand oder zwischen den Zeilen stehen. Am Rand ist die Schrift verwischt und es sind teilweise nur Buchstabenreste erkennbar. Ab »Gelasios« (Nr. 5) ist die linke Spalte geteilt: rechts stehen die syrischen Namen, darunter der Bischofssitz, links die griechischen Namen. Erst ab fol. 62^{v} wird die Anordnung übersichtlicher, weil jeweils die inneren beiden Spalten dem syrischen Text und die äußeren dem griechischen vorbehalten sind. Die Provinznamen sind ähnlich wie bei Nikaia hervorgehoben. We-

196 Les canons des Synodes Particuliers 85.

197 Schwartz, Zur Geschichte des Athanasius. VI. (oben Fußn. 123) 273f. (= Gesammelte Schriften III 136), mit syrischem Text nach der Hs. Paris Syr. 62. Die Ausgabe von Nau (oben Fußnote 130), der auch die Hs. Borg. Syr. 148 berücksichtigt, weicht geringfügig ab.

sentliche Abweichungen der beiden griechischen Patmos-Handschriften (»P«) sowie der sonstigen syrischen Versionen (»M« = Michael der Syrer) finden sich im Apparat. Varianten der Ausgabe von Schulthess (»S«) wurden wegen der großen Zahl nur angegeben, wenn sie über Orthographisches hinausgehen.

VIII. Die kurze Aufzählung der hauptsächlichen Vertreter der Synode von Ephesos stimmt in den Handschriften des »unteren« Textes genau überein. In der Hs. Mardin 309 stehen die griechischen Namen am oberen Rand und senkrecht neben der betreffenden Spalte. Die griechische Form für »Caelestinus« fehlt wegen Blattverlustes, eine Entsprechung für »Jerusalem« ist nicht vorhanden.

IX. Bei den Absendern des Briefes der karthagischen Synode befinden sich wieder nur die syrischen Namen innerhalb des Schriftspiegels, die griechischen stehen zunächst zweizeilig zwischen den beiden Spalten und werden dann am unteren Rand in mehreren Spalten, aber nicht ganz regelmäßig fortgesetzt. In den Sententiae sind die syrischen Namen natürlich in den fortlaufenden Text einbezogen, die griechischen jeweils senkrecht am Rand vermerkt. In der Ausgabe sind im Apparat die griechischen Formen nach den Ausgaben von Joannou (für den Brief) und Lagarde (für die Sententiae)[198] genannt, soweit sie stärker abweichen. Bei sachlichen Unterschieden folgen in runden Klammern die lateinischen Namen nach der Ausgabe von Sodens[199], die manchmal wesentlich anders sind, gelegentlich aber auch besser zu denen der Hs. Mardin 309 passen als zum überlieferten griechischen Text. Im Apparat der syrischen Spalte bezeichnet »L« den syrischen Text nach der Ausgabe Lagardes[200].

198 Joannou, Les canons des Pères grecs (oben Fußnote 173) 304; Lagarde, Reliquiae ... graece 41-55.

199 Sententiae LXXXVII episcoporum (oben Fußnote 174) 247-277.

200 Lagarde, Reliquiae ... syriace 67-88.

Nikaia (fol. 32ᵛ-36ᵛ)

1	OSIOÇ ΚΟΥΡΔΟΥΒΗ	ܐܘܣܝܘܣ ܐܦܣܩܘܦܐ ܕܩܪܕܒܢܝܬܐ ܩܘܪܕܘܒܝ: ܗܟܢܐ ܗܝܡܢܬ ܐܢܐ: ܐܝܟ ܕܟܬܝܒ ܠܥܠ܀	
	ΡΩΜΗ	ܕܪܘܡܝ ܩܫܝܫܐ ܒ̄.	
	ΒΙΤΩΝ ΒΗΚΕΝΤΙΟÇ	ܒܝܛܘܢ ܘܒܝܩܢܛܝܘܣ ܩܫܝ̈ܫܐ ܕܪܘܡܝ: ܚܠܦ ܐܦܝܣܩܘܦܐ ܕܪܘܡܝ. ܐܪܫܡܢ ܐܝܟܢܐ ܕܗܟܢܐ ܗܝܡܢܢ ܐܝܟ ܕܟܬܝܒ ܠܥܠ.	
	ΑΛΕΞΑΝΔΡΟΣ ΑΛΕΞΑΝΔΡΕΙΑ	ܐܠܟܣܢܕܪܘܣ ܕܐܠܟܣܢܕܪܝܐ ܗܘ̇ ܕܠܘܬ ܐܓܘܦܛܘܣ.	
	ΑΙΓΥΠΤΟΣ ΘΗΒΑ[ΙC]	ܕܐܓܘܦܛܘܣ ܘܕܬܒܝܣ ܗ̄.	
5	ΑΘΑC CΧẸΔΙΑ	ܐܬܐܘܣ ܕܣܟܝܕܝܐ.	
	ΑḌΑΜΑΝΤΙΟC ΚΥΝΩ	ܐܕܡܢܛܝܘܣ ܕܩܘܢܘ.	
	ΤΙΒΕΡΙΑΝΟC[1] ΘΜΟΥỊC̣	ܛܒܪܝܐܢܘܣ ܕܬܡܘܐܝܣ.[1]	33ʳ
	ΓΑỊΟC ΤΑΝΗC	ܓܐܝܘܣ ܕܛܐܢܝܣ ܕܡܨܪܝܢ.[2]	
	ΠΟΤΑΜΩΝ ΗΡΑΚΛΗC	ܦܛܐܡܘܢ ܕܗܪܩܠܝܣ.	
	CΕΤΡΟΙΤΗC[2]	ܕܣܐܛܪܘܐܝܛܝܣ ܙ̄.	
10	ΔΩΡΟΘΕΟC ΠΗΛΟΥCΗΟΝ	ܕܪܘܬܐܘܣ ܕܦܠܘܣܝܢ.	
	ΑΡΠΟΚΡΑC ΦΡΑΓΩΝΙΑ	ܐܪܦܘܩܪܐܣ ܕܦܪܐܓܘܢܝܐ.[3]	
	ΦΗΛΗΠΠΟC ΠΑΝΕΦΥCΩΝ	ܦܝܠܝܦܘܣ ܕܦܐܢܝܦܘܣܘܢ.	
	ΑΡΒΕΤΙΩΝ ΦΑΡΒΕΘΟC	ܐܪܒܐܛܝܘܢ ܕܦܐܪܒܐܬܘܣ.[4]	
	ΑΝΤΙΟΧΟC ΜΕΜΦΗC	ܐܢܛܝܘܟܘܣ ܕܡܐܡܦܝܣ.	
15	ΠΕΤΡΟC ΗΡΑΚΛΗC	ܦܛܪܘܣ ܕܗܝܪܐܩܠܝܣ.[3]	
	ΤΥΡΑΝΝΟC ΑΝΤΗΝΩ	ܛܘܪܐܢܘܣ ܕܐܢܛܝܢܘ.	
	ΠΛΟΥCΙΟC[3] ΛΥΚΩ	ܦܠܘܣܝܘܣ[5] ܕܠܘܩܘ.	
	ΔΗΟC ΑΝΤΙΟC	ܕܝܘܣ ܕܐܢܛܝܐܘܣ.[3]	
	ΑΡΠΟΚΡΑΤΙΩΝ[4] ΑΛΦΟΚΡΑΝΩ(Ν)	ܐܪܦܘܩܪܐܛܝܘܢ[6] ܕܐܠܦܘܩܪܐܢܘܢ.	
	ΛΗΒΥΗ	ܕܠܘܒܐܝ ܚܠܝܬܐ [ܘ̄.]	
20	CΑΡΑΠΙΩΝ ΑΝΤΙΠΥΡΓΟC	ܣܐܪܐܦܝܘܢ ܕܐܢܛܝܦܘܪܓܘܣ.	
	ΤΙΤΟC[5] ΠΑΡΑΤΟΝΙΟΝ	ܛܝܛܘܣ ܕܦܐܪܐܛܘܢܝܘܢ.	

1 Kopt. ΤΙΒΕΡΙΟC 2 Im Kopt. Zusatz zum vorhergehenden Namen: ΗΡΑΚΛΕΥC ΘΡΟΙΔΟC 3 Name wird in flüchtiger Schrift zwischen den Spalten wiederholt (ΠΛΟΥCΙΑΝΟC ?); Kopt. ΠΛΟΥCΙΑΝΟC 4 Kopt. ΑΡΠΟΚΡΑΤΩΡ 5 Kopt. ΔΙΟC

1 Sch ܛܝܒܪܝܢܘܣ ܕܬܡܘܐܝܛܝܣ 2 Sch ܕܬܡܘܐܐܘܣ 3 In Sch fehlen die Nrn. 11, 15, 18 4 M 319 ܕܦܐܪܒܐܬܘܣ | Sch ܕܒܪܐܬܘ 5 Sch ܐܘܠܘܣܝܘܣ 6 Sch ܐܠܦܘܩܪܛܝܘܢ

CEKOYNΔOC[1] TEYXEIPA	ܣܩܘܢܕܘܣ[1] ܕܬܐܘܟܝܪܐ.[2]
ZΩΠYPOC BAPKH	ܙܘܦܘܪܘܣ ܕܒܪܩܐ ܐܘܟܝܬ
AΛKICTHC	ܕܐܠܩܝܣܛܝܣ.
CEKOYNΔOC ΠTOΛEMAIC	ܣܩܘܢܕܘܣ ܕܦܛܠܡܐܝܣ.
ΔAKHC[2] BEPONHKH	ܕܐܩܝܣ ܕܒܪܘܢܝܩܐ.
ΠAΛAICTINH	**ܕܦܠܣܛܝܢܐ ܝܐ.**
MAKAPIOC IEPOCOYΛYMA	ܡܩܪܝܘܣ ܕܐܘܪܫܠܡ.
ΓEPMANOC NEAΠOΛIC	ܓܪܡܢܘܣ ܕܢܐܦܘܠܝܣ.[3]
MAPHNOC XΩPEΠICKOΠOC[3]	ܡܪܝܢܘܣ ܟܘܪܐܦܝܣܩܘܦܐ ܕܐܬܪ[ܐ].[4]
ΓAIOC[4] CEBACTH	ܓܝܘܣ ܕܣܒܣܛܝܐ ܟܘܪܐܦܝܣܩܘܦܐ.[5]
EYCEBIOC KAICAPEIA[5]	ܐܘܣܒܝܣ ܕܩܣܪܝܐ.
CABHNOC ΓAΔAPA	ܣܒܝܢܘܣ ܕܓܕܪܐ.
ΛOΓΓINOC ACKAΛΩN	ܠܘܓܝܢܘܣ ܕܐܣܩܠܘܢ.
ΠETPOC NIKOΠOΛHC	ܦܛܪܘܣ ܕܢܝܩܘܦܘܠܝܣ.
MAPKIANOC[6] IAMNHA	ܡܪܩܝܢܘܣ ܕܝܡܢܝܐ.
MAΞIMOC EΛEYΘEPOΠOΛIC	ܡܟܣܝܡܘܣ ܕܒܝܬ ܓܘܒܪܝܢ.[6] 33v
ΠAYΛOC MAΞIMIANOY[ΠOΛHC]	ܦܘܠܘܣ ܕܡܟܣܝܡܝܢܘܦܘܠܝܣ.
IANOYAPIOC IEIPIXΩN	ܝܢܘܐܪܝܘܣ ܕܐܝܪܝܚܘ.
HΛIOΔOPOC[7] ZABOYΛΩN[8]	ܐܝܠܝܕܘܪܘܣ ܕܙܒܘܠܘܢ.
AETIOC ΛYΔΩN[9]	ܐܛܝܘܣ ܕܠܘܕ.
CIΛBANOC[10] AZΩTOC	ܣܝܠܒܢܘܣ ܕܐܙܘܛܘܣ.[7]
ΠATPOΦIΛOC CKYΘOΠOΛ[IC]	ܦܛܪܘܦܝܠܘܣ[8] ܕܒܝܫܢ.
ACKΛHΠAC ΓAZA	ܐܣܩܠܦܐܣ ܕܥܙܐ.
ΠETPOC AIΛΩN[11]	ܦܛܪܘܣ ܕܐܝܠܬ.
ANTIXOC KAΠETOYΛIAC	ܐܢܛܝܟܘܣ ܕܩܦܛܘܠܝܐܣ.
ΦOINIKH	**ܕܦܘܢܝܩܐ ܝܒ.**
ZHNΩN TYPOC	ܙܝܢܘܢ ܕܨܘܪ.
AINEIAC[12] ΠTOΛEMAIC	ܐܢܝܐܣ ܕܥܟܘ.
MAΓNOC ΔAMACKOC	ܡܓܢܘܣ ܕܕܪܡܣܘܣ.
ΘEOΔOPOC CIΔΩN	ܬܐܘܕܘܪܘܣ ܕܨܝܕܢ.

1 Kopt. CEΓENTOC 2 Kopt. TAKHC 3 M 309 XΩPEΠICKΠHC 4 Kopt. fehlt ab Nr. 26 bis hierher 5 M 309 KIAICA-PEIA 6 Kopt. MAKPINOC | Griech. Μαριανός 7 Kopt. ΔIOΔΩPOC 8 Kopt. BACOYΛΩN 9 Kopt. ΔINTIA 10 Kopt. CABINOC 11 Kopt. IAΛΩN 12 Kopt. ANANIAC

1 M 309 ܣܐܘܢܕܝܣ 2 Sch ܕܛܘܟܝܪܐܗ 3 Sch ܕܫܟܪܝܡ 4 Sch ܕܣܒܣܛܝܢܘܣ 5 Sch ܕܣܐܒܣܛܝܐ 6 Sch ܕܐܠܘܬܪܘܦܘܠܝܣ 7 Sch ܣܠܘܢܘܣ ܕܐܙܘܛܘܣ 8 M 309 ܦܛܪܘܦܝܠܘܣ

	ΑΛΛΑΝΗΚΟC[1] ΤΡΙΠΟΛΗC	ܐܠܐܢܝܩܘܣ ܕܛܪܝܦܘܠܝܣ.
50	ΓΡΗΓΟΡΗΟC ΒΗΡΥΤΟC	ܓܪܝܓܘܪܝܘܣ ܕܒܝܪܘܛܘܣ.
	ΜΑΡΙΝΟC ΠΑΛΜΥΡΑ	ܡܪܝܢܘܣ ܕܬܕܡܘܪ.
	Θ⟨Ε⟩ΑΔωΝΑΙΟC[2] ΑΛΑCΟΥΝ	ܬܐܘܕܘܢܝܘܣ ܕܐܠܣܘܢ.[1]
	ΑΝΑΤΟΛΙΟC ΕΜΙCΑ	ܐܢܛܘܠܝܘܣ ܕܚܡܨ.
	ΦΙΛΟΚΑ⟨Λ⟩ΟC ΠΑΝΙΑC	ܦܝܠܘܩܠܘܣ ܕܦܢܝܐܣ.
55	ΖΗΝΟΔΟΡωC[3] ΑΝΤΑΡΑΔΟC	ܙܝܢܘܕܘܪܘܣ ܕܐܢܛܪܐܕܘܣ.[1]
	ΒΑΡΛΑΑC[4] ΘΕCCΑΙΗ	ܒܪܠܗܐ ܕܬܐܣܐܝ.[1]
	CΥΡΙΑ[5]	**ܕܣܘܪܝܐ ܒܟܢܘܫܬܐ[2] ܟܠ.**
	ΕΥCΤΑΘΙΟC ΑΝΤΙΟΧΕΙΑ	ܐܘܣܛܐܬܝܘܣ ܕܐܢܛܝܘܟܝܐ.
	ΖΗΝΟΒΙΟC CΕΛΕΥΚΕΙΑ	ܙܝܢܘܒܝܘܣ ܕܣܠܘܩܝܐ.
	ΘΕΟΔΟΤΟC ΛΑΟΔΙΚΕΙΑ	ܬܐܘܕܘܛܘܣ ܕܠܐܕܝܩܝܐ.
60	ΑΛΦΙΟC ΑΠΑΜΙΑ	ܐܠܦܝܘܣ ܕܐܦܡܝܐ.
	ΦΙΛΟΞΕΝΟC ΙΕΡΑΠΟΛΙC	ܦܝܠܘܟܣܝܢܘܣ ܕܡܒܘܓ.
	CΑΛΑΜΑΝΗC[6] ΓΕ⟨Ρ⟩ΜΑΝΙΚΑΙ[Α]	ܣܐܠܡܐܢܝܣ ܕܓܪܡܢܝܩ.[3]
	ΠΙΠΕΡΙΟC[7] CΑΜΟCΑΤ[Α]	ܦܝܪܝܘܣ ܕܫܡܫܛ.
	ΑΡΧΕΛΑΟC ΔΟΛΙΧΗ	ܐܪܟܠܐܘܣ ܕܕܠܝܟܐ.
65	ΕΥΦΡΑΤΙωΝ ΒΑΛΑΝΑΙω[Ν][8]	ܐܘܦܪܐܛܝܘܢ ܕܒܐܠܢܝܐܘܣ. 34r
	ΠΑΛΛΑΔΙΟC[9] ΧωΡΕΠΙCΚΟΠΟC[10]	ܦܠܐܕܝܘܣ ܟܘܪܐܦܝܣܩܘܦܐ.
	ΖωΙΛΟC ΓΑΒΑΛΑ[11]	ܙܘܐܝܠܘܣ ܕܓܒܠܐ.
	ΒΑCΟC ΖΕΥΓΜΑ	ܒܐܣܘܣ ܕܙ⟨ܘ⟩ܓܡܐ.
	ΒΑCCΗΑΝΟC[12] ΡΑΦΑΝΗ	ܒܐܣܐܢܘܣ ܕܪܐܦܐܢ.
70	ΓΕΡΟΝΤΙΟC[13] ΛΑΡΙCCΑ	ܓܪܘܢܛܝܘܣ ܕܫܝܙܪ.[4]
	ΕΥCΤΑΘΙΟC ΑΡΕΘΟΥCΑ	ܐܘܣܛܐܬܝܘܣ ܕܐܪܣܬ.
	ΠΑΥΛΟC ΝΕΟΚΑΙCΑΡΕΙΑ	ܦܘܠܘܣ ܕܢܐܘܩܐܣܪܝܐ.
	CΙΡΙΚΙΟC ΚΥΡΟC	ܣܝܪܝܩܝܘܣ ܕܩܘܪܘܣ.
	CΕΛΕ⟨Υ⟩ΚΟC ΧωΡΕΠΙCΚΟΠΟC	ܣܐܠܘܩܘܣ ܟܘܪܐܦܝܣܩܘܦ(ܐ).
75	ΠΕΤΡΟC ΓΙΝΔΑΡωΝ	ܦܛܪܘܣ ܕܓܝܢܕܪܘܣ.
	ΠΗΓΑCΙΟC ΑΡΒΟΥΚΑΔΑΜ(ωΝ?)	ܦܓܐܣܝܘܣ ܕܚܪܒܩܕܡ.
	ΒΑCCωΝΗC[14] ΓΑΒΟΥΛωΝ	ܒܐܣܘܢܐ ܕܓܒܘܠܐ.

1 Kopt. ΕΛΛΑΤΙΚΟC | Griech. Ἑλλάνικος 2 Kopt. ΘΑΔΟΝΕΥC 3 Kopt. CΥΝΟΔΟΡΟC 4 Kopt. ΒΑΛΛΑΟC 5 Im Kopt. »Obersyrien« 6 Kopt. CΑΛΑΜΙΑC 7 Kopt. ΠΕΡΠΕΡΙΟC 8 Kopt. ΕΥΦΡΑΝΤΙΟΝ 9 Kopt. ΦΑΛΑΤΟC 10 M 309 ΧωΡΕΠΙCΚΟΠΙC 11 Nr. 66 und 67 im Kopt. vertauscht 12 Kopt. CΑΒΙΑΝΟC 13 M 309 ΡΕΡΟΝΤΙΟC 14 M 309 ΒΑCCΟωΝΗC; Kopt. ΒΑΛΑΝΟC

1 In Sch fehlen die Nrn. 55, 56 2 Sch ܕܣܘܪܝܐ ܕܟܘܠܗ 3 Sch ܓܪܡܢܝ ܕܓܪܡܢܝܩܝܐ 4 Sch ܕܠܪܝܣܐ

ΜΑΝΗΚΙΟC ΕΠΙΦΑΝΕΙΑC	ܡܐܢܝܩܝܘܣ ܕܢܣܦܬ.
CΕΛΙΚΟΝΗC[1] ΙΒΑΛΑC	ܣܐܠܝܩܘܢܝܣ ܕܐܒܠܐ.[1]
ΑΡΑΒΙΑ	**ܕܐܪܒܝܐ ܗ̄.**
80 ΝΗΚΟΜ⟨Α⟩ΧΟC ΒΟCΤΡѠΝ	ܢܝܩܘܡܐܟܘܣ ܕܒܘܣܛܪܐ.
ΚΥΡΙѠΝ ΦΙΛΑΔΕΛΦΙΑ	ܩܘܪܝܘܢ ܕܦܝܠܐܕܠܦܝܐ.
ΓΕΝΝΑΔΙΟC ΕCΒΟΥΝΤΟC	ܓܢܐܕܝܘܣ ܕܚܣܒܘܢ.[2]
CΕΥΗΡΟC CΟΔѠΜѠΝ	ܣܐܘܪܘܣ ܕܣܕܘܡ.
CѠΠΑΤΡΟC ΒΕΡΙΤΑΝΙC	ܣܘܦܐܛܪܘܣ ܕܒܪܛܐܢܝܣ.
85 ΔΙѠΝΥCΗC ΚΝΑΘΟΝ CΕΥΙΡѠC[2]	ܣܐܘܪܘܣ ܕܩܢܬ ܟܠܒ ܥܢܬ.[3]
ΜΕCΟΠΟΤΑΜΙΑ	**ܕܒܝܬ ܢܗܪ̈ܝܢ ܓ̄.**
ΑΙΘΙΛΑΑ ΕΔΕCΗC	ܐܝܬܠܗܐ ܕܐܘܪܗܝ.
ΙΑΚѠΒѠC[3] ΝΙCΙΒΙΝ	ܝܥܩܘܒ ܕܢܨܝܒܝܢ.
ΑΝΤΙΟΧΟC [ΡΙCΙΑΝΗ?][4]	ܐܢܛܝܘܟܘܣ ܕܪܝܫܥܝܢܐ.
ΜΑΡΑC[5] ΜΑΚΕΔΟΝΟΠΟΛΙC	ܡܪܐ ܕܡܩܕܘܢܘܦܘܠܝܣ.[4]
90 ΙѠΑΝΝΗC ΠΕΡCΙΔΟC	ܝܘܚܢܢ ܕܦܪܣ.[5]
ΚΙΛΙΚΙΑ	**ܕܩܝܠܝܩܝܐ ܝ̄ܐ.**
ΘΕΟΔѠΡΟC ΤΑΡCΟC	ܬܐܘܕܘܪܘܣ ܕܛܪܣܘܣ.
[Α]Μ̣ΦΙѠΝ ΕΠΙΦΑΝΕΙΑ	ܐܡܦܝܘܢ ܕܐܦܝܦܐܢܝܐ.
ΝΑΡΚΙCCΟC ΝΕΡѠΝΙΑC	ܢܪܩܝܣܘܣ ܕܢܪܘܢܝܐܣ. 34ᵛ
ΜѠCΗC ΚΑΤΑCΤΑΒΑΛ[ѠΝ]	ܡܘܫܐ ܕܩܐܬܐܣܛܒܠ[ ][6]
95 ΝΙΚΙΤΗC ΦΛ⟨Α⟩ΒΙΑC̣	ܢܝܩܝܛܝܣ ܕܦܠܐܒܝܐܣ.
ΕΥΔΑΙΜѠΝ ΧѠΡΕΠΙCΚΟΠΟC[6]	ܐܘܕܐܡܘܢ ܟܘܪܐܦܝܣܩܘܦܐ.
ΠΑΥΛΙΝΟC ΑΔΑΝѠΝ	ܦܘܠܝܢܘܣ ܕܐܕܐܢܐ.
ΜΑΚΕΔΟΝΙΟC ΜΑΜΨΟΥΕCΤΙ[Α]	ܡܩܕܘܢܝܘܣ ܕܡܡܦܣܘܐܣܛܝܐ.
ΤΑΡΚΟΥΔΗΜΑΝ⟨Τ⟩ΟC ΑΙΓѠΑC	ܛܪܩܘܕܝܡܢܛܘܣ ܕܐܓܐܣ.[7]
100 ΗCΥΧΙΟC ΑΛΕΞΑΝΔΡΕΑC ΚΑΜΒΥC(ΟΥ)	ܐܣܘܟܝܘܣ. ܕܐܠܟܣܢܕܪܘܬܐ.[8]
ΝΑΡΚΙC`C´ΟC ΕΙΡΗΝΟΠΟΛΙC[7]	ܢܪܩܝܣܘܣ ܕܐܝܪܝܢܘܦܘܠܝܣ.

1 Kopt. ΗΛΙΚΟΝΟC 2 Im Kopt. ab Nr. 82 nur Reste zu erkennen 3 M 309 ΙΑΚѠΗѠC 4 M 309: Ortsname fehlt (ΘΕΟΔΟCΙΟΥΠΟΛΙC?); Kopt. ΡΙCΙΑΝΗ (= syr. Rēšʿainā) 5 Kopt. ΜΕΡΕΑC 6 M 309 ΧѠΡΕΠΙCΚΟΠΙC 7 Im Kopt. sind von Nr. 98-101 nur Reste erkennbar

1 In Sch fehlt Nr. 79 2 Sch ܕܐܣܒܘܢܛܘܣ 3 Sch ܣܘܪܘܣ ܕܕܝܘܢܘܣܘܦܘܠܝܣ 4 Sch ܕܒܝܪܬܐ 5 Sch ܕܒܝܬ ܦܪ̈ܣܝܐ 6 Sch ܕܩܣܛܐܒܠܐ 7 Sch ܕܐܓܐܣ 8 Sch ܕܐܠܟܣܢܕܪܝܐ ܙܥܘܪܬܐ

ΚΑΠΠΑΔΟΚΗΑ	ܕܩܦܐܕܘܩܝܐ ܝܕ̄.	
ΛΕΟΝΤΙΟC ΚΑΙC⟨Α⟩ΡΕΙΑ	ܠܐܘܢܛܝܘܣ ܕܩܐܣܪܝܐ.	
ΕΥΤΥΧΙΟC[1] ΤΥΑΝΑ	ܐܘܛܘܟܝܘܣ[1] ܕܛܘܐܢܐ.	
ΕΡΥΘΡΙΟC ΚΟΛΩΝΙΑ	ܐܪܘܬܪܝܘܣ ܕܩܘܠܘܢܝܐ.	
ΤΙΜΟΘΕΟC ΚΥΒΙCΤΡΑ	ܛܝܡܘܬܐܘܣ ܕܩܘܒܝܣܛܪܐ.	
ΑΜΒΡΟCΙΟC ΚΟΜΑΝΑ[2]	ܐܡܒܪܘܣܝܘܣ[2] ܕܩܘܡܢܐ.	
CΤΕΦΑΝΟC ΧΩΡΕΠΙCΚΟΠΟC	[ ][3]	
ΡΟΔΩΝ ΧΩΡΕΠΙCΚΟΠΟC		
ΓΟΡΓΟΝΙΟC ΧΩΡΕΠΙCΚΟΠΟC[3]	ܓܘܪܓܘܢܝܘܣ ܟܘܪܐܦܝܣܩܘܦܐ.	
ΑΡΜΕΝΙΑ	ܐܪܡܢܝܐ ܙܥܘܪܬܐ ܗ̄.	
ΕΥΛΑΛΙΟC[4] CΕΒΑCΤΗΑ	ܐܘܠܐܠܝܘܣ ܕܣܐܒܐܣܛܝܐ.	
ΕΥΗΘΙΟC CΑΤΑΛΑ	ܐܘܐܬܝܘܣ[4] ܕܣܐܛܐܠܐ.	
ΕΥΔΡ⟨Ο⟩ΜΙΟC[5] ΧΩΡΕΠΙCΚΟΠΟC	ܐܘܕܪܡܝܘܣ ܟܘܪܐܦܝܣܩܘ(ܦܐ).[5]	
ΘΕΟΦΑΝΗC ΧΩΡΕΠΙCΚΟΠΟC	ܬܐܘܦܐܢܝܣ ܟܘܪܐܦܝܣܩܘ(ܦܐ).[5]	
ΑΡΜΕΝΙΑ	ܐܪܡܢܝܐ ܪܒܬܐ ܒ̄.	
ΑΔΡΑCΤΑΚΗC[6] ΑΡΜΕΝΙΑ	ܐܕܪܐܣܛܐܩܝܣ[6] ܕܐܪܡܢܝܐ.	
ΑΡΚΡΙΤΗC ΔΙΟCΠΟΝΤΟC[7]	ܐܪܩܪܝܛܝܣ ܕܕܝܘܣܦܘܢܛܘܣ.	
ΠΟΝΤΟC	ܕܦܘܢܛܘܣ ܓ̄.[7]	
ΕΥΤΥΧΙΟC[8] ΑΜΑCΙΑ	ܐܘܛܘܟܝܘܣ ܕܐܡܣܝܐ.	
ΕΥΛΥCΙΟC[9] ΚΟΜΟΝΑ	ܐܘܠܘܣܝܘܣ[8] ܕܩܘܡܢܐ.	
ΗΡΑΚΛΙΟC ΖΗΛΩΝ	ܗܪܩܠܝܘܣ ܕܙܝܠܘ.	
ΠΟΝΤΟC ΠΟΛΕΜΩΝΙΑΚ[ΟC][10]	ܕܦܘܢܛܘܣ ܦܘܠܡܘܢܝܐܩܘܣ[9] [ܓ̄.]	
ΛΟ⟨Γ⟩ΓΙΝΟC ΝΕỌḲẠỊÇẠṚẸỊẠ	ܠܘܓܝܢܘܣ ܕܢܐܘܩܐܣܪܝܐ.	
ΔΟΜΝΟC[11] ΤΡΑΠΕΖΟΥC	ܕܘܡܢܘܣ ܕܛܪܐܦܙܘܣ.	
CΤΡΑΤΟΦΥΛΟC[12] ΠΙΤΥΟΥCΑ	ܣܛܪܐܛܘܦܝܠܘܣ ܕܦܝܛܘܐܘܣܐ.	35r

1 Kopt. ΕΥΤΗΧΙΑΝΟC 2 Kopt. Nr. 105-106: ΤΙΜΟΘΕΟC in ΚΟΜΑΝΩΝ 3 Kopt. fügt hinzu: ΠΑΥΛΟC in CΠΑΝΙΑ 4 Kopt. ΕΥΛΑΡΙΟC 5 Kopt. ΕΥΚΡΟΜΙΟC 6 Kopt. ΑΡΙΡΤΕΥC 7 Kopt. ΑΡΙΚΗC ϩⲛ̄ ΘΑΡΜΕΝΙΑ 8 Kopt. ΕΥΤΗΧΙΑΝΟC 9 Kopt. ΕΥΡΗΡΙΟC 10 M 309 ΠΟΛΕΜΟΝΩΝΙΑΚ 11 M 309 ΔΟΜΟΝΟC 12 Kopt. CΤΡΑΤΟΛΙΟC

1 Sch ܐܘܦܘܣܘܒܘܣ 2 Sch ܗܠܒܕܘܣ 3 Wegen einer Falte im Pergament ist der Text nicht zu erkennen (es fehlt wohl nur eine Zeile) 4 M 309 ܐܘܐܬܝܘܣ 5 In Sch stehen die Nrn. 112, 113 am Schluß von Kappadokien 6 Sch ܐܪܣܛܘܩܝܘܣ 7 Überschrift fehlt in Sch 8 Sch ܗܠܒܕܘܣ 9 M 309 ܕܦܘܢܛܘܣ ܦܘܠܡܘܢܝܐܩܘܣ

	ΠΑΦΛΑΓΟΝΙΑ	ܕܦܐܦܠܓܘܢܝܐ ܙ̄.
	ΦΙΛΑΔΕΛΦΟΣ ΠΟΜΠΙΟΥΠΟΛΙΣ	ܦܝܠܐܕܠܦܘܣ ܕܦܘܡܦܝܘܦܘܠܝܣ.[1]
	ΠΕΤΡΟΝΙΟΣ ΙΟΥΝΙΟΥΠΟΛΙΣ[1]	ܦܛܪܘܢܝܘܣ ܕܝܘ‹ܢ›ܝܘܦܘܠܝܣ.
	ΕΥΤΥΧΙΟΣ ΑΜΑΣΤΡΙΣ[2]	ܐܘܛܘܟܝܘܣ[2] ܕܐܡܣܛܪܝܣ.
	ΓΑΛΑΤΙΑ	ܕܓܠܛܝܐ ܚ̄.
125	ΠΑΓΧΑΡΙΟΣ ΑΓΚΥΡΑ	ܦܢܟܪܝܘܣ[3] ܕܐܢܩܘܪܐ.
	ΔΙΚΑΣΙΟΣ ΤΑΥΙΑ	ܕܝܩܣܝܘܣ ܕܛܐܘܝܐ.[4]
	ΕΡΕΧΘΙΟΣ ΔΑΜΑΟΥΣΑ	ܐܪܟܬܝܘܣ ܕܕܐܡܐܘܣܐ.
	ΓΟΡΓΟΝΙΟΣ ΚΙΝΩΝ	ܓܘܪܓܘܢܝܘܣ ܕܩܝܢܘܢ.
	ΦΙΛΑΔΕΛΦΟΣ ΙΟΥΛΙΟΥΠΟΛΙΣ[3]	ܦܝܠܐܕܠܦܘܣ ܕܝܘܠܝܘܦܘܠܝܣ.
	ΑΣΕΙΑ	ܕܐܣܝܐ ܛ̄.
130	ΘΕΩΝΑΣ ΚΥΖΙΚΟΣ	ܬܐܘܢܐܣ ܕܩܘܙܝܩܘܣ.
	ΜΗΝΟΦΑΝΤΟΣ[4] ΕΦΕΣΟΣ	ܡܢܘܦܐܢܛܘܣ ܕܐܦܣܘܣ.
	ΩΡΙΩΝ ΙΛΗΟΝ	ܐܘܪܝܘܢ[5] ܕܐܝܠܝܘܢ.
	ΕΥΤΥΧΙΟΣ ΣΜΥΡΝΑ	ܐܘܛܘܟܝܘܣ ܕܣܡܘܪܢܐ.[6]
	ΜΗΘΡΙΣ ΥΠΕΠΩΝ	[ܡܝܛܪܝܣ][7] ܕܗܘܦܐܦܘܢ.
135	ΜΑΚΑΡΙΝΟΣ ΙΟΥΛΙΟΝ[5]	ܡܩܪܝܢܘܣ [ܕܐܝܘܠܝܘܢ][7]
	ΕΛΛΗΣΠΟΝΤΟΣ	ܕܗܠܝܣܦܘܢܛܘܣ ܝ̄.
	ΠΑΥΛΟΣ ΑΙΝΕΑ[6]	ܦܘܠܘܣ ܕܐܝܢܐ
	ΛΥΔΗΑ	ܕܠܘܕܝܐ ܝܐ̄.
	ΑΡΤΕΜΙΔΟΡΟΣ ΣΑΡΔΗ	ܐܪܛܡܝܕܘܪܘܣ ܕܣܐܪܕܝܣ.
	ΣΕΡΑΣ[7] ΘΥΑΤΕΙΡΑ	ܣܐܪܘܣ ܕܬܘܐܛܝܪܐ.[8]
	ΕΤΟΙΜΑΣΙΟΣ[8] ΦΙΛΑΔΕΛΦΙΑ	ܐܛܘܡܐܣܝܘܣ ܕܦܝܠܐܕܠܦܝܐ.
140	ΠΟΛΛΙΩΝ ΒΑΡΗΣ	ܦܘܠܝܘܢ ܕܒܐܪܝܣ.
	ΑΓΟΓΙΟΣ ΤΡΙΠΟΛΙΣ	ܐܓܘܓܝܘܣ ܕܛܪܝܦܘܠܝܣ.
	ΦΛΩΡΕΝΤΙΟΣ[9] ΑΓΚΥΡΑ ΣΙΔΗΡΑ	ܦܠܘܪܐܢܛܝܘܣ ܕܐܢܩܘܪܐ ܣܝܕܝܪܐ.
	ΑΝΤΙ⟨Ο⟩ΧΟΣ ΑΥΡΗΛΙΑΝΟΥΠΟΛΙΣ	ܐܢܛܝܘܟܘܣ ܕܐܘܪܝܠܝܐܢܘܦܘܠܝܣ.
	ΜΑΡΚΟΣ ΣΤΑΝΔΟΣ	ܡܐܪܩܘܣ ܕܣܛܐܢܕܘܣ.[9]

1 Im Kopt. unleserlich 2 M 309 ΑΜΑΣΤΑΡΙΣ 3 Kopt. ΗΛΙΟΥΠΟΛΙΣ 4 Kopt. ΘΕΟΦΑΝΤΟΣ 5 Kopt. ΜΑΚΑΡΙΟΣ ? ΗΛΙΟΥ 6 Die Provinz Hellespontos fehlt im Kopt. 7 Kopt. ΣΑΡΑΠΑΣ 8 Kopt. ΕΒΔΟΜΑΣΙΟΣ 9 Kopt. ΒΡΟΝΤΙΟΣ

1 M 309 ܕܦܘܡܦܝܘܦܘܠܝܣ 2 Sch ܐܘܛܘܟܝܘܣ 3 M 309 ܦܢܟܪܝܘܣ | Sch ܡܪܘܠܘܣ 4 M 309 ܕܛܐܘܝܐ 5 M 309 ܕܐܘܪܝܢ 6 M 309 ܕܣܡܘܪܢܐ 7 Wegen einer Falte im Pergament nur Reste erkennbar 8 M 309 ܕܬܘܐܛܝܪܐ 9 Sch add. ܐܢܛܝܟܘܣ ܕܐܪܘܣܘܪܝܐ

	ΦΡΥΓΙΑ	ܕܦܪܘܓܝܐ ܙ.	
145	[ΝΟΥ]ΝẸΧΙΟϹ ΛΑΟΔΙΚΕΙΑ	ܢܘܢܟܝܘܣ ܕܠܐܕܝܩܝܐ.	
	ΦḶẠΚΚΟϹ ϹΑΝΑΟϹ	ܦܠܐܩܘܣ ܕܣܐܢܐܘܣ.	
	ΠṚỌΚΟΠΙΟϹ ϹΥΝΑΔΑω̣(Ν)	ܦܪܘܩܘܦܝܘܣ ܕܣܘܢܐܕܐ.	
	ΠΙϹΤΟϹ ΑΖΗΝωΝ	ܦܝܣܛܘܣ[1] ܕܐܙܢܘܢ.	
	ΑΘΗΝΟΔωΡΟϹ[1] ΔωΡΗϹ	ܐܬܢܘܕܘܪܘܣ ܕܕܘܪܝܣ.[2]	35v
150	ΕΥΓΕΝΕΙΟϹ ΕΥΚΑΡΠΙΑ	ܐܘܓܢܝܘܣ ܕܐܘܩܪܦܝܐ.	
	ΦΛΑΚΟϹ ΙΕΡΑΠΟΛΙϹ[2]	ܦܠܐܩܘܣ ܕܐܝܪܐܦܘܠܝܣ.[2a]	
	ΙϹΑΥΡΙΑ[3]	ܕܐܝܣܘܪܝܐ ܝܚ.	
	ϹΤΕΦΑΝΟϹ ΒΑΡ⟨Α⟩ΤωΝ	ܣܛܦܐܢܘܣ ܕܒܪܛܘܢ.	
	ΑΘΑΝΑϹΙΟϹ ΚΟΡ⟨Ο⟩Π̣ΙϹϹωΝ	ܐܬܢܐܣܝܘܣ ܕܩܘܪܦܝܣܘܢ.	
	ΑΙΔΕϹϹΙΟϹ ΚΛ⟨Α⟩ΥΔΙΑΝΟΥΠΟΛΙϹ	ܐܕܣܝܘܣ	
		ܕܩܠܐܕܝܘܢܐܘܦܘܠܝܣ.	
155	ΑΓΑΠΙΟϹ ϹΕΛΕΥΚΕΙΑ	ܐܓܐܦܝܘܣ[3] ܕܣܠܐܘܩܝܐ.	
	ϹΙΛΟΥΑΝΟϹ ΜΗΤΡΟΠΟΛΙϹ	ܣܝܠܘܐܢܘܣ ܕܡܝܛܪܘܦܘܠܝܣ	
	ΙϹΑΥΡΙΑ	ܗܝ ܕܐܝܣܘܪܝܐ.[4]	
	ΦΑΥϹΤΟϹ ΠΑΝΕΜΟΥΤΕΙΧΟϹ[4]	ܦܐܘܣܛܘܣ ܕܦܐܢܡܘܛܝܟܘܣ.[5]	
	ΑΝΤΟΝΙΟϹ ΑΝΤΙΟΧΕΙΑ	ܐܢܛܘܢܝܘܣ[6] ܕܐܢܛܝܘܟܝܐ.	
	ΝΕϹΤωΡ ϹΥΕΔΡωΝ	ܢܣܛܘܪ ܕܣܘܐܕܪܘܢ.[7]	
160	ΗϹΟΥΧΙΟϹ ΧωΡΕΠΙϹΚΟΠΟϹ	ܐܝܣܘܟܝܘܣ ܟܘܪܐܦܝܣܩܘܦܘ(ܣܐ).	
	ΚΟΥΡΙΛΟϹ ΝΟΜΑΔωΝ	ܩܘܪܝܠܘܣ ܕܢܘܡܐܕܘܢ.[8]	
	ΘΕΟΔΟΡΟϹ ΟΥΑϹΑϹΑΔωΝ	ܬܐܘܕܘܪܘܣ ܕܐܘܐ⟨ܣ⟩ܐܣܐܕܘܢ.	
	ΑΝΑΤΟΛΙΟϹ ΧωΡΕΠΙϹΚΟΠΟϹ	[ܐܢܛܘܠܝܘܣ	
		ܟܘܪ] ܐܦܝܣܩܘܦܘ(ܣܐ).[9]	
	ΠΑΥΛΟϹ ΧΑΡΑΝΔωΝ	ܦܘܠܘܣ ܕܟܪܐܢܕܘܢ.	
165	ΚΟΙΝΤΟϹ ΧωΡΕΠΙϹΚΟΠΟϹ	ܩܘ⟨ܝ⟩ܢܛܘܣ ܟܘܪܐܦܝܣܩܘܦܐ.	
	ΤΙΒΕΡΙΟϹ ΙΛΙϹΤΡωΝ	ܛܝܒܪܝܘܣ ܕܐܝܠܝܣܛܪܘܢ.	
	ΑΚΥΛΑϹ ΧωΡΕΠΙϹΚΟΠΟϹ	ܐܩܘܠܐܣ ܟܘܪܐܦܝܣܩܘܦܐ.	
	ΕΥϹΕΒΕΙΟϹ	ܐܘܣܒܝܘܣ ܕܐܬܬܒܥܬܐ ܗܝ	
	ΙϹΑΥΡΙΑ	ܕܐܝܣܘܪܝܐ.[10]	

1 Kopt. ΑΘΗΝΑϹΟΤωΡΟϹ 2 Kopt. Nr. 150, 151 unleserlich 3 In allen Listen (außer bei Michael dem Syrer) folgt die Liste von Pisidia (= Lykaonia) 4 Ortsname in M 309 über der Zeile wiederholt

1 Sch ܦܝܣܛܘܦܐܘܣ 2 M 309 ܕܕܘܪܝܣ | Sch ܕܕܘܪܠܐܢ | Sch add. ܦܠܘܣ ܕܐܒܩܢܐ (= Nr. 136? S. Schwartz, Bischofslisten 68) 2a M 309 ܕܐܝܪܐܦܘܠܝܣ 3 M 309 ܐܓܐܦܝܘܣ 4 Sch ܕܐܝܣܘܪܝܐܦܘܠܝܣ 5 Sch ܕܦܐܢܐܝܢ 6 M 309 ܐܢܛܝܘܟܝܐ 7 M 309 ܕܣܐܘܐܕܪܘܢ 8 Sch ܕܬܘܡܐܕܐܢ 9 M 309: z. T. unleserlich, Falte im Pergament 10 M 309 ܕܦܪܘܓܝܐ ܕܐܝܣܘܪܝܐܦܘܠܝܣ

Nr.	Griechisch	Syrisch
	ΒΙΘΟΝΗΑ	ܕܒܝܬܘܢܝܐ ܝܚ.
	ΕΥϹΕΒΕΙΟϹ ΝΙΚΟΜΗΔΕΙΑ	ܐܘܣܒܝܘܣ ܕܢܝܩܘܡܝܕܝܐ.[1]
170	ΘΕΟΓΝΙΟϹ ΝΙΚΑΙΑ	ܬܐܘܓܢܝܘܣ ܕܢܝܩܝܐ.
	ΜΑΡΙϹ ΧΑΛΚΙΔѠΝ	ܡܐܪܝܣ ܕܟܠܩܝܕܘܢܐ.
	ΚΟΥΡΙѠΝ ΚΥΡΟϹ	ܩܘܪܝܘܢ [2] ܕܩܘܪܘܣ.
	ΗϹΥΧΙΟϹ ΠΡΟΥϹΑ	ܐܣܘܟܝܘܣ ܕܦܪܘܣܐ.
	ΓΟΡΓΟΝΙΟϹ ΑΠΟΛΛΟΝΙΑϹ	ܓܘܪܓܘܢܝܘܣ ܕܐܦܠܘܢܝܐܣ.
175	ΓΕѠΡΓΙΟϹ ΠΛΟΥϹΙΑϹ	ܓܐܘܪܓܝܘܣ ܕܦܠܘܣܝܐܣ.[3]
	ΕΥΙϹΤΙΟϹ ΑΔΡΙΑΝΟΥΠΟΛΙϹ	ܐܘܣܛܝܘܣ [4] ܕܐܕܪܝܢܘܦܘܠܝܣ.
	ΘΕΟΦΑΝΗϹ ΧѠΡΕΠΙϹΚΟΠΟϹ	ܬܐܘܦܢܝܣ ܟܘܪܐܦܝܣܩܘ(ܦܐ). 36r
	ΡΟ⟨Υ⟩ΦΟϹ ΚΑΙϹΑΡΕΙΑ	ܪܘܦܘܣ ܕܩܣܪܝܐ.
	ΕΥΛΑΛΙΟϹ ΧѠΡΕΠΙϹΚΟΠΟϹ	ܐܘܠܠܝܘܣ ܟܘܪܐܦܝܣܩܘܦܐ.
	ΚΥΠΡΟϹ	ܕܩܘܦܪܘܣ ܝܛ.
180	ΚΥΡΙΛΛΟϹ ΠΑΦΟϹ	ܩܘܪܝܠܘܣ ܕܦܐܦܘܣ.
	ΓΕΛΑϹΙΟϹ ϹΑΛΑΜΙΝΗ	ܓܠܐܣܝܘܣ ܕܣܠܐܡܝܢ.
	ΛΥΚΑΟΝΗΑ[1]	ܕܠܘܩܐܘܢܝܐ ܟ.
	ΕΥΛΑΛΙΟϹ[2] ΕΙΚΟΝΗ⟨Ο⟩Ν	ܐܘܠܠܝܘܣ ܕܐܝܩܘܢܝܢ.
	ΤΙΛΕΜΑΧΟϹ ΑΔΡΙΑΝΟΥΠΟ(ΛΙϹ)	ܛܠܡܟܘܣ ܕܐܕܪܝܢܘܦܘ(ܠܝܣ).
	ΗϹΟΥΧΙΟϹ ΝΕΑΠΟΛΙϹ	ܐܣܘܟܝܘܣ ܕܢܐܦܘܠܝܣ.
185	ΕΥΤΟΥΧΙΟϹ ϹΕΛΕΥΚΕΙΑ	ܐܘܛܘܟܝܘܣ ܕܣܠܘܩܝܐ.
	ΓΡΑΝΙΟϹ[3] ΛΙΜΕΝѠΝ	ܓܪܢܝܘܣ [5] ܕܠܝܡܢܘܢ.
	ΤΑΡϹΙΚΙΟϹ[4] ΑΠΑΜΕΙΑ[5]	ܛܪܣܝܩܝܘܣ ܕܐܦܡܝܐ.[6]
	ΑΚΑΔΙΜΙΟϹ[6] ΜΟΡΤΙΝΗ	ܐܩܕܝܡܝܘܣ ܕܡܘܪܛܝܢ.[7]
	ΠΟΛΥΚΑΡΠΟϹ ΜΙΤΡΟΠΟΛΙϹ	ܦܘܠܘܩܪܦܘܣ ܕܡܝܛܪܘܦܘܠܝܣ.[8]
190	ΠΑΤΡΙΚΙΟϹ ΑΒΛΑΔΙΑ	ܦܛܪܝܩܝܘܣ [9] ܕܐܒܠܕܝܐ.
	ΑΚΑΔΙΜΗΟϹ[7] ΠΑΠѠΝ[8]	ܐܩܕܝܡܘܣ ܕܦܐܦܘܢ.
	ΗΡΑΚΛΙΟϹ[9] ΒΕΡΟΙΑ	ܗܪܩܠܝܘܣ ܕܒܪܘܐܐ.[10]
	ΘΕΟΔΟΡΟϹ ΟΥΛϹΑΔѠΝ	ܬܐܘܕܘܪܘܣ ܕܐܘܠܣܕܐ.[11]

1 Kopt. und Griech. (u.a.): ΠΙϹΙΔΙΑ 2 Kopt. unleserlich 3 Kopt.]ΡΑΝΙΟϹ; Beginn des St.-Petersburger Fragments 4 Kopt. ΤΑΡΑΚΙΟϹ 5 StP ΑΠΑΜΙΑ 6 Kopt. ΑΓΑΘΥΜΙΟϹ 7 StP ΑΚΑΔΙΜΙΟϹ 8 Reihenfolge im Kopt.: Nr. 190, 187, 188, 189, 191 9 StP ΗΡΑΚΛΕΙΟϹ

1 M 309 ܕܢܝܩܘܡܕܝܐ 2 Sch ܩܘܪܝܠܘܣ 3 M 309 ܕܦܠܘܣܝܐܣ 4 Sch ܐܘܣܛܐܬܝܘܣ 5 Sch ܐܪܢܝܘܣ 6 StP ܛܪܣܝܩܝܘܣ ܕܐܦܡܝܐ 7 StP ܕܡܘܪܛܝܢܘܣ | In Sch fehlt Nr. 188 8 StP ܦܘܠܘܩܪܦܘܣ ܕܡܝܛܪܘܦܘܠܝܣ 9 StP ܦܛܪܝܩܝܘܣ 10 StP ܕܒܪܘܐ 11 In Sch fehlt Nr. 193

	ΛΥΚΙΑ	ܕܠܘܩܝܐ ܒ̄.	
	ΑΔΩΝ ΛΥΚΙΑ	ܐܕܘܢ ܕܠܘܩܝܐ.[1]	
195	ΕΥΔΙΜΟϹ ΠΑΤΑΡΑ	ܐܘܕܝܡܘܣ ܕܦܛܐܪܐ.	
	ΠΑΜΦΥΛΙΑ[1]	ܕܦܡܦܘܠܝܐ ܙ̄.	
	ΚΑΛΙΚΛΗϹ ΠΕΡΓΗ	ܩܐܠܝܩܠܝܣ [2]ܕܦܐܪܓܐ.	
	ΕΥΡΕϹΙΟϹ ΤΕΛΜΙϹΟϹ	ܐܘܪܐܣܝܘܣ ܕܛܐܠܡܝܣܘ(ܣ).[3]	
	ΖΕΥΞΙΟϹ ΟΥΑΡΒΟΝ[2]	ܙܘܟܣܝܘܣ ܕܐܘܐܪܒܘܢ.	
	ΔΟΜΝΟϹ[3] ΑϹΠΕΝΔΟϹ	ܕܘܡܢܘܣ ܕܐܣܦܢܕܘܣ.	
200	ΚΥΙΝΤΙΑΝΟϹ ϹΕΛΕΥΚΙΑ[4]	ܩܘܐܢܛܝܢܘܣ [4]ܕܣܠܘܩܝܐ.	
	ΠΑΤΡΙΚΙΟϹ ΜΑΞΙΜΙΑΝΟΠΟΛΙϹ[5]	ܦܐܛܪܝܩܝܘܣ [5] ܕܡܐܟܣܝܡܝܢܘܦܘܠܝܣ.[6]	
	ΑΦΡΟΔΙϹΙΟϹ ΜΑΓΕΔΩΝ	ܐܦܪܘܕܝܣܝܘܣ ܕܡܐܓܕܘܢ.[7]	
	ΝΗϹΩΝ	ܕܓܙܪ̈ܬܐ [8]ܕ̄.	
	[Ε]ΥΦΡΟϹΟΥΝΟϹ[6] ΡΟΔΟϹ	ܐܘܦܪܘܣܘܢܘܣ ܕܪܘܕܘܣ.	
	ΜΕΛΙΦΡΟΝ[7] ΚΩ	ܡܐܠܝܦܪܘܢ ܕܩܘ	
205	[Ϲ]ΤΡẠΤΙΓΙΟϹ ΛΗΜΝΟϹ	ܣܛܪܐܛܝܓܝܘܣ ܕܠܝܡܢܘܣ.	
	ΑΛΙΤΟΔΟΡΩϹ[8] ΚΕΡΚΥṚẠ	ܐܠܝܛܘܕܘܪܘܣ[9] ܕܩܐܪܩܘܪܐ.[10]	36ᵛ
	ΚΑΡΙΑ	ܕܩܐܪܝܐ ܗ̄.	
	ΕΥϹΕΒΕΙΟϹ[9] ΑΝΤΙΟΧΕΙΑ	ܐܘܣܒܝܘܣ ܕܐܢܛܝܘܟܝܐ.	
	ΑΜΜΟΝΙΟϹ ΑΦΡΟΔΙϹΙΑϹ	ܐܡܘܢܝܘܣ [11]ܕܐܦܪܘܕܝܣܝܐܣ.	
	ΕΥΓΕΝΙΟϹ ΑΠΟΛΛẠΩΝΙΑϹ[10]	ܐܘܓܢܝܘܣ [12]ܕܐܦܘܠܘܢܝܐܣ.	
210	ΛΙΤΟΔΟΡΟϹ ΚΥΒΗΡΑΤΩΝ	ܠܝܛܘܕܘܪܘܣ ܕܩܘܒܝܪܐܛܘܢ.	
	ΕΥϹΕΒΕΙΟϹ ΜΗΛΗΤΟϹ[11]	ܐܘܣܒܝܘܣ ܕܡܝܠܝܛܘܣ.[13]	
	ΘΡΑΚΗ[12]	ܕܬܪܐܩܝ [14]ܐ̄.	
	ΠΑΙΔΕΡΟϹ ΗΡΑΚΛΗΑ[13]	ܦܐܕܐܪܘܣ ܕܗܪܐܩܠܝܐ.[15]	

1 Abbruch im Kopt. 2 M 309 ΟΥΡΑΒΟΝ | StP ΟΥΑΡΒΩΝ 3 M 309 ΔΟΜΟΝΟϹ 4 StP ϹΕΛΕΥΚΕΙΑ 5 StP ΜΑΞΙΜΙΑΝΟΥΠΟΛΙϹ 6 StP ΕΥΦΡΟϹΥΝΟϹ 7 StP ΜΕΛΙΦΡΩΝ 8 StP ΑΛΙΤΟΔΩΡΟϹ 9 StP ΕΥϹΕΒΙΟϹ 10 StP ΑΠΟΛΟΝΙΑϹ 11 StP ΕΥϹΕΒΙΟϹ ΜΙΛΗΤΟϹ 12 M 309 ΘΑΡΚΗ 13 StP ΗΡΑΚΛΕΙΑ

1 In Sch fehlt Nr. 194 2 M 309 ܩܐܠܝܩܐܠܝܣ 3 M 309 ܕܛܐܠܡܝܣܘܣ̄ | StP ܐܘܪܣܝܘܣ ܕܛܠܠܡܝܣܘܣ 4 StP ܩܘܐܢܛܝܢܘܣ 5 M 309 läßt aus: ܕܣܠܘܩܝܐ. ܦܐܛܪܝܩܝܘܣ 6 M 309 ܕܡܐܟܣܝܡܐܦܘܠܝܣ̄ 7 StP ܕܡܐܓܕܘܢ 8 M 309, StP ܕܓܙܪܬܐ 9 Textbeginn in M 310 10 StP ܕܩܘܪܩܘܪܐ 11 M 309 ܐܡܘܢܝܘܣ 12 StP ܐܘܓܢܝܘܣ 13 M 309 ܕܡܝܠܝܛܘܣ 14 M 309 ܕܬܐܪܩܝ | Sch ܕܐܪܘܦܐ 15 M 309 ܕܗܪܐܩܠܝܐ | StP ܕܪܐܩܠܝܐ

ΔΑΚΙΑ	ܕܕܐܩܝܐ ܒ̄.
ΠΡѠΤΟΓΕΝΗϹ ϹΑΡΔΙΚΗ[1]	ܦܪܘܛܘܓܢܝܣ[1] ܕܣܐܪܕܝܩܝ.
ΜΑΡΚΟϹ ΚΟΜΕѠΝ ΗΤΟΙ ΚΑΒ̣ΑΡΙ̣Ϲ̣	ܡܐܪܩܘܣ ܕܩܘܡܐܘܢ.[2]
ΜΟΥϹΙΑ	ܕܡܘܣܝܐ ܐ̄.
215 ΠΙϹΤΟϹ ΜΑΡΚΙΑΝ⟨Ο⟩ΥΠΟΛΙϹ	ܦܝܣܛܘܣ ܕܡܐܪܩܝܢܘܦܘܠܝܣ.[3]
ΜΑΚΕΔΟΝΙΑ	ܕܡܩܐܕܘܢܝܐ[4] ܐ̄.
ΑΛΕΞΑΝΔΡΟϹ ΘΕϹϹΑΛΟΝΙΚΗ[2]	ܐܠܟܣܢܕܪܘܣ ܕܬܣܠܘܢܝܩܐ.[5]
ΑΧΑΙΑ	ܕܐܟܐܝܐ[6] ܓ̄.
ΠΙϹΤΟϹ ΑΘΗΝΑϹ	ܦܝܣܛܘܣ ܕܐܬܝܢܐܣ.[7]
ΜΑΡϹϹΟϹ ΒΟΙѠΤΙΑ[3]	ܡܐܪܣܘܣ[8] ܕܒܐܘܛܝܐ.[9]
ϹΤΡΑΤΗΓΙΟϹ ΗΦΕϹΤΙΑ	ܣܛܪܐܛܓܝܘܣ ܕܐܦܣܛܝܐ.[10]
ΘΕϹϹ⟨Α⟩ΛΙΑ	ܕܬܐܣܐܠܝܐ[11] ܒ̄.
220 ΚΛΑΥΔΙΑΝΟϹ ΘΕϹϹΑΛΙΑ[4]	ܩܠܘܕܝܐܢܘܣ[12] ܕܬܐܣ⟨ܐ⟩ܠܝܐ.
ΚΛΕΟΝΙΚΟϹ ΘΗΒΑϹ	ܩܠܐܘܢܝܩܘܣ ܕܬܝܒܐܣ.[13]
ΧΑΡΤΑΓΕΝΑ	ܕܟܐܪܛܓܢܐ.[14]
ΚΙΛ⟨Ι⟩ΚΙΑΝΟϹ	ܩܝܠܝܩܝܐܢܘܣ
ΔΑΡΔΑΝΙΑ	ܕܕܐܪܕܐܢܝܐ ܐ̄.[15]
ΒΟΥΔΙΟϹ ϹΤΡΟΥΒѠΝ	ܒܘܕܝܘܣ ܕܣܛܪܘܒܘܢ.
ΠΑΝΝΟΝΙΑ	ܕܦܐܢܘܢܝܐ ܐ̄.
ΔΟΜΝΟϹ	ܕܘܡܢܘܣ

1 StP ΠΡΟΤΟΓΕΝΗϹ ϹΑΡΔΗΚΗ 2 StP ΘΕϹΑΛΟΝΗΚΗ 3 StP ΜΑΡϹΟϹ ΒΟΙѠΤΗΑ 4 Fehlt in StP

1 M 310 ܦܪܘܛܓܢܝܣ 2 Sch ܕܩܘܡܪܐ 3 M 309 ܕܡܐܪܩܝܢܘܦܘܠܝܣ̄ | StP ܕܡܐܪܩܝܢܘܦܘܠܝܣ 4 StP ܕܡܩܕܘܢܝܐ 5 M 309 ܕܬܐܣܠܘܢܝܩܐ 6 M 309 ܕܐܟܐܝܐ | M 310 ܕܐܟܐܝܐ 7 StP ܕܐܬܝܢܐܣ 8 StP ܡܐܪܣܘܣ ܕܒܐܘܛܝܐ 9 Sch ܕܐܒܘܛܐܣ 10 StP ܕܐܦܣܛܝܐ 11 Stp ܕܬܣܠܝܐ 12 StP ܩܠܘܕܝܐܢܘܣ 13 M 309 ܕܬܒܐܣ | In Sch fehlt Nr. 221 14 StP ܕܟܐܪܛܓܢܐ | M 310 ܕܟܐܪܛܓܢܐ 15 Sch add. ܕܐܘܣ ܕܡܩܕܘܢܝܐ

ΓΑΛΛΙΑ	ܕܓܐܠܠܝܐ ܐ̄.
225 ΝΙΚΑCΙΟC ΔΟΥCΙΑ	ܢܝܩܐܣܝܘܣ ܕܕܘܣܝܐ.
ΓΟΥΤΘΙΑ	ܕܓܘܬܝܐ ܐ̄.
ΘΕΟΦΙΛΟC ΓΟΥΤΘΙΑ[1]	ܬܐܘܦܝܠܘܣ ܕܓܘܬܝܐ.
ΒΟCΠΟΡΟC	ܕܒܘܣܦܘܪܘܣ.
ΚΑΔΜΑC	ܩܐܕܡܘܣ.

1 Fehlt in M 309 und StP

Ankyra (fol. 44 r)

1 ΟΥΙΤΑΛΙΟC ΑΝΤΙΟΧΙΑ	ܐܘܝܛܐܠܝܘܣ [ܕ]ܐܢܛܝܘܟܝܐ.[1]
ΜΑΡΚΕΛΛΟC ΑΓΚΥΡΑ[1]	ܡܐܪܩܠܘܣ ܕܐܢܩܘܪܐ.[2]
ΑΓΡΙΚ⟨Ο⟩ΛΑΟC ΚΑΙCΑΡΕΙΑ	ܐܓܪܝܩܘܠܐܘܣ ܕܩܐܣܪܝܐ.
ΛΟΥΠΠΟC ΤΑΡCΟC	ܠܘܦܘܣ ܕܛܐܪܣܘܣ.[3]
5 ΒΑCΙΛΕΥC ΑΜΑCΕΙΑ	ܒܐܣܝܠܝܘܣ[4] ܕܐܡܐܣܝܐ.
ΦΙΛΑΔΕΛΦΟC ΗΛΙΟΥΠΟΛΙC[2]	ܦܝܠܐܕܠܦܘܣ ܕܐܠܝܘܦܘܠܝܣ.[5]
ΕΥΤΑΛΙΟC[3] ΝΙΚΟΜΗΔΕΙΑ	ܐܘܣܛܐܠܝܘܣ ܕܢܝܩܘܡܕܝܐ.
ΗΡΑΚΛΕΙΟC ΖΗΛΩΝ	ܗܪܐܩܠܝܘܣ ܕܙܝܠܘܢ.
ΠΕΤΡΟC ΕΙΚΟΝΙΟΝ	ܦܛܪܘܣ ܕܐܝܩܘܢܝܘܢ.[6]
10 ΝΟΥΝΕΧ⟨Ι⟩ΟC ΛΑΟΔΙΚΕΙΑ	ܢܘܢܟܝܘܣ ܕܠܐܘܕܝܩܝܐ.
CΕΡΓΙΑΝΟC ΑΝΤΙ⟨Ο⟩ΧΕΙΑ	ܣܪܓܝܐܢܘܣ ܕܐܢܛܝܘܟܝܐ.
ΠΙCΙΔΙΑ	ܗܝ ܕܦܝܣܝܕܝܐ.
ΕΠΙΔΑΥΡΙΟC ΠΕΡΓΗ[4]	ܐܦܝܕܐܘܪܝܘܣ[7] ܕܦܐܪܓܐ.
ΝΑΡΚΙCCΟC ΝΕΡΩΝΙΑC[5]	ܢܪܩܝܣܘܣ[8] ܕܢܐܪܘܢܝܐܣ.[9]

1 M 309 ΑΓΑΚΥΡΑ 2 Lat. iuliopolis 3 Lat. Eustolus; Armen. Ewstoġios 4 M 309 ΠΑΡΓΗ 5 M 309 ΝΕΡΟΩΝΙΑC

1 Sch (oberer Text) fügt den Ortsnamen jeweils den Namen der Provinz an 2 M 309 kaum lesbar 3 M 309 ܕܛܪܣܘܣ 4 M 309 ܒܣܝܠܝܘܣ | Par ܒܐܣܝܠܝܘܣ 5 Sch (oberer Text) ܕܝܠܝܘܦܘܠܝܣ 6 M 309 ܕܐܝܩܘܢܝܘܢ 7 M 309 ܐܦܝܕܐܘܕܝܘܣ | M 310 ܐܦܝܕܐܘܪܝܘܣ 8 M 309 ܢܪܩܝܣܘܣ 9 Par ܕܢܐܪܘܢܝܐܣ

Neokaisareia (fol. 44r/v)

1	ỌΥΙΤΑΛΙΟC[1]	ܐܘܐܝܛܐܠܝܘܣ.	
	ΛΟΥΠΠΟC	ܠܘܦܘܣ.	
	ΛẸΟΝΤΙΟC	ܠܐܘܢܛܝܘܣ[1].	
	[Β]ẠCΙΛẸΥC	ܒܐܣܝܠܝܘܣ[2].	
5	[ΟΥΑ]ẠΕΝΤΙΝΟC[2]	ܘܐܠܢܛܝܢܘܣ.[3]	
	ΓΡΗΓΟΡΙΟC	ܓܪܝܓܘܪܝܘܣ.	
	[ΛΟΓ]ΓΙΝΟC	ܠܘܓܝܢܘܣ.	
	[ΗΡΑ]ΚΛΕ[ΙΟC]	ܗܪܩܐܠܝܘܣ.	
	[ΑΜ]ΦỊΟ[Ν]	ܐܡܦܝܘ.	
10	ΕΡΥΘΡΙΟC	ܐܪܘܬܪܝܘܣ.	44v
	ΟΥΑΛΕΝΤΙΝỌC	ܘܐܠܢܛܝܢܘܣ.	
	ΓΕΡΜΑΝΟC[3]	ܓܪܡܐܢܘܣ.[4]	
	ΓΡΗΓΟΡΙΟC	ܓܪܝܓܘܪܝܘܣ[5].	
	CΑΓΚΤΟC	ܣܐܢܩܛܘܣ.	
15	ΑΛΦΙΟC	ܐܠܦܝܘܣ.	
	CΑΛΑΜΑΝΙΟC[4]	ܣܐܠܐܡܐܢܝܘܣ[6].	
	ΔΙΚΑCΙΟC	ܕܝܩܐܣܝܘܣ.	
	CΤΕΦΑΝΟC	ܣܛܐܦܢܘܣ[7].	
	CΑΔΟC[5]	ܣܐܕܘܣ[8].	
20	ΝΑΡΚΙCCΟC	ܢܐܪܩܣܘܣ.	
	ΓΕΡΟΝΤΙΟC	ܓܪܘܢܛܝܘܣ[9].	
	ΘΕΟΔΩΡΟC	ܬܐܘܕܘܪܘܣ[10].	

1 Lat. Vitalis 2 Fehlt im Lat. 3 M 309 ΓΕΡΜΑΝΙΟC 4 Lat. Salaminus 5 Lat. Sebius, Sedus, Redus

1 M 309 ܠܘܢܛܝܘܣ (?) | Par ܠܐܘܢܛܝܐܘܣ 2 M 309 ܒܐܣܝܠܝܘܣ 3 Fehlt in Sch (oberer Text) 4 Zur abweichenden Reihenfolge in M 310 und Par. s. oben im Text 5 Sch (oberer Text) ܠܐܘܢܛܝܘܣ 6 Par ܣܐܠܡܐܢܝܘܣ 7 M 310 ܣܛܐܦܐܢܘܣ 8 M 310, Par ܣܐܐܕܘܣ 9 Par ܓܪܘܢܛܝܘܣ 10 Par ܬܐܘܕܘܪܘܣ | Fehlt in Sch (oberer Text)

Gangra (fol. 47v)

1	ΕΥCΕΒΕΙΟC	ܐܘܣܒܝܘܣ
	ΑΙΛΙΑΝΟC	ܐܠܝܐܢܘܣ
	ΓΡΗΓΟΡỊΟC	ܓܪܝܓܘܪܝܘܣ
	ΥΠΑΤΙΟC	ܗܘܦܐܛܝܘܣ

5 ΠΡΟΑΙΡΕϹΙΟ[Ϲ]	ܦܪܘܐܪܣܝܘܣ
ΗΡΑΚΛΕΙΟϹ̣[1]	ܗܪܐܩܠܝܘܣ
ΕΥΓΕΝΙΟϹ̣	ܐܘܓܢܝܘܣ
ΒΙΘΥΝΗ̣Ο̣Ϲ̣[2]	ܒܝܬܘܢܝܘܣ
ΦΙΛΙΤ[ΟϹ]	ܦܝܠܝܛܘܣ
10 ΠΑΠΠ[ΟϹ]	ܦܐܦܘܣ
ΒΑϹϹ̣ΙΑ[ΝΟϹ][1]	ܒܣܐܢܘܣ
ΒΑϹΙΛΕΙΟϹ	ܒܣܝܠܝܘܣ
ΕΥΓΕΝΕΙΟϹ[1]	ܐܘܓܢܝܘܣ
ΒΑϹϹΟϹ	ܒܣܘܣ
15 ΟΛΥΜΠΙΟϹ	[1] ܐܘܠܘܡܦܝܘܣ
ΕΥΛΑΛΙΟϹ	ܐܘܠܐܠܝܘܣ

1 Fehlt im Griech. 2 Griech. ΒΙΘΥΝΙΚΟϹ 1 M 309 ܐܘܠܡܦܝܘܣ

Antiocheia, Teilnehmerliste (fol. 50[v])

1 ΤΑΡΚΟΥΔΙ[ΜΑΝΤΟϹ]	ܛܐܪܩܘܕܝܡܐܢܛܘܣ
ΒΑϹϹΟ̣Ϲ̣	ܒܐܣܘܣ
ΕΥϹΤΑ[ΘΙΟϹ]	ܐܘܣܛܐܬܝܘܣ
Μ̣ΩΥ̣[ϹΗϹ]	ܡܘܫܐ
5 ΜΑΝΙΚΙΟϹ	ܡܐܢܝܩܝܘܣ
ΜΑΚΕΔΟΝΙ[ΟϹ]	ܡܐܩܕܘܢܝܘܣ
ΑΓΑΠΙΟϹ	[1] ܐܓܦܝܘܣ
ΘΕΟΔΩΡΟ[Ϲ]	ܬܐܘܕܘܪܘܣ
ΘΕΟΔΟϹΙΟϹ	[2] ܬܐ<ܘ>ܕܘܣܝܘܣ
10 ΘΕ̣ΟΔΟΤΟϹ	ܬܐܘܕܘܛܘܣ
ΑΛΦΙΟ̣Ϲ	[3] ܐܠܦܝܘܣ
ΑΓΑΠΙΟϹ	[1] ܐܓܦܝܘܣ
ΑΡΧΕΛ[ΑΟϹ]	[4] ܐܪܟܠܐܘܣ
ΠΕΤΡ̣Ο̣Ϲ	ܦܛܪܘܣ
15 ΗϹΥΧΙΟϹ	ܐܣܘܟܝܘܣ
ΑΝΑ[ΤΟΛΙΟϹ]	ܐܢܐܛܘܠܝܘܣ
ΙΑΚ̣[ΩΒΟϹ]	ܝܥܩܘܒ
[ΚΥΡΙΟΝ]	ܩܘܪܝܘܢ
[ΑΙΝΕΙΑϹ]	ܐܝܢܐܣ

1 M 310, Par ܐܓܐܦܝܘܣ 2 Sch (oberer Text) ܬܐܘܕܘܛܐ (?) | Par ܬܐܘܕܘܣܝܣ 3 M 309, Sch ܣܠܦ 4 M 310, Par ܐܪܟܠܐܘܣ | In Sch fehlen die Nrn. 12, 13

20	[NAPKICCOC]	ܢܪܩܝܣܘܣ
	[ANTIOXOC]	ܐܢܛܝܘܟܘܣ
	[ΠΑΥΛΟC]	ܦܘܠܘܣ
	[CIPIKIOC]	ܣܝܪܝܩܝܘܣ
	[ΑΛΕΞΑΝΔΡΟC]	ܐܠܟܣܢܕܪܘܣ
25	[MωKIMOC]	ܡܘܩܝܡܘܣ
	ΠΑΤΡΙΚΙΟC	ܦܐܛܪܝܩܝܘܣ
	ΑΙΘΕΡΙΟC	ܐܬܐܪܝܘܣ
	ΠΕ̣ΤΡΟ̣C	[ܦܛܪܘܣ]
	[ΜΑΓΝΟC]	ܡܐܓܢܘܣ

Brief der Synode von Antiocheia (fol. 55)

1	[OCIOC[1]]	[1] ܐܘܣܝܘܣ
	[ΕΥCΤΑΘΙΟC]	ܐܘܣܛ‹ܐ›ܬܝܘ(ܣ)
	[ΑΜΦΙΟΝ]	ܐܡܦ[ܝܘܢ]
	[BACCIANOC]	ܒܐܣܝܐܢܘܣ
5	[ΖΗΝΟΒΙΟC]	ܙܢܘܒܝܘܣ
	[ΠΙΠΕΡΙ]ΟC	ܦܝܦܪܝܘܣ
	[ΑΓΑΜ]Α̣ΝΕC[2]	ܐܓܡܐܢܣ
	[ΓΡΗΓΟ]ΡΗΟC	ܓܪܝܓܘܪܝܘܣ
	[ΜΑΓ]ΝΟC	ܡܐܓܢܘܣ
10	[ΠΕ]ΤΡΟC	ܦܛܪܘܣ
	[ΛΟΓΓ]ΙΝΟC	ܠܘܓܝܢܘܣ
	[ΜΑΝ]Κ̣Α̣ΟC[3]	ܡܐܢܩܐܘܣ
	[Mω]ΚΙΜ̣ΟC	ܡܘܩܝܡܘܣ
	[ΑΓΑ]Π̣Ι̣ΟC	ܐܓܐܦܝܘܣ
15	[ΜΑ]ΚΕΔΟΝΙΟC	ܡܐܩܕܘܢܝܘܣ
	[ΠΑ]ΥΛΟC	ܦܘܠܘܣ
	[BACC]IANOC	ܒܐܣ‹ܐ›ܢܘܣ
	[CEΛE]YKOC	ܣܠܘܩܘܣ
	[ΠΕ]Τ̣ΡΟC[4]	[2] ܦܛܪܘܣ
20	[ΑΝΤ]ΙΟΧΟC	ܐܢܛܝ‹ܘ›ܟܘܣ
	[ΜΑΚ]ΑΡΙΟC	ܡܩܪ[ܝ]ܘܣ
	[IAKω]BOC	ܝܥܩܘܒ
	[ΑΛΛΑΝΙΚ]ΟC[5]	ܐܠܐܢܝܩܘܣ

1 Schwartz Εὐσέβιος 2 Schwartz verbessert zu Σαλαμάνης 3 Schwartz Μανίκιος 4 Schwartz verbessert zu Σώπατρος 5 Schwartz ʿΕλλάνικος

1 Par ܐܘܣܒܝܘܣ 2 Par ܦܛܪܘܣ

	[ΝΙΚ]Η̣ΤΑϹ	ܢܝܩܝܛܐܣ
25	[ΑΡΧΕΛΑ]ΟϹ	ܐܪܟܠܐܘܣ [1]
	[Μ]Α̣Κ̣ΡΙΝΟϹ	ܡܩܪܝܢܘܣ
	[ΓΕΡ]ΜΑΝΟϹ	ܓܪܡܢܘܣ
	[ΑΝΑ]ΤΟΛΙΟϹ	ܐܢܛܘܠܝܘܣ
	[ΖΩΙΛΟϹ]	ܙܘܐܝܠܘܣ
30	[ΚΥΡΙΛΛΟϹ]	ܩܘܪܝܠܘܣ
	[ΠΑΥΛΙΝΟϹ]	ܦܘܠܝܢܘܣ
	[ΑΕΤΙΟϹ]	ܐܐܛܝܘܣ
	[ΜΩϹΗϹ]	ܡܘܫܐ
	[ΕΥϹΤΑΘΙΟϹ]	ܐܘܣܛ⟨ܐ⟩ܬܝܘܣ
35	[ΑΛΕΞΑΝΔΡΟϹ]	ܐܠܟܣܢܕܪܘܣ
	[ΕΙΡΗΝΑΙΟϹ]	ܐܝܪܝܢܐܘܣ
	[ΡΑΒΟΥΛΑ]	ܪܒܘܠܐ
	[ΠΑΥΛΟϹ]	ܦܘܠܘܣ
	[ΛΟΥΠΠΟϹ]	ܠܘܦܘܣ
40	[ΝΙΚΟΜΑΧΟϹ]	ܢܝܩܘܡܟܘܣ
	[ΦΙΛΟΞΕΝΟϹ]	ܦܝܠܘܟܣܝܢܘܣ [2]
	[ΜΑΞΙΜΟϹ]	ܡܟܣܝܡܘܣ
	ΜΑΡΗ̣ΝΟϹ	ܡܪܝܢܘܣ
	ΕΥΦΡΑΝΤΙΟΝ	ܐܘܦܪܐܢܛܝܘܢ
45	ΤΑΡΚΟΔΙΜ̣[ΑΝΤΟϹ]	ܛܪܩܘܕܝܡܐܢܛܘܣ [3]
	[ΕΙΡΗΝΙΚΟϹ]	ܐܝܪܝܢܝܩܘܣ
	[ΠΕΤΡ]ΟϹ	ܦܛܪܘܣ
	ΠΗΓΑϹΙΟϹ	ܦܝܓܐܣܝܘܣ
	[ΕΥΨ]ΥΧΙΟϹ	ܐܘܦܣܘܟܝܘܣ
50	ΑϹΚΛΗ̣Π̣ΙΟϹ	ܐܣܩܠܝܦܝܘܣ [4]
	ΑΛΦΙΟϹ	ܐܠܦܝܘܣ
	[ΒΑϹϹΟϹ]	ܒܣܘܣ
	Γ[ΕΡΟΝΤΙΟϹ]	ܓܪܘܢܛܝܘܣ
	ΗϹΥΧΙΟϹ	ܐܣܘܟܝܘܣ
55	ΑΥΕ̣ΔΙΟϹ[1]	ܐܘܝܕܝܘܣ
	ΤΕΡΕΝΤΙΟϹ	ܛܪܢܛܝܘܣ

1 Schwartz ᾿Αυΐδιος

1 M 310, Par ܐܪܟܐܠܐܘܣ 2 M 309 ܦܝܠܘܟܣܢܘܣ (?) 3 Par ܛܪܩܘܕܝܡܐܢܛܘܣ 4 In Borg. Syr. 148 fehlen die Nummern 50 bis 54

Konstantinopel (381 A.D.) (fol. 62r-64v)

1	ΝΕΚΤΑΡΙΟϹ	ܢܩܛܪܝܘܣ ܐܦܝܣ(ܩܘܦܐ)	
	[ΚωΝϹΤΑΝΤΙΝΟΥΠΟΛΙϹ][1]	ܕܩܘܣܛܢܛܝܢܘܦܘܠܝܣ	
	[ΑΙΓΥΠΤΟϹ][2]	**ܕܡܨܪܝܢ ܬܪܝܢ.**[1]	
	ΤΙΜΟΘΕΟϹ [ΑΛ]ΕΞΑΝΔΡΙΑ	ܛܝܡܬܐܘܣ ܕܐܠܟܣܢ[ܕܪܝܐ.][2]	
	ΔωΡΟΘΕΟϹ [ΟΞΥΡΥΓ]Χ̣ΟϹ	ܕܘܪܬܐܘܣ ܕܐܘܟܣܘܪܘܢܟܘܣ.	
	ΠΑΛΑΙϹΤΙΝΗ	**ܕܦܠܣܛܝܢܐ**[3] [ܬܫܥܐ[4]].	
	[ΚΥΡΙΛ]ΛΟϹ̣ [ΙΕΡΟϹΟΛΥΜΑ][2]	ܩܘܪܝܠܘܣ ܕܐܘܪܫܠܡ.	
5	ΓΕΛΑϹΙΟϹ[3] [ΚΑΙ]ϹΑΡΙΑ	ܓܠܐܣܝܘܣ ܕܩܐܣܪܝܐ.	
	ΜΑΚΕΡ[4] [ΙΕ]Ρ̣Ι̣Χω	ܡܐܩܪ[5] ܕܐܝܪܝܚܘ.	
	ΔΙΟΝΥϹΙΟϹ ΔΙΟϹΠΟΛΙϹ	ܕܝܘܢܘܣܝܘܣ ܕܕܝܘܣܦܘܠܝܣ.	
	ΠΡΙϹΚΙΑΝΟϹ ΝΙΚΟΠΟΛΙϹ	ܦܪܝܣܩܝܢܘܣ ܕܢܝܩܘܦܘܠܝܣ.[6]	
	ϹΑΤΟΡΝΙΝΟϹ[5] ϹΕΒΑϹΤΗ	ܣܐܛܘܪܢܝܢܘܣ[7] ܕܣܐܒܐܣܛܝ.	
10	ΡΟΥΦΟϹ ϹΚΥΘΟΠΟΛΙϹ	ܪܘܦܘܣ ܕܒܝܫܢ.	
	ΕΥΞΕΝΤΙΟϹ[6] ΑϹΚΑΛωΝ	ܐܘܟܣܢܛܝܘܣ ܕܐܫܩܠܘܢ.	
	ΑΙΛΙΑΝΟϹ[7] ΙΑΜΝΙΑ	ܐܠܝܢܘܣ ܕܐܝܡܢܝܐ.	
	ΦΟΙΝΙΚΗ	**ܕܦܘܢܝܩ ܬܫܥܐ.**[1]	
	ΖΗΝωΝ ΤΥΡΟϹ	ܙܝܢܘܢ ܕܨܘܪ.	
	ΠΑΥΛΟϹ ϹΙΔΟΝ	ܦܘܠܘܣ ܕܨܝܕܘܢ.	
15	ΝΕϹΤΑΒΟϹ ΠΤΟΛΕΜΑΙϹ	ܢܣܛܒܘܣ ܕܥܟܘ.	
	ΦΙΛΙΠΠΟϹ[8] ΔΑΜΑϹΚΟϹ	ܦܝܠܝܦܘܣ ܕܕܪܡܣܘܣ.	
	ΒΑΡΑΧΟϹ ΠΑΝΕΑϹ	ܒܪܐܟܘܣ ܕܦܢܝܐܣ[8].	
	ΤΙΜΟΘΕΟϹ ΒΗΡΥΤΟϹ	ܛܝܡܬܐܘܣ[9] ܕܒܝܪܘܛܘܣ.	
	ΒΑϹΙΛΙΔΗϹ ΒΙΒΛΟϹ	ܒܐܣܝܠܝܕܝܣ ܕܒܝܒܠܘܣ.	
20	ΜωΚΙΜΟϹ ΑΡΑΔΟϹ	ܡܘܩܝܡܘܣ ܕܐܪܐܕܘܣ[10].	
	ΑΛΕΞΑΝΔΡΟϹ ΑΡΚΗ ΔΙΑ	ܐܠܟܣܢܕܪܘܣ ܕܥܪܩܐ.	62v
	ΘΕΟΔΟϹΙΟΥ ΠΡΕϹΒΥΤ(ΕΡΟΥ)	ܒܝܕ ܬܐ<ܘ>ܕܘܣܝܘܣ	
		ܩܫܝܫܐ.[11]	

1 Ergänzung nach der Randbemerkung neben der Überschrift. 2 In M 309 nicht erkennbar. 3 P Πελάγιος 4 M 309 ΜΑΚΕΡΙ 5 P Νίλος 6 M 309 ΕΥΞΕΝΙΤΙΟϹ | P Αὐξέντιος 7 P Ἡλιανός 8 P Φίππος

1 Überschrift fehlt in M 2 M fügt hinzu ܡܠܝܛܝܘܣ ܕܐܢܛܝܘܟܝܐ (= Nr. 22) 3 M 309 am Ende unleserlich | Überschrift fehlt in M 4 S ܬܝܪܝܚܐ 5 M 309 ܕܣܐܛܘܪ (?) 6 S om. Nr. 8 7 S ܣܛܪܢܝܢܘܣ 8 M 309 ܕܦܐܢܝܐܣ 9 M 309 ܛܝܡܬܐܘܣ 10 S ܕܐܪܐܕܐ 11 ܕܐܪܐܕܐ S, M om. ܒܝܕ ... ܩܫܝܫܐ

CYPHA KOIΛH[1]	ܣܘܪܝܐ ܒܩܘܬܐ[1] ܟܒ.[2]
ΜΕΛΙΤΙΟC ΑΝΤΙΟΧΙΑ	ܡܠܝܛܝܘܣ[3] ܕܐܢܛܝܘܟܝܐ.
ΠΕΛΑΓΙΟC ΛΑΟΔΙΚΙΑ	ܦܠܓܝܘܣ ܕܠܐܕܘܩܝܐ.
ΑΚΑΚΙΟC ΒΕΡΟΙΑ	ܐܩܩܝܘܣ ܕܚܠܒ.[4]
ΙΩΑΝΝΙC ΑΠΑΜΕΙΑ	ܝܘܚܢ ܕܐܦܐܡܝܐ.
ΒΙΖΟC CΕΛΕΥΚΕΙΑ[2]	ܒܝܙܘܣ ܕܣܠܘܩܝܐ.
ΕΥCΕΒΕΙΟC ΕΠΙΦΑΝΕΙΑ	ܐܘܣܒܝܘܣ ܕܚܡܬ.
ΜΑΡΚΙΑΝΟC CΕΛΕΥΚΟΒΗΛΟC	ܡܪܩܝ<ܐ>ܢܘܣ ܕܣܠܘܩܘܒܝܠܘܣ
ΠΑΤΡΟΦΙΛΟC ΛΑΡΙCCΑ	ܦܛܪܘܦܝܠܘܣ ܕܫܝܙܪ.
CΕΥΗΡΟC ΠΑΛΤΟC	ܣܐܘܪܝܘܣ ܕܦܐܠܛܘܣ.
ΦΑΥΔΙΑΝΟC[3] ΚΑΙ ΕΛΠΙΔΙΟC ΠΡΕCΒΥΤ(ΕΡΟΙ) ΑΝΤΙΟΧΕΙΑ	ܦܐܕܝܢܘܣ[5] ܘܐܠܦܝܕܝܘܣ ܩܫܝܫܐ ܕܐܢܛܝܘܟܝܐ.
ΕΥCΕΒΕΙΟC ΧΑΛΚΙC[4]	ܐܘܣܒܝܘܣ ܕܩܢܫܪܝܢ.
ΔΟΜΝΙΝΟC ΓΑΒΑΛΑ	ܕܘܡܢܝܢܘܣ ܕܓܒܐܠܐ.
ΒΑCΙΛΙΝΟC ΡΑΦΑΝΕΑ[5]	ܒܣܝܠܝܢܘܣ ܕܪܦܐܢܝܐ[6]
ΑΡΑΒΕΙΑ	ܕܐܪܒܝܐ ܗ.
ΑΓΑΠΙΟC ΚΑΙ ΒΑΔΑΓΙΟC[6] ΒΟCΤΡΑ	ܐܓܐܦܝܘܣ[7] ܘܒܐܕܐܓܝܘܣ.[8] ܕܒܘܣܛܪܐ.
ΑΛΠΙΔΙΟC[7] ΔΙΟΝΥCΙΑC	ܐܠܦܝܕܝܘܣ ܕܕܝܘܢܘܣܝܐܣ.
ΟΥΡΑΝΙΟC ΑΔΡΑΔΗ[8]	ܐܘܪܐܢܝܘܣ ܕܐܕܪܐܕܝ.[9]
ΧΙΛΩΝ ΚΩΝCΤΑΝΤΙΝỊΑ[9]	ܟܝܠܘܢ ܕܩܘܣܛܢܛܝܢܐ.[10]
CΕΥΗΡΟC ΝΕΑΠΟΛΙC	ܣܐܘܪܝܘܣ ܕܢܐܦܘܠܝܣ.
ΟCΔΡΟΗΝΗ	ܕܐܘܣܪ̈ܘܐܢܝ ܙ
ΕΥΛΟΓΙΟC Ε[ΔΕ]CC[Α]	ܐܘܠܓܝܘܣ ܕܐܘܪܗܝ.
ΒΗΤΟC ΚΑΡΡẠỊ	ܒܝܛܘܣ ܕܚܪܢ.
ΑΒ`Ρ´ΑΜΙΟC ΒΑΤΝ̣ΩΝ	ܐܒܪܗܡ ܕܒܛܢܢ.[11]
ΜΕCΟΠΟΤΑΜΙΑ	ܕܒܝܬ ܢܗܪ̈ܝܢ ܙ
ΜΑΡΑC ΑΜΙΔΑ[10]	ܡܪܐ ܕܐܡܕ.
ΒΑΤΘΗC ΚΩΝCΤΑΝΤỊΝ̣[Α][11]	ܒܐܛܝܣ ܕܬܠܠܐ.[12]
ΙΟΒΙΝΟC ΑΜΑΡΙΑ[12]	ܐܝܘܒܝܢܘܣ ܕܐܡܪܝܢ.[13]

1 P om. ΚΟΙΛΗ 2 M 309 ΕΕΛΕΥΚΕΙΑ 3 P Φλαυουϊανός 4 P Καλχίδος 5 M 309 ΡΑΦΑΝCΑ \| P Ῥεφαναίων 6 P Βαγάλιος (Turner), Βαγάδιος (Beneševič) 7 P Ἐλπίδιος 8 P Ἀδράφης 9 P Κωνσταντιανῆς 10 P Ἐμίσης 11 P Βατώνης πόλεως Κωνσταντιανῆς 12 P Ἐμμαρίας

1 S ܕܩܘܠܐ 2 S ܐܪܒܥܬܥܣܪ 3 M ܐܢܛܝܢܘܣ ܗܘ ܡܠܝܛܝܢܘܣ 4 M ܕܒܪܘܐܐ ܗܝ ܚܠܒ 5 S ܦܠܘܢܝܐ \| M ܦܐܕܝܢܘܣ 6 S ܕܪܦܐܢܝܐ. ܕܪܐܦܢܝܐ 7 M 309 ܕܓܐܦܝܘܣ 8 S om. \| M ܘܒܪܓܐܝܘܣ 9 S ܕܐܕܪܪܘܣ \| M ܕܐܕܪܝܘܣ 10 S ܕܩܘܣܛܢܛܝܢܘܣ 11 M: 43/44 vertauscht 12 M ܬܠܐ ܕܡܘܙܠܬ 13 S ܕܐܡܪܝܐܘ, ܕܐܡܪܐܝܢܘܣ

ΑΥΓΟΥϹΤΟΕΥΦΡΑΤΗϹΙΑ[1]	ܕܐܘܓܘܣ‹ܛ›ܘܐܦܪܛܝܣܝܐ ܝܓ̄ 63r
ΘΕΟΔΟΤΟϹ ΙΕΡΑΠΟΛΙϹ	ܬܐܘܕܘܛܘܣ ܕܡܒܘܓ.
ΑΝΤΙΟΧΟϹ ϹΑΜΟϹΑΤΑ	ܐܢܛܝܘܟܘܣ ܕܫܡܝܫܛ.
ΙϹΙΔΟΡΟϹ ΚΥΡΡΟϹ	ܐܝܣܝܕܘܪܘܣ ܕܩܘܪܪܘܣ.
ΙΟΒΙΝΟϹ ΠΕΡΡΗ	ܐܝܘܒܝܢܘܣ ܕܦܝܪܝ.
ΜΑΡΙϹ[2] ΔΟΛΙΧΗ	ܡܐܪܝܣ ܕܕܠܝܟ.
ΚΙΛΙΚΕΙΑ	ܕܩܝܠܝܩܝܐ ܝܕ̄
ΔΙΟΔΟΡωϹ ΤΑΡϹΟϹ	ܕܝܘܕܘܪܘܣ ܕܛܪܣܘܣ.
ΚΥΡΗΑΚΟϹ ΑΔΑΝΑ	ܩܘܪܝܐܩܘܣ[1] ܕܐܕܢܐ.
ΗϹΥΧΙΟϹ ΕΠΙΦΑΝΕΙΑ	ܐܣܘܟܝܘܣ ܕܐܦܝܦܢܝܐ.
ΓΕΡΜΑΝΕ⟨Ι⟩ΟϹ ΚΟΡΙΚΟϹ	ܓܪܡܢܝܘܣ[2] ܕܩܘܪܝܩܘܣ.
ΑΕΡΙΟϹ ΖΕΦΥΡΙΟΝ	ܐܐܪܝܘܣ ܕܙܐܦܘܪܝܢ.[3]
ΦΙΛΟΜΟΥϹΟϹ[3] ΠΟΜΠΙΟΥΠΟΛΙϹ	ܦܝܠܘܡܘܣܘܣ ܕܦܘܡܦܝܘܦܘܠܝܣ.
ΟΛΥΜΠΙΟϹ ΜΟΨΟΥΕϹΤΙΑ[4]	ܐܠܘܡܦܝܘܣ ܕܡܦܣܘܐܣܛܝܐ.
ΘΕΟΦΙΛΟϹ ΑΛΕΞΑΝΔΡΕΙΑ	ܬܐܘܦܝܠܘܣ ܕܐܠܟܣܢܕܪܝܐ.
ΔΙΑ ΟΛΥΜΠΙΟΥ[5]	ܒܝܕ ܐܘܠܘܡܦܝܘܣ
ΠΡΕϹΒΥ(ΤΕΡΟΥ)	ܩܫܝܫܐ.[4]
ΚΑΠΠΑΔΟΚΙΑ	ܕܩܦܕܘܩܝܐ ܛܘ̄
ΕΛΑΔΙΟϹ[6] ΚΕϹΑΡΕΙΑ	ܐܠܕܝܘܣ ܕܩܣܪܝܐ.
ΓΡΗΓΟΡΙΟϹ ΝΥϹΑ	ܓܪܝܓܘܪܝܘܣ ܕܢܘܣܐ.
ΑΙΘΕΡΙΟϹ ΤΥΑΝΑ	ܐܬܪܝܘܣ ܕܛܘܐܢܐ.
ΒΟϹΠΟΡΙΟϹ ΚΟΛωΝΙΑ	ܒܘܣܦܘܪ‹ܝ›ܘܣ ܕܩܘܠܘܢܝܐ.
ΟΛΥΜΠΙΟϹ ΠΑΡΝΑϹΟϹ	ܐܘܠܘܡܦܝܘܣ ܕܦܪܢܣܘܣ.
ΓΡΗΓΟΡΙΟϹ ΝΑΖΗΑΝΖΟϹ	ܓܪܝܓܘܪܝܘܣ ܕܢܙܝܐܢܙܘܣ.
ΑΡΜΕΝΙΑ ΜΙΚΡΑ	ܕܐܪܡܢܝܐ ܙܥܘܪܬܐ ܝܘ̄[5]
ΟΤΡΗΙΟϹ ΜΕΛΙΤΙΝΗ	ܐܘܛܪܐܝܘܣ[6] ܕܡܠܝܛܝܢܐ.
ΟΤΡΗΙΟϹ ΑΡΑΒΙϹϹΟϹ	ܐܘܛܪܐܝܘܣ[6] ܕܐܪܐܒܝܣܘܣ.[7]

1 M 309 ΑΓΟΥϹΤΟϹ ΥΦΡΑΤΗϹΙΑ (nicht als Überschrift) | P Αὔγουστος Φρατησίας 2 P Μαρῖνος 3 P Φιλίμουσος 4 M 309 ΜΟΨΟΥΕΟ`Ϲ`ΤΙΑ 5 P 'Αλυπίου 6 M 309 ΕΛΛΔΙΟϹ

1 M 309 ܩܘܪܝܐܩܘܣ 2 S ܓܪܡܢܘܣ 3 S ܕܙܦܘܪܝܢ 4 M (Nr. 59-60): ܐܠܘܡܦܝܘܣ ܕܐܠܟܣܢܕܪܝܐ. ܬܐܘܦܝܠܘܣ ܕܐܪܝܐ 5 M ܝܙ̄ 6 S ܐܘܛܪܐܝܘܣ | M ܐܛܪܝܘܣ 7 M add. ܐܝܢܘܢ ܕܐܝܟܢܘܢ

ICAYPIA — ܕܐܝܣܘܪܝܐ ܟܐ̄

CYMΠOCIOC[1] CEΛEYKEIA — ܣܘܡܦܘܣܝܘܣ ܕܣܠܘܩܝܐ.[1]

70 MONTANOC KΛAYΔIOΠOΛIC — ܡܘܢܛܢܘܣ ܕܩܠܘܕܝܘܦܘܠܝܣ

ΔIA ΠAYΛOY ΠPECBYTE(POY) — ܒܝܕ ܦܐܘܠܘܣ ܩܫܝܫܐ.

ΦIΛOΘEOC EIPHNOΠOΛIC — ܦܝܠܘܬܐܘܣ ܕܐܝܪܝܢܘܦܘܠܝܣ.

YΨICTIOC[2] ΦIΛAΔEΛΦIA — ܗܘܦܣܝܣܛܝܘܣ ܕܦܝܠܐܕܠܦܝܐ. 63V

MOYCωNIOC KEΛENΔEPIC — ܡܘܣܘܢܝܘܣ ܕܩܠܐܢܕܪܝܣ.

MAPINOC `Δ´(?)AΛICCANΔOC[3] — ܡܐܪܝܢܘܣ ܕܕܐܠܝܣܐܢܕܘܣ.[2]

75 ΘEOΔOCIOC ANTIOXEIA — ܬܐܘܕܘܣܝܘܣ ܕܐܢܛܝܘܟܝܐ.

APṬEMIOC TITIOΠOΛIC — ܐܪܛܡܝܘܣ ܕܛܝܛܝܘܦܘܠܝܣ.

NEωN CEΛHNOYC — ܢܐܘܢ[3] ܕܣܠܝܢܘܣ.[4]

MONTANOC ΔIOKAICAPEIA[4] — ܡܘܢܛܢܘܣ ܕܕܝܘܩܐܣܪܝܐ.[5]

EYC⟨E⟩BEIOC OΛBH — ܐܘܣܒܝܘܣ ܕܐܘܠܒܝ.[6]

KYΠPOC — ܕܩܘܦܪܘܣ ܕ̄

80 IOYΛIOC ΠAΦOC — ܐܝܘܠܝܘܣ[7] ܕܦܐܦܘܣ.

ΘEOΠP⟨O⟩ΠOC[5] TPIMIΘOYC — ܬܐܘܦܪܘܦܘܣ ܕܛܪܝܡܝܬܘܣ.[8]

TYXωN TAMACCOC — ܛܘܟܘܢ ܕܛܐܡܐܣܘܣ.

MNHMῼC̣[6] KIΠIOC[7] — ܡܢܝܡܘܣ ܕܩܝܦܘܢ.[9]

ΠAMΦYΛIA — ܕܦܡܦܘܠܝܐ ܝ̄

TPOIΛOC AIΓENωN[8/9] — ܛܪܘܐܝܠܘܣ[10] ܕܐܓܐܝܢܘܢ.[11]

85 ΛOΓΓINOC KOΛYMBACION[10] — ܠܘܓܝܢܘܣ ܕܩܘܠܘܡܒܐܣܝܘܢ.[12]

ΘEOΔOYΛOC KOPAKECION[11] — ܬܐܘܕܘܠܘܣ ܕܩܘܪܐܩܣܝܘܢ.[13]

HCYXIOC KOTENA[12] — ܐܣܘܟܝܘܣ ܕܩܘܛܐܢܐ.[14]

ΓAIOC ΛOPBH — ܓܐܝܘܣ ܕܠܘܪܒܝ.

TOYHCIANOC KACCωN[13] — ܛܘܐܣܝܐܢܘܣ ܕܩܐܣ̈ܐ.[15]

90 MIΔOC ΠAN⟨E⟩MOC — ܡܝܕܘܣ ܕܦܐܢܐܡܘܣ.

HPAKΛIΔḤC TIXOC — ܐܪܐܩܠܝܕܝܣ ܕܛܝܟܘܣ.[16]

ΘEOΔOYΛỌC CIAΛOYN[14] — ܬܐܘܕܘܠܘܣ ܕܣܝܐܠܘܢ.

ΠAMMENIOC APỊẠC̣COC — ܦܐܡܡܝܢܘܣ ܕܐܪܝܣܐܘܣ.

1 P Ὀλύμπιος 2 P Ὕψιστος 3 P Δαδισάνδου 4 P Νεοκαισαρείας 5 P Θεόπρεπος 6 M 309 nachträglich verbessert zu MNHMωN 7 P Μνήμιος πόλεως Κιττίου 8 P Ῥόηλος πόλεως Αἰγαίων 9 Auf Ῥόηλος folgt in P Gaios von Lyrbe (Λύρβης) 10 P Κολυβράσσου 11 P Καρακισίου 12 P Κατηνῶν 13 P Τουήσιος πόλεως Καησῶν 14 P Εἰαλούου

1 M 309 ܕܐܘܠܘܡܦܝܐ 2 S ܕܕܐܠܝܣܐܢܕܘ 3 M 309 ܢܐܘܢ 4 S ܕܣܐܠܝܢܘܢܛܘܣ 5 M, Borg. Syr. 82 ܕܢܐܘܩܣܪܝܐ 6 S ܕܐܘܠܒܝܣ, ܕܐܘܠܒܣ 7 S ܗܠܝܘܣ 8 S ܕܛܪܝܡܝܬܘܢܛܘܣ 9 S ܡܢܝܡܘܣ ܕܩܝܛܝܘܢ | M om. Nr. 82, 83 10 S ܛܪܘܐܝܠܘܣ, ܛܪܘܝܠܘܣ 11 In den anderen Versionen (außer bei M) folgt Nr. 88 12 S ܕܩܘܠܘܡܒܪܣܘܣ 13 S ܕܩܘܪܐܩܣ(ܝ)ܘܣ 14 S ܕܩܘܛܢܐ 15 S, M ܕܩܐܣܘܢ 16 S ܕܛܝܟܘܢ

ΛΥΚΑΟΝΙΑ — ܕܠܘܩܐܘܢܝܐ[1] ܝܓ

ΑΜΦΙΛΟΧΙΟΣ ΙΚΟΝΙΟΝ — ܐܡܦܝܠܘܟܝܘܣ ܕܐܝܩܘܢܝܘܢ.

95 ΚΥΡΙΛΛΟΣ ΟΥΜΑΝΑΔΑ[1] — ܩܘܪܝܠܠܘܣ ܕܐܘܡܐܢܕܐ.[2]

ΑΡΙΣΤΟΦΑΝΙΣ ΣΩΠΑΤΡΑ — ܐܪܝܣܛܘܦܢܝܣ ܕܣܘܦܛܪܐ.[3]

ΠΑΥΛΟΣ ΛΥΣΤΡΑ — ܦܘܠܘܣ ܕܠܘܣܛܪܐ.

ΙΝΖΟΥΣ ΚΟΡΙΝΑ — ܐܝܢܙܘܣ ܕܩܘܪܝܢܐ.[4]

ΔΑΡΕΙΟΣ ΜΙΣΤΙΑ — ܕܪܝܘܣ ܕܡܣܛܝܐ.[5]

100 ΛΕΟΝΤΙΟΣ ΠΕΡΤΑ[2] — ܠܐܘܢܛܝܘܣ ܕܦܪܛܐ.[6]

ΘΕΟΔΟΣΙΟΣ ΥΔΗΣ — ܬܐܘܕܘܣܝܘܣ ܕܗܘܕܝܣ.[7] 64r

ΕΥΣΤΡΑΤΙΟΣ ΚΑΝΑΙ — ܐܘܣܛܪܛܝܘܣ ܕܩܢܐܝ.[8]

ΔΑΦΝΟΣ ΔΕΡΒΗ — ܕܐܦܢܘܣ ܕܕܐܪܒܝ.

ΕΥΓΕΝΙΟΣ ΠΟΣΑΛΑ — ܐܘܓܢܝܘܣ ܕܦܘܣܐܠܐ.[9]

105 ΙΛΛΥΡΙΟΣ ΕΙΣΑΥΡΑ — ܐܠܠܘܪܝܘܣ ܕܐܝܣܐܘܪܐ.[10]

ΣΕΥΗΡΟΣ ΑΜΒΔΑΛΑ[3] — ܣܐܘܝܪܘܣ ܕܐܡܒܕܐܠܐ.[11]

ΠΙΣΙΔΙΑ — ܕܦܝܣܝܕܝܐ ܝܗ

ΟΠΤΙΜΟΣ[4] ΑΝΤΙΟΧΕΙΑ — ܐܘܦܛܝܡܘܣ ܕܐܢܛܝܘܟܝܐ.

ΘΕΟΜΙΣΤΙΟΣ[5] ΑΔΡΙΑΝΟΥΠΟΛΙΣ[6] — ܬܐܘܡܝܣܛܝܘܣ ܕܐܕܪܝܐܢܘܦܘ(ܠܝܣ).

ΑΤΑΛΟΣ[7] ΠΡ⟨Ο⟩ΣΤΑΝΑ — ܐܛܠܘܣ ܕܦܪܘܣܛܢܐ.[12]

110 ΑΝΑΝ⟨ΙΑ⟩Σ ΑΛΑΔΑ[8] — ܐܢܢܝܣ ܕܐܠܐܕܐ.[13]

ΦΑΥΣΤΟΣ ΛΙΜΕΝΑ[9] — ܦܐܘܣܛܘܣ ܕܠܝܡܢܐ.[14]

ΙΩΝΙΝΟΣ ΣΑΛΑΓΓΑΣΣΟΣ[10] — ܐܝܘܢܝܢܘܣ ܕܣܐܠܓܣܘܣ.[15]

ΚΑΛΛΙΝΙΚΟΣ ΠΟΙΜΑΝΔΟΣ[11] — ܩܐܠܝܢܝܩܘܣ ܕܦܐܡܢܕܘܣ.[16]

ΕΥΣΤΑΘΙΟΣ ΜΙΤΡΟΠΟΛΙΣ — ܐܘܣܛܛܝܘܣ ܕܡܝܛܪܘܦܘܠܝ(ܣ).[17]

115 ΠΑΤΡΙΚΙΟΣ ΠΑΡΑΑΣΣΑ[12] — ܦܛܪܝܩܝܘܣ ܕܦܪܐܐܣܐ.[18]

ΛΟΥΚΙΟΣ ΝΕΑΠΟΛΙΣ — ܠܘܩܝܘܣ ܕܢܐܦܘܠܝܣ.

ΛΟΛΛΙΑΝΟΣ[13] ΣΟΖΟΠΟΛΙΣ ΔΙΑ ΣΥΜΠΛΕΚΙΟΥ ΠΡΕΣΒ(ΥΤΕΡΟΥ) — ܠܘܠܝܢܘܣ ܕܣܘܙܘܦܘܠܝܣ ܒܝܕ ܣܘܡܦܠܩܝܘܣ[19] ܩܫܝܫܐ.[20]

1 P Οὐμαδῶν 2 P Πετρῶν 3 P ᾿Ανδαδῶν 4 P ᾿Οπτίσιος 5 P Θέμιστος 6 M 309 ΔΔΡΙΑΝΟΥΠΟΛΙΣ 7 P ῎Αγγαλος 8 P ᾿Ανιανὸς πόλεως ᾿Αδανῶν (᾿Ανδανῶν) 9 P Αἱμενῶν 10 P ᾿Ιώννιος πόλεως Σαγαλάσσου 11 P Ποιμάνδρος 12 P Παρπλάσσου 13 P Λουλιανός

1 M om. 2 S ܕܐܘܡܐܢܕܘܢ 3 S ܕܣܘܦܛܪܘܢ 4 S ܕܩܘܪܝܢܘܢ 5 S ܕܡܣܛܝܐ | in M fehlt Nr. 99 6 S ܕܦܪܛܐ 7 in M fehlt Nr. 101 8 S ܕܩܢܐܘܢ 9 S ܕܦܘܣܐܠܘܢ | M ܕܦܘܣܐܠܐ 10 S ܕܐܝܣܐܘܪܘܢ 11 M 309 ܕܐܡܒܕܐܠܐ | S ܕܐܡܒܕܐܠܘܢ | M ܕܐܡܒܕܐܠܐ 12 S ܕܦܪܘܣܛܢܘܢ 13 S ܐܢܢܝܣ ܕܐܠܐܕܘܢ 14 S ܕܠܝܡܢܘܢ 15 S ܕܣܐܠܓܣܘܣ 16 S ܕܦܐܡܢܕܘܢ 17 S ܕܡܝܛܪܘܦܘܠܝܣ | M ܡܝܛܪܘܦܘܠܝܣ 18 S ܕܦܪܐܐܣܘܢ 19 S ܣܘܡܦܠܩܝܘܣ 20 M om. ܒܝܕ … ܩܫܝܫܐ

ΤΥΡΑΝΟϹ[1] ΠΡΕϹ(ΒΥΤΕΡΟϹ)	ܛܘܪܐܢܘܣ ܩܫܝܫܐ
ΑΜΜΟΡΙΟΝ	ܕܐܡܘܪܝܘܢ[1].
ΑΥΞΑΝѠΝ[2] ΠΡΕϹΒ(ΥΤΕΡΟϹ)	ܐܘܟܣܐܢܘܢ ܩܫܝܫܐ
ΑΠΑΜΙΑ	ܕܐܦܐܡܝܐ.
ΕΥΛΑΛΙΟϹ[3] ΠΡΕϹΒ(ΥΤΕΡΟϹ)	ܐܘܠܐܠܝܘܣ ܩܫ(ܝܫܐ)
ΚΟΝΝΑΝΑ	ܕܩܘܢܐܢܐ[2].
ΘΕΟϹΕΒΕΙΟϹ ΦΙΛΟΜΙΔΑϹ[4]	ܬܐܘܣܐܒܝܘܣ ܦܝܠܘܡܝܕܐܣ[3].
ΔΙΑ ΒΑϹϹΟΥ[5] ΠΡΕϹΒΥΤΕΡ(ΟΥ)	ܒܝܕ ܒܐܣܘܣ ܩܫܝܫܐ.
ΛΥΚΙΑ	ܕܠܘܩܝܐ ܝܛ̄ [4]
ΤΑΤΙΑΝΟϹ ΜΟΙΡΑ[6]	ܛܐܛܝܐܢܘܣ ܕܡܘܪܐ[5].
ΠΙΟΝΙΟϹ ΧѠΜΑ	ܦܐܘܢܝܘܣ ܕܟܘܡܐ[6].
ΕΥΔΗΜΟϹ ΠΑΤΑΡΑ	ܐܘܕܝܡܘܣ ܕܦܐܛܐܪܐ[7].
ΠΑΤΡΙΚΙΟϹ ΟΙΝΟΑΔΑ[7]	ܦܐܛܪܝܩܝܘܣ ܕܐܘܝܢܘܐܕܐ[8].
ΛΟΥΠΙΚΙΝΟϹ[8] ΔΙΜΥΡΑ	ܠܘܦܝܩܝܢܘܣ ܕܕܝܡܘܪܐ[9].
ΜΑΚΕΔѠΝ ΞΑΝΔΟϹ[9]	ܡܐܩܕܘܢ ܕܟܣܐܢܕܘܣ[10].
Ρ̣Ο̣[ΜΑ]Ν̣ΟϹ ΦΑϹΙΛΗϹ[10]	ܪܘܡܐܢܘܣ ܕܦܐܣܝܠܝܣ[12]. 64V
Α̣ΡΜΑΙ̣ΟϹ[11] ΒΟΥΒΟΝΕΑ	ܐܪܡܐܘܣ ܕܒܘܒܘܢܐܐ[13].
Θ̣Ο̣Α̣ΝΤΙΝΟϹ[12] ΑΡΑΞΟϹ	ܬܘܐܢܛܝܢܘܣ ܕܐܪܐܟܣܘܣ[14].
ΦΡΥΓΙΑ ϹΑΛΟΥΤΑΡΙΑ	ܕܦܪܘܓܝܐ ܣܐܠܘܛܐܪܝܐ ܓ̄[15].
ΒΙΤΟϹ ΠΡΥΜΝΗϹΟϹ	ܒܝܛܘܣ ܕܦܪܘܡܢܝܣܘܣ[16].
ΑΥΞΑΝΙΑΝΟϹ[13] ΕΥΚΑΡΠΙΑ	ܐܘܟܣܐܢܝܐܢܘܣ ܕܐܘܩܐܪܦܝܐ[17].
ΦΡΥΓΙΑ ΠΑΚΑΤΙΑΝΗ[14]	ܦܪܘܓܝܐ ܦܐܩܐܛܝܢܝ[18] ܓ̄
ΝΕΚΤΑΡΙΟϹ ΑΠΠΙΑ[15]	ܢܩܛܐܪܝܘܣ ܕܐܦܝܐ[19].
ΘΕΟΔѠΡΟϹ ΕΥΜΕΝΕΙΑ ΔΙΑ	ܬܐܘܕܘܪܘܣ ܕܐܘܡܢܝܐ[20] ܒܝܕ
ΠΡΟΦΟΤΟΥ[16] ΠΡΕϹΒΥΤΕΡΟΥ	ܦܪܘܦܘܛܘܣ[21] ܩܫܝܫܐ[22].

1 M 309 ΤΑΥΡΑΝΟϹ 2 P Λυξανῶν (nach Turner; verbessert zu Αὐξανών); Δυξάνων (nach Beneševič) 3 P Ἐλάδιος 4 P Φιλομιλίου 5 P Βάπου 6 P Μύρων 7 P Οἰνοανδῶν 8 P Λουπίκιος 9 P Ξάνθου 10 P Φασελιάδος 11 P Ἑρμαῖος 12 M 309 Θ̣Ε̣Ο̣Α̣ΝΤΙΝΟϹ | P Θοαντιανός 13 P Αὐξάνικος 14 P Βατιανῆς, Πατιανοῖς 15 P Ἱππίας 16 P Προφουτούρου

1 M 309 ܕܐܡܘܪܝܘܣ 2 S ܕܩܘܢܐܢ 3 M 309 ܦܝܠܘܡܝܕܐܘܣ | S ܕܦܝܠܘܡܝܕܘܢ 4 In S fehlt die Überschrift 5 S ܕܡܘܪܘܢ 6 S ܕܟܘܡܐܛܘܣ 7 S ܕܦܐܛܪܘܢ 8 S ܕܐܘܢܘܐܕܘܢ 9 M (Nr. 125-126): ܦܐܛܪܝܩܘܣ ܕܕܝܡܘܪܐ 10 S ܕܟܣܐܢܕܘܢ 12 S ܕܦܐܣܝܠܝܕܘܣ 13 S ܗܪܡܐܘܣ ܕܒܘܒܘܢܘܢ 14 in M fehlt Nr. 130 15 M ܕܦܪܘܓܝܐ ܓ̄ 16 M add. ܦܐܩ ܕܦܩܐܛܝܢܝ 17 S ܕܐܘܩܪܦܘܣ 18 M om. 19 M 309 ܕܐܦܡܝܐ | S ܕܐܦܝܘܣ 20 S ܕܐܘܡܢܝܘܣ 21 S ܦܪܘܦܘܛܘܪܘܣ 22 M om. ܒܝܕ ... ܩܫܝܫܐ

	ΚΑΡΙΑ	ܕܩܐܪܝܐ ܒ̄
135	ΕΥΔΟΚΙΟϹ[1] ΑΦΡΟΔΙϹΙΑϹ	ܐܘܕܘܩܝܘܣ [1] ܕܐܦܪܘܕܝܣܝܐܣ.[2]
	ΛΕΟΝΤΙΟϹ ΚΙΒΥΡΑ	ܠܐܘܢܛܝܘܣ ܕܩܝܒܘܪܐ.[3]
	ΒΙΘΥΝΙΑ	ܕܒܝܬܘܢܝܐ ܗ̄
	ΕΥΦΡΑϹΙΟϹ ΝΙΚΟΜΗΔΙΑ	ܐܘܦܪܐܣܝܘܣ ܕܢܝܩܘܡܝܕܝܐ.
	ΔΩΡΟΘΕΟϹ[2] ΝΙΚΑΙΑ	ܕܘܪܘܬܐܘܣ ܕܢܝܩܐܐ.
	ΟΛΥΜΠΙΟϹ ΝΕΟΚΑΙϹΑΡΕΙΑ[3]	ܐܘܠܘܡܦܝܘܣ ܕܢܐܘܩܐܣܐܪܝܐ.
140	ΘΕΟΔΟΥΛΟϹ ΧΑΛΚΙΔΩΝ	ܬܐܘܕܘܠܘܣ ܕܟܐܠܩܝܕܘܢ.
	ΕΥϹΤΑΘΙΟϹ ΠΡΟΥϹΗ	ܐܘܣܛܐܬܝܘܣ ܕܦܪܘܣܝ.[4]
	ΠΟΝΤΟϹ ΑΜΑϹΙΑ[4]	ܕܦܘܢܛܘܣ ܕܐܡܐܣܝܐ ܒ̄
	ΠΑΝϹΟΦΙΟϹ ΙΒΩΡΑ	ܦܐܢܣܘܦܝܘܣ ܕܐܝܒܘܪܐ.[5]
	ΜΥϹΙΑ	ܕܡܘܣܝܐ ܒ̄
	ΜΑΡΤΥΡΙΟϹ ΜΑΡΚΙΑΝΟΥΠΟΛΙϹ	ܡܐܪܛܘܪܝܘܣ ܕܡܐܪܩܝܐܢܘܦܘܠܝܣ.[6]
	ϹΚỴΘỊΑ	ܕܣܩܘܬܝܐ ܓ̄
	ΤΕΡΕΝΤΙΟϹ ΤΟΜΕΑ	ܛܐܪܢܛܝܘܣ ܕܛܘ̈ܡܐܐ.[7]
145	ΕΘΕΡΙΟϹ ΧΕΡϹΟΝΗϹΟϹ	ܐܬܐܪܝܘܣ ܕܟܐܪܣܘܢܝܣܘܣ.
	ϹΕΒΑϹΤΙΝΟϹ ΑΓΧΙΑΛỌϹ̣	ܣܐܒܐܣܛܝܢܘܣ ܕܐܢܟܝܐܠܘܣ.
	ϹΠΑΝΙΑ	ܕܣܦܐܢܝܐ ܒ̄.[8]
	ΑΓΡΙΟϹ ΗΜΗΜΟΝΤΟϹ[5]	ܐܓܪܝܘܣ ܕܐܡܝܡܘܢܛܘܣ.[9]
	ΠΟΝΤΟϹ ΠΟΛΕΜΟΝΙΑΚΟϹ	ܕܦܘܢܛܘܣ ܦܘܠܐܡܘܢܝܐܩܘܣ[10] ⟨ܐ̄⟩
	[Α]Ṭ ΑΡΒΙΟϹ ΔΙΑ ΑΚΥΛΟỴ ΑΝΑΓΝΩ(ϹΤΟΥ)	ܐܛܐܪܒܝܘܣ ܒܝܕ ܐܩܘܠܐܘܣ[11] ܩܪܘܝܐ.

1 P Ἐκδίκιος 2 P Θεόδωρος 3 M 309 ΝΕΟΚΑΙϹΑΡΕΑΙ 4 Ab hier weicht P erheblich ab:

Πόντου

Τερέντιος πόλεως Ἀμασίας (Ἀπαειίας)
Ἐθέριος πόλεως Τομαίων
Σεβαστιανὸς πόλεως Χερσονήσου
Ἀχιλεὺς πόλεως Ἀπαμείας
Ἀγρίος πόλεως Ἡμιμοντου

Πόντου Πολεμονιακοῦ

Ἀτάρβιος διὰ Κύλου ἀναγνωστοῦ

5 M 309 ḤΜḤΜΟΝΟΤΟϹ

1 M ܬܐܘܕܘܣܝܘܣ 2 M 309 ܕܐܦܪܘܕܝܣܐܝܣ 3 S ܕܩܝܬܪܘ 4 M 309 ܕܒܪܘܣܝ 5 S ܕܗܝܒܘܪܘ 6 M om. 7 S ܕܛܘܡܐܘܢ 8 M ܒ̄ ܕܐܪܣܦܢܝܐ.. 9 ܕܗܡܝܡܐܢܛܘܣ 10 M 309 ܦܘܠܐܡܘܢܝܩܐܘܣ | M nochmals ܐܓܪܝܣܦܢܝܐ 11 S ܐܩܘܠܝܘܣ

Ephesos (fol. 67ʳ)

1 [ΚΑΙΛΕϹΤΙΝΟϹ]	ܩܠܐܣܛܝܢܘܣ[1]
ΡωΜΗ	ܐܦܝܣܩܘܦܐ ܕܪܗܘܡܝ:
ΚΥΡΙΛΟϹ ΑΛΕΞΑΝΔΡΕΙΑ	ܩܘܪܝܠܘܣ ܕܐܠܟܣܢܕܪܝܐ:
ΙΟΥΒΕΝΑΛΙΟϹ [ΙΕΡΟϹΟΛΥΜΑ]	ܝܘܒܢܐܠܝܘܣ ܕܐܘܪܫܠܡ:
ΜΕΜΝωΝ ΕΦΕϹΟϹ	ܡܐܡܢܘܢ ܕܐܦܣܘܣ:
5 ΘΕΟΔΟΤΟϹ ΑΓΚΥΡΑ	ܬܐܘܕܘܛܘܣ ܕܐܢܩܘܪܐ:
ΑΚΑΚΙΟϹ ΜΕΛΙΤΗΝΗ	ܐܩܩܝܘܣ ܕܡܠܝܛܝܢܝ:

1 Fehlt in M 309 wegen Blattverlusts

Cyprian von Karthago, Brief (fol. 72ᵛ)

(Absender des Briefes:)

1 ΚΥΠΡΙΑΝΟϹ	ܩܘܦܪܝܢܘܣ[1]
ΛΙΒΕΡΑΔΙΟϹ[1]	ܠܒܪܐܕܝܘܣ[2]
ΑΛΔΟΝΙΟϹ[2]	ܐܠܕܘܢܝܘܣ
ΙΟΥΛΙΟϹ[3]	ܝܘܠܝܘܣ
5 ΠΡΙΜΟϹ	ܦܪܝܡܘܣ[3]
ΚΕΚΙΛΙΟϹ	ܩܐܩܝܠܝܘܣ
ΠΟΛΥΚΑΡΠΟϹ	ܦܘܠܘܩܐܪܦܘܣ
ΝΙΚΟΔΗΜΟϹ[4]	ܢܝܩܘܕܝܡܘܣ
ΦΗΛΙΞ	ܦܝܠܝܟܣ
10 ΜΑΡΟΥΚΟϹ[5]	ܡܐܪܘܩܘܣ[4]
ϹΟΥΚΕϹϹΟϹ	ܣܘܩܣܘܣ
ΛΟΥΚΙΑΝΟϹ	ܠܘܩܝܐܢܘܣ
ΟΝΟΡΑΤΟϹ	ܐܘܢܘܪܐܛܘܣ
ΦΩΡΤΟΥΝΑΤΟϹ[6]	ܦܪܘܛܘܢܐܛܘܣ
15 ΟΥΙΚΤωΡ	ܐܘܝܩܛܘܪ
ΔωΝΑΤΟϹ	ܕܘܢܐܛܘܣ
ΛΟΥΚΙΟϹ	ܠܘܩܝܘܣ
ΕΡΚΥΛΑΝẸΘΕΟϹ[7]	ܐܪܩܘܠܐܢܬܘܣ
ΠΟΜΠ⟨ω⟩ΝΙΟϹ	ܦܘܡܦܘܢܝܘܣ
20 ΔΗΤΡΙΟϹ[8]	ܕܝܛܪܝܘܣ

1 Λιβεράλιος (Lat. Liberalis) 2 Καλδώνιος (Caldonius) 3 Ἰουλιανός (Lat. Iunius) 4 Lat. Nicomedes 5 Μαρούκιος (Lat. Marrutius) 6 Φουρτουνᾶτος 7 Ἡρκουλάνεθος (Lat. Herculanus) 8 Δημήτριος (Demetrius)

1 M 310, L ܩܘܦܪܝܐܢܘܣ 2 M 309 ܠܒܪܐܪܝܘܣ; L ܠܒܪ̈ܐܪܝܘܣ 3 M 309 ܦܪܡܘܣ 4 M 310, L ܡܐܪܩܘܣ

	ΚΟΥΙΝΘΟC	[1] ܩܘܐܝܢܛܘܣ
	CΑΤΟΥΡΝΙΛΛΟC[1]	ܣܐܛܘܪܢܝܠܘܣ
	[ΔΟΝΑΤΟC]	ܐܚܪܢܐ ܕܘܢܐܛܘܣ
	ΓΟΡΓΟΤΙΑΝΟC[2]	[2] ܓܪܓܛܝܐܢܘܣ
25	CΗΔΑΤΟC[3]	ܣܝܕܐܛܘܣ

(Empfänger des Briefes:)

26	ΟΥΑΝΙΑΡΙΟC[4]	ܐܘܐܢܝܐܪܝܘܣ
	[ΜΑΞΙΜΗΝΟC][5]	[3] ܡܟܣܝܡܝܢܘ(ܣ)
	CΑΤΟΥΡΝΙΛΛΟC	ܣܐܛܘܪܢܝܠܘܣ
	ΜΑΞΙΜΙΑΝΟC	ܡܟܣܝܡܝܐܢܘܣ
30	Ọ̣ΥΙΚΤꞷΡ	ܐܘܝܩܛܘܪ
	ΚΑCΙΟC	ܩܐܣܝܘܣ
	ΠΡΟΚΟΥΛΟC	ܦܪܘܩܘܠܘܣ
	ΜΟΛΙΑΝΟC[6]	ܡܘܠܝܐܢܘܣ
	ΓΑΡΓΙΛΙΟC[7]	ܓܪܓܝܠܝܘܣ
35	CΑΤΟΥΡΝΙΛΛ[ΟC]	[4] ܐܚܪܢܐ ܣܐܛܘܪܢܝܠܘܣ
	ΝẸ[ΜΕCΙΑΝΟC][8]	ܢܡܣܝ‹ܐ›ܢܘܣ
	ΝΑΜΠΟΥΛΟC[9]	[5] ܢܡܦܘܠܘܣ
	ΑΝΤꞷΝΙΑΝΟC	ܐܢܛܘܢܝܐܢܘܣ
	ΙΟΓΟΤỊ[Α]Ṇ̣ΟC[10]	ܝܘܓܛܝܐܢܘܣ
40	Ọ̣ΝΟΡΑΤΟC	ܐܘܢܘܪܐܛܘܣ

Die Sententiae der einzelnen Bischöfe (fol. 74v-83r)

1	ΚΥΠΡΙΑΝΟC	ܩܘܦܪܝܐܢܘܣ
	ΚΕΚΙΛΙΟC ΘΗCΒΗ[1]	ܩܩܝܠܝ‹ܘ›ܣ ܕܡܢ ܬܝܣܒܝ
	ΠΡΙΜΟC[2] ΜΑCΤΡΙΠΠΗ	ܦܪܝܡܘܣ ܕܡܢ ܡܣܛܪܝܦܝ
	ΠΟΛΥΚΑΡΠΟC	ܦܘܠܘܩܪܦܘܣ ܕܡܢ
	ΑΔΡΑΜΥΗΝΤΟC[3]	ܐܕܪܡܘܢܛܘܣ

1 Lat. Saturninus; im folgenden wegen Homoioteleutons ausgefallen: Ἰανουάριος, Μάρκος, ἄλλος Σατουρνῖλος (Marcus, alius Saturninus) 2 Ῥογοτιανός (Lat. Rogatianus) 3 Latein. folgen noch: Tertullus, Hortensianus, alius Saturninus, Sattius 4 Οὐανουαρίῳ (Ianuario) 5 Latein. (Nr. 26-30): Saturnino, Maximo, Victori, alio Victori 6 Modiano 7 Cittino, Gargilio, Eutychiano, alio Gargilio 8 Νεμεσιανῷ 9 Ναμπύλῳ (Nampulo) 10 Ῥογατιανῷ

1 Θισπόλεως (Biltha) 2 Πρίαμος (Primus) 3 Ἀδραμύντου (Hadrumeto)

1 L ܩܘܝܢܛܘܣ 2 L ܓܪܓܛܝܢܘܣ 3 M 310, L ܡܟܣܝܡܝܐܢܘܣ 4 L ܣܐܛܘܪܢܝܠܘܣ 5 M 310, L ܢܡܦܘܠܘܣ

ΝΟΥΑΤΟϹ [ΘΑΝΝΟΥΒΑΔΙϹ?][1]	ܢܘܐܛܘܣ ܕܡܢ ܬܐܢܘܒܐܕܝܣ
ΝΕΜΕϹΙΑΝΟϹ [ΘΟΥΒΟΥΝΩΝ]	ܢܡܣܝܐܢܘܣ ܕܡܢ ܬܘܒܘܢܘܢ
ΙΑΝΟΥΑΡΙΟϹ ΛΑΜΒΗ[2]	ܝܢܘܐܪܝܘܣ[1] ܕܡܢ ܠܐܡܒܝ
[ΛΟΥΚΙΟϹ] ΚΑϹΤΡΟΓΑΛΒΑϹ	ܠܘܩܝܘܣ
	ܕܡܢ ܩܐܣܛܪܘܓܐܠܒܐܣ
ΚΡΗϹΚΗϹ [ΚΡΗΤΗ]	ܩܪܝܣܩܝܣ[2] ܕܡܢ ܩܪ̈ܝܛܐ .
ΝΙΚΟΔΗΜΟϹ[3] ϹΕΡΓΕΜΟΝ	ܢܝܩܘܕܝܡܘܣ ܕܡܢ ܣܐܪܓܡܘܢ[3]
ϹΕΚΟΥΝΔΙΑΝΟϹ ΚΑΡΙΝΔΙΑ	ܣܐܩܘܢܕܝܐܢܘܣ ܕܡܢ ܩܐܪܝܢܕܝܐ
ΦΗΛΙΞ ΓΑΒΕΤΩΝ	ܦܝܠܝܟܣ ܕܡܢ ܓܐܒܛܘܢ
ϹΟΥΚΕΝΔΟϹ ΑΒΙΡ	ܣܘܩܣܣܘܣ[4] ܕܡܢ ܐܒܝܪ
ΓΕΡΜΗΚΗΝΗ[4]	ܕܓܐܪܡܐܢܝܩܝܐܢ
ΦΟΥΡΤΟΥΝΑΤΟϹ ΘΟΥΚΥΑΒΙΡΙ[5]	ܦܘܪܛܘܢܐܛܘܣ
	ܕܡܢ ܬܘܩܐܒܝܪܝ
ΘΗΔ⟨Α⟩ΤΟϹ ΘΟΥΒΟΥΡΩΝ[6]	ܬܝܕܐܛܘܣ ܕܡܢ ܬܘܒܘܪܒܘܢ
ΠΡΟΥΑΤΙΑΝΟϹ ϹΟ̣ΦΤΙΗ[7]	ܦܪܘܐܛܝܐܢܘܣ ܕܡܢ ܣܘܦܛܝܠܐܝ[6]
ΜΟΝΟΥΑΛΛΟϹ ΓΙΡΒΗ	ܡܘܢܐܠܘܣ ܕܡܢ ܓܝܪܒ
ΠΟΛΙΑΝΟϹ ΜΙΛΙϹ	ܦܘܠܝܐܢܘܣ ܕܡܢ ܡܝܠܝܣ
ΘΕΟΓΝΗϹ ΙΠΠΩΝ ΡΙΓΙΟΝ	ܬܐܘܓܢܝܣ ܕܡܢ ܐܝܦܘܢ ܪܝܓܝܘܢ
ΔΙΑΤΙΟΥϹΟϹ [ΑΔΗϹ][8]	ܕܝܐܛܝܘܣܘܣ ܕܡܢ ܐܕܝܣ
ΠΡΙΒΑΤΟϹ ϹΟΥΦΙΒΟϹ[9]	ܦܪܝܒܐܛܘܣ[7] ܕܡܢ ܣܘܦܝܒܘܣ
ΟΡΤΗϹΙΑΝΟϹ ΛΑΒΟΥΡΙϹ	ܐܘܪܛܝܣܝܐܢܘܣ ܕܡܢ ܠܐܒܘܪܝܣ
ΚΑϹΙΟϹ ΚΟΜΑΔΩΝ[10]	ܩܐܣܝܘܣ ܕܡܢ ܩܘܡܐܕܘܢ
ΙΑΝΟΥΑΡΙΟϹ ΘΟΥΒΙΚΟϹ[11]	ܝܢܘܐܪܝܘܣ ܕܡܢ ܬܘܒܝܩܘܣ
ϹΕΚΟΥΝΔΙΝΟϹ ΚΑΛΠΩΝ	ܣܐܩܘܢܕܝܢܘܣ ܕܡܢ ܩܐܠܦܘܢ
ΟΥΙΚΤΟΡΙΝΟϹ	ܐܘܝܩܛܘܪܝܢܘܣ[8] ܕܡܢ
ΘΑΜΒΡΑ̣Κ̣[ΩΝ]	ܬܐܡܒܪܐܩܘܢ
ΦΗΛΙΞ ΘΥΙΝΗ	ܦܝܠܝܟܣ[9] ܐܚܪܢܐ ܕܡܢ ܬܘܝܢ
ΚΟΥΙΝΤΟϹ ΟΥΡΟΥΚΗ[12]	ܩܘܝܢܛܘܣ ܕܡܢ ܐܘܪܘܩ
ΚΑϹΤΟϹ ΔΙΚΗ	ܩܐܣܛܘܣ ܕܡܢ ܕܝܩ
ΕΥΚΡΑΤΙΟϹ ΘΕΝΩΝ	ܐܘܩܪܐܛܝܘܣ[10] ܕܡܢ ܬܢܘܢ[11]

1 Νούσατος ἀπὸ Θάννου (Novatus a Thamogade) 2 Λαβῆς (Lambese) 3 Νικομήδης (Nicomedes) 4 Σουκέσσος ἀπὸ Ἀββιργενμανικῆς (Successus ab Abbir Germaniciana) 5 Θουκχαβόρ (Thuccabori) 6 Θουρβουρβῶν (Thuburbo) 7 Προυατινός ἀπὸ Σοφετίης (Privatianus a Sufetula) 8 Διατίους ὁ Σαιάδης (Dativus a Badis) 9 Προβάτος ἀπὸ Σουφίου (Privatus a Sufibus) 10 Κομάζων (Macomadibus) 11 Οὐβίβου (a Vico Caesaris) 12 Οὐρούκ (Buruc)

1 L ܒܢܘܐܪܝܘܣ 2 L ܩܪܝܣܩܝܣ 3 M 310, L ܣܐܪܓܡܘܢ 4 M 309 ܣܘܩܣܘܣܘܣ 5 L ܐܒܝܪ ܕܓܐܪܡܐܢܝܩܝܐܢ 6 L ܣܘܦܛܝܠܐܝ 7 M 309 ܦܪܝܒܐܛܘܣ 8 L ܐܘܝܩܛܘܪܝܢܘܣ 9 M 309 ܦܝܠܝܟܣ 10 L ܐܘܩܪܐܛܝܘܣ 11 M 310, L ܬܐܢܘܢ

ΛΙΒΟCΟC ΟΥΑΓΗ[1]	ܠܝܒ⟨ܘ⟩ܣܘܣ ܕܡܢ ܐܘܐܓ
ΛΕΥΚΙΝΟC ΘΗΟΥΙCΤΟC	ܠܘܩܝܢܘܣ ܕܡܢ ܬܐܘܝܣܛܘܣ [1]
ΕΥΓΕΝΙΟC ΑΜΕΔΑΡΩΝ	ܐܘܓܢܝܘܣ ܕܡܢ ܐܡܕܕܪܘܢ
ΦΙΛΙΞ ΜΕỊΚΚΟΥΡΑ[2]	ܦܝܠ⟨ܝ⟩ܟܣ ܐܣܩܦܐ ܕܡܢ ܡܐܩܩܘܪܐ
ΙΑΝΟΥ⟨Α⟩ΡΙΟC ΜΟΥΖΙΚΗ[3]	ܝܢܘܐܪܝܘܣ ܐܣܩܦܐ ܕܡܢ ܡܘܙܘܙܝܩ
ΑΔΕΛΦΙΟC ΘΑCΒΕΟ̣Ν[4]	ܐܕܠܦܝܘܣ ܕܡܢ ܬܐܣܒܬܝ
ΔΗΜΗΤΡΙΟC ΠΤΟΛΕΜΙΝΟC	ܕܡܛܪܝܘܣ ܕܡܢ ܦܛܘܠܐܡܝܢܘܣ
ΟΥΙΚΕΝΤΙΟC ΟỊΒ̣Α̣ΡΕΙ	ܐܘܐܝܩܢܛܝܘܣ [2] ܕܡܢ ܐܘܒܐܪܝ
ΜΑΡΚΟC ΜΑΧΘΑΡΩΝ	ܡܐܪܩܘܣ ܕܡܢ ܡܐܟܬܪܘܢ [3]
CΑΤΤΙΟC CΙΚΙΛΒΗ[5]	ܣܐܛܝܘܣ ܕܡܢ ܣܝܩܝܠܒ [4]
ΑΥΡΙΛΙΟC ΟΥΤΙΚΗ	ܐܘܪܝܠܝܘܣ ܕܡܢ ܐܘܛܝܩ
ΙΑΜΒΟC[6] ΓΕΡΜΑΝΙΚΗ	ܐܝܡܒܘܣ [5] ܕܡܢ ܓܐܪܡ⟨ܐ⟩ܢܝܩ
ΛΟΥΚΙΑΝΟC ΡΟΥΚΚΟΥΜΗ	ܠܘܩܝܢܘܣ ܕܡܢ ܪܘܩܘܡ
ΠΕΛΑΓΙΑΝΟC ΛΟΥΠΕΡΚΗΝΗ[7]	ܦܠܓܝܢܘܣ [6] ܕܡܢ ܠܘܦܪܩܝܢ [7]
ΙΑΔΕΡ ΜΙΔΙΑΝΗ[8]	ܐܝܕ⟨ܐ⟩ܪ ܕܡܢ ܡܝܕܝܠ
ΦΗΛΙΞ ΜΑΡΔΙΑΝΗ	ܦܝܠܟܣ ܐܣܩܦܐ ܕܡܢ ܡܐܪܕܝܢ
ΠΑΥΛΟC CΑΒΒΑ	ܦܘܠܘܣ ܕܡܢ ܣܐܒܐ [8]
ΠΟΜΠΩΝΗΟC ΔΙΟΝΥCΙΑΝΗ	ܦܘܡܦܘܢܝܘܣ ܕܡܢ ܕܝܘܢܘܣܝܢ
ΟΥΗΝΑΤΙΟC ΘΗΝΗ[9]	ܐܘܢܐܛܝܘܣ ܕܡܢ ܬܝܢ
ΛΥΜΜΟC ΑCCΥΑΓΗ	ܠܘܡܘܣ ܕܡܢ ܐܣܘܐܓ
CΑΤΟΥ[ΡΝΙΛΟC] ΟΥΙΚ⟨Τ⟩ΩΡΙΑΝΗ[10]	ܣܐܛܘܪܢܝܠ⟨ܘ⟩ܣ ܕܡܢ [ܐܘܝܩ]ܛܘܪܝܢ
CΑΤΟΥΡΝΙΛΟC ΟΥΚΚΗ[11]	ܣܐܛܘܪܢܝܠܘܣ ܐܣܩܦܐ ܕܡܢ ܐܘܩܝ
ΜΑΡΚΕΛΛΟC ΖΑΜΗ[12]	ܡܐܪܩܠܘܣ ܕܡܢ ܙܐܡܝ
ΕΙΡΙΝΑΙΟC[13] ΟΥΛΩΝ	ܐܪܝܢܐܘܣ ܕܡܢ ܐܘܠܘܢ
ΔΟΝΑΤΟC ΚΙΒΑΛΙΑΝΗ	ܕܘܢܐܛܘ[ܣ] ܕܡܢ ܩܒܐܠܝܢ
ΖΟCΙΜΟC ΘΑΡΖΟΥC[14]	ܙܘܣܝܡܘܣ ܕܡܢ ܬܐܪܙܘܣ [9]
ΙΟΥΛΙΑΝΟC ΘΗΛΗΠΠΗ[15]	ܝܘܠܝܢܘܣ ܕܡܢ ܬܠܝܦ
ΦΑΥCΤΟC ΘΙΜΗΔΗ[16]	ܦܐܘܣܛܘܣ ܕܡܢ ܬܝܡܝܕ
Γ̣Ε̣ΜΙΝΟC ΦΟΡΜΗ	ܓܡܝܢܘܣ ܕܡܢ ܦܘܪܡ

1 Σουργάσης (Vaga) 2 Μεκόρας (Bamaccora) 3 Μουζουκῆς (Muzulensis) 4 Θασβεσθῆς (Thasualthe) 5 Σάπιος ἀπὸ Σικιλίμβῆς (Sattius a Sicilibba) 6 Ἴαμος (Iambus) 7 Πελαγίων ἀπὸ Λουπερκιανῆς (Pelagianus a Luperciana) 8 Μιδίας (Midili) 9 Θηνήσης (Thinisa) 10 Ἰουκτοριανῆς (Victoriana) 11 Σούκκης (Tucca) 12 Μάζης (Zama) 13 M 309 ΕΙΡΙΝΙΑΙΟΣ 14 Θαραζοῦ (Tharassa) 15 Φιλίππης (Thelepte) 16 Θημίδης Ῥηγίας (Thimida Regia)

1 L ܬܐܘܣܛܘܣ 2 L ܐܘܐܝܩܛܝܛܘܣ 3 M 310 ܡܟܬܪܘܢ 4 L ܣܝܩܝܠܒ 5 L ܐܝܡܒܘܣ 6 M 309 ܦܠܓܝܢܘܣ 7 M 309 ܠܘܦܪܩܝܢ 8 L ܣܐܒܐ 9 L ܬܐܪܐܙܘܣ

60	[ΡΟΓΟΤ]ΙΑΝΟϹ [Ο]ΥϹΑ	ܪܘܓܛܝܐܢܘܣ ܕܡܢ ܐܘܣܐ
	[ΘΕΡ]ΑΠΙΟϹ	ܬܐܪܐܦܝܘܣ[1] ܕܡܢ
	[ΒΟΥΛΙ]ϹΒΗΜΙΟϹ[1]	ܒܘܠܝܣܒܝܡܝܘܣ[2]
	[Λ]ΟΥΚΙΟϹ [ΜΕ]ΒΕΡΕϹΗ	ܠܘܩܝܘܣ ܕܡܢ ܡܒܐܪܣܝܣ
	[Φ]ΗΛΙΞ	ܦܠܝܟܣ[3] ܐܦܣܩܦܐ ܕܡܢ
	[ΟΥΑΓ]ΔΑΚΗΝΙ	ܐܘܓܕܩܝܢܝ
	ϹΑΤΟΥΡ[ΝΙΛΟϹ]	ܣܐܛܘܪܢܝܠܘܣ ܐܦܣܩܦܐ ܕܡܢ
	ΠΛΟ[ΥΤΙΝΗ]	ܦܠܘܛܝܢܝ
65	ΚΟΥΑΝΤ[ΟϹ][2] ΟΓΒΑ	ܩܘܐܢܛܘܣ ܕܡܢ ܐܘܓܒܐ
	ΙΟΥΛΙΑΝ[ΟϹ]	ܝܘܠܝܐܢܘܣ ܐܦܣܩܦܐ ܕܡܢ
	ΜΑΡΚΕΛΛΙ[ΑΝΗ]	ܡܐܪܩܐܠܝܢܝ[4]
	ΤΕΝΑΞ ΟΡΙωΝ [ΚΕΛΛΙωΝ]	ܛܢܐܩܣ ܕܡܢ ܐܘܪܝܢ ܩܠܠܝܢ
	ΟΥΙΚΤ[ωΡ] ΑϹϹΟΥΡ[ΑϹ]	ܐܘܝܩܛܘܪ ܐܦܣܩܦܐ ܕܡܢ ܐܣܘܪܐ
	ΔωΝΑΤΟΥ[ΛΟϹ] ΚΑΜΨ[Η]	ܕܘܢܐܛܘܠܘܣ ܕܡܢ ܩܐܡܦܣܐ
70	ΟΥΗΡΟΥΛΟϹ ΡΟΥϹϹΙΚΑΔΑ	ܐܘܝܪܘܠܘܣ ܕܡܢ ܪܘܣܝܩܐܕܐ
	ΠΟΥΔΕΝΤΙΑΝΟϹ ΚΟΥΙΝΚΟΥΛΙ	ܦܘܕܢܛܝܐܢܘܣ ܕܡܢ ܩܘܝܢܩܘܠܝ
	ΠΕΤΡΟϹ ΙΠΠωΝ ΔΙΑΡΥΤΟϹ	ܦܛܪܘܣ ܕܡܢ ܐܝܦܘܢ ܕܝܐܪܘܛܘܣ
	ΛΟΥΚΙΟϹ ΑΥϹΑΦΗ	ܠܘܩܝܘܣ ܐܦܣܩܦܐ ܕܡܢ ܐܘܣܐܦܝ
	ΦΗΛΙΞ ΤΟΥΡΙΤωΝ	ܦܠܝܟܣ[5] ܐܦܣܩܦܐ ܕܡܢ ܛܘܪܝܛܘܢ
75	ΠΛΟΥϹΙΑΝΟϹ ΛΑΒΑΝΗ	ܦܠܘܣܝܐܢܘܣ ܕܡܢ ܠܒܐܢܝ
	ϹΑΛΟΥΙΑΝΟϹ ΖΑΥΦΑΛΗ[3]	ܣܐܠܘܝܐܢܘܣ[6] ܕܡܢ ܙܘܦܐܠܝ
	ΟΝΟΡΑΤΟϹ ΘΟΥΓΓΗ	ܐܘܢܘܪܛܘܣ ܕܡܢ ܬܘܓܝ
	ΟΥΙΚΤωΡ ΟΚΤΑΒΟϹ[4]	ܐܘܝܩܛܘܪ ܕܡܢ ܐܘܩܛܒܘܣ
	ΚΛΑΡΙΟϹ ΜΑϹΚΟΥΛΗ	ܩܠܐܪܝܘܣ ܕܡܢ ܡܣܩܘܠܝ
80	ϹΕΚΟΥΝΔΙΑΝΟϹ ΘΑΜΒΗ	ܣܩܘܢܕܝܐܢܘܣ ܕܡܢ ܬܐܡܒܝ
	ΑΥΡΗΛΙΟϹ ΧΟΛΛΑΒΒΙΝ	ܐܘܪܠ‹ܝ›ܘܣ ܕܡܢ ܟܘܠܐܒܝܢ
	ΜΙΙΤΙΟϹ[5] ΓΕΜΕΛω(Ν)	ܡܝܬܝܘܣ ܕܡܢ ܓܡܠܘܢ
	ΝΑΤΟΛΙΟϹ ΟΙΑ	ܢܐܛܘܠܝܘܣ ܕܡܢ ܐܘܝܐ
	ΠΟΜΠΙΟϹ ϹΑΒΡΑΤωΝ	ܦܘܡܦܝܘܣ ܕܡܢ ܣܒܪ‹ܐ›ܛܘܢ
85	ΔΙΟΓΑϹ ΛΕΠΤΙΜΑΓΝΗ[6]	ܕܝܘܓܣ[7] ܕܡܢ ܠܦܛܝܡܓܢܝ[8]
	ΙΟΥΝΙΟϹ ΝΕΑΠΟΛΙϹ	ܝܘܢܝܘܣ ܕܡܢ ܢܐܦܘܠܝܣ[9]
	ΚΥΠΡΙΑΝΟϹ ΧΑΡΚΙΔωΝ[7]	ܩܘܦܪܝܐܢܘܣ ܕܡܢ ܩܪܟܕܘܢ[10]

1 Βουλλισμίου (Bulla) 2 Κούϊντος (Quintus) 3 M 309 ϹΑΟΥΛΙΑΝΟϹ; Σαλουϊανὸς ἀπὸ Ζυφάλης (Salvianus a Gazauphalia) 4 ᾽Οκτάβγου (Octavou) 5 Μήτος (Littaeus) 6 Die Nummern 83 bis 85 sind unter Nummer 83 zusammengefaßt 7 Καρχηδόνος (Carthagine)

1 M 309 ܬܐܪܐܦܝܘܣ 2 M 309 ܒܘܠܝܣܒܝܡܝܘܣ 3 M 309 ܦܠܝܟܣ 4 L ܡܐܪܩܐܠܝܢܝ 5 L ܦܠܝܟܣ 6 M 309 ܣܐܠܘܝܢܘܣ 7 M 309 ܕܝܘܓܣ 8 L ܠܦܛܝܡܓܢܝ 9 M 309 ܢܐܦܘܠܝܣ 10 M 309 ܩܪܟܕܘܢ

Personennamen

N = Nikaia Ank = Ankyra Neok = Neokaisareia G = Gangra A = Antiocheia, Synode
AB = Antiocheia, Brief K = Konstantinopel E = Ephesos KtB = Karthago, Brief
KtS = Karthago, Sententiae

ΑΒΡΑΜΙΟϹ	ܐܒܪܗܡ	’brhm (= ’aḇrāhām)	K 44
ΑΓΑΜΑΝΕϹ	ܐܓܐܡܐܢܝܣ	’g’m’nys	AB 7
ΑΓΑΠΙΟϹ	ܐܓܐܦܝܘܣ	’g’pyws	N 155, AB 14
	ܐܓܦܝܘܣ	’gpyws	A 7, A 12, K 36
ΑΓΟΓΙΟϹ	ܐܓܘܓܝܘܣ	’gwgyws	N 141
ΑΓΡΙΚΟΛΑΟϹ	ܐܓܪܝܩܘܠܐܘܣ	’gryqwl’ws	Ank 3
ΑΓΡΙΟϹ	ܐܓܪܝܘܣ	’gryws	K 147
ΑΔΕΛΦΙΟϹ	ܐܕܠܦܝܘܣ	’dlpyws	KtS 36
ΑΔΑΜΑΝΤΙΟϹ	ܐܕܡܢܛܝܘܣ	’dmnṭyws	N 6
ΑΔΡΑϹΤΑΚΗϹ	ܐܕܪܣܛܐܩܝܣ	’drsṭ’qys	N 114
ΑΔωΝ	ܐܕܘܢ	’dwn	N 194
ΑΕΡΙΟϹ	ܐܐܪܝܘܣ	’’ryws	K 57
ΑΕΤΙΟϹ	ܐܐܛܘܣ	’’ṭws	N 39, AB 32
ΑΘΑϹ	ܐܬܐܣ	’t’s	N 5
ΑΘΑΝΑϹΙΟϹ	ܐܬܢܣܝܘܣ	’tnsyws	N 153
ΑΘΗΝΟΔωΡΟϹ	ܐܬܝܢܘܕܘܪܘܣ	’tynwdwrws	N 149
ΑΙΔΕϹΙΟϹ	ܐܪܣܝܘܣ	’rsyws	N 154
ΑΙΘΕΡΙΟϹ, ΕΘΕΡΙΟϹ	ܐܬܐܪܝܘܣ	’t’ryws	A 27, K 63, 145
ΑΙΘΙΛΑΑ	ܐܝܬܝܠܗܐ	’ytylh’	N 86
ΑΙΛΙΑΝΟϹ	ܐܠܝܐܢܘܣ	’ly’nws	G 2, K 12
ΑΙΝΕΙΑϹ	ܐܝܢܝܐܣ	’yny’s	N 46, A 19
ΑΚΑΔΙΜΙΟϹ, -ΗΟϹ	ܐܩܐܕܝܡܝܘܣ	’q’dymyws	N 188, 191
ΑΚΑΚΙΟϹ	ܐܩ<ܐ>ܩܝܘܣ	’q(’)qyws	K 24, E 6
ΑΚΥΛΑϹ	ܐܩܘܠܐܣ	’qwl’s	N 167, K 148
ΑΛΔΟΝΙΟϹ	ܐܠܕܘܢܝܘܣ	’ldwnyws	KtB 3
ΑΛΕΞΑΝΔΡΟϹ	ܐܠܟܣܐܢܕܪܘܣ	’lks’ndrws	N 4, 216, A 24, AB 35, K 21
ΑΛΙΤΟΔΟΡωϹ	ܐܠܝܛܘܕܘܪܘܣ	’lyṭwdwrws	N 206
ΑΛΛΑΝΙΚΟϹ, -ΗΚΟϹ	ܐܠܐܢܝܩܘܣ	’l’nyqws	N 49, AB 23
ΑΛΠΙΔΙΟϹ	ܐܠܦܝܕܝܘܣ	’lpydyws	K 38
ΑΛΦΙΟϹ	ܐܠܦܝܘܣ	’lpyws	N 60, Neok 15, A 11, AB 51
ΑΜΒΡΟϹΙΟϹ	ܐܡܒܪܘܣܝܘܣ	’mbrwsyws	N 106
ΑΜΜΟΝΙΟϹ	ܐܡܘܢܝܘܣ	’mwnyws	N 208
ΑΜΦΙΛΟΧΙΟϹ	ܐܡܦܝܠܘܟܝܘܣ	’mpylwkyws	K 94
ΑΜΦΙΟΝ, -ΙωΝ	ܐܡܦܝܘܢ	’mpywn	N 92, Neok 9, AB 3
ΑΝΑΝΙΑϹ	ܐܢܐܢܝܐܣ	’n’ny’s	K 110
ΑΝΑΤΟΛΙΟϹ	ܐܢܐܛܘܠܝܘܣ	’n’ṭwlyws	N 53, 163, A 16, AB 28
ΑΝΤΙΟΧΟϹ	ܐܢܛܝܘܟܘܣ	’nṭywkws	N 14, 88, 143, A 21, AB 20, K 49
ΑΝΤΙΧΟϹ	ܐܢܛܝܟܘܣ	’nṭykws	N 44
ΑΝΤΟΝΙΟϹ	ܐܢܛܘܢܝܘܣ	’nṭwnyws	N 158
ΑΝΤωΝΙΑΝΟϹ	ܐܢܛܘܢܝܐܘܣ	’nṭwny’ws	KtB 38
ΑΡΒΕΤΙΟΝ	ܐܪܒܐܛܝܘܢ	’rb’ṭywn	N 13
ΑΡΙϹΤΟΦΑΝΙϹ	ܐܪܝܣܛܘܦܐܢܝܣ	’rysṭwp’nys	K 96
ΑΡΚΡΙΤΗϹ	ܐܪܩܝܛܝܣ	’rqyṭys	N 115
ΑΡΜΑΙΟϹ	ܐܪܡܝܘܣ	’rmyws	K 129
ΑΡΠΟΚΡΑϹ	ܐܪܦܘܩܪܐܣ	’rpwqr’s	N 11
ΑΡΠΟΚΡΑΤΙωΝ	ܐܪܦܘܩܪܐܛܝܘܢ	’rpwqr’ṭywn	N 19

ΑΡΤΕΜΙΔΟΡΟϹ	ܐܪܛܐܡܝܕܘܪܘܣ	’rṭ’mydwrws N 137
ΑΡΤΕΜΙΟϹ	ܐܪܛܐܡܝܘܣ	’rṭ’myws K 76
ΑΡΧΕΛΑΟϹ	ܐܪܟܠܐܘܣ	’rkl’ws N 64, A 13, AB 25
ΑϹΚΛΗΠΑϹ	ܐܣܩܠܝܦܐܣ	’sqlyp’s N 42
ΑϹΚΛΗΠΙΟϹ	ܐܣܩܠܝܦܝܘܣ	’sqlypyws AB 50
ΑΤΑΛΟϹ	ܐܛܐܠܘܣ	’ṭ’lws K 109
ΑΤΑΡΒΙΟϹ	ܐܛܩܪܒܝܘܣ	’ṭqrbyws K 148
ΑΥΕΔΙΟϹ	ܐܘܝܕܘܣ	’wydws AB 55
ΑΥΞΑΝΙΑΝΟϹ	ܐܘܟܣܐܢܝܐܘܣ	’wks’ny’ws K 132
ΑΥΞΑΝωΝ	ܐܘܟܣܐܢܘܢ	’wks’nwn K 119
ΑΥΡΙΛΙΟϹ, -ΗΛΙΟϹ	ܐܘܪܝܠܝܘܣ	’wrylyws KtS 41, 81
ΑΦΡΟΔΙϹΙΟϹ	ܐܦܪܘܕܝܣܝܘܣ	’prwdysyws N 202
ΒΑΔΑΓΙΟϹ	ܒܐܕܐܓܝܘܣ	B’d’gyws K 37
ΒΑΡΑΧΟϹ	ܒܐܪܕܐܟܘܣ	B’rd’kws K 17
ΒΑΡΛΑΑϹ	ܒܪܠܗܐ	Brlh’ (= Barlāhā) N 56
ΒΑϹΙΛΕΥϹ	ܒܐܣܠܝܘܣ	B’slyws Ank 5, Neok 4
ΒΑϹΙΛΙΔΗϹ	ܒܐܣܝܠܝܕܝܣ	B’sylydys K 19
ΒΑϹΙΛΕΙΟϹ	ܒܐܣܝܠܝܘܣ	B’sylyws G 12
ΒΑϹΙΛΙΝΟϹ	ܒܐܣܝܠܝܢܘܣ	B’sylynws K 35
ΒΑϹϹΙΑΝΟϹ, -ΗΑΝΟϹ	ܒܐܣܝܐܢܘܣ	B’sy’nws N 69, G 11, AB 4, 17
ΒΑϹϹωΝΗϹ	ܒܐܣܘܢܐ	B’swn’ N 77
ΒΑϹ(Ϲ)ΟϹ	ܒܐܣܘܣ	B’sws N 68, G 14, A 2, AB 52, K 121
ΒΑΤΘΗϹ	ܒܐܛܛܝܣ	B’ṭtys K 46
ΒΗΚΕΝΤΙΟϹ	ܒܝܩܢܛܝܘܣ	Byqnṭyws N 3
ΒΙΤωΝ	ܒܝܛܘܢ	Byṭwn N 2
ΒΙΤΟϹ, ΒΗΤΟϹ	ܒܝܛܘܣ	Byṭws K 43, 131
ΒΙΖΟϹ	ܒܝܙܘܣ	Byzws K 26
ΒΙΘΥΝΗΟϹ	ܒܝܬܘܢܝܘܣ	Bytwnyws G 8
ΒΟϹΠΟΡΙΟϹ	ܒܘܣܦܘܪܝܘܣ	Bwspwryos K 64
ΒΟΥΔΙΟϹ	ܒܘܕܝܘܣ	Bwdyws N 223
ΓΑΙΟϹ, ΓΑΗΟϹ	ܓܐܝܘܣ	G’yws N 8, 29
	ܓܐܐܝܐܘܣ	G’’y’ws K 88
ΓΑΡΓΙΛΙΟϹ	ܓܐܪܓܝܠܝܘܣ	G’rgylyws KtB 34
ΓΕΛΑϹΙΟϹ	ܓܐܠܐܣܝܘܣ	G’l’syws N 181, K 5
ΓΕΜΙΝΟϹ	ܓܐܡܝܢܘܣ	G’mynws KtS 59
ΓΕΝΝΑΔΙΟϹ	ܓܢܐܕܝܘܣ	Gn’dyws N 82
ΓΕΡΜΑΝΕΙΟϹ	ܓܐܪܡܐܢܝܘܣ	G’rm’nyws K 56
ΓΕΡΜΑΝΟϹ	ܓܐܪܡ⟨ܐ⟩ܢܝܘܣ	G’rm(’)nyws N 27, Neok 12, AB 27
ΓΕΡΟΝΤΙΟϹ	ܓܪܘܢܛܝܘܣ	Grwnṭyws N 70, Neok 21, AB 53
ΓΕωΡΓΙΟϹ	ܓܐܘܪܓܝܘܣ	G’wrgyws N 175
ΓΟΡΓΟΤΙΑΝΟϹ	ܓܘܪܓܘܛܝܐܢܘܣ	Gwrgwṭy’nws KtB 24
ΓΟΡΓΟΝΙΟϹ	ܓܘܪܓܘܢܝܘܣ	Gwrgwnyws N 109, 128, 174
ΓΡΑΝΙΟϹ	ܓܪܐܢܝܘܣ	Gr’nyws N 186
ΓΡΗΓΟΡΙΟϹ, -ΗΟϹ	ܓܪܝܓܘܪܝܘܣ	Grygwryws N 50, Neok 6, 13, G 3, AB 8, K 62, 66
ΔΑΚΗϹ	ܕܐܩܝܣ	D’qys N 25
ΔΑΡΕΙΟϹ	ܕܐܪܝܘܣ	D’ryws K 99
ΔΑΦΝΟϹ	ܕܐܦܢܘܣ	D’pnws K 103

ΔΗΜΗΤΡΙΟϹ	ܕܝܡܛܪܝܘܣ	Dymṭryws KtS 37
ΔΗΟϹ	ܕܝܘܣ	Dyws N 18
ΔΗΤΡΙΟϹ	ܕܝܛܪܝܘܣ	Dyṭryws KtB 20
ΔΙΑΤΙΟΥϹΟϹ	ܕܝܐܛܝܐܘܣܘܣ	Dy'ṭy'wsws KtS 20
ΔΙΚΑϹΙΟϹ	ܕܝܩܐܣܝܘܣ	Dyq'syws N 126, Neok 17
ΔΙΟΓΑϹ	ܕܝܘܓܐܣ	Dywg's KtS 85
ΔΙΟΔΟΡωϹ	ܕܝܘܕܘܪܘܣ	Dywdwrws K 53
ΔΙΟΝΥϹΙΟϹ	ܕܝܘܢܘܣܝܘܣ	Dywnwsyws K 7
ΔΙωΝΥϹΗϹ		N 85 (?)
ΔΟΜΝΙΝΟϹ	ܕܘܡܢܝܢܘܣ	Dwmnynws K 34
ΔΟΜΝΟϹ	ܕܘܡܢܘܣ	Dwmnws N 120, 199, 224
ΔΟΝΑΤΟϹ, ΔωΝΑΤΟϹ	ܕܘܢܐܛܘܣ	Dwn'ṭw KtB 16, 23, KtS 55
ΔΟΡΟΘΕΟϹ, ΔωΡΟΘΕΟϹ	ܕ(ܘ)ܪܘܬܐܘܣ	Dwr't'ws N 10, K 3, 138
ΔωΝΑΤΟΥΛΟϹ	ܕܘܢܐܛܘܠܘܣ	Dwn'ṭwlws KtS 69
ΕΘΕΡΙΟϹ s. ΑΙΘΕΡΙΟϹ		
ΕΙΡΗΝΑΙΟϹ, ΕΙΡΙΝΑΙΟϹ	ܐܝܪܝܢܐܘܣ	'yryn'ws AB 36, KtS 54
ΕΙΡΗΝΙΚΟϹ	ܐܝܪܝܢܝܩܘܣ	'yrynyqws AB 46
ΕΛΑΔΙΟϹ	ܐܠܐܕܝܘܣ	'l'dyws K 62
ΕΛΠΙΔΙΟϹ	ܐܠܦܝܕܝܘܣ	'lpydyws K 32
ΕΠΙΔΑΥΡΙΟϹ	ܐܦܝܕܐܘܪܝܘܣ	'pyd'wryws Ank 12
ΕΡΕΧΘΙΟϹ	ܐܪܐܟܬܝܘܣ	'r'ktyws N 127
ΕΡΚΥΛΑΝΕΘΕΟϹ	ܐܪܩܘܠܐܢܬܘܣ	'rqwl'ntws KtB 18
ΕΡΥΘΡΙΟϹ	ܐܪܘܬܪܝܘܣ	'rwtryws N 104, Neok 10
ΕΤΟΙΜΑϹΙΟϹ	ܐܛܘܡܐܣܝܘܣ	'ṭwm'syws N 139
ΕΥΓΕΝ(Ε)ΙΟϹ	ܐܘܓܢܝܘܣ	'wgnyws N 150, 209, G 7, 13, K 104, KtS 33
ΕΥΔΑΙΜωΝ	ܐܘܕܐܝܡܘܢ	'wd'ymwn N 96
ΕΥΔΗΜΟϹ, -ΙΜΟϹ	ܐܘܕܝܡܘܣ	'wdymws N 195, K 124
ΕΥΔΟΚΙΟϹ	ܐܘܕܘܩܝܐܘܣ	'wdwqy'ws K 135
ΕΥΔΡΟΜΙΟϹ	ܐܘܕܪܘܡܝܘܣ	'wdrwmyws N 112
ΕΥΗΘΙΟϹ	ܐܘܐܝܬܝܘܣ	'w'ytyws N 111
ΕΥΙϹΤΙΟϹ	ܐܘܐܝܣܛܝܘܣ	'w'ysṭyws N 176
ΕΥΚΡΑΤΙΟϹ	ܐܘܩܪܐܛܝܘܣ	'wqr'ṭyws KtS 30
ΕΥΛΑΛΙΟϹ	ܐܘܠܐܠܝܘܣ	'wl'lyws N 110, 179, 182, G 16, K 120
ΕΥΛΟΓΙΟϹ	ܐܘܠܘܓܝܘܣ	'wlwgyws K 42
ΕΥΛΥϹΙΟϹ	ܐܘܠܘܣܝܘܣ	'wl'syws N 117
ΕΥΞΕΝΤΙΟϹ	ܐܘܟܣܢܛܝܘܣ	'wksnṭyws K 11
ΕΥΡΕϹΙΟϹ	ܐܘܪܐܣܝܘܣ	'wr'syws N 197
ΕΥϹΕΒ(Ε)ΙΟϹ	ܐܘܣ(ܐ)ܒܝܘܣ	'wsbyws N 30, 168, 169, 207, 211, G 1, K 27, 33, 79
ΕΥϹΤΑΘΙΟϹ	ܐܘܣܛܐܬܝܘܣ	'wsṭ'tyws N 57, 71, A 3, AB 2, 34, K 114, 141
ΕΥϹΤΡΑΤΙΟϹ	ܐܘܣܛܪܐܛܝܘܣ	'wßṭr'ṭyws K 102
ΕΥΤΑΛΙΟϹ (ΕΥϹΤΟΛΙΟϹ?)	ܐܘܣܛܘܠܝܘܣ	'wsṭwlyws Ank 7
ΕΥΤ(Ο)ΥΧΙΟϹ	ܐܘܛܘܟܝܘܣ	'wṭwkyws N 103, 116, 124, 133, 185
ΕΥΦΡΑΝΤΙΟΝ	ܐܘܦܪܐܢܛܝܘܢ	'wpr'nṭywn AB 44
ΕΥΦΡΑΤΙωΝ	ܐܘܦܪܐܛܝܘܢ	'wpr'ṭywn N 65
ΕΥΦΡΑϹΙΟϹ	ܐܘܦܪܐܣܝܘܣ	'wpr'wyws K 137
ΕΥΦΡΟϹΟΥΝΟϹ	ܐܘܦܪܘܣܘܢܝܘܣ	'wprwswnyws N 203
ΕΥΨΥΧΙΟϹ	ܐܘܦܣܘܟܝܘܣ	'wpswkyws AB 49

ZEYΞIOC	ܙܘܟܣܝܘܣ	Zwksyws N 198
ZHNOBIOC	ܙܝܢܘܒܝܘܣ	Zynwbyws N 58, AB 5
ZHNOΔOPωC	ܙܝܢܘܕܘܪܘܣ	Zynwdwrws N 55
ZHNωN	ܙܝܢܘܢ	Zynwn N 45, K 13
ZOCIMOC	ܙܘܣܝܡܘܣ	Zwsymws KtS 56
ZωIΛOC	ܙܘܐܝܠܘܣ	Zwʾylws N 67, AB 29
ZωΠYPOC	ܙܘܦܘܪܘܣ	Zwpwrws N 23
HΛIOΔOPOC	ܐܝܠܝܘܕܘܪܘܣ	ʾylywdwrws N 38
HPAKΛ(E)IOC	ܗܝܪܐܩܠܝܘܣ	Hyrʾqlyws N 118, 192, Ank 8, Neok 8, G 6
HPAKΛIΔHC	ܐܝܪܐܩܠܝܕܝܣ	ʾyrʾqlydys K 91
HCYXIOC, HCOYXIOC	ܐܝܣܘܟܝܘܣ	ʾyswkyws N 100, 160, 173, 184, A 15, AB 54, K 55, 87
ΘEAΔωNAIOC	ܬܐܘܕܘܢܐܘܣ	Tʾwdwnʾws N 52
ΘEOΓNHC	ܬܐܘܓܢܝܣ	Tʾwgnys KtS 19
ΘEOΓNIOC	ܬܐܘܓܢܝܘܣ	Tʿwgnyws N 170
ΘEOΔOPOC, ΘEOΔωPOC	ܬܐ(ܘ)ܕܘܪܘܣ	Tʾ(w)dwrws N 48, 91, 162, 193, Neok 22, A 8, K 134
ΘEOΔOCIOC	ܬܐܘܕܘܣܝܘܣ	Tʾwdwsyws A 9, K 21, 75, 101
ΘEOΔOTOC	ܬܐܘܕܘܛܘܣ	Tʾwdwṭws N 59, A 10, K 48, E 5
ΘEOΔOYΛOC	ܬܐܘܕܘܠܘܣ	Tʾwdwlws K 86, 92, 140
ΘEOMICTIOC	ܬܐܘܡܝܣܛܝܘܣ	Tʾwmysṭyws K 108
ΘEOΠPOΠOC	ܬܐܘܦܪܘܦܘܣ	Tʾwprwpws K 81
ΘEOCEBEIOC	ܬܐܘܣܐܒܝܘܣ	Tʾwsʾbyws K 121
ΘEOΦANHC	ܬܐܘܦܐܢܝܣ	Tʾwpʾnys N 113, 177
ΘEOΦIΛOC	ܬܐܘܦܝܠܘܣ	Tʾwpylws N 226, K 60
ΘEPAΠIOC	ܬܐܪܐܦܝܘܣ	Tʾrʾpyws KtS 61
ΘEωNAC	ܬܐܘܢܣ	Tʾwns N 130
ΘHΔATOC	ܬܝܕܐܛܘܣ	Tydʾṭws KtS 15
ΘOANTIOC	ܬܘܐܢܛܝܢܘܣ	Tʾwʾnṭynws K 130
IAΔEP	ܐܝܐܕܪ	ʾyʾdr KtS 45
IAKωBOC, -BωC	ܝܥܩܘܒ	Yʿqwb (= Yaʿqūḇ) N 87, A 17, AB 22
IAMBOC	ܐܝܐܡܒܘܣ	ʾyʾmbws KtS 42
IANOYAPIOC	ܝܐܢܘܐܪܝܘܣ	Yʾnwʾryws N 37, KtS 7, 24, 35
IΛΛYPIOC	ܐܝܠܘܪܝܘܣ	ʾylwryws K 105
INZOYC	ܐܢܙܘܣ	ʾnzws K 98
IOBINOC	ܐܝܐܘܒܝܢܘܣ	ʾyʾwbynws K 47, 51
IOΓOTIANOC	ܝܘܓܘܛܝܐܢܘܣ	Ywgwṭyʾnws KtB 39
IOYBENAΛIOC	ܝܘܒܢܐܠܝܘܣ	Ywbnʾlyws E 3
IOYΛIANOC	ܝܘܠܝܐܢܘܣ	Ywlyʾnws KtS 57, 66
IOYΛIOC	ܐܝܐܘܠܝܣ	ʾyʾwlys K 80
	ܝܘܠܝܘܣ	Ywlyws KtB 4
IOYNIOC	ܝܘܢܝܘܣ	Ywnyws KtS 86
ICIΔOPOC	ܐܝܣܝܕܘܪܘܣ	ʾysydwrws K 50
IωANNHC, -NIC	ܝܘܚܢܢ	Ywḥnn (= Yōḥannan) N 90, K 25
IωNINOC	ܐܝܐܘܢܝܢܘܣ	ʾyʾwnynws K 112
KAΔMOC	ܩܐܕܡܘܣ	Qʾdmws N 227
KAIΛECTINOC	ܩܐܠܐܣܛܝܢܘܣ	Qʾlʾsṭynws E 1
KAΛIKΛHC	ܩܐܠܝܩܠܝܣ	Qʾlyqlys N 196

ΚΑΛΛΙΝΙΚΟϹ	ܩܐܠܝܢܝܩܘܣ	Q'lynyqws K 113
ΚΑϹΙΟϹ	ܩܐܣܝܘܣ	Q'syws KtB 31, KtS 23
ΚΑϹΤΟϹ	ܩܐܣܛܘܣ	Q'sṭws KtS 29
ΚΕΚΙΛΙΟϹ	ܩܐܩܝܠܝܘܣ	Q'qylyws KtB 6, KtS 2
ΚΙΛΙΚΙΑΝΟϹ	ܩܝܠܝܩܝܐܢܘܣ	Qylyqy'nws N 222
ΚΛΑΡΙΟϹ	ܩܠܐܪܝܘܣ	Ql'ryws KtS 79
ΚΛΑΥΔΙΑΝΟϹ	ܩܠܘܕܝܐܢܘܣ	Qlwdy'nws N 220
ΚΛΕΟΝΙΚΟϹ	ܩܠܐܘܢܝܩܘܣ	Ql'wnyqws N 221
ΚΟΙΝΤΟϹ	ܩܘܢܛܘܣ	Qwnṭws N 165
ΚΟΥΑΝΤΟϹ	ܩܘܐܝܢܛܘܣ	Qw'ynṭws KtS 65
ΚΟΥΙΝΤΟϹ	ܩܘܝܢܛܘܣ	Qwynṭws KtS 28
ΚΟΥΙΝΘΟϹ	ܩܘܐܝܢܬܘܣ	Qw'yntws KtB 21
ΚΟΥΡΙΛΟϹ	ܩܘܪܝܠܘܣ	Qwrylws N 161
ΚΟΥΡΙΩΝ	ܩܘܪܝܘܢ	Qwrywn N 172
ΚΡΗϹΚΗϹ	ܩܪܝܣܩܝܣ	Qrysqys KtS 9
ΚΥΙΝΤΙΑΝΟϹ	ܩܘܐܝܢܛܝܐܢܘܣ	Qw'ynṭy'nws N 200
ΚΥΠΡΙΑΝΟϹ	ܩܘܦܪܝ<ܐ>ܢܘܣ	Qwpry(')nws KtB 1, KtS 1, 87
ΚΥΡΗΑΚΟϹ	ܩܘܪܝܐܩܘܣ	Qwry'qws K 54
ΚΥΡΙΛ(Λ)ΟϹ	ܩܘܪܝܠܘܣ	Qwrylws N 180, AB 30, K 4, 95, E 2
ΚΥΡΙΟΝ	ܩܘܪܝܘܢ	Qwrywn N 81, A 18
ΛΕΟΝΤΙΟϹ	ܠ(ܐ)ܘܢܛܝܘܣ	Lwnṭyws N 102, Neok 3, K 100, 136
ΛΕΥΚΙΝΟϹ	ܠܘܩܝܢܘܣ	Lwqynws KtS 32
ΛΙΒΕΡΑΔΙΟϹ	ܠܝܒܪܐܕܝܘܣ	Lybr'dyws KtB 2
ΛΙΒΟϹΟϹ	ܠܝܒܘܣܘܣ	Lybwsws KtS 31
ΛΙΤΟΔΟΡΟϹ	ܠܝܛܘܕܘܪܘܣ	Lyṭwdwrws N 210
ΛΟΓΓΙΝΟϹ	ܠܘܢܓܝܢܘܣ	Lwngynws N 32, 119, Neok 7, AB 11, K 85
ΛΟΛΛΙΑΝΟϹ	ܠܘܠܝܐܢܘܣ	Lwly'nws K 117
ΛΟΥΚΙΑΝΟϹ	ܠܘܩܝܐܢܘܣ	Lwqy'nws KtB 12, KtS 43
ΛΟΥΚΙΟϹ	ܠܘܩܝܘܣ	Lwqyws K 116, KtB 17, KtS 8, 62, 73
ΛΟΥΠΙΚΙΝΟϹ	ܠܘܦܝܩܝܢܘܣ	Lwpyqynws K 126
ΛΟΥΠΠΟϹ	ܠܘܦܘܣ	Lwpws Ank 4, Neok 2, AB 39
ΛΥΜΜΟϹ	ܠܘܡܘܣ	Lwmws KtS 50
ΜΑΓΝΟϹ	ܡܐܓܢܘܣ	M'gnws N 47, A 29, AB 9
ΜΑΚΑΡΙΝΟϹ	ܡܐܩܪܝܘܣ	M'qryws N 135
ΜΑΚΑΡΙΟϹ	ܡܐܩܪܝܘܣ	M'qryws N 26, AB 21
ΜΑΚΕΔΟΝΙΟϹ	ܡܐܩܕܘܢܝܘܣ	M'qdwnyws N 98, A 6, AB 15
ΜΑΚΕΔΩΝ	ܡܐܩܐܕܘܢ	M'q'dwn K 127
ΜΑΚΕΡ	ܡܐܩܪ	M'qr K 6
ΜΑΚΡΙΝΟϹ	ܡܐܩܪܝܢܘܣ	M'qrynws AB 26
ΜΑΝΙΚΙΟϹ, -ΗΚΙΟϹ	ܡܐܢܝܩܝܘܣ	M'nyqyws N 78, A 5
ΜΑΝΚΑΟϹ	ܡܐܢܩܐܘܣ	M'nq'ws Ab 12
ΜΑΡΑϹ	ܡܪܐ	Mr' (Mārā) N 89, K 45
ΜΑΡΙΝΟϹ, -ΗΝΟϹ	ܡܐܪܝܢܘܣ	M'rynws N 28, 51, AB 43, K 74
ΜΑΡΙϹ	ܡܐܪܝܣ	M'rys N 171, K 52
ΜΑΡΚΕΛΛΟϹ	ܡܐܪܩܠܘܣ	M'rqlws Ank 2, KtS 53
ΜΑΡΚΙΑΝΟϹ	ܡܐܪܩܝܐܢܘܣ	M'rqy'nws N 34, K 28
ΜΑΡΚΟϹ	ܡܐܪܩܘܣ	M'rqws N 144, 214, KtS 39
ΜΑΡΟΥΚΟϹ	ܡܐܪܘܩܘܣ	M'rwqws KtB 10
ΜΑΡϹϹΟϹ	ܡܐܪܣܘܣ	M'rsws N 218
ΜΑΡΤΥΡΙΟϹ	ܡܐܪܛܘܪܝܘܣ	M'rṭwryws K 143

ΜΑΞΙΜΗΝΟC	ܡܐܟܣܝܡܝܢܘܣ	M'ksymynws KtB 27
ΜΑΞΙΜΙΑΝΟC	ܡܐܟܣܝܡܝܐܢܘܣ	M'ksymws KtB 29
ΜΑΞΙΜΟC	ܡܐܟܣܝܡܘܣ	M'ksymws N 35, AB 42
ΜΕΛΙΤΙΟC	ܡܐܠܝܛܝܘܣ	M'lyṭyws K 22
ΜΕΛΙΦΡΟΝ	ܡܐܠܝܦܪܘܢ	M'lyprwn N 204
ΜΕΜΝΩΝ	ܡܐܡܢܘܢ	M'mnwn E 4
ΜΝΗΜΩC	ܡܢܝܡܘܣ	Mnymwn K 83
ΜΗΝΟΦΑΝΤΟC	ܡܝܢܘܦܐܢܛܘܣ	Mynwp'nṭws N 131
ΜΗΘΡΙC		N 134
ΜΙΔΟC	ܡܝܕܘܣ	Mydws K 90
ΜΙΙΤΙΟC	ܡܝܐܝܛܝܘܣ	My'yṭyws KtS 82
ΜΟΛΙΑΝΟC	ܡܘܠܝܐܢܘܣ	Mwly'nws KtB 33
ΜΟΝΟΥΑΛΛΟC	ܡܘܢܘܐܠܘܣ	Mwnw'lws KtS 17
ΜΟΝΤΑΝΟC	ܡܘܢܛܐܢܘܣ	Mwnṭ'nws K 70, 78
ΜΩΚΙΜΟC	ܡܘܩܝܡܘܣ	Mwqymws A 25, AB 13, K 20
ΜΩCΗC, ΜΩΥCΗC	ܡܘܫܐ	Mwš' (= Mūšē) N 94, A 4, AB 33
ΜΟΥCΩΝΙΟC	ܡܘܣܘܢܝܘܣ	Mwswnyws K 73
ΝΑΜΠΟΥΛΟC	ܢܡܦܘܠܘܣ	Nmpwlws KtB 37
ΝΑΤΟΛΙΟC	ܢܐܛܘܠܝܘܣ	N'ṭwlyws KtS 83
ΝΑΡΚΙCCΟC	ܢܐܪܩܝܣܘܣ	N'rqysws N 93, 101, Ank 13, Neok 20, A 20
ΝΕΚΤΑΡΙΟC	ܢܐܩܛܪܝܘܣ	N'qṭryws K 1, 133
ΝΕΜΕCΙΑΝΟC	ܢܐܡܣܝܐܢܘܣ	N'msy'nws KtB 36, KtS 6
ΝΕCΤΑΒΟC	ܢܐܣܛܐܒܘܣ	N'sṭ'bws K 15
ΝΕCΤΩΡ	ܢܣܛܘܪ	Nsṭwr N 159
ΝΕΩΝ	ܢܐܘܢ	N'wn K 77
ΝΗΚΟΜΑΧΟC	ܢܝܩܘܡܐܟܘܣ	Nyqwm'kws N 80, AB 40
ΝΙΚΑCΙΟC	ܢܝܩܐܣܝܘܣ	Nyq'syws N 225
ΝΙΚΗΤΑC, ΝΙΚΙΤΗC	ܢܝܩܝܛܐܣ	Nyqyṭ's N 95, AB 24
ΝΙΚΟΔΗΜΟC	ܢܝܩܘܕܝܡܘܣ	Nyqwdymws KtB 8, KtS 10
ΝΙΚΟΜΑΧΟC	ܢܝܩܘܡܐܟܘܣ	Nyqwm'kws AB 40
ΝΟΥΑΤΟC	ܢܘܐܛܘܣ	Nw'ṭws KtS 5
ΝΟΥΝΕΧΙΟC	ܢܘܢܐܟܝܘܣ	Nwn'kyws N 145, Ank 10
ΟΛΥΜΠΙΟC	ܐ<ܘ>ܠܘܡܦܝܘܣ	'(w)lwmpyos G 15, K 59, 60, 65, 139
ΟΝΟΡΑΤΟC	ܐܘܢܘܪܐܛܘܣ	'wnwr'ṭws KtB 13, 40, KtS 77
ΟΠΤΙΜΟC	ܐܘܦܛܝܡܘܣ	'wpṭymws K 107
ΟΡΤΗCΙΑΝΟC	ܐܘܪܛܝܣܝܐܢܘܣ	'wrṭysy'nws KtS 22
ΟCΙΟC	ܐܘܣܝܘܣ	'wsyws N 1, AB 1
ΟΤΡΗΙΟC	ܐܘܛܪܝܐܝܐܘܣ	'wṭry'y'ws K 67, 68
ΟΥΑΛΕΝΤΙΝΟC	ܘܐܠܢܛܝܢܘܣ	W'lnṭynws Neok 5, 11
ΟΥΑΝΙΑΡΙΟC	ܐܘܐܢܝܐܪܝܘܣ	'w'ny'ryws KtB 25
ΟΥΗΝΑΤΙΟC	ܐܘܝܢܐܛܝܘܣ	'wyn'ṭyws KtS 49
ΟΥΗΡΟΥΛΟC	ܐܘܝܪܘܠܘܣ	'wyrwlws KtS 70
ΟΥΙΚΕΝΤΙΟC	ܐܘܐܝܩܢܛܝܘܣ	'w'yqnṭyws KtS 38
ΟΥΙΚΤΟΡΙΝΟC	ܐܘܝܩܛܘܪܝܢܘܣ	'wyqṭwrynws KtS 26
ΟΥΙΚΤΩΡ	ܐܘܐܝܩܛܘܪ	'w'yqṭwr KtB 15, 30
	ܐܘܝܩܛܘܪ	'wyqṭwr KtS 68, 78
ΟΥΙΤΑΛΙΟC	ܐܘܐܝܛܐܠܝܘܣ	'w'yṭ'lyws Ank 1, Neok 1
ΟΥΡΑΝΙΟC	ܐܘܪܐܢܝܘܣ	'wr'nyws K 39

ΠΑΓΧΑΡΙΟϹ	ܦܐܢܟܐܪܝܘܣ	P'nk'ryws N 125
ΠΑΙΔΕΡΟϹ	ܦܐܕܐܪܘܣ	P'd'rws N 212
ΠΑΛΛΑΔΙΟϹ	ܦܠܐܕܝܘܣ	Pl'dyws N 66
ΠΑΜΜΕΝΙΟϹ	ܦܐܡܐܢܝܘܣ	P'm'nyws K 93
ΠΑΝϹΟΦΙΟϹ	ܦܐܢܣܘܦܝܘܣ	P'nswpyws K 142
ΠΑΠΠΟϹ	ܦܐܦܘܣ	P'pws G 10
ΠΑΤΡΙΚΙΟϹ	ܦ(ܐ)ܛܪܝܩܝܘܣ	P(')ṭryqyws N 190, 201, A 26, K 115, 125
ΠΑΤΡΟΦΙΛΟϹ	ܦܐܛܪ(ܘ)ܦܝܠܘܣ	P'ṭr(w)pylws N 41, K 29
ΠΑΥΛΙΝΟϹ	ܦܐܘܠܝܢܘܣ	P'wlynws N 97, AB 31
ΠΑΥΛΟϹ	ܦܘܠܘܣ	Pwlws (Paulos) N 36, 72, 136, 164, A 22, AB 16, 38, K 14, 70, 97, KtS 47
ΠΕΛΑΓΙΑΝΟϹ	ܦܐܠܐܓܝܐܢܘܣ	P'l'gy'nws KtS 44
ΠΕΛΑΓΙΟϹ	ܦܐܠܐܓܝܘܣ	P'l'gyws K 5 (App.), 23
ΠΕΤΡΟΝΙΟϹ	ܦܛܪܘܢܝܘܣ	Pṭrwnyws N 123
ΠΕΤΡΟϹ	ܦܛܪܘܣ	Pṭrws N 15, 33, 43, 75, Ank 9, A 14, 28, AB 10, 19, 47, KtS 72
ΠΗΓΑϹΙΟϹ	ܦܝܓܣܝܘܣ	Pygsyws N 76, AB 48
ΠΙΟΝΙΟϹ	ܦܝܐܘܢܝܘܣ	Py'wnyws K 123
ΠΙΠΕΡΙΟϹ	ܦܝܦܪܝܘܣ	Pypryws N 63, AB 6
ΠΙϹΤΟϹ	ܦܣܛܘܣ	Psṭws N 148, 215, 217
ΠΛΟΥϹΙΑΝΟϹ	ܦܠܘܣܝܐܢܘܣ	Plwsy'nws KtS 75
ΠΛΟΥϹΙΟϹ	ܦܠܘܣܝܘܣ	Plwsyws N 17
ΠΟΛΙΑΝΟϹ	ܦܘܠܝܐܢܘܣ	Pwly'nws KtS 18
ΠΟΛΛΙωΝ	ܦܘܠܝܘܢ	Pwlywn N 140
ΠΟΛΥΚΑΡΠΟϹ	ܦܘܠܘܩܪܦܘܣ	Pwlwqrpws N 189
	ܦܘܠܘܩܐܪܦܘܣ	Pwlwq'rpws KtB 7, KtS 4
ΠΟΜΠΙΟϹ	ܦܘܡܦܝܘܣ	Pwmpyws KtS 84
ΠΟΜΠωΝΙΟϹ, -ΗΟϹ	ܦܘܡܦܘܢܝܘܣ	Pwmpwnyws KtB 19, KtS 48
ΠΟΤΑΜωΝ	ܦܘܛܐܡܘܢ	Pwṭ'mwn N 9
ΠΟΥΔΕΝΤΙΑΝΟϹ	ܦܘܕܢܛܝܐܢܘܣ	Pwdnṭy'nws KtS 71
ΠΡΙΒΑΤΟϹ	ܦܪܝܒܐܛܘܣ	Pryb'ṭws KtS 21
ΠΡΙΜΟϹ	ܦܪܝܡܘܣ	Prymws KtB 5, KtS 3
ΠΡΙϹΚΙΑΝΟϹ	ܦܪܝܣܩܝܐܢܘܣ	Prysqy'nws K 8
ΠΡΟΑΙΡΕϹΙΟϹ	ܦܪܘܐܪܣܝܘܣ	Prw'rsyws G 5
ΠΡΟΚΟΠΙΟϹ	ܦܪܘܩܘܦܝܘܣ	Prwqwpyws N 147
ΠΡΟΚΟΥΛΟϹ	ܦܪܘܩܘܠܘܣ	Prwqwlws KtB 32
ΠΡΟΥΑΤΙΑΝΟϹ	ܦܪܘܐܛܝܐܢܘܣ	Prw'ṭy'nws KtS 16
ΠΡΟΦΟΤΟϹ	ܦܪܘܦܘܛܘܣ	Prwpwṭws K 134
ΠΡωΤΟΓΕΝΗϹ	ܦܪܘܛܘܓܢܝܣ	Prwṭwgnys N 213
ΡΑΒΟΥΛΑ	ܪܒܘܠܐ	Rbwl' (= Rabbūlā) AB 37
ΡΟΓΟΤΙΑΝΟϹ	ܪܘܓܐܛܝܐܢܘܣ	Rwg'ṭy'nws KtS 60
ΡΟΔωΝ		N 108
ΡΟΜΑΝΟϹ	ܪܘܡܐܢܘܣ	Rwm'nws K 128
ΡΟΥΦΟϹ	ܪܘܦܘܣ	Rwfws N 178, K 10
ϹΑΒΗΝΟϹ	ܣܥܒܝܢܘܣ	S‘bynws N 31
ϹΑΓΚΤΟϹ	ܣܐܢܩܛܘܣ	S'nqṭws Neok 14
ϹΑΔΟϹ	ܣܐܕܘܣ	S'dws Neok 19
ϹΑΛΑΜΑΝΙΟϹ	ܣܐܠܐܡܐܢܝܘܣ	S'l'm'nyws Neok 16
ϹΑΛΑΜΑΝΗϹ	ܣܐܠܐܡܐܢܝܣ	S'l'm'nys N 62
ϹΑΛΟΥΙΑΝΟϹ	ܣܐܠܘܝܐܢܣ	S'lwy'ns KtS 76

ϹΑΡΑΠΙΟΝ	ܣܐܪܦܝܘܢ	S'rpywn N 20
ϹΑΤΟΡΝΙΝΟϹ	ܣܐܛܘܪܢܝܢܘܣ	S'ṭwrnynws K 9
ϹΑΤΟΥΡΝΙΛ(Λ)ΟϹ	ܣܐܛܘܪܢܝܠܘܣ	S'ṭwrnylws KtB 22, 28, 35, KtS 51, 52, 64
ϹΑΤΤΙΟϹ	ܣܐܛܝܘܣ	S'ṭyws KtS 40
ϹΕΒΑϹΤΙΝΟϹ	ܣܐܒܐܣܛܝܢܘܣ	S'b'sṭinws K 146
ϹΕΚΟΥΝΔΙΑΝΟϹ	ܣܐܩܘܢܕܝܐܢܘܣ	S'qwndy'nws KtS 11, 80
ϹΕΚΟΥΝΔΙΝΟϹ	ܣܐܩܘܢܕܝܢܘܣ	S'qwndynws KtS 25
ϹΕΚΟΥΝΔΟϹ	ܣ‹ܐ›ܩܘܢܕܘܣ	S(')qwndws N 22, 24
ϹΕΛΕΥΚΟϹ	ܣܐܠܘܩܘܣ	S'lwqws N 74, AB 18
ϹΕΛΙΚΟΝΗϹ	ܣܐܠܝܩܘܢܝܣ	S'liqwnys N 79
ϹΕΡΑϹ	ܣܐܪܣ	S'rs N 138
ϹΕΡΓΙΑΝΟϹ	ܣܐܪܓܝܐܢܘܣ	S'rgy'nws Ank 11
ϹΕΥΗΡΟϹ, ϹΕΥΙΡωϹ	ܣܐܘܪܝܘܣ	S'wryws N 83, 85 (?), K 30, 41
	ܣܐܘܐܝܪܘܣ	S'w'yrws K 106
ϹΗΔΑΤΟϹ	ܣܝܕܐܛܘܣ	Syd'ṭws KtB 25
ϹΙΛΒΑΝΟϹ	ܣܝܠܒܐܢܘܣ	Sylb'nws N 40
ϹΙΛΟΥΑΝΟϹ	ܣܝܠܘܐܢܘܣ	Sylw'nws N 156
ϹΙΡΙΚΙΟϹ	ܣܝܪܝܩܝܘܣ	Syryqyws N 73, A 23
ϹΟΥΚΕΝΔΟϹ	ܣܘܩܢܣܘܣ	Swqnsws KtS 13
ϹΟΥΚΕϹϹΟϹ	ܣܘܩܢܣܘܣ	Swqnsws KtB 11
ϹΤΕΦΑΝΟϹ	ܣܛܐܦܢܘܣ	Sṭ'pnws N 107, 152, Neok 18
ϹΤΡΑΤΗΓΙΟϹ, ϹΤΡΑΤΙΓΙΟϹ	ܣܛܪܐܛܝܓܝܘܣ	Sṭrṭygyws N 205, 219
ϹΤΡΑΤΟΦΥΛΟϹ	ܣܛܪܐܛܦܝܠܘܣ	Sṭr'ṭ(w)pylws N 121
ϹΥΜΠΛΕΚΙΟϹ	ܣܘܡܦܠܩܝܘܣ	Swmplqyws K 117
ϹΥΜΠΟϹΙΟϹ	ܣܘܡܦܘܣܝܘܣ	Swmpwsyos K 69
ϹωΠΑΤΡΟϹ	ܣܘܦܐܛܪܘܣ	Swp'ṭrws N 84
ΤΑΡΚΟ(Υ)ΔΙΜΑΝΤΟϹ, -ΗΜΑΝΤΟϹ	ܛܐܪܩܘܕܝܡܐܢܛܘܣ	Ṭ'rqwdym'nṭws N 99, A 1, AB 45
ΤΑΡϹΙΚΙΟϹ	ܛܐܪܣܝܠܝܘܣ	Ṭ'rsylyws N 187
ΤΑΤΙΑΝΟϹ	ܛܐܛܝܐܢܘܣ	Ṭ'ṭy'nws K 122
ΤΕΝΑΞ	ܛܐܢܐܟܣ	Ṭ'n'ks KtS 67
ΤΕΡΕΝΤΙΟϹ	ܛܐܪܢܛܝܘܣ	Ṭ'rnṭyws AB 56, K 144
ΤΙΒΕΡΙΑΝΟϹ	ܛܝܒܪܝܐܢܘܣ	Ṭybry'nws N 7
ΤΙΒΕΡΙΟϹ	ܛܝܒܪܝܘܣ	Ṭybryws N 166
ΤΙΛΕΜΑΧΟϹ	ܛܝܠܐܡܟܘܣ	Ṭyl'mkws N 183
ΤΙΜΟΘΕΟϹ	ܛܝܡ(ܘ)ܬܐܘܣ	Ṭymwt'ws N 105, K 2, 18
ΤΙΤΟϹ	ܛܝܛܘܣ	Ṭyṭws N 21
ΤΟΥΗϹΙΑΝΟϹ	ܛܘܐܝܣܝܐܢܘܣ	Ṭw'ysy'nws K 89
ΤΡΟΙΛΟϹ	ܛܪܘܐܝܠܘܣ	Ṭrw'ylws K 84
ΤΥΡΑΝ(Ν)ΟϹ	ܛܘܪܐܢܘܣ	Ṭwr'nws N 16, K 118
ΤΥΧωΝ	ܛܘܟܘܢ	Ṭwkwn K 82
ΥΠΑΤΙΟϹ	ܗܘܦܐܛܝܘܣ	Hwp'ṭyws G 4
ΥΨΙϹΤΙΟϹ	ܗܘܦܣܝܣܛܝܘܣ	Hwpsysṭyws K 72
ΦΑΥΔΙΑΝΟϹ	ܦܐܕܝܐܢܘܣ	P'dy'nws K 31
ΦΑΥϹΤΟϹ	ܦܐܘܣܛܘܣ	P'wsṭws N 157, K 111, KtS 58
ΦΗΛΙΞ, ΦΙΛΙΞ	ܦܝܠܝܟܣ	Pylyks KtB 9, KtS 12, 27, 34, 46, 63, 74
ΦΙΛΑΔΕΛΦΟϹ	ܦܝܠܐܕܠܦܘܣ	Pyl'dlpws N 122, 129, Ank 6
ΦΙΛΙΠΠΟϹ, -ΗΠΠΟϹ	ܦܝܠܝܦܘܣ	Pylypws N 12, K 16
ΦΙΛΙΤΟϹ	ܦܝܠܝܛܘܣ	Pylyṭws G 9

ΦΙΛΟΘΕΟϹ	ܦܝܠܘܬܐܘܣ	Pylwt'ws	K 71
ΦΙΛΚΑΛΟϹ	ܦܝܠܘܩܐܠܘܣ	Pylwq'lws	N 54
ΦΙΛΟΜΟΥϹΟϹ	ܦܝܠܘܡܘܣܘܣ	Pylwmwsws	K 58
ΦΙΛΟΞΕΝΟϹ	ܦ(ܝ)ܠܘܟܣܢܘܣ	P(y)lwksnws	N 61, AB 41
ΦΛΑΚ(Κ)ΟϹ	ܦܠܐܩܘܣ	Pl'qws	N 146, 151
ΦΛѠΡΕΝΤΙΟϹ	ܦܠܘܪܐܢܛܝܘܣ	Plwr'nṭyws	N 142
ΦΟΡΤΟΥΝΑΤΟϹ	ܦܘܪܛܘܢܐܛܘܣ	Pwrṭwn'ṭws	KtB 14
ΦΟΥΡΤΟΥΝΑΤΟϹ	ܦܘܪܛܘܢܐܛܘܣ	Pwrṭwn'ṭws	KtS 14
ΧΙΛѠΝ	ܟܝܠܘܢ	Kylwn	K 40
ѠΡΙѠΝ	ܐܘܪܝܢ	'wryn	N 132

Geographische Namen

Bei den Ortsnamen steht in Klammern a) in kursiver Schrift der Provinzname (abgekürzt), oder b) bei den nordafrikanischen Namen die lateinische Form (wobei der Kasus des lateinischen Textes beibehalten wurde).

ΑΒΙΡ ΓΕΡΜΗΚΗΝΗ (Abbir Germaniciana) KtS 13
ΑΒΛΑΔΙΑ (*Lykaon./Pis.*) N 190
ΑΓΚΥΡΑ (*Gal.*) N 125, Ank 1, E 5
ΑΓΚΥΡΑ ϹΙΔΗΡΑ (*Lydia*) N 142
ΑΓΧΙΑΛΟϹ (*Skyth.*) K 146
ΑΔΑΝΑ (*Kil.*) N 97, K 54
ΑΔΗϹ (Badis) KtS 20
ΑΔΡΑΔΗ (*Arab.*) K 39
ΑΔΡΑΜΥΗΝΤΟϹ (Hadrumeto) KtS 4
ΑΔΡΙΑΝΟΥΠΟΛΙϹ (*Bith.*) N 176
ΑΔΡΙΑΝΟΥΠΟΛΙϹ (*Lykaon./Pis.*) N 183, K 108
ΑΖΗΝѠΝ (*Phryg.*) N 148
ΑΖѠΤΟϹ (*Pal.*) N 40
ΑΘΗΝΑϹ (*Achaia*) N 217
ΑΙΓΥΠΤΟϹ vor N 5, vor K 2
ΑΙΓΕΝѠΝ (*Pamph.*) K 84
ΑΙΓѠΑϹ (*Kil.*) N 99
ΑΙΛѠΝ (*Pal.*) N 42
ΑΙΝΕΑ (*Hell.*) N 136
ΑΛΑΔΑ (*Pis.*) K 110
ΑΛΑϹΟΥΝ (*Phön.*) N 52
ΑΛΕΧΑΝΔΡΕΙΑ (*Ägypt.*) N 4, K 2, E 2
ΑΛΕΧΑΝΔΡΕΑ ΚΑΜΒΥϹΟΥ (*Kil.*) N 100, K 60
ΑΛΚΙϹΤΗϹ (*Lib.*) N 23
ΑΛΦΟΚΡΑΝѠΝ (*Setr.*) N 19
ΑΜΑΡΙΑ (*Mes.*) K 47
ΑΜΑϹΙΑ vor K 142
ΑΜΑϹ(Ε)ΙΑ (*Pont.*) N 116, Ank 5
ΑΜΑϹΤΡΙϹ (*Paph.*) N 124
ΑΜΒΛΑΔΑ (*Lykaon.*) K 106
ΑΜΕΔΑΡѠΝ (*Ammedera*) KtS 33
ΑΜΙΔΑ (*Mes.*) K 45
ΑΜΜΟΡΙΟΝ (*Pis.*) K 118
ΑΝΤΑΡΑΔΟϹ (*Phön.*) N 55
ΑΝΘΗΝΟ (*Setr.*) N 16
ΑΝΤΙΟϹ (*Setr.*) N 18
ΑΝΤΙΟΧΕΙΑ (*Isaur.*) N 158, K 75
ΑΝΤΙΟΧΕΙΑ (*Kar.*) N 207
ΑΝΤΙΟΧΕΙΑ (*Pis.*) Ank 11, K 107
ΑΝΤΙΟΧΕΙΑ (*Syr.*) N 57, Ank 1, K 22, 31/32
ΑΝΤΙΠΥΡΓΟϹ (*Lib.*) N 20
ΑΠΑΜ(Ε)ΙΑ (*Lykaon./Pis.*) N 187, K 119
ΑΠΑΜ(Ε)ΙΑ (*Syr.*) N 60, K 25
ΑΠΟΛΛѠΝΙΑϹ (*Kar.*) N 209
ΑΠΟΛΛΟΝΙΑϹ (*Bith.*) N 174
ΑΠΠΙΑ (*Phryg. Pak.*) K 133
ΑΡΑΒ(Ε)ΙΑ vor N 80, vor K 36
ΑΡΑΒΙϹϹΟϹ (*Kleinarm.*) K 68
ΑΡΑΔΟϹ (*Phön.*) K 20
ΑΡΑΞΟϹ (*Lykia*) K 130
ΑΡΒΟΥΚΑΔΑΜ(ѠΝ) (*Syr.*) N 76
ΑΡΕΘΟΥϹΑ (*Syr.*) N 71
ΑΡΙΑϹϹΟϹ (*Pamph.*) K 93
ΑΡΚΗ (*Phön.*) K 21
ΑΡΜΕΝΙΑ vor N 110, vor N 114, N 114
ΑΡΜΕΝΙΑ ΜΙΚΡΑ vor K 67
ΑϹΕΙΑ vor N 130
ΑϹΚΑΛѠΝ (*Pal.*) N 32, K 11
ΑϹΠΕΝΔΟϹ (*Pamph.*) N 199

ACCOYPAC (Assuras) KtS 68
ACCYAΓH (Ausuagga) KtS 50
AYΓYCTOEYΦPATHCIA vor K 48
AYPHΛIANOYΠOΛIC (*Lydia*) N 143
AYCAΦH (Ausafa) KtS 73
AΦPOΔICIAC (*Kar.*) N 208, K 135
AXAIA vor N 217

BAΛANAIΩN (*Syr.*) N 65
BAPATΩN (*Isaur.*) N 152
BAPHC (*Lydia*) N 140
BAPKH (*Lib.*) N 23
BATNΩN (*Osrh.*) K 44
BEPITANIC (*Arab.*) N 84
BEPOIA (*Lykaon./Pis.*) N 192
BEPOIA (*Syr.*) K 24
BEPONIKH (*Lib.*) N 25
BHPYTOC (*Phön.*) N 50, K 18
BIBΛOC (*Phön.*) K 19
BIΘ(O)YNIA vor N 169, vor K 137
BOIΩTIA (*Achaia*) N 218
BOCΠOPOC vor N 227
BOCTPA (*Arab.*) N 80, K 36
BOYBONEA (*Lykia*) K 129
BOYΛICBHMIOC (Bulla) KtS 61

ΓABAΛA (*Syr.*) N 67, K 34
ΓABETΩN (Bagai) KtS 12
ΓABOYΛΩN (*Syr.*) N 77
ΓAΔAPA (*Pal.*) N 31
ΓAZA (*Pal.*) N 42
ΓAΛATIA vor N 125
ΓAΛΛIA vor N 225
ΓEMEΛΩN (Gemellis) KtS 82
ΓEPMANIKAIA (*Syr.*) N 62
ΓEPMANIKH (Germaniciana) KtS 42
ΓINΔAPΩN (*Syr.*) N 75
ΓIPBH (Girba) KtS 17
ΓOYTΘIA vor N 226, N 226

ΔAKIA vor N 213
ΔAΛICCANΔOC (*Isaur.*) K 74
ΔAMAOYCA (*Gal.*) N 127
ΔAMACKOC (*Phön.*) N 47, K 16
ΔAPΔANIA vor N 223
ΔEPBH (*Lykaon.*) K 103
ΔIKH (Sicca) KtS 29
ΔIMYPA (*Lykia*) K 126
ΔIOKAICAPEIA (*Isaur.*) K 78
ΔIONYCIANH (Dionysiana) KtS 48
ΔIONYCIAC (*Arab.*) K 38
ΔIOCΠOΛIC (*Pal.*) K 7

ΔIOCΠONTOC (*Großarm.*) N 115
ΔOΛIXH (*Syr./Aug.*) N 64, K 52
ΔOYCIA (*Gall.*) N 225
ΔΩPHC (*Phryg.*) N 149

EΔECCA (*Mes./Osrh.*) N 86, K 42
EIKONION, EIKONHON, IKONION (*Lykaon./Pis.*) N 182, Ank 9, K 94
EIPHNOΠOΛIC (*Kil.*) N 101
EIPHNOΠOΛIC (*Isaur.*) K 72
EICAYPA (*Lykaon.*) K 105
EΛEYΘEPOΠOΛIC (*Pal.*) N 35
EΛΛECΠONTOC vor N 136
EMICA (*Phön.*) N 53
EΠIΦANEIA (*Kil.*) N 92, K 55
EΠIΦANEIA (*Syr.*) N 78, K 27
ECBOYNTOC (*Arab.*) N 82
EYKAPΠIA (*Phryg.* [*Sal.*]) N 150, K 132
EYMENEIA (*Phryg. Pak.*) K 134
EΦECOC (*Asia*) N 131, E 4

ZABOYΛΩN (*Pal.*) N 38
ZAMH (Zama) KtS 53
ZAYΦAΛH (Gazauphalia) KtS 76
ZEYΓMA (*Syr.*) N 68
ZEΦYPON (*Kil.*) K 57
ZHΛΩN (*Pont.*) N 118, Ank 8

HΛIOYΠOΛIC [*Gal.*] Ank 6
HMHMONTOC (*Span.*) K 147
HPAKΛHA (*Thrak.*) N 212
HPAKΛHC (*Ägypt.*) N 9
HPAKΛHC (*Setr.*) N 15
HΦECTIA (*Achaia*) N 219

ΘAMBH (Thambis) KtS 80
ΘAMBPAKΩN (Thabraca) KtS 26
ΘANNOYBAΔIC (?) (Thamogade) KtS 5
ΘAPZOYC (Tharassa) KtS 56
ΘACBEON (Thasualthe) KtS 36
ΘENΩN (Thenis) KtS 30
ΘECCAIH (*Phön.*) N 56
ΘECCAΛIA vor N 220, N 220
ΘECCAΛONIKH (*Mak.*) N 216
ΘHBAIC vor N 5
ΘHBAC (*Thess.*) N 221
ΘHΛHΠΠH (Thelepte) KtS 57
ΘHNH (Thinisa) KtS 49
ΘHOYICTOC (Theveste) KtS 32
ΘHCBH (Biltha) KtS 2
ΘIMHΔH (Thimida) KtS 58
ΘMOYHC (*Ägypt.*) N 7

ΘΟΥΒΙΚΟϹ (Vico Caesaris) KtS 24
ΘΟΥΒΟΥΝωΝ (Thubunas) KtS 6
ΘΟΥΒΟΥΡωΝ (Thuburbo) KtS 15
ΘΟΥΓΓΗ (Thucca) KtS 77
ΘΟΥΚΥΑΒΙΡΙ (Thuccabori) KtS 14
ΘΦΡΑΚΗ vor N 212
ΘΥΑΤΕΙΡΑ (*Lydia*) N 138
ΘΥΙΝΗ (Uthina) KtS 27

ΙΑΜΝΙΑ (*Pal.*) N 34, K 12
ΙΒΑΛΑϹ (*Syr.*) N 79
ΙΒωΡΑ (*Pont.*) K 142
ΙΕ(Ι)ΡΙΧω(Ν) (*Pal.*) N 37, K 6
ΙΕΡΑΠΟΛΙϹ (*Aug.*) K 48
ΙΕΡΑΠΟΛΙϹ (*Syr.*) N 61
ΙΕΡΑΠΟΛΙϹ (*Phryg.*) N 151
ΙΕΡΟϹΟΛΥΜΑ (*Pal.*) N 26, K 4, E 3
ΙΚΟΝΙΟΝ, ΙΚΟΝΗΟΝ s. ΕΙΚΟΝΙΟΝ
ΙΛΗΟΝ (*Asia*) N 132
ΙΛΙϹΤΡωΝ (*Isaur.*) N 166
ΙΟΥΛΙΟΝ (*Asia*) N 135
ΙΟΥΛΙΟΥΠΟΛΙϹ (*Gal.*) N 129
ΙΟΥΝΙΟΥΠΟΛΙϹ (*Paph.*) N 123
ΙΠΠωΝ ΔΙΑΡΥΤΟϹ (Hippone Diarrito) KtS 72
ΙΠΠωΝ ΡΙΓΙΟΝ (Hippone Regio) KtS 19
ΙϹΑΥΡΙΑ vor N 152, N 168, vor K 69, s.a. ΕΙϹΑΥΡΑ

ΚΑΒΑΡΙϹ (*Dak.*) N 214
ΚΑΙϹΑΡΕΙΑ (*Bith.*) N 178
ΚΑΙϹΑΡΕΙΑ, ΚΕϹΑΡΙΑ (*Kapp.*) N 102, Ank. 3, K 62
ΚΑΙϹΑΡΕΙΑ (*Pal.*) N 30, K 5
ΚΑΛΠωΝ (Carpos) KtS 25
ΚΑΜΨΗ (Capse) KtS 69
ΚΑΝΑΙ (*Lykaon.*) K 102
ΚΑΠΕΤΟΥΛΙΑϹ (*Pal.*) N 44
ΚΑΠΠΑΔΟΚΗΑ vor N 102, vor K 61
ΚΑΡΙΑ vor N 207, vor K 135
ΚΑΡΙΝΔΙΑ KtS 11
ΚΑΡΡΑΙ (*Osrh.*) K 43
ΚΑϹϹωΝ (*Pamph.*) K 89
ΚΑϹΤΡΟΓΑΛΒΑϹ (Castra Galba) KtS 8
ΚΑΤΑϹΤΑΒΑΛωΝ (*Kil.*) N 94
ΚΕΛΕΝΔΕΡΙϹ (*Isaur.*) K 73
ΚΕΡΚΥΡΑ (*Inseln*) N 206
ΚΙΒΑΛΙΑΝΗ (Cibaliana) KtS 55
ΚΙΒΥΡΑ (*Kar.*) K 136
ΚΙΛΙΚΙΑ vor N 91, vor K 53
ΚΙΝωΝ (*Gal.*) N 128
ΚΙΠΙΟϹ (*Kypros*) K 83

ΚΛΑΥΔΙΑΝΟΥΠΟΛΙϹ (*Isaur.*) N 154
ΚΛΑΥΔΙΟΠΟΛΙϹ (*Isaur.*) K 70
ΚΝΑΘωΝ (*Arab.*) N 85
ΚΟΛΥΜΒΑϹΙΟΝ (*Pamph.*) K 85
ΚΟΛωΝΙΑ (*Kapp.*) N 104, K 64
ΚΟΜΑΔωΝ (Macomadibus) KtS 23
ΚΟΜΑΝΑ (*Kapp.*) N 106
ΚΟΜΕΟΝ (*Dak.*) N 214
ΚΟΜΟΝΑ (*Pont.*) N 117
ΚΟΝΝΑΝΑ (*Pis.*) K 120
ΚΟΡΑΚΕϹΙΟΝ (*Pamph.*) K 86
ΚΟΡΙΚΟϹ (*Kil.*) K 56
ΚΟΡΙΝΑ (*Lykaon.*) K 98
ΚΟΡΟΠΙϹϹωΝ (*Isaur.*) N 153
ΚΟΤΕΝΑ (*Pamph.*) K 87
ΚΟΥΙΝΚΟΥΛΙ (Cuiculi) KtS 71
ΚΟΥΡΔΟΥΒΗ N 1
ΚΡΗΤΗ (Cirta) KtS 9
ΚΥΒΗΡΑΤωΝ (*Kar.*) N 210
ΚΥΒΙϹΤΡΑ (*Kapp.*) N 105
ΚΥΖΙΚΟϹ (*Asia*) N 130
ΚΥΝω (*Ägypt.*) N 6
ΚΥΠΡΟϹ vor N 180, vor K 80
ΚΥΡΟϹ (*Bith.*) N 172
ΚΥΡΟϹ, ΚΥΡΡΟϹ (*Syr./Aug.*) N 73, K 50
Κω (*Inseln*) N 204
ΚωΝϹΤΑΝΤΙΝΑ (*Mes.*) K 46
ΚωΝϹΤΑΝΤΙΝΙΑ (*Arab.*) K 40
ΚωΝϹΤΑΝΤΙΝΟΥΠΟΛΙϹ K 1

ΛΑΒΑΝΗ (Lamasba) KtS 75
ΛΑΒΟΥΡΙϹ (Laribus) KtS 22
ΛΑΜΒΗ (Lambese) KtS 7
ΛΑΟΔΙΚΕΙΑ (*Phryg.*) N 145, Ank 10
ΛΑΟΔΙΚΕΙΑ (*Syr.*) N 59, K 23
ΛΑΡΙϹϹΑ (*Syr.*) N 70, K 29
ΛΕΠΤΙΜΑΓΝΗ (Leptimagnensis) KtS 85
ΛΗΒΥΗ vor N 20
ΛΗΜΝΟϹ (*Inseln*) N 205
ΛΙΜΕΝΑ (*Lykaon./Pis.*) N 186, K 111
ΛΟΡΒΗ (*Pamph.*) K 88
ΛΟΥΠΕΡΚΗΝΗ (Luperciana) KtS 44
ΛΥΔωΝ (*Pal.*) N 39
ΛΥΔΙΑ vor N 137
ΛΥΚΑΟΝΙΑ vor N 182, vor K 94
ΛΥΚΙΑ vor N 194, N 194, vor K 122
ΛΥΚω (*Setr.*) N 17
ΛΥϹΤΡΑ (*Lykaon.*) K 97

ΜΑΓΕΔωΝ (*Pamph.*) N 202
ΜΑΚΕΔΟΝΙΑ vor N 216
ΜΑΚΕΔΟΝΟΠΟΛΙϹ (*Mes.*) N 89

ΜΑΜΨΟΥΕϹΤΙΑ s. ΜΟΨΟΥΕϹΤΙΑ
ΜΑΞΙΜΗΝΟΥΠΟΛΙϹ (*Pal.*) N 36
ΜΑΞΙΜΙΑΝΟΠΟΛΙϹ (*Pamph.*) N 201
ΜΑΡΔΙΑΝΗ (Marazana) KtS 46
ΜΑΡΚΕΛΛΙΑΝΗ (Marcelliana) KtS 66
ΜΑΡΚΙΑΝΟΥΠΟΛΙϹ (*Moes.*) N 215, K 143
ΜΑϹΚΟΥΛΗ (Mascula) KtS 79
ΜΑϹΤΡΙΠΠΗ (Misgirpa) KtS 3
ΜΑΧΘΑΡΩΝ (Macthari) KtS 39
ΜΕΒΕΡΕϹΗ (Membressa) KtS 62
ΜΕΙΚΚΟΥΡΑ (Bamaccora) KtS 34
ΜΕΛΙΤΙΝΗ (*Kleinarm.*) K 67, E 6
ΜΕΜΦΗϹ (*Setr.*) N 14
ΜΕϹΟΠΟΤΑΜΙΑ vor N 86, vor K 45
ΜΗΛΗΤΟϹ (*Kar.*) N 211
ΜΗΤΡΟΠΟΛΙϹ (*Isaur.*) N 156, s. a. ΜΙΤΡΟ-ΠΟΛΙϹ
ΜΙΔΙΑΝΗ (Midili) KtS 45
ΜΙΛΙϹ (Mileo) KtS 18
ΜΙϹΤΙΑ (*Lykaon.*) K 99
ΜΙΤΡΟΠΟΛΙϹ (*Lykaon./Pis.*) N 189, K 114
ΜΟΙΡΑ (*Lykia*) K 122
ΜΟΡΤΙΝΗ (*Lykaon./Pis.*) N 188
ΜΟΥΖΙΚΗ (Muzulensis) KtS 35
Μ(Ο)ΥϹΙΑ vor N 215, vor K 143
ΜΟΨΟΥΕϹΤΙΑ, ΜΑΜΨΟΥΕϹΤΙΑ (*Kil.*) N 98, K 59

ΝΑΖΗΑΝΖΟϹ (*Kapp.*) K 66
ΝΕΑΠΟΛΙϹ (*Arab.*) K 41
ΝΕΑΠΟΛΙϹ (*Lykaon./Pis.*) N 184, K 116
ΝΕΑΠΟΛΙϹ (*Pal.*) N 27
ΝΕΑΠΟΛΙϹ (Neapoli) KtS 86
ΝΕΟΚΑΙϹΑΡΕΙΑ (*Bith.*) K 139
ΝΕΟΚΑΙϹΑΡΕΙΑ (*Pont.* Pol.) N 119
ΝΕΟΚΑΙϹΑΡΕΙΑ (*Syr.*) N 72
ΝΕΡΩΝΙΑϹ (*Kil.*) N 93, Ank 13
ΝΙΚΑΙΑ (*Bith.*) N 170, K 138
ΝΙΚΟΜΗΔΕΙΑ (*Bith.*) N 169, Ank 7, K 137
ΝΙΚΟΠΟΛΙϹ (*Pal.*) N 33, K 8
ΝΙϹΙΒΙΝ (*Mes.*) N 87
ΝΟΜΑΔΩΝ (*Isaur.*) N 161
ΝΥϹΑ (*Kapp.*) K 62

ΞΑΝΔΟϹ (*Lykia*) K 127

ΟΓΒΑ (Acbia) KtS 65
ΟΙΑ (Oea) KtS 83
ΟΙΒΑΡΕΙ (Thibari) KtS 38
ΟΙΝΟΑΔΑ (*Lykia*) K 125
ΟΚΤΑΒΟϹ (Octavu) KtS 78
ΟΛΒΗ (*Isaur.*) K 79
ΟΞΥΡΥΓΧΟϹ (*Ägypt.*) K 3
ΟϹΔΡΟΗΝΗ vor K 42
ΟΡΙΩΝ ΚΕΛΛΙΩΝ (Horreis Caeliae) KtS 67
ΟΥΑΓΗ (Vaga) KtS 31
ΟΥΑΡΒΟΝ (*Pamph.*) N 198
ΟΥΑΓΛΑΚΗΝΙ (Bustlacceni) KtS 63
ΟΥΑϹΑϹΑΔΩΝ (*Isaur.*) N 162
ΟΥΙΚΤΩΡΙΑΝΗ (Victoriana) KtS 51
ΟΥΚΚΗ (Tucca) KtS 52
ΟΥΛϹΑΔΩΝ (*Lykaon./Pis.*) N 193
ΟΥΛΩΝ (Ululis) KtS 54
ΟΥΜΑΝΑΔΑ (*Lykaon.*) K 95
ΟΥΡΟΥΚΗ (Buruc) KtS 28
ΟΥϹΑ (Nova) KtS 60
ΟΥΤΙΚΗ (Utica) KtS 41

ΠΑΛΑΙϹΤΙΝΗ vor N 26, vor K 4
ΠΑΛΜΥΡΑ (*Phön.*) N 51
ΠΑΛΤΟϹ (*Syr.*) K 30
ΠΑΜΦΥΛΙΑ vor N 196, vor K 84
ΠΑΝΕΑϹ, ΠΑΝΙΑϹ (*Phön.*) N 54, K 17
ΠΑΝΕΜΟΥΤΕΙΧΟϹ (*Isaur.*) N 157, K 90/91
ΠΑΝΕΦΥϹΩΝ (*Setr.*) N 12
ΠΑΝΝΟΝΙΑ vor N 224
ΠΑΠΩΝ (*Lykaon./Pis*) N 191
ΠΑΡΑΑϹϹΑ (*Pis.*) K 115
ΠΑΡΑΤΟΝΙΟΝ (*Lib.*) N 21
ΠΑΡΝΑϹΟϹ (*Kapp.*) K 65
ΠΑΤΑΡΑ (*Lykia*) N 195, K 124
ΠΑΦΛΑΓΟΝΙΑ vor N 122
ΠΑΦΟϹ (*Kypros*) N 180, K 80
ΠΕΡΓΗ (*Pamph.*) N 196, Ank 12
ΠΕΡΡΗ (*Aug.*) K 51
ΠΕΡϹΙΔΟϹ (*Mes.*) N 90
ΠΕΡΤΑ (*Lykaon.*) K 100
ΠΗΛΟΥϹΙΟΝ (*Setr.*) N 10
ΠΙϹΙΔΙΑ vor N 182 (Fußnote), vor K 107
ΠΙΤΥΟΥϹΑ (*Pont. Pol.) N 121*
ΠΛΟΥϹΙΑϹ (*Bith.*) N 175
ΠΛΟΥΤΙΝΗ (Avitinis) KtS 64
ΠΟΙΜΑΝΔΟϹ (*Pis.*) K 113
ΠΟΜΠΙΟΥΠΟΛΙϹ (*Kil.*) K 58
ΠΟΜΠΙΟΥΠΟΛΙϹ (*Paph.*) N 122
ΠΟΝΤΟϹ vor N 116, vor K 142
ΠΟΝΤΟϹ ΠΟΛΕΜΟΝΙΑΚΟϹ vor N 119, vor K 148
ΠΟϹΑΛΑ (*Lykaon.*) K 104
ΠΡΟϹΤΑΝΑ (*Pis.*) K 109
ΠΡΟΥϹΑ, ΠΡΟΥϹΗ (*Bith.*) N 173, K 141
ΠΡΥΜΝΗϹΟϹ (*Phryg. Sal.*) K 131
ΠΤΟΛΕΜΑΙϹ (*Lib.*) N 24

ΠΤΟΛΕΜΑΙϹ (*Phön.*) N 46, K 15
ΠΤΟΛΕΜΙΝΟϹ (Leptiminus) KtS 37

ΡΑΦΑΝΕΑ, ΡΑΦΑΝΗ (*Syr.*) N 69, K 35
ΡΙϹΙΑΝΗ (*Mes.*) N 88
ΡΟΔΟϹ (*Inseln*) N 203
ΡΟΥΚΚΟΥΜΗ (Rucuma) KtS 43
ΡΟΥϹϹΙΚΑΔΑ (Rusicadde) KtS 70
ΡωΜΗ vor N 2, E 1

ϹΑΒΒΑ (Obba) KtS 47
ϹΑΒΡΑΤωΝ (Sabrathensis) KtS 84
ϹΑΛΑΓΓΑϹϹΟϹ (*Pis.*) K 112
ϹΑΛΑΜΙΝΗ (*Kypros*) N 181
ϹΑΜΟϹΑΤΑ (*Syr./Aug.*) N 63, K 49
ϹΑΝΑΟϹ (*Phryg.*) N 146
ϹΑΡΔΗ (*Lydia*) N 137
ϹΑΡΔΙΚΗ (*Dak.*) N 213
ϹΑΤΑΛΑ (*Kleinarm.*) N 111
ϹΕΒΑϹΤΗ (*Pal.*) N 29, K 9
ϹΕΒΑϹΤΕΗΑ (*Kleinarm.*) N 110
ϹΕΛΕΥΚΕΙΑ (*Isaur.*) N 155, K 69
ϹΕΛΕΥΚΕΙΑ (*Lykaon./Pis.*) N 185
ϹΕΛΕΥΚΕΙΑ (*Pamph.*) N 200
ϹΕΛΕΥΚΕΙΑ (*Syr.*) N 58, K 26
ϹΕΛΕΥΚΟΒΗΛΟϹ (*Syr.*) K 28
ϹΕΛΗΝΟΥϹ (*Isaur.*) K 77
ϹΕΡΓΕΜΟΝ (Segermis) KtS 10
ϹΕΤΡΟΙΤΗϹ vor N 10
ϹΙΑΛΟΥΝ (*Pamph.*) K 92
ϹΙΔωΝ (*Phön.*) N 48, K 14
ϹΙΚΙΛΒΗ (Sicilibba) KtS 40
ϹΚΥΘΙΑ vor K 144
ϹΚΥΘΟΠΟΛΙϹ (*Pal.*) N 41, K 10
ϹΜΥΡΝΑ (*Asia*) N 133
ϹΟΔωΜωΝ (*Arab.*) N 83
ϹΟΖΟΠΟΛΙϹ (*Pis.*) K 117
ϹΟΥΦΙΒΟϹ (Sufibus) KtS 21
ϹΟΦΤΙΗ (Sufetula) KtS 16
ϹΠΑΝΙΑ vor K 147
ϹΤΑΝΔΟϹ (*Lydia*) N 144
ϹΤΡΟΥΒωΝ (*Dardan.*) N 223
ϹΥΕΔΡωΝ (*Isaur.*) N 159
ϹΥΝΑΔΑωΝ (*Phryg.*) N 147
ϹΥΡΙΑ vor N 57
ϹΥΡΙΑ ΚΟΙΛΗ vor K 22

ϹΧΕΔΙΑ (*Ägypt.*) N 5
ϹωΠΑΤΡΑ (*Lykaon.*) K 96

ΤΑΜΑϹϹΟϹ (*Kypros*) K 82
ΤΑΝΗϹ (*Ägypt.*) N 8
ΤΑΡϹΟϹ (*Kil.*) N 91, Ank 4, K 53
ΤΑΥΙΑ (*Gal.*) N 126
ΤΕΛΜΙϹΟϹ (*Pamph.*) N 197
ΤΕΥΧΕΙΡΑ (*Lib.*) N 22
ΤΙΤΙΟΠΟΛΙϹ (*Isaur.*) K 76
ΤΙΧΟϹ s. ΠΑΝΕΜΟΥΤΕΙΧΟϹ
ΤΟΜΕΑ (*Skyth.*) K 144
ΤΟΥΡΙΤωΝ (Gurgitibus) KtS 74
ΤΡΑΠΕΖΟΥϹ (*Pont. Pol.*) N 120
ΤΡΙΜΙΤΟΥϹ (*Kypros*) K 81
ΤΡΙΠΟΛΙϹ (*Lydia*) N 141
ΤΡΙΠΟΛΙϹ (*Phön.*) N 49
ΤΥΑΝΑ (*Kapp.*) N 103, K 63
ΤΥΡΟϹ (*Phön.*) N 45, K 13

ΥΔΗϹ (*Lykaon.*) K 101
ΥΠΕΠωΝ (*Asia*) N 134

ΦΑΡΒΕΘΟϹ (*Setr.*) N 13
ΦΑϹΙΛΗϹ (*Lykia*) K 128
ΦΙΛΑΔΕΛΦΙΑ (*Arab.*) N 81
ΦΙΛΑΔΕΛΦΙΑ (*Isaur.*) K 72
ΦΙΛΑΔΕΛΦΙΑ (*Lydia*) N 139
ΦΙΛΟΜΙΔΑϹ (*Pis.*) K 121
ΦΛΑΒΙΑϹ (*Kil.*) N 95
ΦΟΙΝΙΚΗ vor N 45, vor K 13
ΦΟΡΜΗ (Furnis) KtS 59
ΦΡΑΓωΝΙΑ (*Setr.*) N 11
ΦΡΥΓΙΑ vor N 145
ΦΡΥΓΙΑ ΠΑΚΑΤΙΑΝΗ vor K 133
ΦΡΥΓΙΑ ϹΑΛΟΥΤΑΙΡΙΑ vor K 131

ΧΑΛΚΙΔωΝ (*Bith.*) N 171, K 140
ΧΑΛΚΙϹ (*Syr.*) K 33
ΧΑΡΑΝΔωΝ (*Isaur.*) N 164
ΧΑΡΚΙΔωΝ (Carthagine) KtS 87
ΧΑΡΤΑΓΕΝΑ vor N 222
ΧΕΡϹΟΝΗϹΟϹ (*Skyth.*) K 145
ΧΟΛΛΑΒΒΙΝ (Chullabi) KtS 81
ΧωΜΑ (*Lykia*) K 123

William F. Macomber

The Nicene Creed in a Liturgical Fragment of the 5th or 6th Century from Upper Egypt

Some years ago, the Harold B. Lee Library of Brigham Young University received a donation of manuscript fragments from Egypt, some on papyrus, some on parchment or vellum and some on paper. The predominant language is Sahidic, from which one may conclude that the fragments originated from Upper Egypt; however, a little Arabic, Bohairic and Greek also occur. The age of the fragments varies widely from the 5th century to the 16th century and must be determined by palaeography.

The most interesting of the Greek fragments contains phrases that can be identified as belonging to the Nicene Creed, not the Niceno-Constantinopolitan Creed that is used currently in the liturgies of most churches, both eastern and western, but the creed that was adopted by the Council of Nicea in 325, which is today used solely by the Armenian Church. Since the palaeography of the fragment is such that it can be assigned with considerable confidence to the 5th or 6th century, this makes this little fragment the oldest Greek witness by far to the text of the Nicene Creed. According to Schwartz, the oldest manuscript texts of the Creed date only from the 11th century[1]. It is true, of course, that the Nicene Creed is also found in the writings of the Fathers of the Church, but the manuscript witnesses to the texts of their works, according to Ortiz de Urbina, do not antedate the 10th century[2]. The only manuscript witnesses that are at all comparable in age to the Brigham Young University fragment are the Syriac translations, one manuscript of which dates from the year 501 A.D., and the Coptic translations of the 7th century[3].

However, the primary interest of this fragment is not its witness to the text of the Creed. In fact, it provides only three relatively minor variants to the critical text, which, however, are supported by some ancient sources[4]. Its primary in-

1 E. Schwartz, *Acta conciliorum oecumenicorum*, t. I, vol. 1, part 1 (Berlin, 1927), pp. 2 and 35.
2 I. Ortiz de Urbina, S.I., *El Símbolo Niceno*, (Madrid, 1947), pp. 19, f.
3 Ortiz de Urbina, op. cit., pp. 17, f.
4 It adds καὶ after γεννηθέντα, omits the τε in the phrase τά τε ἐν τῷ οὐρανῷ καὶ τὰ ἐν τῇ γῇ and substitutes in the same phrase ἐπὶ τῆς γῆς for ἐν τῇ γῇ. According to G. L. Dossetti, *Il simbolo di Nicea e di Costantinopoli. Edizione critica* (Roma, 1967), p. 230, the first variant occurs in the Syriac version, found in the 7th century Br. Mus. Add. 14526, the Syrian canonical collection and

terest is rather that it places the Creed in the context of the eucharistic liturgy, that is, the Creed is preceded by the end of a prayer whose phraseology marks it rather clearly as belonging to a eucharistic liturgy, even though I have not found the prayer in any other source, ancient or modern.

This is one of the oldest witnesses to the recital of the Creed during the eucharistic liturgy. The only other witness of comparable age that we have is the commentary on the eucharistic liturgy contained in the writings of Pseudo-Dionysius the Areopagite, which is thought to date from about the year 500 A.D. and to testify to the liturgical practice of Syria. For Egypt, on the other hand, we have lacked until now direct evidence to the recital of the Creed during the Mass until as late as the 12th century.

The fragment in question is No. 90 in the Brigham Young University Collection of Coptic Fragments. It is actually two fragments of parchment that are barely contiguous, one measuring 11.9×9.3 cm. and the other 8.3×4.6 cm. The complete leaf must have measured approximately 20×12 cm. When the two fragments are joined, there are 24 lines of text on both the recto and verso. There are holes in the parchment, which is also somewhat wrinkled.

In the following edition of the text a dot is placed under doubtful readings, and square brackets enclose missing letters. I here most gratefully acknowledge the very significant help that I have received in reestablishing the text of the fragment from Professor Hubert Kaufhold of the University of Munich[5].

the acts of the East Syrian Synod of Seleucia-Ctesiphon of 410, and also in an Armenian version in the commentary of the Catholicos Sahak on the Epistle to Proclus; the second variant occurs in the acts of the sixth session of the Council of Ephesus (ACO I, 1, 7, 89), four Greek codices of a liturgical or canonical nature, the commentary of John of Antioch on the Epistle to Proclus, the ecclesiastical history of Gelasius of Cyzicus, the same Syriac sources indicated above and the Coptic canonical collection; the third variant is found in Athanasius of Alexandria's *Epistula ad Iovianum Imperatorem*, in some manuscripts of Cyril of Alexandria's *Epistula tertia (synodica) ad Nestorium*, also in his *Liber primus contra Nestorium*, in the same four Greek canonical or liturgical manuscripts mentioned above, in the Coptic canonical collection, in Marcellus of Ancyra's (or his disciple's) *Libellus iustificationis* and in Theodotus of Ancyra's *Expositio in Symbolum Nicaenum*.

5 Kaufhold, besides correcting my erroneous reading of more than one letter of the text, has also corrected my false impression that the "tail" of the recto side came from near the center of the entire leaf, when, in fact, it comes from the right hand edge, as is evident from a consideration of the verso. In addition, he has located two parallel passages in the Coptic ordinary of the mass and in the Anaphora of St. Mark in E. Renaudot, *Liturgiarum orientalium collectio*, vol. I (Francofurti ad Moenum, 1847), pp. 60 and 136, with the help of which he has been able to suggest many of the missing words of the prayer that precedes the Creed, and he has also offered a probable reconstruction of the rubric that introduces the Creed.

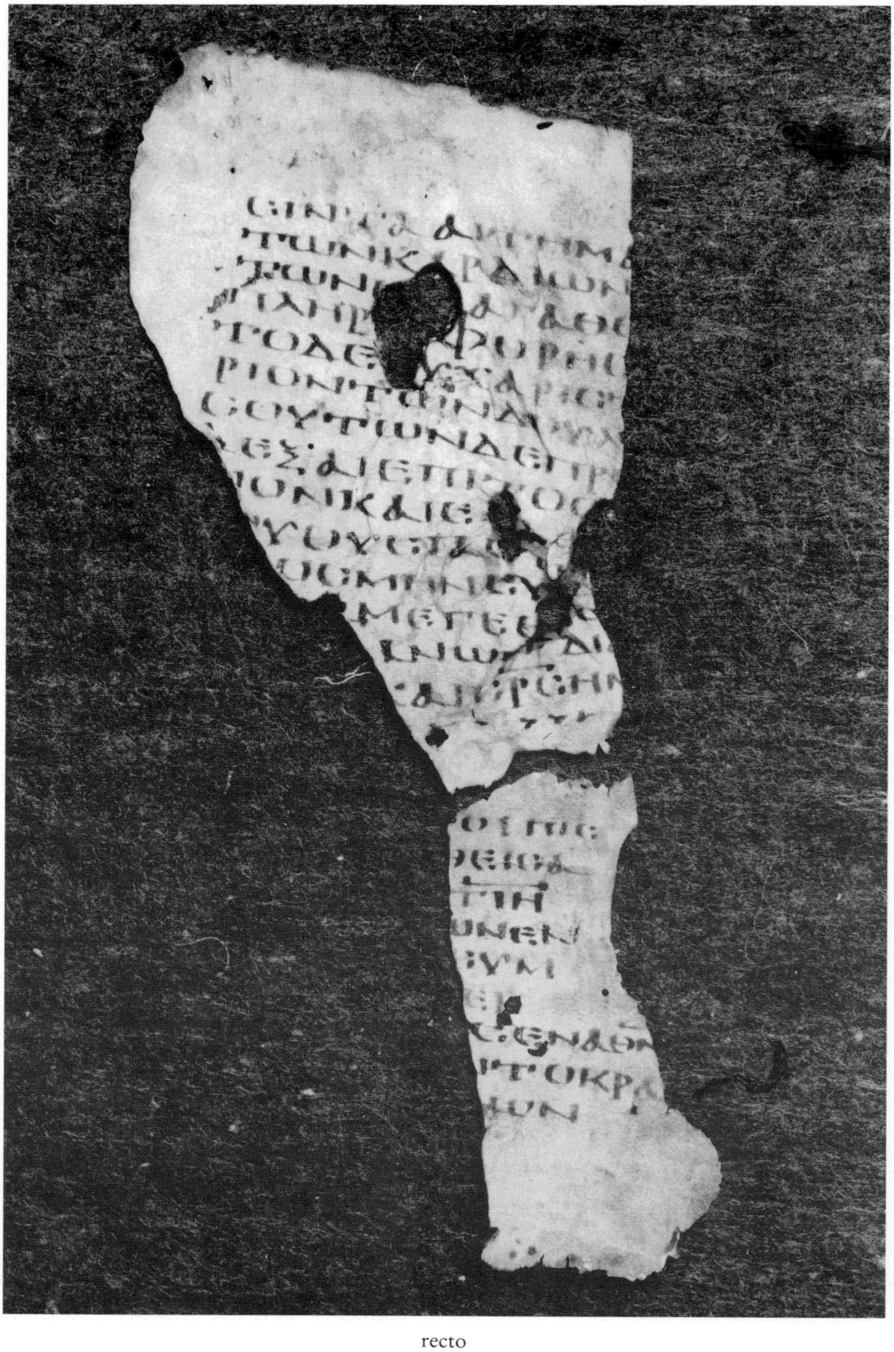

recto

Recto

CINTAAITHMẠ[--]	σιν τὰ αἰτήμα[τα]
ΤΩΝΚẠΡΔΙΩΝ[---]	τῶν καρδιῶν [πάν?]
ΤΩΝ[---]ΑΓΑΘΩ̣[-]	των [τῶν] ἀγαθῶ[ν]
ΠΛΗΡ[-]ΦΟΡΗC̣[--]	πληρ[ο]φορήσ[αι,]
ΤΟΔΕ[-]ΥΧΑΡΙCṬ[-]	τὸ δὲ [ε]ὐχαριστ[ή]
ΡΙΟΝΤΩΝΔΟΥΛ[--]	ριον τῶν δούλ[ων]
COYΤΩΝΔΕΠΡ[--]	σου τῶνδε πρ[όσ]
Δ̣ΕΞΑΙΕΠΙΤΟΟ̣[---]	δεξαι ἐπὶ τὸ ο[ὐρά]
[-]Ι̣ΟΝΚΑΙΕ[ ]	[ν]ιον καὶ ε[ὐλογημένον]
[--]ΥΘ̣ΥCΙΑC̣[ ]	[σο]υ θυσιασ[τήριον]
[--]OCMHNẸY[ ]	[εἰς] ὀσμὴν εὐ[ωδίας[6],]
[ ]Α̣ΜΕΓΕΘ[-]Τ̣Ω̣[-]	[εἰς τ]ὰ μεγέθ[η] τῶ[ν]
[ ]Α̣ΝΩΝ̣ΔΙ[ ]	[οὐρ]ανῶν[7] δι[ὰ]
[ ]Κ̣ΑΙΠ̣Ρ̅C̅ΗΜ̣[ ]	[τοῦ θεοῦ] καὶ πατρὸς ἡμ[ῶν]
[ ] › › ‹	[ ] › › ‹
[ ]ΟΙΠΙC	[ ]οι πίσ
[ ]Θ̣ΕΙCA	[τις ἐκτε]θ̣εῖσα
[ ]Τ̅Ι̅Η̅	[παρὰ τῶν] τ̅ι̅η̅
[ ]Ω̣ΝΕΝ	[πατέρων τ]ῶν ἐν
[ ]C̣YM	[Νικαίᾳ]συμ
[ ]ΕΥ̣	[βάντων[8]. Πιστ]εύ
[ ]CENAΘ̅Ν̣̅	[ομεν εἰ]ς ἕνα Θεὸν
[ ]Ν̣ΤΟΚΡΑ	[πατέρα πα]ντοκρά
[ ]ΩΝ	[τορα, πάντ]ων

6 Cf. Renaudot, I, 60.
7 Cf. Renaudot, I, 136.
8 It is hard to imagine how the -οι relates to the rest of the rubric. One would expect a definite article modifying πίστις. It is quite possible that πίστις ἐκτεθεῖσα should be put in the accusative, instead of the nominative, case.

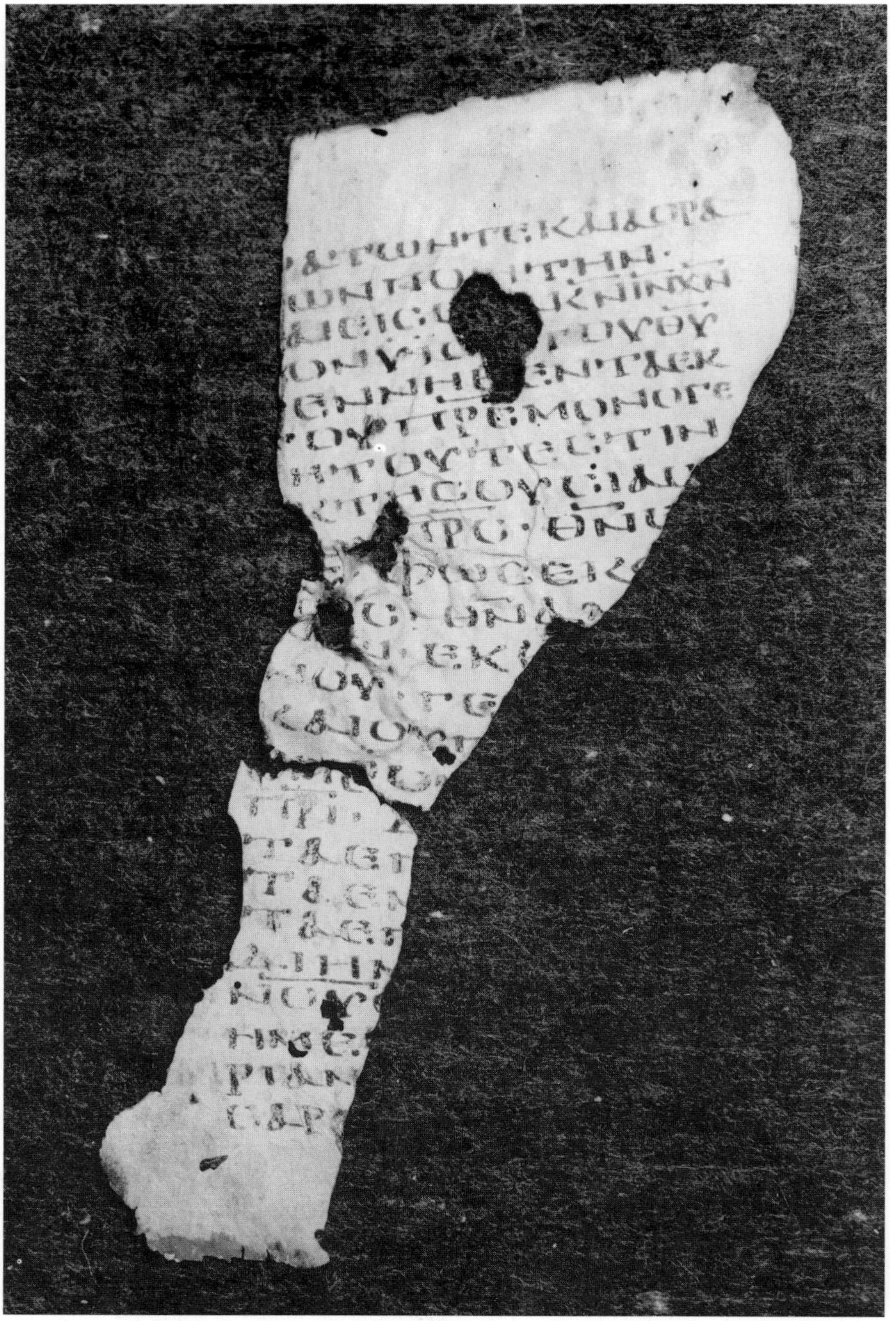

verso

Verso

[–]Ρ̣ΑΤΩΝΤΕΚΑΙΑΟΡΑ	[ὁ]ρατῶν τε καὶ ἀορά
[–]ΩΝΠΟΙ̣ΗΤΗΝ·	[τ]ων ποιητήν,
[–]ΑΙΕΙСΕ̣[–]Α̣Κ̅Ν̅Ι̅Ν̅Χ̅Ν̅	[κ]αὶ εἰς ἕ[ν]α κύριον Ἰησοῦν Χριστὸν
[–]ΟΝΥΙΟ[–]ΤΟΥΘ̅Υ̅	[τ]ὸν υἱὸ[ν] τοῦ θεοῦ
[–]ΕΝΝΗΘ̣ΕΝΤΑΕΚ	[γ]εννηθέντα ἐκ
Τ̣ΟΥΠ̅Ρ̅С̅ΜΟΝΟΓΕ	τοῦ πατρὸς μονογε
[–]ΗΤΟΥΤΕСΤΙΝ	[ν]ῆ, τουτέστιν
[–]Κ̣ΤΗСΟΥСΙΑС̣	[ἐ]κ τῆς οὐσίας
[– – –]Π̣̅Ρ̅С̅·Θ̅Ν̅Ε̣[–]	[τοῦ] πατρός, θεὸν ἐ[κ]
[–]Υ̣̅ΦΩСΕΚΦ[–]	[θεο]ῦ, φῶς ἐκ φ[ω]
[– –]С·Θ̅Ν̅ΑΛ̣[– – –]	[τό]ς, θεὸν ἀλ[ηθι]
[– –]Ν·ΕΚΘ̣̅[– – – – – –]	[νὸ]ν ἐκ θ[εοῦ ἀληθι]
ΝΟΥ·ΓΕ[– – – – – – – –]	νοῦ, γε[ννηθέντα]
ΚΑΙΟΥΠ̣[– – – – – – – –]	καὶ οὐ π[οιηθέντα,]
Ο̣Μ̣Ο̣ΟΥ̣[– – – – – –]	ὁμοού[σιον τῷ]
Π̅Ρ̅Ι̅·Δ̣[– – – – – – – –]	πατρί, δ[ι᾽ οὗ τὰ πάν]
ΤΑΕΓ̣[– – – – –]	τα ἐγ[ένετο]
ΤΑΕΝ̣[– – – – – – – – –]	τὰ ἐν [τῷ̣[9] οὐραωῷ καὶ]
ΤΑΕΠ̣[– – – – – – –]	τὰ ἐπ[ὶ τῆς γῆς, τὸν]
ΔΙΗΜ̣[– – – – – – –]	δι᾽ ἡμ[ᾶς τοὺς ἀ]
Ν̅Ο̅Υ̅[– – – – – – – – –]	νθρώπου[ς καὶ διὰ τὴν]
ΗΜΕ[– – – – – – – – –]	ἡμε[τέραν σωτη]
ΡΙΑΝ[– – – – – – – – – –]	ρίαν [κατελθόντα καὶ[10]]
СΑΡ[ ]	σαρ[κωθέντα]

9 We do not seem to have sufficient space in the missing part of this line to accommodate all of the letters here. Perhaps this τῷ, which is lacking in a few of the less significant witnesses to the Creed should be omitted. However, parallelism with the phrase, ἐπὶ τῆς γῆς, would seem to call for it.

10 As in line 18, we do not seem to have sufficient space to accommodate all of the letters. Perhaps this καὶ, which is lacking in a few less significant witnesses, should be omitted.

Edmund Beck (†)

Ephräm und der Diatessaronkommentar im Abschnitt über die Wunder beim Tode Jesu am Kreuz

In meinem Aufsatz über den Diatessaronkommentar zu der Perikope von der Samariterin am Brunnen in OrChr 74 (1990) konnte ich zwei Hymnen Ephräms mit dem gleichen Thema zum Vergleich heranziehen. Dabei führten mich wörtliche Übereinstimmungen bei großen sachlichen Gegensätzen zu der Schlußfolgerung: der Kommentar stammt nicht von Ephräm, aber doch von einem oder auch einigen, die seine Hymnen gut kannten, vielleicht aus seiner Schule. In meinem letzten Aufsatz über den Diatessaronkommentar zur Sünderin von Luc. VII in OrChr 75 (1991) habe ich zum Schluß erneut diese Ansicht zur Sprache gebracht an Hand einer Stelle gegen Ende des Kommentars, die sich als eine ephrämische Strophe herausstellte mit einem Ausdruck, der nicht nur vom ephrämischen Text abwich, sondern auch als nach ephrämischem Sprachgebrauch fehlerhaft erwiesen werden konnte.

Die Stelle gegen Ende des Kommentars, die ich hier aufgreife, ist aus einem Abschnitt, in dem der Kommentar ganz ungeordnet viele Deutungen der Wunder bringt, die beim Tode Jesu am Kreuz geschahen, aus Kap. XXI 4-6 (Leloir S. 208-214). Eine genaue Untersuchung dieses Abschnitts zeigt, daß hier »Zitate« aus Ephräm sich häufen. Ich gebe ihn daher nach der Methode meiner vorangegangenen Aufsätze, aufgeteilt in kleine Einheiten, die nach Seiten- und Zeilenzahl der Textedition Leloirs angegeben werden, mit darauf folgender Übersetzung und Erklärung wieder.

Eine Ausnahme davon müssen die ersten zwei Punkte machen. Denn hier fehlt noch der syrische Originaltext, und mir steht nur die lateinische Übersetzung der armenischen zur Verfügung, die Leloir in CSCO 145, arm. 2, S. 224, publiziert hat.

1) XXI 4 (Anfang)

In der zitierten Übersetzung beginnt der vierte Abschnitt von Kap. XXI unmittelbar mit dem Zitat: »Et velum scissum est«, das Wunder beim Tode Jesu am Kreuz, das der Kommentar im Folgenden immer wieder bringen und deuten wird. Dabei erscheint unser Zitat syrisch in S. 210,11 als: *w-appay tarʿâ eṣṭrī.*

Das ist der Text der Peschitta von Matth. 27,51 und Marc. 15,38, nur mit Auslassung des *d-hayklâ* (templi) nach *appay tarʿâ,* das aber auf S. 210,7 auch der Kommentar bietet. Das was Matth. und Marc. noch anfügen, nämlich: a summo usque deorsum, erscheint im Kommentar nicht. Sachlich spielt er vielleicht darauf an, daß in S. 210,2 für das hier gewöhnlich erscheinende Verb *ṣrâ (eṣṭrī)* (zerreißen) ein *sdaq* (spalten) auftritt.

Zu seinem Zitat gibt nun der Kommentar als erste Deutung: ut ostenderet (Dominum) scidisse ab eis regnum et dedisse populo qui dat fructum. Der Kommentar greift somit, wie man sieht, zur Deutung des Zerreißens des Tempelvorhangs beim Tode Jesu auf das Herrenwort zurück, das er nach Matth. 21,41 im Abschluß der Parabel von den bösen Winzern zu den Juden sprach: auferetur vobis regnum dei et dabitur genti facienti (VS sin. danti!) fructus (VS ohne jeden Zusatz!). Eine sehr gewaltsame Deutung! Das regnum ohne den Genitiv dei scheint das davidische Königtum zu bedeuten, das den Juden genommen werden wird (die Infinitive Perfecti scidisse und dedisse scheinen Fehler der armenischen Übersetzung zu sein). Es wird in Punkt elf wieder erscheinen in der Aussage, daß durch das Kreuz des Herrn das Königtum von Israel »weggerissen werde«. Und die Verbindung dieses regnum mit dem Tempel, die das Zerreißen des Vorhangs unsrer Stelle einigermaßen erklärt, wird im letzten Punkt hergestellt werden, wo der Geist, im Tempel wohnend, Spender des Königtums und Priestertums genannt wird.

Die anschließende zweite Deutung, die der Kommentar für das Zerreißen des Vorhangs gibt, lautet: Aut similitudinem descripsit scisso velo quod templum diruendum est quia spiritus eius abierat. Dazu nur kurz: das Zerreißen des Vorhangs wird auch in Punkt sechs auf die kommende Zerstörung des Tempels gedeutet, dort unter Personifizierung des Vorhangs, ohne Erwähnung des Weggehens des Geistes aus dem Tempel. Vom Geist, der im Tempel gewohnt hat und beim Tode Jesu am Kreuz den Vorhang zerreißend daraus weggeht, spricht das Folgende.

2) XXI 4 (Fortsetzung mit Beginn des syrischen Textes in S. 208,2 a.i.)

Der Abschnitt bringt zwei neue Deutungen des Zerreißens des Vorhangs, das hier mit einem vorangehenden Ereignis verbunden wird, nämlich mit dem Zerreißen des eigenen Kleides durch den Hohenpriester nach Matth. 26,65. Für die erste Deutung genüge die Anführung der Übersetzung:

2a) Et quia summus sacerdos sciderat tunicam suam iniuste, scidit spiritus sanctus velum, ut praedicaret opere per res creatas audaciam superbiae eorum (sc. Judaeorum).

Von großer Wichtigkeit für mein Thema ist dagegen die zweite Deutung. Ich gebe sie auch zunächst in der lateinisch-armenischen Übersetzung mit Angabe des Einsetzens des syrischen Originaltextes durch einen Asteriskus:

2b) Quia sciderat (iste) sacerdotium suum (*) seque exuerat ab eo, scidit et hic velum et egressus est ipse et tulit secum omnia. Dazu der syrische Text mit Rückübersetzung der drei ersten fehlenden Wörter: *(da-ṣrâ kâhnūteh) w-eštallaḥ menâh, ṣrât âf hī appay tarʿâ, nefqat w-appqat kul medem.*

Dazu vergleiche man die ephrämische Strophe, Hymnus de resurrectione 3,9. Sie besteht aus fünf Strophenzeilen von je zwei Siebensilblern, die ich numeriert anführe:

1) *b-Nīsân da-ḥzâteh rūḥâ * l-haw rab kâhnē Qayâfâ*
2) *d-ṣaryâ meneh kumrūtâ * w-men kâhnūtâ eštallaḥ*
3) *ṣrât âf hī appay tarʿâ * nefqat w-appqat kul medem*
4) *ḥzâ gēr qudšâ d-meštammaš * d-layt tūb kumrâ da-mšammeš*
5) *w-šannī l-aykâ d-meštammaš * brīk hū d-zahhī tešmešteh.*

Übersetzt: »1) Im Nisan, da der Geist jenen Hohenpriester Kaiphas sah, (2) daß ihm das Sacerdotium weggerissen und er des Priestertums entkleidet sei, (3) zerriß auch er den Vorhang, ging heraus und führte alles (mit sich) fort. (4) Es sah fürwahr das Heiligtum, daß kein Priester (mehr) da sei, der dienen würde. (5) Und er ging weg (dorthin), wo man (jetzt) ihm dient. Gepriesen sei, der seinen Dienst aufrecht erhielt!«

In den zwei ersten Strophenzeilen läßt Ephräm den Geist die symbolische Handlung des Hohenpriesters sehen, und zwar auffälligerweise in ihrer Verwirklichung, indem er sie zweimal passivisch in zwei parallelen Sätzen ausdrückt: »daß ihm das Priestertum entrissen und er des Priestertums entkleidet sei«. In letzterem, in: *w-men kâhnūtâ eštallaḥ* setzt der syrische Text des Kommentars mit seinem: *eštallaḥ menâh* ein, was schon die ephrämische Herkunft der Deutung des Kommentars verrät. Dabei ist sehr auffällig, daß das bei Ephräm eindeutig passivische *eštallaḥ* im Kommentar aufgrund des nach der (armenischen) Übersetzung vorangehenden aktivischen »er zerriß sein Priestertum« reflexivisch gefaßt werden mußte (seque exuerat). Das ist eine Entstellung des ephrämischen Textes, in der das Passiv viel besser am Platz ist, weil das Aktiv in: »der Hohepriester zerriß« als Objekt »sein Gewand« erwarten läßt und nicht »sein Priestertum«. Man vergleiche dazu nur 2a!

Die in der ephrämischen Strophe anschließende Zeile 3 erscheint nun wortwörtlich als der Nachsatz im Kommentar, so daß wohl kein Zweifel mehr daran bestehen kann, daß hier ein »Zitat« vorliegt. Ein verstümmelndes Zitat, das wohl kaum auf Ephräm selber zurückgeht. Dafür spricht vor allem zuletzt auch noch der Umstand, daß der Kommentar mit dem unklar allgemeinen »alles« abbricht und die letzten zwei Zeilen der ephrämischen Strophe übergeht, obwohl sie für das Thema der Verbindung des Zerreißens des eigenen Kleides durch den Hohenpriester mit dem Zerreißen des Vorhangs durch den aus dem Tempel fliehenden

Geist von entscheidender Bedeutung sind. Denn das »alles« wird hier von Ephräm als der ganze, von den Priestern im Tempel ausgeübte Gottesdienst erklärt. Seine Fortnahme aus dem Tempel schließt das Ende des Priestertums eines Kaiphas in sich, der auf diese Weise in gleicher Symbolik sein Kleid zerriß wie der Geist den Türvorhang des Tempels. Hätte das Ephräm, wenn er Verfasser des Kommentars gewesen wäre, nicht auch noch irgendwie mit angeführt?

3) S. 208,1 a.i.-210,3

Text: *aw d-a(y)k d-eštrī w-eštdī hayklâ da-šdâ beh Ihūdâ dahbâ hâkanâ âf tarʿâ d-ʿal beh appay tarʿeh ettlī wa-ṣrâ.*
aw d-ašlḥū(h)y naḥtaw sdaq appay tarʿâ. lebbâ gēr d-kē(')fē pqaʿ, w-lebbhōn dīlhōn lâ tâb.

Übersetzung: »Oder: wie der Tempel zerstört und verworfen wurde, in den Judas das Gold warf, so hat auch die Tür, durch die er eintrat, ihren Vorhang an sich gerissen und zerrissen.

Oder: sie haben ihn entkleidet; er spaltete den Türvorhang. Das Herz fürwahr der Steine zerbarst und ihr Herz bereute nicht.«

Erklärung: In den zwei *aw dĕ*, die hier die zwei Deutungen einleiten, fasse ich, wie in den noch folgenden Fällen, das *dĕ* wie das eine direkte Rede einleitende *de* und gebe es mit unserem Doppelpunkt wieder.

Die erste so eingeführte Deutung zieht wieder, wie die vorangegangene, zu dem Zerreißen des Vorhangs ein vorausgehendes Ereignis heran, Judas, den Verräter, der nach Matth. 27,5, von den Hohenpriestern abgewiesen, aus Verzweiflung das »Gold« (so der Kommentar für *kespâ* = Silber, der Peschitta und Vetus Syra, gr. *argyria*) in den Tempel warf. Das wird auf die kommende Zerstörung des Tempels gedeutet und mit dem Zerreißen des Vorhangs, das der Tür zugeschrieben wird, durch die der Verräter eintrat, in Verbindung gebracht. Das Problem, das diese Stelle aufwirft, hat mit meinem Thema nichts zu tun und soll daher nur kurz angeführt werden. Während in allen übrigen Fällen *appay tarʿâ* eine Einheit bildet (der Vorhang ist die Tür), wird hier Tür und Vorhang voneinander getrennt, nach meiner Übersetzung, aber auch schon nach der armenischen (Leloir und Aucher-Mösinger). Leloir hat aber nun in seiner lateinischen Übersetzung des syrischen Textes gewaltsam versucht, die Einheit von *appay tarʿâ* auch hier festzuhalten, indem er übersetzt: portae per quam intraverat, velum und das Subjekt für das verdrängte porta offen läßt, wo dann wohl »der Herr« zu ergänzen wäre, als Subjekt für die beiden Verba, die mit *rūḥâ* (Femininum) als Subjekt in Punkt acht erscheinen werden.

Im Gegensatz zu dieser ersten Deutung bringt die zweite wieder Ephräm mit in die Erörterung. Sie besteht aus zwei Sätzen, von denen der erste vom Türvorhang und der zweite vom Bersten der Steine spricht, anscheinend zusammenhangslos, aber doch mit der mehrdeutigen Partikel *gēr* (= denn; fürwahr; aber) verbunden. Geht man von dieser Verbindung aus, dann werden die, die den Herrn zur Kreuzigung entkleidet hatten, zu denen, deren Herz beim Tode Jesu am Kreuz, da sogar Steine barsten, ungerührt blieb. Das sind die Juden, die gegen den Herrn waren und blieben und denen auch die Entblößung des Herrn am Kreuz zugeschrieben wird, weil sie seine Kreuzigung verlangt hatten.

Was man hier im Kommentar indirekt erschließen muß, das spricht Ephräm ganz klar in Sermo de fide 3,361-364 aus, in einem rhythmischen Sermo, in dem er breit und sehr scharf gegen das jüdische Volk polemisiert, das »Gott ans (Kreuzes)holz hängte«, und wo es dann in Z. 361 ff. heißt: »Es zerriß der Geist den Türvorhang, damit das (jüdische) Volk sein leugnerisches Herz zerreiße. Die Steine der Gräber wurden zerrissen und das Herz aus Stein fühlte nicht(s).« Hier erscheint im letzten Satz der zweite Satz des Kommentars fast wörtlich. Und voran geht auch bei Ephräm das Zerreißen des Vorhangs; in einer vom Kommentar völlig abweichenden Deutung, die aber sonnenklar die beiden Sätze zu einer Einheit macht.

Eine merkwürdige Lage! Doch kann man auch hier sagen: die fehlerhafte Art, mit der hier der Kommentar Ephrämisches benutzt hat, schließt Ephräm als Verfasser des Kommentars aus.

4) S. 210,4-8

Text: *zkâ l-Meṣrâyē b-Nīsân w-anhar l-ʿEbrâye ʿâmūdâ b-Nīsân*
ʿlayhōn ḥšak šemšâ da-fraʿ(ū) ḥublâ hefkâʾīt
ḥlâf hây da-ṣrâ hwâ yammâ ṣrât rūḥâ l-appay tarʿâ
malkâ gēr mšabbḥâ maslay wa-zqīf ʿal Qarqaftâ d-lâ dīn,
meṭul hânâ mqaddad appay tarʿâ d-hayklâ b-kēnū.

Übersetzung: »Er (der Herr) besiegte die Ägypter im Nisan und ließ den Hebräern die Säule erstrahlen im Nisan. Über ihnen verfinsterte sich die Sonne, weil sie verkehrt die Schuld erstattet hatten. Anstelle dessen, daß er (der Herr) das Meer gespalten hatte, spaltete der Geist den Türvorhang. Denn der ruhmvolle König (war) verworfen und gekreuzigt auf der Schädelstätte, ohne Recht; deswegen (wurde) der Türvorhang des Tempels zerrissen, in Gerechtigkeit.«

Erklärung: Das mit »er« unbestimmt gelassene Subjekt ist zweifellos Jahve. Er führte die Hebräer siegreich aus Ägypten im Nisan und wies ihnen den Weg durch die Säule von Ex. 13,21, die hier durch die Genitive: *d-nūrâ w-da-ʿnânâ* näher bestimmt wird und die Ephräm in der Strophe, die hier Quelle des Kommentars ist, auch anführt. Zuvor noch: die Hebräer, die der Herr siegen ließ, werden im anschließenden Satz zu den Leuten, über denen sich die Sonne beim

Tod Jesu am Kreuz verfinsterte; das sind die Juden, die die Wohltaten des himmlischen Arztes *parʿū(h)y zqifâ* = ihm mit dem Kreuz vergolten haben, wie Ephräm in Hym. contra haereses 51,5 sagt. Doch nun seine Strophe, aus der der Kommentar hier seine Deutung weitgehend wörtlich geschöpft hat. Es ist Hym. de ecclesia 51,6. Ich führe sie syrisch an, indem ich das, was der Kommentar überging, in eckige Klammern setze:

[b-kes(ʾ)â] b-Nīsân nṣaḥ [hwâ emrâ
b-gaw] Meṣrēn [w-appeq la-hbīšē.
afṣaḥ hwâ] w-anhar ʿâmūdâ [d-nūrâ
w-da-ʿnânâ qdâm ʿammâ
emar quštâ b-kes(ʾ)â] b-Nīsân
aḥšek hwâ šemšâ [b-qeṭleh naṣīḥâ]
da-fraʿ(ū) [ṭâlōmē] hefkâʾīt ḥublē [d-kēnūtâ]
ḥlâf hây da-ṣrâ l-yammâ
ṣrâteh rūḥâ d-qudšâ l-appay tarʿâ.

Übersetzt: »Bei Vollmond, im Nisan siegte das Lamm in Ägypten, und führte die Gefangenen heraus. Es gab das Paschafest und ließ die Säule von Feuer und Wolke vor dem Volk leuchten. Das wahre Lamm hat bei Vollmond im Nisan die Sonne verdunkelt bei seiner strahlenden Schlachtung, weil die Undankbaren verkehrt die Schulden der Gerechtigkeit zurückerstattet hatten. Anstelle dessen, daß es (das Lamm) das Meer gespalten hatte, spaltete der Heilige Geist den Türvorhang.«

Man sieht: der Kommentar tilgt das Wesentliche von der ephrämischen Strophe: das handelnde Subjekt, Christus in seinem Symbol des ägyptischen Paschalamms und als wahres Lamm, geschlachtet am Kreuz. Der Schluß, den der Kommentar anfügt, ist ein leeres Spiel mit dem Gegensatz von *d-lâ dīn* und *b-kēnū*. Das alles spricht meines Erachtens hier gegen Ephräm als Verfasser des Kommentars.

5) S. 210,8-10

Text: *ʿam ḥaššeh ḥeššat brītâ, šemšâ ḥappī appaw d-lâ neḥzēw kad zqīf. nuhreh qfas ṣēdaw d-ʿammeh nmūt. w-da-tlât šâʿīn ḥšak w-hâydēn nhar d-nakrez ʿal Mâreh da-b-yawmâ tlītâyâ dânaḥ men Š(ě)yōl.*

Übersetzung: »Mit seinem Leiden litt die Schöpfung (mit). Die Sonne verbarg ihr Antlitz, um ihn nicht gekreuzigt zu sehen. Ihr Licht zog sie zu sich zurück, um mit ihm zu sterben. Und daß sie sich drei Stunden lang verfinsterte und dann (wieder) leuchtete, (das geschah) damit sie von ihrem Herrn verkünde, daß er am dritten Tag aufgehen werde aus der Scheol.«

Erklärung: Eine sehr originelle Deutung des Kommentars zu der Verfinsterung der Sonne beim Tode Jesu am Kreuz, zu dem *semšâ ḥšak* von Luc. 23,45. Für den kühnen Gedanken, daß damit die Sonne mit dem Herrn sterben wollte, kenne ich aus Ephräm keine direkte Parallele. In Hym. de crucifixione 4,14 heißt es dazu bei ihm: »Auch jene Sonne, die Leuchte der Menschen, löschte sich aus. Die Decke der Finsternis nahm und breitete sie über ihr Angesicht, um die Schmach der Sonne der Gerechtigkeit nicht zu sehen.« Völlig abweichend vom Kommentar ist die Deutung Ephräms, die er hier in Hym. de crucif. 7,4 gibt mit den Worten: »Die Sonne hat in der Finsternis deine Krone geschmückt. Sie zog sich zurück (*nafšeh qfas*), flocht (die Krone), in drei Stunden war sie damit zu Ende, um nach den drei Tagen seines Todes (ihn) zu krönen.«

6) S. 210,10-12

Text: *w-ṭūrē zâʿ(ū) w-qabrē etpattaḥ(ū) w-appay tarʿâ eṣṭrī w-a(y)k da-b-eblâ ʿal ḥurbâh d-dukktâ da-ʿtid âlē hwâ.*

Übersetzung: »Und Höhen bebten und Gräber öffneten sich und der Türvorhang zerriß und wie in Trauer über die Zerstörung des Ortes, die bevorstand, klagte er.«

Erklärung: Der Anfang führt, ohne direkt zu zitieren, drei Wunder beim Tode Jesu an. Das erste ist offenbar das frei in *ṭūrē zâʿ(ū)* abgeänderte *arʿâ ettzīʿat* von Matth. 27,51, das zweite ist das *bēt qbūrē etpattaḥ(ū)* von Matth. 27,52 mit dem einfachen *qabrē* statt *bēt qbūrē*, und das dritte: *appay tarʿâ eṣṭrī* ist wörtlich Matth. 27,51 (Marc. 15,38), nur mit Auslassung des *d-hayklâ* nach *appay tarʿâ*. Allein zu diesem letzten Wunder gibt der Kommentar eine Deutung: der Vorhang habe mit seinem Zerreißen trauernd geklagt über die bevorstehende Zerstörung des Ortes, seines Ortes, des Tempels. Das ist ein Gedanke, der ebenso bei Ephräm sich findet. Bei ihm heißt es in Hym. de crucifixione 4,12: »Der Türvorhang, der zerriß, war eine Stimme des Leids über das Heiligtum, eine Stimme der Trauer (*qâlâ d-eblâ*), daß es vernichtet und zerstört würde (*ḥâreb hwâ*).«

7) S. 210,12-15

Text: *aw d-ḥayybeh hwâ pūm nâšūtâ, qʿâ w-zakkyeh pūm beryâtâ.*
šteq(ū) gēr hânōn, wa-qʿay kē(ʾ)fē a(y)k d-emar.
w-âf: »appay tarʿâ ⁘ sdaq ednayhōn ⁘ d-aṭīmân hway«
w-ya(h)b šubḥâ da-ṭlam(ū) hânōn.

Übersetzung: »Oder: es hatte ihn der Mund von Menschen verurteilt, es schrie und erklärte ihn für gerecht der Mund von Geschöpfen. – Es schwiegen nämlich jene und es schrien die Steine, wie er gesagt hat (Luc. 19,40). – Und auch: ›Der Türvorhang zerriß ihre Ohren ⁎ die verschlossen waren‹ – und er gab das Lob, das jene verweigert hatten.«

Erklärung: Der Kommentar gibt hier kein direktes oder indirektes Zitat, sondern beginnt sofort mit einer sehr allgemein gehaltenen Deutung in seinem ersten Satz, daß beim Tode Jesu am Kreuz der Mund von Geschöpfen ihn laut für gerecht erklärt habe. Diese Geschöpfe sind offenbar die sich verfinsternde Sonne, der zerreißende Vorhang, die bebende Erde und die berstenden Steine. Die letzten erscheinen im zweiten Satz. Ihr Bersten ist die laute Stellungnahme für den Gekreuzigten, die sich im ersten Satz gegen verurteilende Menschen gerichtet hat und hier im zweiten Satz gemäß dem Hinweis auf Luc. 19,40 (»wenn diese schweigen, werden die Steine schreien«) sich nur mehr gegen schweigende richtet. Im dritten mit *w-âf* eingeleiteten Satz erscheint der zerreißende Vorhang, der die tauben Ohren (der Schweigenden) zerreißt und das Lob spendet, das jene verweigert hatten.

Dunkle Ausführungen, die durch zwei Strophen aus einem ephrämischen Hymnus ihre volle Erklärung erfahren, aus Hym. de ecclesia 41,10-11. Der ganze Hymnus polemisiert gegen die Juden. Und wie Ephräm in der ähnlichen Polemik von Sermo de fide III, die oben in Punkt drei zitiert wurde, dabei auch die Wunder beim Tode Jesu herangezogen hat, so auch hier in Hym. 41,11. In der vorangehenden Strophe ist das noch nicht der Fall; in ihr findet sich aber der Hinweis auf Luc. 19,40 und seine Verwertung in gleicher Form wie in unserer Kommentarstelle. Sie muß daher mitangeführt werden, und zwar beide im syrischen Original, damit von selbst in Erscheinung tritt, was der Kommentar alles mit Ephräm gemeinsam hat.

Str. 10) *ba-zban šubḥâ ⁎ wa-d-tawdītâ*
šteq(ū) ṭâlōmē ⁎ d-duggē w-ḥaršē
qalles(ū) hwaw beh ⁎ w-pūmē skīrē
ya(h)b(ū) tešbohtâ ⁎ w-da-šteq(ū) hânōn
kē(ʾ)fē qʿay hway ⁎ a(y)k d-eštawdī.

(»Zur Zeit des Lobes ⁎ und des Dankes – schwiegen die Verweigerer, ⁎ während die Tauben und Stummen – rühmten ⁎ und verschlossene Münder – Lob spendeten. ⁎ Und da jene schwiegen, – schrien die Steine, ⁎ wie er versprochen hatte.«)

Str. 11) *d-kē(ʾ)fē d-qabrē ⁎ eṣṭarrī hway*
w-saggī šubḥâ ⁎ arʿâ zâʿat
qâlâ yehbat ⁎ ʿal ʿamōrēh
da-ṭlam(ū) šubḥâ ⁎ appay tarʿâ
sdaq ednayhōn ⁎ d-aṭīmân hway.

(»Denn die Steine der Gräber ⁎ zerrissen – und lobten laut. ⁎ Die Erde bebte, – erhob die Stimme ⁎ gegen ihre Bewohner, – die das Lob verweigerten. ⁎ Der Türvorhang – zerriß ihre Ohren, ⁎ die verschlossen waren.«)

Man sieht: der zweite Satz der Erklärung des Kommentars mitsamt dem Hinweis auf Luc. 19,40 stammt wörtlich aus dem Schluß der 10. Strophe. Der Kommentar hat nur im Hinweis auf die Lucasstelle ein prosaisches *emar* für den dichterischen, durch das Metrum geforderten Dreisilbler *eštawdī* bei Ephräm. Sachlich findet durch diese Strophe vor allem eine Erklärung, wie die verurteilenden Menschen im ersten Satz des Kommentars im zweiten zu »Schweigenden« werden: es sind die Juden, die die Wunderheilungen des Herrn miterlebten und unbeeindruckt vom Jubel der Geheilten in ablehnendem Schweigen verharrten.

Der Hinweis auf die schreienden Steine der Lucasstelle führt in Strophe 11 zu den berstenden Steinen beim Tode Jesu und damit zu dem Thema des Kommentars. Das Bersten der Steine wird bei Ephräm zu einem Loben. Es folgt das Beben der Erde, das als Anklage gegen ihre Bewohner, die Juden, gedeutet wird. Der die Strophe abschließende Satz über den zerreißenden Vorhang erscheint nun wörtlich als dritter Satz im Kommentar. Mit diesem Zitat ist aber auch eine große Abweichung von Ephräm verbunden. Bei Ephräm schließt mit »Der Türvorhang zerriß ihre Ohren, die verschlossen waren«, die Strophe, die allein im ganzen Hymnus von den Wundern beim Tode Jesu gesprochen hat. Das Zerreißen der Ohren hat strafenden Charakter, wie aus anderen Stellen aus Ephräm gezeigt werden kann. Der Kommentar erweitert sein Zitat, indem er dem zerreißenden Vorhang noch eine andere Tätigkeit zuschreibt mit den Worten: *ya(h)b šubḥâ da-ṭlam(ū) hânōn* = »er gab das Lob, das jene verweigert hatten«. Das stammt aus dem, was in der ephrämischen Strophe vorangeht. Das *ya(h)b šubḥâ* des Kommentars ist das *saggī šubḥâ* der berstenden Steine bei Ephräm und das *(šubḥâ) da-ṭlam(ū) hânōn* findet sich, zusammen mit der Erklärung, wer diese *hânōn* sind, in dem, was bei Ephräm die bebende, jüdische, Erde mit ihrer Stimme ihren Bewohnern vorwirft: *ṭlam(ū) šubḥâ* = sie haben das Lob verweigert.

Man sieht, wie fehlerhaft der Kommentar die ephrämische Strophe verwertet hat. Daß Ephräm selber so entstellend hätte zitieren können, halte ich für ganz unwahrscheinlich. Der Verfasser des Kommentars muß aber Ephräms Hymnen sehr gut gekannt haben, so daß er sie offenbar frei aus dem Gedächtnis, sie fehlerhaft verändernd, verwenden konnte. Ähnlich wird die Lage und die Schlußfolgerung daraus in Punkt neun sein.

Ein eigenes kleines Nebenthema wirft das *kē(')fē d-qabrē* auf, mit dem die oben zitierte ephrämische Strophe de ecclesia 41,11 begann. Dem liegt eine Verbindung der berstenden Steine mit den sich öffnenden Gräbern zugrunde, indem man exegetisch die Steine auf die Decksteine der Gräber bezog. Die daraus sich ergebende Verbindung des *kē(')fē d-qabrē* mit dem Verb *eṣṭarrī* und *ṣarrī* ist bei Ephräm sehr fest. Sie ist uns schon oben in Punkt drei begegnet in dem dort zitierten Sermo de fide 3,363, wo das *kē(')fē d-qabrē eṣṭarrī* wörtlich wiederkehrt. In Hym. de nativitate 4,191 erscheint dabei für »Grabsteine« deutlicher »Steine auf den Gräbern« in den Worten: *kē(')fē* d-*ʿal qabrē b-qâleh ṣarrī*, wo es aktivisch heißt, daß der Schrei des sterbenden Erlösers »die Steine auf den Gräbern« zerriß. Ephräm geht noch einen Schritt weiter, indem er in dieser Wendung die Steine wegläßt und so die Gräber selber zum Objekt des Zerreißens macht. Das geschieht in Hym. de nativitate 4,167, wo er sagt, daß der Herr zu der Zeit, da er am Kreuze hing, die Gräber zerriß und Tote herausführte (*ṣarrī hwâ qabrē w-appeq mītē*).

Damit sind wir bei dem »Zitat« angekommen, mit dem der Kommentar im Folgenden, in Punkt elf, eine Deutung einführen wird, und das lautet: *eṣṭarrī(w) qabrē* = »es wurden Gräber zerrissen«. Davon in seinem Zusammenhang!

8) S. 210,16 f.

Text: *aw da-ḥzâteh Rūḥâ la-Brâ da-tlē wa-mparsay, ettalyat wa-ṣrât naḥtâ d-taṣbītâh.*

Übersetzung: »Oder: der Geist sah den Sohn aufgehängt und entblößt. Er riß an sich und zerriß sein Schmuckkleid.«

Erklärung: In dieser Deutung ist in ihrem »der Geist zerriß« das unmittelbare Objekt »den Türvorhang« zu ergänzen, wie es schon in Punkt zwei und vier hieß. In unserer Deutung wird der Türvorhang zum Schmuckkleid des Geistes, der im Tempel wohnt, was der Kommentar immer noch einfach voraussetzt und erst in der übernächsten Deutung aussprechen wird. Daß der Tempelvorhang unmittelbar zum Schmuckkleid des Geistes wird, ist das Neue unserer Deutung. Dazu kann und muß eine Strophe aus einem ephrämischen Hymnus angeführt werden, die auch das Zerreißen des Vorhangs zum Zerreißen eines Kleides macht, aber nicht des Geistes, sondern der Schekina. Es ist dies Hym. de azymis XIII,1.

Sie lautet: *škīntâ d-bēt qudšâ ⁘ a(y)k taksītâh*
ṣrât appay tarʿâ ⁘ ʿal ḥabībâh

Übersetzt: »Die Schekina des Heiligtums, wie ihr Kleid zerriß sie den Türvorhang wegen ihres Geliebten.«

Der ephrämischen *škīntâ* liegt zweifellos das jüdisch-aramäische *Šĕkīnâ(h)* zugrunde, das nach Dalman, Wörterbuch, »das (irdische) Wohnen (Gottes im Tempel)« bedeutet. Nun könnte man daran denken, daß vielleicht der Christ Ephräm bei seinem Glauben an die Trinität hier den Terminus für den Heiligen Geist gebraucht hat. Daß aber seine *škīntâ* für Gottvater steht, geht ganz klar aus dem *ʿal ḥabībâh* hervor. Denn dem liegt zweifellos das Wort der Stimme aus der Wolke bei der Taufe Jesu zugrunde, das nach Matth. 3,17 und Marc. 1,11 lautet: *hânâ* (Marc: *att hū*) *ber(ī) ḥabībâ.*

Dazu sollen noch zur Erläuterung des von den syrischen Christen übernommenen jüdischen Schekinabegriffes folgende Stellen aus dem ephrämischen Schrifttum angeführt werden. Die jüdische Bedeutung von dem irdischen Wohnen Gottes im Tempel erscheint noch einmal kurz in dem Taufhymnus de epiphania 3,13. Hier wird die alttestamentliche Schekina ein Symbol für »eure (der Täuflinge) Kirchen« genannt, für das Wohnen Gottes in den christlichen Kirchen.

In dem frühephrämischen Hymnus de paradiso 2,11 dagegen wird aus dem Wohnen in den Kirchen Gottes Thronen zu höchst im Himmel. Das geschieht in einer dichterischen Schilderung des endzeitlichen Paradieses als eines Berges, dessen Stufen den verschiedenen Vollkommenen zugewiesen werden, wobei »dessen Höhe für die *naṣīḥē* (Märtyrer?) bestimmt ist, *w-la-škīntâ rēšeh* = und für die Schekina sein Gipfel«. Schekina ist hier für Ephräm der dreieinige Gott, für den die nachfolgende Strophe im gleichen Zusammenhang einfach *»alâhâ«* sagen kann.

Eine Einengung des Terminus auf Gottvater liegt dagegen wieder in Sermones II S. 89 ult. vor, wo Christus auf Erden heilend und Sünden verzeihend sagt: »Ich steige (noch) nicht hinauf in den Himmel zu der *škīntâ*, von der ich herabstieg.« Und in einer letzten Stelle werden Schekina und Geist auseinandergehalten, in Hym. de epiphania 11,1. Hier spricht, wenn ich die schwierige Strophe recht verstehe, der Dichter von einer doppelten Krone der Kirche, von der Weihe ihrer Tempel (Kirchen) und der Weihe ihrer Kinder durch die (Tauf)salbung. Dazu heißt es zum Schluß der Strophe: »Die *škīntâ* hat sich zu deinen Bewohnern und der Geist zu deinen Kindern herabgelassen.«

Abschließend kann man auch hier zweifelnd fragen, ob die Abänderung des singulären, aber sehr gut in den Satz passenden *škīntâ* der ephrämischen Strophe, die hier der Kommentar heranzog, in die an dieser Stelle übliche *Rūḥâ* wirklich auf Ephräm selber zurückgeht.

9) S. 210,17f.

Text: *aw da-ḥzaū(h)y râzē* ⁎ *l-emar râzē*
ṣraw appay tarʿâ ⁎ *wa-nfaq(ū) l-urʿeh.*

Übersetzung: »Oder: da die Symbole es sahen ⁎ das Lamm der Symbole, – zerrissen sie den Türvorhang ⁎ und gingen heraus ihm entgegen.«

Erklärung: Ich habe schon zum Schluß des Aufsatzes über den Diatessaronkommentar zur Sünderin von Luc. VII gezeigt, daß hier eine ephrämische Strophe vorliegt, nämlich Hym. de azymis VI 12. Nimmt man zunächst die Stelle ganz für sich als eine neue Deutung, die der Kommentar für das Zerreißen des Türvorhangs beim Tode Jesu am Kreuz gibt, so ist folgendes der Sinn seiner Aussage: die Symbole, die alttestamentlichen Vorbilder Christi, wie der Geist im Tempel wohnend, sehen in Jesus am Kreuz das geschlachtete Paschalamm in seiner Erfüllung, wie aufgrund der gegebenen Situation von selbst zu ergänzen ist. Sie verlassen unter Zerreißung des Vorhangs den Tempel und eilen ihrem Lamm entgegen, offenbar als ihrer aller Vollendung. Das »Lamm der Symbole« besagt hier also nicht »das symbolische Lamm«, was sprachlich die nächstliegende Bedeutung wäre. Seine Doppeldeutigkeit ist aber möglich, wie man aus der Verwendung des sinngleichen Ausdrucks *emar peṣḥâ* = Paschalamm auch bei Ephräm sehen kann. Hier besagt es für gewöhnlich das alttestamentliche Symbol, kann aber auch schon für sich allein auf Christus, die Erfüllung, gehen. So in Hym. de nativitate VII 3, wo es von den zur Krippe eilenden Hirten heißt: »Sie trugen und opferten ihm ein Milchlamm, (ihm) dem Paschalamm, ... ein zeitliches Lamm dem wahren Lamm.« Daß dabei das »Paschalamm« doppeldeutig ist, verrät die nachfolgende Wiederaufnahme durch das eindeutige »wahre Lamm«.

Und nun zu der Strophe, die hier der Kommentar zitiert, Ephräms Hym. de azymis VI 12. Sie lautet:

ḥzaū(h)y dēn râzē ⁘ l-emar quštâ
ṣraw l-appay tarʿâ ⁘ wa-nfaq(ū) l-urʿeh.

Die Strophen aller Hymnen de azymis bestehen aus zwei Zeilen von fünf plus vier Silben. Man sieht: das Zitat des Kommentars verstößt dagegen nur im ersten Glied durch die Auslassung der Patrikel *dēn*; eine Kleinigkeit. Die große Abweichung des *emar râzē* für Ephräms *emar quštâ* fügt sich in den gegebenen Viersilbler. Daß die Abweichung in dem Sinn des *emar quštâ* verstanden werden konnte, wurde gezeigt. Sie verstößt aber gegen die Terminologie Ephräms in seinen Hymnen de azymis. Hier kehrt das klare und eindeutige *emar quštâ* oft wieder. Das *emar râzē* dagegen wird in der Nähe der zitierten Strophe, in de azym. V 19 in dem Sinn festgelegt, der im Zitat unmöglich ist, als: symbolisches Lamm. Die Strophe lautet:

haw emrâ d-râzē ⁘ etḥallaf leh
d-etâ šumlâyâ ⁘ wa-šlīw râzē.

Übersetzt: »Jenes Lamm der Symbole ist vergangen. Denn es kam die Vollendung und die Symbole verstummten.«

In dieser Lage halte ich es für völlig unwahrscheinlich, daß Ephräm selber hier gegen die eigene Ausdrucksweise verstoßend zitiert hat. Der Zitierende kannte Ephräms Hymnen sehr gut, so daß er auswendig, aber auch fehlerhaft zitieren konnte. Vielleicht einer seiner Schüler.

Sehr merkwürdig ist hier noch, daß im gleichen Kommentar an einer anderen Stelle im gleichen Zusammenhang das ephrämische eindeutige *emar quštâ* und nicht das doppeldeutige *emar râzē* erscheint. Das geschieht in XVI 27 (Ed. Leloir S. 186, 9-13), wo der Kommentar zu Jo. 8,56ff. auf die Erfüllung der Opferlammsymbole des Alten Testaments in der Person Christi zu sprechen kommt.

Und hier heißt es, daß man das Paschalamm geopfert habe, bis das wahre Lamm *(emrâ da-šrârâ)* kam. »Und da das wahre Lamm *(emrâ d-qušṭâ)* kam, *bṭel(ū) l-hōn hânōn da-dmūtâ* »vergingen jene (Lämmer) des (Vor)bildes.« Hier hat also auch der Kommentar das *emrâ d-qušṭâ* Ephräms, vor dem hier im Kommentar die Vorbilder vergingen, wie bei Ephräm in de azym. V 19 die Symbole verstummten.

Wie ist dieses merkwürdige Nebeneinander beider Formen im Kommentar zu erklären? Ich neige dazu, hierin einen Hinweis darauf zu sehen, daß nicht von einem, sondern von mehreren Ephrämkennern, wohl gleich Ephrämschülern, der Kommentar verfaßt wurde.

10) S. 210,18-20

Text: *aw da-b-hayklâ šaryâ hwât rūḥâ da-nbīyūtâ d-neḥtat hwât l-makrâzū la-bnay nâšâ ʿal mētīteh, bâh b-šâʿtâ perḥat hwât lâh da-tsabbar l-ʿelâyē ʿal massaqteh d-la-šmayâ.*

Übersetzung: »Oder: Da im Tempel der Geist der Prophetie wohnte, der herabgekommen war, um sein (des Messias) Kommen zu verkünden, flog er sofort empor, um den Engeln die Botschaft von seinem (Christi) (bevorstehenden) Aufsteigen zum Himmel zu bringen.«

Erklärung: Zum vierten- und letztenmal wird mit *aw de* eine Deutung angeführt, die sofort vom Geist spricht, der als Spender der alttestamentlichen Prophetie vom Kommen des Erlösers im Tempel gewohnt hat. Dieser verläßt »sofort«, nach dem übergreifenden Thema, im Augenblick des Todes Jesu am Kreuz, unter Zerreißung des Vorḥangs, wie wohl auch zu ergänzen ist, den Tempel, um zum Himmel emporzufliegen. Der Grund seiner Rückkehr in den Himmel geht aus den Worten des Kommentars indirekt hervor: der von ihm verkündete Erlöser war gekommen und hatte durch seinen Tod am Kreuz das Ziel seines Kommens erfüllt. Neben diesem echt theologischen Gedanken wirkt der Grund, den der Kommentar für des Geistes Rückkehr in den Himmel anführt, fast lächerlich: den Engeln die bevorstehende Himmelfahrt des Herrn anzukündigen.

Dazu einige sprachliche Bemerkungen. Daß hier das syrische einfache Verb *praḥ* die Bedeutung »(in den Himmel) emporfliegen« haben kann, zeigt eine Stelle aus Ephräm. In Hym. contra haereses 19,1 wird die Himmelfahrt des Elias dem Sturz des Satans aus dem Himmel mit den Worten gegenübergestellt: *Elīyâ w-Sâṭânâ, pagrânâ kmâ praḥ w-rūḥânâ kmâ ṭbaʿ* = »Elias und Satan, wie flog der Körperliche empor (zum Himmel) und wie fiel der Geistige herab (aus dem Himmel)«.

Zu dem *mētīteh* = »sein (des Erlösers) Kommen« ist zu sagen: das *mētītâ* ist das gr. *parūsia* und das lat. adventus des Neuen Testaments, das vor allem das zweite Kommen des Herrn (zum Gericht) ausdrückt. Im Kommentar steht es hier für das erste Kommen. Ephräm spricht im Sermo de Domino Nostro S. 20,9 von beiden. Das erste nennt er dabei *mētīteh d-ṭaybūtâ* = sein Kommen der Güte, und das zweite: *mētīteh d-purʿânâ* = sein Kommen der Vergeltung.

Für »Engel« sagt der Kommentar *ʿelâyē* = die in der Höhe, die Himmlischen. So werden auch von Ephräm die Engel öfters genannt, wie z. B. in Hym. de fide 14,10, wo den Engeln als den *ʿelâyē* die Menschen als die *taḥtâyē* (die Unteren = die Irdischen) gegenübergestellt werden.

11) S. 210,20-23

Text: *wa-d-eṣṭarrī(w) qabrē, d-nawdaʿ hwâ da-mṣē hwâ qays ṣlībâ l-meṣrâ. ellâ lâ ṣrây(hī) l-haw d-beh meṣṭaryâ malkūtâ men Isrâ(ʾ)īl, w-lâ tabreh l-haw d-beh mettabrâ ḥṭītâ men bēt ʿammē.*

Übersetzung: »Und: ›Die Gräber wurden zerrissen‹, auf daß (der Herr) wissen ließ, er sei fähig gewesen, das Holz des Kreuzes zu zerreißen. Er zerriß aber jenes (Holz) nicht, durch das das Königtum von Israel weggerissen werden sollte, und er brach jenes (Holz) nicht, durch das die Sünde von den Völkern weggebrochen werden sollte.«

Erklärung: Hier hat man zu Beginn als Zitat »die Gräber wurden zerrissen«, das, wie schon zum Schluß von Punkt sieben gezeigt wurde, aus der ephrämischen Gleichsetzung der berstenden Steine mit den sich öffnenden Gräbern entstand. [Daß dieses hier als ein eröffnendes Schriftzitat erscheint, ersieht man aus dem Anfang, mit dem der erste Punkt begann, nämlich: »velum templi scissum est ut ostenderet (Dominus)«, wo auch auf das passivische Zitat in der Erklärung das Aktiv folgt, genau wie hier.]

Man könnte daran denken, »die Gräber« in »die Steine« zu korrigieren, um so das echte Zitat: *eṣṭarrī kē(ʾ)fē* zu erhalten. Damit würde auch, weil *kēfâ* ein Femininum ist, der kleine Fehler verschwinden, der sich in dem endungslosen *eṣṭarrī* des Kommentartextes bei dem maskulinischen Plural *qabrē* findet. Doch das Pseudozitat des Kommentars ist, wie gezeigt, durchaus möglich und daher beizubehalten.

In unserer Deutung heißt es, durch das Zerreißen der Gräber habe der Herr kundgetan, daß er ebenso gut das Holz des Kreuzes, an dem er hing, hätte zerreißen können. Er habe das nicht getan aus einem zweifachen Grund: erstens, weil durch das Kreuz »das Königtum von Israel weggerissen werden sollte«. Das besagt wohl den endgültigen Untergang des alttestamentlichen Königtums durch das siegreiche Christentum, ein Gedanke, der schon im ersten Punkt erschien, dort mit dem Zerreißen des Vorhangs verbunden. Zweitens:

durch das Kreuz sollte die Sünde von den Völkern weggebrochen werden: offenbar durch die Annahme des sündentilgenden Kreuzes in ihrer Bekehrung zum Christentum.

Daß hier der echt religiöse Gedanke von der Befreiung der Völker von der Macht der Sünde durch das Kreuz dem politischen Ereignis der Wegnahme des Königtums von Israel gegenübergestellt wird, wirkt sehr hart. Doch ist nicht die religiöse Weihe dieses Königtums zu übersehen, die der Kommentar im letzten Punkt klar aussprechen wird, indem er dem im Tempel wohnenden Geist die weihende Salbung nicht nur der Priester, sondern auch der Könige zuschreibt.

12) S. 210,23-212,2

Text: *hefkat dēn rūḥâ ṣrât ḥlâfaw l-appay tarʿâ w-da-tḥawwē d-nefqat lâh qrât lâh sâhdē l-mappaqtâh zadīqē da-nfaq(ū) men bēt qbūrē. mekēl tartayhēn mappqâtâ henēn ḥdâ ba-ḥdâ metkarzân hway.*

Übersetzung: »Andrerseits hat der Geist für ihn den Türvorhang zerrissen. Und um zu zeigen, daß er (aus dem Tempel) herausgegangen sei, rief er Zeugen für sein Herausgehen, die Gerechten, die aus den Gräbern herausgingen. Also ein zweifaches Herausgehen, das eine durch das andere kundgetan!«

Erklärung: Der Kommentar kehrt zum Geist im Tempel zurück, von dem er im vorletzten Punkt sprach und von dem er auch noch im anschließenden letzten sprechen wird. Zugleich verbindet er die neue Deutung mit der vorangehenden, indem er dem Nichtzerbrechen des Kreuzes durch den Gekreuzigten das Zerreißen des Vorhangs durch den Geist gegenüberstellt, das »für ihn« geschehen sei. Die neue Deutung liegt dann in der Verbindung des Herausgehens des Geistes aus dem Tempel mit dem Herausgehen von Gestorbenen aus ihren Gräbern. Der Geist habe sie als Zeugen für sein Verlassen des Tempels herbeigerufen. So hätten die beiden »Herausgänge« sich gegenseitig bezeugt, ein etwas spielerischer Gedanke, sachlich wie sprachlich.

Dabei werden die aus den Gräbern kommenden Gestorbenen *zadīqē* = »Gerechte« genannt. Im griechischen Text von Matth. 27,52 ist hier von den vielen Körpern der entschlafenen »Heiligen« *(hagiōn)* die Rede. Das gibt die Peschitta mit ihrem *d-qadīšē* wieder. Sie korrigiert damit offenbar das *d-zadīqē*, das hier die Vetus Syra hat. Und das war ersichtlich auch der Text des syrischen Diatessaron.

13) S. 212,2-4

Text: *wa-d-bâh b-rūḥâ metmašḥâ hwât w-metqaddšâ malkūtâ w-kâhnūtâ nefqat lâh men tamân rūḥâ mʿīnâ d-tartayhēn d-neddʿūn d-gâz l-hēn tartayhēn b-yad haw da-šqal enēn tartayhēn.*

Übersetzung: »Und da durch den Geist gesalbt und geheiligt wurde Königtum und Priestertum, ging von dort weg der Geist, die Quelle von beiden, damit man wisse, daß beide verschwunden sind durch jenen, der beide (mit sich) fortnahm.«

Erklärung: Mit diesem Satz schließt der Abschnitt des Kommentars über die Wunder beim Tode Jesu am Kreuz. Hier wird der im Tempel wohnende Geist als Spender des alttestamentlichen Königtums und Priestertums hingestellt, so daß sein Weggehen aus dem Tempel beim Tode Jesu am Kreuz das Ende beider Institutionen in sich schließt. Vom Ende des Königtums war schon im ersten Punkt und dann noch einmal im vorletzten die Rede. Das Priestertum und sein Ende durch die Flucht des Geistes aus dem Tempel, ein Gedanke, der ganz nahe lag, wurde im Kommentar in Punkt zwei nur angedeutet, wo das Zerreißen des Vorhangs durch den fliehenden Geist in Zusammenhang mit dem Zerreißen seines Kleides durch den Hohenpriester in Verbindung gebracht wurde. Der Kommentar hat dabei, wie gezeigt, die ephrämische Strophe Hym. de resurrectione 3,9 benützt, blieb aber in seinem »Zitat« bei den Worten stehen: »er (der Geist) ging heraus (aus dem Tempel) und führte alles (mit sich) fort«. Er überging damit den bei Ephräm noch anschließenden Strophenschluß, in dem das unbestimmte »alles« mit den Priestern, die im Tempel ihren Dienst taten, erklärt wird, also: das Ende des alttestamentlichen Priestertums, angedeutet hier vor allem auch durch das Zerreißen des hohenpriesterlichen Gewandes.

Schlußwort

Das war in Punkt zwei das erste von fünf Beispielen, wie ungenau und auch direkt fehlerhaft der Kommentar hier ephrämische Stellen herangezogen hat. Ich schließe daraus, daß Ephräm nicht der Verfasser des Kommentars war. Auf der anderen Seite lassen die vielen und großen Berührungen mit Hymnen und Reden Ephräms vermuten, daß das Werk aus seiner Schule stammt.

Peter Bruns

Brief Aithallahas, des Bischofs von Edessa (Urhai), an die Christen des Perserlandes über den Glauben[1]

(38) »Freudenboten des Guten, Künder des Friedens« (Jes 52,7), Erwählte aus den Heiden, gesegnete und selige Kinder der heiligen Kirche!

Heil und Friede erwachse euch in reichem Maße von dem einen und wahren Gott, der Vater ist und Herr und Schöpfer aller sichtbaren und aller unsichtbaren Dinge, durch die Kraft des wahren Lichtes, der wahren Weisheit und seines geliebten Wortes, unseres Herrn Jesus Christus; und die Kraft[2] seiner Gnaden durch den wahren Geist sei mit (euch) allen.

Im Jahre 613, im Monat Areg (März), nach Zählweise der Griechen und im 19. Jahr des Diokletian und der drei Mitregenten, die eine Verfolgung gegen die Christen anstachelten und die Kirchen, die Bethäuser der Christen, zerstörten[3]; und im Jahre 618 verstarb Konstantius, und nach ihm wurde Konstantin, sein Sohn (41), in Gallien und Spanien König. Und der wahre Christ (= Konstantin) bot dem Maximinus und seinem Sohn Maxentius sowie Licinius und Martinianus die Stirn; er bezwang und tötete sie. Denn er glaubte an den einen Gott, den Herrn aller Dinge[4], und an seinen Sohn Jesus Christus. Und er ließ die Kirchen aufbauen und verehrte die Christen sehr. Und er gab den Bischöfen den Befehl,

1 Die Übersetzung beruht auf der Ausgabe von I. Thorossian, Aithallae Episcopi Edesseni epistola ad christianos in Persarum regione de fide, Venetiis 1942. Ihr ist eine elegante, aber nicht immer zuverlässige lateinische Übersetzung beigefügt. Da die Einleitungsfragen bereits an anderer Stelle diskutiert worden sind (vgl. P. Bruns, Aithallahas Brief über den Glauben. Ein bedeutendes Dokument frühsyrischer Theologie, in: OrChr 76 [1992] 46-73), erübrigt sich hier die Wiederholung. Die Seitenzahlen beziehen sich auf die Ausgabe von Thorossian.

2 In dieser ausführlichen Grußformel liegt im Arm. ein Anakoluth vor. Statt des Gen./Dat./Lok. wäre wohl ein Nom. zu erwarten gewesen. Ein ähnlich konstruiertes Grußformular enthält auch der Synodalbrief in der Dem. XIV 1 Aphrahats des Persischen Weisen (vgl. Parisot, PS I, 573,1-14). Vergleichbare syntaktische Probleme stellen sich auch da.

3 Aithallaha meint die drei Edikte von 303, mit denen Diokletian die Verfolgung auslöste (vgl. Eus., h.e. VIII 2,3-5). Die Verfolgung der Kirche unter Diokletian war auch Aphrahat bekannt: »Auch über unsere Brüder im Westen brach in den Tagen Diokletians große Drangsal herein, und eine Verfolgung für die ganze Kirche Gottes entstand in seinem Herrschaftsgebiet. Von Grund auf zerstört wurden die Kirchen, doch zahlreiche Bekenner und Zeugen bekannten (ihren Glauben). Doch in Erbarmen kehrte er (Gott) sich ihnen wieder zu, als sie gezüchtigt worden waren.« (Dem. XXI 23: Parisot 988,21-989,3)

4 Syr. *maryā d-kull* ≙ griech. παντοκράτωρ, vgl. auch Aphrahats Credo in Dem. I 19.

sich in der Stadt Nikaia zu versammeln;[5] nach Ablauf von 15 Tagen führte er sie in den Palast. Als sie allesamt in einem goldgeschmückten Atrium beisammen waren, trat er (Konstantin) ein, stellte sich in ihre Mitte und legte das Bekenntnis ab: »Ich bin Christ und Diener des allmächtigen Herrn.« Und es entstand eine Diskussion unter allen Bischöfen bezüglich des Glaubens im Beisein von Kaiser Konstantin. Sie prüften die Schriften und schrieben folgendes Glaubensbekenntnis[6] nieder:

Einer ist Gott, der Herr aller Dinge, und einer ist sein Sohn, unser Herr Jesus Christus, Gott, Gottessohn, gezeugt und nicht geschaffen, Schöpfer und nicht Geschöpf, und einer ist der Heilige Geist, der Lebendige, der aus dem Vater hervorgeht und mit dem Vater und dem Sohn verherrlicht wird,[7] ein verherrlichter Gott, der drei vollkommene Personen, Vater, Sohn und Heiliger Geist. Wie der Vater vollkommen ist in Person und Macht und Weisheit, so auch der Sohn und der Heilige Geist, zusammen in einer Wesenheit dreifaltig, eine Substanz und eine Natur, eine Macht, ein Wille, ein Königtum und eine Herrschaft. Alles, was der Vater hat, das hat auch der Sohn und der Heilige Geist, außer jenem einen, daß der Vater nicht der Sohn ist und der Sohn nicht der Vater und (42) der Geist nicht Vater oder Sohn. Vielmehr ist der Vater einer und der Sohn einer, und einer ist auch der Heilige Geist, zusammen eine gepriesene Natur in der Dreifaltigkeit, einfach, ohne Zusammensetzung, unerforschlich, unsichtbar, ohne Anfang und Ende, ursachlos, unverweslich, unsterblich, unermeßlich, unfaßbar, der er alles umfaßt, selbst aber von niemandem umfaßt werden kann.[8] Vom Raum[9] wird er nicht eingeschlossen, und weder vom Himmel noch von der Erde wird er begrenzt, der in der Schöpfung und außerhalb alles Geschaffenen ist, fern von allen durch die unvermischte Natur und nahe bei allen durch beständige Vorsehung. »Einer ist Gott, der Vater« (1Kor 8,6), ohne Genossen[10]

5 Vgl. Eus., vitConst VI-XIII. Auch das Chronicon Edessenum weiß um die Aktivität des Kaisers hinsichtlich des Konzils (I. Guidi, Chronica Minora I 1/2, Paris 1903,4/5).

6 Ältere Kommentatoren (Thorossian 34; Ortiz de Urbina, Patrologia syriaca, 84) haben darauf hingewiesen, daß das bei Aithallaha überlieferte Credo stark von den anderen Versionen abweicht. Eine antiarianische Frontstellung ist nicht zu übersehen.

7 Eine deutliche Anspielung auf das Nizänum. Das genaue Verhältnis von Sohn und Hl. Geist bleibt auch bei Aithallaha ungeklärt. Zum ἐκπορεύεσθαι des Hl. Geistes s. Lampe, A Patristic Greek Lexicon, Oxford 1961, 437.

8 Diese Formulierung ist innerhalb der syrischen Literatur klassisch geworden, vgl. Thes. Syr. 2550 *(s-w-k)*. Irenäus zitiert zustimmend den Hirt des Hermas: »Gott umfaßt alles (χωρεῖ), er allein ist unumfaßbar (ἀχώρητος).« Vgl. adv. haer. IV 20,2: Hermas, mand. 1.

9 Diese Stelle ist wohl als Polemik gegen die bardaisansche Kosmologie zu verstehen, in der der »Raum« das umfassendste aller Elemente darstellt, vgl. dazu H.J.W. Drijvers, Bardaisan of Edessa, Assen 1966, 115.132.136.

10 Gott kennt bei der Erschaffung der Welt keinen »Genossen«, gemeint sind die mitschöpferischen Äonen in Bardaisans Kosmologie. Der Sohn ist nicht Genosse des Vaters, so Ephräm in HdF VI 11f. Damit schließt Ephräm für die Trinität aus, was der Araber als *išrāk* (Beigesellung) bezeichnen würde.

und ohne Ursache, wie der Apostel sagt: »Einer ist Gott, der Vater.« (1Kor 8,6) Alle Dinge sind von dem gleichen – von Anfang an und von Ewigkeit –, der Ursache des Sohnes ist durch natürliche Zeugung und des Geistes durch ewigen Hervorgang[11]. Und wie das Wort ständig, im Schweigen und im Reden, bei seinem Sprecher ist und es keinen Zeitpunkt gibt, da der Sprecher eines Wortes ohne sein Wort wäre[12], so war auch von Natur aus und in anfangsloser Ewigkeit der Sohn mit und bei dem Vater, nicht als Genosse, sondern als gepriesener Gezeugter im Schoße des Vaters, d.h. aus der göttlichen Natur des Vaters. Und einer ist der Geist Gottes, der aus dem Vater hervorgeht, wie der Apostel sagt: »Ein (Geist)[13] des Glaubens ist in allen.« (2Kor 4,13) Und wir sind durch ihn lebendig (vgl. Joh 6,64)[14], und wir glauben, daß das, was aus Gott ist, von Natur aus Gott bei Gott ist. Wie die Person des Vaters vollkommen ist, so auch die des Sohnes, so auch die des Heiligen Geistes, und nicht, daß durch Ort (45) und Raum ihre Personen getrennt würden, sondern durch ihre eigene Kraft zeigen sie sich selbst einander und werden selbst ineinander sichtbar, ohne daß sie sich trennen und mittendrin teilen würden. Und wir aber haben aus dem wahren Munde dessen gehört, der zu den Jüngern gesagt hat: »Geht in die Welt im Namen des Vaters und des Sohnes und des Heiligen Geistes.« (Mt 28,19; Mk 16,15) Und wir haben geglaubt an die drei heiligen Namen, welche die drei wahren Personen haben, welche wir von den heiligen Aposteln empfangen haben.[15]

Als Kaiser Konstantin dies hörte, sprach er: »Auch ich habe denselben Glauben: Und einer ist Gott, an seinen Sohn und an seinen Heiligen Geist glaube ich.« Und bezüglich des Osterfestes bat Konstantin folgendermaßen: »Ich bitte

11 Zur ἀρχή als causa prima vgl. Tatian, or. 4; Gr. Naz., or. 20,7; 29,17. Zum Vater als ἀρχή des Sohnes s.a. Athan., Ar. 1,14; Cyr., Hom. cat 11,14. Weitere Belege bei Lampe, aaO., 235.

12 Auch Ephräm setzt sich an mehreren Stellen mit der arianischen Vorstellung vom inneseienden und nach außen tretenden Wort auseinander: HdF IV 12; HdF LII; vgl. auch E. Beck, Ephräm des Syrers Psychologie und Erkenntnislehre, Louvain 1980, 42-45. In eine ähnliche Richtung gehen auch die Aussagen in dem Ephräm zugeschriebenen Kommentar Evangelium Concordantiae I 1-4. In HdF XL 1 polemisiert Ephräm gegen das arianische ἦν ποτε ὅτε οὐκ ἦν.

13 Fehlt in der Handschrift und ist von Thorossian ergänzt worden.

14 Weitere Belege aus der griech. Patristik bei Lampe, aaO., 598a. Zur frühsyrischen Geistvorstellung vgl. W. Cramer, Der Geist Gottes und des Menschen in frühsyrischer Theologie (= MBTh 46), Münster 1979. Syr. *maḥyānā* (Lebendigmacher) ist bei Aphrahat für Christus reserviert, vgl. Thes. Syr., 1257.

15 Hier endet das Glaubensbekenntnis, das Aithallaha den Konzilsvätern in den Mund legt. Zu den Namen Gottes im trinitarischen Kontext vg. Aphr., Dem. XXIII 63. Zur theol. Bedeutung der »Namen« bei Aphrahat vgl. auch P. Bruns, Das Christusbild Aphrahats des Persischen Weisen, Bonn 1990, 153-161; zu Ephräm vgl. ders., Arius hellenizans, in: ZKG 101 (1990) 21-57, hier: 36-43. Die von Thorossian angenommene Verschreibung (statt *or* lies *orpēs*) ist nicht zwingend, da im Syr. zwei aufeinander folgende Relativsätze mit der Partikel *d* nichts Ungewöhnliches darstellen.

euch, meine Väter, wenn ihr Ostern feiern[16] wollt, dann sollt ihr es alle zusammen an einem und demselben Tag tun, und es sollen unter euch keine Streitigkeiten und Uneinigkeit herrschen. Und sie beschlossen in Einmütigkeit, an einem und demselben Tag Ostern zu feiern, dann nämlich, wenn das Tageslicht in seiner Zeit länger dauert als die Zeit der Finsternis in der Nacht. Und sie sollen keinesfalls auf jene Zahl achten, die die Hebräer, die Feinde des Kreuzes[17], haben, die keinesfalls diesem Geheimnis des Lebens[18], dem Neuen Bund, zugehören, entsprechend jenem Wort, das Paulus sprach: »Unser Pascha ist Christus, der geschlachtet wurde, und laßt uns das Fest nicht im alten und schlechten Sauerteig der Ungerechtigkeit begehen, sondern in den ungesäuerten Azymen der Milde, des Mitleids und der Wahrheit.« (1Kor 5,7-8) Nicht so, wie die Hebräer Jahr für Jahr ein (Pascha-)Lamm opfern, hat Christus Jahr für Jahr gelitten. Denn die Hebräer essen einmal im Jahr das (Pascha-)Lamm, wir aber (46) essen allzeit den wahren Leib des Gotteslammes[19], welches der Herr und Gesalbte ist, und stets ist er für uns das Pascha.

Der Evangelist Johannes spricht: »Das Wort ist Leib geworden und hat unter uns gewohnt.« (Joh 1,14)[20] Das heißt, Gott hat einen Leib angezogen[21], und »wir schauten seine Herrlichkeit wie die des Eingeborenen vom Vater, voll Gnade und Wahrheit.« (Joh 1,14) Was ist denn die Herrlichkeit, die sie schauten, anders als die Macht der (Wunder-)Zeichen, die er wirkte? Oder was ist denn die Wahrheit anders als die Gottheit, die in seiner Menschheit einwohnte[22]? Und was ist denn die Gnade anders als die körperhafte Menschwer-

16 *arnel zatik* ≙ syr. *ʿbad paṣḥā*, das Pascha vollziehen, vgl. Aphrahat, Dem. XI 12: PS I 504,2f. Zur Paschafrage vgl. G. Visonà, Pasqua quartodecimana e cronologia della passione, in: EL 102 (1988) 259-315. Neben der arianischen Frage wurde in Nizäa auch die Paschafrage diskutiert, vgl. Eus., vitConst III 18,2.6; 19,2.

17 Auch Aphrahat, der Persische Weise, läßt eine ähnliche Tendenz erkennen, das christliche Pascha vom jüdischen abzugrenzen. Er widmet diesem Fragekomplex eine ganze Darlegung (Dem. XII), vgl. auch Visonà, aaO., 308-315; G.A.M. Rouwhorst, The Date of Easter in the Twelfth »Demonstration« of Aphraates, in: StPatr XVII 3, Oxford 1982, 1374-1380, hier: 1375. Zu den »Feinden des Kreuzes Christi« vgl. Phil 3,18. Es handelt sich dabei um einen Topos in der antijüdischen Literatur des syrischen Christentums, vgl. dazu St. Kazan, Isaac of Antioch's Homily against the Jews, in: OrChr 49 (1965) 65.

18 Zum »Symbol/Sakrament des Lebens« bei Aphrahat vgl. Dem. XXIII 3: PS II 9,5.

19 Das atl. Pascha ist Vorbild des ntl., wahren Paschas, vgl. Aphr., Dem. XII 6.

20 Da Aithallahas Brief nur arm. überkommen ist, läßt es sich nicht mit Sicherheit entscheiden, ob das arm. *marmin* für syr. *besrā* oder *pagrā* steht. Wahrscheinlich ist aber das letztere, da syr. *pagrā* für griech. σάρξ bei Aphrahat und Ephräm bezeugt ist (Aphr., PS I 282.391; Ephr., In Diat. I 1.8).

21 Die Rede von der Ankleidung mit dem Leib ist in der syrischen Tradition die gängige Bezeichnung für die Inkarnation, vgl. dazu P. Bruns, Das Christusbild Aphrahats des Persischen Weisen, 189-196.

22 Zum Gedanken der Einwohnung vgl. die Art. σκηνόω und σκήνωσις, in: Lampe, A Patristic Greek Dictionary, 1237b-1238a; zur syrischen Terminologie vgl. Thes. Syr., 714; zur Einwohnung bei Aphrahat vgl. Bruns, aaO., 181-187. Innerhalb der christologischen Tradition ist die-

dung[23]? Und seine geschöpfliche Menschheit ist größer als jedes Geschöpf und auch größer als jegliche Himmelsmacht.[24] Es steht geschrieben: »Der Leib Jesu hat jeden Leib befreit, um durch seinen Leib den Tempel der Gerechtigkeit zu zeigen.« (Kol 1,14) Und alle Geschöpfe jammerten und lagen in Wehen (vgl. Röm 8,22) und wurden durch ihn befreit, wie auch geschrieben steht: »Er hat Frieden gemacht durch das Blut seines Kreuzes zwischen dem Himmlischen und dem Irdischen.« (Kol 1,20) Alles, was die Schriften über die Qualen und Leiden gesagt haben, über die Erlösung und »daß er zunahm« (Lk 2,40), das haben sie über den Leib gesagt, den er anzog.[25] Und wenn er sagt: »Ich bin vom Himmel herabgekommen« (Joh 6,38) und »ich fahre in den Himmel auf« (Joh 3,13) und die Propheten vom Vater sagen: »Er fährt in den Himmel auf« (Ex 19,20) und »er stieg herab auf einen Berg« (2Chron 18,18; Ps 46,9) und »er ließ sich nieder auf den Thron des Tempels« (vgl. Jes 6,2), (so ist dies) mit Rücksicht auf das Hören des menschlichen Ohres (gesagt); wie sie zu vernehmen imstande waren, hat er mit ihnen gesprochen.[26] (49) Kann man denn mit kleinen Kindern über vollkommenes Wissen sprechen? So hat auch Gott mit den Menschen wie mit Kindern gesprochen. Und Christus hat zu den Jüngern wie zu kleinen Kindern gesprochen. Bisweilen sagt er: »Ich bin bei euch bis zur Vollendung der Welt.« (Mt 28,20) Und ein anderes Mal: »Ihr werdet einen der Tage des Menschensohnes zu sehen wünschen, und ihr werdet ihn nicht sehen.« (Lk 17,22) Und bisweilen sagt er: »Ihr werdet den Menschensohn an jenen Ort gehen sehen, wo er von Anfang an war.« (Joh 6,63) Und ein anderes Mal sagt er: »Ich bin das Brot des Lebens, das vom Himmel herabgekommen ist.« (Joh 6,35) Und er hat wahrhaft geschworen: »Mein Leib ist eine wahre Speise, und mein Blut ist ein wahrer Trank.« (Joh 6,56) Und ebenso nahm er das Brot, sprach den Segen und sagte: »Dies ist mein Leib.« (Lk 22,19) Und dieses Wort kann man nur im

ses Modell stark verbreitet, vgl. A. Grillmeier, Jesus der Christus im Glauben der Kirche, Freiburg 1979, 824.

23 Hinter dem arm. Ausdruck *tesçcowtʿiwn marmnawor* (incarnatio corporalis) steckt wohl das syr. *metgaššmānūtā* (assumptio corporis), was der σάρκωσις/σωμάτωσις der griech. Tradition entspricht.

24 Aithallaha bringt hier eine gewisse Privilegierung des Fleisches Christi über die anderen Kreaturen ins Spiel. Die Versöhnung zwischen Gott und der Welt wird durch dieses Fleisch Christi gewirkt. Es ist nicht ersichtlich, ob Aithallaha bei dieser deutlichen Herausstellung der Leiblichkeit des Heils bestimmte Gegner (Gnostiker?) im Auge hat. Die Fleischlichkeit des Heiles ist innerhalb der antiochenischen Tradition besonders von Ignatius herausgestellt worden, vgl. H. Kraft, Clavis Patrum Apostolicorum, Darmstadt 1963, 396b-398a.

25 Es liegt im Duktus der antiarianischen Argumentation, die Gottheit Christi von allen Schwächen freizuhalten und den ganzen Bereich der Affekte und der Wandelbarkeit der Menschheit Christi zuzuschreiben. Ephräm ist Aithallaha in dieser Argumentation gefolgt, vgl. HdF LIII 11f.; Bruns, Arius hellenizans, 45f.

26 Die biblischen Anthropomorphismen bereiten auch Ephräm einige Schwierigkeiten. Wie Aithallaha erklärt auch er sie mit der Notwendigkeit der göttlichen Pädagogik: Gott mußte sich ihrer bedienen, um von den Menschen verstanden zu werden, vgl. HdF XXVI 7-10.

Glauben vernehmen gemäß jenem Spruch: »Die Prophetie den Gläubigen!« (1Kor 14,22) Und Jesaja hat gesagt: »Glaubt ihr nicht, so versteht ihr nicht!« (Jes 7,9)[27] Und bei einem anderen Propheten heißt es: »Wer gerecht ist, wird durch den Glauben leben.« (Hab 2,4; Gal 3,24) Und der Glaube bezieht sich auf die unsichtbare und künftige Hoffnung entsprechend dem Wort des Apostels: »Im Glauben erkennen wir, daß die Welt durch das Wort Gottes gefestigt und geordnet ist.« (Hebr 11,3) Und wiederum sagt er: »Was geschaut wird, ist nicht Hoffnung; wenn wir schon schauen, was haben wir dann noch zu erhoffen?« (Röm 8,24) Und David sagt: »Ich habe geglaubt, was ich auch gesprochen habe.« (Ps 115,10) Und der Apostel sagt: »Ein Geist des Glaubens ist in uns allen.« (2Kor 4,13) Und wir glauben und leben, und alle Schriften sind für uns wahr. (50) Der Leib des Herrn ist in den Himmel aufgefahren, und niemand hat je davon gegessen, außer im Glauben. Das Wort, das im Fleisch gekommen ist, ist für uns anwesend im Brot des Segens[28], wie auch geschrieben steht: »Das Wort ist Leib geworden und hat unter uns gewohnt.« (Joh 1,14) Und wir werden zum Leib Christi gemacht und zu Gliedern von seinen Gliedern; und in uns liegt das Licht der Gottheit Christi, und es ist bei uns bis zur Vollendung der Welt. (Vgl. Mt 28,20)[29] Der Leib ist aufgefahren und uns verborgen gemäß dem, was er gesagt hat: »Ihr werdet mich suchen, aber ihr werdet mich nicht finden« (Joh 7,34-36), und »ihr werdet danach verlangen, einen Tag des Menschensohnes zu sehen, und ihr werdet nicht sehen«. (Lk 17,22) Und fürwahr, als er von ihnen aufgefahren war (in den Himmel), begehrten sie, obgleich er durch die Gottheit bei ihnen war, ihn in der Menschheit wie zuvor zu sehen, doch sie sahen (ihn) nicht. Und zu der Zeit, da sein Angesicht verherrlicht wurde auf dem Berge wie der Lichtglanz, da konnten die Jünger nicht hinsehen. (Vgl. Mt 17,1-9) Er sprach zu ihnen: Fürchtet euch nicht!« (Mt 17,7) Sie hoben die Augen und sahen ihn, wie er vorher war, und er sprach zu ihnen wie zu Brüdern. Und während er durch seine Gottheit bei und in ihnen war, war er doch vor ihnen verborgen. So wollten sie ihn allezeit im Fleische sehen, doch er entzog sich ihnen. Diesbezüglich sagt der Apostel: »Von nun an kennen wir keinen mehr dem Fleische nach.« (2Kor 5,16) Und wir nun wollen, da unser Herr im Geiste bei uns ist, auch sehen wie die Jünger. Wie also beispielsweise seine Gottheit in unserer Menschheit wohnt und unsere Menschheit durch seine Gottheit (53) verherrlicht wird, so hat er bisweilen unterschiedslos (vermischend) von der

27 Mit Thorossian ist *oč* zu ergänzen. PešJes 7,9 folgt der Lesart der LXX.

28 Bezüglich der Eucharistie spricht Aphrahat von »heiligen Segnungen«, eine Anspielung auf die jüdische *brākhā* (Dem. XII 13).

29 Die Einwohnung der Gottheit in den Menschen wird auch bei Aphrahat mit der Lichtmetapher veranschaulicht, vgl. Dem. VI 11.

Menschheit und der Gottheit wie von einem und demselben[30] gesprochen, bisweilen hat er aber auch über seine Gottheit unterscheidend gesprochen und auch über die Menschheit gesondert und geschieden geredet. Der Apostel sagt: »Christus ist im Fleische erschienen aus dem Samen Davids und wurde offenbar als Sohn Gottes durch die Kraft des Heiligen Geistes.« (Röm 1,4) So schied er die Gottheit von der Menschheit.[31] Und an die Thessalonicher schrieb er: »Wir erwarten seinen Sohn vom Himmel her, Jesus, den er von den Toten erweckte.« (1Thess 1,10) Und der Herr sagt: »Der Menschensohn fährt dorthin auf, wo er vorher war.« (Joh 6,63) »Keiner«, sagt er, »ist in den Himmel aufgefahren außer dem, der vom Himmel herabgestiegen ist, der Menschensohn, der im Himmel war.« (Joh 3,13) So schied er die Gottheit von der Menschheit. An einer Stelle sagt er: »Ich und mein Vater sind eins«, (Joh 10,30) um die Einheit (der Natur)[32] darzutun, und an anderer Stelle: »Ich gehe zu meinem Vater, der größer ist als ich.« (Joh 14,12.28) Bezüglich der Gottheit sagt er: »Ich und mein Vater sind eins.« (Joh 10,30), und daß er sagte: »Ich gehe hin zu meinem Vater« (Joh 14,12; 16,16f.), das sagt er bezüglich der Menschheit. Denn auch zu den Jüngern sagt er: »Eins seid ihr allesamt.« (Joh 17,21) Eins waren sie durch seine Kraft und Gottheit, die in ihnen wohnte. Und eins (waren sie) ferner durch den Glauben und die Menschheit, aus der sie geboren waren gemäß dem Wort des Johannes: »Die an seinen Namen geglaubt haben, sind nicht aus dem Blut und dem Willen des Fleisches, sondern (54) aus Gott geboren.« (Joh 1,12f.) Er sagt: »Ich gehe zu meinem Vater.« (Joh 16,10.16f.) Ferner sagt er: »Der Vater ist bei mir.« (Joh 16,32) Ferner sagt er: »Der Vater wird euch den Tröster senden.« (Joh 14,26) Ein anderes Mal sagt er: »Ich sende.« (Joh 15,26) Er sagt: »Wenn ich nicht gehe, kommt der Tröster nicht.« (Joh 14,17) Wenn er nun in ihnen wohnte, warum hätte er dann gesagt: »Wenn ich nicht gehe, kommt der Tröster nicht.«? (Joh 16,7) Schließlich hat er irgendwo treffend bemerkt: »Im Gleichnis habe ich zu euch gesprochen.« (Joh 16,25) Wenn wir also Disput und Kontroverse aufkommen lassen, können wir nicht im Glauben auf die Schrift hören.[33]

Und daß er sagt: »Ich gehe und komme«, das wollen wir so verstehen: »ge-

30 Zum Ausdruck »wie von einem« in der antiochenischen Tradition vgl. Grillmeier, Jesus der Christus im Glauben der Kirche I, Freiburg 1975, 624f.

31 Hier wird deutlich, daß Aithal. das Modell einer Trennungschristologie vorschwebt. Damit greift er ein wesentliches Anliegen der antiochenischen Tradition auf, vgl. Grillmeier, aaO., 622-632.

32 *miabanowtʿiwn* meint die Einheit im allgemeinen, speziell wohl die μία φύσις in der Trinität als das ontische Fundament ihrer Einheit. Im antiarianischen Duktus des Briefes ist das »größer als ich« aber nicht auf die Gottheit Christi, sondern auf seine Menschheit zu beziehen.

33 Die Ablehnung des theologischen Disputes ist auch bei Ephräm stark ausgeprägt. Auch er zieht den schlichten Glaubensgehorsam vor. Vgl. SdF II 139, 483ff., 495ff., 537-558; IV 67ff., 95ff.

hen« bedeutet, daß er aufhört, durch seine Heiligen Machttaten zu vollbringen, und »kommen« bedeutet, daß er Zeichen und Wunder offen tut durch gerechte und aufrichtige Menschen.[34] Wie die Sonne[35] aufgeht über allem, was in der Luft, auf der Erde und im Meer ist, sind doch viele, die ihren Glanz nicht sehen, sei es, daß sie blind sind, sei es, daß sie im Schlaf liegen; die aber Augen haben und wach sind, schauen ihren freundlichen Glanz: so wechselt auch Gott durch seinen Sohn und durch den Geist nicht von Ort zu Ort; bisweilen verbirgt er sich, das heißt, er hört auf (Wunder zu tun), und bisweilen offenbart er sich durch Zeichen, die er tut, doch er selbst wird nirgends sichtbar.[36] Es heißt: »Der Heilige Geist trieb ihn in die Wüste.« (Mk 1,12) Und (57) wie sollen wir verstehen »der Geist trieb ihn an«, (Lk 4,1) wenn er selbst dem Geist Befehle erteilt? Wenn der Geist in die Wüste trieb, warum sagte er dann: »Ich sende den Geist.«? (Joh 15,26) Und wenn der Vater, der in ihm ist, die Werke wirkte (vgl. Joh 5,36), warum sagte er dann: »Durch den Geist Gottes treibe ich mit Kraft die Dämonen aus.«? (Mt 12,28) Und wenn Gott alles wirkt, warum sagt er: »Der Geist gibt die Gabe, wem er selber will.«? (1Kor 12,11) Und wenn der Geist gibt, warum spricht er dann vom Sohn: »Er fuhr in die Höhe und führte gefangen die Gefangenschaft und gab den Menschen die Gabe.«? (Eph 4,8) Er sagt: »Gott setzte in der Kirche zuerst die Apostel ein.« (1Kor 12,28) Und bisweilen sagt er: »Der in die untersten Regionen der Erde hinabstieg, ist derselbe, der auch über den Himmel hinausstieg. Und er bestellte die einen zu Aposteln, die anderen zu Evangelisten.« (Eph 4,9f) Und durch dieses Wort sind Vater, Sohn und Heiliger Geist voneinander nicht getrennt, sondern sie wohnen zusammen in einem einzigen Tempel und heiligen alle Menschen, die glauben. Zusammen geben sie die Gaben, denn was der Vater gibt, das gibt – so heißt es – auch der Sohn, das (gibt) auch der Heilige Geist.[37] Alle Geschöpfe sind Geschöpfe des Vaters, die er durch den Sohn und seinen Geist geschaffen hat. Und daß eines Wesens[38] sind Vater, Sohn und Heiliger Geist, sagt Mose in einem Loblied: »Ich bin Herr und niemand außer mir. Ich mache tot und mache lebendig, ich verwunde und heile, und niemand ist, der euch aus meinen Händen entreißen könnte.« (Dtn 32,39) (58) Und »höre, Israel, der Herr, dein Gott, ist ein einziger Herr!« (Dtn 6,4) Und David sagt: »Erhoben sei sein Name allein.«

34 Da Gott über Raum und Ort erhaben ist, können die von ihm ausgesagten Ortswechsel nur im übertragenen Sinne gemeint sein.

35 Zum Gleichnis der Sonne bei Aphrahat vgl. im einzelnen den Index bei Parisot, PS II 474.

36 Die göttliche Natur und Wesenheit ist unsichtbar. Sie kann nur aus ihren Wirkweisen erschlossen werden. In diesem Sinne begegnet *kyānā* (φύσις) auch bei Ephräm, vgl. E. Beck, Die Theologie des hl. Ephräm in seinen Hymnen über den Glauben, Rom 1949, 15f.

37 Auch die Lateiner kennen eine inseparabilis operatio trinitatis ad extra: Aug., Trin. 15,23,43; Hilar., Trin. 1,29; 4,21.

38 Arm. *mi iskowtʿean* ≙ ὁμοούσιος (vgl. Miskgian, Manuale Lexicon Armeno-Latinum, (Romae 1887), Lovanii 1966, 114b-115a).

(Ps 148,12) Und Jesaja: »Ich bin der Herr, der alles geschaffen hat. Ich allein habe den Himmel ausgespannt, und ich allein habe die Erde fest gegründet.« (Jes 44,24) Und unser Herr sagt: »Das ist das Leben, daß sie dich erkennen, den einzigen, wahren Gott.« (Joh 17,3)[39] Und der Apostel sagt: »Du allein bist der König der Könige und der Herr der Herren. Dein allein ist das Leben, und du wohnst in unzugänglichem Licht.« (1Tim 6,15) Und »einer ist Gott, der Vater aller über allem und in allem.« (Eph 4,6) Von ihm kündeten die Propheten in seinem Geist, daß er allein alles geschaffen habe; es sagt David: »Durch das Wort des Herrn wurden die Himmel fest gegründet und durch den Geist seines Mundes (all ihre Macht).« (Ps 32,6) Und das Evangelium sagt: »Alles ist durch ihn geworden« (Joh 1,3), das Sichtbare und das Unsichtbare[40]. Und wiederum heißt es: »Alles und in allem ist Christus.« (Kol 3,11) Und: »Wenn Christus nicht in euch ist, dann gehört ihr ihm nicht.« (Röm 8,9) Und wenn im inneren Menschen Christus wohnt (vgl. Eph 3,17), ist dies die gepriesene Natur der Gottheit. »Geboren ist euch, so heißt es, heute der Lebendigmacher[41], der Herr und Gesalbte, (Lk 2,11), »heute«, wie David über Christus prophezeite und sagte: »Der Herr sprach zu mir, mein Sohn bist du, und heute habe ich dich gezeugt.« (Ps 2,7) Heute ist der Leib Jesu Gott genannt worden und seine Gottheit Geist, Macht, (61) Weisheit, Wort, Licht, und nicht, daß er wortwörtlich Gott genannt wurde, denn »von Anfang an war das Wort bei Gott, und Gott war das Wort; alles ist durch ihn geworden« (Joh 1,1f), der den Leib des Menschen aus dem Erdboden schuf und ihm eine lebendige Seele einblies (vgl. Gen 2,7), nicht jedoch aus seiner Natur und aus etwas anderem, sondern aus dem Nichts schuf er und hauchte dem ersten Menschen (Seele) ein, so auf diese Weise und für alle Zeit. Und keinesfalls geht die Seele in der Erschaffung der Schöpfung des Leibes voraus[42], wie auch der Prophet gesagt hat: »Er schuf den Geist des Menschen in ihm.« (Sach 12,1) Er selbst aber wohnt aufgrund der Natur im Licht (vgl. 1Tim 6,16) seiner Wesenheit, alles durchdringt er in feiner und unsichtbarer Kraft, ohne sich selbst zu vermischen oder eingeschlossen zu werden, vielmehr hält er alles bei sich selbst umfaßt und umschlossen.

Aber du magst vielleicht sagen: »Warum sind alle Geschöpfe, wie du sagst, in ihm, wenn es vieles in den Geschöpfen gibt, was unrein ist?« Der du dieses

39 *ew* als einleitende Konjunktion zum Nebensatz ist ungewöhnlich, läßt sich aber als Semitismus erklären bzw. auf einen Schreibfehler im syrischen Text (*w* statt *d*) zurückführen.

40 Anspielung auf das Credo: DS 125, Const. Apost.: DS 60.

41 Arm. *kenarar* entspricht syr. *maḥyānā* (Lebendigmacher) und ist der gängige Christustitel bei Aphrahat und Ephräm. Siehe auch Anm. 14.

42 Aithallaha verwirft hier die Präexistenz der Seele, wie sie vor allem von den Anhängern des Origenes vertreten wurde, vgl. Gr. Naz., Or 37,15; Gr. Nys., De anima et resurr. § 15,3. In der gnostisch-manichäischen Spekulation wird die göttliche Konnaturalität der Seele durch Hervorströmen (ἀπόρροια) erklärt (vgl. Lampe, Lexicon, 286b).

erwägst, blicke zur Sonne, welche sein Geschöpf ist, wie sie im Aufgang, (Glanz) verbreitend über allem im allgemeinen steht. Weder wird sie vom Reinen gereinigt noch nimmt sie vom Unreinen Vermischung und Schmutz an. So reinigt und läutert auch das Feuer[43] das, womit es in Berührung kommt, ohne selbst beschmutzt zu werden. Und wenn diese nun, verwandt und gleichartig als Geschöpf, durch Schmutz nicht beschmutzt werden, sondern durch Reinigung gereinigt werden, um wieviel mehr reinigt dann durch Reinigung die unerforschliche und unvermischte Macht, und zwar nicht durch Vermischung, sondern durch erlesene Weisheit? Und (62) glaube nicht, daß, wenn du auf das Maß der Dicke und Dichte der Geschöpfe blickst, es für die (göttliche) Macht schwierig sei, sie unvermischt zu durchdringen. Als Beispiel hast du die Seele, die in der Gestalt des Schöpfers geschaffen und mit Vernunft und (Selbst-)Mächtigkeit ausgestattet ist;[44] wenn sie sich irgendwohin bewegt, um zum Himmel oder an die Abgründe zu gelangen, gelangt sie schnell und ungehindert dorthin und glaubt, im Sein und im Nichts zu sein, obgleich das Geschöpf von Natur aus keine Möglichkeit hat, im Sein und im Nichts zu sein, sondern allein die allmächtige Macht[45], die das Sein und das Nichts zugleich in Händen hält. Denn wie er (Gott) vom Nichtsein ins Sein führt,[46] so ist er auch imstande, vom Sein ins Nichtsein zurückzuführen. Und vielleicht ist schon genug davon gesprochen worden, daß die vernunftbegabte Natur der Seele das Gleichnis Gottes ist. Denn wie sie (nur) in der Vorstellungskraft (Einbildung) fähig ist, im Sein und im Nichts zu sein, so ist der Schöpfer der Natur in Wahrheit fähig, im Sein und im Nichts zu sein. Und deshalb ist vom Gleichnis die Rede, weil sie nur in der Vorstellungskraft, nicht aber in der Wirklichkeit fähig ist, in allem zu sein. Wenn etwas Gleichnis ist, hat es auch den Rang des Gleichnisses und nimmt nicht den Ort der Wahrheit[47] ein, wie das (jüdische) Gesetz das Gleichnis trug für den Neuen Bund, wie die Propheten Leuchten sind für »die Sonne der Gerechtigkeit« (Mal 3,20). Oftmals, wenn wir von mancherlei Orten und Städten hören, dann gehen wir in Gedanken sofort dahin und malen Straßen und Marktplatz aus und auch die Ebene, den Berg, Tal und Schlucht. Und wenn man zufällig dahin kommen sollte, findet sich nichts so, wie wir es im Geiste ausge-

43 Sonne und Feuer als die zoroastrischen Ursymbole kennt auch Aphrahat. Seine Argumentation in Dem. XXIII 61 (PS II 125) geht allerdings in eine andere Richtung. Er sieht in dem Umstand, daß die Sonne alles unterschiedslos bescheint und das Feuer alles verbrennt, ein Indiz für die Vernunft- und Seelenlosigkeit dieses Geschöpfes.

44 Die Gottesebenbildlichkeit des Menschen (Gen 1,27) besteht in der Vernünftigkeit (*xawsown* ≙ syr. *m^elilā* λογικός) und der Selbstmächtigkeit (*išxanowtʿiwn* = liberum arbitrium, potestas sui *šulṭānā*) vgl. Tatian, or. 7; Bard., LLR 16.

45 *zawrowtʿiwn:* potentia Dei (absoluta), vgl. Miskgian, Lexicon, 97a.

46 Vgl. Röm 4,17; εἷς ἐστιν ὁ θεός, ὁ... ποιήσας ἐκ τοῦ μὴ ὄντος εἰς τὸ εἶναι πάντα Herm, mand. I 1.

47 Zum Begriffspaar *ṭupsā* – *šrārā* bei Aphrahat vgl. Bruns, Das Christusbild Aphrahats des Persischen Weisen, 100-119 (typologische Exegese).

malt haben. Also hat man auch kein getreues Abbild des Schöpfers, der, auch wenn er sich nicht bewegt, sogleich zur Stelle ist, wohin er sich eilends begibt. Vielmehr in Wahrheit und von Natur aus ist er über allen und an allen Orten und auch jenseits des Ortes[48]. O Tiefe der Majestät Gottes (vgl. Röm 11,33), der alle Geschöpfe aus dem Nichts geschaffen und gegründet hat (65), das Unerforschliche und das Erforschliche, das Unsichtbare und das Sichtbare, und der ohne Neid[49] allen vernunftbegabten Wesen gnadenhalber eine unkörperliche und unsterbliche Natur verliehen hat. Und gleichsam in reichem Maße und ohne Reue übte er ganz offen seine Güte, denn auch als sie (Adam und Eva) eine unerträgliche Sünde begingen in hoheitlicher Freiheit, führte er (Gott) ihre Unsterblichkeit nicht zurück in die Sterblichkeit, noch nahm er die freie Selbstmächtigkeit zurück[50] zur Schwachheit, wie geschrieben steht: »Treu ist Gott, er kann sich nicht selbst verleugnen.« (2Tim 2,13) Und was sage ich, daß er ihnen Unsterblichkeit und Selbstmächtigkeit gnadenhalber verliehen hat, wo er doch neidlos den Namen »Gott und Herr« den vernunftbegabten Geschöpfen nicht vorenthalten hat.[51] Und so besteht die Natur aller vernunftbegabten Wesen in Vermischung mit Erkennbaren, das heißt aus vier Elementen (= Naturen)[52], aus Wärme und Kälte, aus Feuchtigkeit und Trockenheit. Diese sind nämlich unerforschlich, jene undurchschaubar, diese sind sichtbar und jene sind unsichtbar, diese sind fließender Art[53], jene nicht. Alles, was unter dem Himmel ist, besteht aus vier Elementen, vielleicht sogar auch der Himmel, da er für die leiblichen Augen sichtbar und erkennbar ist. Aber die Natur der himmlischen Mächte und der Dämonen sowie die menschlichen

48 Eigentlich: »wo es keinen Ort gibt«. Die »Ortlosigkeit« ist der »Ort« Gottes, vgl. PsClem, Hom. 17,3; vgl. Ephr., SdF II 360ff. Auch in SdF I 133ff. sieht Ephräm die überragende Größe und Erhabenheit des göttlichen Wesens in seiner die Kategorie des Raumes sprengenden Geistigkeit. Dies gilt auch für die Inkarnation des Sohnes, der immer schon beim Vater ist und bleibt, auch wenn er beim Menschen »ankommt« (SdF II 689ff.).

49 Zur Neidlosigkeit Gottes bezüglich der Schöpfung vgl. Athan., gent. 41 (PG XXV 81D); incarn. 3,3 (PG XXV 101B); zur Rezeption bei Eznik, De Deo, § 127. Obgleich Gott allein unsterblich ist, hat er den Geistwesen gnadenhalber und neidlos Unsterblichkeit verliehen.

50 Hinter der arm. Wortfolge *berçē ijǒwsçē* (abstulit, deduxit) steckt wohl auch eine Doppelung im Syr. *šᵉqal w'anḥet*.

51 Diese Stelle hat eine auffallende Parallele in den Darlegungen Aphrahats des Persischen Weisen: Dem. XVII 5: PS I 792. Dort wird anthropologisch-christologisch argumentiert, vgl. dazu Bruns, Das Christusbild Aphrahats, 122-128.

52 *bnowtʿiwn* ≙ *kyānā* meint hier das στοιχεῖον der stoischen Elementenspekulation. Innerhalb der syr. Tradition hat vor allem Bardaisan stoisches Gedankengut rezipiert, vgl. H.J.W. Drijvers, Bardaisan of Edessa, 110-139. Nach Mose bar Kepha hat Bardaisan fünf Elemente (Feuer, Wind, Wasser, Licht und Finsternis) angenommen, vgl. Drijvers, aaO., 98. Die hier gebotene Aufteilung entspricht im wesentlichen der platonisch-aristotelischen Vierzahl (vgl. Liddle/Scott, Greek-Englisch Lexicon, 1647b), wenn man Wärme mit Feuer, Kälte mit Luft/Wind, Feuchtigkeit mit Wasser, Trockenheit mit Erde identifiziert.

53 arm. *ançaneli* ≙ syr. *ʿaborā* transiens, fluxus, caducus (vgl. Brockelmann, Lexicon Syriacum, 508a).

Seelen sind für die leiblichen Augen unmöglich zu erkennen. Denn ein Wesen schaut seinen Wesensgenossen, nicht jedoch ein Wesen, das ihm fremd ist.[54]

Aber du magst vielleicht sagen: »Warum sollen die Engel keine Feuernaturen haben, denn siehe, die Schrift nennt sie Feuer und Geist: ›Er schuf, so heißt es, seinen Engel als Geist (Wind)[55] und seinen Diener als Feuerflamme.‹?« (Ps 103,4) (66) Aber siehe: Feuer und Geist (Wind) sind sichtbar und erkennbar, jene aber (die Engel) sind weder sichtbar noch erkennbar. Und wiederum: Wenn sie bisweilen einmal erschienen sind, sind sie nicht in einer einzigen Gestalt erschienen, sondern das eine Mal im Bild von Cherubim (vgl. Gen 3,24), das andere Mal im Bild von Wagen und wilden Tieren (vgl. Ez 10,8-17), das eine Mal wie Flügelwesen (vgl. Ez 10,12) und das andere Mal in Menschengestalt (vgl. Ez 10,14). Und all diese vielgestaltigen Erscheinungsformen machen deutlich, daß sie nicht sichtbar und erkennbar sind. Sie heißen aber Feuer wegen eben jener Kraft, die sie haben, denn wie es nichts gibt, was vor dem Feuer Bestand hat, wenn es entflammt und entbrannt ist, so gibt es nichts, was vor ihnen (den Engeln) bestehen könnte, wenn sie den Befehl ausführen[56], das Werk der Rache und Vergeltung zu vollführen.

Sie werden auch Geist (Wind) genannt wegen der schnellen und feinen Natur[57]. Und es ist nicht möglich zu sagen, was sie wesenhaft sind, denn wir wissen auch von unserem Geist nicht, was er ist. Und diesbezüglich haben wir oben gesagt, daß die Geschöpfe unerforschlich und erforschlich sind, denn aus dem, was nicht erforschlich ist, soll er (der Mensch) seine Schwäche erkennen

54 Zum erkenntnistheoretischen Grundsatz, daß Gleiches nur von Gleichem erkannt werde, vgl. schon Plato, Gorgias 510b: ὁ ὅμοιος τῷ ὁμοίῳ (Homer). Im antiarianischen Sinne verwendet auch Ephräm diesen Grundsatz, da die vollkommene Wesenserkenntnis des Vaters aufgrund der Wesensverwandtschaft allein dem Sohn vorbehalten ist, vgl. HdF XI 10; LXX 14f; XXVI 7.12. Den Geschöpfen hingegen bleibt die Wesenheit Gottes unähnlich und unaussprechlich (HdF XLIV 8).

55 Auf diese begriffliche Unstimmigkeit hat auch Eznik von Kolb, De Deo, § 114, hingewiesen, arm. *holm* ≙ syr. *rūḥā* (Wind, Geist). Zur Angelologie der frühen Syrer vgl. W. Cramer, Die Engelvorstellungen bei Ephraem dem Syrer (= OrChrAn 173), Rom 1965. Zu den Engeln als ignis et spiritus vgl. bes. HdF XXVI 3; LV 5; Isaak Ant., Menschwerdung III 180 (BKV^2 143). Besonders die apokalyptische Literatur hat viel über die Feuernatur der Engel spekuliert, vgl. syrBar 21,6; 59,11; slHen 1,4f; 20,1; 29,1.9; 30,1. Beck, Die Theologie des hl. Ephräm, 86-88, weist darauf hin, daß Ephräm den Engeln offensichtlich keine reine Unkörperlichkeit zuschrieb. Aithallahas unstoffliche Engellehre ist in größerem Umfange von Eznik, De Deo, §§ 114-127, rezipiert worden.

56 Auch für Eznik, De Deo, § 116, haben die Engel vorwiegend Dienstfunktion. »Wind« und »Feuer« sind lediglich Metaphern für die Schnelligkeit, mit der sie ihren Aufträgen nachkommen. Über ihr immaterielles Wesen ist damit freilich nichts gesagt. Im Gegensatz zu Aithallaha fehlt jedoch bei Eznik der Hinweis auf die Rolle der Engel im Gericht (vgl. Mt 13,39).

57 Vgl. Eznik: »Vielmehr ist ihre Natur jenseits von der des Windes und des Feuers, feiner und schneller als der Gedanke.« (§ 116: Mariès/Mercier 588)

und Abstand nehmen, den unergründlichen Schöpfer ergründen zu wollen.[58]

Noch einmal laßt uns von den (geschöpflichen) Naturen sprechen. Von der Natur des Schöpfers heißt es, daß er sie in Macht und wesenhaft besitzt. Es heißt auch, daß alle vernunftbegabten Wesen eine Natur sind, nicht jedoch so, als hätten sie sie von Natur aus und wesenhaft, sondern da sie geschaffen sind, werden sie Naturen genannt.[59] Und daß alle vernunftbegabten Wesen eine Natur sind, rührt nicht daher, daß sie aus einem Wesen geschaffen sind, sondern daß sie eine Vernunft und Selbstmächtigkeit und eine Geschöpflichkeit haben. Ferner heißen Naturen auch die vier Elemente[60], als da sind Wärme, Kälte, Feuchtigkeit und Trockenheit. Doch haben die Wesen (69) nicht die Natur je einzeln durch sich, wie die da draußen lästern und viele Wesen der einen Wesenheit beilegen.[61] Es heißt auch, daß alle körperlichen Wesen (Naturen), die auf dem Festland sind, eine Natur bilden, da sie aus einem und demselben Boden sind.[62] Obgleich von allen körperlichen Naturen allein die menschliche Natur würdig ist, nach der Auferstehung ewig zu leben, sind sie dennoch von Natur aus von einer einzigen Erde.

Es heißt, daß eine Natur allen, die im Wasser wohnen, gemein ist, denn von einer Flüssigkeit haben sie Leben und ein jeder die Wirkweise, und niemand ist, der außerhalb seiner Natur irgendwie Wirkung erzielen könnte. Engel können nicht das Werk körperlicher Wesen vollführen. So sind sie, auch wenn es heißt, daß sie Feuer und Geist seien, nicht imstande, mit körperlichen Wesen eine Ehe einzugehen.[63] Um so mehr als sie körperlos und unerforschlich sind, ist dies genug an Tadel für die Verderber, die ihren eigenen groben Schmutz und Unrat auf die reine (Engel-)Natur werfen wollen.

58 Dieser Gedanke wird auch von Ephräm aufgegriffen. Wenn schon der Mensch vor der Selbsterkenntnis, der Erkenntnis seiner Seele versagt, um wieviel mehr muß er dann vor dem Geheimnis des Schöpfers versagen, vgl. E. Beck, Ephräms Reden über den Glauben, 46f.; besonders aber de paradiso VIII 3-6.

59 Hier scheint die syr. Etymologie von *kyānā* (natura, creatura), die sich vom Kausativ *'akin* (creare) herleitet, durch (vgl. Thes. Syr., 1702). In der arm. Übersetzung geht dieses Wortspiel allerdings unter.

60 Zur Gleichsetzung von *kyānē* und στοιχεῖα (arm. *stikʿiwkʿ*) vgl. Bardaisan, LLR 22. Vgl. auch PS II 548,2.23; 568,5; 572,5. Die gleiche Anzahl der Elemente, nur in veränderter Reihenfolge bietet auch Eznik, De Deo, § 94 (Feuchtigkeit, Trockenheit, Kälte, Wärme).

61 Mit den »Außenstehenden« sind wohl die Bardaisaniten gemeint, die das Schöpfertum des einzigen göttlichen Wesens verdunkeln. Aithallahas Formulierung kehrt wörtlich bei Ephräm in HcHaer III wieder. Auch für Ephräm ist von entscheidender Bedeutung, daß der Name der göttlichen Wesenheit unteilbar ist und nur Gott selber zukommt, während Bardaisan und seine Anhänger den Begriff *'ityā* aufspalten und ihn auch den kreatürlichen Elementen beilegen, vgl. HdF I.

62 Vgl. Gen 1,24. *kyānā* schließt auch bei Aphrahat deutlich eine räumliche Dimension ein, vgl. dazu A.F.J. Klijn, The Word kᵉjan in Aphraates, in: VigChr 12 (1958) 57-66, hier: 62.

63 Möglicherweise handelt es sich hier um eine kritische Auseinandersetzung mit einer von Bardaisan zu Gen 6,1-4 vorgelegten Exegese (vgl. LLR 9: PS II 548).

Von den himmlischen Mächten aber haben wir gesagt, daß sie Selbstmächtigkeit und Freiheit haben und freiwillig den Sinn auf Gut und Böse richten können.[64] Ihnen eigen ist der Kampf gegen Geltungssucht und Neid, und daher können sie tugendhaft sein und verherrlicht werden oder auch schwach werden und fallen, wie auch die himmlischen Ordnungen tugendhaft waren und verherrlicht wurden, Satan aber mitsamt seinem Heer geschlagen und der Herrlichkeit beraubt wurde.[65] Aber mit den körperlichen Wesen eine Ehe eingehen können auch die Dämonen nicht, die die Menschen ständig zum schmutzigen Tun anstacheln, um sie zu Weggefährten zur Hölle zu machen, um wieviel weniger dann die heiligen Diener des heiligen Gottes, die sich über die Umkehr der Sünder freuen. (Vgl. Lk 15,10)

(70) Und dies ist klar, daß es nichts gibt, was von Natur aus schlecht oder gut ist,[66] auch wenn durch heiligen Mund bezeugt wurde, daß alles, was Gott gemacht habe, schön und anmutig sei. (Vgl. Gen 1,31) Und wirklich sind alle Werke Gottes schön, aber gut und schlecht werden sie aus dem Willen[67] und den Werken; alle Einrichtungen, die Selbstmächtigkeit und Freiheit kraft ihrer geschöpflichen Natur haben, auch jene, die keine Selbstmächtigkeit haben, werden nicht von Natur aus gut oder schlecht genannt, sondern (nur) schön. Auch Satan, der nun der Böse heißt aufgrund der rebellischen Gesinnung, die er sich selbst durch eigene Hartnäckigkeit erwarb, war nicht von Natur aus böse und ein Quälgeist, sondern er selbst hat es gewollt und ist schlecht geworden,[68] und nicht so, wie einige daherfaseln, daß er eigens dazu erschaffen worden sei, Versucher der Gerechten und Henker der Sünder zu werden. Wäre er nämlich dazu geschaffen worden, wäre ihm schließlich nicht die Gehenna zugesprochen worden (vgl. Mt 25,41), er, der stets sein Werk getan hätte, zu dem er geschaffen worden wäre, hätte dann vielmehr eine Belohnung verdient. Ich behaupte nicht, Gott könne nicht machen, was er wolle, sondern daß er nicht tut, was seiner gerecht abwägenden Wahrheit nicht entspricht. Auch ist Satan nicht irgendeine tyrannische Macht, so als ob er irgendwie gewaltsam aufsässig geworden wäre oder jemanden mit Gewalt zum Bösen angetrieben hätte, sondern mit Täu-

64 Zur Willensfreiheit der Geistwesen vgl. Bardaisan, LLR 9; Eznik, De Deo, § 249. Dieser Topos begegnet auch in der altkirchlichen Apologetik, vgl. Justin, 2.Apol. 7-8.

65 Zum Engelsturz in der jüdisch-apokalyptischen Literatur vgl. slHen 29,4f.; vitAd 12-16; Lk 10,18.

66 In der Ansicht, daß es nichts von Natur aus Böses gibt, ist Eznik, De Deo, § 2, Aithallaha gefolgt.

67 Die frühen Syrer besitzen eine ausgeprägte Neigung zum Voluntarismus. Schon Tatian (Or 7,14; 11,5f.) lehrt, daß die Sünde durch den Willen in die Welt gekommen sei und auch durch Willensanstrengung überwunden werden könne. Auch Ephräm wird nicht müde, immer wieder die Willenskraft der Kreatur herauszustellen, vgl. E. Beck, Ephräms Reden über den Glauben, Rom 1953, 64-67.

68 Satan wurde nicht böse geschaffen, sondern er hat willentlich gesündigt und ist böse geworden, vgl. Eznik, de Deo, §§ 48, 51, 262, 263.

schung und Lockung.[69] Als Zeugen (dienen), die sagten: »Was haben wir mit dir zu schaffen, Jesus, Sohn Gottes, bist du gekommen, uns vor der Zeit zu quälen?« (Mt 8,29) Und daß er niemanden gewaltsam zum Bösen antreibt, sondern nur in der Weise und in dem Maße, wie er Befehl dazu erhalten hat, in die Versuchung führt, das erfahren wir aus den Versuchungen, mit denen er den Ijob in Versuchung führte.[70] Denn nicht so, wie er wollte, führte er in Versuchung, sondern wie er Befehl dazu erhielt. Und der Versucher versucht sie nämlich nicht über menschliches Vermögen hinaus, denn (73) es heißt: »Treu ist Gott, der euch nicht mehr in Versuchung stürzt, als ihr es vermögt, sondern zugleich mit der Versuchung wird er den Ausweg daraus schaffen, daß ihr bestehen könnt.« (1Kor 10,13) Denn obgleich auch der Versucher seine gute Natur, die er erhalten hatte, in Schlechtigkeit verkehrte, vollbringt dennoch der Urheber des Guten (= Gott) durch dessen Schlechtigkeit Gutes.[71] Denn durch ihn scheidet er die Gerechten, und die Heiligen prüft und reinigt er in seinem Schmelzofen[72]. Und den Schmutz und Dreck der Sünder läßt er durch den Schmelztiegel deutlich hervortreten. Er läßt ihm (Satan) Schimpf und Schande angedeihen durch die Rechtschaffenen, die erwählt werden. Und daß er kein Vorauswissen hat, ist daraus ersichtlich, daß er völlig wirr kämpft.[73]

So erfahren wir bezüglich aller vernunftbegabten Wesen, daß sie aufgrund des Willens sich dem Guten oder Bösen zuwenden und ihren Werken gemäß erben sie auch die Namen. Und das Böse und Gute existiert eigentlich nicht durch sich selbst, sondern von den Werken her, die bisweilen gut waren und dann schlecht oder die bisweilen schlecht waren und dann gut, empfängt es den Namen.[74] Und so haben die Naturen keine Änderung erfahren und sind nicht anders geworden, sondern dieselben Naturen, doch haben sich die Namen aufgrund der Werke gewandelt. Ebenso ist auch von den Engeln, Dämonen und Menschen zu denken, die Vernünftigkeit besitzen.

69 Innerhalb der frühsyrischen Literatur gilt Satan nicht als widergöttliches Prinzip, sondern als listiger Jäger und Fallensteller (Aphr., Dem. XIV 41.43). Zur Parallele bei Eznik, De Deo, § 88.

70 Auch Eznik, De Deo, § 259, enthält den Hinweis auf Ijob. Wie Aithallaha beruft sich auch Eznik auf den Apostel (vgl. 1Kor 10,13 in Eznik, De Deo, § 262).

71 Das Böse stellt eine Perversion der ursprünglich guten Schöpfung dar, vgl. Eznik, De Deo, § 51.

72 Arm. *bov* ≙ syr. *kurā* begegnet bei Aphrahat nicht, wohl aber bei Ephräm (vgl. Thes. Syr., 1711 f.).

73 Satan ist nicht vorauswissend, seine Attacken kommen unvermutet und planlos. Erst der Mensch ist es, der ihm immer wieder Gewalt gibt, so daß er mächtig wird, vgl. Eznik, De Deo, §§ 88 f.

74 Bei den Kategorien Gut und Böse handelt es sich um rein moralisch-aktuelle Qualitäten, nicht aber um Wesenseigenschaften; vgl. dazu auch Eznik, De Deo, § 18, und den Kommentar bei Mariès/Mercier, 699-701.

Und daß die Menschenseelen unsterblich sind,[75] dies hat David gesagt: »Du nimmst von ihnen den Geist, und sie sterben dahin.« (Ps 104,29) Und »es zieht aus sein Geist, und er kehrt zu seinem Erdboden zurück.« (Vgl. Ps 146,4; Gen 3,19) Und Elija sagt: »Es kehre der Geist des Jungen in ihn zurück!« (1Kön 17,21) Und der Herr sagt: »Den Geist können sie nicht töten.« (Mt 10,28) Daß die Seele nach der Lösung vom Körper am Leben bleibt, haben wir aus den göttlichen Schriften gehört. Ob[76] sie aber vollkommen ist in der (74) Erkenntnis, wie gewisse Leute von uns deutlich gesagt haben,[77] oder ob sie an der Erkenntnis gehindert sei, wie es andere im Anschluß an das Wort Davids vermutet haben: »Es zieht der Geist aus ihm aus, und er kehrt zu seinem Erdboden zurück, und an jenem Tag wird es aus sein mit all seinen Plänen« (Ps 146,4), dies ist nicht recht klar, und es ist auch nicht notwendig, danach zu forschen. Denn es steht nicht zwischen Sünde und Gerechtigkeit,[78] sondern nur dies eine laßt uns glauben, daß sie lebt und existiert und bleibt bis zur Auferstehung des Fleisches, daß, wenn ihr Genosse aus der Erde erneuert wird, sie zusammen Vergeltung erhalten für ihre Werke[79], sei es für das Gute, sei es für das Schlechte, gemäß dem, was der Apostel sagt: »Der Sohn Gottes soll (wieder-)kommen in Herrlichkeit und die Zeiten beschließen.«[80]

Dies ist der wahre Glaube gemäß dem Glauben der Kirche, die durch das

75 Aithallaha bekämpft hier die im syrischen Raum stark vertretene Lehre des Thnetopsychismus. Aphrahats Vorstellung vom Seelenschlaf ist in der Folgezeit vom Araberbischof Georgios heftig kritisiert worden, vgl. I. Forget, De vita et scriptis Aphraatis, Lovanii 1882, 293-315, und die Übersetzung des Georgiosbriefes, ebd. 39-51. Aithallahas Ausführungen zeigen, daß die Frage nach den Eschata in der syrisch-persischen Kirche voll entbrannt war. Im Gegensatz zu Aphrahat geht er jedoch von einer geistigen Substanz aus, die den menschlichen Tod überdauert, während nach Aphrahat die Seele zusammen mit dem toten Körper begraben wird. Die Frage, ob die Seele nach dem Verlust des Körpers überhaupt noch fühlen kann, ist ein Problem, das Ephräm im achten Hymnus de paradiso diskutiert, vgl. E. Beck, Ephräms Hymnen über das Paradies, Rom 1951, 77-96. Für Aphrahat ist die Kontinuität nicht in der todüberdauernden Seele gegeben, sondern pneumatisch im Geist Christi begründet, der den Sterbenden im Tod verläßt und ihn vor dem erhöhten Christus bis zur Auferstehung des Fleisches in Erinnerung hält. (Vgl. Dem. VI 14, VIII 23). Doch auch davon ist Ephräms Seelenlehre weit entfernt, vgl. Beck, aaO., 91.

76 Der deliberative Sinn ergibt sich, wenn man dem arm. *tʿē - tʿē* im Syr. ein *en - en* zugrunde legt. Vgl. Th. Nöldeke, Syrische Grammatik, § 374 C.

77 Es ist nicht klar, auf wen sich Aithallaha hier bezieht. Innerhalb der jüdischen Literatur ist es Flavius Josephus, der für die Unsterblichkeit der Seele plädiert (Ant XIX 325; Bell II 154f., 163; VI 47). Justin, Apol. I 18, spricht davon, daß die Seelen auch nach dem Tod noch bei Bewußtsein sind. Für Tatian, Or. 13, ist die Seele nicht an sich unsterblich, sondern nur in dem Maße, als sie sich auf das göttliche πνεῦμα eingelassen hat und die Gotteserkenntnis besitzt.

78 Eine stehende Formel bei Aphrahat für etwas Belangloses, Heilsirrelevantes: Dem. XIII 2.

79 Auch für Aithallaha gibt es offensichtlich kein vorgezogenes Einzelgericht über die Seele. Seele und Leib werden beide zusammen gerichtet am Jüngsten Tag. Nach Ephräm kann die Seele ohne Leib nicht ins Paradies eintreten, sondern beide erhalten zusammen die Vergeltung, vgl. E. Beck, Ephräms Hymnen über das Paradies, 82-86.

80 Vgl. 2Tim 4,1 sowie das Credo in syro-palästinischer Überlieferung (DS 60): καὶ πάλιν ἐρχόμενον ἐπὶ συντελείᾳ τοῦ αἰῶνος μετὰ δόξης.

kostbare Blut des eingeborenen Sohnes Gottes, der Gott aus Gott ist,[81] erlöst worden ist, der kam und Mensch wurde unter Menschen, ohne allerdings die göttliche Natur irgendwie zu verändern.[82] Vielmehr als er im heiligen Leib der Jungfrau war, bildete er in allen Leibern die Leibesfrucht[83] und baute beständig seinen Tempel auf im Heiligen Geist. In jede geschaffene Leibesfrucht blies er die Seele ein und erschuf[84] ... Christus, unser Gott. Ihm sei Ehre in Ewigkeit. Amen.

81 Die Formel »Gott aus Gott« ist vornizänisch belegt, vgl. Aphr., Dem. XVII 2. Vgl. I. Ortiz de Urbina, Die Gottheit Christi bei Afrahat, Rom 1933, 49f.; Bruns, Das Christusbild Aphrahats des Persischen Weisen, 122-128; die Formel Θεὸν ἐκ Θεοῦ begegnet im palästinischen Raum bei Eusebius (vgl. DS 40).

82 Damit soll die Wandelbarkeit und Veränderlichkeit des Logos klar ausgeschlossen werden (DS 126).

83 Die göttliche Allmacht, im mütterlichen Schoße der Jungfrau verborgen, war nach außen hin schöpferisch tätig, so auch Ephräm, Nat. IV 162.163.165.

84 Hier ist der arm. Text lückenhaft.

Jürgen Tubach

Ein Palmyrener als Bischof der Mesene

Über die erste christliche Mission im Königreich der Mesene liegen keine Nachrichten vor. Die Fürsten des kleinen Reiches, das einst Hyspaosines am Unterlauf des Euphrat und Tigris nach Antiochos VII. Sidetes Tod im medischen Bergland[1] gegründet hatte[2], waren Vasallen des parthischen Großkönigs[3] und besaßen das Recht, eigene Münzen zu prägen[4]. Ihr relativer Wohlstand resultierte aus dem Fernhandel. Die Hauptstadt Charax Spasinou, nach dem Gründer des kleinen Reiches benannt, galt als Drehscheibe des Welthandels[5]. Hier unterhielten Kaufleute aus Indien und besonders solche aus Palmyra Handelskontore[6]. Manche Palmyrener besaßen sogar eigene Schiffe[7], um den lästigen Zwischenhandel auf ein Minimum zu beschränken.

Die politische Bedeutung der Könige hielt allerdings nicht mit der ökonomischen Schritt. De facto unterstanden den Fürsten die beiden Landschaften Charakene und Mesene. Verschlechterten sich die politischen Beziehungen zum Großkönig, mußten die Fürsten im Falle einer Eskalation damit rechnen, daß ihre Souveränitätsrechte über die nördlichen Gebiete oder das ganze Reich beschnitten wurden.

Von den beiden Landschaftsnamen ist Maysān der ältere, Charakene der jün-

1 Vgl. dazu Fischer (1970).

2 Vgl. dazu Fischer (1970: 58-62 u. ö.), Oelsner (1986: 310_{112}).

3 Im Jahr 122/21 ließ Mithradates II. (123-88 v. Chr.) Münzen des Hyspaosines überprägen (Newell 1925, Nodelman 1959/60: 91, Le Rider 1959: 231f. und 1965: 182.378f. Pl. LXXI_{12-14}, Sellwood 1983: 283f.311 Pl. II_5 und ^{2}1980: 66). Für eine kurze Zeit (Mai/Juni 127) gehörte sogar Babylon zu Hyspaosines' Machtbereich. Ab 126/5 sind die Parther wieder keilschriftlich als Herren der Stadt bezeugt (Oelsner 1986: 64f.276 und Ders. 1975: 35, Unger ^{2}1970: 319-323).

4 Zur Geschichte und Geographie des Königreiches vgl. besonders Sullivan (1990: 109f.376 Anm. 24-27), Frye (1984: 275-278 u. ö.), Morony (1984: 155-163 und 1982: 30-39), Nodelman, Hansman, Oppenheim (1983: 29-35.241-256.347-349), Kahrstedt (1950: 52-58), Schaeder (1925: 11-37), Weissbach (1931: 1082-1095), zu weiteren Literaturangaben, insbesondere zur Numismatik, vgl. meinen demnächst erscheinenden Beitrag mit dem Titel ›Zwischen Anpassung und Widerstand. Die mesenischen Fürsten und die Arsakiden‹.

5 Nach dem Perlenlied (V.18.70) war die Hauptstadt der Mesene ein Umschlagplatz des Fernhandels (Jansma 1952: $36_{2f.}38_{16-18}$, Poirier 1981: 330.334 vgl. 254, Beyer 1990:243.253). Zur Bedeutung der Mesene für den Indienhandel vgl. noch Dietrich (1966: 319), Sellwood (1983: 310.312f.), Brunner (1983: 755f.).

6 Drexhage (1988: 70ff.), Dies. (1980: 27ff.).

7 Drexhage (1988: 80f.) – Auf einem Relief im Museum von Palmyra ist ein hochseetüchtiges Schiff abgebildet (Colledge 1976: 76 Pl. 103, Ingholt 1957: 26 Pl. VI_2, Moti Chandra 1977: 120 Pl. Ia).

gere, der erst in hellenistischer Zeit aufkam und zunächst auf die weitere Umgebung der Hauptstadt Charax Spasinou beschränkt blieb[8]. Die Nordgrenze des kleinen Königreiches lag bei Apameia in der Nähe des heutigen Qūṭ al-ʿAmāra. Hier spaltete sich der Tigris in zwei Flußarme auf. Der ›kleine Tigris‹, der im Mittelalter der eigentliche Hauptlauf des Tigris war, floß von Qūṭ aus nach Süden bzw. Südwesten und mündete in den Euphrat[9]. In hellenistisch-römischer Zeit galt das von den beiden Strömen Euphrat und Tigris sowie dem Verbindungskanal umschlossene Gebiet als Mayšān/Mesene.

Den Sturz der Arsakiden überlebten die Könige politisch nicht. Etwa im Jahr 222, zwei Jahre vor Artabanos V. (212-224) Tod, nahm Ardašīr Charax Spasinou und die 12 Meilen südlich gelegene Stadt Forat ein, die sich mittlerweile zu einer wichtigen Hafenstadt entwickelt hatte. Beide Orte wurden umbenannt, Charax hieß fortan Astarabad (-Ardašīr) und Forat Bahman-Ardašīr. Die Mesene regierte von nun an ein Mitglied des Sasanidenhauses. Der Glanz der Städte Charax und Forat als internationale Handelsmetropolen verblaßte in der Folgezeit. Ihre Rolle ging allmählich an Rēw-Ardašīr, die Hafenstadt der Persis, über.

Glaubt man der Chronik von Arbela, besaßen um 224 n. Chr. mehr als 20 Städte im Perserreich einen Bischof, darunter auch Praṯ Mayšān (= Forat)[10]. Obgleich die Authentizität der Kirchengeschichte von Arbela nicht über jeden Zweifel erhaben ist[11], kann als durchaus wahrscheinlich angenommen werden, daß es um 200 in den Handelsstädten des Königreiches Mesene bereits einheimische Christen gab. Die Verbreitung des Christentums im 3. Jahrhundert in der Mesene erfolgte durch Kaufleute und deportierte Kriegsgefangene aus dem Römischen Reich[12].

Eine frühe missionarische Wirksamkeit in der Mesene wird dem Addai-Schüler Mārī zugeschrieben[13], der die erste Kirche in Veh-Ardašīr (= Kōḵē, östlich

8 Plinius, Historia naturalis VI 31 § 136; Ptolemaios, Geographia VI $3_{2.3}$ (ed. F. W. Wilberg-K. H. F. Grashof, Fasc. VI, 1845, 395.396/ed. K. F. A. Nobbe II ^{2}1898/^{2}1913=1966,90.91), vgl. Nodelmann (1959/60: 84), Hansman (1967: 24).

9 Zeitweise gehörten anscheinend auch westlich des ›kleinen Tigris‹ gelegene Städte wie Lagasch (= Tello) und Uruk zum Herrschaftsbereich der mesenischen Könige (Parrot 1948: 310-312, Nissen 1973: 82, Leisten 1986: 358 f.).

10 Mingana (1907: 30_{8}/106), Kawerau (1985: 31_{4}/51), Sachau (1915: 21 f.61 und 1919: 49), Chaumont (1988: 32).

11 Ihre Echtheit verteidigte jüngst Kawerau (1985: 1-12), nachdem Fiey das Werk als Fälschung Minganas zu verifizieren suchte (1967: 265-302, Hage 1988: 39-46). Allgemein zu diesem Problemkreis Grafton (1991).

12 Chaumont (1988: 63.72.125), Widengren (1984: 4.8 f.), Blum (1980: 19 f.), Wiessner (1967: 293), sowie bes. Back (1978: 313-326), Scher (1908: 221 f.[= 11 f.]).

13 Gismondi (1899=1965:$4_{13f.19f.}5_{5}$/3.4), sowie besonders die Acta Maris (Abbeloos 1885: $81_{1ff.}$/119; Bedjan, AMSS I, 1890=1968: $88_{4ff.}$); zu Mari vgl. Chaumont (1988: 16-19 u. ö.), Fiey (1970: 38-44).

von Seleukeia[14]) und das Kloster Dayr Qunnā (arab., syr. Dayrā ḏQonnai)[15] gegründet haben soll. Nach dem liber turris von Mārī ibn Sulaymān († ca. 1150) verkündigte Mārī in der Landschaft Dast-i Maysān[16] erfolgreich das Evangelium[17]. Seine Missionsreise führte ihn schließlich sogar nach Apologos (arab. al-Ubulla, mittelpers. Šād Šābuhr[18]) in der Nähe von ʿAššar[19] am rechten Ufer des Šaṭṭ al-ʿArab, wo er die al-Quds genannte Kirche gründete[20].

Die Voraussetzungen für eine Evangelisation waren in der Mesene wie überhaupt in Babylonien[21] relativ günstig. Die Existenz zahlreicher jüdischer Gemeinden bot der christlichen Verkündigung anfangs einen natürlichen Anknüpfungspunkt. Träger der Mission waren vermutlich hauptsächlich Kaufleute, die explizit oder implizit für ihre Religion warben. Als Beispiel kann der jüdische Kaufmann Ananias (Ḥananyā) in der ersten Hälfte des 1. Jahrhunderts n. Chr. dienen, der im Kreis der mesenischen Hofdamen nicht nur seine Luxusartikel präsentierte, sondern bei Gelegenheit auch von seiner Religion erzählte. Nach Josephus[22] unterwies der Kaufmann die adligen Frauen am Hof des Königs Abennerigos I.[23] geradezu in der jüdischen Religion. Über die Frauen wurde der adiabenische Prinz Izates mit Ananias bekannt und ließ sich durch ihn für das Judentum gewinnen.

Der erste historisch faßbare Bischof der Mesene ist David von Praṯ Maysān[24].

14 Abbeloos (1885: $66_{4-11}.77_{8f.10f.}$/104.115); Bedjan AMSS I, 1890 =1968: $81_{4-11}.86_{8f.12f.}$; Abbeloos-Lamy (III 1877: $19_{8f.}$), vgl. dazu Fiey (1967: 17 und 1970: 41-44).

15 Abbeloos (1885: $72_{13ff.}76_{8}$-77_{9}/110.114-115); Bedjan, AMSS I, 1890=1968: $83_{13ff.}85_{19}$-86_{9}; Streck (II 1901=1986: 284-289), Sachau (1919: 29), Sourdel (^{2}1965=1983: 197), Fiey (1968: 188-194 u. ö.). – Das Kloster, das nach einer angeblichen Schwester des parthischen Königs Artabanos benannt war, lag südöstlich von Ktesiphon zwischen dem Tigris und dem Nahrawān-Kanal. Vom letzteren zweigte ein weiterer Kanal ab, der durch das Kloster floß. Das zugehörige Dorf hieß in arabischer Zeit Dūr Qunnā (»Häuser der Qunnā«, vgl. Gismondi I_{1}, 1899=1965:4_{13}, Fiey 1968: 187 u. ö.), was auf das akkadisch-aramäische Dūrā ḏQonnai/Dūr Qonnai (»Festung der/des Qonnai«) zurückgeht.

16 Die »Ebene (= pers. dašt) von Maysān« erstreckte sich östlich der Tigrisstädte al-Maḏār und al-ʿAbdasi bis nach Ḫūzistān. Al-Maḏār galt in islamischer Zeit als städtischer Mittelpunkt von Maysān (Morony 1984: 160f., Ders. 1982: 35-37.49_{554}, Streck-Morony 1991: 920, Donner 1981: 159, Hansman 1967: 35.42, Streck 1936: 158.159f., Schaeder 1925: 18.34f.).

17 Gismondi (1899=1965: $4_{19f.}$/4); vgl. Fiey (1968: 274).

18 Casson (1989: 72/73.179f.182), Frye (1984: 300), Donner (1981: 160 u. ö.), Fiey (1968: 277.279 u. ö.), Hansman (1967: 25).

19 Jetzt ein Stadtteil von Baṣra (Fiey 1968: 265).

20 Gismondi (1899=1965: 5_{5}/4), vgl. Fiey (1968: 276).

21 Die spätere Kirchenprovinz hieß Bēṯ Arāmāyē, in der sasanidischen Verwaltung jedoch wie in der Partherzeit Asōristān (Assyrien). Vgl. Calmeyer (1990:119), Frye (1984: 222), Brunner (1983: 748.754.757f.), Back (1978: 260).

22 Ant. XX $2_{1.3}$ §22f.34f.; zu den Fürsten der Adiabene vgl. Neusner (1964: 60-66), Schiffman (1987: 293-312), Frenschkowski (1990: 213-233), Boehmer-Gall (1973: 65-77).

23 »Diener des Nergal« (ʿAbennerig < ʿAbed Nerig), zur Münzprägung vgl. Nodelman (1959/60: 99f.121), Le Rider (1959: 238.252).

24 Von Barhebräus (Abbeloos-Lamy III 27_{10}) und der Chronik von Seʿert (Scher 1908: 236_{5}. 292_{11}.

Nach Barhebräus weihte er 266 Papa bar Aggai zum Bischof von Seleukeia-Ktesiphon[25]. Nach der Chronik von Seʿert gab David sein Bischofsamt auf und reiste nach Indien. Dort widmete er sich der Verkündigung des Evangeliums[26]. Die nächsten namentlich bekannten Bischöfe aus der Mesene sind Bōlīḏaʿ (Bwlydʿ) von Praṯ dMayšān und Yōḥannān (Johannes) von Karḵā ḏMayšān (= Charax Spasinou). Wie Šemʿōn bar Ṣabbāʿē, dem Bischof der Hauptstadt, gehörten sie samt anderen Gläubigen zu den ersten Opfern der von Šābuhr II. (310-379) inaugurierten Verfolgung. Sie werden in zwei fast identischen Passagen der jüngeren Rezension von Šemʿōns Märtyrerakte erwähnt[27]. Im Martyrologium syriacum aus dem Jahr 411 wird neben Bōlīḏaʿ und Johannes noch ein weiterer mesenischer Bischof namens Bar ʿAbdā als Opfer der Christenverfolgung im persischen Reich genannt[28]. Bei der Angabe des Bischofssitzes unterlief dem edessenischen Schreiber oder Redaktor vermutlich ein Fehler. Bōlīḏaʿ, Bar ʿAbda und Johannes sind hier Bischöfe von Praṯ dMayšān, was der Märtyrerakte Šemʿōns widerspricht[29]. Bōlīḏaʿs Gedenktag fällt auf den zweiten Freitag des Sommerquartals[30].

Abgesehen von David ist über die ersten Bischöfe nichts bekannt. Die Überlieferung gedenkt ihrer nur, weil sie zu den ersten Christen gehörten, die unter Šābuhr das Martyrium erlitten. Von einem einzigen der erwähnten Bischöfe läßt sich die Herkunft enträtseln: Bōlīḏaʿ (Bwlydʿ) oder seine Vorfahren stammten

[= 26. 82]) wird David anachronistisch als Metropolit von Maysān bzw. Baṣra bezeichnet. Nach der 410 eindgültig eingeführten Metropolitanverfassung hatte das Oberhaupt der mesenischen Bischöfe seinen Sitz in Praṯ Mayšān, der wichtigsten Hafenstadt der Mesene. In islamischer Zeit residierte der Metropolit in Baṣra. Vgl. dazu Chaumont (1988: 125), Fiey (1968: 266), Kmosko (1907: 668_1).

25 Abbeloos-Lamy (III 1877: 27_{9-11}), Text auch bei Kmosko (1907: 667), zu Papas Versuch, ca. 300 (oder später) eine Metropolitanverfassung einzuführen vgl. Asmussen (1983: 930f.), Widengren (1984: 10), de Vries (1984: 22-25), Blum 1980: 17.22.24ff.), Fiey (1970: 72-75), Tisserant (1931: 164-166 = 1955: 147-149), sowie bes. Schwaigert (1989: 50-102).

26 Scher (1908: 236_5. 292_{11}-293_1 [= 26.82f.]); vgl. dazu Sachau (1919: 71), Podipara (1966: 52), Brown (^{2}1982: 66f.), Chaumont (1988: 126), sowie bes. Dihle (1963: 66=1984: 73); zu Īšōʿdnaḥ (von Baṣra) als potentiellem Verfasser der Chronik von Seʿert vgl. Nautin (1974: 113-126 und 1982: 313f.), anders Fiey (1975/76: 447-459).

27 Kmosko (1907: 780_9/781_{1-2} und 832_{4-5} vgl. 708_2); Bedjan, AMSS II (1891=1968) $131_{11f.}$.$154_{7.}$; Braun (1915: 5.21) – An der zweiten Stelle erhält Praṯ nicht den Zusatz Mayšān.

28 Nau (1912=1974: 24_7); J.B. de Rossi-L. Duchesne, Acta SS Novembris II_1 (1894) LXIV; Übersetzung des Textes auch bei Mariani (1956: 53), Wright (1866: 432).

29 Vgl. dazu Fiey (1968: 267); Chaumont (1988: 126f.) hielt die Notiz des Martyriums wegen seines hohen Alters für glaubwürdig. Nach Wiessner (1967: 297) sind Doppelbesetzungen von Bischofssitzen in der mesenischen Metropolie nicht bekannt. Eine Liste der mesenischen Bischöfe findet sich bei Fedalto (1988: 936-938).

30 Fiey (1963: 43 und 1968: 266), Moussess (1955: 25). In ʿAmrs Defensio fidei orthodoxae ist der letzte Konsonant von Bōlīḏaʿs Namen fälschlich mit einem diakritischen Punkt versehen, so daß daraus Bolidaġ entstanden ist (Assemani III_1, 1725=1975: 585/III_2, 1728=1975: DCCXXIX). Statt Bolidaġ (so Fiey 1968: 266 u.ö., dsgl. Fedalto 1988: 936, vgl. Assemani: Polidaghus) ist jedoch Bōlīdaʿ zu lesen.

aus Palmyra. Er trägt einen typisch palmyrenischen Namen, »Bōl hat erkannt« (Bwlydʿ)[31]. Bemerkenswert daran ist nicht das verbale Komplement, das in unzähligen theophoren Personennamen vorkommt, sondern der Gottesname Bōl, wie das Oberhaupt des palmyrenischen Pantheons einst hieß, ehe sein Name unter babylonischem Einfluß in hellenistischer Zeit »akkadisiert« wurde. Fortan nannten die Gläubigen den höchsten Gott der Stadt stets Bēl[32]. Bōl kam nur noch als Bestandteil göttlicher[33] oder menschlicher Eigennamen vor. Da Baʿal sich im syrisch-phönikischen Bereich nie zu Bōl wandelte, kann bei Personennamen mit Bōl als theophorem Element davon ausgegangen werden, daß der Träger des betreffenden Namens palmyrenischer Herkunft war oder palmyrenische Vorfahren besaß.

Palmyrenische Kaufleute unterhielten im 1. und 2. Jahrhundert n. Chr., wie zahlreiche Inschriften belegen, gute Handelsbeziehungen zu den mesenischen Städten Charax Spasinou und Forat. Manche Großkaufleute besaßen sogar eigene Schiffe, mit denen sie nach »Skythien« segelten, d. h. ins Indus-Delta oder nach Barygaza (h. Broach)[34]. Neben regelmäßigem Karawanenverkehr zwischen dem Golf und Palmyra unterhielten die Palmyrener auch Handelskontore in manchen Städten, wo sich einzelne Kaufleute entweder ständig aufhielten oder zumindest für längere Zeit präsent waren[35]. Besondere Verdienste um den palmyrenischen Außenhandel erwarben sich im 2. Jahrhundert n. Chr. Soʿadū bar Bōlyadaʿ (gr. Soados, Sohn des Boliades) und Markus Ulpius Yarḥai[36]. Beide besaßen intensive Kontakte zur mesenischen Hauptstadt[37]. Zu Ehren des Soʿadū stellten Kaufleute u. a. eine Statue in Charax Spasinou auf[38]. Yarḥai war auch mit der Organisation von Handelsreisen nach »Skythien« beschäftigt[39].

Einzelne palmyrenische Kaufleute, die in Charax oder Forat ansässig waren, besaßen so gute Beziehungen zur mesenischen Fürstenfamilie, daß es ihnen sogar gelang, in der Administration des Reiches Karriere zu machen. Vor dem Jahr 131 n. Chr. ernannte der mesenische König Meredates (Mithradates)[40] einen

31 Stark (1971: 8.75), eb. weitere mit Bōl zusammengesetzte Namen. Blydʿ ist, wie Bilinguen zeigen, eine defektive Schreibung von Bwlydʿ (Βωλιαδης). Vgl. Caquot (1955: 154).

32 Gese (1970: 226), Höfner (1965=1983: 431), Teixidor (1979: 1.58.60 und 1977: 113), Gawlikowski (1990: 2608f.). – Bōl wie Bēl sind Appellativa und bedeuten wie kanaanäisch/aramäisches baʿlu, baʿal/baʿla einfach »Herr«. In Palmyra fiel (dem Akkadischen vergleichbar) der Laryngal unter Ersatzdehnung des vorhergehenden Vokals aus, der schließlich zu ō gesteigert wurde.

33 Z. B. Bēls Begleiter der Sonnengott Yarḥibōl und der Mondgott ʿAglibōl.

34 Zur Bedeutung des Hafenortes für den Ost/Westhandel vgl. Gokhale (1987: 67-79).

35 Drexhage (1988: 29.35 u. ö. 71.77 u. ö.).

36 Drexhage (1988: 101-104).

37 Drexhage (1988: 72-74 sowie 39f. 42f. 44f.).

38 Drexhage (1988: 39-41.73).

39 Drexhage (1988: 80-82.104)

40 Im Jahre 150/1 besiegte Vologaises IV. (147-191) den mesenischen Fürsten Miradates/Meredates

Palmyrener namens Iaraios (Yarḥai), den Sohn des Nebouzabad (Nabū zabad), zum σατράπης Θιλουανῶν[41]. Palmyrenische Kaufleute aus Charax Spasinou ließen in jenem Jahr die Inschrift samt einer Statue Yarḥais an einer Säule der Agora Palmyras anbringen. Vom palmyrenischen Text der Bilingue blieb nur der Name des Geehrten erhalten, dessen Verdienste nicht näher im griechischen Teil spezifiziert werden. Näheren Aufschluß über die mögliche Zusammenarbeit zwischen der palmyrenischen Kaufmannsgilde und der staatlichen Behörde gibt das Gentilicium Θιλουανοι. Ins Aramäische transponiert, müßte der zugrundeliegende Orts- oder Landschaftsname Tlwn gelautet haben. Ein Tlwn kommt in einem Brief des Katholikos Īšōʿyah̄b III. (649-659)[42] neben einigen Städten und Inseln an der arabischen Golfküste vor: Dayrīn (= Dārīn), Māšmāhīg (= die Insel al-Muharraq bei Baḥrayn[43]), Tlwn und die Städte Ḥaṭṭā (= Pīṭ Ardašīr) und Hagar (in der Oase al-Ḥasā). Daraus ergibt sich, daß Tlwn in der Umgebung von Baḥrayn zu suchen ist. In der hellenistisch-römischen Zeit trugen die heutigen Inseln Baḥrayn und al-Muharraq die Namen Tylos und Arados[44]. Tylos, gelegentlich auch Tyros[45] genannt, ist eine gräzisierte Form von Tilmūn (Dilmūn), dem alten babylonischen Namen der Insel Baḥrayn, dessen nasaler Labial m wie ein vokalisches w gesprochen wurde[46]. Bei Tlwn kann es

(Inschriften/Münzen) und besetzte sein kleines Reich. In einem Tempel, vermutlich dem Heiligtum Nergal-Herakles' in Charax Spasinou, requirierte er eine Bronzestatue des Gottes und brachte sie nach Seleukeia (am Tigris), wo sie im Apollo-Tempel aufgestellt wurde. Auf der in typisch griechischem Stil gehaltenen Statue des nackten Herakles ließ Vologaises in einer griechisch-parthischen Bilingue seinen Sieg feiern (zur Inschrift vgl. Pennacchietti 1987: 169-185, Bernard 1990: 23-27, gute Abbildung der Statue bei Stierlin 1987: 177 Abb. 158, zur Statue vgl. bes. Invernizzi 1989: 65-113, Bernard 1990: 3-68). Meredates war der Sohn von Pakoros II. (ca. 77/8-114/15), der samt anderen Prätendenten Anspruch auf den Thron erhob. In den zwanziger Jahren des 2. Jahrhunderts n. Chr. scheint er die Nachfolge von Attambelos V. angetreten zu haben. Attambelos hatte einst Trajan gehuldigt und war nach Verlust des Zweistromlandes als König der Mesene vermutlich politisch nicht mehr tragbar. Der folgende Bürgerkrieg zwischen Osroes (109-129) und Vologaises III. (105-147) ließ Meredates in der Mesene unbehelligt, zumal bald darauf ca. 140 in Mithradates IV., dem Vater von Vologaises IV., ein weiterer Kronprätendent auf der politischen Bühne erschien.

41 Starcky (1949: 25f. No. 38), Seyrig (1941: 253-255 = 1946: 197-199), vgl. auch Drexhage (1988: 29.71.135), Nodelman (1959/60: 113).

42 Duval (1904/1905=1962: 267_{25}/194 [T./Übs.]). Als T'lwn wird der Ortsname bereits in den Synodalakten von Īšōʿyah̄b I. (582-595) erwähnt (Chabot 1902: 165_{28}/424, Braun 1900: 237). In Tlwn lebten auch Mönche, wie aus einem anderen Text explizit hervorgeht (Peeters 1931: 7_{1}/10.14, vgl. dazu Fiey 1966: 136.137 und 1969: 214, sowie noch Braun 1900: 33.335). Fiey und Braun sahen in Telwn, Talwan oder Talon, wie sie den Namen umschrieben, eine Insel bei Baḥrayn. Im Gegensatz zu der vor der Küste Kuweits gelegenen Insel Ikaros (= griech., h.Faylaka) sind Spuren des Christentums auf Baḥrayn archäologisch bisher nicht nachweisbar (Bernard-Callot-Salles 1991: 145-181, Bernard-Salles 1991: 7-21).

43 Identifikation nach Beaucamp-Robin (1983: 171-196 bes. 173-176).

44 Vgl. Calvet (1984: 341-346), vgl. noch von den Brincken (1992: 65.70f.149.151f. u. ö.).

45 Meineke (1849=1958: 643), Westermann (1839: 286), vgl. Stein (1948: 1733).

46 Vgl. die griechischen Transkriptionen von ^{d}UTU [= Šamaš] als σαυας in einem Keilschrifttext aus dem 1. Jahrhundert n. Chr. (Geller 1983: 118.119).

sich deshalb nur um Tilmūn-Baḥrayn handeln. Wie die griechische Namensform Tylos geht das palmyrenisch-syrische Tlwn letztlich von einem akkadischen Äquivalent aus, bei dem sich der labiale Nasallaut m zu einem w wandelte. Im Gegensatz zum Griechischen blieb die halbvokalische Natur des Lauts, wie die Transkription der palmyrenischen Inschrift zeigt, erhalten (Tilwān < Tilmūn)[47]. Die mesenische ›Satrapie‹[48] Tilwān/Dilmūn war für den Indienhandel von besonderer Bedeutung. Die Herrschaft über Baḥrayn und Teile des Küstengebietes bot die Möglichkeit, den Handelsverkehr mit Indien und auch mit Südarabien zu kontrollieren. Schiffe, die von Forat oder Apologos in Richtung Indien segelten, legten häufig in der Gegend von Baḥrayn einen Zwischenaufenthalt ein und Karawanen, die aus Südarabien nach Babylonien zogen, kamen nach der Durchquerung der innerarabischen Wüste unweigerlich in die Oasen der Baḥrayn-Gegend. Wie später die Laḫmiden in Ḥīra[49] waren die Fürsten der Mesene aus finanzpolitischen Gründen daran interessiert, große Teile der Handelswege zu Wasser und zu Land ihrem unmittelbaren Herrschaftsbereich zu unterwerfen. Für den Kaufmann bedeutete das in der Praxis Schutz vor räuberischen Überfällen. Den palmyrenischen Kaufleuten, die in Charax ein Handelskontor unterhielten, muß der Landsmann, der die Gegend von Baḥrayn als Satrap verwaltete, als ein Geschenk des Himmels erschienen sein. Zumindest war er für sie von unschätzbarem Vorteil. Handelshemmnisse und Schwierigkeiten aller Art ließen sich dadurch leichter abbauen, als es sonst vielleicht der Fall gewesen wäre.

Das Ende des Arsakidenreiches, mit dem auch das einheimische Fürstentum der Mesene erlosch, war für Palmyra mit Sicherheit ein schwerer Schock[50], von dem sich die Stadt jedoch bald erholte, da ihre eigentliche Blütezeit ins 3. Jahrhundert fällt[51]. Vermutlich schlugen die Sasaniden beim Handel eine härtere Gangart ein, indem sie die Zölle auf ein höheres Niveau anhoben. Obwohl im 3. Jahrhundert n. Chr. palmyrenische Inschriften, die von der glücklichen Rückkehr einzelner Karawanen aus Babylonien berichten, nur spärlich vertreten sind, ist kaum anzunehmen, daß die Palmyrener, die in Charax oder Forat lebten, in der Sasanidenzeit plötzlich in ihre Heimat zurückkehrten. Ein Teil blieb

47 Wie ich nachträglich sehe, leitet R. Zadok (1981/82: 139, vgl. auch 1985: 312) Θιλουανῶν vom akkadischen Tilmūn/Tilwūn ab. Vgl. auch Teixidor (1987: 192).

48 Die mesenischen Fürsten ahmten anscheinend die Verwaltungseinheiten des Partherreiches nach, wo zwischen xšahr (Satrapie), avistān und rōdastāk (eigentlich 'Tal') unterschieden wurde (Widengren 1976: 272 f., vgl. Ders. 1966: 20 f. 27).

49 Zur Herrschaft der Laḫmiden über Baḥrayn vgl. Frye (1983: 168), Rothstein (1899=1968: 131-133), Shahid (1986: 634).

50 Vgl. Drijvers (1977: 846, sowie 847.848), etwas ungünstigere Beurteilung der Lage nach dem Sturz der Arsakiden bei Drexhage (1988: 139-141).

51 Die politische und militärische Stärke Palmyras unter Odainathos (»Öhrchen«) und Zenobia ist ohne eine florierende Wirtschaft wohl kaum denkbar, obgleich die Karawanen-Inschriften im 3. Jahrhundert selten sind und die Mesene nach 193 n. Chr. nicht mehr erwähnt wird.

sicher zurück und hoffte auf bessere Zeiten für den internationalen Handel. Zu den Nachfahren eines palmyrenischen Kaufmanns, der im 2. oder 3. Jahrhundert in das Königreich Mesene kam, dürfte der spätere Bischof Bōlīḏaʿ von Forat gehört haben.

Bōlīḏaʿ ist nicht der einzige Palmyrener im babylonischen Raum, der sich Anfang des 3. Jahrhunderts n. Chr. dem Christentum zuwandte. Das Martyrium Syriacum – die Handschrift entstand im November 411 – rechnet einen ansonsten nicht näher bekannten Bōlḥā (Bwlḥʾ)[52] zu den ersten Märtyrern, die Šābuhrs Verfolgung zum Opfer fielen. Bōlḥā, die hypokoristische Form von Bōlḥaza, war ein beliebter palmyrenischer Personenname[53]. Obwohl von Bōlḥā nur der Name bekannt ist, kann er wie der Bischof von Forat im Prinzip nur aus einer palmyrenischen Kaufmannsfamilie stammen.

Ein weiterer Palmyrener namens Bōlīḏaʿ kommt in dem Bericht über die Hochwasserkatastrophe in Edessa vom November 201 n. Chr. vor[54]. Damals überschwemmte der Daysān (gr. Skirtos, »der Hüpfende«) Teile der Stadt, darunter auch den Palast Abgar VIII. (177-212, Lucius Aelius Aurelius Septimius Abgarus). Der im Archiv von Edessa niedergelegte Bericht wurde im 6. Jahrhundert in die ʿedessenische Chronik' aufgenommen.

52 Nau (1912=1974: 23_{10}), J.B. de Rossi – L. Duchesne, Acta SS Novembris II_1 (1894) LXIII, vgl. Mariani (1956: 51), Wright (1866: 431). Die betreffende Passage wird auch bei Bernhard (1969: 70) zitiert. Den Personennamen transkribiert er als Būlḥā.

53 Stark (1971: 8.74) – Längere Personennamen werden häufig durch das Hypokoristikon ai oder ā mit der Tendenz verkürzt, einen zweisilbigen Namen zu erhalten (Beyer 1984: 445).

54 Hallier (1892: 147_8/88), Guidi (1903=1955: 3_{14}/4 [syr.T./Übs.]), Assemani (I, 1719=1975: 393_9). – Statt Bwlyd ist im Text Bwlydʿ zu lesen (Hallier $88_{1.}147_{2.}$, Guidi).

Die benutzten Sigla für Zeitschriften, Reihenwerke und Lexika richten sich nach Siegfried Schwertner, Theologische Realenzyklopädie. Abkürzungsverzeichnis (Berlin/New York 1976).

J[ean]-B[aptiste] ABBELOOS, Acta Sancti Maris Assyriae, Babyloniae ac Persidis seculo I Apostoli syriace sive aramaice juxta manuscriptum Alqoschianum adjectis aliorum codicum lectionibus variantibus versione latina et annotationibus illustrata edidit nunc primum (Bruxelles/Leipzig 1885)/AnBoll 4 (1885) 43-138

Jean-Baptiste ABBELOOS – Thomas Joseph LAMY, Gregorii Barhebraei Chronicon ecclesiasticum quod e codice Musei Britannici descriptum conjuncta opera ediderunt, latinitate donarunt annotationibusque theologicis, historicis, geographicis et archaeologicis illustrarunt III (Paris/Louvain 1877)

J[es] P[eter] ASMUSSEN, Christians in Iran, in: The Cambridge History of Iran 3 (2). The Seleucid, Parthian and Sasanian Periods ed. by Ehsan Yarshater (Cambridge u. a. 1983) 924-948

Giuseppe Simone ASSEMANI [= as-Samʿānī], Bibliotheca Orientalis Clementino-Vaticana I. De Scriptoribus Syris Orthodoxis (Roma 1719. Repr. Hildesheim/New York 1975) – III_1 De Scriptoribus Syris Nestorianis (1725=1975) – III_2 De Syris Nestorianis (1728=1975)

Michael BACK, Die sassanidischen Staatsinschriften. Studien zur Orthographie und Phonologie des Mittelpersischen der Inschriften zusammen mit einem etymologischen Index des mittelpersischen Wortgutes und einem Textcorpus der behandelten Inschriften (Acta Iranica 18 [= 3. série, Textes et mémoires 8]) Téhéran-Liège/Leiden 1978

Joëlle BEAUCAMP – Christian ROBIN, L'évêché nestorien de Mâsmâhîg dans l'archipel d'al-Bahrayn (Ve-IXe siècle), in: Dilmun. New Studies in the Archaeology and Early History of Bahrain. Ed. by Daniel T[homas] Potts (Berliner Beiträge zum Vorderen Orient 2) Berlin 1983, 171-196

Paul BERNARD, Vicissitudes au gré de l'histoire d'une statue en bronze d'Héraclès entre Séleucie du Tigre et la Mésène: JS (1990) 3-68

Vincent BERNARD – Oliver CALLOT – Jean-François SALLES, L'église d'al-Qousour Failaka, État de Koweit. Rapport préliminaire sur une première campagne de fouilles, 1989: Arabian archaeology and epigraphy Vol. 2 No. 3 (Copenhagen, October 1991) 145-181

Vincent BERNARD – Jean-François SALLES, Discovery of a Christian Church at al-Qusur, Failaka (Kuwait), in: Proceedings of the Twenty Fourth Seminar for Arabian Studies held at Oxford on 24th-26th July 1990, Vol. 21 (London 1991) 7-21

Ludger BERNHARD, Die Chronologie der Syrer (SÖAW.PH 264_3) Wien 1969

Klaus BEYER, Die aramäischen Texte vom Toten Meer samt den Inschriften aus Palästina, dem Testament Levis aus der Kairoer Genisa, der Fastenrolle und den alten talmudischen Zitaten (Göttingen 1984)

DERS., Das syrische Perlenlied. Ein Erlösungsmythos als Märchengedicht: ZDMG 140 (1990) 234-259

Georg Günter BLUM, Zur religionspolitischen Situation der persischen Kirche im 3. und 4. Jahrhundert: ZKG 91 [= NF 29] (1980) 11-32

Rainer Michael BOEHMER – Hubertus von GALL, Das Felsrelief bei Batas-Herir: BaghM 6 (1973) 65-77

Oskar BRAUN. Das Buch der Synhados. Nach einer Handschrift des Museo Borgiano übersetzt und erläutert (Stuttgart–Wien 1900)

DERS., Ausgewählte Akten persischer Märtyrer. Mit einem Anhang: Ostsyrisches Mönchsleben. Aus dem Syrischen übersetzt (BK 22) München 1915

Anna-Dorothee von den BRINCKEN, Fines Terrae. Die Enden der Erde und der vierte Kontinent auf mittelalterlichen Weltkarten (MGH.Schriften 36) Hannover 1992

Leslie [Wilfrid] BROWN, The Indian Christians of St. Thomas. An Account of the Ancient Syrian Church of Malabar (Cambridge u. a. 1956. [2]1982)

Christopher [Joseph] BRUNNER, Geographical and administrative divisions: settlements and economy, in: The Cambridge History of Iran 3(2). The Seleucid, Parthians and Sasanian Periods ed. by Ehsan Yarshater (Cambridge u.a. 1983) 747-777

Peter CALMEYER, Die sogenannte fünfte Satrapie und die achaimenidischen Documente, in: Transeuphratène 3 (Paris 1990) 109-129

Yves CALVET, Tylos et Arados, in: Arabie orientale, Mésopotamie et Iran méridional de l'age du fer au début de la période islamique (Réunion de travail, Lyon, 1982, Maison de l'Orient). Sous la direction de Rémy Boucharlat et Jean-François Salles (Editions Recherches sur les Civilisations. »Mémoire« 37) Paris 1984, 341-346

André CAQUOT, Remarques linguistiques sur les inscriptions des tessères de Palmyre, in: Recueil des tessères de Palmyre par Harald Ingholt, Henri Seyrig, Jean Starcky suivi de remarques linguistiques par André Caquot (BAH 58) Paris 1955, 139-183

J[ean] B[aptist] CHABOT, Synodicon Orientale ou Recueil de Synodes nestoriens publié, traduit et annoté par ... d'après le Ms. syriaque 332 de la Bibliothèque nationale et le Ms K. VI,4 du Musée Borgia, á Rome (NEMBN 37) Paris 1902

M[arie]-L[ouise] CHAUMONT, La christianisation de l'empire iranien des origines aux grandes persécutions du IVe siècle (CSCO 499 = subsidia 80) Louvain 1988

Malcolm A[ndrew] R[ichard] COLLEDGE, The Art of Palmyra (Studies in Ancient Art and Archaeology) London 1976

Neilson C[arel] DEBEVOISE, A Political History of Parthia (Chicago/London 1938. Repr. eb. 1969 [Double-page reprint ser.]. Repr. New York 1968)

Albert DIETRICH, Geschichte Arabiens vor dem Islam, in: Der Nahe und Mittlere Osten I. Keilschriftforschung und Alte Geschichte Vorderasiens II. 4 Lfg. 2 Orientalische Geschichte von Kyros bis Mohammed (HO I 2, 4_2) Leiden/Köln 1966, 291-336

Albrecht DIHLE, Neues zur Thomas-Tradition, in: JAC 6 (1963) 54-70 = Ders., Antike und Orient. Gesammelte Aufsätze herausgegeben von Viktor Pöschl und Hubert Petersmann (Suppl. zu den SHAW.PH, Bd. 2, Jg. 1983) Heidelberg 1984, 61-77

Raphaela DREXHAGE, Untersuchungen zum römischen Osthandel (Bonn 1988)

DIES., Der Handel Palmyras in Römischer Zeit: Scriptura Mercaturae 14_2 / Münstersche Beiträge zur Antiken Handelsgeschichte 1 (1980) 17-34

Fred McGraw DONNER, The Early Islamic Conquests (Princeton Studies on the Near East) Princeton, N.J. 1981

Hendrik Jan Willem DRIJVERS, Hatra Palmyra und Edessa. Die Städte der syrisch-mesopotamischen Wüste in politischer, kulturgeschichtlicher und religionsgeschichtlicher Beleuchtung (Palmyra zusammen mit M.J. Versteegh), in: ANRW II. Principat 8. Politische Geschichte (Provinzen und Randvölker: Syrien, Palästina, Arabien) Hrsg. v. Hildegard Temporini – Wolfgang Haase (Berlin/New York 1977) 799-906 bes. 837-863

R[ubens] DUVAL, Išoʿyahb patriarchae III liber epistularum edidit/interpretatus est (CSCO[.S] 11/ 12 [11/12]) Paris/Leipzig 1904/1905. Repr. Louvain 1962

Giorgio FEDALTO, Hierarchia Ecclesiastica Orientalis. Series Episcoporum ecclesiarum christianarum orientalium Patriarchatus Alexandrinus, Antiochenus, Hierosolymitanus (Padova 1988)

J[ean]-M[aurice] FIEY, Le sanctoral Syrien oriental d'après les évangéliares et bréviaires du XIe au XIIIe siècle: OrSyr 8 (1963) 20-54

DERS., Notes d'hagiographie syriaque: OrSyr 11 (1966) 133-145

DERS., Auteur et date de la Chronique d'Arbèles: OrSyr 12 (1967) 267-302

DERS., Topography of al-Mada'in (Seleucia-Ctesiphon area): Sumer 23 (1967) 3-38

DERS., Assyrie chrétienne III. Bēṯ Garmai, Bēṯ Aramāyé et Maišān nestoriens (RILOB [3 sér., Orient chrétien] 42) Beyrouth 1968

DERS., Diocéses syriens orientaux du Golfe persique, in: Mémorial Mgr Gabriel Khouri-Sarkis (1898-1968), Revue d'Etudes et de Recherches sur les Eglises de langue syriaque (Louvain 1969) 177-219 = DERS., Communautés syriaques en Iran et Irak des origines à 1552 (Collected Studies series, CS 106) London 1979

DERS., Jalons pour une histoire de l'Eglise en Iraq (CSCO 310/Subs. 36) Louvain 1970

DERS., Išoʿdnaḥ et la Chronique de Séert, in: Mélanges offerts au François Graffin: ParOr 6/7 (1975-1976) 447-459

Thomas FISCHER, Untersuchungen zum Partherkrieg Antiochos' VII. im Rahmen der Seleukidengeschichte: Phil.Diss. Tübingen (1970)

Marco FRENSCHKOWSKI, Iranische Königslegende in der Adiabene. Zur Vorgeschichte von Josephus: Antiquitates XX, 17-33: ZDMG 140 (1990) 213-233

Richard N[elson] FRYE, The History of Ancient Iran (HAW III.7) München 1984

DERS., Bahrain under the Sasanians, in: Dilmun. New Studies in the Archaeology and Early History of Bahrain. Ed. by Daniel T[homas] Potts (Berliner Beiträge zum Vorderen Orient 2) Berlin 1983, 167-170

Michał GAWLIKOWSKI, Aus dem syrischen Götterhimmel. Zur Ikonographie der palmyrenischen Götter: Trier Winckelmannsprogramme H. 1/2, 1979/80 (Mainz 1981) 17-26

DERS., Les dieux de Palmyre, in: ANRW II. Principat 18_4 Religion (Heidentum: die religiösen Verhältnisse in den Provinzen). Hrsg. v. Wolfgang Haase (Berlin/New York 1990) 2605-2658

Markham J. GELLER, More Graeco-Babyloniaca: ZA 73 (1983) 114-120

Hartmut GESE, Die Religionen Altsyriens, in: Ders. – Maria Höfner – Kurt Rudolph, Die Religionen Altsyriens, Altarabiens und der Mandäer (RM 10_2) Stuttgart u.a. 1970, 3-232

H[enricus/Enrico] GISMONDI, Maris Amri et Slibae de Patriarchis Nestorianorum commentaria ex codicibus Vaticanis edidit ac latine reddidit $I._{1.2}$ (Roma 1899. Repr. Bagdad 1965)

B.G. GOKHALE, Bharukaccha/Barygaza, in: India and the Ancient World. History, trade and culture before A.D. 650. Gilbert Pollet (ed.). Professor P[ierre] H[erman] L[eonard] Eggermont Jubilee Volume. Presented on the occasion of his seventieth birthday (Orientalia Lovaniensia Analecta 25) Leuven 1987, 67-79

Anthony GRAFTON, Fälscher und Kritiker. Der Betrug in der Wissenschaft (Berlin 1991)

Ignazio GUIDI, Chronica minora I edidit/interpretatus est (CSCO[.S] 1/2 [1/2]) Paris/Leipzig 1903. Repr. Louvain 1960/1955, 1-13/1-11

Wolfgang HAGE, Early Christianity in Mesopotamia. Some Remarks concerning the Authenticity of the Chronicle of Arbela: The Harp 1_{2-3} (1988) 39-46

Ludwig HALLIER, Untersuchungen über die edessenische Chronik. Mit dem syrischen Text und einer Übersetzung herausgegeben (TU 9, H. 1) Leipzig 1892

John HANSMAN, Charax and the Karkheh, in: Melanges [Roman] Ghirshman II (IrAnt 7) Leiden 1967, 21-58

DERS., The Land of Meshan: Iran 22 (1984) 161-166

Maria HÖFNER, Die Stammesgruppen Nord- und Zentralarabiens in vorislamischer Zeit. Mit Beiträgen aus griechischen und römischen Quellen von Eberhard Merkel, in: WM I. Die alten Kulturvölker 1. Götter und Mythen im Vorderen Orient (Stuttgart 1965. Repr. 1983) 407-481

Harald INGHOLT, Gandhāran Art in Pakistan (New York 1957)

Antonio INVERNIZZI, Héraclès à Séleucie du Tigre: RAr (1989) 65-113

T[aeke] JANSMA, A Selection from the Acts of Judas Thomas (SSS 1) Leiden 1952

U[lrich] KAHRSTEDT, Artabanos III. und seine Erben (Dissertationes Bernenses Ser. I Fasc. 2) Bern 1950

Peter KAWERAU, Die Chronik von Arbela herausgegeben/übersetzt (CSCO[.S] 467.468 [199.200]) Louvain 1985

Michael Kmosko, S. Simeon bar Ṣabbaʿe praefatus est, textum syriacum vocalium signis instruxit, latine vertit, notis illustravit: PO I 2 (Paris 1907) 659-1054

Thomas Leisten, Die Münzen von Uruk-Warka. Katalog der Münzfunde der Jahre 1913-1984: BaghM 17 (1986) 309-367

Georges Le Rider, Monnaies de Characène: Syr. 36 (1959) 228-253

Ders., Suse sous les Séleucides et les Parthes. Les trouvailles monétaires et l'histoire de la ville (MMAI 38) Paris 1965

Bonaventura Mariani, Breviarium Syriacum seu Martyrologium Syriacum saec. IV iuxta cod. SM. Musaei Britannici add. 12150 ex syriaco in latinum transtulit notisque atque introductione illustravit (RED.S 3) Roma/Barcelona/Freiburg 1956

August Meineke, Stephani Byzantii Ethnicorum quae supersunt (Berlin 1849. Repr. Graz 1958)

[Robert] du Mesnil du Buisson, Le vrai nom de Bôl prédecesseur de Bêl à Palmyre: RHR 158 (1960) 145-160

A[lphonse] Mingana, Sources syriaques I (Leipzig/Mossoul 1907)

Michael G[regory] Morony, Continuity and Change in the Administrative Geography of Late Sasanian and Early Islamic al-ʿIraq: Iran 20 (1982) 1-49

Ders., Iraq after the Muslim Conquest (Princeton Studies on the Near East) Princeton, New Jersey 1984

[Shanti Devi] Moti Chandra, Trade and Trade Routes in Ancient India (New Delhi 1977)

C[uriacos] Moussess, Les livres liturgiques de l'église chaldéenne I (Beyrouth 1955)

F[rancois] Nau, Martyrologes et Ménologes orientaux I-XIII. Un martyrologe et douze ménologes syriaques édités et traduits: PO 2_1 [= Fasc. 46] (Paris 1912. Repr. Turnhout 1974)

Pierre Nautin, L'auteur de la »Chronique de Séert«: Išōʿdenaḥ de Baṣra: RHR 186 (1974) 113-126

Ders., L'auteur de la »Chronique Anonyme de Guidi«: Élie de Merw: RHR 199 (1982) 30-314 [p. 313: Note annexe. Īšōʿdenaḥ de Baṣra et la Chronique de Séert]

Jacob Neusner, The Conversion of Adiabene to Judaism. A New Perspective: JBL 83 (1964) 60-66

Edward T[heodore] Newell, Mithradates of Parthia and Hyspaosines of Characene. A Numismatic Palimpsest (NNM 26) New York 1925

Hans Jörg Nissen, Südbabylonien in parthischer und sasanidischer Zeit: BaghM 6 (1973) 79-86

Sheldon Arthur Nodelman, A Preliminary History of Characene: Ber. 13 (1959/60) 83-121 > Maisān: al-Ustāḏ 12 (Bagdad 1963/64) 432-463 *[= arab. Übs. von F. Ǧamīl]*

Joachim Oelsner, Materialien zur babylonischen Gesellschaft und Kultur in hellenistischer Zeit (Assyriologia 7) Budapest 1986

Ders., Randbemerkungen zur arsakidischen Geschichte anhand von babylonischen Keilschrifttexten: SGKAO. Altorientalische Forschungen 3 (1975) 24-25

Aharon Oppenheimer, Babylonia Judaica in the Talmudic Period. In Collaboration with Benjamin Isaac and Michael Lecker (BTAVO. Reihe B 47) Wiesbaden 1983

André Parrot, Tello. Vingt campagnes de fouilles (1877-1933) Paris 1948

P[aul] P[eeters], Une légendes syriaque de S. Iazdbozid: AnBoll 49 (1931) 5-21

Fabrizio A. Pennacchietti, L'iscrizione bilingue greco-partica dell'Eracle di Seleucia, in: Proceedings of the Symposium »Common Ground and Regional Features of the Parthian and Sasanian World«, Torino, June 17th-21st, 1985: Mes. 22 (1987) 169-185

Placid J. Podipara, Die Thomas-Christen (ÖC [NF] 18) Würzburg 1966 [= The Thomas Christians, Bombay 1971]

Paul-Hubert Poirier, L'hymne de la Perle des Actes de Thomas. Introduction – Texte – Traduction – Commentaire (Homo religiosus 8) Louvain-la-Neuve 1981

Gustav Rothstein, Die Dynastie der Laḫmiden in al-Ḥîra. Ein Versuch zur arabisch-persischen Geschichte zur Zeit der Sasaniden (Berlin 1899. Repr. Hildesheim 1968)

[Carl] Eduard SACHAU, Vom Christentum in der Persis: SPAW.PH (1916) 958-980

DERS., Zur Ausbreitung des Christentums in Asien: APAW.PH Jg. 1919, Nr. 1 (Berlin 1919)

Hans Heinrich SCHAEDER, Ḥasan al-Baṣrī. Studien zur Frühgeschichte des Islam: Islam 14 (1925) 1-75

Addai Scher [Šēr], Histoire nestorienne inédite (Chronique de Séert). Premiere partie (I), in: PO 4_3 (Paris 1908) 213-312 [= 3-102]

Lawrence H[arvey] SCHIFFMAN, The conversion of the royal House of Adiabene in Josephus and rabbinic Sources, in: Josephus, Judaism, and Christianity ed. by Louis H. Feldman and Gohei Hata (Detroit, Mich. 1987) 293-312

Wolfgang SCHWAIGERT, Das Christentum in Ḫūzistān im Rahmen der frühen Kirchengeschichte Persiens bis zur Synode von Seleukeia-Ktesiphon im Jahre 410: Theol.Diss Marburg 1989

David SELLWOOD, Parthian Coins/Minor States in Southern Iran, in: The Cambridge History of Iran 3(1). The Seleucid, Parthian and Sasanian periods ed. Ehsan Yarshater (Cambridge u.a. 1983) 279-298/299-314 u. 315-321

DERS., An Introduction to the Coinage of Parthia (London 1971. ²1980)

Henri SEYRIG, Antiquités syriennes 38. – Inscriptions grecques de l'agora de Palmyra: Syr. 22 (1941) 223-270 = Ders., Antiquités syriennes III (Institut français d'archéologie de Beyrouth. Publication hors série 7) Paris 1946, 167-214

Irfan SHAHID, Lakhmids: EI V (²1986) 632-634

D[ominique] SOURDEL, Dayr Ḳunnā: EI II (²1965. Repr. 1983) 197

Jean STARCKY, Inventaire des inscriptions de Palmyre Fasc. X. L'agora (Publications de la direction générale des antiquités de Syrie) Damas 1949

Jürgen Kurt STARK, Personal Names in Palmyrene Inscriptions (Oxford 1971)

O[tto] STEIN, Tylos (Nr. 2): PRE [2.R.] VII_2 (1948) 1732f.

Henri STIERLIN, Städte in der Wüste. Petra, Palmyra und Hatra – Handelszentren am Karawanenweg (Antike Kunst im Vorderen Orient) Stuttgart 1987 [< Cités du désert – Pétra, Palmyre, Hatra (Fribourg 1987)]

Maximilian STRECK, Die alte Landschaft Babylonien nach den arabischen Geographen I.II (Leiden 1900.1901)/Repr. Frankfurt 1986 (Veröffentlichungen des Instituts für Geschichte der Arabisch-Islamischen Wissenschaften. Reihe B. Nachdrucke. Abteilung Geographie Bd. 6)

DERS., Maisān: EI(D) III (1936) 158-167

DERS., – (M[ichael Gregory] MORONY), Maysān: EI VI (²1991) 918-923

Richard D[ouglas] SULLIVAN, Near Eastern Royalty and Rome, 100-30 BC (Phoenix. Journal of the Classical Association of Canada. Supplementary Volume 24) Toronto u.a. 1990

Javier TEIXIDOR, The Pantheon of Palmyra (EPRO 79) Leiden 1979

DERS., The Pagan God. Popular Religion in the Greco-Roman Near East (Princeton, N.J. 1977)

DERS., Parthian Officials in Lower Mesopotamia, in Proceedings of the Symposium »Common Ground and Regional Features of the Parthian and Sasanian World«, Torino, June 17th-21st, 1985: Mes. 22 (1987) 187-193

E[ugène Gabriel Gervais Laurent] TISSERANT, Nestorius II. L'Eglise nestorienne: DThE XI (1931) 157-288.313-323 = Recueil Cardinal Eugène Tisserant »Ab Oriente et Occidente« I. Publié par Sever Pop avec la collaboration de Georges Levi della Vida, Gérard Garitte et Octave Bârlea (Travaux publiés par le Centre International de Dialectologie Générale près l'Université Catholique de Louvain 1) Louvain 1955, 139-317

Eckhard UNGER, Babylon. Die heilige Stadt nach der Beschreibung der Babylonier (Berlin/Leipzig 1931. Repr. Berlin 1970)

Wilhelm de VRIES, Die Patriarchen der nichtkatholischen syrischen Kirchen: OstKSt 33 (1984) 3-45

[Franz Heinrich] WEISSBACH, Mesene: PRE XV1 (1931) 1082-1095

Anton WESTERMANN, Stephanii Byzantii Εθνικων quae supersunt (Leipzig 1834)

Geo WIDENGREN, The Nestorian Church in Sasanian and Early Post-Sasanian Iran, in: Incontro di religioni in Asia tra il III e il X secolo d. C. a cura di Lionello Lanciotti (Civiltà Veneziana. Studi 39) Firenze 1984, 1-30

DERS., Iran, der große Gegner Roms: Königsgewalt, Feudalismus, Militärwesen, in: ANRW II. Principat 9_1 Politische Geschichte (Provinzen und Randvölker: Mesopotamien, Armenien, Iran, Südarabien, Rom und der Ferne Osten). Hrsg. v. Hildegard Temporini (Berlin/New York 1976) 219-306

DERS., Geschichte Mesopotamiens, in: Der Nahe und der Mittlere Osten II. Keilschriftforschung und Alte Geschichte Vorderasiens 4 Lfg. 2. Orientalische Geschichte von Kyros bis Mohammed (HO I 2, 4_2) Leiden/Köln 1966, 1-31

Gernot WIESSNER, Zu den Subskriptionslisten der ältesten christlichen Synoden in Iran, in: Festschrift für Wilhelm Eilers. Ein Dokument der internationalen Forschung zum 27. September 1966. Herausgegeben von Gernot Wiessner (Wiesbaden 1967) 288-298

W[illiam] WRIGHT, An ancient Syrian martyrology: JSL [NS = 4. ser.] 8 (1866) 423-432

Ran ZADOK, Iranian and Babylonian Notes: AfO 28 (1981/82) 135-139

DERS., Répertoire Géographique des Textes Cunéiformes VIII. Geographical Names According to New- and Late-Babylonian Texts (BTAVO. Reihe B Geisteswissenschaften 7_8) Wiesbaden 1985

Eva Maria Synek

In der Kirche möge sie schweigen

Nicht erst in Testamentum Domini heißt es: »In der Kirche möge sie schweigen«. Was hier als apostolische Tradition weitergegeben wurde, ist wirklich »apostolische« Tradition und nicht bloß »pseudoapostolisch«. Doch freilich handelt es sich auch wieder nicht um *die* apostolische Tradition schlechthin, vielmehr um die Rezeption eines ganz bestimmten Traditionsstranges. Ein flüchtiger Blick in das neutestamentliche Schrifttum genügt, um festzustellen, daß hier eine äußerst kontroverse Beurteilung der lehrenden Frau stattfindet, die es – so zeigt sowohl die positive Würdigung als auch harsche Ablehnung – in den urkirchlichen Gemeinden jedenfalls gegeben haben muß. Während etwa Joh 21 die lehrend-verkündigende Rolle Maria Magdalenas als »apostola apostolorum« in Verbindung mit einem ausdrücklichen Gebot des auferstandenen Herrn sieht, stellt der Verfasser von 1 Tim unmißverständlich klar: »Daß eine Frau lehrt, erlaube ich nicht ...« Man versuchte die offenkundige Spannung mit einer auf den ersten Blick bestechend logischen These aufzulösen: Nach einer kurzen Phase egalitären Miteinanders von Frauen und Männern in der sich konstituierenden Kirche – festzumachen etwa in der alten Taufformel Gal 3,28[1] – habe die Zurückdrängung der Frauen aus Leitungsfunktionen, so auch im Bereich von Lehre und Verkündigung, rasch um sich gegriffen – siehe 1 Kor 14 und 1 Tim[2] –, bis die alten Kirchenordnungen und Synodalkanones schließlich den Ausschluß von Frauen aus der kirchlichen Lehrtätigkeit endgültig besiegelt hätten. In diesem Sinn leitet auch Rosemarie Nürnberg ihre »Überlegungen zum altkirchlichen Lehrverbot für Frauen« ein: Auf das paradigmatisch an die Spitze gestellte Didaskalia-Zitat »Non decet neque necessarium est, ut mulieres doceant« folgt die apodiktische Feststellung: »... was hier in der syrischen Kirchenordnung ... mit apostolischer Autorität vorgetragen wird, ist seit der 3./4. christlichen Generation Konsens: der Frau ist nicht erlaubt zu lehren.«[3]

Das Isolieren einschlägiger Belegstellen fällt nicht schwer. Eine adäquate Be-

1 Vgl. Dautzenberg G., »Da ist nicht männlich und weiblich«. Zur Interpretation von Gal 3,28, in: Kairos 3-4 (1982) 191-206.

2 Vgl. Dautzenberg G. (Hg.), Die Frau im Urchristentum (QD 95), Freiburg 1983.

3 Nürnberg R., »Non decet neque necessarium est, ut mulieres doceant«. Überlegungen zum altkirchlichen Lehrverbot für Frauen, in: Jahrbuch für Antike und Christentum 31 (1988) 57.

urteilung der alten Kirchenordnungen setzt nun aber die Rückbindung aus dem Kontext gelöster Zitate in den Zusammenhang voraus, was in der Folge für den syrischen Raum versucht werden soll. Die Aussagen der kanonistischen Quellen zur Lehrtätigkeit von Frauen lassen sich unter drei Gesichtspunkten – Qualifikation, sozialer Kontext und Theologie – zusammenstellen[4].

Wenn ich von »kanonistischen Quellen« spreche, klingt der vielschichtige Begriff »Kanon« an. »Kanon« ist nicht gleich »Kanon«, eine alte Kirchenordnung kein Codex Iuris Canonici, ihre in eine konkrete Situation hineingesprochenen Weisungen kein Allgemeingültigkeit reklamierendes abstraktes »Gesetz«: »Non decet neque necessarium est, ut mulieres doceant«, nur wenige Seiten weiter aber die ausdrückliche Aufforderung an den Bischof, Frauen-Diakone in der Taufkatechese einzusetzen! Wer in der Didaskalia ein codexähnliches Gebilde sehen wollte, müßte – nicht allein in unserer speziellen Frage – schier verzweifeln oder partiell die Augen verschließen. – »Wonach soll ich mich richten?« Im ursprünglichen Sinn meint »Kanon« bekanntlich ein Instrument der Orientierung, das werkzeugliche Richtscheit, dann aber auch die Richtschnur, die Richtlinie im übertragenen Sinn. So haben auch die syrischen Kirchenordnungen Richtliniencharakter. Mit Codices der neuzeitlich-kontinentalen Rechtstradition ist ihnen kaum etwas gemeinsam, wohl aber mit Präzedenzfallsammlungen. Nur aus dem engen, kontextuellen Bezug einzelner Weisungen lassen sich Spannungen und Widersprüche begreifen. Was innerhalb einer einzelnen Quelle gilt, trifft noch mehr auf das Nebeneinander von Quellen unterschiedlicher Provenienz.

Somit sind die alten Kirchenordnungen auch bezüglich der Beurteilung der Lehrtätigkeit von Frauen nicht leicht auf einen Nenner zu bringen. Erst recht aber haben wir für jüngere Kompilationen wie den Synodika mit einem hohen Maß an Spannungen zu rechnen. Jan Assmann hat jüngst in seiner Studie »Das kulturelle Gedächtnis« herausgestellt, daß, wer im modernen wissenschaftlichen Denken beheimatet ist, in der Regel dazu neigt, »die Widerspruchstoleranz unserer Alltagserfahrung zu unterschätzen«[5]. Wenn schon wir in unserem neuzeitlichen Alltagsleben wesentlich mehr an Widersprüchlichkeit zulassen,

4 Zu den hagiographischen Belegen, die natürlich auch mit ins Kalkül zu ziehen sind, wenn nach den Idealen einer Kirche gefragt ist, vgl. vor allem die Quellensammlung »Holy Women of the Syrian Orient« (eingel. u. übers. v. S.P. Brock u. S. Ashbrook Harvey, Berkeley 1987); erste Ansätze zu einer Aufarbeitung für den ostsyrischen Kontext findet man bei Habbi J., East Syrian Women Saints and their Contribution to Spiritual Theology, in: East Syrian Spirituality, hg. v. A. Thottakara, Rom 1990, 99-126.

5 Vgl. 7. Kapitel, Abschnitt »Hypolepse – Schriftkultur und Ideenrevolution in Griechenland« bei Assmann J., Das kulturelle Gedächtnis. Schrift, Erinnerung und politische Identität in frühen Hochkulturen, München 1992, 280-292 (besonders: 286-289): In seiner Abhebung »wilden Denkens« von der »hypoleptischen Disziplinierung des wissenschaftlichen Denkens« greift Assmann auf die von C. Levi-Strauss in »La pensée sauvage« entwickelte Terminologie zurück (französisches Original: Paris 1962; deutsche Übersetzung: Frankfurt/Main 1968).

als uns meist selbst bewußt ist, so gilt das erst recht für frühere Epochen. Mit Bezugnahme auf Levi-Strauss beschreibt Assmann das entsprechende, dem modernen wissenschaftlichen Umgang mit Traditionen diametral entgegengesetzte Denkverfahren als »bricolage«, »Basteln«: Man hantiert mit vorgefundenen Materialien, die im Umfunktionieren untergehen.

a) Die Lehrtätigkeit von Frauen – eine Frage der Qualifikation

Hält die Didascalia Apostolorum[6] also fest, es sei weder angebracht noch notwendig, daß Frauen lehren, so ist das nicht die Wiederholung einer längst gefallenen Entscheidung. Vielmehr wird versucht, ein für die alltägliche Praxis der Gemeinden des 3. Jahrhunderts offensichtlich virulentes Problem zu lösen. Frauen, die als kirchlich eingesetzte Witwen eine besondere Stellung einnahmen, wurden – wie andere Repräsentanten der Gemeinde auch – häufig zur Anlaufstelle für die Fragen Außenstehender. Und sie haben, so scheint der Text zu implizieren, in der Regel den am Evangelium Interessierten bereitwillig Rede und Antwort gestanden. Andernfalls wäre es überflüssig, ihnen einzuschärfen, daß ihre Aufgabe allein im Gebet bestünde[7]. Dabei scheinen Witwen zunächst einmal durchwegs auch von Bischöfen ermutigt worden zu sein, Lehraufgaben wahrzunehmen. So wendet sich ein Teil der Mahnung an den Bischof[8]. Was die Lehrtätigkeit angeht, sollen Witwen sich gemäß der Didaskalia so verhalten wie Laien – wobei hier keine Unterscheidung zwischen Frauen und Männern getroffen wird: Sie sollen sich darauf beschränken, über fundamentale Glaubenswahrheiten zu informieren und im übrigen Fragende an kompetentere Auskunftspersonen verweisen.

Sinnspitze des »Lehrverbots« scheint dabei zu sein, daß sich die Witwe nicht auf tiefergehende theologische Debatten einlassen möge, zu denen ihr das nötige Wissen mangelt[9]. Geht man davon aus, daß ältere verwitwete Laienfrauen ohne besondere Vorbereitungen auf ihr Amt unter die kirchlichen Witwen aufgenommen wurden, so hatten diese im Normalfall keine andere religiöse Bildung als ihre Brüder und Schwestern im Laienstand. Wird nun aber das allgemeine

6 Als Textbasis dient in der Folge die englische Übersetzung von A. Vööbus, The Didascalia Apostolorum in Syriac. Bd. I u. II (CSCO 402.408/script.syr. 176.180), Louvain 1979).

7 Vgl. Vööbus/Didaskalia, 145: »Indeed, you have not been appointed to this, ... that you should teach, but that you should pray ...«

8 Vgl. Vööbus/Didaskalia, 144: »... when she is asked regarding an affair by anyone, let her not quickly give an answer, except only about righteousness and about faith in God. But let her send those who desire to be instructed to the leader.«

9 Vgl. Vööbus/Didaskalia, 144f.: »Indeed, when they speak without the knowledge of doctrine, they bring blasphemy against the word. For our Lord linkened the word of the Gospel to mustard. But mustard if it is not prepared with skill, is bitter and sharp to those who use it.«

Bildungsniveau für zu gering gehalten, um eine sinnvolle Katechese zu leisten, so hat die Mahnung, die Witwen mögen sich so verhalten wie es auch den Laien zukommt, nämlich Ratsuchende weiterschicken, zunächst einmal nichts gemein mit einem frauenspezifischen Lehrverbot.

Damit braucht es aber auch nicht unbedingt als eine Ungereimtheit innerhalb der Didaskalia angesehen zu werden, daß sie einerseits Witwen bezüglich ihrer Lehrtätigkeit in Schranken weist, während sie einige Seiten weiter anderen weiblichen Amtsträgern – den Frauen-Diakonen – im Zusammenhang mit deren Assistenz bei der Taufe von Frauen Lehraufgaben explizit zuschreibt[10]. Nun spricht zwar die Didaskalia selbst nicht von einer besonderen Vorbereitung künftiger Diakonissen auf ihre katechetische Tätigkeit. Ausdrücklich vorausgesetzt ist nur, daß es sich bei den Diakonen, egal ob Frauen oder Männer, um bewährte Christen handeln soll, die dem Bischof vertraut sind und ihm in hervorragender Weise als Mitarbeiter/innen geeignet erscheinen.[11] Eine spezifische Ausbildung der Diakonissen kommt dann aber in etwas jüngeren Kanonessammlungen zur Sprache, wo vorgesehen wird, daß der Bischof die Diakonissen aus den *benāṯ qeyāmā* nimmt. Wo auch immer man den Ursprung der *benāṯ qeyāmā* zu orten versucht und welche Rolle gegenüber beziehungsweise im Klerus man ihnen zuschreibt – eines scheint klar zu sein: Sie entwickelten sich zur gut vorbereiteten Ressource für kirchliche Amtsträger[12]. Die pseudonikaianischen Marutakanones[13] gehen genauso wie die Kanones des Jōḥannān bar Qursos davon aus, daß auch bereits Kinder als *benai* beziehungsweise *benāṯ qeyāmā* ausgesondert und durch gezielten Unterricht auf ein Kirchenamt vorbereitet wurden. Jōḥannān bar Qursos wirbt recht engagiert für eine gediegene Ausbildung der jungen Leute, die er in die Klöster gesandt sehen möchte, »to read books and to learn the conduct of the fear of God. For if many send their children to far off countries because of the instruction of this world, how much more fitting it is for those who have set apart and offered their children to God,

10 Vgl. Vööbus/Didaskalia, 157: »And when she who is being baptized has come up from the water, let the deaconess receive her, and teach and educate (wörtlich: bring up, rear) her.«

11 Vgl. Vööbus/Didaskalia, 156.

12 Vgl. can. 41 der pseudonikaianischen Marutakanones; can. 9 der Synode des Georg.

13 Vgl. can. 26 der Marutasammlung: »It is the will of the general synod that the chorepiscopus, when he goes out and passes through the whole district for visitation, shall see wheter the churches and monasteries are in need of brothers and sisters. He shall call (together) the old men of the villages and say a word of instruction before them ... Everyone of them who has sons and daughters – the chorepiscopus shall persuade (them) to set some of their sons and daughters apart. He shall mark them through prayer, and shall lay his hand on them and bless them, and these shall become the benai qeyāmā. They shall be instructed, and given to the churches and monasteries, and he shall (give) orders (regarding) them, that they shall be educated in doctrine and in instruction so that they shall become inheritors, and churches and monasteries established through them. (Vööbus A., The Canons Ascribed to Maruta of Maipherkat and Related Sources [CSCO 439f./script.syr. 191f.], Louvain 1982, 65.)

that they have to send them into the holy monasteries for the spiritual wisdom«[14]. Zumindest sollten die *benai qeyāmā* aber die Psalmen und die *benāṯ qeyāmā* zusätzlich die Madraschen lernen, um diese dann im Gottesdienst vortragen zu können. Als Kirchensängerinnen hatten die *benāṯ qeyāmā* in gewisser Weise selbst eine wichtige Lehrfunktion inne. Wenn einzelne von ihnen als Diakonissen eingesetzt wurden, übernahmen sie, soweit aus den Kanones hervorgeht, vor allem den liturgischen Dienst der Taufassistenz, der die Katechese von Frauen implizierte. Auf diese katechetische Tätigkeit nehmen auch die uns überlieferten Weihegebete bezug[15].

Was nun an katechetischer Tätigkeit von Frauen in den bisher besprochenen Texten Diakonissen zugeschrieben wird, ordnet das Testamentum Domini[16] Witwen und Jungfrauen zu. Nach Selb sind die geweihten Witwen des Testamentums, die »Witwen, die vorne sitzen«, in eins zu sehen mit den ebenfalls im Testamentum aber auch noch im can. 11 der Titloi erwähnten Presbyterinnen, die bekanntlich zusehends zurückgedrängt wurden[17]. Gemäß dem Testamentum wirkten die Witwen/Presbyterinnen (syrisch: qaššīštā) mit bei der Taufspendung von Frauen, aber auch bei der Darbringung der Gaben, hatten bestimmte Gebetsverpflichtungen, caritative Aufgaben, Sakristansdienste und schließlich die Aufsicht über die ihnen unterstellten, Diakonissen genannten Frauen inne. Mitten in der langen Liste der den Witwen zugeschriebenen Aufgaben stößt man auf das eingangs zitierte Wort aus 1 Kor: »In der Kirche möge sie schweigen.«

14 Can. 28,11 zitiert nach Vööbus A., Syriac and Arabic Documents Regarding Legislation Relative to Syrian Ascetism, Stockholm 1960, 59. Auf die Klöster als Bildungszentren verweisen auch hagiographische Zeugnisse, so insbesondere die Vita der hl. Febronia, ein mit großer Wahrscheinlichkeit in Nisibis entstandenes Stück Literatur, das seinen Weg über eine griechische Übersetzung bis nach Italien fand (englische Übersetzung der syrischen Version der Vita bei Brock/Ashbrook, 152-176). Gemäß einer von Vööbus erwähnten Bestimmung war es verboten, daß Fremde irgend etwas im Kloster zurückließen – ausgenommen ein Buch (vgl. Vööbus A., History of Ascetism in the Syrian Orient. A Contribution to the History of Culture in the Near East. Bd. 2. Early Monasticism in Mesopotamia and Syria [CSCO/Subs. 17], Louvain 1960, 388).

15 Vgl. die Editionen ostsyrischer Weihegebete durch G. L. Assemani (Codex liturgicus Ecclesiae universae. Liber VIII/VI Syrorum Chaldeorum, Nestorianorum et Malabarorum ordinationes, Rom 1766, 219-24) und J. M. Vosté (Pontificale juxta ritum Ecclesiae Syro-Orientalis, i. e. Chaldeorum, Vatikan 1937/38, 158-162) sowie die jüngst von Orioli nach einer Handschrift vom Ṭūr ʿAbdīn in italienischer Übersetzung zugänglich gemachte Version eines westsyrischen Rituales: Il testo dell' ordinazione delle diaconisse nella chiesa di Antiochia dei Siri, in: Apollinaris 62 (1989) 633-640.

16 In der Folge zitiert nach der lateinischen Übersetzung von I. E. Rahmani, Testamentum Domini nostri Jesu Christi, Monguntiae 1899; eine französische Übersetzung ist in der Ausgabe des sogenannten Klementinischen Oktateuchs durch F. Nau enthalten: Nau F., La version syriaque de l'Octateuque de Clement traduite en français, in: Le canoniste contemporain 1907-1913; separat: Paris 1913.

17 Vgl. Selb W., Orientalisches Kirchenrecht, Bd. 2: Die Geschichte des Kirchenrechts des Westsyrer (von den Anfängen bis zur Mongolenzeit), Wien 1989, 237f.

Aus dem Kontext heraus kann freilich der interpretierende Nachsatz gewagt werden: »...nicht aber in der Gemeinde«. Die Kirchenordnung bezieht das Lehrverbot wohl nur auf eine Predigttätigkeit der Witwen/Presbyterinnen im Gottesdienst, während sie ihr katechetisches Engagement in der eigenen Familie wie auch in der Gemeindeseelsorge als selbstverständlich voraussetzt. So wird als Voraussetzung der Weihe einer Witwe unter anderem benannt, daß die Kandidatin ihre Kinder in Heiligkeit erzogen hat[18]. Sie mußte also eine Frau sein, die sich im Kleinen des eigenen Hauses bewährt hat und so für eine katechetische Tätigkeit im Namen der Gemeinde genügend profiliert erscheint. Eine besondere Ausbildung wird dagegen nicht angesprochen, wohl aber die besondere gnadenhafte Belehrung der Auserwählten durch Gott selbst. So heißt es im Weiheformular des Testamentums: »...robora eam, Deus, sanctifica, edoce et comforta...«[19] In einer langen Liste werden ihr eine Reihe von Lehraufgaben zugeschrieben, die, will man die moderne Unterscheidung zwischen theologischem Unterricht und geistlicher Unterweisung beziehungsweise seelsorglichem Gespräch aufgreifen, wohl eher mit letzterem in Verbindung zu bringen ist.

Während die mit Lehraufgaben betraute Witwe unter einem feierlichen Gebet in ihr Amt eingeführt wurde, betont das Testamentum bezüglich der – männlichen wie weiblichen – Jungfrauen ausdrücklich, daß sie nicht von Menschen eingesetzt beziehungsweise ordiniert seien. Jungfrauen sind sie allein aus eigener Entscheidung. Das ändert aber nichts daran, daß ihnen besondere Aufgaben zugewiesen werden – so das regelmäßige Meditieren der Hl. Schriften, der Unterricht der frisch Bekehrten und das Anspornen der Jungen. Daß dieser Lehrauftrag asketisch lebende Laientheologen beiderlei Geschlechts umfaßt, wird explizit herausgestellt: »Item faciant virgines feminae«[20].

Schließlich kennt das Testamentum mit besonderen Charismen – ausdrücklich benannt wird unter anderem die Gabe der Weisheit – begabte Christen. Gleich den Jungfrauen werden diesen Charismatikern nicht die Hände aufgelegt, was freilich das Gegenteil einer Mißachtung der gottgeschenkten Begabung bedeutet: »...cum ipsum opus jam sit manifestum«[21].

18 Rahmani/Testamentum, 95: »Secus autem nondum eligenda est, sed ad tempus probetur, si pia fuerit, si quos habuit natos educaverit in sanctitate, si eos sapientiam mundanam minime docuerit, si eosdem in amore legis sacrae et ecclesiae efformaverit, ...« Zum Engagement von Frauen in der religiösen Erziehung vgl. auch die »Geschichte Rabban Mar Sabhas, des Christusverehrers und Lehrers der Heiden«: Von dem heiligen »Lehrer der Heiden«, der selbst aus heidnischem Haus stammte, wird bezeugt, daß den Grundstein seines Christentums seine Amme legte (deutscher Text der Vita bei G. Hoffmann, Auszüge aus syrischen Akten persischer Märtyrer, Leipzig 1880, 68ff.).

19 Rahmani/Testamentum, 99.

20 Rahmani/Testamentum, 109.

21 Rahmani/Testamentum, 109.

Eine gewisse Distanz gegenüber prophetisch begabten Charismatikern ist hingegen im 4. Buch des Klementinischen Oktateuchs schwer zu übersehen. Im Kreuzfeuer der Kritik steht in diesem »Über die Gaben (Charismen) und Chirotonien« benannten Text die Arroganz mancher Charismatiker gegenüber den kirchlichen Amtsträgern beziehungsweise vorsichtiger formuliert: Der Text bringt den Ärger von Amtsträgern gegenüber dem als Überheblichkeit empfundenen selbstbewußten Auftreten gewisser Charismatiker ins Wort. Unangetastet bleibt die »wahre« Prophetie jener, die bescheiden ihre Grenzen respektieren. Dafür steht eine lange Liste rühmlicher Vorbilder aus der biblischen Tradition. Als exemplarische Prophetinnen werden ausdrücklich Mirjam, Deborah, Hulda, Judith, die Mutter des Herrn, Elisabeth, Anna und die Töchter des Philippus benannt[22].

b) Die Lehrtätigkeit von Frauen – eine Frage des sozialen Kontextes

Der Befund über eine kirchliche Lehrtätigkeit von Frauen im syrischen Kontext ist also bislang überwiegend positiv. Gegenüber (allzu?) selbstbewußten Charismatikern geäußerte Vorbehalte wurden nicht geschlechtsspezifisch formuliert. Man könnte zunächst versucht sein, Reserve gegenüber einer Lehrtätigkeit von Frauen primär in Abhängigkeit von der mit verschiedenen Kriterien – Bildung, Erfahrung und Charisma – in Verbindung gebrachten Fähigkeit zu lehren festmachen zu wollen. Immerhin findet sich im Testamentum Domini im Zusammenhang mit dem Lehrauftrag für die Jungfrauen nicht einmal eine geschlechtsspezifische Zuordnung von Katechet/inn/en und Schüler/inn/en. Am Ende des 6. Buchs des Klementinischen Oktateuchs (sogenannte Simeon-Kanones) liest man gar: »Celui qui enseigne, quand même il serait jeune, pourvu qu'il soit habile dans le discours et honnête dans (sa) conduite, pourra enseigner, car tous seront, est-il dit, instruits par Dieu.«[23] Es gibt keinen Hinweis darauf, daß dieser auf den Katechumenenunterricht bezogene Text nur männerspezifisch verstanden werden will.

Karen Torjesen konnte meines Erachtens überzeugend aufzeigen, daß das Oikos/Polis-System – sie spricht in diesem Zusammenhang auch von der »public/private gender ideology« –, mit dem der Ausschluß von Frauen von Lehrfunktionen im griechisch-römischen Kontext vielfach in Beziehung steht, im

22 Die Aufzählung mündet in die Vorstellung der Verfasser der Kirchenordnung vom rechten Umgang mit dem prophetischen Charisma: »... elles ne s'elevèrent pas contre les hommes, et restèrent dans leurs propres limites. Si donc parmi vous il y a un homme ou une femme qui est gratifié d'une grâce analogue, qu'il ait des pensées modestes, afin que Dieu se plaise en lui ...« (zitiert nach Nau/Klementinischer Oktateuch, 277).

23 Nau/Klementinischer Oktateuch 448.

Raum der syrischen Kirchen nicht zum Tragen kommt[24]. Das heißt nun aber nicht, daß der syrische Kontext nicht auch seine »gender ideology« hatte, die sich in den Kirchenordnungen niederschlug. So verwehrt die Didascalia Apostolorum den Witwen nicht nur im Hinblick auf ihre mangelhafte Bildung den theologischen Diskurs: »Indeed, when the gentiles, those who are being instructed, hear the word of God spoken not firmly, as it ought to be ... and especially because it is spoken to them by a woman ... they will deride and mock, instead of praising the word of doctrine. And she shall be guilty of a hard judgement for sin.«[25] Es ist also die Sorge um das Ankommen des Evangeliums, die hier aus Rücksicht auf die gängigen Rollenmuster des sozialen Umfeldes Frauen aus der Missionsarbeit zurückdrängen will. In einem Kontext der Geschlechterhierarchie, wenn Männer und Frauen nicht als ebenbürtig angesehen werden, gilt auch das Wort einer Frau nicht ohne weiteres gleich dem eines Mannes. Mindestens hält sich die Begeisterung von Männern in Grenzen, sich von Frauen belehren zu lassen. Nicht zu übersehen ist die theologische Relevanz des aus der Geschlechterideologie der Umwelt genommenen Arguments gegen eine Lehrtätigkeit von Frauen: Im missionarischen Kontext erhielt die alte »gender ideology« ihre soteriologische Konnotation, stand doch die Annahme des Evangeliums auf dem Spiel. Doch hatte die »gender ideology« nicht nur, wie in der Didaskalia dokumentiert, in der Bewertung einer Lehrtätigkeit von Frauen »ad extram« ihre Auswirkung. Wie sie sich auch »ad intram« auswirkte, wird deutlich greifbar im Predigtverbot des Testamentums.

Die Vorgegebenheiten des sozialen Umfelds, in dem sich die christlichen Gemeinden etablierten, führten nun aber gerade nicht nur zur Verdrängung von Frauen aus der offiziellen Verkündigung im Gottesdienst der Gemeinden und dem Glaubensgespräch mit am Evangelium Interessierten. Die praktisch unumgängliche Indienstnahme von Frauen in der Katechese von anderen Frauen hat ebenfalls hier ihre Wurzeln. Überall dort, wo das auf Geschlechtertrennung hin konzipierte Milieu Männern den Zugang schwer oder unmöglich machte, hatten Frauen ihre Chance. Es hat eine innere Logik, daß dieselbe Kirchenordnung, die den Bischof auffordert, Frauen davon abzuhalten, durch ihre Lehrtätigkeit das Gelächter der Heiden zu provozieren, dem Bischof auch einschärfen muß: Für die Frauenseelsorge brauchst du Frauendiakone.

Nach Walter Selb waren die Diakonissen vermutlich die Erbinnen der geweihten Witwen/Presbyterinnen, die aus dem Gemeindeleben bald zurückge-

24 Vgl. Torjesen K., The Role of Women in the early Greek and Syriac Churches, in: The Harp 4 (1991) 135-144; eine umfassende Studie derselben Autorin zu Fragen der Geschlechterideologie erscheint 1993 in San Francisco unter dem Titel »Sex. Sin & Woman: The Subordination of Women in the Rise of Christianity«.

25 Vööbus/Didaskalia, 145.

drängt[26] wurden, wenn auch die Erinnerung an das alte Frauenamt in der Rezeption des Testamentums im Klementinischen Oktateuch und selbst noch im westsyrischen Synodikon weitertradiert wird[27]. In der Folge von Chalkedon verschwanden im westsyrischen Raum auch die Diakonissen zunehmends aus dem Gemeindeklerus. Dagegen stammt der erste ostsyrische Kanon, der das Diakonissenamt belegt, überhaupt erst aus dem 7. Jahrhundert. Er bezeichnet ein vor allem auf die Taufe von Frauen hin ausgerichtetes Gemeindeamt[28]. Man wird hier wohl einen Zusammenhang mit der reichen Missionstätigkeit der Kirche des Ostens und den damit verbundenen Erwachsenentaufen herstellen dürfen. Einen Beleg für die Verbreitung des Amtes auch auf der arabischen Halbinsel bieten die Märtyrerakten von Nağrān[29].

Bei den Westsyrern fanden die Diakonissen einen neuen Wirkungsbereich in den Frauenklöstern[30]. In dem Maß, als die Abkehr von der Welt als Abkehr von geschlechtlichen Beziehungen verstanden wurde und das asketische Ideal mit einer möglichst vollständigen Trennung vom je anderen Geschlecht in Verbindung gebracht wurde[31], konnte der Mann im Frauenkloster genauso zum Problem werden wie die Frau im Männerkloster oder überhaupt das Zusammenleben von männlichen und weiblichen Asketen[32]. So ist es nicht weiter verwunderlich, daß, wie Selb in seinem Orientalischen Kirchenrecht an zahlreichen Beispielen aufweisen kann, Frauen in den Klöstern Aufgaben übernahmen, die ihnen in den Gemeinden nicht länger offenstanden. Eine Frau war die je verantwortliche Vorsteherin der eigenen Gemeinschaft – wie das Männerkloster von einem *rēš dairā* geleitet wurde, so das Frauenkloster durch eine *rēšat dairā*[33]. Eine Frau führte auch die Oberaufsicht über die Frauenklöster einer Region: Das Amt des mit besonderen Vollmachten des Bischofs versehenen Visitators, das *saʿūrā* – manchmal als »Chorbischof« übersetzt – gab es auch in weiblicher

26 Vgl. Verbot durch die Synode von Laodikeia, can. 11.

27 Vgl. Edition und englische Übersetzung einer Rezension durch Vööbus A., The Synodicon in the West Syrian Tradition. Bd. I (CSCO 368/script. syr. 162), Louvain 1975.

28 Can. 9 der Synode des Georg: »... Zur Verrichtung des Kirchendienstes werde aber aus ihnen (den *benāṯ qeyāmā*) eine ausgesondert, welche in Allem tüchtig ist. Sie werde als Diakonissin ordinirt und salbe mit dem h. Oele die Weiber, welche getauft werden, vollständig und spende ihnen die Taufe, soweit die Schamhaftigkeit es erfordert.« (deutsche Übersetzung nach Braun O., Das Buch des Synhados. Nach einer Handschrift des Museo Borgiano, Stuttgart 1900, 342).

29 Vgl. Shahîd I., The Martyrs of Najran (SHG 49), Brüssel 1971, 47f. (Martyrium der Diakonisse Elisabeth).

30 Vgl. Selb, Bd. 2, 245.

31 Zum Ideal der Geschlechtertrennung vgl. z.B. die Vita der hl. Febronia, die sowohl in der ost- als auch in der westsyrischen Kirche kommemoriert wird: Die Heilige wird dafür gepriesen, daß sie »never saw any worldly finery and did not know what a man's face looked like« (Brock/Ashbrook, 155).

32 Vgl. dazu Vööbus, Documents regarding Legislation (Anm. 14).

33 Vgl. Selb, Bd. 2, 283.

Form. Für die Nonnenklöster war die *saʿūrtā* zuständig[34]. Die Kanones sprechen davon, daß Frauen-Diakone in den Klöstern eine Reihe liturgischer Funktionen innehatten[35], unter anderem das Vorlesen aus den heiligen Schriften[36].

In gewisser Weise hat Selb sicher recht, wenn er die häufig werdende Verbindung von Diakoninnenamt und Vorsteherinnenamt im Frauenkonvent als »weiteren Rückzug der Frauen aus klerikalen Funktionen«[37] interpretiert. Das sukzessive Ausscheiden der Frauen aus dem Gemeindedienst hat einen bitteren Beigeschmack. Es sollte aber nicht den Blick dafür verdunkeln, daß den in Klöstern lebenden Frauen neue, bedeutende Wirkungsräume zuwuchsen, sei es im katechetischen Bereich[38], sei es im liturgischen Bereich und nicht zuletzt in Leitungsfunktionen.

Auch war das Ausscheiden der Frauen aus dem Gemeindedienst nicht vollständig: Aus dem System der Geschlechtertrennung heraus blieb ein gewisses Engagement von Frauen in den Gemeinden auch dort notwendig, wo mit Durchsetzung der Kindertaufe das zunächst eng mit der Taufassistenz verknüpfte Diakonissenamt seine Bedeutung eingebüßt hatte. Bis herauf in die Gegenwart wurde es Sache der Priestergattin, dort in der Gemeinde einzuspringen, wo eine Frau vonnöten ist[39]. Daß man sie in gewisser Weise selbst als Amtsträgerin ansah, erweist sich z. B. darin, daß seit dem 10. Jahrhundert die Bezeichnung einer *»ba(r)t qeyāmā«* auf sie angewendet wird[40]. Einem der letzten der ins westsyrische Synodikon rezipierten Kanones (12. Jahrhundert) gilt sie gar als »geistliche Mutter aller Gläubigen«[41].

34 A. a. O., 248.

35 A. a. O., 283, 245 f.

36 Vgl. die ins Synodikon rezipierten »Answers of Johannan to Sargis«, Nr. 41 (vgl. Vööbus, Synodicon Bd. 1, 204).

37 Selb, Bd. 2, 245.

38 Can. 12 der Mönchskanones des Mār Hananyā (12. Jahrhundert) gibt die Weisung, daß alle Mönche »shall continue in the reading of ecclesiastical books. He who possesses knowledge shall teach the rest of the brothers ...« (Synodicon Bd. 2, 235). Was im Mönchskloster galt, ist – mutatis mutandis – auch für Frauenkonvente bezeugt. Eine besonders eindrucksvolle diesbezügliche Schilderung enthält die Vita der hl. Febronia.

39 Eine erst vor kurzem in den USA herausgekommene kirchenamtlich approbierte Ausgabe des Taufrituales stellt im Vorspann eine Reihe in ihrer Herkunft nicht näher bestimmter Canones zusammen, wo es bezüglich der Taufe von Mädchen beziehungsweise erwachsener Frauen heißt: »In former times, deaconesses and nuns used to anoint baptized women. At the present time, it would be preferable for the priest's wife to assist the celebrant in anointing the baptized.« (zitiert nach The Sacrament of Holy Baptism according to the Ancient Rite of the Syrian Orthodox Church of Antioch. Hg. v. Metrop. Mar Athanasius Yeshue Samuel. Archbishop of the Syrian Orthodox Church in the United States of America and Canada (mit einem Imprimatur des Patriarchen von Antiochien und dem ganzen Osten, Ignatius Yacoub III.), o. O. 1974, 9).

40 Vgl. Jargy S., Les fils et les filles du pacte dans la litterature monastique syriaque, in: OCP 17 (1951) 304-320.

41 Can. 29 des Jōḥannān von Marde, der das Verbot der Wiederverheiratung einer verwitweten Priestergattin/*ba(r)t qeyāmā* zu begründen versucht (Synodikon Bd. 2, 235). Noch im 20. Jahr-

c) Die Lehrtätigkeit von Frauen – ein theologisches Problem?

Die von den Kirchen in verschiedenen Ausprägungen, aber doch international ererbte »gender ideology« schlug sich aber nicht nur in der praktischen Lebensgestaltung nieder. Sie wirkte sich auch auf die theologische Argumentation aus, die die kirchliche Lebensordnung begründen helfen sollte. Es wurde bereits auf den soteriologischen Aspekt der Rückdrängung von Frauen aus der Heidenmission hingewiesen. Die Didaskalia beschränkt sich nun aber nicht darauf, von den sozialen Gegebenheiten her zu argumentieren. Auch das Vorbild des Herrn wird in die Argumentation mit einbezogen – was nun den Ausschluß von Frauen von der Lehrtätigkeit angeht, freilich in einer auffällig zurückhaltenden Form. Lediglich eine Vermutung wird ausgesprochen: Wäre eine Lehrtätigkeit von Frauen – man muß aus dem Kontext ergänzen – bei männlichen Heiden nötig, hätte der Herr wohl mit den männlichen Aposteln auch Frauen ausgesandt. Im Diakonissenkapitel dienen dann dieselben Frauen des Neuen Testaments, die zuvor ins Feld geführt worden waren, um zu zeigen, daß man keine lehrenden Frauen brauche, als Untermauerung für die Überzeugung, daß es in der Frauenpastoral gerade nicht ohne weibliche Diakone ginge. Alles in allem vermittelt die Didaskalia den Eindruck, daß Argumentationsnotstand für eine gezielt theologische Begründung der partiellen Rückdrängung von Frauen aus der Lehrtätigkeit herrscht.

Die Apostolischen Konstitutionen, die in großen Zügen den Text der Didaskalia übernommen haben, gestalten die in Frage stehenden Passagen aus. Das Lehrverbot wird verschärft durch das unhinterfragte Axiom von der Überordnung des Mannes über die Frau begründet: »Denn ›Das Haupt der Frau ist der Mann‹«, zitiert der Redaktor 1 Kor 11,3, »es ist nicht recht, daß der Körper über das Haupt herrscht.«[42] Für die theologische Argumentation war es von Bedeutung, daß die konventionelle »gender ideology« nicht nur im Umfeld der syrischen Gemeinden, sondern bereits in den biblischen Schriften selbst ihren Niederschlag gefunden hat. Eine selektive Bezugnahme auf die Bibel kann zeigen, daß das, was man im gesellschaftlichen Umfeld als gegeben vorfindet, durchwegs richtig, da der Schöpfungsordnung korrespondierend, sei. Freilich spießt sich die traditionelle »gender ideology« mit dem im Neuen Testament primär

hundert zitiert M. Maude in ihrem Aufsatz »Who were the 'B'nai Q'yâmâ'?« den Brief eines Mönchs des Klosters des hl. Markus in Jerusalem, Rabban Ishoo Samuel, der sie darüber informiert hat, daß *benāt qeyāmā* genannte Priesterfrauen in den Häusern der Gläubigen das Evangelium predigen: »The terms barth q'yâmâ (singular), b'nâth q'yâmâ (plural) are used for the priests' wives . . ., who preach the Holy Gospel in the houses of the Christians, as missionaries do. They are not allowed to marry again after their husbands' deaths, a time after which they leave all wordly matters and pass their lives in serving the churches. They are consecrated (!) . . .«: Journal of Theological Studies 36 (1935) 21.

42 Vgl. Funk F.X. (Hg.), Didascalia et Constitutiones Apostolorum, Bd. 1, Paderborn 1905, 191.

ins Wort gebrachten Glauben an die Gleichheit aller in Christus. Da aber die Tradition der im jüdisch-hellenistischen Milieu selbstverständlichen Vorstellung von der Geschlechterhierarchie ebenfalls ihre Spuren in der Heiligen Schrift hinterlassen hat, war der Weg offen, in der theologischen Wertung die Akzente so zu verschieben, daß die emanzipationsfreundlichen gegenüber den konservativ-konservierenden Implikationen der Bibel ins Hintertreffen gerieten. Das Testamentum braucht, um Witwen vom Predigen auszuschließen, kein neues Verbot aufzustellen, sondern kann schlicht 1 Kor 14 zitieren. Genausogut wäre es vom Neuen Testament wie auch von anderen frühchristlichen Zeugnissen her freilich auch möglich gewesen, die Predigt von Frauen gutzuheißen: Es braucht nur an das Gebot des Herrn an Maria von Magdala oder an die im syrischen Raum überaus hochgehaltene Theklatradition[43] mit ihrer zu den deuteropaulinischen Lehrverboten alternativen Paulusrezeption erinnert zu werden[44]: Bereits Tertullianus[45] hat – mit großem Mißfallen – erkannt, daß in der Apostolin Thekla nicht die in der Kirche schweigende, sondern die redende Frau im Namen des Paulus das »placet« erhielt.

Zusammenfassung

Die Tendenz zum Ausschluß von Frauen aus Lehrfunktionen ist bei den Syrern zwar schon in patristischer Zeit unabhängig vom Qualifikationsargument vorhanden, bezieht sich aber primär auf eine Lehrtätigkeit bei Männern. Eine Lehrtätigkeit von Frauen bei Frauen war kein Skandalon, sondern erwies sich als ausgesprochene Notwendigkeit. Dies betrifft insbesondere den Katechumenenunterricht wie auch die Situation in Frauengemeinschaften, also Gemeinschaften von *benāṯ qeyāmā* und Klöstern, wo Frauen nicht nur selbstverständlich das Vorsteheramt[46] bekleideten, sondern natürlich auch die Unterweisung der

43 Zu den Theklaakten vgl. Schneemelcher W. (Hg.), Neutestamentliche Apokryphen in deutscher Übersetzung, Bd. 2, Tübingen 1971, 4. Aufl., 221-270; zur Rezeptiongeschichte vgl. Dagron G./Dupré M., Vie et Miracles de Sainte Thecle. Texte grec, traduction et commentaire (SHG 62), Brüssel 1978; Albrecht R., Das Leben der heiligen Makrina auf dem Hintergrund der Thekla-Traditionen. Studien zu den Ursprüngen des weiblichen Mönchtums im 4. Jahrhundert in Kleinasien (Forschungen zur Kirchen- und Dogmengeschichte 38), Göttingen 1986.

44 Im syrischen Raum kam den Theklaakten lange »quasi-kanonische« Bedeutung zu. So nennt z. B. ein von Fiey edierter Frauenhymnus Thekla mitten unter den neutestamentlichen Frauen: Fiey J. M., Une Hymne Nestorienne sur les Saintes Femmes, in: AnBoll 84 (1966) 77-108. In der syrischen Version der Vita der hl. Eugenia sind die Theklaakten die Schrift schlechthin, über die Eugenia mit dem Evangelium in Berührung kommt (vgl. Lewis Smith A., Selected narratives of Holy Women from the Syro-Antiochene or Sinai Palimpsest [Studia Sinaitica 10], London 1900, 1-35).

45 Vgl. Tertullianus, De baptismo 17, in: PL 1, 1325-1329.

46 Vgl. Selb, Bd. 1, 147; Bd. 2, 283 f. Braun übersetzt can. 41 der Marutakanones »Über die Bun-

Schwestern und oft darüber hinaus von Kindern, aber auch Laienfrauen leisteten. Sowohl in der Gemeindeseelsorge als auch in Frauengemeinschaften (wie eindrucksvoll die Vita der hl. Febronia bezeugt) konnte die Lehrtätigkeit von Frauen bei Frauen ausgesprochen offiziellen Charakter haben, sei es, daß sie mit einem durch eine Weihe übertragenen gemeinde- oder klosterbezogenen Kirchenamt verknüpft war, sei es, daß sie wie etwa im Fall der Jungfrauen des Testamentums auch ohne feierliche Amtsübertragung als besonderer Auftrag der Kirche verstanden wurde. Während die Lehrtätigkeit von Frauen bei Frauen in Kirchenordnungen und Kanonessammlungen gut faßbar ist, lassen die Rechtsquellen auf eine Lehrtätigkeit von Frauen bei Männern meist nur behutsame Rückschlüsse zu. Die Anweisungen der Kanones bezüglich des Psalmengesangs und des Vortrags von Madraschen durch *benāṯ qeyāmā* im Gottesdienst implizieren jedenfalls eine ausdrücklich bejahte Form öffentlicher Verkündigung durch Frauen. Indirekt weist das Lehrverbot der Didaskalia darauf hin, daß Witwen zunächst einmal de facto auch das Glaubensgespräch mit Männern pflegten, wehrt aber dieser Praxis. Das Testamentum läßt auf die – sicher nicht auf Mädchen zu begrenzende – religiöse Lehr- und Erziehungstätigkeit von Christinnen innerhalb ihrer Familien schließen, vielleicht auch auf ein die Geschlechtergrenzen sprengendes Lehramt der Jungfrauen. Wo in den Texten auf prophetische Begabungen eingegangen wird, ist zweifelsohne ein in bezug auf die ganze kirchliche Gemeinschaft geschenktes Charisma im Blick, es fehlen aber konkrete Anweisungen für dessen Umsetzung im Leben der Kirche.

Man wird also insgesamt sagen können, daß die kanonistischen Quellen der syrischen Kirchen in ihren Aussagen zum Lehren von Frauen sehr vielschichtig sind. Mit dem stereotypen »In der Kirche möge sie schweigen!« allein wird man ihnen jedenfalls nicht gerecht. Die Rolle von Frauen erweist sich bei genauerem Hinsehen sowohl bezüglich des praktischen Lebens als auch der Idealvorstellungen der syrischen Gemeinden als wesentlich stärker denn gemeinhin angenommen. Was aus den kanonistischen Quellen durchwegs ersichtlich, wird um so deutlicher, befragt man auch andere Quellengattungen. Insbesondere hagiographische Texte bezeugen, daß spirituell begabte Frauen und Männer in ihrer Lehrtätigkeit auch außerhalb eines klar faßbaren kanonischen Rahmens die Geschlechtergrenzen genauso wie hierarchische Ordnungen transzendierten. Geistliche Mütter von Männern sind genauso bezeugt wie geistliche Väter von Frauen. Diese »Väter« und »Mütter« konnten sich zwar nicht unbedingt auf einen ausdrücklichen amtlichen Auftrag berufen, waren darum aber noch lange

destöchter und Diakonissen« folgendermaßen »... diese sollen einen eifrigen Meister (sic!) haben ...« (Braun O., De sanctu Nicaena synodo. Syrische Texte des Maruta von Maipherkat nach einer Handschrift der Propaganda zu Rom [Kirchengeschichtliche Studien IV, 3], Münster 1898, 87). Daß hier durch die Maskulinform im Syrischen ausnahmsweise wirklich ein männlicher Oberer bezeichnet werden sollte, scheint freilich eher unwahrscheinlich.

nicht ohne Autorität[47]. »In der Kirche möge sie schweigen« – das war gewiß in mancherlei Hinsicht Realität und Ideal in der frühen syrischen Christenheit, es war und ist aber weder die Realität noch das Ideal schlechthin!

47 Vgl. für den westsyrischen Kontext z.B. Johannes von Ephesos' Heiligenleben und für den ostsyrischen Raum Habbis Ausführungen zum Beitrag hl. Frauen zur spirituellen Theologie. Er kommt unter anderem ausführlich auf das Zeugnis Sahdonas (Martyrios) zu sprechen, der im 7. Jahrhundert in seinem Buch der Vollkommenheit eine gebildete Asketin namens Schirin vorstellt. Sahdona zeichnet Schirin, die zu seinen Kindertagen im nördlichen Irak, vermutlich in der Ortschaft Halmon lebte, und die er an der Hand seiner Mutter kennenlernte – »as a spiritual adviser to monks as well as to laywomen« (Brock/Ashbrook, 177f.; hier auch Auszug aus dem Buch der Vollkommenheit in englischer Übersetzung: 178-181; syrisch/französische Gesamtausgabe in CSCO 200f./script. syr. 86f. (Louvain 1960): Oder um Sahdona selbst zu Wort kommen zu lassen: »Monks and other strangers to the world who shared her reference for our Lord used to come to visit her from all over the place, for they held her as a holy spiritual mother. They would gather from different places as children coming for lessons in sanctity with her, wanting to receive her blessing and to gain benefit from her ...« (a.a.O., 181).

G.J. Reinink

The Beginnings of Syriac Apologetic Literature in Response to Islam

When did Syriac-speaking Christians begin to compose apologetic treatises to defend the Christian doctrines against Islam?[1] If the answer to this question would simply be: shortly after the Arab conquests of Syria and Palestine, then the historical implications of such a statement would be rather sweeping. It would mean that among the Christians at a very early stage after the Arab invasions there was an awareness not only that a new political power had arisen in the Near East, but also that the conquerors had introduced a new religious faith against which it was necessary to define the tenets of Christian belief. And that again would mean that nascent Islam already in the first decade after the Arab invasions manifested itself or was at least recognizable as a religious system which could clearly be distinguished from both Judaism and Christianity, the other two monotheistic religions of the Near East.

However, there does not seem to be much support for this view in the Christian sources which belong with certainty to the seventh century. In the seventh century there was, as Sebastian Brock puts it in his study on Syriac views of emergent Islam, "greater awareness that a new empire (*malkuta*) had arisen,

1 For a survey of the Syriac apologetic literature in response to Islam see S.H. Griffith, Disputes with Muslims in Syriac Christian Texts: from Patriarch John (d. 648) to Bar Hebraeus (d. 1286), B. Lewis–F. Niewöhner (eds.), Religionsgespräche im Mittelalter [Wolfenbütteler Mittelalter – Studien 4] (Wiesbaden 1992) 251-273; L. Sākō, Bibliographie du dialogue islamo-chrétien. Auteurs chrétiens de langue syriaque, Islamochristiana 10 (1984) 273-292, and, in addition, H. Suermann, Bibliographie du dialogue islamo-chrétien (huitième partie). Auteurs chrétiens de langue syriaque, Islamochristiana 15 (1989) 169-174; *idem*, Une controverse de Jôhannàn de Līṯārb, Parole de l'Orient 15 (1988-1989) 197-213 (however, Suermann's identification of the Stylite Yoḥannan of the monastery of Zeʿōrā, the author of the *Erotapokriseis* in MS syr. 203 of the Bibliothèque Nationale in Paris, fol. 135v-139r, with Yoḥannan of Litarb (died 737) cannot be accepted; cf. A. Baumstark, Geschichte der syrischen Literatur [Bonn 1922] 342). For the Arabophone Christian authors see R. Casper *et al.*, Bibliographie du dialogue islamo-chrétien, Islamochristiana 1 (1975) 125-181; 2 (1976) 187-249; 3 (1977) 255-286; 4 (1978) 247-267; 5 (1979) 299-317; 6 (1980) 259-299; 7 (1981) 299-307. Sākō, *o. c.*, 277, mentions a study by B. Landron (not accessible to me), Apologétique, polémique et attitudes nestoriennes vis-à-vis l'islam entre le 8e et le début du 14e siècle (thèse de doctorat inédite, Paris 1978), dealing with the Nestorian authors writing in Arabic. For a survey of the Greek works see esp. Adel-Théodore Khoury, Les théologiens byzantins et l'Islam. Textes et auteurs (VIIIe-XIIIe s.) (Louvain 1969); *idem*, Polémique byzantine contre l'Islam (VIIIe- XIIIe s.) (Leiden 1972); *idem*, Apologétique byzantine contre l'Islam (Altenberge 1982).

than that a new religion had been born"[2]. Certainly, people realized that also religious motives had played a rôle in the Arab expansion, as appears from some scanty reports in seventh-century sources[3]. But for different and quite understandable reasons early Islam could be explained at first only in terms of the Jewish or, more exactly formulated, the Old-Testament Abrahamic religion.

Nothing new is happening when the Arabs worship at a place called the "Dome (*qūbtā*) of Abraham," according to an anonymous East Syrian chronicler writing in the 670s[4]. Adopting the Muslim view of the foundation of the Meccan sanctuary by Abraham[5], he notes, in his explanation of the fact that this is a holy place for the Arabs, their reverence for the founder of their race, whose building of the place was kept alive in memory by them throughout the ages[6]. The author of this chronicle knows Muḥammad as the leader of the "sons of Ishmael"[7], but he explains the origin of the place-name Medina (the city of the Prophet, the new Muslim name for Yathrib) on the basis of the Old Testament story about Abraham by deriving the name from the fourth son of Abraham and Keturah in Gen. 25:2[8]. There are no compelling reasons to believe that polemic motives lie behind the explanations of this chronicler. His knowledge of the religious background of the "sons of Ishmael", whose victory over the strong

2 S.P. Brock, Syriac Views of Emergent Islam, G.H.A. Juynboll (ed.), Studies on the First Century of Islamic Society (Carbondale-Edwardsville 1982) 13 (reprinted in S.P. Brock, Syriac Perspectives on Late Antiquity [London 1984]: VIII).

3 Cf. N. Bonwetsch (ed.), Doctrina Iacobi nuper baptizati V.16 [Abhandlungen der königlichen Gesellschaft der Wissenschaften zu Göttingen, N.F. Bd XII, 3] (Berlin 1910) 86-87 (new edition with French translation by V. Déroche, in G. Dagron–V. Déroche, Juifs et chrétiens dans l'Orient du VIIe siècle, Travaux et mémoires 11 (Paris 1991) 47-229, see 208-211, commentary by G. Dagron and V. Déroche, *ibidem*, 230-273, see esp. 247, 263-268); Sebēos, History of Heraclius, Ch. XXX, F. Macler (trans.), Histoire d'Héraclius par l'évêque Sebêos (Paris 1904) 94-96; Yoḥannan bar Penkaye, ktābā d-rēš mellē, A. Mingana (ed.). Sources Syriaques, Vol. I: Mšiḥa-Zkha, Bar-Penkayé (Mossoul 1908) 141*, 14-19, 146*, 14-147*, 1 (text), 175* (French trans.); S.P. Brock, North Mesopotamia in the Late Seventh Century. Book XV of John Bar Penkāyē's Rīš Mellē, Jerusalem Studies in Arabic and Islam 9 (1987) 57, 61 (English trans.).

4 Edited with Latin translation by I. Guidi, Chronica Minora I [Corpus Scriptorum Christianorum Orientalium, 1,2, Script.Syri, 1,2] (Louvain 1903), Vol. 1: 15-39 (text), Vol. 2: 13-32 (trans.). German translation with commentary by Th. Nöldeke, Die von Guidi herausgegebene syrische Chronik übersetzt und commentiert [Sitzungsberichte der Kaiserlichen Akademie der Wissenschaften in Wien, philosophisch-historische Classe, Bd. 128, Abh. 9] (Vienna 1893). A new edition with Arab translation has been published by P. Haddad, Chronicon Anonymum Saec. VII (Baghdad 1976). Cf. also S.P. Brock, Syriac Sources for Seventh-Century History, Byzantine and Modern Greek Studies 2 (1976) 23-24 (reprinted in Brock, Syriac Perspectives (n.2):VII); *idem*, Syriac historical writing: a survey of the main sources, Journal of the Iraqi Academy (Syriac Corporation) 5 (1979/80) 25.

5 Cf. Qur'an 2:119-122; 3:90-91; 22:27.

6 Ed. Guidi (n. 4) 38, 8-19 (text), 31, 24-33 (trans.).

7 Ed. Guidi (n. 4) 30, 24-25 (text), 26, 15 (trans.).

8 Ed. Guidi (n. 4) 38, 21-22 (text), 31, 34-36 (trans.).

kingdoms of the Byzantines and the Persians is attributed by him to God[9], seems to be very limited indeed.

By the end of the 680s another East Syrian author mentions Muḥammad in a remarkably positive way. Yoḥannan bar Penkaye[10], a monk from the monastery of Mar Yoḥannan of Kamul in North Iraq, calls Muḥammad in his world history entitled *ktābā d-rēš mellē*[11] the "guide" *(mhaddyānā)* and the "instructor" (*tar'ā*) of the Hagarenes who had led them to "the worship of the One God, in accordance with the customs of the ancient law" (i.e. the Torah)[12]. Muḥammad is portrayed as the spiritual leader who not only instructed the Arabs in Old Testament monotheism and gave them laws, but also issued a special ordinance decreeing that the Christians and the monastic order should be held in honour[13]. Yoḥannan can hardly be suspected of creating a flattering image of Muḥammad for politico-ecclesiastical objectives; the Barbarian kingdom of the Arabs was, in his opinion, called by God as a temporary tool of divine wrath[14] and would soon come to an end as a result of the inter-Arab conflicts during the Second Civil War[15]. It is the unparalleled peace and religious tolerance during the reign of the first Umayyad king Muʿāwiya I (661-680) which Yoḥannan traces back to the instructions of Muḥammad[16]. And, in so doing, he apparently reflects his-

9 Ed. Guidi (n. 4) 38, 4-7 (text), 31, 21-24 (trans.).

10 For Yoḥannan's Syriac biography and its editions see T. Jansma, Projet d'édition du kᵉtâbâ dᵉrêš mellê de Jean bar Penkaye, L'Orient Syrien 8 (1963) 89-92. Yoḥannan's world history is addressed to his friend Sabrišoʿ who probably has to be identified with the abbot of the same name of the monastery of Yoḥannan of Kamul; cf. A Scher, Notice sur la vie et les œuvres de Yoḥannan bar Penkayê, Journal Asiatique 10/10 (1907) 162-163 (text), 165 (trans.). For the monastery of Yoḥannan of Kamul see J.M. Fiey, Nisibe, métropole syriaque orientale et ses suffragants des origines à nos jours [Corpus Scriptorum Christianorum Orientalium, 388, Subsidia, 54] (Louvain 1977) 199-201. For Yoḥannan's spiritual milieu see also M. Albert, Une centurie de Mar Jean bar Penkayē, Mélanges Antoine Guillaumont. Contributions à l'étude des christianismes orientaux [Cahiers d'Orientalisme XX] (Genève 1988) 143-151.

11 Of this work, consisting of XV *mēmrē*, only books X-XV have been edited, by Mingana (n. 3). Book XV, which deals with the events of the seventh century, was translated in French by Mingana (n. 3) 172*-197*, and in English, including the end of book XIV, by Brock, North Mesopotamia (n. 3) 57-74. For a synopsis of the contents of Yoḥannan's world history see A. Baumstark, Eine syrische Weltgeschichte des siebten Jahrhunderts, Römische Quartalschrift 15 (1901) 273-280; cf. also Brock, Syriac Sources (n. 4) 24; *idem*, Syriac historical writing (n. 4) 26. For the manuscripts and the text tradition see Jansma, Projet d'édition (n. 10) 96-100.

12 Ed. Mingana (n. 3) 146*, 16-20 (text), 175* (trans.); Brock, North Mesopotamia (n. 3) 61.

13 Ed. Mingana (n. 3) 141*, 15-19, 146*, 14-17 (text), 175* (trans.); Brock, North Mesopotamia (n. 3) 57, 61.

14 Ed Mingana (n. 3) 141*, 10-142*, 7, 145*, 7-20 (text), 174* (trans.); Brock, North Mesopotamia (n. 3) 57-58, 60.

15 Yoḥannan believes that the establishment of ʿAbd Allāh ibn al-Zubayr's anticaliphate in Mecca marks the beginning of the dissolution of the Arab Empire that would be accomplished by the non-Arab troops of the Shīʿite rebel al-Mukhtār, fulfilling the prophecy in Gen. 16:12; ed. Mingana (n. 3) 155*, 12-20, 167*, 1-8 (text), 183*, 194* (trans.); Brock, North Mesopotamia (n. 3) 64, 73.

16 Ed. Mingana (n. 3) 146*, 11-17 (text), 175* (trans.); Brock, North Mesopotamia (n. 3) 61.

torical circumstances in which local Arab authorities were granting a conditional yet far-reaching freedom of religion to their subjects, in preference to getting involved themselves in religious discussions between the different confessions[17].

But may we take these few East Syrian examples as proof that there was no Muslim participation at all in the religious discussions of the seventh century, neither in the former Persian nor in the former Byzantine territories? Michael Cook, in his study on the origins of Muslim *kalām*, argued that there is "a small corpus of evidence of Muslim participation in the theological games of the day well before the end of the first century of the Hijra"[18]. Cook's dossier of evidence of seventh-century Christian-Muslim theological disputation contains the following works[19]: 1. A dialogue of 644 between a Hagarene emir and a Jacobite patriarch[20]; 2. A Chalcedonian-Jewish disputation of 681 known as the *Trophies of Damascus*[21]; 3. A Jacobite-Maronite disputation in the presence of Muʿāwiya mentioned in a fragmentary Maronite chronicle from the mid 660s[22]; 4. The Letter of Jacob of Edessa (died 708) 'On the Genealogy of the

17 Also the Nestorian patriarch Išoʿyahb III (died 659) stresses in his letter to bishop Šemʿon of Rewardašir the (conditional) religious tolerance of the Arabs; R. Duval, Išōʿyahb patriarchae III liber epistularum [Corpus Scriptorum Christianorum Orientalium, 11, 12, Script.Syri, 11, 12] (Parisiis 1904, 1905), Vol. 11: 251, 13-23 (text), Vol. 12: 182, 1-9 (trans.). Cf. also Brock, Syriac Views (n. 2) 15. For some early reports of Christian suffering by the Arabs *at the time of the conquest* see P. Crone – M. Cook, Hagarism. The Making of the Islamic World (Cambridge 1977) 156 (note 33). However, the early Syriac sources which are adduced by Crone and Cook do not state explicitly that the Arabs were primarily guided by religious hostility towards Christianity (cf. Crone-Cook, *o. c.*, 6). The author of the East Syrian chronicle of the 670s speaks of much bloodshed at the capture of Šūštar by the Arabs and then mentions the Christian victims (ed. Guidi [n. 4] 37, 3-14 [text], 30, 30-31,2 [trans.]). The West Syrian Chronicle ad annum 724 not only reports the slaughter of monks on Mount Mardin, but also, in the foregoing section, the killing of many Christians, Jews and Samaritans in Palestine (ed. E.W. Brooks, Chronica Minora II [Corpus Scriptorum Christianorum Orientalium, 3, Script.Syri, 3] (Louvain 1904) 147, 30-148,9; trans. I.-B. Chabot [Corpus Scriptorum Christianorum Orientalium, 4, Script.Syri, 4] (Louvain 1904) 114, 15-22).

18 M. A. Cook, The Origins of *Kalām*, Bulletin of the School of Oriental and African Studies 43 (1981) 42.

19 Cook, The Origins (n. 18) 41-42.

20 See below, pp. 171 ff.

21 G. Bardy (ed. and trans.), Les trophées de Damas: controverse judéo-chrétienne du VIle siècle [Patrologia Orientalis XV, 2] (Paris 1927) 171-292. V. Déroche, L'authenticité de l' ʿApologie contre les Juifs' de Léontius de Néapolis, Bulletin de Correspondance Hellénique 110 (1986) 660, n. 34, proposes a date of about 661.

22 This chronicle was edited by E.W. Brooks, Chronica Minora II [Corpus Scriptorum Christianorum Orientalium, 3, Script.Syri, 3] (Louvain 1904) 43-74; Latin translation by I.-B. Chabot [Corpus Scriptorum Christianorum Orientalium, 4, Script.Syri, 4] (Louvain 1904) 35-57. Edition and German translation of the last part with commentary by Th. Nöldeke, Zur Geschichte der Araber im 1. Jahrhundert d. H. aus syrischen Quellen, Zeitschrift der Deutschen Morgenländischen Gesellschaft 29 (1875/76) 82-98. Partial French translation by F. Nau, Opus-

Holy Virgin'[23]; 5. The *Hodegos* or *Viae Dux* of Anastasius the Sinaite from the later seventh century[24].

However, to what extent may we take these sources to be reliable witnesses of actual Muslim participation in the religious discussions of the time? I am afraid that the majority of the examples adduced by Cook rather demonstrate that the Muslims hardly played an active rôle in the religious discussions. In the *Trophies of Damascus* they appear as spectators alongside Hellenes, Samaritans Jews and Christians attending the discussion between a Chalcedonian Christ and the Jews[25]. Moreover, this treatise is generally held to be a literary fiction not in the last place written to reassure the Christians themselves[26]. The polemic context in which the Muslims are put on the scene concerns the Jews (the *Trophies of Damascus*[27]) or the "heretical" Christians (the Jacobites in the Maronite chronicle[28], the Monophysites in the *Hodegos* of the neo-Chalcedonian Anastasius[29]).

cules Maronites, Revue de l'Orient chrétien 4 (1899) 318-328. Cf. also Brock, Syriac Sources (n. 4) 18-19; *idem*, Syriac historical writing (n. 4) 7.

23 Edition and French translation by F. Nau, Lettre de Jacques d'Édesse sur la généalogie de la Sainte Vierge, Revue de l'Orient chrétien 6 (1901) 512-531.

24 K.H. Uthemann (ed.), Anastasii Sinaitae, Viae Dux [Corpus Christianorum, Series Graeca 8] (Turnhout 1981).

25 Ed. Bardy, Les trophées de Damas (n. 21), deuxième entretien VIII [2], 233-234. However, at the beginning (I [1], p. 215) the "Saracens" are not mentioned.

26 For the relation between the fictional character of this treatise and other anti-Jewish disputation texts and the historical reality of religious polemic debate see Averil Cameron, The eastern provinces in the 7th century AD. Hellenism and the emergence of Islam, in S. Said (ed.), ῾ΕΛΛΗΝΙΣΜΟΣ. Quelques jalons pour une histoire de l'identité grecque. Actes du Colloque de Strasbourg 25-27 octobre 1989 (Strasbourg 1991) 306-307. Cf. also V. Déroche, La polémique anti-judaïque au VIe et au VIIe siècle. Un mémento inédit, les *Képhalaia*, Travaux et mémoires 11 (Paris 1991) 281-288.

27 Cf. Averil Cameron, The eastern provinces (n. 26) 304-305.

28 Ed. Brooks (n. 22) 70, 7-21; trans. Chabot (n. 22) 55, 1-12. In this highly tendentious section, the Maronite author suggests that the Jacobite Church authorities bought the protection of Muʿāwiya against the persecution by the "sons of the Church" (i.e. the Church of the Byzantine Empire) by an annual payment of tribute, after the Jacobite bishops Theodoros and Sebokt having been confuted in a religious debate with the Maronites in the presence of Muʿāwiya in Damascus in 970 AG.

29 Ed. Uthemann (n. 24), Viae Dux I, 1, 46, VII, 2, 118, X, 2, 4, pp. 9-10, 113, 169-170. The Arabs are adduced paradigmaticly in the context of anti-Monophysite polemics. See especially the interesting article of S.H. Griffith, Anastasios of Sinai, the *Hodegos*, and the Muslims, The Greek Orthodox Theological Review 32 (1987) 341-358. Griffith rightly concludes that the Arabs are mentioned in this work of Anastasios only "as part and parcel of the argument against the Monophysites" (347). It is important to note Griffith's conclusion that "Anastasios is in fact reflecting the teaching of the Qur'an when he mentions what the Arabs say about Christian doctrines" (356), and that Anastasios' remarks can be considered as evidence thats some time before the year 681 (the *terminus ante quem* for the compilation of the first edition of Anastasios' *Hodegos*) Qur'anic ideas were present in Syria/Palestine, so that they could be put forward "as common knowledge about what Arabs believe about Christian doctrines" (358). Cf. also J. Haldon, The Works of Anastasius of Sinai: a key source for the history of seventh-century East Mediterranean society and belief, Averil Cameron and L.I. Conrad (eds.), The Byzantine and

It is even questionable whether Jacob of Edessa's letter 'On the Genealogy of the Holy Virgin' to the Stylite Yoḥannan of Litarb (died 737), though written at the end of Jacob's life at the beginning of the eighth century[30], may be considered as a piece of evidence for actual Christian-Muslim disputation. It rather seems that the knowledge of the Muslim tenet of Jesus son of Mary being the Messiah[31] made it necessary first of all for the Christians themselves[32] to discuss once more the old problem of the Davidic descent of Mary not being mentioned explicitly in the Holy Scriptures[33]. The really polemic expressions in this letter again concern the Jews[34], whereas the Muslims by their confession of Jesus son of Mary being the Messiah are adduced as allies of the Christians in this respect against the Jews[35]. There were quite a lot of Christian *religious* polemics in the seventh century, even in connection with the Arab conquests, but these polemics were focused on the Jews[36] or the religious politics of the

Early Islamic Near East, I: Problems in the Literary Source Material [Studies in Late Antiquity and Early Islam 1] (Princeton, N.J. 1992) 107-147.

30 See Nau, Lettre de Jacques d'Édesse (n. 23) 522 (text), 530 (trans.), esp. note 2.

31 Ed. Nau, Lettre de Jacques d'Édesse (n. 23) 518 (text), 524 (trans.).

32 The Christians are mentioned alongside of the Muslims in Jacob's exposition, how it has to be demonstrated by a syllogism that Mary is of Davidic descent; ed. Nau, Lettre de Jacques d'Édesse (n. 23) 519-520 (text), 525-526 (trans.). In his Early Muslim dogma. A source-critical study (Cambridge 1981) 147, Michael Cook states that Jacob in this letter is "giving advice on the strategy to be adopted in arguing with Hagarene opponents concerning the genealogy of the Virgin". In fact Jacob writes to Yoḥannan: "So, I am of the opinion, that by a compelling and valid syllogism such as this one we ought to demonstrate to every Christian or Muslim who would demand that, that Mary, the Holy Virgin and Theotokos, is of Davidic descent, although that is not demonstrated by the Scriptures ... If it would happen that somebody, who is conversing with you, would ask and inquire you on this subject (i. e. the question of the genealogy of the Holy Virgin), whether he would be a Muslim or a Christian, if he would be endowed with reason, being in full possession of his intellectual faculties, he will understand the syllogism, when he hears it, and bear witness of the truth of his own accord without dispute. So the things that have been said are sufficient to demonstrate clearly in front of a Christian or a Muslim who is disputing about this, that the Holy Virgin is of Davidic descent".

33 Ed. Nau, Lettre de Jacques d'Édesse (n. 23) 519, 522 (text), 525, 530 (trans.).

34 Ed. Nau, Lettre de Jacques d'Édesse (n. 23) 520-522 (text), 526-530 (trans.). In this letter Jacob is not engaged in confuting by biblical arguments etc. the Muslim rejection of the Divinity of Christ. He only says that the Muslims in calling Jesus the son of Mary the Messiah the "Word of God" and by calling him in addition by ignorance also the "Spirit of God" are not able to distinguish between the saying on the "Word" and on the "Spirit", as they also are not able to accept calling the Messiah "God" or the "Son of God"; ed. Nau, Lettre de Jacques d'Édesse (n. 23) 518-519 (text), 524 (trans.). Cf. Qur'an 4:169; cf. also 3:40; 66:12.

35 Ed. Nau, Lettre de Jacques d'Édesse (n. 23) 518-519 (text), 524 (trans.).

36 Cf. also Averil Cameron, The eastern provinces (n. 26) 294; for a survey of the anti-Jewish literature of the seventh century in general in addition to the Doctrina Jacobi (n. 3) see now Déroche, La polémique anti-judaïque (n. 26) 278-281. For a general discussion of the historical backgrounds see G. Dagron, Introduction historique. Entre histoire et apocalypse, Dagron-Déroche, Juifs et chrétiens (n. 3) 17-46.

Byzantine emperors or the rivalling Christian communities[37], rather than on the Arabs.

There is, however, one exception in Cook's list: The dialogue of a Hagarene emir with a Jacobite patriarch is undoubtedly a representative of Christian-Muslim theological disputation. This text is generally considered not only as the oldest specimen of Christian-Muslim dialogue, but also as a record of an interview which actually took place in the environs of Ḥomṣ (Emesa) shortly after the Arab conquests. Since it takes a key-position in the question of the beginnings of Syriac apologetic literature in response to Islam, I will deal with this text at greater length. In doing so, I will advance some arguments for the following thesis. Firstly, the dialogue, in its present form, is not a historical record of an interview between the highest authority of the Jacobite church and a Muslim emir, but it has to be considered as a representative of the *literary genre* of apologies which were written for certain purposes for the sake of the Christian community itself. Secondly, although this apology may still be regarded as the oldest known Jacobite example of this kind of literature, the general view that it was composed in 644, some eighty years before the first East Syrian dialogue apology was written[38], can hardly be maintained. I will try to demonstrate that the underlying issues and essential problems discussed in this dialogue fit much better into the historical situation of the first decades of the eighth century.

The dialogue between a Hagarene emir and a Jacobite patriarch is preserved in a West Syrian manuscript in the British Library which was completed on 17 August 874 C.E.[39]. William Wright, in his Catalogue of 1871, described the work (number 88 of the manuscript) as "A letter concerning an interview which John the patriarch had with an Arab amīr"[40], and François Nau made this text accessible to the scholarly world by its edition and French translation in the *Journal Asiatique* of 1915 under the title "Un colloque du patriarche Jean avec l'émir des Agaréens"[41]. In the manuscript the dispute text bears the following

37 Cf. a.o. W.E. Kaegi, Initial Byzantine Reactions to the Arab Conquest, Church History 38 (1969) 142-143, 148-149; Brock, Syriac Views (n.2) 10-11.

38 See below, pp. 185-186.

39 For the contents of the Syriac MS Add. 17, 193, containing a rather heterogeneous collection of 125 documents and extracts, see W. Wright, Catalogue of Syriac Manuscripts in the British Museum, Part II (London 1871) 989-1002.

40 Wright, Catalogue (n.39) 998.

41 F. Nau, Un colloque du patriarche Jean avec l'émir des Agaréens et faits divers des années 712 à 716 d'après le ms. du British Museum *Add.* 17193. Avec un appendice sur le patriarche Jean Ier, sur un colloque d'un patriarche avec le chef des mages et sur un diplôme qui aurait été donné par Omar à l'évêque du Tour ʿAbdin, Journal Asiatique 11/5 (1915) 225-279. Introduction by Nau: 225-247; edition of the Syriac text of the colloquy: 248-253; French translation: 257-264. German translation with commentary by H. Suermann, Orientalische Christen und der Islam. Christliche Texte aus der Zeit von 632-750, Zeitschrift für Missionswissenschaft und Religionswissenschaft 67 (1983) 122-128.

title: "The letter of Mar Yoḥannan the patriarch on the conversation he had with the emir of the *mhaggrāyē* (i.e. the Muslims)"[42]. The conversation between the emir and the patriarch does indeed appear within the literary framework of a letter, by which not the patriarch himself, but an unnamed sender informs his (equally unnamed) addressees about the interrogation of his patriarch by the (also unnamed) emir, which took place on Sunday the 9th of the month of *iyyōr* (May)[43]. The beginning and the end of the letter present the writer as belonging to an important Jacobite delegation, consisting of the patriarch, several bishops and others, which was summoned to appear before "the illustrious commander, the emir"[44].

François Nau identified the patriarch Yoḥannan, mentioned in the title, with the Jacobite patriarch of Antioch Yoḥannan Sedrā (died 648) and the emir with ʿAmr ibn al-ʿĀṣ, the famous conqueror of Egypt[45]. The colloquy would have taken place on Sunday the 9th of May 639, since the other two possible dates

42 Ed. Nau, Un colloque (n. 41) 248, 1-2 (text), 257 (trans.). For a discussion of the name *mahgrāyē / mhaggrāyē* see S.H. Griffith, The Prophet Muḥammad, his Scripture and his Message according to the Christian Apologies in Arabic and Syriac from the First Abbasid Century, T. Fahd (ed.), La vie du prophète Mahomet; colloque de Strasbourg, 1980 (Paris 1983) 122-124. Already c. 650 the name *mhaggrāyē* appears to be used to distinguish Muslim Arabs from others; cf. the expressions *ṭayyāyē mhaggrāyē* in a letter of the patriarch Išoʿyahb III (see below, note 72).

43 Ed. Nau, Un colloque (n. 41) 248, 6-7 (text), 257 (trans.). The assumption that Mar Severus, mentioned among the members of the delegation at the end of the letter (Nau, 253, 9-10 (text), 263 (trans.)) was the patriarch's secretary, is due to a conjecture. Cf. Kh. Samir, Qui est l'interlocuteur musulman du patriarche Syrien Jean III (631-648)?, H.J.W. Drijvers, R. Lavenant, C. Molenberg, and G.J. Reinink (eds.), IV Symposium Syriacum 1984. Literary Genres in Syriac Literature [Orientalia Christiana Analecta 229] (Roma 1987) 388.

44 Ed. Nau, Un colloque (n. 41) 248, 3-7, 253, 7-14 (text), 257, 236-264 (trans.). The author of the letter mentions the following members of the delegation by name: Abbas Mar Thomas, Mar Severus, Mar Sargīs, Mar Aytīlāhā, Mar Yoḥannan and Mar Andreas. Three bishops are mentioned among the twelve bishops belonging to the delegation of the Jacobite patriarch Athanasius summoned to Mabbugh for an interview with the Emperor Heraclius in 630; see Michael Syrus, Chron. XI, 3, ed. J.-B. Chabot, Chronique de Michel le Syrien, IV (Paris 1910) 409 (text), II (Paris 1901) 412 (trans.); cf. also the Chronicle ad annum 1234, ed. with Latin trans. by I.-B. Chabot, Chronicon ad annum Christi 1234 pertinens, I [Corpus Scriptorum Christianorum Orientalium, 81, 109, Script.Syri, 36, 56] (Louvain 1920, 1937) 238, 14-17 (text), 186, 32-35 (trans.). Perhaps Thomas may be identified with Thomas of Mabbugh, Severus with Severus of Qennešrin and Sargīs with Sargīs of ʿArṣ. It is uncertain whether Aytīlāhā is to be identified with the bishop of Marga (c. 630). The historical rightness of the list of names is not to be doubted, but that, of course, does not prove the authenticity of the letter itself, and in particular not the authenticity of the contents of the religious disputation in the letter. The author of the letter intends, for apologetic reasons, to make the first official meeting of the patriarch of his church the historical scene of the religious disputation (see below, p. 184).

45 Nau, Un colloque (n. 41) 226-227. Nau (231-232) also points out the interview between ʿAmr ibn al-ʿĀṣ and the Coptic patriarch Benjamin as it is reported in the History of the Patriarchs of the Coptic Church [Patrologia Orientalis I] (Paris 1907) 494-498. However, there is nothing in this report that shows that during the interview *religious* topics were discussed.

were less likely (in the years of Yoḥannan's patriarchate the 9th of May fell on a Sunday in 633, 639 and 644)[46].

After Nau's study scholars were more concerned with the question of the identity of the emir and the date of meeting than with the contents of the colloquy. Nau's identification, based on a tradition in the chronicle of Michael Syrus (12th century), in which Yoḥannan's opponent is named ʿAmrou bar Saʿd[47], was contested already in 1919 by Henri Lammens who suggested Saʿīd ibn ʿĀmir, the governor of the *ǧund* (military district) of Ḥomṣ, as the most likely candidate for being Yoḥannan's interrogator and 644 as the year in which the colloquy took place[48]. More recently Patricia Crone & Michael Cook and Khalil Samir have argued that Michael's ʿAmrou bar Saʿd rather has to be identified with ʿUmayr ibn Saʿd, who was appointed military governor of the *ǧund* of Ḥomṣ by the caliph ʿUmar in the period 641-644. Accordingly the colloquy would most probably have taken place on Sunday the 9th of May 644[49].

At this point I have to make a short remark on the question of the source of Michael Syrus, especially on the question of the connection between the tradition in Michael with regard to the colloquy and the dispute text in the London manuscript. In connection with ʿAmrou bar Saʿd a cluster of traditions appears in Michael. First a story connected with ʿAmrou's forbidding the public display of crosses. Then a short remark on ʿAmrou's summoning by letter the patriarch Yoḥannan and the following interview in which the patriarch answered the emir's contentious questions. Finally, a more elaborated story on the translation of the Gospel into Arabic: the emir, impressed by the patriarch's brave defence, orders to translate the Gospel into Arabic on the condition that the word God, applied to Christ, the word Baptism and the word Cross are suppressed; when Yoḥannan vehemently resists this demand of ʿAmrou, the emir permits him to write as he wishes; Yoḥannan then assembles the bishops and sends for Christian Arabs belonging to the Tānūkāyē, ʿAqūlāyē and Ṭūʿāyē[50], who knew both Arabic and Syriac; these Christian Arabs translated the Gospel into Arabic that was subsequently presented to ʿAmrou[51].

The same cluster of traditions occurs, independently of Michael, in the Syriac *Chronicle ad annum 1234*[52] and is undoubtedly to be traced back to the (for the most part) lost history, covering the years 582-842, composed by Dionysius of Tel-Maḥrē, who was Jacobite patriarch

46 Nau, Un colloque (n. 41) 227, note 3.

47 Chron. XI, 8, ed. Chabot (n. 44), IV, 421-422 (text), II, 431-432 (trans.). In his ecclesiastical history Bar Hebraeus is dependent on Michael, ed. J.B. Abbeloos and Th.J. Lamy, Gregorii Barhebraei Chronicon ecclesiasticum, I (Lovanii 1872) 275-276.

48 H. Lammens, A propos d'un colloque entre le patriarche Jean Ier et ʿAmr Ibn al-ʿĀṣi, Journal Asiatique 11/13 (1919) 97-110.

49 Crone-Cook, Hagarism (n. 17) 162, note 11; Samir, Qui est l'interlocuteur (n. 43) 394-400.

50 These same three tribes are mentioned in the history of the Jacobite metropolitan Aḥūdemmeh who had evangelized among Arab tribes in Mesopotamia in the sixth century; F. Nau (ed.), Histoires d'Ahoudemmeh et de Marouta, métropolitains jacobites de Tagrit et de l'Orient [Patrologia Orientalis III] (Paris 1905) 21-22. See J. Spencer Trimingham, Christianity Among the Arabs in Pre-Islamic Times (London–New York 1979) 171-173, and the bibliographical notes in Griffith, Disputes with Muslims (n. 1) 258, note 32.

51 Chron. XI, 8, ed. Chabot (n. 44), IV, 421-422 (text), II, 431-432 (trans.).

52 Ed. Chabot (n. 44), 262,3-264,2 (text), 205,1-206,14 (trans.).

from 818 to 845[53]. The question to what extent Dionysius, in his turn, here may depend on his sources, as well as their possible identity, must remain open for the moment[54]. However, as to the relation between the report in Dionysius and the dispute text there are, hypothetically, at least three options: 1. there is not a direct (textual or source-) relation between them, i.e. they have to be regarded as independent witnesses of some interview between the patriarch Yoḥannan and the emir; 2. there is a direct relation in the sense that the author of the dispute text knew of the tradition as preserved in Dionysius and elaborated the theme in his work; 3. there is a direct relation in the sense that Dionysius or his source knew the dispute text, identified the unnamed emir with ʿAmrou and connected the reference to the interview with the story of the interdiction of the public display of crosses.

There may be some arguments in favor of the third possibility on internal grounds. In the *Chronicle ad annum 1234* the reference to the interview is introduced by the following words: "This emir Bar Saʿd summoned by letter the patriarch Yoḥannan, either because of his hatred of the Christians or because he wanted to stop Christ being called God"[55]. The first alternative appears to be a deduction from the foregoing episode on the suppression of the public display of crosses by ʿAmrou, the second alternative, however, seems to presuppose the acquintance with the contents of the disputation. Also the following story on the translation of the Gospel into Arabic may presuppose the acquaintance with the dispute text, and it may even represent a tradition that was developed from the dispute text. This story, the historicity of which is indeed not uncontested in modern scholarship[56], adduces Christians from three Arab groups as the translators of the Gospel into Arabic. The same groups are mentioned at the end of the disputation alongside Muslim notables and governors of cities attending the interview. Their rôle in the dispute text seems to be determined by the apologetic context, in which the patriarch resists the emir's claim that the Christians should adhere to the Muslim law if the Christian laws are not written in the Gospel[57], but it would be quite understandable if the Gospel-topic of the disputation would have generated the story of the translation of the Gospel into Arabic with the Christian members of the three Arab groups in the rôle of translators. However this may be, even if the first option would be the right one, to rush into the conclusion, without comment and any further investigation, that the disputation in the London manuscript represents an authentic record of the interview, may be a rather uncritical way of dealing with this source.

53 Cf. R. Abramowski, Dionysius von Tellmahre: Jakobitischer Patriarch von 815-845. Zur Geschichte der Kirche unter dem Islam [Abhandlungen für die Kunde des Morgenlandes XXV, 2] (Leipzig 1940); Brock, Syriac historical writing (n. 4) 14-15.

54 Research into the complex question of Dionysius' sources has only recently started; see L.I. Conrad, The Conquest of Arwād: A Source-Critical Study in the Historiography of the Early Medieval Near East, Cameron-Conrad (eds.), The Byzantine and Early Islamic Near East (n. 29) 322-348; cf. also *idem*, Theophanes and the Arabic Historical Tradition: Some Indications of Intercultural Transmission, Byzantinische Forschungen 15 (1990) 37-44, and esp. A. Palmer, The Seventh Century in West-Syrian Chronicles [Translated Texts for Historians 15] (Liverpool 1993) 85-104.

55 Ed. Chabot (n. 44) 263,5-7 (text), 205,30-32 (trans.).

56 See G. Graf, Geschichte der christlichen arabischen Literatur [Studi e Testi 118] Bd. I (Città del Vaticano 1944) 35; A. Vööbus, Early Versions of the New Testament. Manuscript Studies [Papers of the Estonian Theological Society in Exile 6] (Stockholm 1954) 284; Spencer Trimingham, Christianity among the Arabs (n. 50) 225. Also S.H. Griffith, The Gospel in Arabic: An Inquiry into its Appearance in the First Abbasid Century, Oriens Christianus 69 (1985) 135-137, 166, is cautious as to the reliability of this tradition, arguing that the first translation of the Gospel in Arabic for general use in the church was made in the first Abbasid century.

57 Ed. Nau, Un colloque (n. 41) 251,20-22 (text), p. 261 (trans.); see further below pp. 179-181 and notes 79 and 85.

The historicity of the religious disputation between Yoḥannan and the emir in the London manuscript, however, is not called in question by the above-mentioned authors, dealing with the question of the date and the identity of the emir, and other scholars[58], although some of them do not feel quite comfortable in every respect. Crone & Cook, for instance, who use this dispute text in their much-discussed *Hagarism* as a source of information for early Islam in the seventh century[59], suggest that one section of the disputation, which might contain an implicit reference to the Qur'anic law of inheritance, could be suspected of being a later reworking of the original text[60]. Already in 1930 Erdmann Fritsch, adopting the views of François Nau, could not conceal a certain embarrassment in the introductory sentences of his book on the history of Muslim polemics against Christianity:[61]

> Ein energischer Eroberungsdrang ließ den Islam schon in den ersten Jahrzehnten seines Lebens mitten in die Zentren der großen Religionen Vorderasiens eindringen. Aber er ging nicht auf Bekehrung aus, es kam ihm zunächst nur auf die Aufrichtung seiner politischen Oberherrschaft und auf wirtschaftliche Ausbeute an. Die »Schriftbesitzer«, Juden und Christen, die sich unterwarfen und die Toleranztaxe bezahlten, wurden in den Schutzrechtsverband aufgenommen, ohne in ihrer Religionsübung gefährdet zu sein. Daß aber die Eroberer auch den religiösen Verhältnissen der neuen Gebiete Interesse entgegenbrachten, beweist das Religionsgespräch, das der arabische General ʿAmr Ibn-al-Āṣ i. J. 639, im 5. Jahre des Kalifates ʿOmars, mit dem nestorianischen [this is, of course, a slip of the pen of Fritsch] Patriarchen Johann I. von Antiochien in Anwesenheit von fünf Bischöfen und einer großen Zahl vornehmer Christen veranstaltete; der Patriarch verfaßte mit dem Beistand der Bischöfe darüber einen syrischen Bericht und sandte ihn an die Christen von Mesopotamien. Aber dem arabischen Emīr kam es weniger auf Bekehrung oder religiöse Information an als darauf, politische Bundesgenossen zu werben, ebenso wie bei seinem Religionsgespräch mit Benjamin, dem Patriarchen der ägyptischen Jakobiten i. J. 643 (s. Nau, l.c. 231)[62].

Of course, one would expect that the main concern of an Arab emir in the first years following the conquests would be the stabilization of power and the making of politico-social arrangements with the authorities of the important religious communities in the conquered countries, but it cannot be denied that the emir of the disputation text is portrayed as somebody who is primarily and mainly interested in theological questions.

However, a few other voices can be heard too. So Sidney Griffith suggests for the conversation between Yoḥannan and the Muslim emir a date of some forty

58 Cf. a.o. Khoury, Les théologiens byzantins (n. 1) 39; Suermann, Orientalische Christen (n. 41) 125-126.

59 See Crone-Cook, Hagarism (n. 17) 11, 14.

60 *Ibidem*, 18 and 168, note 20.

61 E. Fritsch, Islam und Christentum im Mittelalter. Beiträge zur Geschichte der muslimischen Polemik gegen das Christentum in arabischer Sprache [Breslauer Studien zur historischen Theologie, Bd. XVII] (Breslau 1930) 1.

62 See note 45.

years before the first Abbasid century[63], relating the dispute text to a following chronicle of events in the London manuscript[64], and Louis Sākō, in a note to his "Bibliographie du dialogue islamo-chrétien", rejects the assumption that the colloquy is authentic, although he does not exclude that "il est bien possible que le patriache ait rencontré l'émir et que plus tard le colloque ait été écrit"[65].

The above-mentioned examples betray something of the tension between the way of taking this text as a historical record dating from the 640s and the actual contents of the disputation. It may, therefore, be appropriate to approach the problem from the other side by taking the scope of the disputation itself as the starting-point for the question of the date and the "Sitz im Leben" of the work as a whole.

Sidney Griffith quite rightly classified the conversation between Yoḥannan and the emir under the *genre* of Christian apologies in response to Islam, defining the letter as "a miniature catechism of Christian beliefs, designed to furnish the reader with ready answers to the customary questions raised by Muslims"[66]. Although Griffith's definition of the apologetic objectives of the letter may have to be adjusted slightly[67], it is evident that the dialogue, in terms of the order of its questions and answers, the gradual development of its themes, and the theological scope of its arguments, displays all the characteristics of a carefully composed literary fiction, in which the main controversial issues between Christianity and Islam are raised: the doctrine of the Godhead of Christ and the Trinity[68]. The author is well aware of Islam being a religion different from Christianity, Judaism and Samaritanism[69]; however, he takes great pains to prove that the faith of the new rulers is not a *new* religion, but rather a variant of the old Mosaic

63 Griffith, The Prophet Muḥammad (n. 42) 99.

64 *Idem*, Chapter ten of the *Scholion*. Theodore Bar Kônî's Apology for Christianity, Orientalia Christiana Periodica 47 (1981) 159. This chronicle was edited, with a French translation, by Nau, Un colloque (n. 41) 253-256 (text), 264-267 (trans.). It contains a list of natural disasters between the years 712 (during the reign of al-Walīd) and 716 (during the reign of Sulaymān). The author of this record was very probably a contemporary of the events described by him, but this in itself does, of course, not prove that the foregoing letter in the London manuscript was composed about the same time. However, the results of my analysis of the contents of the dispute text point at a comparable date of the composition of the letter, so that there may have been a close connection between both texts at least with respect to their transmission.

65 Sākō, Bibliographie (n. 1) 277, note 3.

66 Griffith, The Prophet Muḥammad (n. 42) 100.

67 The main apologetic objective of the letter rather lies in its intention to ward off the increasing danger of apostasy to Islam (see below, pp. 181-182, 186-187).

68 The author makes the emir put the right questions in the right order to develop the following theological line of thought: The oneness of Christianity consists in the one Gospel of the salvation of mankind by the incarnation at the end of times of God the Word, being one of the hypostases and persons of the eternal divine Trinity, fulfilling the Old Testament promises; and Christian life, in every respect, is rooted in the one divine Gospel succeeding and fulfilling Old Testament law.

69 Ed. Nau, Un colloque (n. 41) 248, 16-17 (text), 257-258 (trans.). Also in his use of the expression

religion[70]. It is not very surprising that the author, in doing so, employs a lot of traditional anti-Jewish polemical material[71]. What is important is that his attention is primarily focused on the Christological issue[72] and that the way in which

nōmōsā d-mahgrā the author shows that he is well aware of Muslim law being distinct from the Pentateuchal law (see below, pp. 180-181).

70 In explaining nascent Islam as a manifestation of the Mosaic religion the author is joining the common views of Syriac authors already of the seventh century (see above). However, it is important to note that the author is writing in a time, in which the idea of Islam being a new religion, distinguishing itself from both Judaism and Christianity, had become a problem that was to be solved through an apology for Christianity.

71 Cf. for the discussion of the Trinity and the Divinity of Christ and the Pentateuchal *testimonia* adduced by the patriarch (Deut. 6:2, Gen. 19:24), ed. Nau, Un colloque (n. 41) 249,21-250,13, 251,2-11 (text), 259-261 (trans.), a. o. Severus of Antioch, Hom.cath. LXX, ed. M. Brière, Les Homiliae Cathedrales de Sévère d'Antioche. Traduction syriaque de Jacques d'Édesse [Patrologia Orientalis XII,1] (Paris 1919) 19-29; Doctrina Jacobi II.3, ed. Déroche (n. 3) 140-141; Jacob of Serugh, Hom. IV against the Jews, ed. M. Albert, Jacques de Saroug, homélies contre les Juifs [Patrologia Orientalis XXXVIII, 1] (Turnhout 1976) 113-135, esp. 114-115. Cf. also A. L. Williams, Adversus Judaeos. A Bird's-eye View of Christian Apologiae until the Renaissance (Cambridge 1935) 120. In particular, the parallels in Severus, already mentioned by Nau, are very striking indeed, and it is probable that the author of the dispute text was a. o. inspired by a Syriac translation of Severus' Hom.cath., although it is difficult, if not impossible, to decide, whether it was the first translation of c. 530 by Paul of Callinice or Jacob of Edessa's revision/translation of 701, the first translation of homily LXX not being preserved.

72 The Christological issue in connection with the Muslim tenet of Jesus seems to begin to play a more distinct rôle only in the Christian sources from the last third of the seventh century. When Išoʿyahb, ed. Duval (n. 17) 97, 4-5 (text), 73, 35-37 (trans.), remarks that the Muslim Arabs (*ṭayyāyē mhaggrāyē*) do not help those "who speak of passion and death in relation to God the Lord of All" (i. e. the Monophysites), he is only refering to their monotheism (cf. also Brock, Syriac Views [n. 2] 16). The East Syrian chronicle of the 670s (notes 4-9) and Yoḥannan bar Penkaye (notes 3, 10-16) are conspicuously silent as to the Muslim view of Jesus. The Maronite chronicle, ed. Brooks (n. 22) 71, 4-7, trans. Chabot (n. 22) 55, 23-26, reports Muʿāwiya's visiting Christian holy places in Jerusalem (Golgotha, Gethsemane, the tomb of Mary), suggesting Muʿāwiya's devotion for these holy places (however, a certain caution in respect to the reports in this chronicle is due (see note 28), and this chronicle also speaks of the coins without the cross minted by Muʿāwiya not being accepted, ed. Brooks (n. 22) 71, 18-20, trans. Chabot (n. 22) 55, 37-56, 1; cf. also Crone-Cook, Hagarism [n. 17] 11). Sebēos, History of Heraclius, Ch. XXXVI, trans. Macler (n. 3) 139-140, even makes an Arab ruler in a letter to the Byzantine Emperor Constans requiring of the Emperor to renounce Jesus, thus testifying that he was only aware of the monotheism of the "Ishmaelites". The reference in Crone-Cook, Hagarism (n. 17) 162-163, note 14, to a text published by F. Nau, Notice historique sur le monastère de Qartamin, suivi d'une note sur le monastère de Qennešré, Actes du XIVe congrès international des orientalistes, Alger, 1905, deuxième partie (Paris 1907) 76-99 [122-125], in which it is reported that the demons prefer the "pagans" (*ḥanpē*, identified with the Muslims by Crone and Cook) to the Jews in that the *ḥanpē* "do not believe Christ to be God", whereas the Jews "in some degree know Him, who is dwelling in heaven" (ed. Nau, 94 [130], 3-6 (text), 82 [118] (trans.)), cannot be regarded as a reliable testimony from the second half of the seventh century (see my forthcoming article Die Muslime in einer Sammlung von Dämonengeschichten des Klosters von Qennešrīn). The Nestorian patriarch Ḥenanišoʿ I (died 699/700), however, in mentioning a „new absurdity" that takes Jesus for a prophet, is undoubtedly refering to the Muslims (see G. J. Reinink, Fragmente der Evangelienexegese des Katholikos Ḥenanišoʿ I, R. Lavenant (ed.), V Symposium Syriacum 1988 [Orientalia Christiana Analecta 236] (Roma 1990) 89-90), and the Nestorian patriarch Mar Aba II (died c. 751 in the age of 110 years) is refuting the rejection of the Divinity

he is dealing with this question seems to reveal a particular problem in his time and in his ecclesiastical milieu.

This particular problem is, to put it briefly, the dividedness of Christendom, as a result of the Christological controversies, as opposed to the concept of the unity of Islam, based upon its absolute monotheism and, accordingly, its "undivided" opinion on Christ. Right at the beginning of the disputation the author makes the emir the mouth-piece of this problem by the question whether all who are Christians and are so called in the whole world possess *one and the same* Gospel without any difference[73]. The patriarch's answer in the affirmative[74] enables the emir to put his finger on the sore spot[75]:

> The Gospel being one, why, then, is the faith [of the Christians] differing?

The patriarch's answer to this question is very significant, as it defines the whole setting of the following discussion on the Divinity of Christ and the Trinity[76]:

> And the Blessed replied: Just as the Law is *one and the same* and is accepted by us Christians, and by you *mhaggrāyē* (Muslims), and by the Jews and by the Samaritans, and [still] all have a different faith, so it is also with the faith in the Gospel: every heresy understands and explains it differently and not like us.

By the comparison between the Gospel and the Mosaic Law (the Pentateuch) the author wants to demonstrate that the concept of the oneness of Islam as opposed to the dividedness of Christianity is in fact a false antithesis. On the one hand, Christianity would be a unity if all Christians were to cling to the right interpretation of the Gospel (i.e. the Jacobite Christology)[77]. On the other hand, Islam is no more than a derivation or variant of the Pentateuchal religion

of Christ by the "Arabs of our time" in his exegesis of John 20:17 (see G.J. Reinink, Studien zur Quellen- und Traditionsgeschichte des Evangelienkommentars der Gannat Bussame [Corpus Scriptorum Christianorum Orientalium, 414, Subsidia, 57] (Louvain 1979) 64-68). Also Anastasius the Sinaite (note 29) and Jacob of Edessa (note 34) know of the Muslim rejection of the Divinity of Christ.

73 Ed. Nau, Un colloque (n. 41) 248, 7-10 (text), 257 (trans.).

74 Ed Nau, 248, 10-13 (text), 257 (trans.).

75 Ed. Nau, 248, 14-15 (text), 257 (trans.).

76 Ed. Nau, 248, 15-19 (text), 257-258 (trans.).

77 The definition of the Divinity of Christ in the patriarch's answer to the question of the emir whether Christ is God or not (ed. Nau, 249, 1-4 (text), p. 258 (trans.)) is much in line with the wordings of the Symbolum Nicaeno-Constantinopolitanum, but note the statement that Christ is "God and the Word" that was made flesh and became man, and the addition of the name *Theotokos* to the Holy Virgin; cf. in particular Philoxenos of Mabbugh's Commentary on the prologue of John, ed. A. de Halleux, Philoxène de Mabbog. Commentaire du prologue johannique (Ms Br.Mus.Add. 14,534) [Corpus Scriptorum Christianorum Orientalium, 165, 166, Script.Syri, 380, 381] (Louvain 1977), Vol. 165: 27,25-28,4, 207,6-9 (text), Vol. 166: 27, 10-19, 204,30-205,4 (trans.). See also A. de Halleux, Philoxène de Mabbog. Sa vie, ses écrits, sa théologie (Louvain 1963) 321-323. By joining closely the formulations of the Symbolum Nicaeno-Constantinopolitanum the author implicitly signifies that his church in rejecting Chalcedon sticks to the orthodoxy of the first councils.

as long as it rejects the Christian doctrines of the Divinity of Christ and the Trinity. In the following discussion on the Trinity the patriarch argues that Pentateuchal authorities like Abraham, Isaac, Jacob, Moses and Aaron – it is striking that these names represent Qur'anic authorities too – possessed the Christian belief, suggesting that if the Muslims were to know and accept the right, that is to say the Christian, interpretation of the Mosaic writings, they would be Christians[78].

After having demonstrated that the Muslim faith is neither something new or superior to the Christian confession, since it has not yet grasped the real (Christian) meaning of the Mosaic writings[79], the author raises in the final section of the dialogue the question of Muslim law. The section is introduced by the emir's inquiring about the Christian laws. The emir in particular wants to know whether or not the Christian laws are written in the Gospel, instancing the question of inheritance[80]:

> If a man dies and leaves sons or daughters and a wife and a mother and a sister and a cousin, how should his property be divided among them?

The example of the law of inheritance is not taken haphazardly. Crone & Cook observed rightly, in my opinion, that "if, as the context suggests, the emir feels that the answer ought to be found in the Christian scripture, then the presumption is that an answer was also to be found in his own; and the Koranic norms, with their elaborate division of the inheritance (Koran 4:8 etc.), go somewhat better with the question than those of the Pentateuch ..."[81]. The assumption

78 Ed. Nau, Un colloque (n. 41) 249, 17-21 (text), p. 259 (trans.).

79 See above, notes 70 and 71. The first part of the disputation ends with the emir's demand to show him that the *testimonium* Gen. 19:24 for Christ's divinity quoted by the patriarch indeed agrees with the written text of the Pentateuch. The patriarch shows the emir and then the attending Muslims the text in question in the *complete* Greek and Syriac versions (so that the evidence cannot be suspected of being a falsification!), so that "they saw with their own eyes the written words and the glorious names of the Lord and the Lord". The emir thereupon summons a certain Jew, who was regarded by the Muslims as an expert of the Scriptures, to inquire of him about the text of Gen. 19:24. The Jew, who on the one hand cannot deny that the Hebrew text is agreeing with the Greek and Syriac versions, being on the other hand reluctant to put the patriarch in the right, answers that he does not know it exactly (ed. Nau, 251, 4-11 (text), 260-261 (trans.)). It is in particular this episode that makes Sākō, Bibliographie (n. 1) 277, note 3, doubt the authenticity of the letter. It is clear that the rôle of the Jew is completely determined by the apologetic objectives of the author, as it is the case with the rôle of the Christian Arabs who appear on the scene, when the topic of conversion to Islam is raised (see below, note 85), and that of the Chalcedonians in the eulogy of the patriarch who defended Christianity as such in front of the secular rulers (see below, p. 181).

80 Ed. Nau, Un colloque (n. 41) 251, 12-16 (text), 261 (trans.).

81 Crone-Cook, Hagarism (n. 17) 168, note 20. Compare Qur'an 4:4-16 with Num. 24:8ff. Cf. also A. Rippin, Muslims: Their Religious Beliefs and Practices. Volume 1: The Formative Period (London–New York 1990) 21. That the formulation of the emir's question is much in the style of the Christian law-books, is, of course, quite understandable (Crone-Cook, *ibidem*, point at E. Sachau, Syrische Rechtsbücher, Bd. II: Richterliche Urteile des Patriarchen Chenânîshô.

that the author at least had some knowledge of the existence of the Qur'an is only a problem if the dialogue *a priori* is considered to be a historical record dating from the 640s. In any case, the author is well aware of the fact that the Muslim law (*nōmōsā d-mahgrā*) has to be distinguished from the Pentateuchal law. But here again he wants to suggest to his readers that the Muslim law is not something entirely new, but no more than a derivation of the Old Law. The Gospel, on the contrary, being divine, has a much higher level, since it "teaches and prescribes heavenly doctrines and life-giving commands and rejects all sins and evils and teaches by itself virtue and justice"[82]. By this answer of the patriarch the author again wants to demonstrate that not Islam but Christianity is the superior religion. It is quite possible that the inheritance example has been chosen for another reason too. In the first part of the dialogue the problem of the oneness of Islam and the diversity of Christianity was solved on the theological level, in the final section the same problem had to be solved on the level of the implementation of faith in human life. Unlike the detailed inheritance regulations of the Muslim community which are found in the one Muslim law (in fact the Qur'an), the Christian inheritance regulations are not written in the Gospel which , as the patriarch had argued in the foregoing discussion, marks the unity of Christianity. This problem very distinctly comes to the fore in the emir's final words[83]:

> I want you to do one of three things[84]: either show me that your laws [plural!] are written in the Gospel and live according to them, or follow the Muslim law (*nōmōsā d-mahgrā*) [singular!].

In other words: If the regulations of the Christian community cannot be found in the one Gospel, then the alternative isto follow the one Muslim law, and that,

Gesetzbuch des Patriarchen Timotheos. Gesetzbuch des Patriarchen Jesubarnun (Berlin 1908) 90-91; Bd. II: Corpus juris des persischen Erzbischofs Simeon. Eherecht des Patriarchen Mâr Abhâ [Berlin 1914] 94-95). Cf. also K. G. Bruns – E. Sachau, Syrisch-römisches Rechtsbuch aus dem fünften Jahrhundert (Leipzig 1880) 173-180; W. Selb, Orientalisches Kirchenrecht, Bd. I: Die Geschichte des Kirchenrechts der Nestorianer (von den Anfängen bis zur Mongolenzeit) (Wien 1981) 42-44; Bd. II: Die Geschichte des Kirchenrechts der Westsyrer (von den Anfängen bis zur Mongolenzeit) (Wien 1989) 80-81; *idem*, 'Abdīšōʿ bar Bahrīz, Ordnung der Ehe und der Erbschaften sowie Entscheidung von Rechtsfällen [Österreichische Akademie der Wissenschaften, phil.-hist. Klasse, Sitzungsberichte, 268. Bd., 1. Abh.] (Wien 1970) 42-103.

82 Ed. Nau, Un colloque (n. 41) 251, 16-19 (text), 261 (trans.).

83 Ed. Nau, 251, 23-252,2 (text), 262 (trans.).

84 Perhaps the text speaking of "three things" should be emended into "two things", since only two options are given. However, if the text of the manuscript is not corrupt in this point, then it looks as if the author omitted mentioning a third option. But what could have been the third option? Griffith, Disputes with Muslims (n. 1) 259, note 33, suggests that the writer may have in mind "the three conditions said to have been put to the *ahl al-kitab* at the conquest: to convert, to pay the *ǧizyah* and become *ahl adh-dhimmah*, or to fight to the finish". Another possible solution could be that in the words "I want you to do one of three things", the number "three" simply refers to the three verbs, namely to (1) "show" (that your laws are written in the Gospel) and to (2) "live" (according to them) or to (3) "follow" (the Muslim law), taking into account that the

as a matter of fact, implies that Christians would become Muslims[85]. The patriarch replies that the Christians possess laws that are just and right, and that *agree with* the doctrine and the commands of the Gospel and with the rules of the Apostles and the laws of the Church[86]. As in the first part of the dialogue, the author also in the last question suggests that the antithesis is a false one. Just as the Christian laws can be traced back to the Gospel, so the Muslim law is rooted in the Old Testament law. Conversion to Islam would, therefore, mean no less than sliding down from the highest level of the Gospel to the lower level of Muslim practice of the Old Law.

The apology reaches its apogee in the final section of the letter. The dialogue being concluded, we are suddenly told that also leaders of the Chalcedonian community attended the discussion. The Orthodox (i.e. the Jacobites) and the Chalcedonians prayed in concord for the life and the safety of the patriarch who defended Christian faith in front of the secular rulers (the author quotes Matt. 10:19-20)[87]. For the patriarch spoke on behalf of *the whole community of the Christians* and did not exclude the Chalcedonians. The patriarch did not take advantage of the politically weak and dangerous position of the adherents of the Church of the Byzantine Empire, but he defended Christianity as a whole against the claims of Islam[88].

The *Letter of Mar Yoḥannan the Patriarch* represents a deliberate piece of Christian apologetics. It was composed for the sake of the Christian community itself, with the purpose of defining the real nature of Islam as compared with Christianity: the faith of the new rulers is not a new religion, succeeding Christianity, but at best a new manifestation of the old Pentateuchal religion. Applying the traditional *genre* of the religious disputation, the author makes the first official meeting of the patriarch of his Church with the Arab conquerors the historical scene of the conversation. The patriarch, who already in the earliest

first two verbs belong to one and the same option. In fact the emir wants three things: (1) he wants that the Christians show that their laws are written in the Gospel, and, if they are written in the Gospel, (2) he wants that they live according to these laws, but if they are not written in the Gospel, then (3) he wants that the Christians follow the Muslim law. Since the first demand of the emir implies the second, there are in fact two options: (1) The Christian laws are written in the Gospel and then the Christians have to live according to these or (2) the Christian laws are not written in the Gospel and then they have to follow the Muslim law.

85 It is precisely for this reason that the author here introduces the Tānūkāyē, ʿAqūlāyē and Ṭūʿāyē, the three Christian Arab tribes who are mentioned in the history of Aḥūdemmeh as examples of zealous Christians, prepared to give their lives in times of persecution (see note 50). Their rôle in the letter is defined by the apologetic objectives of the author. The Tānūkāyē, ʿAqūlāyē and Ṭūʿāyē, who attended their patriarch's brave defense, should serve as an example for the co-religionists of the author's days, since these Arabs stuck to their Christian religion, despite of being akin to the *mhaggrāyē*.

86 Ed. Nau, Un colloque (n. 41) 252, 2-4 (text), 262 (trans.).

87 Ed. Nau, 252, 7-16 (text), 262 (trans.).

88 Ed. Nau, 252,22-253,6 (text), 263 (trans.).

days of Arab domination successfully resisted the Muslim challenge, should serve as an example for the stand the author's contemporaries and co-religionists should take against the religion of the authorities.

The work appears to presuppose historical circumstances which can hardly be assumed for the first decade after the Arab conquests: 1. the awareness of Islam manifesting itself as a new religious faith, succeeding both Judaism and Christianity; 2. the dividedness of Christianity being felt as a problem in the face of nascent Islam; 3. the growing fear of the possibility of Christian apostasy to the religion of the rulers. These conditions, put together, take us, in my opinion, at the earliest to the end of the seventh century, but more probably to the first decades of the eighth century; not much later, since the letter makes the impression of being an early response to the radical politico-social changes in consequence of the arabization policies which were initiated by the Umayyad caliph ʿAbd al-Malik in the second half of his reign (from c. 691/2 to his death in 705) and energetically pursued by his son al-Walīd I (705-715).

The most important point for the determination of the historical setting of the letter is, in my opinion, its stress on the unity of Christianity in the face of nascent Islam. The author takes great pains to make the readers believe that it is an authentic document, and in doing so, he obviously intends to affect the minds of his co-religionists[89]. One may say that something of a propagandist flavour can be detected in the letter. The way in which the patriarch is portrayed as the advocate of Christianity as such, defending both Jacobites and Chalcedonians, may contain implicitly the message that the political circumstances should not be exploited to fight the inter-Christian doctrinarian battles at the cost of the rivalling Christian community, as had happened in earlier times[90]. There is now a much higher interest than that: the common danger of the religion of the new rulers, Islam, claiming to be a new religion, succeeding Christianity and superior to it. Now that certainly was not a popular topic before the end of the seventh century. The end of the seventh century, however, saw the sudden rise and rapid diffusion of Syriac Apocalypses, in which the idea of the unity of Christianity finds a remark-

89 See note 44.

90 Cf. o.a. W.H.C. Frend, The Rise of the Monophysite Movement (Cambridge etc. 1979) 336-337; J.B. Segal, Edessa 'The Blessed City' (Oxford 1970) 95-100; Brock, Syriac Views (n. 2) 10-11,15. Cf. also Yoḥannan bar Penkaye who reproaches the "heretics" (*i.e.* the Monophysites) for taking advantage of the time of peace during the reign of Muʿāwiya by "turning almost all the churches of the Romans (*i.e.* the Chalcedonian churches) to their own impious opinion" (ed. Mingana (n. 3) 147*, 12-19 (text), 175*-176* (trans.); Brock, North Mesopotamia (n. 3) 62). See G.J. Reinink, Pseudo-Methodius und die Legende vom römischen Endkaiser, W. Verbeke, D. Verhelst and A. Welkenhuysen (eds.), The Use and Abuse of Eschatology in the Middle Ages [Mediaevalia Lovaniensia I/XV] (Leuven 1988) 87, 108.

able politico-religious expression in connection with vehement polemics against the Arabs[91].

The prophecy that the Arab empire would very soon be finished by a large-scale military operation of the Christian emperor of Byzantium, who would establish subsequently the final world dominion of the Christian empire, constitutes the nucleus of the apocalyptic message during the last decade of the seventh century. In these Apocalypses the imminent war of the Christian emperor against the Arabs is explained as a holy war provoked by the extraordinary oppressive and impious policies of the Arabs towards the Christians[92]. They appear to have been composed first of all for the sake of the Jacobite communities, with the purpose of warding off the increasing danger of apostasy[93]. To win over the large Monophysite communities to the view that the coming liberating Byzantine emperor would not act as a partisan for only one Christian community (the Chalcedonian Church of the Empire), the emperor is portrayed as a second Constantine and a second Jovian who, being the archetypes of the good Christian king, established or restored the Christian kingdom and liberated the Christians from pagan rule[94]. So the Byzantine emperor who would establish the final world dominion of the Christian empire after his vic-

91 See for the Apocalypse of Pseudo-Methodius (written about 691) Reinink, Pseudo-Methodius und die Legende vom römischen Endkaiser (n. 90) 82-111; *idem*, Ps.-Methodius: A Concept of History in Response to the Rise of Islam, Cameron-Conrad (eds.), The Byzantine and Early Islamic Near East (n. 29) 149-187 (see for the editions and translations of Pseudo-Methodius and the rather comprehensive literature on this Apocalypse the bibliographical references in the notes of both articles and also, for a general view, W. Brandes, Die apokalyptische Literatur, F. Winkelmann–W. Brandes (eds.), Quellen zur Geschichte des frühen Byzanz (4.-9. Jahrhundert). Bestand und Probleme (Amsterdam 1990) 305-322); for the Edessene Apocalypse (probably written before the end of 692) G.J. Reinink, Der edessenische "Pseudo-Methodius", Byzantinische Zeitschrift 83 (1990) 31-45, and the bibliographical references in the notes of this article; for the Gospel of the Twelve Apostles (probably written by the end of the 7th century) H.J.W. Drijvers, The Gospel of the Twelve Apostels: A Syriac Apocalypse from the Early Islamic Period, Cameron-Conrad (eds.), The Byzantine and Early Islamic Near East (n. 29) 189-213.

92 Pseudo-Methodius XIII, 1-90, ed. F.J. Martinez, Eastern Christian Apocalyptic in the Early Muslim Period: Pseudo-Methodius and Pseudo-Athanasius (dissertation Catholic University of America, Washington 1985) 85-88 (text), 147-151 (trans.); the Edessene Apocalypse, ed. F. Nau, Révélations et légendes. Méthodius-Clément-Andronicus, Journal Asiatique 11/9 (1917) 425-427 (text), 434-437 (trans.); the Gospel of the Twelve Apostles, ed. J.R. Harris, The Gospel of the Twelve Apostles together with the Apocalypses of each one of them (Cambridge 1900) 18-21 (text), 37-39 (trans.).

93 Reinink, Pseudo-Methodius und die Legende vom römischen Endkaiser (n. 90) 104, 107, 108-111; *idem*, Der edessenische "Pseudo-Methodius" (n. 91) 33, note 26, 44, note 96; for the Jacobite origin of the Gospel of the Twelve Apostles see Drijvers, The Gospel of the Twelve Apostles (n. 91) 190-191.

94 Reinink, Ps.-Methodius: A Concept of History (n. 91) 176; *idem*, Der edessenische "Pseudo-Methodius" (n. 91) 41-42; *idem*, The Romance of Julian the Apostate as a Source for Seventh Century Syriac Apocalypses, P. Canivet, J.-P. Rey-Coquais (eds.), La Syrie de Byzance à l'Islam (Damas 1992) 75-86; Drijvers, The Gospel of the Twelve Apostles (n. 91) 212-213.

tory over the Arabs would also establish one Christian empire, in which all Christians were to be united and protected[95].

The wave of apocalyptic hopes in the late seventh century coincides with important political, social and cultural changes in the caliphate. The successful military restoration of the unity of the Arab empire by ʿAbd al-Malik after a long period of political disturbance (the Second Arab Civil War) was attended with all kinds of measures which were aimed at the consolidation of the caliph's authority: drastic tax reforms, administrative and political centralization, the Arabization of the administration and the development of standard Arab coinage[96]. Arab rule manifested itself again, and more emphatically than ever before, as a lasting power, being the political successor of Byzantium, the Christian empire. But no less important was the circumstance that this political power began to manifest itself officially as the religious successor of Judaism and Christianity. By the building of the Dome of the Rock on the site of the Jewish temple in Jerusalem, which was completed in 691, ʿAbd al-Malik displayed a clear-cut politico-religious propaganda, claiming the old religious centre of the world for the supreme Arab ruler, the *khalīfat Allāh* (Deputy of God), and his religion, Islam, as the successor of the other two monotheistic religions of the Near East[97]. It is very significant indeed that in the Syriac Apocalypses dating from the end of the seventh century such great emphasis is put on Jerusalem being and always remaining the unique City of Christendom[98]. The assumption that the violent polemics against the Arabs in these apocalyptic works have to be considered as a first Christian response to the self-definition of nascent Islam in the face of Christianity may be not too far-fetched.

The political and military reality, however, would not confirm the expecta-

95 For the stress on the politico-religious unity of the Christian empire in Pseudeo-Methodius and in the Edessene Apocalypse see Reinink, Der edessenische "Pseudo-Methodius" (n. 91) 44-45 and note 96; *idem*, The Romance of Julian the Apostate (n. 94) 85-86. However, whereas Pseudo-Methodius and the Edessene Apocalypse avoid making any allusion to the inter-Christian religious dissensions, it is the return of the Diophysites to the one true flock and holy church by which the eschatological unity of Christianity is defined in the Gospel of the Twelve Apostles (ed. Harris (n. 92) 13 (text), 33 (trans.)).

96 Cf. in general a.o. H. Kennedy, The Prophet and the Age of the Caliphates: The Islamic Near East from the sixth to the eleventh century (London–New York 1986) 98-99; G.R. Hawting, The First Dynasty of Islam (London–Sydney 1986) 61-66.

97 For a general discussion of the significance and meaning of the building of the Dome of the Rock see now Rippin, Muslims (n. 81) 51-57. Cf. also P. Crone–M. Hinds, God's Caliph: Religious authority in the first centuries of Islam (Cambridge etc. 1986) esp. 4-42, 111-115.

98 Pseudo-Methodius IX, 48-63, X, 1-16, XIV, 9-28, ed. Martinez (n. 92) 73-75, 90-91 (text), 136-138, 152-153 (trans.); the Edessene Apocalypse, ed. Nau (n. 92) 427, 432-433 (text), 435-436, 443-444 (trans.); the Gospel of the Twelve Apostles, ed. Harris (n. 92) 13-15 (text), 33-34 (trans.). For a discussion of these passages see Reinink, Ps.-Methodius: A Concept of History (n. 91) 176-178, 181-184; *idem*, Der edessenische "Pseudo-Methodius" (n. 91) 39-45; *idem*, The Romance of Julian the Apostate (n. 94) 78-79, 84-85; Drijvers, The Gospel of the Twelve Apostles (n. 91) 196-199.

tion, expressed in the Apocalypses, that by the intervention of the Byzantine emperor, being Christ's Deputy on earth, the position of Christianity as the politically dominant religion would be restored. On the contrary, after the peace treaty which was concluded between ʿAbd al-Malik and Justinian II in about 688 had come to an end in 691/2 military successes were rather on the side of the Arabs[99]. At the same time, the arabization and islamization policies of ʿAbd al-Malik and his successors, which in the long run affected the Christian signature of public life itself, created favourabe terms for conversion to Islam[100]. Now the time was ripe for another response to the changing social circumstances, in which Umayyad authority more and more used the development, confirmation and propagation of the politico-religious Islamic identity to consolidate the perpetually threatened and fragile unity of the Empire. A new orientation of the Christian populations towards the Arab government was needed; and I presume that it is in that context that the rise of Syriac apologetic literature has to be explained.

The *Letter of Mar Yoḥannan the Patriarch* may be explained very well as an early witness of the attempts of the Jacobite clergy to find a new equilibrium in its relation to the Arab authority after a period of fierce anti-Arab polemics at the end of the seventh century which followed an attitude towards the Arab domination that in general may have been not so negative or was rather neutral[101]. The problem of the Arab authority that manifested itself by very concrete measures as the religion of the conquerors, superior to Christianity, was now to be solved on the level of theological apology, which should demonstrate that it would be a mistake to believe that the political superiority of the Arabs implied religious superiority. This problem was not felt in Jacobite circles alone; the oldest known Nestorian Christian-Muslim disputation, the *Disputation between a Monk of the monastery of Bēth Ḥālē and an Arab Notable* (c. 720), shows a comparable reorientation towards the Arab authority that claimed the Muslim faith to be superior to Christianity[102]. Right at the beginning of this disputation

99 Cf. G. Ostrogorsky, Geschichte des byzantinischen Staates [Byzantinisches Handbuch I,2] (München 1963³) 108-110.

100 Cf. for the assertive policies, directed against Christian doctrines and practices, during the caliphates of ʿAbd al-Malik, ʿUmar II and Yazīd II G.R.D. King, Islam, iconoclasm, and the declaration of doctrine, Bulletin of the School of Oriental and African Studies 48/2 (1985) 267-277.

101 Cf. Kennedy, The Prophet and the Age of the Caliphates (n. 96) 4-5; J.F. Haldon, Byzantium in the Seventh Century: The Transforming of a Culture (Cambridge etc. 1990) 50, and esp. the bibliographical references in note 27.

102 This disputation is a.o. preserved in the East Syrian manuscript Diyarbakir 95, quire 29, f. 1-8. Cf. A. Scher, Notice sur les manuscrits syriaques et arabes conservés à l'archevêché de Diyarbakir, Journal Asiatique 10/10 (1907) 398 (item 35°); P. Jager, Intended Edition of a Disputation between a Monk of the Monastery of Bet Ḥale and one of the Ṭayoye, Drijvers *et al.* (eds.), IV Symposium Syriacum 1984 (n. 43) 401-402. Prof. H.J.W. Drijvers of Groningen Univer-

the Arab notable expresses the burning question of the Nestorian author's time: Isn't the Muslim religion better than all religions in the whole world, since God gave the Arabs dominion over all religions and all peoples?[103] At the end of the disputation the Arab notable admits the superiority of the Christian religion to Islam, but he again requires an explanation for the political and social inferiority of the Christians[104]. The way in which the author makes the monk answer is very revealing. Using the arguments he found in the apocalyptic literature, the author turns the "offensive" politico-religious apocalyptic answer back to the "defensive" answer of the monk: the oppression of the Christians by the Arab authority shows the very love of God for the Christians, since He wants to bring the Christians by his fatherly chastisement to the *heavenly* Kingdom[105]. By the final words of the Arab notable in this disputation, confessing that many people would become Christians if they were not refrained from doing so by the fear of the authority and for shame of the people, the author in fact impresses upon his co-religionists that if even a Muslim, being convinced of the truth of the Christian belief, desires to become a Christian, then the Christians should not make the mistake of renouncing their Christian faith and defecting to Islam[106].

Summarizing, I would suggest the following answer to the initial question of my paper. The oldest examples of Syriac apologetics in response to Islam are not the result of actual Muslim-Christian dialogue or disputation, but have to be considered as literary fictions written by Christians for the members of their own communities, with the purpose of warding off the increasing danger of apostasy[107]. It is *au fond* "reactive" literature, written in response to the changing historical conditions since the end of the seventh century, when for political

sity is preparing an edition of this text. The dialogue partner of the monk is said to be an Arab notable in the entourage of the emir Maslama (f. 1^r), with whom probably Maslama b. ʿAbd al-Malik is meant (governor in Iraq about 720; cf. Kennedy, The Prophet and the Age of the Caliphates (n. 96) 108). The location of the monastery of Bēth Ḥālē may be the Dayr Mār ʿAbdā near Kufa and Ḥira in Iraq (cf. Griffith, Disputes with Muslims (n. 1) 259).

103 Diyarbakir 95, quire 29, f. 1^v-2^r.

104 Diyarbakir 95, quire 29, f. 8^r.

105 Diyarbakir 95, quire 29, f. 8^r-8^v. The author of the disputation, using the arguments of Pseudo-Methodius referring to the four kings of the Midianites Oreb, Zeeb, Zebah and Zalmunna who were defeated by Gideon (Judg. 7-8; cf. G.J. Reinink, Ismael, der Wildesel in der Wüste. Zur Typologie der Apokalypse des Pseudo-Methodius, Byzantinische Zeitschrift 75 (1982) 336-344, esp. 341), points out the temporariness of Arab domination in Old Testament times. However, whereas Pseudo-Methodius prophesies the imminent destruction of the Arab domination by the Christian Emperor, the author of the disputation contrasts the transiency of the earthly kingdom with the eternal kingdom of God. Cf. for the connections between the disputation and Pseudo-Methodius also Reinink, Pseudo-Methodius und die Legende vom römischen Endkaiser (n. 90) 105, note 103.

106 Diyarbakir 95, quire 29, f. 8^v.

107 For the question of the historicity of the Syriac Christian-Muslim dispute texts in general see Griffith, Disputes with Muslims (n. 1) 256-257; cf. also *idem*, The Prophet Muḥammad (n. 42) 111, 116-118.

reasons the Umayyad caliphs began to profile nascent Islam explicitly and strongly in the face of Judaism and Christianity, and the Christian clergy increasingly realized that the view that the "sons of Ishmael", although they made a remarkable progress by returning from their former idolatry to Mosaic monotheism, still had not reached the highest level of the Christian religion, was not shared by the Muslim rulers and their policies. For the first time since the Arab conquests the Christian clergy had good grounds for fearing that the reforms which were now initiated by the highest Arab authority would accelerate the process of degradation of the Christians to second-rate citizens in the Arab empire and formed a direct threat to their religious communities. It is against these new challenges that the Jacobite author of the *Letter of Mar Yoḥannan the Patriarch* connects the defence of the confession of his Church with the concept of the unity of Christendom over against nascent Islam.

Haim Goldfus and Benjamin Arubas

Mar Elijah, the Bishop of Edessa (768/9 C.E.), on an Inscription from the Monastery of Mar Gabriel at Tur ʿAbdin*

In October 1991, while on a tour of the monastery of Qartmin (Mar Gabriel), in the district of Tur ʿAbdin, we saw the inscription discussed below, in front of the northern door-post of the conventual church. That the inscription was written on the bottom side of a limestone column-base (ca. 0,5 × 0,5 m) implies the secundary use of this architectural item. It was unearthed recently, north-east of the above-mentioned church, beyond the contemporary monastery walls.

The inscription was engraved into a somewhat weathered surface. Remnants of red paint are easily discernable on most of the incised letters.

1) Mar Elijah
2) the bishop
3) of Edessa
4) made
5) this house

Comments and interpretations

The incision above the *olaf* of ܐܠܝܐ , was also painted red. It's meaning is not clear. Could this engraving be a monogram of Elijah the bishop, or of the scribe?

* For Prof. John Marks with appreciation

Or, maybe was it a mistake of the artisan who started to write the ܐ of ܐܠܝܐ , for some reason (e.g., an error in transcription) stopped, and then started again in the right-hand corner of the column-base. Most of the letter-forms in the inscription are clearly characteristic of 8th century inscriptions in the Tur ʿAbdin area, thoroughly studied by A. Palmer.[1] A considerable part of Palmer's article is dedicated to the history of the scribal arts in Tur ʿAbdin. He notes the resemblance of the script used in codices to that used for some inscriptions in the Tur ʿAbdin area[2]. The inscription we recorded aptly demonstrates such codical influences. The manner in which the engraved letters are joined together discloses quite clearly the influence of inscribing techniques used for codices. But it is primarily the extending of the short word ܥܒܕ , over the entire length of the fourth line, which leads us to infer that the artisan employed techniques used in writing codices. Quite often, we come across a manuscript in which the scrible lengthened the bottom bars of letters, in order to attain an elegant and even width, among all lines of a page or a column. In light of the above, wo would like to suggest that the artisan who incised the inscription was not only well acquainted with the techniques of writing manuscripts, but was himself a scribe. The same might be true with regard to several other inscriptions in the Qartmin monastery and in the surrounding area[3].

In any case, the importance of this inscription lies in the identification of Elijah, bishop of Edessa, as the same bishop Elijah recorded in the chronicle of Pseudo-Dionysius of Tell-Mahre, which in turn establishes the exact date of the inscription. According to the records of Ps. Dionysius of Tell-Mahre for 768-769 C.E., we are told that Elijah, a monk from the monastery of Qartmin,

1 A. Palmer, "The Syriac Letter-Forms of Tur ʿAbdin and Environs", *OrChr* 73 (1989), pp. 68-89, esp. pp. 86-89. Although not all of the characteristic details appear in our inscription, e.g., the hook at the bottom-right foot of the *olaf*, most letters fit well into 8th century letter-form categories. We feel that one should be very careful in assigning a date to an inscription, based solely on palaeographic grounds. Used vigilantly, however, such evidence can strengthen and enhance a historical written source as we would argue in the case of the present inscription.

2 A. Palmer, "The Syriac Letter-Forms...", *OrChr* 73 (1989), pp. 70-82.

3 Cf. A. Palmer, *Monk and Mason on the Tigris frontier: The Early History of Tur ʿAbdin* (Cambridge, 1989) pp. 222-224. Unlike Palmer, who refers to the men who executed the inscriptions in the Tur ʿAbdin area as masons, we prefer to call them, artisans or craftsmen. As far as we could observe, both the engraved letters, and the moulded plaster letters in quite a number of inscriptions, though definitely not all of them, must have been rendered by men with some artistic skills. Such skills are not necessarily required for masonry work. In this context, it is worth noting A. G. Woodhead's book, *The Study of Greek Inscriptions*, (Cambridge, 1981^{2}), at pp. 86-93. Discussing the place of inscriptions in the general setting of Greek art, Woodhead claims that "... the artistry involved in setting out and inscribing a stele deserved to take its place among the minor arts of the classical world... We ought, however, to look more closely at epigraphy as representative of the art of its time ... the artistic composition of an inscription, and the historical development of epigraphy as an art-form should all be considered as necessary to the proper study of the subject." (pp. 86-87) Woodhead's remarks are equally valid for Syriac inscriptions; but this intriguing subject merits a separate paper.

replaced a certain Zechariah as the bishop of Edessa[4]. In all available sources on the bishops of Edessa, there is only one Elijah the Qartminite. We are told by Ps. Dionysius of Tell-Mahre that Elijah was vicious, heartless, and had a Godless cast of mind; that he was not accepted (by the people of Edessa), nor did he complete the term of his episcopacy. We are not informed for how long he held the see of Edessa, but after his dismissal the city was left without a bishop for sometime[5]. The precise nature of Elijah's project in the monastery of Mar Gabriel, and whether he ever accomplished it, are not easy to determine from the inscription. The verb ܥܒܕ as Palmer rightly pointed out, could mean "he initiated / funded / supervised the making / building (unlikely in this case) even renovation ...". For the type of building involved Palmer argues, "ܒܝܬܐ covers both liturgical and non-liturgical buildings"[6]. Unfortunately, as far as we know, the exact place from which the column-base was removed, is not recorded. Still, even if we knew where it was taken from, it is not certain we could have gained more information.

To sum up, the recently unearthed inscription in the Qartmin Abbey can be dated quite safely to ca. 768/9 C.E. The palaeographical parallels from the Tur ʿAbdin area and, more importantly, the identification in the inscription of Elijah as the bishop of Edessa in 768/9 C.E., makes this date highly conceivable.[7]

4 *J.-B. Chabot* (ed.), *Incerti auctoris Chronicon Pseudo-Dionysianum* vulgo dictum, vol. II, Louvain 1952 (réimpression) [= CSCO 104], p. 252 [Hereafter = PD II]. French translation by R. Hespel, under the same title, vol. II, Louvain 1989 (= CSCO 507), p. 197.

5 PD II, p. 252 lines 2-8 [Syriac]. For a general survey of the history of Edessa and its episcopacy during the relevant period, see J.B. Segal, Edessa 'The Blessed City' (Oxford, 1970), esp. pp. 207-213. For a meticulous study of the events preceding and following the election of Elijah, see A. Palmer, *Monks and Masons*, pp. 174-181. See also W. Witakowski, *The Syriac Chronicle of Pseudo-Dionysius of Tel-Mahre* (Uppsala, 1987) p. 99.

6 A. Palmer, "The Diction of Tur ʿAbdin and Environs", *OrChr* 72 (1988), p. 116 (ܥܒܕ), p. 118 (ܒܝܬܐ). The various possible meanings of this expression can be found in the identical Greek formulation "epoiesen touton ton oikon".

7 The date is set to 768/9 on the basis of the "year entry" for Elijah in the Chr. Ps.Dio. of Tell-Mahre. We do not know, however, how long he stayed in his episcopal post before being deposed by the Edessians. Palmer's remark that Elijah, was appointed to Edessa in 769, only to be driven out with abuse, gives the impression that he was driven out immediately after he was appointed. The text however does not shed light on the matter. According to the source Elijah did not finish the term of his episcopacy, however, he was there long enough to initate some building activity at Qartmin Abbey. Prof. H. Kaufhold has rightly pointed to us that it is possible that the inscription (and even the building itself) could have been executed after the deposition of Elijah, since he held his bishopric title even after his deposition. On the palaeographical theme, it is worth noting inscription A. 6 in A. Palmer, "A Corpus of Inscriptions from Tur ʿAbdin and Environs", *OrChr* 71 (1987), pp. 64-67. This inscription, dated to 776/7, found in the monastery of Mar Gabriel, has many characteristics highly similar to those of Elijah's inscription, as in the letter-forms, and the pointing of text in the same distinctive "arrowheads". We will have to examine the originals before reaching a definite conclusions. At this stage, based only on a photograph and written description, we would like to hypothesize that in light of the very close similarities between these two inscriptions, they were both engraved by the same artisan.

W. Baars und J. Helderman

Neue Materialien zum Text und zur Interpretation des Kindheitsevangeliums des Pseudo-Thomas

Im *ersten* Teil (von W. Baars) dieses Beitrags wird ein neuer syrischer Textzeuge des Kindheitsevangeliums vorgeführt, der – obschon gleichaltrig mit dem einzigen bisher bekannten Textzeugen – bis heute eine Art Aschenputteldasein geführt hat.

Die vielen Varianten, Erweiterungen und Auslassungen dieses neuen Textzeugen, verglichen mit dem bisher bekannten, machen P. Peeters These[1], daß alle Textformen (auch in anderen Sprachen) des Kindheitsevangeliums auf den zu seiner Zeit einzigen syrischen Textzeugen zurückgehen, unwahrscheinlich, vor allem wenn man die unverkennbaren Querverbindungen beobachtet, die es zwischen den Varianten und Erweiterungen des neuen Textzeugen und den nachher bekannt gewordenen alten (V.-VI. Jahrhundert) Palimpsestfragmenten eines altlateinischen Textes des Kindheitsevangeliums[2] und einer leider nicht vollständig erhalten gebliebenen georgischen Übersetzung[3] gibt.

Im *zweiten* Teil (von J. Helderman) wird der Frage nachgegangen, ob die schon seit langem vermutete gnostische Beeinflussung oder sogar ein gnostischer Hintergrund des Kindheitsevangeliums begründet ist und, wenn ja, aufgrund der neueren und neuesten Kenntnisse des Gnostizismus des näheren definiert und präzisiert werden könnte. Weiterhin werden, wenn angebracht, auch Parallelen aus anderen Bereichen zur Aufdeckung religionsgeschichtlicher Hintergründe aufgeführt, um diesen oft rätselhaften Text erläutern zu können.

1 Vgl. P. Peeters: *Évangiles apocryphes*, Tl. II: L'Évangile de l'Enfance, Paris 1914.
2 G. Philippart: »Fragments palimpsestes latins du Vindobonensis 563« in *Anal Boll* 90 (1972), S. 391-411.
3 G. Garitte: »Le fragment géorgien de l'Évangile de Thomas« in *Revue d'histoire ecclésiastique* 51 (1956), S. 513-520.

I. Eine alte syrische Handschrift des Kindheitsevangeliums des Thomas des Israeliten

1894 erschien eine Beschreibung der neun syrischen Handschriften, die damals im Besitz der Göttinger Universitätsbibliothek waren[4]. 1963 publizierte J. Aßfalg in seinem Sammelkatalog syrischer Handschriften in deutschen Bibliotheken, die aufgrund früherer Beschreibungen zuvor unbekannt waren[5], eine vollständige Beschreibung der MSS Syr. 16-28 der Göttinger Bibliothek. Die MSS Syr. 10-15 werden in seinem Buch nicht erwähnt, da sie von der Göttinger Bibliothek nicht zur Katalogisierung gemeldet worden waren. Nichtsdestoweniger existieren fünf der sechs »fehlenden« MSS wirklich[6], und unter ihnen finden sich, überraschend genug, zwei der ältesten syrischen Handschriften, die es in deutschen Bibliotheken überhaupt gibt[7].

Auf eines der soeben genannten zwei Manuskripte möchte ich hier nun die Aufmerksamkeit lenken, und zwar MS Syr. 10. 1911 gab H. Duensing, der kurz vorher das Manuskript der Göttinger Universitätsbibliothek geschenkt hatte, eine kurze Notiz über die Handschrift, dabei auf die mögliche Bedeutung hinweisend[8].

Von beiläufigen Angaben in A. Baumstarks Geschichte der syrischen Litera-

4 Vgl. [W. Meyer], *Die Handschriften in Göttingen.* 3. Universitäts-Bibliothek, Nachlässe von Gelehrten, Orientalische Handschriften, ... [=Verzeichnis der Handschriften im Preußischen Staate, I. Hannover, 3. Göttingen, 3], (Berlin 1894), S. 463-469. – Die Hs.Syr. 8 enthält einen mandäischen, keinen syrischen Text.

5 J. Aßfalg, *Syrische Handschriften* ... [=Verzeichnis der orientalischen Handschriften in Deutschland ... herausgegeben von W. Voigt, Band V], Wiesbaden 1963.

6 Eine Hs. mit der Signatur Ms.Syr. 14 ist nicht (mehr) vorhanden.

7 Ms.Syr. 11 besteht aus den zwei von H. Duensing in seinem *Christlich-palästinisch-aramäische Texte und Fragmente* (Göttingen 1906), S. 124-125 veröffentlichten christlich-palästinisch-aramäischen Fragmenten mit dem Text von 1. Sam.i 9^b-20 und 1. Kg.viii 18^b-28^a. – Für Ms.Syr. 12, ein aus dem 6. oder 7. Jahrhundert stammendes Fragment des Buches Deuteronomium, vgl. *Vetus Testamentum* 12 (1962), S. 237. – Ms.Syr. 13 ist die Druckvorlage von W. Wrights Aufsatz »An ancient syriac martyrology from a ms. of the year 411« erschienen in *Journal of Sacred Literature*, 4th Ser., Vol. 8 (1865), S. 45-56; 423-432. – Für Ms.Syr. 14 vgl. die vorangehende Anmerkung. – Ms.Syr. 15 besteht aus 6 (ursprünglich waren es – wie das handschriftliche Verzeichnis erwähnt – deren 8; zwei Stücke gibt es also nicht mehr) photographischen Negativen (von H. Duensing der Bibliothek überlassen) christlich-palästinisch-aramäischer Fragmente, die zu dem Lektionar in dieser Sprache gehören, das heute im Westminster College, Cambridge, England, aufbewahrt wird. Das Lektionar wurde veröffentlicht von Frau A.S. Lewis in *Studia Sinaitica*, VI, Cambridge 1897. Die 7 Blätter, von denen die Göttinger Handschrift Syr. 15 wenigstens die Negative enthält (während die Originale verschollen sind), wurden erstmals veröffentlicht von H. Duensing aO, S. 152-156 und nochmals in Frau Lewis' *A Supplement to a Palestinian Syriac Lectionary*, Cambridge 1907. Es sind die Negative von Fol. 3^b-4^a und 7^b, die heute fehlen, aber Fol. 3^b-4^a ist abgebildet auf Tafel [II] in Duensings oben erwähntem Buch.

8 In *Theologische Literaturzeitung* 36 (1911), S. 637. – Gemäß dem handschriftlichen Verzeichnis der Göttinger Universitätsbibliothek soll die Handschrift aus dem Sinaikloster stammen.

tur[9] und E. Henneckes Sammlung neutestamentlicher Apokryphen (von der Hand A. Meyers)[10] abgesehen, scheint weder die Handschrift als solche noch deren Inhalt weitere Aufmerksamkeit auf sich gezogen zu haben.

Das Manuskript, geschrieben auf Pergament, umfaßt 37 Folioblätter. Es mißt 26,5×21,5 cm. Jede Seite ist in zwei Kolumnen von je 28 Zeilen eingeteilt[11]. Das Manuskript wurde (einige verwischte Seiten, die bei späterer Gelegenheit nachgezeichnet wurden, ausgenommen) in einem feinen eleganten Estrangela mit nur wenigen diakritischen Punkten geschrieben. Die Handschrift ist zweifelsohne dem sechsten Jahrhundert zuzuweisen.

Das Manuskript, dessen Anfang und Ende unglücklicherweise fehlen[12], enthält im jetzigen Zustand drei Schriftstücke, welche zusammen ein kleines Korpus apokrypher Kompositionen über Jesu Geburt und Knabenzeit und über das Ableben Mariae formen. Fol. $1^{a\text{-}b}$ enthält die Schlußpartie des Protoevangeliums Jacobi[13], auf Fol. 1^{b}-4^{b} fortgesetzt durch das, was herkömmlicherweise das Evangelium des Thomas des Israeliten (das Syrische nennt es zutreffender die Kindheit unseres Herrn Jesu) genannt wird, während Fol. 4^{b}-37^{b} den größeren Teil einer der Versionen des Transitus Mariae[14] umfassen. Das Kindheitsevangelium, die einzige vollständig erhalten gebliebene Schrift im Manuskript, ist im Syrischen nur dürftig bezeugt. W. Wright, der das syrische Thomasevangelium

9 Vgl. A. Baumstark, *Geschichte der syrischen Literatur* ... (Bonn 1922), S. 69, Anm. 12.

10 Vgl. E. Hennecke, *Neutestamentliche Apokryphen* ..., 2. Aufl. (Tübingen 1924), S. 94 und in fast gleichem Wortlaut wiederholt in der dritten bis zur fünften Auflage. – Meyer verdankte seine Kenntnis der Handschrift A. Rahlfs. Er hat – wie es scheint – die Handschrift nicht selbst angesehen; sie wird auch nirgendwo von ihm explizit benützt.

11 Eine Kopfzeile (wie sie oft am Anfang, in der Mitte oder am Ende einer Lage in syrischen Handschriften begegnet) ∴ ܬܫܥܝܬܐ ܕܡܪܝܡ ∴ findet sich auf Fol. 8^{b}, 14^{b}, 20^{b}, 26^{b} und 32^{b}, aber nicht auf Fol. 2^{b}, wo man sie doch erwarten würde. Die in syrischen Handschriften übliche Lagenzählung ist nicht vorhanden, wenigstens nicht in dem mir zur Verfügung stehenden Mikrofilm wahrnehmbar.

12 Es scheint, daß am Ende der Hs. nur ein Blatt (wovon ein schmaler Streifen erhalten geblieben ist) fehlt. Wenn man annimmt, daß kein anderer Text dem Protoevangelium Jacobi (vgl. folgende Anm.), womit die Handschrift jetzt anfängt, vorausging, liegt die Folgerung nahe, daß die Handschrift genau dieselben Texte enthielt wie der einzige andere – gleichaltrige – Zeuge für den syrischen Text des Kindheitsevangeliums, nämlich Hs. London, Brit.Libr., Add. MS 14.484, fols 12-47 (vgl. Anm. 16).

13 Vgl. Baumstark aO, S. 70, Anm. 1. Die alte Handschrift, die Baumstark als im Besitz von Frau Smith Lewis befindlich erwähnt, wird heute in der Universitätsbibliothek Cambridge (England) als Or.MS 1287 aufbewahrt. Die Göttinger Handschrift enthält nur einen ganz kleinen Teil am Schluß des Protoevangeliums, nämlich S.ܗ, Z. 16 ܠܬܫܥܝܬܗ̇[– S. ܝ Ende in Wrights Ausgabe des Protoevangeliums in seinem *Contributions to the Apocryphal Literature of the New Testament ... from Syriac Manuscripts* ... (London 1865), S. ܐ - ܝ.

14 D.h. die von Wright in *Journal of Sacred Literature*, 4th Ser., Vol. 6 (1865), S. 417-418 + ܐ - ܠܒ ; Vol. 7 (1865), S. ܠܐ - ܟܐ + 129-160 veröffentlichte Version des Werkes. In der Göttinger Handschrift fehlt (durch Blattverlust am Ende) nur das Stück ab S. ܟܐ, Z. 2 ܘܠܐܒܘܗܝ[bis Z. 8 Ende in Wrights Ausgabe.

1865 herausgab[15], hatte nur eine Handschrift zur Verfügung, nämlich Br.Libr., Add. MS 14.181, Fol. 14ᵇ-18ᵇ [16], die aus der zweiten Hälfte des sechsten Jahrhunderts stammt. Seit 1865 sind einige weitere Exemplare unseres syrischen Textes bekannt geworden, aber sie sind alle spät und ihre Beziehung zu dem Londoner und dem Göttinger MS, das hier vorgeführt wird, scheint keine direkte gewesen zu sein[17].

In bezug auf die vielen und manchmal anscheinend wichtigen Abweichungen zwischen den Manuskripten aus London und Göttingen scheint es mir wertvoll zu sein, eine vollständige Kollation[18] der Göttinger Handschrift im Vergleich mit dem Text der Br.Libr., wie von Wright herausgegeben[19], durchzuführen und zu publizieren.

Es folgt die Kollation der Handschrift:

Seite ܒ

L. 1. ܠܬܘܠܬܗ] folio lacerato legi nequit | ܢܥܘܠ] + ܡܥܝܢܐ sed solummodo vestigia τ. ܐ supersunt |
2. ܕܝܢ ܠܬܠܝܐ] folio lacerato legi nequeunt | ܡܥܝܢܐ] folio lacerato legi nequit |
3. ܕܬܩܦ̈ܐ] om sey | 4. ܘܡܒܚܠܐ] + ܗܘܐ | ܘܬܪ̈ܝܢ] + ܗܘܐ | ܒܫܠܝܐ] om sey | 5. ܘܡܟܠ] + ܗܘܐ | ܠܡܫܬܐܠܬܐ] + ܘܡܩܝܡ ܒܗܝ: |
ܘܒܚܪ] + ܗܘܐ | ܠܗܘܢ 2°] + ܠܒ̈ܢܬܐ | ܢܗܘܘܢ] pr ܕ |
7. ܠܒܪ [ܕܝܢ | 9. ܒܗ ܒܒܗ [ܒܗ ܕܒܒܗ | 10. ܠܗ - ܘܚܙܝܬܗ] om |
11. ܕܒܒܗ [ܘܒܒܗ ܘܬܘܡ | ܐܪ̈ܓܝܐ] + ܕܠܝܠܝܐ | ܘܐܬܠ] ܘܐܬܝܐ |
12. ܠܒܢܬܐ [ܠܒܢܬܐ | 13. ܐܪ̈ܓܝܠ] + . ܗܠܝܢ |
14. ܘܐܪܒܥܐ ܕܐܠܗܐ ܕܗܒ [ܡܕܡ ܒܗ ܡܢܗܝܢ ܒܗ | 16. ܕܝܢ ܢܐܬܐ] tr |
ܠܟܠ] om | 17. ܕܝܢ] om | 18. ܪ̈ܘܟܒܬܐ [ܡܢ ܪ̈ܘܦܬܐ ܕ [20] |
ܘܚܙܘ [ܘܚܙܘ | 19. ܠܡܫܬܐܠܬܐ ܘܐܡܪܘ] om | ܗܠܝܢ] ܗܢܘܢ

15 Vgl. Wright aO (vgl. Anm. 13), S. ܒ - ܘ (Text); 6-11 (Übersetzung; 55-58 (Anmerkungen).

16 Vgl. W. Wright, *Catalogue of the Syriac Manuscripts in the British Museum* ..., Tl. I (London 1870), S. 98f. Als Wright 1865 (vgl. vorige Anm.) den Text herausgab, waren die Blätter mit unserem Text noch als Fol. 12ᵇ-16ᵇ gezählt.

17 Vgl. Baumstark aO S. 68, Anm. 12. Die von Baumstark erwähnte Handschrift (aus dem 19. Jahrhundert) in Urmia muß als verloren betrachtet werden.

18 Auch die orthographischen Varianten habe ich in meine Kollation miteingeschlossen.

19 In Wrights Ausgabe sollte, neben dem von ihm (auf S. [ܝܗ] seiner Ausgabe) schon erwähnten Erratum, auch ܘܐܡܪܬ (S. ܒ, Z 12) in ܘܐܡܪܬ und ܢܥܘܠ (S. ܢ, Z. 6) in ܢܥܘܠ geändert werden.

20 Über die Wechsel von ܪ̈ܘܟܒܬܐ und ܪ̈ܘܦܬܐ vgl. auch mein: *New Syro-Hexaplaric Texts* (Leiden 1968), S. 78.

Seite ܢܒ

L. 1. ܐܦ ܠܡܫܝܚܘܬܗܘܢ] ܘܠܡܫܝܚܘܬܗܘܢ | ܐܘܒܫ] + ⁘ |
2. ܕܚܒܒ] ܕܗ̇ܘܐ | 3. ܢܐܒܫܘܢ] ܒܢܩ̈ܝܢ | ܕܚܒܐ] om |
ܡܢ ܢܘܚܫܐ] ܒܢܘܚܫܐ | 4. ܫ̣ܠܝܐ] + ⁘ | 6. ܠܘܬܗܘܢ] pr ܐܝ̣ܠ |
7. ܘܡܫܝܚܬ] + ⁘ | ܟܠ] ܐܠܝܢ | 9. ܘܐܬܦܘܪܒ] ܘܦܘܪܒ |
ܘܢܦ̇ܩ] + ܐܒܘܗܝ. ܘܡܬܕܒܠܝܢ ܗܘܘ ܒܗ ܗܘ | 10. ܗܢܐ] pr ܕ |
11. ܒܗܕܐ ܡܕܝܢܬܐ] ܒܡܕܝܢܬܐ | ܐܠܐ] pr ܘ | ܐܠܗܘܗܝ] ܐܠܘܗܝ |
12. ܕܝܢ] + ܢܦܘܩ | ܠܠܝܐ] ܢܫܘܒ \ ܘܐܡܪ] + ܠܗ |
13. ܘܡܚܠܠ] ܘܟܠ | ܗܠܝܢ / ܡܚܠܠ ܐܢܬ] tr |
14. ܘܫܬܩܝܢ] ܘܫܬܩ[21] | ܠܝ] ܠ | ܐܡ̇ܪ] ܘܐܡܪ̣ | 15. ܬܫܒܚ̈ܬ] pr ܕ |
16. ܗܘܘ ܗܠܝܢ.] ܗܘܘ. ܗܠܝܢ | 17. ܠܬ̈ܠܬܐ] om sey | ܗܠܝܢ]
pr ܘ | ܬܫܒܘܚܬܐ] ܬܫܒܘܚܬܗܘܢ | 18. ܘܒܪܫܬܐ]
ܘܒܗ̇ ܒܫܒܬܐ | ܠܗ] + ⁘ | 18. ܢܦܘܩ - 23. ܐܒܘܗܝ] ܐܦ ܕܝܢ
ܣܦܪܐ ܫܪܝ ܕܢܐܡܪ ܠܐܒܘܗܝ. | 24. ܬܫܠܡ] ܕܬܫܠܡܘܗܝ

Seite ܢܓ

L. 1. ܠܡܬܝܒܘܬܐ] + ܘܕܢܘܗܪܐ ܗܘ ܒܗ ܚܣܝܐ ܕܒܢ̈ܝܐ. ܘܬܘܒ ܕܗ̇ܘ ܘܗܘ
ܢܗܘܐ ܙܕܐ ܠܗܘܢ. | 2. ܢܦܘܩ ܘܐܡܪ] ܐܡܪ ܢܦܘܩ ܚܒܝܒܐ |
3. ܠܡܠܟܐ] ܕܠܡܠܟܐ | ܠܡܠܟܐ] + ܗ̇ܘ | ܣܦܪ̇] + ܐܢܬ | ܕܒܫܘܐ] ܕܓ̇ܫܘܐ |
ܚܒܝܒܐ] pr ܘ | 4. ܢܦܘܩ] ܢܦܘܩ | ܠܗ̇ܘ] om | ܡܠܦܢܐ.] om. |
ܗܠܝܢ] pr ܕ | ܕܡܠܠܬ] + ܗܫܐ | 5. ܫܡ̈ܗܐ] + ܕܫܡܗܬ |
6. ܐܢܬܝ ܒܢܝ] tr | ܒܒܗܪ] ܕܒܗܪܐ | 7. ܐܢܬ 1° - 8. ܗܘܝܬ]
om (per homoeoarcton) | 8. ܐܢܬ ܗܦܪ] ܗܦܪܬ | 9. ܕܐܢܫ] pr ܗ̇ܝ |
10. ܢܐܠܦܝܗ̇.] ܕܢܠܦܝܗ̇. | 11. ܕܐܬܪܢܚܬ] + ܐܢܐ |
12. ܡܕܒܪ] pr ܘܗ̇ | 13. ܐܢܚܢܐ] + ܐܢܚܢܐ ܡܢ ܘܠܐ ܐܬܝܠܕܬ |
14. ܐܢܐ] + ܠܟܘܢ | 15. ܐܢܬ] pr ܬܘܒ | ܬܘܒ] ܗܘ ܐܢܐ ܒܪ ܐܢܫܐ |
16. ܬܕܥܘܢ - 23. ܥܒܕܐ om (per homoeoteleuton) |
24. ܐܫܬܥܝܘ] ܐܫܬܥܝ | ܠܡܠܠܘ] + ܠܬܘܗܘܢ ܒܬܘܪ ܘܡܪܢ
ܘܐܡܪ ܠܗܘܢ. ܡܛܠ ܕܚܝܠܐ ܕܐܬܝܗܒ ܠܝ ܡܢ ܫܡܝܐ. ܡܛܠ ܕܡܬܕܒܪܝܢ
ܐܢܬܘܢ ܥܠ ܝܕܥܬܐ. ܘܝܕܥܬܟܘܢ ܒܬܪܥܝܬܟܘܢ. ܘܡܛܠ
ܠܐܒܘܗܝ ܕܢܝܫܘܥ. [ܠܝܫܘܥ] ܘܐܡܪ om ܘ | ܐܬܟܢܫܘ ܘܐܬܠܡܝܕܘ.
ܐܢܬܘܢ ܠܝ. | ܐܢܐ] pr ܘ

21 Dadurch wird die von Wright vermutungsweise vorgeschlagene Textänderung bestätigt.

Seite ܟܕ

L. 1. ܘܐܟܠܗ] pr ܘܡܫܬܠܗ | 2. ܟܠܗ̇] ܟܠ | 3. ܓܙ̈ܪܝ] + ܗ̣ܘܐ |
4. ܠܗ 1°] om | ܚܠ] + ܗ̣ܝ | ܘܐܡ̇ܪܬ] ܘܐܡܪ̈ܬ | 5. ܘܗ̄ܘ] om |
6. ܢܥܘܠ sic] om | 7. ܕܡܬܢܝܚܐ] om sey | ܕܠܒ] + ܠܛܘܪܐܬ |
8. ܕܡ] om | ܕܐܡ̇ܪ] ܠܡܐܡܪ | ܡܬܡܠܠ] + ܗ̇ܘ. | 8. ܡܫܒܚܬܐ. -
9. ܘܐܡܪ] ܘܟܠ ܙܒܢܬܐ ܕܡܠܬܗ ܡܢܐ ܘܐܡܪ ܐܬܐܡܪ ܟܠ
ܡܚ̈ܬܐ ܐܢܐ. ܟܠܢܫ̈ܬܐ ܐܢܘܬܗ ܢܦܫ ܡܕܡ ܚܬܢ· ܘܦܠܚܘܬܐ
ܕܡܠܗ. ܘܦܩܘܕܬܐ ܕܩܦܠܓܢܘܗܝ |
10. ܙܟܐ] ܙܟ | ܘܗ 2°] om | 11. ܐܡ̇ܪ] ܐܡ̈ܪ |
12. ܕܠܝܬ] + ܗ̣ܘܐ | 13. ܕܕܢܝܚܐ] + ܚܘ ܗܘܘ ܕܝܢ ܘܡܚܘ ܐܠܝܢ ܕܢܚܠܘ
ܗܘܘ ܬܫܬܠܦܠܬܗ· ܘܠܐ ܐܝܬ ܬܘܒ ܡܬܦܢܐ ܗ̣ܘܐ ܠܡܬܪܓܘܬܗ ÷ |
14. ܡܫ̣ܒܚܬܐ] ܡܬܦܠܓܐ | ܢܥܘܠ] + ܛ̈ܠܠܐ ܚܡ |
15. ܘܟܕ] ܟܕ | ܚܝܘ] + ܕܝܢ | ܣܬ̈ܘܢܐ] ܐܣܬܘܢܐ ܛ̈ܠܠܐ |
16. ܘܦܓܥ] ܘܐܬܦܓܥ | 17. ܕܐܝܬ] ܕܐܝܬܝ si vera est lectio |
ܦܪܕܬܝܗܝ] ܐܪܟܢܬܝܗܝ | 18. ܦܪܕܬܗ] ܐܪܟܢܬܗ |
19. ܝܕܥ] ܠܘܬ | 20. ܐܢܐ] pr ܘܐܡܪ ܠܗ | ܦܪ̈ܕܬܟ] ܐܪܟܢܬܟ |
ܘܦܡ] pr ܘ | 21. ܠܗ] om | 22. ܬܕܡܪ̈ܬܐ] ܬܕܡܘܪܬܐ |
23. ܗܠܝܢ] ÷ ܕܗܘܬ | ܒܘܟܪ ܕܟܠ ܕܗܘܐ] ܗܘܐ ܟܕ | ܟܕ] ܟܢ
pr ܐܝܟ | 24. ܠܡܚܠܐ] ܕܢܚܠܐ |
25. ܘܐܬܬܒ̇ܪܬ] ܘܐܬܬܒܪܬ

Seite ܟܗ

L. 2. ܒܟܠ] ܟܠ ܒܠܒܗ ܐܪ̈ܚܝܢܘ | 3. ܗܘܬ] + ÷ | ܒܟܒ] ܟܕ |
ܘܢܪ̈ܕ] ܘܕ̈ܪ | 5. ܡܢܬܐ] ܡܢܬܗ | ܗܘܐ] om | ܕܡ] ܟܢ̈ܐ |
6. ܐܚܝܢ] ܚܝܢ | 8. ܠܘܬ ܐܒܘܗܝ] ܠܘܬܗ | 10. ܦܠܠܐ] om |
ܡܥܘܫܬܐ ܗ̇ܝ] ܡܥܘܫܬܗ | 11. ܠܫܒܪ̈ܬܗ] ܠܫܒܪܗ |
ܠܐܒܘܗܝ] ܠܝܗܘܕ ܐܒܘܗܝ | ܢܥܘܠ] + ܘܐܡ̇ܪ | 12. ܒܟܬܒ] ܒܟܬܒ |
ܒܟܠ] ܟܠ̇ | ܕܝܢܒܬ ÷] ܕܝܢܒܐ ܐܝܬ. | 12. ܢܦܩܘ -
23. ܬ̈ܘܪܒܬܐ (= § XIV-XV)] om | 24. ܘܐܪ̈ܒ] ܐܪܒ̇
25. ܘܗܘ] om | 26. ܚܕܐ] ܡܥܫܬܐ | ܠܗ] ܠܘܬܗ

Seite ܢܘ

L. 1. ܕܦܓܥ] + ܗ̇ܘܐ | ܠܗ 2°] om | 2. ܘܢܓܫ] + ܒܗ̇ |
ܘܐܬܫܠܛܬ] ܘܡܣܒܪܐ ܐܬܫܠܛܬ | 4. ܗܘܐ] + ܠܗܘܢ |
5. ܠܥܕܥܕܗܘܢ] ܠܥܐܕܐ ܕܦܨܚܐ | ܦܣܚܐ] ܦܨܚܐ |
ܗܦܟܘ] + ܗܘܘ | 6. ܦܘܗܝ] + ܠܗ | ܒܐܪܫܠܡ] ܒܐܘܪܫܠܡ |
ܝܕܥܘ] ܝܕܥ | 7. ܢܣܩ] + ܐܒܗܘܗܝ. | ܕܫܒܩܘ] ܫܒܩܝܢ ܗܘܘ |
8. ܗܘ] ܐܝܬܘܗܝ | 9. ܕܝ̇ܕܥ] ܕܝ̣ܕܥ | 10. ܘܟܕ ܠ̇ ܠܐ] ܘܠܐ |
ܠܝܫܘܥ] ܘܟܕ ܐܬܘ ܘܠܐ ܐܫܟܚܘܗܝ. | ܠܐܪܫܠܡ] ܠܐܘܪܫܠܡ |
11. ܘܒܬܪ] ܘܡܢ ܒܬܪ | 13. ܘܡܬܕܒܪܝܢ – 15. ܕܒܝܬܡܩܕܫܐ] om |
16. ܗܠܝܢ] ܗܟܢܐ | 17. ܚܒܝܐ – 18. ܠܡܗܘܐ.:] om |
19. ܚܒܘ] + ܕܝܢ | ܐܝܬ] ܐܝܬܝ | 20. ܒܪܒܝ] pr ܕ | ܡܪܝܐ] +
ܒܦܐܪ̈ܢܝ. | ܕܐܝܟ] ܐܝܟ | 22. ܐܙܠ] + ܗܘܐ |
ܥܡ ܥܡܗ] ܥܡܗܘܢ | 23. ܠܗܘܢ] + ܠܐܢܫ̈ܘܗܝ | 23. ܐܡܗ –
24. ܕܝܢ] om | 24. ܡܬܝܬܪ] pr ܘ | ܗܘܐ] + ܝܫܘܥ | ܘܪ̈ܕܐ] ܘܪܒܐ |
ܒܚܟܡܬܐ] + ܘܒܩܘܡܬܐ | 25. ܘܠܘܬ ܒܢ̈ܝ] ܘܒܢ̈ܝ
26. ܝܫܘܥ] + ܡܫܝܚܐ

II.
Zur Interpretation*

Die apokryphen Kindheitsevangelien, die über Jesu Jugend und seine Knabenzeit im allgemeinen handeln, und das *Kindheitsevangelium des sog. Pseudo-Thomas* im besonderen sind ein weites Feld. Mit diesem Evangelium werden wir uns im folgenden befassen. Die Absicht dieses Beitrages ist es, vor allem religionsgeschichtliche Hintergründe einiger bemerkenswerter Passagen aufzudekken. Als Ausgangspunkt nehmen wir den syrischen Text, wie er von Wright ediert worden ist, und gegebenenfalls den vom Kollegen Baars oben erstmalig herausgegebenen Text der Göttinger Handschrift. Für sämtliche bibliographischen Daten sei hingewiesen auf den Beitrag Cullmanns in *Neutestamentliche Apokryphen*[1], Charlesworth's *The New Testament Apocrypha and Pseudepigrapha: a guide ...*[2] und Gero's *The Infancy Gospel(s) of Thomas*[3]. Bekanntlich ist die handschriftliche und sprachliche Überlieferung des Evangeliums (im folgenden: *PsTh*) sehr kompliziert. Aufschlußreiche Stemmata findet man bei Gero (o.c., S. 56) und bei De Santos Otero, *Das Kirchenslavische Evangelium des Thomas* (S. 36[4]) für die slawische Überlieferung. In PsTh haben wir es mit recht altem Gut zu tun, angesichts der Nachricht des Irenäus (*Adv.haer.* I,20,1), daß die (valentinianischen) Markosier in ihren Apokryphen auch die Alphabet-Geschichte (siehe unten) aufgenommen hatten.

An sich werden die verschiedenen Traditionen, auf denen die im PsTh gesammelten Geschichten aufbauen, noch weiter in die Vergangenheit zurückgehen. Über die Entstehungszeit dieser Traditionen läßt sich jedoch im Grunde nichts Genaues sagen. Die Lektüre der im PsTh enthaltenen merkwürdigen oft abstrusen Geschichten macht jedoch die Frage nach möglichen religionsgeschichtli-

* Herrn Prof. Dr. C.P.M. Burger sage ich herzlichen Dank für die Durchsicht meines deutschen Textes.

1 E. Hennecke/W. Schneemelcher, *Neutestamentliche Apokryphen*, Tübingen 1959[3] I (Evangelien); II (Apostolisches, Apokalypsen und Verwandtes) 1964[3]. Hier: I, S. 290-299 (von O. Cullmann). Siehe auch S. 274, 276 und 290-292. Vgl. jetzt auch Cullmann, in: W. Schneemelcher, *Neutestamentliche Apokryphen*, Tübingen 1987[5], I, S. 349-361. Cullmann bietet dieselbe Übersetzung wie in der dritten Auflage. Wenn nicht anders angegeben, benützen wir jedoch die dritte Auflage.

2 J.H. Charlesworth, *The New Testament Apocrypha and Pseudepigrapha.* A guide to publications, with excursuses on apocalypses, New York/London 1987. Die kritischen Bemerkungen von J.K. Elliott, *Novum Testamentum.* 31 (1989) 182-185 sind angebracht.

3 S. Gero, The Infancy Gospel of Thomas. A Study of the Textual and Literary Problems, *Novum Testamentum* 13 (1971) 46-80; *ders.*, Infancy Gospels, *ANRW*, II, 25,5 S. 3981-3984.

4 Aurelio De Santos Otero, *Das Kirchenslavische Evangelium des Thomas*, Berlin 1967 (PTS 6). Bekanntlich gab *ders.* vorher seine *Los Evangelios Apocrifos*, Madrid 1956 heraus. Das PsTh findet man auf S. 299-321 mit reichen Bemerkungen und Verweisen. Zur Kritik dieser Ausgabe vgl. Gero, *Infancy Gospels* aO S. 3982 Anm. 66.

chen Hintergründen und Motiven unumgänglich. In diesem Zusammenhang hat L. Conrady in einer Abhandlung von 1903 nicht nur auf Ägypten als Ursprungsort des PsTh hingewiesen, sondern meint eben in dem Horusmythos den Schlüssel zur Erschließung der geheimnisvollen Schrift gefunden zu haben. Der Angelpunkt seiner Betrachtung ist der Zeitraum von vier Jahren, innerhalb dessen Jesus seine Wunder gewirkt hat, und zwar als Knabe von fünf, sechs, sieben und acht Jahren. Diesen Zeitraum findet Conrady wieder in den vier Wintermonaten des ägyptischen Jahres: »Dem von uns geforderten Quadriennium des Protevangeliums entspricht demnach das Quadrimester des Thomasevangeliums, und dieses legt sich um so dichter an jenes, als dem säuglinghaften Hor-pi-chrud auf dem Lotosstengel mit dem Finger an dem Munde und der Locke an der rechten Schläfe, dem im Wintersolstitium geborenen Jesuskinde des Protevangeliums, unvermittelt der Knabe oder Jüngling hunu-nu nachfolgt, der im Totenbuch auch ›der Jüngling der Stadt‹ und ›der Bursche des Landes‹ heißt.[5]« Jesus also als der quasi reinkarnierte Harpokrates und seine Wunder hindeutend auf die Werke und Eigenschaften des geliebten Isiskindes. Widerwärtige Gestalten wie die des heranrennenden, Jesus anstoßenden Knaben, sind allesamt reine Sethgestalten. Joseph und Zachäus der Lehrer verkörpern andererseits den Gott Thot. Das erste Wunder, bei dem Jesus Wasser sammelt und in kleine Kanäle führt, ferner das Wasser reinigt und aus dem Schlamm Vögel bildet, hat selbstverständlich am Nil stattgefunden: »... so bedeutet das ›Rinnen‹- und ›Teiche‹machen die Kanal- und Umgrenzungsarbeit für die gewesene Flut, das darauf folgende Klarmachen des Wassers aber durch das bloße Wort meint den Niederschlag des fruchtbaren Schlammes.«[6] Mißlich ist es leider für Conrady, der nicht nur das Protevangelium eng mit dem PsTh verbindet, sondern auch sämtliche Rezensionen des PsTh einander gegenseitig erklären und ergänzen läßt, daß gerade der siebenjährige Jesus in den syrischen, griechischen und lateinischen Texten und in anderen Übersetzungen fehlt. Nun verweist Conrady auf Hippolyts Refutatio V,7,20, wo von einem bei den Naassenern bekannten Thomasevangelium die Rede ist und berichtet wird, es heiße da u.a.: »Mich wird der, der sucht, finden in Kindern von sieben Jahren an. Denn dort erscheine ich in dem vierzehnten Äon verborgenerweise.«[7] In dem ursprünglichen Thomasevangelium, das Conrady mit dem PsTh identifizieren möchte, sei demnach tatsächlich das Kind von sieben Jahren aufgeführt worden. Weiterhin wird der siebente Monat Phamenoth (der dritte im Rahmen der vier Wintermonate, und er soll auf das Kind von sieben Jahren hindeuten) angeführt, erscheint

5 L. Conrady, Das Thomasevangelium. Ein wissenschaftlicher Versuch, in: *Theologische Studien und Kritiken* 76 (1903) 377-459. Das Zitat findet sich auf S. 412.

6 Conrady aO S. 414.

7 Vgl. den Text bei M. Marcovich, *Hippolytus. Refutatio omnium haeresium*, Berlin 1986, S. 147. Vgl. noch Conrady aO S. 391, 394 und 429f.

doch eben in diesem Monat der lunare Harpokrates nach 14 Tagen am 15., dem Vollmondstag[8]. Orthodoxe Bearbeiter seien dafür verantwortlich gewesen, daß dieser Hinweis unterdrückt bzw. weggelassen wurde, »witterten sie ebenfalls in dem Äon Gnostisches«[9]. Interessanterweise wissen wir heutzutage, daß im Thomasevangelium aus Codex II des Nag-Hammadi-Fundes in Logion vier Kinder von sieben Tagen als vorbildlich bezeichnet werden. Übrigens war der Gedanke, der Siebenjährige sei die Hälfte seines Vaters (Hippolyt aaO), ein rein stoischer, wie aus den Quellen hervorgeht[10]. Wie dem auch sei, Conradys Darlegung, die auf das Thema des Horuskindes hin durchkomponiert ist und in den vier Wintermonaten ihren Grundstein findet, muß als weit hergeholt betrachtet werden. Eher ist zu erwarten, daß Gnostiker wie die Naassener und Valentinianer alte, wohl nicht mehr völlig verstandene mythische Elemente und Motive aufgenommen und verarbeitet haben[11]. Aus diesem Grund ist vielmehr anzunehmen, daß Horus eben als Sohn der *Isis lactans* wie Jesus als Sohn der Maria lactans im PsTh irgendwie figuriert[12]. Das könnte auch gelten für den durch eine Natter gebissenen, von Jesus geheilten Jungen (c.XVI), ist doch Horus der Besieger gefährlicher Schlangen[13]. Dies wäre eher angebracht als Conradys Hinweis, Ägypten sei eine Heimat zahlreicher Schlangen[14]. Ägyptisches Kolorit könnte die von Joseph ausgeteilte Ohrfeige c. V verraten, war es doch ein althergebrachter Gedanke, daß des Jungen Ohren auf seinem Rücken sitzen und er es hört, wenn man ihn prügelt[15]. Immerhin war Conrady der Meinung, er habe im PsTh nachgeahmte Mythologie des Harpokrates aufgedeckt und ein künstlich rekonstruiertes mythologisches Gebilde beleuchtet, »soweit es einem Nichtägyptologen möglich ist, dem die Warnungen Wiedemanns in die Ohren klin-

8 Es ist zu beachten, daß Conrady daran liegt, dem 7. Monat (Phamenoth) in bezug auf Harpokrates hohen Wert beizumessen. Seine Auseinandersetzung aO S. 429 ist jedoch nicht tragfähig. Erst einmal fand am 1. Phamenoth das Fest des Eintrittes des Osiris in den Mond statt. Ein lunarer Harpokrates erscheint hierbei nicht. Es kann festgestellt werden, daß der Mond als das linke Auge des Horus gilt (von Typhon ausgerissen), in welches Osiris eintrat. Ferner war der 7. Phamenoth Geburstag der Horusaugen, aber der 28. Pharmuthi (der *achte* Monat) der Geburtstag des Horus. Obwohl viel Mythologisches im Ägypten der griechisch-römischen Zeit verquickt gewesen sein wird, gilt es doch, die verschiedenen Horus-Gestalten gut zu unterscheiden. Bekanntlich ist Plutarchs »De Iside et Osiride« für uns die wichtigste Quelle. Für das oben Erwähnte ziehe man J. Gwyn Griffiths, *Plutarch's De Iside et Osiride*, Swansea (Wales UP) 1970, S. 59-60, 64, 353, *463*, *498-499* und 530 heran.

9 Conrady aO S. 430.

10 Siehe M. Pohlenz, *Die Stoa*, Göttingen, I, 1984[6], S. 119 und II, 1980[5], S. 33; vgl. auch H. Leisegang, *Die Gnosis*, Stuttgart 1955[4], S. 136.

11 Vgl. u.a. J. Helderman, Evangelium Veritatis in der neueren Forschung, *ANRW* II, 25.5, S. 4090-4096.

12 Vgl. J. Doresse, *Des Hiéroglyphes à la Croix. Ce que le Passé Pharaonique a légué au Christianisme*, Istanbul 1960, S. 19-20.

13 Vgl. Griffiths aO S. 348.

14 Vgl. Conrady aO S. 446.

15 Vgl. u.a. Conrady aO S. 443-444.

gen«[16]. Conradys Deutung und Erklärung des PsTh muß dennoch als verfehlt betrachtet werden, weil es lupenreine Nachweise für seine Monatetheorie nicht gibt und er augenscheinlich der Gefahr einer Hineininterpretation anheimgefallen ist. Jedoch gilt es zu betonen, daß Conrady in seiner Auseinandersetzung gelegentlich auch auf eine andere Möglichkeit zur Erklärung der markanten Passagen, wie der des Schülers Jesus, hinweist, nämlich auf die *Buddhalegenden*[17]. Dabei möchte Conrady eine Aufnahme der Buddhalegende (vor allem in der »Alphabet«-Geschichte, siehe unten) nach Ägypten, vorzugsweise nach Alexandrien, verlegen[18], gab es dort doch lebhafte Handelsverbindungen mit Indien und waren doch Schriftsteller wie Clemens Alexandrinus mit Indien bekannt. Wenn das PsTh aus Ägypten herrührt, dann dürfte Conrady durchaus recht haben. Für die Indien-Kenntnis der Griechen seit Alexander des Großen Feldzug gibt es mehrere Belege. So Clemens Alexandrinus Strom. I, xv, 71-72 (über Gymnosophisten, Sarmaner, Brahmaner und Βουττα[19]; Philo Alexandrinus ist auch mit indischen Gewohnheiten bekannt (laut De Abrahamo 182 und Somn. II, 56). Aber auch Bardesanes († 222) in Syrien war mit Indien bekannt[20]. Die große Quelle über Indien schon im Altertum war jedoch Megasthenes, der unter Seleucus I. Nicator zwischen 302-291 als Gesandter am Hofe des indischen Königs Chandragupta (Sandrocottus) verweilte und über die indische Gesellschaft berichtete. In ihrer leider wenig bekannten Dissertation schrieb B.C.J. Timmer ausführlich über ihn[21]. Weitere Angaben über Autoren in der Antike in bezug auf Indien und den Handelsverkehr findet man bei van den Bergh van Eysinga[22], der seinerzeit indische Einflüsse in den Evangelien behauptete. Was das PsTh anbelangt, könnten in der Überschrift indische Einflüsse durchaus

16 Conrady aO S. 452. Vgl. noch Meyer aO S. 142 in bezug auf Harpokrates, Conrady teilweise beipflichtend.

17 Vgl. Conrady aO S. 403-404.

18 Vgl. Conrady aO S. 405.

19 Vgl. schon Conrady aO S. 420 (die Buddhalegende in bezug auf Clemens' Nachricht) und S. 442.

20 Vgl. H.J.W. Drijvers, *Bardaisan of Edessa*, Assen 1966 S. 175-176 und T. Jansma, *Natuur, lot en vrijheid*. Bardesanes, de Filosoof der Arameeëers en zijn images, Wageningen 1969 (CNTT, 6) S. 129.

21 Siehe B.C.J. Timmer, *Megasthenes en de Indische Maatschappij*, Amsterdam 1930. Die Clemensstelle findet sich dort auf S. 84.

22 Siehe G.A. van den Bergh van Eysinga, *Indische Invloeden op oude christelijke verhalen*, Leiden 1901 (deutsche Übersetzung 1904 und 1909^2 [mit Nachwort von E. Kuhn]. Hier: S. 112 (über Megasthenes) und S. 116-119 (über Bardesanes, Clemens, die Thomasakten und Indien und den regen Verkehr zwischen Ost und West in jener Zeit). Über die Verkehrswege zwischen China, Indien und Rom/Alexandrien, siehe *dens.*, Boeddhistische Invloed op Christelijke Evangeliën, *Nieuw Theol. Tijdschr.* 13 (1924) 162-172, diesbezüglich S. 171. und vor allem J. Dahlmann, *Die Thomas-Legende...*, Freiburg i.Br. 1912, passim, besonders S. 19, 22-35, 120, 136ff. (Indien) und die Angabe in A.J. Festugière, *Révélation d'Hermès Trismégiste* I (Paris 1950) S. 225 Anm. 5. Kritisch über buddhistische Einwirkung auf apokryphe Evangelien Rosenkranz in *RGG*^{3} I, Sp. 1484.

angedeutet sein. Heißt es doch »Bericht über die Kindheit des Herrn von Thomas, dem israelitischen *Philosophen*«. Bekanntlich wird in einer lateinischen Handschrift Thomas ein Ismaelit geheißen. Aber gerade die Bezeichnung »Philosoph« könnte diesbezüglich in östliche Richtung weisen, und zwar nach Indien, wo Megasthenes in seiner Beschreibung einen Stand (asketischer) Philosophen anführt[23]. Auch ist es nicht von ungefähr, daß die Christenheit in Syrien mit der im Westen Indiens bekannt war (zu denken ist schon an Bardesanes' Bekanntschaft mit Indien als solchem) und daß von daher Thomas wohl auch in Indien als Gründer/Apostel angesehen wurde[24]. Bedeutungsvoll könnte ebenfalls sein, daß gerade im Thomasevangelium (NHCod II) in Logion 13 Matthäus Jesus einen Philosophen nennt. Schließlich ist vielsagend, daß PsTh in den Akten der Synode von Diamper 1599 erwähnt wird als bei der (noch nestorianischen) Christenheit Süd-Indiens geläufig (laut einer Bemerkung de Beausobres[25]). Das Vorfinden indischen (eventuell buddhistischen) Gedankengutes in Syrien und weiter im Westen Ägyptens sollte man angesichts der vielen Verbindungen (Material bei van den Bergh van Eysinga und Timmer) nicht als unbegründet abtun.

Die Frage, ob es *im* PsTh oder *hinter* ihm Gnostizismus gibt, ist wie bei fast allen Gnosisfragen eine recht schwierige, komplizierte und nicht vollends zu lösende, angesichts der Tatsache, daß es nach der »Definition« des Kongresses in Messina 1966 eine grundlegende Definition der Gnosis und des Gnostizismus, der alle sachverständigen Wissenschaftler zustimmen könnten, doch wohl nicht gibt[26]. Übrigens hatte seinerzeit Conrady völlig Recht, als er sich zur Frage eines angeblichen gnostischen Charakters des PsTh folgendermaßen äußerte: »Gestattet doch auch der Gebrauch einer Schrift in gnostischen Kreisen, wie schon Zahn (Geschichte des neutestamentlichen Kanons II, 772) bemerkt, keinen Beweis ihrer gnostischen Abkunft, zumal verschiedene gnostische Sekten dabei beteiligt sind«[27]. Gegen diese klare Einsicht wird jedoch auch in letzter

23 Siehe Timmer aO Kapitel II (S. 70-113), besonders S. 97-98.

24 Vgl. B. Spuler, Die Thomas-Christen in Süd-Indien, in: *Die Morgenländischen Kirchen*, Leiden 1964, S. 226ff., vor allem S. 227. Daß die Thomas-Tradition in Indien einen historischen Kern besitzt, geht aus der neuen grundlegenden Untersuchung von A. M. Mundadan und J. Thekkedath, *History of Christianity in India*, Bangalore 1988, hervor. Die Bde. I und II sind erschienen, weitere sind im Entstehen begriffen. Vgl. auch Cullmann aO S. 273 und 293. A. Harnack, *Die Mission und Ausbreitung des Christentums in den ersten drei Jahrhunderten*, Berlin 1924[4], S. 698 äußert sich zurückhaltend über frühes Christentum in Indien und schließt: »Aber die ganze Thomaslegende bedarf einer neuen Untersuchung.«

25 Vgl. I de Beausobre, *Histoire critique de Manichée et du Manicheisme*, Amsterdam 1734, vol. I, 365 und Spuler aO S. 229.

26 Vgl. U. Bianchi (Ed.), *Le Origini dello Gnosticismo*, Leiden 1967 S. XXIX-XXXII, Documento Finale (Definition) in deutscher Fassung. Vgl. fast identisch in: K. Rudolph, *Die Gnosis*, Göttingen 1977 S. 63 (englische Übersetzung von R. McL. Wilson [1983] S. 55-56).

27 Conrady aO S. 392-393.

Zeit manchmal verstoßen. So möchte man z.B. bei neutestamentlichen Schriften wie den Paulusbriefen ohne weiteres von einer gnostischen Herkunft sprechen (e.g. die Untersuchungen von Schmithals)[28]. Und auch in bezug auf das PsTh wird gemutmaßtem gnostischem Gut hoher Wert beigemessen: Aurelio de Santos Otero möchte aufgrund einer Rückübersetzung der kirchenslawischen Version in einen »ursprünglichen« griechischen Text und der Ausscheidung des späteren griechischen *textus receptus* schließen: »Das Kindheitsevangelium ist in seiner früheren griechischen Überlieferung ein an gnostischen Begriffen und Vorstellungen reiches Apokryphon, aus dem in der griechischen handschriftlichen Überlieferung das typisch gnostische spekulative Element größtenteils verdrängt worden ist«[29]. Seine Auseinandersetzung ist schon aus methodischen Gründen ernsthafter Kritik zu unterziehen. Das Material wird überfragt und gnostische Gedanken werden in den Text hineingeblendet, wo sie überhaupt nicht aufzufinden sind. So sieht de Santos Otero in der Vogelbildung (c. II-III, siehe unten) eine Darstellung der gnostischen Schöpfungsvorstellung. Da muß selbstverständlich der Demiurg gemeint sein. Der Autor kann nur einen Begriff, und zwar den der ὕλη im Wiener Fragment (Tischendorf S. 141), anführen, der gnostisch *klingt*, den Grundgedanken des Gnostizismus hat er offenbar nicht verstanden. Der Demiurg ist zwar Schöpfer, aber eine jämmerliche Figur. Jesus zugleich Demiurg und himmlischer Offenbarer? Gero hat seinerseits schon auf das unzulässige Verfahren Oteros hingewiesen[30], so daß wir es hierbei bewenden lassen. Nur ist Oteros Bemerkung gerade vor dem oben gegebenen Zitat, die meisten Forscher sähen im PsTh »besonders nach dem Fund von Nag Hammadi« ein harmloses untheologisches Apokryphon, seltsam. Gerade »nach Nag Hammadi« haben die meisten Forscher Vorsicht gelernt. So dürfte es einsichtig sein, daß wir es im PsTh mit einem bemerkenswerten, aber auch uneinheitlichen Text zu tun haben. Es gibt tatsächlich unmißverständlich gnostische Motive und Gedanken, wie wir zu zeigen hoffen, aber das bedeutet nun eben nicht, daß wir die Schrift quasi über einen gnostischen Leisten schlagen könnten. Besser und angemessener ist es unseres Erachtens, das PsTh zu betrachten als wesensgleich mit (bzw. verwandt mit) der volkstümlichen Erbauungsliteratur apokrypher Apostelakten wie denen des Petrus, Johannes, Thomas u.a., die alle mehr oder weniger mit gnostischen (gelegentlich auch enkratitischen) Elementen und Gedanken *durchsetzt* sind[31]. Dies ist angebrachter als die von Cullmann geäußerte

28 Vgl. u.a. W. Schmithals, *Neues Testament und Gnosis*, Darmstadt 1984. C. Colpe prägte in seinem *Die Religionsgeschichtliche Schule*, Göttingen 1961, in bezug auf Schmithals den Terminus »Pangnostizismus« (S. 64).

29 Santos Otero aO (siehe oben Anm. 4) S. 178.

30 Vgl. Gero aO (siehe oben Anm. 3) S. 75 und (siehe oben Anm. 4) S. 3982 Anm. 66.

31 Vgl. M. Krause, in: *Lexikon der Ägyptologie*, s.v. Koptische Literatur, Bd. III, Sp. 704 (Kursivsetzung von mir).

Meinung, PsTh biete vor allem in dunklen Stellen »einen Anknüpfungspunkt für gnostische Spekulationen«[32]. Jedoch gilt es erst einmal zu betonen, daß auch andere als gnostische Spekulationen sich anknüpfen konnten, wie aus der Alphabet-Spekulation ersichtlich wird, waren diese doch laut Dornseiffs Untersuchung[33] in breiten hellenistischen Kreisen der ersten Jahrhunderte verbreitet. Weiterhin ist eher vorstellbar, daß der Autor (die Autoren) des PsTh in ihre Kindheitsgeschichten Motive und Termini gnostischen Ursprungs *aufnahmen*, ohne daß dies damals noch bekannt war. Man darf nicht vergessen, daß auch der kirchlichen Überwindung der gnostischen Gefahr (um 200) gnostische Gruppen und ihr Schrifttum beispielsweise in Ägypten noch lange Zeit populär blieben, wie Koschorke in seiner Materialsammlung nachgewiesen hat[34].

Auf einen besonderen Umstand muß noch hingewiesen werden, und zwar auf die gnostische Vorliebe für das Kind als eine Gestalt, in der der wahre Gnostiker, der Pneumatiker, sich selbst als Kind des pleromatischen Vaters erkannte. Auch hier darf man nicht von Anknüpfungspunkten für gnostische Spekulationen als Überfremdung kirchlicher oder besser volkstümlicher Legenden zum Leben Jesu sprechen (so Cullmann[35]), sondern hier könnte ebensogut das PsTh auf einen verbreiteten gnostischen Grundgedanken (das Kind als Pneumatiker u. ä.) Bezug genommen haben. Es wird nicht von ungefähr sein, daß auch im Thomasevangelium NHC II an mehreren Stellen vom *Kind* die Rede ist, so in den Logien 4, 21, 22[a], 37 und 46. Wir weisen des weiteren auf die diesbezügliche Literatur hin[36].

III.
Bemerkungen zu einigen Passagen des PsTh in Auswahl

Das Arbeitsverfahren ist folgendes: Zunächst wird der von Wright herausgegebene syrische Text so weit wie notwendig übersetzt werden. Gelegentlich wird auch der von Baars oben herausgegebene Text des Göttinger MS herangezogen

32 Cullmann aO S. 292-293.

33 Siehe F. Dornseiff, *Das Alphabet in Mystik und Magie*, Berlin 1925^2.

34 Vgl. K. Koschorke, Patristische Materialien zur Spätgeschichte der Valentinianischen Gnosis, in: M. Krause, *Gnosis and Gnosticism*, Leiden 1981 (= *NHS* XVII) S. 120-139, vor allem S. 122.

35 Cullmann aO S. 275 und 300f.

36 Vgl. Logion 4: Jesus sprach: »Der Greis wird in seinen Tagen nicht zögern, ein Kleinkind von sieben Tagen nach dem Ort des Lebens zu fragen...« Für weiteres Material über das Kind in der Antike und in der Gnosis vgl. J. Helderman, Onnozele kinderen, volmaakte kinderen. Overwegingen bij »kinderen« in het Evangelie der Waarheid, in: G. Quispel (Ed.), *Gnosis. De derde component van de Europese cultuurtraditie*, Utrecht 1988, S. 57-70. Vgl. schließlich noch Gero aO S. 77 und De Santos Otero aO S. 178-179 (beide unter Verweis auf die Stelle in Hippolyt, *Ref.* V, 7, 20-21.

und übersetzt werden. Der griechische, lateinische und georgische (von Tischendorf, Philippart [lateinischer Palimpsest] beziehungsweise Garitte herausgegeben) Text wird gegebenenfalls berücksichtigt. Im allgemeinen werden die Anmerkungen von Meyer im Handbuch zu den neutestamentlichen Apokryphen (1904) und von de Santos Otero in dessen Evangelio del Pseudo Tomas (Los Evangelios Apocrifos, 1956) nicht immer erwähnt, sondern als bekannt vorausgesetzt.

1. *»Als er (=Jesus) fünf Jahre (alt) geworden war, spielte er an einer Furt eines Wasserstromes. Und er fing die Wasser auf und hielt sie an und leitete sie in Kanäle und führte sie hinein in Teiche (und er ließ sie in ihnen stehen, Gött. MS). Und er bewirkte, daß sie rein seien und schön. Und er nahm aus der Feuchte sanften Lehm heraus und bildete zwölf Vögel.«* (syr. p. 11, 1-6)

Es ist eine liebliche, holde Szene, die dem Leser hier vor Augen geführt wird. Entfernt erinnert sie an die Trennung der Wasser vom Trockenen in Gen. 1,7-10 oder vielmehr an Ps. 104,6-13, wo es heißt, Gott habe den Wassern Grenzen gesetzt und er habe Brunnen und Bäche geformt, damit die Tiere des Feldes getränkt werden und am anderen Ufer die Vögel ihr Lied in den Bäumen hören lassen. Überdies ähnelt die Schöpfung der Vögel aus Lehm der des ersten Menschen aus dem Staub der Erde. Es gibt keinen Grund, hier schon an den gnostischen Schöpfer, d.h. den Demiurgen sensu proprio zu denken, wie Meyer es tun möchte[37]. Wenn man jedoch näher zusieht, bekommt man den Eindruck, daß es mit der Reinigung des Wassers, den Teichen und den Vögeln aus Lehm mehr auf sich hat, anders gesagt, daß in dieser Passage alte, vielleicht gar gnostische Motive anklingen dürften. Dies bedeutet nicht, daß das an diesem Vorfall Übliche (ein bei einer Furt mit Wasser und Lehm spielender kleiner Junge) heruntergespielt werden sollte, jedoch wohl, daß wir es mit einer seltsamen Geschichte zu tun haben, eingedenk dessen, daß der Fünfjährige nicht nur das Wasser rein macht (laut dem griechischen Text sogar »durch das Wort allein« (λόγῳ μόνῳ), vgl. *verbo suo* im lateinischen Text), sondern schließlich ein großes Wunder wirkt. Denn nach dem Unfrieden deswegen, weil Jesus am Sabbattage seine Vögel schuf und somit das Gebot übertrat, heißt es:

37 Meyer aO S. 134. Es ist übrigens nicht statthaft, bei dem Jesus des PsTh an den Demiurgen des Gnostizismus zu denken. Siehe oben S. 203. Bei den »Wasserbauten« des kleinen Jesus ist es interessant, auf eine Stelle des manichäischen Schrifttums hinzuweisen, und zwar auf Psalm XII der sog. Thomas-Psalmen, wo es heißt: »Jesus grub (mit ϣⲓⲕⲉ) einen Strom in die Welt, es grub einen Strom der (Träger) des süßen Namens. Er grub ihn mit dem Spaten der Wahrheit, er schöpfte ihn aus mit der Kelle der Weisheit. Die Brocken, die er aus ihm geschöpft hat, gleichen Kugeln von Weihrauch«. Siehe C.R.C. Allberry, *A Manichaean Psalm-Book*, Part II, Stuttgart 1938, S. 217 und P. Nagel, *Die Thomaspsalmen des koptisch-manichäischen Psalmbuches*, Berlin 1980, S. 53 und 102. Es handelt sich hier um den Strom der Erprobung. Die Seelen der Manichäer werden erprobt, ob sie einen hinreichenden Fundus an guten Werken aufweisen können. Der Strom kommt so der Lehre, der himmlischen Norm, gleich.

»Daraufhin klatschte Jesus in seine Hände und machte die Vögel fliegen ... und er sagte: ›gehet, flieget und erinnert euch an mich; ihr, die ihr lebt‹ (Georgisch hat: *mementote mei viventis*). Und diese Vögel nun gingen hin, während sie zwitscherten.« (syr. p. 11, 12-14).

Reines, schönes Wasser, gereinigt durch ein bloßes Machtwort, und lebendig werdende Tonvögel lassen die Frage akut werden, wo diese fremdartigen Stoffe wohl herrühren könnten. Mit anderen Worten, es ließe sich fragen, ob man aus religionsgeschichtlicher Sicht Einsprengseln gnostischer Provenienz auf die Spur kommen könnte.

Dazu gilt es erst einmal darauf zu achten, wie der kleine Jesus quasi als Hydrotechniker schöne kleine Gewässer anlegt und Teiche entstehen läßt. In diesem Zusammenhang wäre auf den *Tractatus Tripartitus* (NHCod I) hinzuweisen, wo es p. 74,6-10 vom Vater, dem Äon der Wahrheit, heißt: »... er ist in der Weise eines Brunnens, der so ist, wie er ist; der dahinfließt in Strömen und Teichen (ϩⲛ̄ⲗⲓⲙⲛⲏ) und Kanälen und Wasserrinnen«. Diese Metapher bezieht sich auf den Emanationsvorgang aus dem Vater. Ob in PsTh in der Geschichte als solcher auch auf diese Metapher hingedeutet wird in dem Sinne, daß aus Jesus göttliche Kräfte ausfließen, wie die nachfolgenden Wundergeschichten zeigen werden, unbeschadet anderer, biblischer Motive?
Auffallend ist, daß Jesus das Wasser *rein* und überdies schön macht. Man ist geneigt, hier an das Wunderwerk des Mose zu denken, der durch das Hineinwerfen eines Holzes das bittere Wasser bei Mara *süß*, gesund machte (Ex. 15, 22 ff.). Interessanterweise begegnet diese Geschichte (übrigens falsch verbunden mit Elim, Ex. 15, 27) in einer Ansprache über das Kreuz, gehalten von Bischof Cyrillus von Jerusalem anläßlich des Kreuzauffindungsfestes am 17. Thoth. Es heißt da, daß Apa Bacchus das bittere Wasser eines Teiches (wohl »Ain ash-Shems« bei Heliopolis in der Nähe Kairos) gesund machte durch das Hineinwerfen eines hölzernen Kreuzes[38]. Wir werden uns die Stelle bei der Passage über das Kreuz näher ansehen. Hier genügt die Bemerkung, daß ›gesund machen‹ doch etwas anderes ist als das ›rein machen‹ hoc loco. Ist an unserer Stelle dem Autor nicht ein im gnostischen Denken begegnender Topos in den Sinn gekommen, und zwar der des *bösen finsteren Wassers*? Dabei ließe sich

38 Siehe E. A. Wallis Budge, *Miscellaneous Coptic Texts in the Dialect of Upper Egypt (Coptic Texts* vol. V) London 1915. Text (V,1) S. 193 (Verweis auf Elim), S. 194 (das Hineinwerfen zweier Hölzer, in der Form des Kreuzes zusammengebunden). Übersetzung in V,2 S. 771-772. Das Manuskript stammt von 1053. Siehe dazu Budge aO V,1 S. XLIV-XLV. Siehe weiterhin unten Anm. 105.

Es ist durchaus möglich, daß die griechische Vorlage der späteren koptischen Übersetzung ganz oder teilweise von Kyrill von Jerusalem (313-386) stammt, der über die wunderbare Erscheinung des Kreuzes vor Konstantin dem Großen geschrieben haben soll. Wichtig ist jedenfalls, daß das Hineinwerfen von Holz in die Mara (Merra)-Wasser auch Origenes (185-254) schon bekannt war, vgl. *Hom. in Exod* 7,1 (siehe Text und Übersetzung bei F. J. Dölger, Beiträge zur Geschichte des Kreuzzeichens IX, *JAC* 10 [1967] S. 19-20).

denken an das System der Sethianischen Schule. Neben anderen wurde auch dieses gnostische System beziehungsweise dieses Denken dadurch gekennzeichnet, daß das All als durch drei Prinzipien getragen und beherrscht gedacht wurde. Das reine Licht oben, die Finsternis unten und dazwischen gleichsam in der Schwebe der Geist, der Welt der Vermischung und der Kontamination ausgesetzt. Dem Wasser als solchem wurde dabei ein negativer Wert beigemessen. So interpretierten die Sethianer laut Hippolyt die Stelle Gen. 1,2 folgendermaßen: »Denn es war ein Strahl von oben von jenem vollkommenen Licht her, in dem *finsteren, furchtbaren, bitteren und schmutzigen* (unreinen) *Wasser* gefangen, wie es der leuchtende Geist ist, der über dem Wasser dahingetragen wurde (d.h. ›brütete‹)...« (Ref. V,19,17). Der griechische Wortlaut hat hier: τῷ σκοτει[ν]ῷ καὶ φοβερῷ καὶ πικρῷ καὶ μιαρῷ ὕδατι κεκρατημένος. Vielsagend ist, daß dieses schmutzige, finstere Wasser in der sethianischen Schrift »Die Paraphrase des Sēem« (NHCod. VII) begegnet, so daß Hippolyts Angabe nunmehr belegt ist. Es heißt dort p. 37,6-10: »O Sēem, es ist notwendig, daß das Denken vom Wort gerufen wird, damit die Fessel der Kraft des Geistes vom *Finsternis-Wasser* (ⲡⲙⲟⲟⲩ ⲛ̄ϩⲣⲧⲉ) gerettet wird«. Einige Zeilen weiter ist von der Taufe des *unreinen Wassers* (ⲛ̄ⲧⲁⲕⲁⲑⲁⲣⲥⲓⲁ ⲙ̄ⲡⲙⲟⲟⲩ) die Rede (37,22-23). In der gleichfalls sethianischen Apokalypse des Adam (NKCod. V) befindet sich »der Same« (= die Gnostiker, Kinder des Lichtes) *oberhalb des Wassers* (ϩⲓϫⲙ̄ ⲡⲓⲙⲟⲟⲩ), p. 83,6[39]. In derselben Schrift erscheint der Erlöser in der Gestalt eines Knaben, der zwar den bösen Lüsten der Mächte in dreizehn Königreichen ausgeliefert ist, dennoch von Gott dem Vater auserwählt wird. Jedesmal wird eine Königreichspassage mit der formelhaften Wendung beendet: »Und so kam er (d.h. der Knabe) auf das Wasser« (ⲁⲩⲱ ⲛ̄ϯϩⲉ ⲁϥⲉⲓ ⲉϫⲙ̄ ⲡⲓⲙⲟⲟⲩ), p. 78-82. Mit diesem Wasser wird wahrscheinlich das In-Erscheinung-Treten des Knaben gemeint sein, der nun noch den Königreichen preisgegeben ist[40]. Recht bemerkenswert ist in diesem Zusammenhang die Aussage in Ignatius' Brief an die

39 So mit Recht L. Schottroff, Animae naturaliter salvandae, in: W. Eltester (Ed.) *Christentum und Gnosis*, Berlin 1969, S. 65-97; diesbezüglich S. 75 Anm. 23. G. MacRae, The Apocalypse of Adam, in: D.M. Parrott, *Nag Hammadi Codices V, 2-5 and VI*, Leiden 1979, S. 189 »... name upon the water« ist unrichtig.

40 Vgl. zum von den Sethianern negativ beurteilten Wasser H. Jonas, *Gnosis und spätantiker Geist*, Göttingen 1964³, I, S. 342 (mit der angeführten Stelle aus Hippolyt). Siehe zur Wasserformel (›so kam er auf das Wasser‹) Schottroff aO, wo sie hinweist auf Schenkes Vermutung, die Formel habe den Sinn – unter Verweis auf die bildliche Verwendung von *mw* im Ägyptischen –: »und so trat er in Erscheinung«. So auch MacRae aO S. 178-179 (im Apparat). Ausführlich: J.M. Sevrin, *Le Dossier Baptismale Séthien. Etudes sur la Sacramentaire Gnostique*, Laval (Canada) 1986; vgl. S. 171-172 und vor allem S. 179: »... venir sur l'eau de la sorte, c'est vivre un destin qui ›satisfait le desir de ces puissances‹ (ApAd p. 82, 18-19)«. Bedeutungsvoll ist, daß ApAd p. 82, 19-20 die Sethianer/Gnostiker »das Geschlecht der Königlosen« (ϯⲅⲉⲛⲉⲁ ⲁⲉ ⲛ̄ⲛⲁⲧⲣ̄ⲣⲟ) genannt wird. Vgl. dazu Helderman, *Die Anapausis im Evangelium Veritatis* (Kurztitel), Leiden 1984 (= *NHS* XVIII), S. 313-315. Siehe für die iranische Herkunft des Ausdrucks jetzt A.J. Welburn, Iranian Prophetology and the Birth of the Messiah: the Apocalypse of Adam, *ANRW* II, 25,6 S. 4756-4757.

Epheser 18,2, wo es in bezug auf Jesu Geburt und Taufe heißt: »damit er durch das Leiden das Wasser reinige« (ἵνα τῷ πάθει τὸ ὕδωρ καθαρίσῃ)[41]. Im PsTh dahingegen reinigt Jesus (durch sein bloßes Machtwort) das Wasser und macht es schön, bewertet es also positiv. Im sethianischen Denken *bleibt* das Wasser eine negative Größe, voller Schmutz, durch die Finsternis charakterisiert, und es gilt, das Licht bzw. die Lichtfunken aus ihr wegzuschaffen und mittels der *Trennung* alles Vermischten zu erlösen[42]. Nicht auszuschließen ist, daß die Reinigungstat Jesu aus polemischen Gründen gegen den auch in Ägypten angestammten sethianischen Gnostizismus im PsTh hervorgehoben wird. Wichtiger jedoch ist, die *Nähe* der Aussage über Jesu Reinigungswerk im PsTh zur Ignatiusstelle zu beachten. Schlier hat nämlich darauf hingewiesen, daß die Vorstellung der Reinigung, Heiligung des (Tauf)Wassers »sich auch sonst (d.h. abgesehen von Eph. 18,2 und Clemens Alexandrinus Eclog.proph. 7) in der alten Kirche ... besonders häufig aber in syrischer Überlieferung ...«[43] findet. Wie dem auch sei, dem Autor des PsTh lag daran, daß das Wasser von Jesus entdämonisiert wurde. Nach der Reinigung des Wassers wirkt er eine neue Wundertat: er modelliert aus dem vorgefundenen Lehm zwölf Vögel. Der griechischen, lateinischen und georgischen Übersetzung zufolge sind es zwölf Spatzen.

Die Erschaffung der Vögel aus Lehm durch Jesus erinnert an die Schöpfung des ersten Menschen »aus dem Staub der Erde« (χοῦν ἀπὸ τῆς γῆς) in Gen. 2,7, wenngleich an unserer Stelle von Lehm und nicht von Staub die Rede ist. Bevor Gott dem Adam Lebensatem einhaucht, liegt dieser als ein Erdklumpen da. Wir begegnen hier dem sog. »Golemmotiv«, wie dies auch in gnostischen Schriften belegt ist. Im Apokryphon des Johannes (BG 8502; NHCod II, III & IV) schaffen die Archonten den Adam sogar »nach dem Bilde und dem Aussehen Gottes«, aber er liegt erst noch als *ein Ding* (ϕωв) (BG 51,17) unbeweglich auf der Erde. In der Hypostase der Archonten (NHCod II) ist p. 87,25 ff. im Ausruf der Archonten zwar »vom Staub der Erde« (ⲛ̄ⲛⲟⲩⲭⲟⲩⲥ ⲉⲃⲟⲗ ϩ̄ⲙ ⲡⲕⲁϩ) und im Ursprung der Welt (NH Cod II) p. 112,34 von »aus der Erde« (ⲉⲃⲟⲗ ϩ̄ⲙ ⲡⲕⲁϩ) die Rede, aber auch in diesen Schriften liegt das Gebilde regungslos da (II, p. 88, 1-4 bzw. II, p. 115, 5-15). Obwohl die Herkunft des Golemmotivs nach der Mei-

41 Es ist wohl die Heiligung des Taufwassers gemeint. Vgl. dazu Goppelt s.v. ὕδωρ, *TWNT* VIII, S. 333 und A.F.J. Klijn, *De Apostolische Vaders*, Baarn 1966, I, S. 70 und 85. Die Sethianer verunglimpften die Taufe und das Taufwasser rücksichtslos.

42 Vgl. W. Foerster u.a., *Die Gnosis*, Zürich 1969, S. 382 und 383 und die schöne Stelle über den Brunnen in Persien in der Stadt Ampe am Tigris. Dabei wurde ein Behälter mit drei Öffnungen gebaut, so daß das aus dem Brunnen Geschöpfte und in den Behälter Ausgeschüttete sich in drei unterschiedene Flüssigkeiten *trennt*, vgl. ebenda S. 390-391 (= Hippolyt *Ref.* V, 21,9-12, Marcovich aO S. 197). Vgl. weiterhin J. Zandee, Gnostic ideas on the fall and salvation, *Numen* 11 (1964) S. 41.

43 H. Schlier, *Religionsgeschichtliche Untersuchungen zu den Ignatiusbriefen*, Giessen 1929, S. 46-47; vgl. auch S. 44-45 und 70.

nung Schottroffs noch ungeklärt bleibt, ist es in gnostischen Texten wichtig und vielsagend.[44] Im PsTh sind die gebildeten Vögel ebenfalls zunächst einer Golemexistenz verfallen. Der große Unterschied zu gnostischen Texten ist jedoch, daß hier nicht Archonten bilden und die himmlische Welt bzw. der Gesandte des Vaters beleben, sondern der kleine Jesus tut beides, wie sich nachher zeigen wird. In dieser Hinsicht war Meyers Hinweis auf die ägyptische Märchenerzählung, in der Prinz Naneferkaptah aus Wachs ein mit Ruderern bemanntes Boot macht *und* sodann diese Leute durch einen Zauberspruch belebt, nicht unbegründet[45]. Im PsTh handelt es sich aber um Vögel aus feuchtem Lehm, und das ist unserer Meinung nach nicht von ungefähr. Denn die Vögel und die Feuchte sind laut einer jüdischen Schöpfungstradition hinsichtlich des fünften Tages auf einander bezogen: »Fish are fashioned out of water and *birds out of marshy ground saturated with water*« (Ginzberg[46]). In »Vom Ursprung der Welt« (NHCod II) wird p. 99, 14-21 von dem Schatten, aus dem der Neid, der Haß und auch die Hyle entstehen, auf rätselhafte Weise als »einer wässrigen Substanz (ⲛ̄ⲟⲩⲥⲓⲁ ⲙ̄ⲙⲟⲩ)« gesprochen und von dem Chaos als einem grundlosen Wasser[47]. Nach p. 111, 25-27 werden Tiere und Vögel aus dem Wasser durch die Mächte erschaffen. Vielsagend ist, daß in dieser mit der »Hypostase der Archonten« verwandten Schrift mehrere jüdische Traditionsmotive gewissermaßen nachhallen, wie zum Beispiel in bezug auf den Gottesthron (den Märkabah) in p. 105, 1-106, 12 (vgl. »Hypostase der Archonten« p. 95, 19-36)[48]. Vor dem Hintergrund dieser Daten dürften der Entstehungsort und der Baustoff der Vögel im PsTh (respektive am Wasser, aus der Feuchte) nicht eine reine Zufälligkeit sein, sondern bedeutungsvolles Traditionsmaterial.

Im PsTh werden die Vögel nicht näher bezeichnet, obwohl es in der versio graeca und latina Spatzen geworden sind. Das könnte eine Reminiszenz an Math. 10, 29.31 bzw. Luk 12,6-7 sein[49]. Es gab in Legende und Überlieferung

44 Vgl. L Schottroff, *Der Glaubende und die feindliche Welt*, Neukirchen 1970 (WMANT 37) S. 8, 20-31 und 41. Hier findet man eine vollständige Materialsammlung.

45 So Meyer, *Handbuch* aO S. 135. Den Text des Märchens findet man in guter Übersetzung des demotischen Textes bei M. Lichtheim, *Ancient Egyptian Literature. A Book of Readings*, London 1980, S. 127-138. Hier S. 130: »When the morning of our fifth day came, Naneferkaptah had (much) pure (wax brought) to him. He made a boat filled with its rowers and sailors. He recited a spell to them, he made them live, he gave them breath, he put them on the water.« Der Papyrus (Cairo Mus.Nr. 30646) datiert aus ptolemäischer Zeit.

46 Vgl. L. Ginzberg, *The Legends of the Jews*, Philadelphia 1968, I, S. 28 und dazu V, S. 46 Anm. 128. Ebenda findet man weiteres.

47 ›Ursprung der Welt‹ p. 101,4 ff. (die wässerige Substanz wird vom Trockenen getrennt) wird im Hinblick auf Gen. 1 geschrieben sein.

48 Vgl. G. Scholem, *Major Trends in Jewish Mysticism*, New York 1961^{3}, S. 40-79.

49 Die Sperlinge (στρουθοί/στρουθία) galten als billig und eigentlich wertlos, vgl. A. Deissmann, *Licht vom Osten*, Tübingen 1923^{4}, S. 234-236. Hier ist wohl nicht zu denken an die Vögel (στρουθοί) des Stymphalossees, die Herakles verscheuchen mußte, vgl. Lübker, *Reallexikon des klassischen Altertums*, 1914^{8}, S. 451.

jedoch auch besondere Vögel. So konstruierte Balak, der Moabiterkönig, in seinem Kampf gegen Israel durch magische Handlungen einen großen Zaubervogel[50]. Weiterhin ist da der berühmte, sagenumwobene Vogel *Phönix*, der in der Exagoge des Volkes Israel von dem Tragödiendichter Ezechiel (Ezechiel Tragicus, um 200 v. Chr. in Alexandrien) im Zusammenhang mit der Geschichte der wasserreichen Oase Elim (Ex. 15,27), wo es viele Palmbäume (φοῖνιξ, Homonym für den Palmbaum und den Vogel) gab, aufgeführt wird[51]. Der Phönix führt die Hebräer quasi an die Wasser[52].

Bemerkenswert ist auch, daß wir einem »himmlischen Vogel« begegnen, und zwar in der oben schon erwähnten Apokalypse des Adam (NHCod V). Da heißt es (p. 78,9-13) in bezug auf das ›zweite Königreich‹, ein Vogel habe das Kind/den Knaben nach dessen Geburt genommen und auf einen hohen Berg geführt. Und der Knabe (= der Erlöser) wurde von ›dem himmlischen Vogel‹ (ⲡⲓϩⲁⲗⲏⲧ ⲛ̄ⲧⲉ ⲧⲡⲉ) ernährt[53]. Merkwürdigerweise finden wir diesen ›himmlischen Vogel‹ ebenfalls bei Ephrem Syrus in seiner 24. Hymne »Auf die Jungfräulichkeit«. Hier wird die Jungfrau/die Jungfräulichkeit seliggepriesen eben als ein »himmlischer Vogel« dessen Nest am Lichtkreuz ist. Die Gleichung geht dann noch weiter, indem dieser Vogel gar zum Brautgemach der himmlischen Freuden sich emporschwingt[54]. Sehr wichtige Motive, wie z. B. das des Lichtkreuzes und des Brautgemachs, finden sich hier zusammen, siehe dazu unten. Im Lichte dieser schon aufgeführten Stellen spricht doch einiges für die Annahme, dem Autor dieser Passage habe daran gelegen, Jesus Vögel erschaffen zu lassen. Mehr noch aber fällt Folgendes ins Gewicht:

In der Alten Kirche wurde nämlich gegebenenfalls die Natur durchsucht nach Sinnbildern des Kreuzes, so z. B. in bezug auf die Vögel. Bei Tertullianus begegnet der Vergleich, daß der *fliegende Vogel* mit seinen ausgebreiteten Flügeln ein Kreuz darstelle (De oratione 29). Dieser Gedanke findet sich auch bei Metho-

50 Siehe Num. 22-23. Dazu Ginzberg aO III, S. 353 und VI, S. 123 Anm. 720.

51 Die erhalten gebliebenen Fragmente des Ezechiel Tragicus findet man bei Euseb in dessen *praeparatio evangelica* IX. Siehe den Text bei Fr. Dübner, *Fragmenta Euripidis ... Christus patiens, Ezechielis ... reliquiae dramaticae*, Paris 1878, S. 7. Vgl. weiterhin zu diesem Fragment P.W. van der Horst, *De fragmenten der gedichten van Ezechiel Tragicus ...*, Kampen 1987 (*Na de Schriften*, 3), S. 47-48. Zum Phönix: R. van den Broek, *The Myth of the Phoenix*, Leiden 1972, S. 44-47 und Doresse aO S. 39-40.

52 Vgl. Ginzberg aO VI, S. 16 Anm. 88; siehe auch I, S. 32 und V, S. 51.

53 Siehe den Text bei MacRea aO S. 181 und vgl. K. Rudolph, *Die Gnosis*, aO S. 150. Es ist mißlich, daß in F. Siegert, *Nag Hammadi-Register*, Tübingen 1982, das lemma Vogel/ϩⲁⲗⲏⲧ völlig fehlt, obwohl das Wort öfters in den Nag-Hammadi-Codices begegnet. Welburn hat mit guten Gründen den Nachweis erbracht, daß man bei diesen Königreichen an eine iranische Herkunft zu denken hat. Bei dem raffenden Vogel im zweiten Königreich weist er aO S. 4766-4767 hin auf den Vogel Sîmurgh.

54 Siehe den Text bei E. Beck, *Des heiligen Ephraem des Syrers Hymnen de Virginitate*, *CSCO* 223 (1962), S. 85 (mit ܦܪܚܐ ܫܡܝܢܝܬܐ); Übersetzung in *CSCO* 224 (1962), S. 75-76.

dius in der syrischen Vita Gregors des Wundertäters und bei Hieronymus[55]. Unbeschadet der Aussagekraft des oben aufgeführten Materials vor allem hinsichtlich der Vogel-Wasser-Symbolik gewinnt das Sinnbild des fliegenden Vogels, der das Kreuz darstellt, besondere Bedeutung, weil in einer kurz nachher folgenden Passage des PsTh das Kreuz Jesu vorkommt. Und es gilt zu beachten, daß unsere Passage nunmehr abgeschlossen wird durch Jesu Befehl: »Gehet, flieget und erinnert euch an mich!«

Mit der ersten Wasser- und Vogelgeschichte ist nun im PsTh die folgende eng verbunden. Es wird erzählt, daß der Sohn des Schriftgelehrten Channan, einer der Spielgefährten Jesu, dessen Teiche und »Wasserbauten« mittels eines Weidenzweiges vernichtet und daraufhin die von Jesus versammelten Wasser wegfließen und die Teiche versiegen. Als Jesus dies sah, sprach er folgendes Fluchwort:

2. *»Dein Reis wird keine Wurzel haben und deine Früchte werden verdorren wie der Zweig aus dem Walde, der, durch den Wind abgerissen, nicht mehr da ist. Und sogleich verdorrte jener Knabe.«* (syr.p. 12,2-4)

Interessanterweise ist in dem dem PsTh im MS folgenden *Transitus Mariae* eine Geschichte überliefert, die der im PsTh sehr ähnlich ist. Es handelt sich um eine von Wilmart herausgegebene lateinische Version des urspünglich griechisch verfaßten und bei Johannes von Thessaloniki um 620 auszugsweise in seinem pastoralen Brief über Mariae Himmelfahrt erhaltenen Βίβλος τῆς ἀναπαύσεως Μαρίας[56]. Anders als die beiden griechischen Johannes-Texte, der griechische Pseudo-Melito und der lateinische Colbertinus[57], lautet der Wilmartsche Text in der Geschichte des von jähem Zorn erfüllten Hohenpriesters, der sich auf Mariens Totenbahre stürzt, um sie umzuwerfen, folgendermaßen: »Et subito faciens impetum, clamans voce magna, voluit evertere lectum. Statim vero manus eius *aruerunt* ab ipsis cubitis et adhaeserunt ad lectum«[58]. Die Strafe für den dreisten Hohenpriester wegen seines Angriffs besteht also darin, daß seine Hände von seinen Ellbogen an *verdorren* und an der Bahre festkleben. Im Unterschied zu Channans Sohn wird der Hohepriester auf dessen Bitte von Petrus nachher geheilt. Beide Geschichten sind Gegenstücke zu Mark 3,1 u. Par. Anschließend wird nun erzählt, wie ein heranlaufender Knabe die Schulter Jesu anstößt, sogleich hinfällt und stirbt. Die empörten Zuschauer fragen sich, woher Jesus wohl stamme, da seine Worte gleich fertige Tat sind. Die Eltern des verstorbenen Knaben sagen zu Joseph (das Gött.MS. bietet: sie warfen ihm

55 Vgl. F.J. Dölger, Beiträge zur Geschichte des Kreuzzeichens IX, *JAC* 10 (1967) S. 9.

56 Siehe B. Capelle, Vestiges Grecs et Latins d'un antique »Transitus« de la Vierge, in *AnBoll* 67 (1949) = *Mélanges Paul Peeters* I, S. 21-48. Vgl. noch A. Baumstark, *Geschichte der syrischen Literatur*, Bonn 1922, S. 98-99 zur exequiae/transitus/Himmelfahrt-Mariä-Literatur.

57 Vgl. Capelle aO S. 21-23, 33, 36-37 und 41-43.

58 Siehe Capelle aO S. 39; vgl. auch S. 24 und 47 (mit dem Colbertinus-Text).

vor), er könne nicht mit ihnen im Dorfe wohnen, ja es sei besser, Joseph lehre seinen Sohn zu segnen statt zu verfluchen. Daraufhin stellt Joseph Jesus wegen seines Verhaltens zur Rede, weil es den Haß der Leute hervorrufe. Jesus antwortete:

3. *»Wenn die Worte meines Vaters nicht weise wären, so wüßte er keineswegs Kinder (Söhne) zu unterweisen.« Und wiederum sagte er: »Wenn diese Söhne des Brautgemachs wären, so würden sie keinen Fluch erwerben, (vielmehr) werden sie keine Folter sehen* (das Gött.MS. bietet: ›*ihre Folter*)‹. *Und sogleich erblindeten jene, die ihn getadelt hatten«.* (syr.p. 12,14-18)

Der Ausdruck »Söhne (oder: Kinder) des Brautgemachs« verdient unsere Aufmerksamkeit. Dabei gilt es erst einmal, den Gedanken abzulehnen, es handle sich um Kinder der Ehe oder »der Bettkammer«[59]. Im Gegenteil liegt es näher, an die Hochzeits- und Brautsprüche in den Evangelien zu denken (Mk 2,19/Mt 9,15/Lk 5,34 mit οἱ υἱοὶ τοῦ νυμφῶνος), eine zwar hebraisierende, jedoch nicht ungriechische Redeweise für die Paranymphen oder überhaupt Hochzeitsgäste[60]. Doch läßt sich fragen, ob man, um der Bedeutung des Ausdrucks, ausgehend von »e mente auctoris«, auf die Spur zu kommen, nicht in eine andere Richtung Umschau halten muß. Vielsagend ist, daß der Spruch Jesu im Thomasevangelium (Logion 104) auch begegnet, freilich anders formuliert (mit ⲛⲩⲙⲫⲱⲛ). Mit diesem Logion muß Logion 75 über die Monachoi, die in das Brautgemach (hier mit ⲡⲙⲁ ⲛ̄ϣⲉⲗⲉⲉⲧ) gehen werden, direkt verbunden werden. Nun hat man versucht, die Braut/Bräutigam-Vorstellung, wie sie im Neuen Testament begegnet, im allgemeinen vom ἱερὸς γάμος der Mysterienreligionen abzuleiten, was jedoch nicht nachweisbar ist[61]. Mit Logion 75 hat es eine ganz andere Bewandtnis. Quispel sieht im Logion zunächst eine Anspielung auf das Gleichnis der klugen und törichten Jungfrauen (Mt 25,1-13) und möchte die Brautgemachvorstellung dann vor allem beziehen auf Enkratiten, die Asketen überhaupt im syrischen kirchlichen Raum. Angelpunkt seiner Betrachtung ist die Herleitung von μοναχός aus dem syrischen *ihidájá* (Einsamer, Einzelwesen), das sodann im syrischen Asketentum die besondere Bedeutung »Unverheirateter« bekam[62]. In Logion 75 seien demnach Unverheiratete (Asketen, näher Enkratiten) gemeint, und das Brautgemach weise hin auf auf die himmlische Seligkeit[63]. Sein Verfahren ist jedoch zu beanstanden, weil syrisches

59 Siehe Meyer aO S. 136. Vgl. Cullmann in Hennecke/Schneemelcher aO I, S. 294.

60 Vgl. V. Taylor, *The Gospel according to St. Mark,* London 1959, S. 210. Vgl. zum syrischen Wort C. Brockelmann, *Lexicon Syriacum* 1928^2 (1982) S. 122^b.

61 Vgl. Stauffer s. v. γαμέω, *TWNT* I, S. 654, und Jeremias s. v. νύμφη, *TWNT* IV, S. 1098-1099.

62 Vgl. A.F.J. Klijn, Das Thomasevangelium und das altsyrische Christentum, *VC* 15 (1961), diesbezüglich S. 150-151; G. Quispel, L'Evangile selon Thomas et les origines de l'ascèse chrétienne, in: M. Simon u.a., *Aspects du Judéo-Christianisme* (Colloque Strasbourg), Paris 1965, S. 39, 45 und 51-52; *ders., Makarius, das Thomasevangelium und das Lied von der Perle,* Leiden 1967, S. 27-28 und 107-108.

63 Vgl. Quispel, *Makarius* aO S. 26-27.

Schrifttum aus dem vierten Jahrhundert (Liber graduum, Ephrem, Aphrates) zur Erklärung einer Aussage im Thomasevangelium aus dem zweiten Jahrhundert herangezogen wird, und zwar da, wo es sich um das Brautgemach handelt[64]. Ohne nun auf die Diskussion über Herkunft und Bedeutung des Thomasevangeliums und den angeblich syrisch-enkratitischen (oder vor allem gnostischen) Charakter seiner Endredaktion im Rahmen dieses Beitrages näher eingehen zu können, gilt es, auf gnostische Schriften der Nag-Hammadi-Sammlung achtzugeben. Das Wort ⲙⲟⲛⲁⲭⲟⲥ findet sich doch nicht nur im ThEv in den Logia 16, 49 und 75 (Logion 23 hat das koptische Äquivalent ⲟⲩⲁ ⲟⲩⲱⲧ), sondern auch im gnostischen Dialog des Soter (NHC III, p. 120,26 und 121,18; hier geschrieben als ⲙⲟⲛⲟⲭⲟⲥ) in bezug auf die Auserwählten, die Pneumatiker. Auch diese Schrift stammt aus dem zweiten Jahrhundert[65]. Das »ⲟⲩⲁ(ⲛ̄) ⲟⲩⲱⲧ« kann durchaus gelten als eine gnostische Selbstbezeichnung[66].

Wichtig für unsere Passage im PsTh ist jedoch die Tatsache, daß der Ausdruck »Söhne (Kinder) des Brautgemachs« in einer gnostischen Schrift vorkommt, und zwar im valentinianisch-gnostischen Philippusevangelium (um 250 in Syrien (?) entstanden): NHC II, p. 72,22 begegnet ⲛ̄ϣⲏⲣⲉ ⲙ̄ⲡⲛⲩⲙⲫⲱⲛ in bezug auf die Gnostiker bzw. die Pneumatiker und p. 67,4-5 im Singular ⲡϣⲏⲣⲉ ⲙ̄ⲡⲛⲩⲙⲫⲱⲛ. In 82,17 heißt es nämlich: *die Kinder des Bräutigams* (ⲛ̄ϣⲏⲣⲉ ⲙ̄ⲡⲛⲩⲙⲫⲓⲟⲥ), worauf 82,18 mitgeteilt wird, daß es ihnen erlaubt ist, täglich in das *Brautgemach* (ⲡⲛⲩⲙⲫⲱⲛ) hineinzugehen[67]. Söhne oder Kinder des Brautgemachs war ein beliebter valentinianischer Ausdruck, wie schon aus den Excerpta ex Theodoto 68 (... Νυμφῶνος γεγόναμεν τέκνα) bekannt war. Die Aussagen über das Brautgemach deuten hin auf die Wiedervereinigung des Pneumatikers mit seinem (bzw. ihrem) Engel-Partner im Pleroma, so daß die Einheit des Pleromas wiederhergestellt wurde. Die Brautgemachsymbolik wurde ebenfalls im Sakrament des Brautgemachs vorgeführt[68].

Am besten läßt sich folglich die Aussage über die »Söhne des Brautgemachs«

64 Vgl. zu diesen syrischen Schriften A.J. van der Aalst, *Aantekeningen bij de Hellenisering van het Christendom*, Nijmegen 1974, S. 48-50.

65 Vgl. S. Emmel, *Nag Hammadi Codex III, 5. The Dialogue of the Savior*, Leiden 1984 (= *NHS* vol. 26) S. 16.

66 Vgl. das ausführliche addendum zum lemma ⲣⲱⲙⲉ in W. Vycichl, *Dictionnaire étymologique de la langue Copte*, Leuven 1983, S. 173-174 zu *Remnwot* (ⲣⲙ̄ⲛ̄ⲟⲩⲱⲧ) und F. Siegert, Nag-Hammadi-Register, Tübingen, 1982 S. 127.

67 In Helderman, *Die Anapausis* aO S. 328 Anm. 99 sind Zeilen 1-3 (von: Die Brautgemachvorstellung bis 67,5) zu tilgen. Lies: Von den gleich unten behandelten Stellen abgesehen sind noch besonders zu erwähnen: EvTh II, 2:46,12-13 (Logion 75); EvPh 69,25; 74,22 und TracTrip 138,11-12. An der letztgenannten Stelle heißt es: ... dem Brautgemach welches ist die Liebe Gottes (ⲙ̄ [ⲡⲙⲁ] ⲛ̄ϣⲉⲗⲉⲉⲧ ⲉⲧⲉ ⲡⲓⲙ̣ⲁⲓⲉ̣ [ⲡⲉ] ⲛ̄ⲇⲉ ⲡⲛⲟⲩⲧⲉ ⲡⲓ[ⲱⲧ]).

68 Siehe Helderman aO, Exkurs IX, S. 294-296. Die Aussage EvPh 72,21-22 lautet: »Die Söhne des Brautgemachs haben einen einzigen Namen: die Ruhe« (ⲛ̄ϣⲏⲣⲉ ⲙ̄ⲡⲛⲩⲙⲫⲱⲛ ⲟⲩ ⲣⲁⲛ ⲟⲩⲱⲧ ⲡⲉ ⲧⲉ ⲟⲩⲛⲧⲁⲩϥ ⲧⲁⲛⲁⲡⲁⲩⲥⲓⲥ). Nach dem Text Laytons in *NHS* vol. 20 S. 186.

in unserer Passage von einem gnostischen Skopus her verstehen, wie oben angegeben. Daß diese Söhne nun keinen Fluch und keine Folter oder Pein erfahren werden, braucht keinen wunderzunehmen, der sich daran erinnert, wie am Ende des Evangeliums der Wahrheit (NHC I, p. 42,17-21) das gute, heitere Geschick der Pneumatiker abgemalt wird. Es heißt da: »Und sie gehen nicht hinab ›zum Hades‹ (koptisch ⲁⲉⲙⲛ̄ⲧⲉ) noch gibt es für sie Eifersucht noch Geseufze noch gibt es Tod unter ihnen, sondern im Ruhenden ruhen sie.« Und die Schlußzeilen (p. 43,19-24) zeichnen noch ein letztes bedeutungsvolles Porträt der Gnostiker eben als Kinder des Vaters: »Und sie sind vollkommen, seine Kinder (ⲛⲉϥϣⲏⲣⲉ), und sie sind seines Namens würdig, denn solche Kinder sind es, welche er, der Vater, liebt.« Und schließlich, daß die Gnostiker als Kinder einen Erziehungsprozeß durchmachen mußten, war ihnen ein geläufiger Gedanke[69]. Anders gesagt: der Vater verstand es, seine Kinder zu erziehen. In unserer Passage sieht es für die Leute, die keine Kinder des Brautgemachs und nicht unterwiesen sind, sehr traurig aus. Sie erblinden sofort.

Haben wir es hier nur mit einem Akt schroffster, völlig unangemessener Vergeltung zu tun? Angesichts der Reaktion der Umstehenden, namentlich des Zakai (Zacchaeus), der 12,23 ausruft: »Oh, böser Knabe«, nachdem er Jesu Erwiderung auf Josephs Benehmen (der in großem Ärger Jesu Ohr gegriffen und ihn gehörig gezupft hatte) erfahren hatte, möchte man das denken. Doch es hat einen bestimmten Grund, daß die Leute, die Jesus zuvor gerügt hatten, erblindeten. Bekanntlich deutete im gnostischen Denken Blindheit (wie auch Trunkenheit) hin auf die Unkenntnis. Die »Blinden« sind die Unwissenden, ja sogar hylische Menschen. Es dürfte demnach nicht als weit hergeholt betrachtet werden, wenn wir in diesem Zusammenhang an folgende Stellen denken. Im ThEv heißt es (Logion 28), die Menschenkinder, die nicht auf Jesu Stimme gehört haben, seien blind (ⲃ̄ⲗⲗⲉ) und betrunken (vgl. Logion 34). Im Buch Thomas' des Athleten (NHC II, p. 141,20 ff.) fragt Thomas, was man Blinden und miserablen Sterblichen wohl sagen bzw. verkündigen soll. Jesu Antwort (141,25 ff.) ist von der gleichen Schroffheit und Härte wie in unserer Passage: Diese Leute betrachtet man eben als Tiere. Sie werden in den Abyssos hineingeworfen werden und im Feuer brennen. Weiterhin wird in der Hypostase der Archonten (NHC II, p. 87,4; 94,26) wie in »Ursprung der Welt« (NHC II, 103,18) der Demiurg Samaël, der ›blinde Gott‹ genannt, seinem Namen gemäß[70]. Bedeut-

69 Vgl. F. M. M. Sagnard, *La Gnose Valentinienne et le témoignage de Saint Irénée*, Paris 1947, S. 244, 401 und 415 (mit ἐκτρέφω und παιδεύω).

70 Vgl. J. D. Turner, *The Book of Thomas the Contender from codex II of the Cairo Gnostic Library from Nag Hammadi*, Missoula (*SBL* Diss 23) 1975, S. 156-157. Turner spricht von »a bitter condemnation of those people who are unaware of the plight of embodiment« (157). Zur Erklärung des Namens Samaëls vgl. R. A. Bullard, *The Hypostasis of the Archons*, Berlin 1970, S. 52-53.

sam ist schließlich, daß im Tractatus Tripartitus (NHC I, 137,7ff.) erst einmal ausgesagt wird, daß die Hyliker ihrer Zerstörung entgegengehen, während die Pneumatiker 138,9ff. dem für sie vorbereiteten Brautgemach zugehen[71]. Anscheinend waren die Leute, die Jesus tadelten, im Grunde genommen schon blind, nur wurden sie es jetzt auch im materiellen, »hylischen« Sinne: Sie sind die Kinder Samaëls. Das Jesuskind, der »böse Knabe«, entpuppt sich in unserer Passage als ein Gnostiker, der die blinden Hyliker *belacht* und aburteilt[72]. Nach seinem Ausruf fährt Zakai so fort, daß er Joseph vorhält, es sei jetzt an der Zeit, diesen Knaben darüber zu belehren, daß er seine Altersgenossen lieben und das Greisenalter ehren solle. Joseph erwidert ihm in der Weise, daß er klagend fragt, wer wohl fähig sei, diesen Knaben zu erziehen. Und er fragte sich:

4. »Ist er (=Jesus) vielleicht der Meinung, er sei *einem kleinen Kreuz* (ܠܙܠܝܒܐ ܙܥܘܪܐ)[73]

71 Vgl. R. Kasser u.a., *Tractatus Tripartitus*, Bern 1975, II, S. 241-242 und oben Anm. 67. Zu beachten ist, daß TracTrip p. 139-140 in Kassers Ausgabe als p. 137-138 gezählt werden müssen.

72 In NHC VII, p. 82,6 in der Apocalypse des Petrus lacht der Erlöser am (Kreuzes)baum. Die ganze Passage 82,6-83,3 handelt über den lachenden Erlöser, der in Wirklichkeit nicht gekreuzigt wird, sondern nebenbei steht und die Mächte verlacht, während ein anderer Mensch an seiner Stelle gekreuzigt wird. Dem Gedanken des lachenden Erlösers begegnen wir schon bei Irenäus *Adv.haer.* I, 24,4 (Harvey I, S. 200: »... et ipsum autem Jesum Simonis accepisse formam et stantem irrisisse eos«). Es ist bedeutungsvoll, daß in der ApcPt 83,1-3 der Erlöser die Mächte verlacht wegen ihres Mangels an Verständnis, weil er weiß, daß sie »Blindgeborene sind« (ϩⲉⲛⲃ̄ⲗⲗⲉ ⲙ̄ⲙⲓⲥⲉ ⲛⲉ), 83,3-4. Auch in unserem PsTh findet sich ein lachender, scherzender Jesus (p. 13,24), zwar im Göttinger MS, das hier ein *Extra* hat. Nach den Wörtern »sie (=die staunende Menge) waren nicht imstande zu reden« und vor »und Zakai der Lehrer sagte zu Joseph« heißt es nämlich: »Und einmal wieder näherte er sich ihnen und sagte ihnen: ich habe mit euch einen Scherz gemacht, weil ihr euch wundert über Kleinigkeiten. Und in eurem Denken (habt ihr) eure Kleinigkeiten (beides im Sinne von Lappalien, Quisquilien, H.)! Und als sie ein wenig getröstet waren« (es folgt anstatt unseres Textes: »sagte Zakai der Lehrer zum Vater Jesu: Bring ihn mir« usw.). Dieses Extra ist vielsagend, denn es zeigt, wie sehr Jesus seinen Hörern überlegen ist und durch sein Vorwissen (p. 13,22: »Ich weiß woher ihr seid«) seinen Spaß mit ihnen treibt. Die Leute wundern sich, weil sie seine Worte wegen ihrer kleinlichen Gedanken nicht verstehen.

73 Das Göttinger MS hat p. 13,3: ... ܕܠܡܐ ܗܘ ܠܙܠܝܒܐ ܙܥܘܪܐ ܣܒܪ ܐܝܟ ܕܒܥܘܬܐ ... *Bist du etwa der Meinung, er sei einem kleinen Kreuz ähnlich?‹* (auch möglich wäre: »daß du nicht der Meinung seiest, er sei einem kleinen Kreuz ähnlich«) Die Härte der Aussage ist hier einigermaßen gelindert. Die georgische Version hat nach Garitte: *ne parvi cuiusdam ordinis aestimes istum*, doch möchte er anstatt »ordinis« lesen »crucis« (Garitte aO S. 518 bei Anm. 7, wo auch auf den syrischen Wrightschen Text hingewiesen wird). De Santos Otero, *Das kirchenslavische Evangelium* aO S. 70 und 161 bietet aufgrund der slawischen Überlieferung: »Meinst du etwa, mein Bruder, es (=das Kind) sei ein kleines Kreuz?« mit der Rückübersetzung: μὴ νομίζεις μικρὸν σταυρὸν εἶναι αὐτό, ἀδελφέ μου; Er beruft sich für seinen (auf dem slawischen Handschriftenbestand basierenden rekonstruierten) Text auch auf die georgische Version und auf Delattes griechischen Text der sog. B-Rezension (aO S. 72). Man sehe für die slawischen diesbezüglichen Texte schon De Santos Oteros, *Los Evangelios Apocrifos*, Madrid 1956, S. 307/308 Anm. 23, vor allem jedoch J. Ivanov, *Livres & Légendes Bogomiles* (Übersetzung von M. Ribeyrol), Paris 1976, S. 213 und 365. Wir bevorzugen den Wrightschen Text, in dem ausgesagt wird, Jesus sei selber der Meinung, er ähnele einem kleinen Kreuz, vgl. Tischen-

ähnlich? *Jesus*[74] *antwortete und sagte zu dem Lehrer: »Diese Worte, die du gesprochen, und diese Namen, ich bin ihnen fremd, denn außerhalb euer bin ich, wenngleich ich unter euch wohne. Ehre im Fleische habe ich nicht. Du bist im Gesetze und im Gesetze verbleibst du. Als du geboren wurdest, war ich. Aber du meinst, du seist mein Vater. Du wirst von mir eine Lehre lernen*[75]*, die kein anderer kennt noch im Stande ist, sie zu lernen. Und jenes Kreuz* (ܨܠܝܒܐ), *von dem du geredet hast, mag der tragen, dem es gehört. Denn wenn ich herrlich* (wörtlich ›großartigerweise‹) *erhöht bin, werde ich ablegen, was mit eurem Geschlecht vermischt worden ist. Denn du weißt nicht, woher du bist. Denn ich allein weiß wahrlich, wann ihr geboren seid und wie lange Zeit ihr habt, um hier zu bleiben.«* (syr. p. 13,3-15).

Diese Stelle ist sehr schwierig zu verstehen, sowohl im Wortlaut wie auch in der Ausrichtung. Nicht verwunderlich ist es, daß man leicht verführt wird, es bei dieser Feststellung bewenden zu lassen, vor allem in bezug auf die Aussage über das Kreuz. Pauschalurteile liegen dann auf der Hand. So ist De Santos Otero der Ansicht, »daß das Wort *Kreuz* an dieser Stelle als Sinnbild für *Mühe, Arbeit* aufzufassen ist. Es liegt kein Grund vor, eine Anspielung auf den Kreuzestod Jesu an dieser Stelle zu sehen«[76]. Dieses Votum erweckt den Anschein, als ob nur eine bildliche Auffassung der Aussage über das »kleine Kreuz« möglich sei. Ähnliches kann man erfahren in bezug auf die Nachfolge Jesu durch das Aufnehmen und Tragen des Kreuzes hinter dem Herrn, vgl. Mt. 10,38; Mk 8,34 und Par. und Lk 14,27. Bauers *Wörterbuch zum Neuen Testament* (1988^6) bietet sub voce zu diesen Stellen als Erklärung: »*bildl.* v. Not und Tod«. Man könnte dann ebensogut auf die landläufige Redensart »Es ist ein Kreuz« (= Es ist eine Last) hinweisen[77]. Diese Würdigung trifft jedoch nicht zu. Erst einmal handeln die neutestamentlichen Stellen von der Bereitschaft der Jünger, in der Nachfolge Jesu den Tod zu erleiden, mußte doch der zum Kreuz Verurteilte selber den Querbalken tragen. Von einer Allegorisierung des Kreuzes post Golgatham kann noch keine Rede sein[78]. Besser denkt man an das Thomasevangelium Log. 55 »... und wer nicht sein Kreuz trägt wie ich, wird meiner nicht wert sein«. Eine bildliche Auffassung bzw. eine gnostische Interpretation der Worte über die Nachfolge findet man erst im Valentinianismus in bezug auf die Horos-Gestalt, vgl. Irenäus Adv.haer. I, 3,5 (das Kreuz = Horos, Grenze)[79]. Weiterhin verbietet die Aussage des Jesusknaben am Ende des Abschnittes (über das Tragen des Kreuzes und die Erhöhung) eine bildliche Deu-

dorf, *Evangelia Apocrypha*, Leipzig 1876^2, S. 149: »... putatne convenientem se esse parvae cruci?«. Anders Peeters aO II, S. 294: »Pensez-vous qu'il mérite de recevoir une petite croix?«

74 Das MS hat Joseph, mit dem Göttinger MS ist jedoch zu lesen: Jesus.

75 Eine intransitive Bedeutung des peʿal von ܪܒܐ im Sinne von »lernen« ist bisher nicht belegt, vgl. Brockelmann, *Lexicon Syriacum*, 714.

76 Vgl. De Santos Otero, *Das kirchenslavische Evangelium* aO S. 72.

77 Zu denken ist auch an die niederländische Redensart: »Elk huisje heeft zijn kruisje«.

78 Siehe u. a. Th. Zahn, *Das Evangelium des Matthäus*, Leipzig 1910^3, S. 416.

79 Vgl. auch Unbekanntes altgnostisches Werk (Codex Bruce) c. 15, ediert von V. MacDermot, *The Books of Jeu and the untitled Text in the Bruce Codex*, Leiden 1978 (= *NHS* XIII) S. 256.

tung am Anfang. Immerhin bleibt die Frage, was es in unserem Passus mit dem »kleinen Kreuz« auf sich hat, akut. Nun gilt es zu beachten, daß im direkten Kontext der Aussagen über das Kreuz, mit denen wir uns des weiteren ausschließlich befassen werden, gnostisch anmutende Ausdrücke und Gedanken begegnen. So bleibt Jesus der Rederei des Lehrers gegenüber ein *Fremder*[80]. Die Abwertung des *Gesetzes* erinnert an Stellen wie TracTrip NHC I,5:113,5 und EvPhil NHC II,3:74,5. Sodann heißt es: Jesus *war* (schon immer) *da*, ein Wort, das an Joh 8,58 erinnert, aber nicht weniger an TracTrip NHC I,5:57,15-23 (über den Sohn, der seit Anbeginn existiert, es gab niemanden vor ihm usw.). Die Frage der *Vermischung* ist genuin gnostisch[81], wie die überaus bekannte Frage, *woher* man ist, vgl. das Evangelium der Wahrheit NHC I,3:22,13-15 (»Wer so Gnosis hat, weiß, von woher er gekommen ist und wohin er geht«)[82].

Bedeutet dies, daß nun auch die Kreuzes-Aussagen in unserer Passage in gnostischem Sinne zu erklären und zu verstehen sind? Der kleine Jesus, der sich selbst einem (oder dem) Kreuz ähnlich denkt, ist an sich schon seltsam genug. Wie sollte man diese *Ähnlichkeit* (mit dem Verb ܕܡܐ) bewerten? Wie könnte der lebende Jesusknabe einer materiellen, unbelebten Sache wie dem Kreuzesholz überhaupt ähnlich sein? Dabei ist diese Ähnlichkeit nicht eine bildliche Übereinstimmung, wie mit dem Staub (Hiob 30,19) oder einem brennenden Holz (Amos 4,11 und Zach. 3,3[83]), sondern eine folgenschwere Gleichartigkeit. Könnte eine Gestaltgleichheit hinsichtlich Jesu Körperhaltung gemeint sein in dem Sinne, daß er mit ausgestreckten Händen der Kreuzesform ähnlich ist, wie es bei dem Oranten der Fall war? Tatsächlich heißt es in Ode Salomonis 27,1-2: »Ich streckte meine Hände aus und hielt heilig meinen Herrn. Denn das Ausbreiten meiner Hände ist sein Zeichen und mein Ausstrecken ist das aufgerichtete Holz«; dasselbe Ode 42,1-2. Auch Tertullian vergleicht den Betenden mit dem Kreuz bzw. dem Gekreuzigten: »nos vero non attollimus tantum, sed etiam expandimus (sc.manus) et Dominica passione modulata, tum et orantes confitemur Christo‹ (De oratione 14)[84]. Nichts an unserer Stelle weist jedoch

80 Vgl. Helderman, *Die Anapausis* aO S. 15-16.

81 Vgl. W. Bousset, *Kyrios Christos*, Göttingen 1965², S. 187; H. Jonas, *Gnosis und spätantiker Geist*, Göttingen 1964³, S. 104 und 135 sowie Zandee, Gnostic ideas aO, S. 41.

82 Vgl. Helderman, *Die Anapausis* aO S. 24-27. Zu beachten ist, daß das *unde* (woher) auch noch p. 13,18 und 22 begegnet.

83 Hiob hat ἴσα πηλῷ und Amos und Zacharia beide ὡς δαλὸς ἐξεσπασμένος ἐκ πυρός.

84 Vgl. zu dieser Aussage Tertullians G. Q. Reijners, *The Terminology of the Holy Cross in early christian literature*, Nijmegen 1965, S. 151-152 und E. Dekkers, *Tertullianus en de geschiedenis der liturgie*, Brussel 1947, S. 89-90. Vgl. zu den Oden J. H. Charlesworth, *The Odes of Solomon. The Syriac Texts*, Missoula (USA) 1977, S. 106 (Ode 27) und S. 143-145 (Ode 42 mit dem besonderen Wortlaut in 42,2: »...my extension is the common cross...«). Beide Stellen haben ܩܝܣܐ für »Kreuz«. Vgl. zur Körperhaltung beim Gebet noch ebda. S. 125 (zu Ode 35,7) und Tj. Baarda, »Het uitbreiden van mijn handen is zijn teken. Enkele notities bij de gebedshou-

darauf hin, daß Jesus die Gestalt eines Betenden angenommen habe. Bleibt so nichts anderes übrig, als die Ähnlichkeit als irgend eine Wesensgleichheit zu verstehen und das Kreuz als eine besondere belebte Entität, lebendig wie der kleine Jesus?[85] Und beide quasi wesenhaft verbunden? Es ist mißlich, daß in p. 13,11-12 im Gegensatz zu p. 13,3 Jesus über sein eigenes und zukünftiges Kreuz als etwas außer ihm selbst Existierendes spricht und dazu über sein Prärogativ, es zu tragen, hinüberleitend zu seiner herrlichen (»sehr großen«) Erhöhung und seiner Ablegung alles ihm bis dahin anhaftenden »Demiurgischen«. Angesichts dieser Differenz müßte man einerseits die je eigene Ausrichtung der beiden Stellen ins Auge fassen, andererseits jedoch die grundlegende Einheit der beiden Aussagen über das spezifische Kreuz beachten, die auf der Einheit der Person des Jesusknaben basiert. Hiergegen könnte man einwenden, daß in dem vorliegenden syrischen Text vielmehr die Ungleichheit der beiden Aussagen zu Tage tritt als eine »grundlegende Einheit«. Denn erst einmal stellt Joseph nicht fest, Jesus sei einem (dem) kleinen Kreuz ähnlich, sondern er *fragt* sich quasi verzweifelt, ob er wohl denke, daß er usw. Und weiterhin erwidert Jesus nicht Joseph, sondern dem Lehrer Zachäus, er sei dessen Worten und Namen fremd usw. Kurz nachher ist in Jesu Aussage: »jenes Kreuz, von dem du geredet«, unklar, ob mit dem »du« nun wieder Joseph oder der Lehrer gemeint ist oder vielleicht beide? Merkwürdig ist auch, daß Jesus in der dritten Person »jenes Kreuz« auf den bezieht, dem es gehört. Gleich darauf spricht er dann von seiner Erhöhung in der ersten Person. Dabei bleibt unklar, in wiefern das Kreuz bei (oder aber in) der Erhöhung noch eine Rolle spielt, als »point de départ«, nämlich die Erhöhung als Himmelfahrt vom Kreuz aus, oder ob hier auch schon die Himmelfahrt des Kreuzes selbst miteinbezogen worden ist[86], was angesichts der Aussage p. 14,13 wichtig sein könnte in bezug auf die da zu behandelnde *Hetimasie*. Wie dem auch sei, aus dem Zusammenhang geht unverkennbar hervor, daß nicht von zwei Kreuzen (dem kleinen und dem zu tragenden) die Rede ist, sondern von einem und demselben. Der kleine Jesus ist *Eigentümer* des Kreuzes, dem er *ähnlich* ist. Josephs verzweifelte und entrüstete Frage wird durch die Fortsetzung (›und jenes Kreuz ... ich erhöht bin‹) positiv beantwortet. Das ist der Grund für die »grundlegende Einheit« der beiden Aussagen. Demzufolge könnte man von einem Zusammenwachsen des kleinen Jesus und seines Kreuzes durchaus reden, wodurch auch das Kreuz personenhafte Züge aufweisen kann. Tatsächlich begegnen wir diesem

ding in de Oden van Salomo«, in M.H. van Es e.a., *Loven en Geloven* (Festschrift N.H. Ridderbos), Amsterdam 1975, S. 245-259. Zu beachten ist, daß in der altchristlichen Kunst (5. Jahrhundert) Christus als sieghafter Orant erscheint, vgl. *RGG* IV, Sp. 47.

85 Im Neuen Testament wäre zu denken an die bemerkenswerte Stelle 1. Joh. 3,2: ... ὅμοιοι αὐτῷ ἐσόμεθα ... »wir werden Ihm gleich sein«.

86 Vgl. zur Himmelfahrt vom Kreuz aus: Bertram s.v. ὑψόω, *TWNT* VIII, S. 608 (in bezug auf Joh. 3,13 und 18) und zur Himmelfahrt des Kreuzes: Bousset aO, S. 238.

Phänomen im Petrusevangelium (um 150). Da heißt es im Bericht der Auferstehung: Drei Männer kamen aus dem Grabe (~ zwei Männer [Engel], aus dem Himmel herabgekommen, und der Auferweckte) »und ein Kreuz folgte ihnen nach« (καὶ σταυρὸν ἀκολουθοῦντα αὐτοῖς). Wichtig ist, darauf hinzuweisen, daß das Petrusevangelium gnostisch angehaucht ist[87].

Das Kreuz als selbständige Größe begegnet in sehr besonderer Form in den Acta Johannis (wohl aus dem dritten Jahrhundert, dem valentinianisch-gnostischen Denken sehr nahe), und zwar wird es als *Lichtkreuz* (σταυρὸς φωτός) dem bloßen hölzernen Kreuz (σταυρὸς ξύλινος) gegenübergestellt. In diesen Acta (c. 98-101) klärt der erhöhte Christus den Johannes auf über dieses Lichtkreuz mit den vielen Namen (u. a. Logos, Jesus, Christus, Tür, Weg) (c. 98), das sowohl eine zusammenfügende als eine trennende Funktion hat (c. 99). Oben auf diesem Lichtkreuz erblickt Johannes den Herrn (c. 98)[88]. Bei den Manichäern waren die Johannesakten sehr beliebt. Und es ist nicht von ungefähr, daß in ihrem Schrifttum das Lichtkreuz öfters begegnet[89]. Dabei hat ihre Lehre dem Lichtkreuz eine eigenartige Prägung verliehen. Das Lichtkreuz heißt auch die »lebendige Seele«, und es umfaßt alle irgendwo in der Welt verstreuten Lichtteile oder aber die Glieder Gottes, die mit der Welt vermischt worden sind[90].

Interessanterweise findet sich das Lichtkreuz auch bei Ephraem dem Syrer. In der 69. Hymne der Carmina Nisibena heißt es von den der Herrlichkeit teilhaft gewordenen Toten: »das Lichtkreuz (ܨܠܝܒ ܢܘܗܪܐ) wird dort seinen Glanz auf sie fallen lassen, weil sie sich hier (d. h. auf Erden) mit seinem erhabenen

87 Vgl. zum Text des Petrusevangeliums O. von Gebhardt, *Das Evangelium und die Apokalypse des Petrus*, Leipzig 1893 (der Fund bei Akmim wurde 1886 gemacht) und E. Preuschen, *Antilegomena. Die Reste der ausserkanonischen Evangelien und urchristliche Überlieferungen*, Giessen 1905, respektive Gebhardt S. 45 und Preuschen S. 19 die angeführte Stelle. Zur Übersetzung vgl. Chr. Maurer in Hennecke-Schneemelcher, *Neutestamentliche Apokryphen* I, S. 118-124, hier: S. 123. Vgl. weiterhin F. Neirynck, The Apocryphal Gospels and the Gospel of Mark, in: J.M. Sevrin, *The New Testament in Early Christianity*, Leuven 1989 (*BETL* LXXXVI), S. 123-175 mit dem Text des Petrusevangeliums im Appendix S. 171-175, hier: S. 173. Es gibt noch fünf weitere Stellen, wo das Kreuz mehr oder weniger personifiziert wird, und zwar in der Offenbarung des Petrus, der Epistula Apostolorum, der Apokalypse des Elia und in den Acta Petri, Acta Andreae und den Acta Philippi. Man findet diese Stellen verzeichnet bei M. G. Mara, *Evangile de Pierre*, Paris 1973, S. 187 Anm. 2.

88 Siehe den Text bei Lipsius/Bonnet, *Acta Apostolorum Apocrypha*, II, S. 199-201. Vgl. Untersuchung und Übersetzung der Johannesakten durch K. Schäferdiek in Hennecke/Schneemelcher aO II, S. 2 und 125-176, hier: S. 157-158; *ders.*, Herkunft und Interesse der alten Johannesakten, *ZNW* 74 (1983) 247-267. Vgl. zu diesen Kapiteln 98-101 noch Bousset aO S. 238; Schneider s. v. σταυρός, *TWNT* VII, S. 580 und Reijners, aO S. 78.

89 Vgl. zum Lichtkreuz bei den Manichäern und der Beliebtheit auch der Johannesakten unter ihnen den eingehenden Aufsatz von A. Böhlig, Zur Vorstellung vom Lichtkreuz in Gnostizismus und Manichäismus, in B. Aland u. a., *Gnosis* (Festschrift Hans Jonas), Göttingen 1987, S. 473-491 (in bezug auf die Manichäer S. 485-491).

90 Vgl. A. Böhlig, *Die Gnosis* III, Zürich 1980, S. 35-36 und 143.

Symbol bezeichnet haben« (69,21)[91]. In orthodoxen Kreisen des späten vierten Jahrhunderts konnte der Ausdruck als solcher also auch verwendet werden.

Im Hinblick auf unsere Stelle im PsTh und Bezug nehmend auf die zeitliche Nähe, empfiehlt es sich, zur möglichen Erhellung der Stelle im valentinianisch-gnostischen Denken Umschau zu halten. Im Gegensatz zum Manichäismus hat das Kreuz (nicht Lichtkreuz[92]) noch die klare Funktion der Festigung und des Zusammenhalts des Pleromas. Die Horos-Gestalt (= die Grenze) muß vor allem auch alles Unpneumatische vom Pleroma ferne halten. Man kann durchaus Orbe beipflichten, wenn er das Kreuz die Achse des valentinianischen Systems nennen möchte[93]. Der Deutlichkeit wegen führen wir eine der bekanntesten Belegstellen auf, und zwar Irenäus Adv.haer. I,3,5, wo es heißt: »Denn in bezug auf ihren Horos (Grenze), den sie mit mehreren Namen nennen, sagen sie, daß er zwei Wirkungen hat, eine befestigende und eine teilende. Soweit er befestigt und stützt (ἑδράζει καὶ στηρίζει), sei er Kreuz (Σταυρὸν εἶναι), soweit er teilt und scheidet (μερίζει καὶ διορίζει), Horos‹, vgl. weiterhin Hippolyt Refutatio VI, 31,5-6 und Excerpta ex Theodoto 42,1[94]. In Excerpta 47,1 wird der (aus dem Pleroma stammende) Erlöser sogar erster und universeller Demiurg genannt, ein Gedanke, der auch im sogenannten Altgnostischen Werk (Codex Bruce) c. 2 reflektiert wird. Denn in dieser valentinianisches Denken aufweisenden Schrift wird l.c. ausgesagt, der Demiurg (der pleromatische Erlöser also, H.) werde auch Vater, Logos, Quelle, Verstand, Mensch, Ewiger und Unendlicher genannt werden. Und ferner: »Die Haare seines Gesichtes sind die Zahl der äußeren Welten und *die Ausbreitung seiner Hände ist die Offenbarung des Kreuzes* (ⲡⲡⲱⲣϣ ⲉⲃⲟⲗ ⲛⲛⲉϥϭⲓϫ ⲡⲉ ⲡⲟⲩⲱⲛϩ ⲉⲃⲟⲗ ⲙⲡⲉⲥ⳨ⲟⲥ) usw. Wir werden hier an Ode Salomonis 27,2 erinnert[95]. Die Väterberichte über den valentinianischen Horos werden bestätigt und erhalten ihren Beleg in der Nag-Hammadi-Schrift »Eine valentinianische Auseinandersetzung« (NHC XI,2:25,6-13). In dem leider sehr schlecht erhalten gebliebenen Text erfahren wir, daß Horos (ϩⲟⲣⲟⲥ) »... die Befestigung und die Hypostase des Alls« (ⲡⲧⲁϫⲣ[ⲟ ⲁⲩⲱ ⲡϩⲩ]ⲡⲟⲥⲧⲁ-

91 Siehe den Text bei E. Beck, *Des heiligen Ephraem des Syrers Carmina Nisibena* II, *CSCO* 240 (Syr. 102) S. 112. Übersetzung *ders.*, *CSCO* 241 (Syr. 103) S. 100.

92 Zu Unrecht setzt Böhlig aO S. 474 und 490 Kreuz (Valentinianer) und Lichtkreuz (Manichäer) gleich.

93 So A. Orbe, in *TLZ* 91 (1966), Sp. 915. Vgl. W. Ullmann, Die Gottesvorstellung der Gnosis als Herausforderung an Theologie und Verkündigung, in: K.W. Tröger (Ed.), *Gnosis und Neues Testament*, Gütersloh 1973, S. 394.

94 Vgl. Böhlig aO S. 474-477. Siehe die Texte bei Sagnard, *La Gnose* aO S. 38; M. Marcovich, *Hippolytus* aO S. 241 und F. Sagnard, *Extraits de Théodote*, Paris 1970, S. 102-103 (Exc. 22,4) und S. 148-149 (Exc. 42,1). Siehe zum Horos vor allem Sagnard aO S. 254-255.

95 Vgl. V. MacDermot, *The Book of Jeu* aO S. 227 (Schmidts Seitenzählung) bzw. 216-217. Vgl. die Übersetzung in C. Schmidt, *Koptisch-gnostische Schriften*, Berlin 1981[4] (Ed. H.M. Schenke), S. 335-336. Siehe noch die vielen Horos-Namen in Irenäus, *Adv.haer.* I,2,4.

ⲥⲓⲥⲙ̄ⲡⲧⲏⲣ̄ϥ) sei[96]. An anderen Stellen kann Befestigung bzw. Trennung gemutmaßt werden.

Auch die valentinianische *Gnosis* kennt den Gedanken der Vermischung. So ist die Sophia (Prototyp aller Pneumatiker) laut Irenäus Adv.haer. I,4,1 mit der Leidenschaft vermischt (συμπεπλέχθαι τῷ πάθει). Auch Herakleon erwähnt in seinem Johanneskommentar die Vermischung in bezug auf die Samaritanerin, die selbst pneumatischer Natur, sich sogar mit dem Hylischen vermischt hat, was durch ihre sechs Männer symbolisiert wird[97]. Aber der aus drei Teilen zusammengesetzte valentinianische Erlöser Jesus Christus war in seiner sichtbaren psychischen Existenz gleichfalls den Leidenschaften ausgesetzt (nach Exc. Theod. 61). Zuvor (59) war dargelegt, daß der Erlöser als »tragende Person« mit pneumatischem Samen (= den Valentinianern), mit dem psychischen Christus (durch Gesetz und Propheten angekündigt, übrigens unsichtbar) und dem sichtbaren psychischen Christus bekleidet war. Die Fleischwerdung (›durch Maria hindurch wie Wasser durch eine Röhre‹, Adv.haer I,7,2) und die Kindheit Jesu wird 61,2 beschrieben, und nach Luk 2,40 und 52 wird von diesem Kind ausgesagt: Es wuchs (betrifft die Psychiker) und es nahm zu an Weisheit (betrifft die Pneumatiker). Seine psychische Existenz war laut 61,3 mit Leidenschaften vermischt (ἐμπαθής) und mußte von ihnen frei werden. Der Leib des irdischen Jesus wurde nach dessen Tod vom Erlöser zwar auferweckt, aber erst, nachdem er dessen Leidenschaften abgelegt hatte (ἀποβαλὼν πάθη)[98]. Zusammenfassend kann man sagen, daß dem verhängnisvollen Wirken der kontaminierenden Vermischung von dem Horos und dem pleromatischen Christus ein Ende gesetzt wird.

Sehr bedeutungsvoll für die Erklärung unserer Passage im PsTh ist, daß im valentinianisch-gnostischen Philippusevangelium, das zum Nag Hammadi-Fund gehört, signifikante Aussagen über das Kreuz begegnen. Die erste findet sich in NHC II,3:63,23-25 (Logion 53): »Die Eucharistie ist Jesus. Denn man nennt ihn auf syrisch *Pharisatha*, was der ›Ausgebreitete‹ bedeutet. Denn Jesus kam, um die Welt zu kreuzigen« (ⲧⲉⲩⲭⲁⲣⲓⲥⲧⲉⲓⲁ ⲡⲉ ⲓ︦ⲥ︦ ⲉⲩⲙⲟⲩⲧⲉ ⲅⲁⲣ ⲉⲣⲟϥ ⲙ̄ⲙⲛ̄ⲧⲥⲩⲣⲟⲥ ϫⲉ ⲫⲁⲣⲓⲥⲁⲑⲁ ⲉⲧⲉ ⲡⲁⲉⲓ ⲡⲉ ⲡⲉⲧⲡⲟⲣϣ ⲉⲃⲟⲗ ⲁⲓ︦ⲥ︦ ⲅⲁⲣ ⲉⲓ ⲉϥⲥⲧⲁⲩⲣⲟⲩ ⲙ̄ⲡⲕⲟⲥⲙⲟⲥ). Am besten versteht man diese Aussage so, daß die Welt von Jesus als der Horos gekreuzigt wird. Alles Weltverfallene soll von der Lichtwelt

96 Die Übersetzung in J.M. Robinson (Ed.), *The Nag Hammadi Library in English*, Leiden 1988³,S. 483 ff. ist zu frei. Wir folgen dem Text der *Facsimile Edition der Nag Hammadi Codices* (Codex XI, XII und XIII, Leiden 1973) und zählen die Zeilen gemäß der erhaltenen Beschriftung von oben an.

97 Vgl. Sagnard, *La Gnose* aO S. 39, 150, 159, 162, 167 und 234. Zu Herakleon ebenda S. 495. Weiterhin J. Zandee, *Gnostic ideas* aO S. 41.

98 Vgl. Sagnard, *Extraits* aO S. 181-183; vgl. weiterhin in bezug auf die in 61,3 angedeuteten Psychiker Sagnard, *La Gnose* aO S. 398 und ebenda S. 402 hinsichtlich der Pneumatiker. Für die komplizierte Gestalt des Erlösers vergleiche man Sagnard, *La Gnose* aO S. 532-534.

abgetrennt werden. Anders gesagt: Den koptischen Satz »Denn Jesus kam usw.«, sollte man aktivisch auffassen[99]. Was mit dem »Pharisatha« gemeint ist und ob hier von Syrisch oder Reichsaramäisch die Rede ist, bleibt eine schwierige Frage. Ménards Ansicht, das Wort sei die Mehrzahlform ܦܪ̈ܝܣܬܐ [100] und spiele an auf die wie im jakobitischen Ritus »zerstückelten Teile der in der Form des gekreuzigten Heilands ausgebreiteten Hostie«, ist zwar geistreich, aber aus chronologischen Gründen zu beanstanden[101].

Sehr aufschlußreich ist auch eine andere Stelle im EvPh, NHC II,3:73,9-16, wo wir lesen: »Philippus, der Apostel, sagte: Joseph, der Zimmermann, pflanzte einen Paradiesgarten, weil er Holz für sein Handwerk brauchte. Er ist es, der das Kreuz aus den Bäumen, die er gepflanzt hatte, machte. Und sein Same hing an dem, was er gepflanzt hatte. Sein Same war Jesus, die Pflanze aber ist das Kreuz« (ⲫⲓⲗⲓⲡⲡⲟⲥ ⲡⲁⲡⲟⲥⲧⲟⲗⲟⲥ ⲡⲉϫⲁϥ ϫⲉ ⲓ̈ⲱⲥⲏⲫ ⲡϩⲁⲙϣⲉ ⲁϥⲧⲱϭⲉ ⲛ̄ⲛⲟⲩⲡⲁⲣⲁⲇⲉⲓⲥⲟⲥ ϫⲉ ⲛⲉϥⲣ̄ⲭⲣⲉⲓⲁ ⲛ̄ϩⲛ̄ϣⲉ ⲉϩⲟⲩⲛ ⲉⲧⲉϥⲧⲉⲭⲛⲏ ⲛ̄ⲧⲟϥ ⲡⲉⲛⲧⲁϩⲧⲁⲙⲓⲟ ⲙ̄ⲡⲥⲧⲁⲩⲣⲟⲥ ⲉⲃⲟⲗ ϩⲛ̄ ⲛ̄ϣⲏⲛ ⲛ̄ⲧⲁϥⲧⲟϭⲟⲩ ⲁⲩⲱ ⲡⲉϥϭⲣⲟϭ ⲛⲉϥⲟϣ ⲁⲡⲉⲛⲧⲁϥⲧⲟϭϥ ⲛⲉ ⲡⲉϥϭⲣⲟϭ ⲡⲉ ⲓ̅ⲏ̅ⲥ̅ ⲡⲧⲱϭⲉ ⲇⲉ ⲡⲉ ⲡⲉⲥ⳨ⲟⲥ). Man wird doch wohl nicht fehlgehen, wenn man bei diesem Joseph an den Demiurgen denkt. Er fertigt das Kreuz an, was dann nachher das Leben für die Pneumatiker sein wird (vgl. 74,20-21: »wer da gesalbt ist, besitzt alles, er besitzt die Auferstehung, das Licht, das Kreuz, den Heiligen Geist[102]«.

Wenn wir nun unsere Stelle im PsTh näher betrachten, drängt sich die Sicht auf, daß das kleine Kreuz, dem (laut Josephs Ausruf) Jesus selbst ähnlich zu sein denkt, valentinianisch-gnostische *Horos-Züge* aufweise. Selbstverständlich kann man in diesem Apokryphon keine durchgehaltene lupenreine gnostische Lehre erwarten. Überdies ist nicht auszuschließen, daß spätere Redaktoren oder Kopisten eine unverbrämt gnostische Ausrichtung dieser Geschichte gegebenenfalls ausgeblendet bzw. retuschiert haben, so daß wir es letzten Endes mit einem verchristlichten gnostischen Text zu tun hätten. In der Nag-Hammadi-

99 Wir benutzen die Ausgabe Laytons (B. Layton, *Nag Hammadi Codex II,2-7*, Leiden 1989 vol. I [= NHS XX]). Wir pflichten Ménard bei, wenn er die Verbform aktivisch fassen möchte (J.E. Ménard, Beziehungen des Philippus- und des Thomas-Evangeliums zur syrischen Welt, in: K.W. Tröger, *Altes Testament – Frühjudentum – Gnosis*, Berlin 1980, S. 318). Böhlig aO S. 491 Anm. 81 bevorzugt gleichfalls die aktivische Auslegung, schließt andererseits die passivische nicht aus. Vgl. zu EvPh noch J.S. Siker, Gnostic Views on Jews and Christians in the Gospel of Philip, *NT* 31 (1989), S. 286.

100 Ménard aO S. 318. Vgl. Brockelmann, *Lexicon Syriacum* s.v. S. 608[a].

101 Seinerzeit hat auch van Unnik auf die liturgischen Konnotizen hingewiesen, in: Notes on the Gospel of Philip, *NTS* 10 (1963) S. 468-469, vgl. dazu J.J. Buckley, Conceptual Models and Polemical Issues in the Gospel of Philip, *ANRW* II,25,5 S. 4176 mit Anm. 36.

102 So mit Recht P. Nagel, Die Auslegung der Paradieserzählung in der Gnosis, in: K.W. Tröger, *Altes Testament aO* S. 69. Unrichtig Buckley aO S. 4178, die das Kreuz und den Olivenbaum (EvPh 73,18) miteinander gleichstellt.

Bibliothek begegnet man solchen Schriften[103]. Dem, was sich im vorliegenden syrischen Text an (valentinianisch-)gnostischem Gut spurenweise vorfinden könnte, kommt man bei näherer Betrachtung auf die Spur.

In unserer Geschichte begegnen wir Jesus als dem bösen Knaben, der sich, statt seine Altersgenossen zu lieben und das Greisenalter zu ehren (p. 13,1), anscheinend von ihnen getrennt aufstellt. Er »vermischt sich« nicht mit ihnen. Gibt er keine Ehre, er erwartet sie ebensowenig (p. 13,6). Dieses unsympathische, sich distanzierende Benehmen Jesu macht (in einer späteren Redaktion) die verzweifelte entrüstete Frage des Joseph ebensogut glaubhaft wie einen ursprünglichen Ausruf voller Bewunderung, eine Bewunderung, die die Menge, nachdem Jesus seine Worte beendet hat, von sich gibt: »Oh welch eine wunderbare Schau und Erfahrung!« (p. 13,16f.)

Daß in der vorliegenden Geschichte in Joseph die Frage aufsteigt, ob Jesus vielleicht meine, er sei einem (oder dem!) kleinen Kreuze ähnlich, und die Tatsache, daß das Ablegen der Vermischung erst nach der Erhöhung erfolgt, darf nicht darüber hinwegtäuschen, daß wir es hier vor dem Hintergrund des herangezogenen Vergleichsmaterials mit Gedanken gnostischer Provenienz zu tun haben. Präziser gesagt, Gedanken genuin valentinianisch-gnostischer Herkunft, so daß der kleine Jesus, »der böse Knabe«, eben als der kleine Horos erscheint, der aller Vermischung einander wesensfremder Elemente ein Ende setzt.

Diese bedeutungsvolle, wohl vom valentinianischen Gnostizismus herrührende Ähnlichkeit des kleinen Jesus mit einem kleinen Kreuz findet nun ihre Bestätigung durch eine angebliche Homilie des Erzbischofs Cyrillus von Jerusalem (313-386), in der tatsächlich auch von »einem kleinen Kreuze« die Rede ist. Gemeint ist hier der koptische Text der Anrede, die sich als einzige Schrift im recht gut erhalten gebliebenen koptischen Pergamentcodex findet, der im British Library unter dem Siglum Oriental 6799 aufbewahrt wird und um 1053[104] geschrieben wurde[105]. Die Überschrift lautet: »Eine Anrede (λογος) des heili-

103 Vgl. M. Krause, Die Texte von Nag Hammadi, in: B. Aland u. a., *Gnosis* (Festschrift Jonas) aO S. 238-239.

104 Der Kopist der Handschrift Mrkoure verwendet zwei Zeitangaben, einmal die der Märtyrerära (das ergäbe 1053) und die der Hidschra (das käme auf 1057). Vgl. für diese Zeitangaben wie für die koptischen Monatsnamen W. C. Till, *Koptische Grammatik*, Leipzig 1961^2, S. 86-89. Der Urtext der Predigt dürfte aus dem 4. bzw. 5. Jahrhundert stammen.

105 Vgl. die ausgezeichnete, auf mehreren Handschriften basierende Ausgabe von A. Campagnano, *Omelie Copte sulla Passione, sulla Croce e sulla Vergine*, Milano/Mailand 1980 (*Testi e Documenti per lo Studio dell'Antichità*, LXV). Von den sieben von ihr beschriebenen und verwendeten Handschriften (A-G) und verschiedenen Fragmenten haben nur B, D und E die Anrede über das Kreuz. Campagnano verwendet für ihre Edition die Pergamenthandschrift B (= Pierpont Morgan, New York M 600) und zieht gelegentlich E, die von Budge benutzte Handschrift, für Varianten heran, siehe aO S. 17 und 20. Wie bevorzugen jedoch den Text von *E*, weil er das Christuslob und das Schauen des Lichtkreuzes auf dem Seeboden bietet (vgl.

gen Cyrillos, des Erzbischofs von Jerusalem, welche er aussprach in bezug auf das »Kreuz unseres Herrn Jesus Christus« (ⲡⲉⲥ⳿ⲧⲟⲥ ⲙ̄ⲡⲉⲛϫⲟⲉⲓⲥ ⲓ︦ⲥ︦ ⲡⲉⲭ︦ⲥ︦), am Tage von dessen Erscheinung, das ist der siebzehnte des Monats Tho'ut‹. Das Kreuzfest (einschließlich des Festes der Kreuzauffindung durch die Kaiserinmutter Helena, im vierten Jahrhundert schon bezeugt[106]), wird nach der koptischen Liturgie noch immer am 17. Tho'ut (= am 28. September gleich am Anfang des kirchlichen Jahres [11. September = 1. Tho'ut] begangen. Wie gesagt haben wir es bei dieser Predigt des Cyrillus mit einem der spuria zu tun[107]. Aus dem koptischen Text geht klar hervor, daß die Anrede in der angestammten Kirche Ägyptens beheimatet ist[108]. Wie dem auch sei, die Anrede zielt auf drei

gleich unten) und in seiner Ausführlichkeit diesbezüglich Interessantes gibt. Übrigens datiert *B* von 905 und *D* von 854/901 (zwei Teile). Siehe weiter in bezug auf *E* die genaue Beschreibung in B. Layton, *Catalogue of Coptic Literary Manuscripts in the British Library acquired since the year 1906*, London 1987, S. 89 (als Nr. 83). Der Codex umfaßt 42 Seiten. Den Text findet man in E. A. Wallis Budge, *Miscellaneous Coptic Texts in the Dialect of Upper Egypt*, London 1915, vol 5,1, S. 183-230. Die Übersetzung Budges in vol. 5,2, S. 761-808 ist eingehender Kritik zu unterziehen. In vol. 5,2 befinden sich hinten Abbildungen der Handschrift (Plates IX-XII).

106 Die Legende wird zuerst von Ambrosius († 397) berichtet. Die Kreuzesauffindung kann jedoch nicht auf die Kaiserinmutter Helena († 330) zurückgeführt werden. Zwar besuchte sie 324 das Heilige Land und ließ auf dem Ölberg und in Bethlehem Kirchen erbauen, aber erst Kaiser Konstantin († 337) erbaute an der Stätte der Kreuzigung und Auferstehung eine Doppelbasilika, die 335 geweiht wurde. Das Kreuzesfest ist dann nach diesem Jahre üblich geworden. Auch die Verehrung von Kreuzespartikeln war weit verbreitet, laut Kyrill von Jerusalem, *Cat.* IV,10 (... καὶ τοῦ ξύλου τοῦ σταυροῦ πᾶσα λοιπὸν ἡ οἰκουμένη κατὰ μέρος ἐπληρώθη) und Cat. XIII,4 (... τõυ σταυρõυ τὸ ξύλον, τὸ κατὰ μικρὸν ἐντεῦθεν πάσῃ τῇ οἰκουμένῃ λοιπὸν διαδοθέν), vgl. noch *Cat.* X,19. Texte nach PG vol. XXXIII. Vgl. zum ganzen J. Straubinger, *Die Kreuzesauffindungslegende*, Paderborn 1912, und S. Heid, Der Ursprung der Helenalegende im Pilgerbetrieb Jerusalems, *JAC* 32 (1989) S. 41-71. Ebenfalls konsultiere man die vor kurzem erschienene Untersuchung von J. W. Drijvers, *The Mother of Augustine the Great and the Legend of Her Finding of the True Cross*, Leiden 1991, vor allem den zweiten Teil.

107 Vgl. schon J. Quasten, *Patrology*, Utrecht/Westminster (USA) 1963, vol. III, S. 369. Siehe vor allem T. Orlandi, Cirillo di Gerusalemme nella letterature copta, *Vetera Christianorum* 9 (1972) 93-100; hier: S. 99; *ders.*, Patristica copta e patristica greca, *Vet.Chr.* 10 (1973) S. 334 und *ders.*, The Future of Studies in Coptic Biblical and Ecclesiastical literature, in: *The Future of Coptic Studies*, Ed. R. McL. Wilson, Leiden 1978 (CS I), S. 151-153, zu den spuria coptica. Vgl. noch O'Leary, Litterature Copte, *DACL* IX (1930) Sp. 1608.

108 Das geht schon aus fol. 3 a 1 hervor, wo es heißt, »wir werden mit Freuden das Fest des Kreuzes feiern mit dem ganzen rechtgläubigen Volk« (ⲉⲛⲉⲣϣⲁ ϩ̄ⲙ ⲡⲣⲁϣⲉ ⲙ̄ⲡⲉⲥ⳿ⲧⲟⲥ ⲙⲛ̄ ⲡⲗⲏⲙⲟⲥ ⲧⲏⲣ̄ϥ ⲛ̄ⲟⲣⲑⲟⲇⲟⲝⲟⲥ). Das ägyptische Kolorit ist ersichtlich aus der Verwendung von ›Amente‹ (Unterwelt) (fol. 5 a 1 und fol. 15 b 1), der Erwähnung von Irenäus, Josephus und Philymon (fol. 18 b 1; Philo?) oder Josephus und Irenäus (fol. 22 a 1 und fol. 24 b 1), weiterhin aus der Verwendung der koptischen Monatsnamen Paremhotep und Tho'ut (fol. 33 a 2;37 a 1 und 38 a 1) und schließlich aus dem Ortsnamen Pidon in Diospolis (MS hat Diaspolis, fol. 13 b 2), wo der See lag, an dem Apa Bachus wirkte und dem Landesname Ekeptia (ⲉⲕⲉⲡ⳿ⲧⲓⲁ), gleich nachher Ägypten (ⲕⲏⲙⲉ; fol. 22 a 1-22 a 2). Budges Hinweis, der See »is clearly the famous pool now called by the Arabs *'Ain ash-Shems*, at Heliopolis, near Cairo« (V,2 S. 774 Anm. 1, vgl. V,1, S. CIV) ist nicht nachweisbar. Ob Ekeptia zurückzuführen sei auf das mutmaßliche *Ha-Ka-Ptah* (S. 786 Anm. 1), ist durchaus anzuzweifeln. Interessanterweise wird Kaiser Julian der Abtrünnige (361-363) fol. 23 b 2 noch erwähnt.

Kreuzeswunder hin. Erstens erscheint ein kleines Kreuz dem ungläubigen Samariter Isaak und bringt ihn zum Glauben, zweitens wird der tote Sohn eines Juden namens Kleopa durch einen süßen Geruch aus dem Grabe Jesu und durch das Lichtkreuz (ⲡⲥ⳨ⲟⲥ ⲛ̄ⲟⲩⲟⲉⲓⲛ), das aus dem Grabe hervorkommt und auf der Bahre des Toten ruht, auferweckt, und drittens erscheint das Lichtkreuz, als Kaiser Konstantin und seine Mutter Helena in Jerusalem das Kreuz aufgefunden und es aus dem Grabe, das zuvor von den Juden mit Dung zugeschüttet und dann ausgegraben worden war, an das Licht geschafft hatten, eben über dem Grabe[109].

Hier befassen wir uns nun mit dem ersten Wunder. Es heißt, Isaak der Samariter habe sich einer Pilgergruppe auf dem Wege nach Jerusalem angeschlossen und unterwegs die Christen verspottet, weil sie einen Holzklotz anbeteten. Er macht diese höhnische Bemerkung, nachdem sie auf einen See getroffen sind. Für die Christen und ihre Tiere ist das Wasser gutes Wasser zum Trinken, für Isaak und die Seinen erweist es sich als bitter und salzig. Dann tritt ein gewisser Presbyter Apa Bachus hervor und straft den ungläubigen und das Kreuz verleumdenden Samariter Lügen. Daraufhin betet er in einem inbrünstigen Gebet zu Gott und erinnert dabei an die bitteren Wasser bei Mara (Ex. 15,23-25), die durch ein von Moses hineingeworfenes Holz (zum Kreuz gehörend!) süß wurden. Sodann bindet er zwei kleine Holzstücke in Kreuzesform (ⲙ̄ⲡⲧⲏⲡⲟⲥ ⲙ̄ⲡⲉⲥ†ⲟⲥ) zusammen und wirft sie in das Wasser des Sees. Wer glaubt, für den wird das Wasser süß, für die Ungläubigen jedoch bleibt es bitter. Nun kommt eine große Menge von Gläubigen zum Ufer des Sees und genießt das süße Wasser. Nach dem Schöpfen des Wassers schauen sie hinab in das Wasser, und da sehen sie »ein *kleines Kreuz*, *einer leuchtenden Fackel gleich*«. *Und sie riefen alle aus: »Eins ist Christus Jesus mit seinem glorreichen Kreuz«* (ⲉⲩⲕⲟⲩⲓ ⲛ̄ⲥ⳨ⲟⲥ ⲙ̄ⲡⲉⲥⲙⲟⲧ ⲛ̄ⲟⲩⲗⲁⲙⲡⲁⲥ ⲛ̄ⲟⲩⲟⲉⲓⲛ ⲁⲩⲱ ⲁⲩⲱϣ ⲉⲃⲟⲗ ⲧⲏⲣⲟⲩ ϫⲉ ⲟⲩⲁ ⲡⲉ ⲡⲉⲭ̄ⲥ̄ ⲓ̄ⲥ̄ ⲙ̄ⲛ ⲡϥ̄ⲥ⳨ⲟⲥ ⲉⲧϩⲁⲉⲟⲟⲩ)[110]. Auch der dürstende Samariter schaut hinab, und auch er sieht eine Form des Kreuzes, die einer leuchtenden Fackel ähnlich ist.

109 In seinem (echten) Brief an den Kaiser Konstantius ([337] 350-361) berichtet Kyrill über die wunderbare Erscheinung eines großen Lichtkreuzes in Jerusalem am 7. Mai 351 zur Zeit des Pfingstfestes. Der Brief (PG XXXIII, Sp. 1165-1176) wird zwischen 352 und 361 geschrieben sein. Es heißt da (c. III Sp. 1168), daß zur Zeit des sehr gottliebenden Konstantin, seligen Andenkens, ›deines Vaters, das rettende Holz des Kreuzes in Jerusalem gefunden wurde (τοῦ σοῦ πατρὸς, τὸ σωτήριον τοῦ σταυροῦ ξύλον ἐν Ἰεροσολύμοις ηὕρηται), und alsdann erschien das selige *Lichtkreuz* in Jerusalem (c. III Sp. 1169): (ὁ μακάριος ... σταυρὸς φωτὸς ... ἐν Ἰεροσολύμοις ὤφθη), und zwar am 7. Mai erschien »das sehr große, aus Licht zusammengesetzte Kreuz (παμμεγέθης σταυρὸς ἐκ φωτὸς κατεσκευασμένος) am Himmel über Golgotha bis zum Ölberg«. Siehe zum Brief und dem darin am Ende begegnenden folgenschweren Terminus ὁμοούσιος (c. VIII, Sp. 1176) zum Ausdruck der heiligen und desselben Wesens seienden Dreifaltigkeit Quasten aO III, S. 367-368. Vgl. Heid aO S. 55-56.

110 Fol. 12a1 (Budge aO V,1, S. 194 und V,2, S. 772). Siehe Campagnano aO S. 94 (kürzerer Text ohne Christuslob).

Als er daraufhin trinkt, ist das Wasser bitter. Erst als Apa Bachus ein Bittgebet für ihn ausspricht, kommt er zum Glauben und genießt das nunmehr auch für ihn süße Wasser. Seltsamerweise wird die ganze Geschichte als Bericht von seinerzeit anwesenden Zeugen nochmals erzählt. Voller Verwunderung erschauen die Gläubigen hier ›den Ort des *Lichtkreuzes* auf dem Boden des Sees‹ (ⲡⲧⲟⲡⲟⲥ ⲙ̄ⲡⲉⲥⳁⲟⲥ ⲛ̄ⲟⲩⲟⲉⲓⲛ ϩⲙ̄ ⲡⲉⲥⲏⲧ ⲉⲡⲗⲁⲕⲕⲟⲥ)[111]. Später ist von einer bei dem See gebauten Kirche die Rede, die den Namen trägt »Die Form (oder das Bild) des Kreuzes« (ⲡⲧⲏⲡⲟⲥ ⲙ̄ⲡⲉⲥ̄ⳁⲟⲥ)[112].

Wenn wir nach Betrachtung obiger Geschichten ein Fazit ziehen, kann festgestellt werden, daß sowohl im PsTh wie auch in der Homilie des Ps.-Cyrillus die Identifikation Jesu Christi mit seinem Kreuz unmißverständlich betont wird. Wird in der Homilie das »kleine Kreuz« bzw. »Lichtkreuz« unter Wasser von der Menge als mit Christus engstens verbunden *erfahren*, so begegnet erst recht in dem vorliegenden syrischen Text des PsTh ein recht selbstbewußter kleiner Jesus, der offenbar (so meint Joseph) *sich selbst* einem (bzw. dem) kleinen Kreuz gleich denkt, das sich später an ihm verwirklichen wird.

Unserer Meinung nach belegt die koptische Parallele den Wortlaut der Aussage im PsTh aufs glücklichste. Dabei bleibe übrigens nicht unbeachtet, daß in der oben behandelten Stelle die Horoszüge die Ausrichtung der Aussage über Jesus als kleines Kreuz weitgehend bestimmen.

(Fortsetzung im nächsten Band)

111 Fol. 13b1 (Budge aO V,1, S. 196 und V,2, S. 774). Fehlt bei Campagnano aO S. 96.

112 Fol. 14a1 (Budge aO V,1, S. 196 und V,2, S. 775). Der Wechsel zwischen ⲩ und ⲏ kommt im Koptischen öfters vor, vgl. dazu A. Böhlig, *Die griechischen Lehnwörter im sahidischen und bohairischen Neuen Testament*, München 1958, S. 102, weiterhin W.A. Girgis, Greek Loan Words in Coptic, *BSAC* 18 (1965-1966) S. 91. Der Text von *B* hat: ⲡⲧⲟⲡⲟⲥ ⲙⲡⲉⲥⳁⲟⲥ ⲉⲧⲟⲩⲁⲁⲃ (der Ort des heiligen Kreuzes), vgl. Campagnano aO S. 98.

Jeffrey W. Childers

Corrigenda to Gérard Garitte's Edition of the Old Georgian Acts

Gérard Garitte's 1955 edition[1] of two Old Georgian manuscripts of Acts located at Mount Sinai bridged a broad gap in our knowledge of the Old Georgian text of scripture. Prior to his edition, only an obscure volume published in Tbilisi furnished scholars with complete texts of the Old Georgian Acts as represented in ancient manuscripts.[2] The latter incorporates a significantly greater number of manuscripts, but has often been unrecognized in the West.[3] Garitte's edition, although limited in its scope, has been readily available to Western scholars, as shown by its frequent occurrence in bibliographies. We are indebted to Garitte simply for making the text available to us, but we are also indebted to him because he did his work with painstaking care. Recent research on the two Sinai manuscripts edited by Garitte underscores his accuracy.[4] However, this research also brings to light a number of errors in Garitte's edition which deserve correction, in the tradition of his careful work.

The following is a compilation of the printed errors, along with corrections which derive directly from the manuscripts themselves. A survey of the errors reveals that some are obviously typographical in nature. Others are orthographical. However, no attempt has been made to distinguish between types of errors. The purpose of this paper is simply to provide *corrigenda* for the printed text according to the ancient manuscripts. Only orthographical variations of the types with which Garitte concerns himself have been corrected.[5]

1 Gérard Garitte, *L'ancienne version géorgienne des Actes des Apôtres (Bibliothèque du Muséon* 38; Louvain: Publications Universitaires, 1955).

2 Ilia Abuladze, საქმე მოციქულთა ძველი ხელნაწერების მიხედვით (ძველი ქართული ენის ძეგლები 7; Tbilisi: Georgian Academy of Sciences, 1950).

3 See the comments by J. Neville Birdsall, "The Georgian Versions of the Acts of the Apostles", in *Text and Testimony. Essays in Honour of A.F.J. Klijn,* eds. T. Baarda, et al. (Kampen: 1988), 39-40.

4 This research is sponsored by the *International Project on the Text of Acts* (see Carroll D. Osburn, "The Search for the Original Text of Acts: An International Text-Critical Project", *Journal for the Study of the New Testament* 44 (1991): 39-55).

5 Garitte understandably chooses to ignore certain orthographical variations between the manuscripts he edits. For example, he does not note the typical omission in B of the prefix ჰ- from the form ჰრქოჳა normally encountered in A. Similarly, where A generally has იყვნეს, B reads იყოჳნეს, but Garitte ignores the variation. Garitte's treatment of variation between-ე and-ჱ is inconsistent (see *L'ancienne version géorgienne,* 13).

In the following *corrigenda* list, errors appearing in Garitte's text are on the left of the bracket, corrections on the right. Explanatory notes are included where necessary.

Signs and Abbreviations

A	=	Sinai georg. 31
B	=	Sinai georg. 39
OM	=	omit
+	=	add
*	=	correction contained in manuscript

Corrigenda

Acts 1:1	ღმრთისმოყოვარეო] ღმრთისმოყოვარეო AB
Acts 2:21	ჰხადოს] ხადოს B
Acts 2:23	შემშჭოვალეთ] შემშჭოვალთ B
Acts 2:29	დღენდელად] დღენდღელად B
Acts 2:34	თვფალმან] ოვფალმან AB
Acts 2:40	ოვწამებდა] ოვწამებედა AB
Acts 3:10	თვს] + ზინ B
Acts 3:16	სარწმოვნოებამან] სარწმოვნოვებამან B
Acts 4:6	ნათესავნი] + იგი B
Acts 4:30	სასწათვლსა] სასწაოვლსა AB
Acts 4:34	ვის] ვინ AB
	რომელი] რომელნი AB
	პოვნიერნი] პოვრნიერნი B
Acts 5:3	ცროვვებად] ცროვებად B
Acts 5:20	ერსა] + მას A
Acts 5:28	გამცნენით A] გამცენით AB (apparatus note 1 erroneously reads this only for B)
Acts 5:32	მისთა] მის B (*მისთა)
Acts 6:2	apparatus note 2: -ყ- sup. lin. B]-ვ- sup. lin. B (the corrector supplied -ვ-)
Acts 6:5	სიტყოვაჲ] + ესე B
Acts 6:7	apparatus note 1 designates an incorrect insertion for the marginal reading; it is inserted between იეროვსალჱმს and ფრიად in A
Acts 6:12	წარმოიტაცეს] წარმოტაცეს B
Acts 6:13	ამის] მის B

Acts 7:2 ისმისეთ] ისმინეთ AB
Acts 7:4 ამას] მას B
Acts 7:10 მისსა] მის B (*მისსა)
Acts 7:16 აბრაჰამსა] აბრაამსა A
Acts 7:28 გნენავს] გნებავს AB
Acts 7:40 არს] რს B
Acts 7:53 დაიმარხეთ] დაიმახეთ B
Acts 8:2 და^{2}] OM B
Acts 8:13 და^{6}]OM B (the apparatus incorrectly suggests that the corrector supplied და, apparently confusing it with და- in დაოჳვჳრდებოდა)
Acts 8:25 მიმოაწჳეს] მიმოაწიეს B
Acts 8:31 ილოცვიდა] ჰლოცვიდა AB
Acts 8:34 სხჳსამე] სხჳსა B
Acts 8:35 წიგნთა] წიგთა B
Acts 8:40 მას] *+ ყოველსა B
მისი] მისა AB
Acts 9:18 ნაქოჳრთენი] ნაქოჳრთენნი B
Acts 9:30 ვითარცა] და ვითარცა B
Acts 9:38 ოლენ] ოდენ AB
Acts 10:6 apparatus note 1: მეპატრაკისასა B] მეპატრაკისსა B
Acts 10:21 აღდგა] აღდა B
Acts 10:33 ოჳფლისა] ოჳფლის B
Acts 11:6 ქოჳეყასისაჲ] ქოჳეყანისაჲ
Acts 11:10 აღმაღლდა] ამაღლდა B
Acts 11:19 ჰოჳრიათა] ოჳრიათა B
Acts 11:28 ღღეთა] დღეთა AB
Acts 11:29 სამსახოჳრებელად (properly referenced to apparatus note 2)] B's marginal corrections produce: სამსახოჳრებელადდ (in the text of 11:29, კაცადკაცადმან should be referenced to apparatus note 1)
Acts 12:11 მე] OM B
Acts 12:12 მოეგონა] მოიგონა B
Acts 12:15 ეგრე] ეგე B
Acts 13:8 ჳპატიონისასა] ჳპატიოსნისასა B
apparatus note 1: -ა- post წ sup.lin B] -ა post -ს^{3} sup. lin B (corrector supplied the final -ა, not an interior -ა-)
Acts 13:13 პანფილიაჲსა] პანფჳლიაჲსა B
Acts 13:22 დავით^{1}] დავითი B
Acts 13:24 წინაჲსწარქადაგებდა] წინასწარქადაგებდა B
იოჰამე] იოჰანე AB
Acts 13:26 თქოჳენ თანა] თქოჳენთა B
Acts 13:36 მან] OM B

Acts 13:46 განეცხადნეს] განეცხდნეს B
Acts 13:50 მთავარნი] მთავრნი B
Acts 14:1 apparatus note 1: მა B] მას B (A reads მა; the apparatus incorrectly transposes witnesses)
Acts 14:6 მიივლტოდეს] მიილტოდეს B; *+ მოციქოჳლნი A
სოფლებნა] სოფლებსა AB
Acts 14:12 apparatus note 1: ესრეთ B] ერმეთ B
Acts 14:13 მთავრისა] მთავარისა B
Acts 14:16 მისისათა] მათისათა B
Acts 14:17 დაოჳტევა] დაოჳტვა B
Acts 14:25 იტალიად] ატალიად B
Acts 14:26 ვინაჲთცა] ვინაჲცა AB (apparatus note 1 incorrectly indicates B reads ვინაჲცა and A reads ვინაჲთცა)
Acts 15:7 წარმართთა] წამართთა A(*წარმართთა above line)
Acts 15:15 apparatus note 2: წინაწარ- B] წინასწარ- B
Acts 15:24 აქოჳნდა] აქოჳნ B (*აქოჳნდა)
Acts 16:4 apparatus note 2: -ბოლსა B] -ბოჳლსა B (both A and B read დამტ-კიცებოჳლსა)
Acts 16:12 მაკედონელთჲ] მაკედონელთაჲ AB
Acts 16:15 ღაადგერით] დაადგერით AB
Acts 16:18 გას] გან AB
Acts 16:36 პრქოჳა] ჰრქოჳა AB
ერისთავთა] ერისთავთავთა B
Acts 16:39 განსლვად] განსლად B
Acts 17:1 ანფიპოლი] ანფიპოვლი B
და აპოლონიაჲ] და პოლონიაჲ B
Acts 17:7 apparatus note 2: -ქ- m^2 B] იქ- m^2 B
Acts 17:15 პავლე] პ- appears to have been written over an erasure in B
Acts 17:16 ელოდა] ელოდა მათ AB (* ელოდა A, მათ being erased by A's corrector)
Acts 18:2 იყო] + იგი B
Acts 18:13 ვითარმეღ] ვითარმედ AB
Acts 18:19 apparatus note 1: -ოჳ- sup. lin. B] -ოჳ- et -ე- sup. lin. B (i.e. B reads დატვნა, which has been corrected to დაოჳტევნა)
Acts 18:20 დაადგრა] დააადგრა B
Acts 19:21 აღესროჳლა] აესროჳლა B
Acts 19:38 დემეტრიოს A] დემეტრიოსს AB (apparatus note 1 incorrectly claims that only B has this reading)
Acts 20:9 ევსჳქოს] ევსჳქოს B
ზედა^2] OM B
ქოჳეყანად] ქოჳეყანსა B

Acts 20:20	ვითარ] ვითარცა B
Acts 21:1	პატრად] პატარად B
Acts 21:4	რაჲთამცა არა] რაჲთამცა რა B
Acts 21:10	გარდამოვიდა] გარდამოვიდოდა B (apparatus note 2, due apparently to the omission of (-), incorrectly claims the reading მოვიდოდა for B).
Acts 21:11	კაცისაჲ] კაცისა B
	ჰოჳრიარა] ჰოჳრიათა AB
Acts 21:20	ადიდებდეს] ადებდეს B
Acts 21:24	apparatus note 1: -ნეს sic B] -ნნეს sic B
Acts 21:25	გან] + გან B
	სისხლსა] სისხლისა B
Acts 21:26	apparatus note 2: განწმიდა B] განიწმიდა B
Acts 21:27	დაასხნენ] დასხნეს B
Acts 21:28	ღაღადებდეს] და ღაღადებდეს B
Acts 22:2	ოჳფროჲს] ოჳფრო B
Acts 22:3	აღზრდილ] აღზრდილი B
	apparatus note 1: შჩოჳლისა B] შჩოჳლითა B
Acts 22:13	ჩემდა] + და B
Acts 23:6	ერთკერძოჲ] ერთკერძო B
	ფარისეველთაჲ] ფარისეველთაჲ AB
	ჴმა ყო] ჴმყო B
Acts 23:9	კრებოჳლისა] კრებოლისა B
	კიცისა] კაცისა AB
Acts 23:10	გამოტაცებაჲ] გამოტაცებად B
	მიყვანაჲ] მიყვანებაჲ AB
Acts 23:11	apparatus note 1: დადგრა B] დაადგრა B
Acts 23:21	ოჳმრავლჱს] ოჳმრალეს B (apparatus note 2 indicates only part of the total variation)
Acts 23:31	მსგავსად] მსგავსავსად B
	ანტიპატრიდადმდე] ანტიპარიდადმდე B
Acts 23:35	apparatus note 1: შემასნელნი B] შემასნელნი A (B reads შემასმენელნი; witnesses have been transposed)
Acts 24:11	ვინჲთგან] ვინაჲთგან AB
Acts 24:14	წინაჲსწარმეტყოჳელთა] წინაწარმეტყოჳაელთა B (cf. apparatus note 3, which indicates only part of the total variation)
Acts 24:22	apparatus note 1: ფილიქს B] ფილიქმს B
Acts 25:11	კეისარსა] *კეისარს B
Acts 25:21	დამარხვაღ] დამარხვად AB
Acts 25:25	მას] ამას B (*მას)
	კეისარსა] *კეისარს B

Acts 26:6 განიკითხვი] განვიკითხნი AB
Acts 26:8 განიკითხვის] განითხვის B
Acts 26:20 წარმართთა] წარმარმთთა B
Acts 27:7 სალმონჱთ] სალმოჳნჱთ B
Acts 27:17 მოვიდოდა] მივიდოდა B
Acts 27:23 ვმსახოჳთებ] ვმსახოჳრებ A; მსახოჳრებ B (cf. apparatus note 2)
Acts 27:27 შოვაღამეს] შოვაღამესა B
Acts 27:30 მიზეზითა] მიზითა B
Acts 27:33 ვინაჲთგან] ვინაჲთ B
Acts 28:7 apparatus note 1: შემიწყნარნარნა B] შემიწყნარნარნა A (B reads შემიწყნარნა ; witnesses have been transposed)
Acts 28:10 რომელთა] რომლითა B
Acts 28:25 apparatus note 2: ესაჲას B] ესაჲაჲს B
Acts 28:27 განვკოჳრნნე] და განვკოჳრნნე B

Lothar Störk

Ein literarisches Zeugnis zur dritten Reise des äthiopischen Gesandten Khodja Murād nach Batavia (Java)

In seiner Studie über die auswärtigen Beziehungen Äthiopiens in den Jahren 1642-1700 hat E. van Donzel die Materialien zu den im Dienste mehrerer äthiopischer Herrscher durchgeführten Gesandtschaftsreisen des armenischen Kaufmanns Khodja Murād vorgestellt und diskutiert[1].

Mit der Wiederauflage eines längst vergessenen, 1701 erstmalig erschienenen Buches, werden einige bislang nicht bekannte Einzelheiten von Murāds drittem Bataviaaufenthalt 1696/97 faßbar. In Rede steht »Die Hitzige Indianerin oder Artige und courieuse Beschreibung derer ost-indianischen Frauens-Personen, welche sowohl aus Europa in Ost-Indien ziehen oder darinnen geboren werden, die sein gleich aus vermischtem oder reinem heidnischen Geblüte derer Indianer Aus eigener Erfahrung entworfen durch den Dacier«[2].

Hinter dem Pseudonym Dacier, vermutlich eine Reminiszenz an den 1683 erschienenen »Dacianischen Simplicissimus« des Daniel Speer[3], verbirgt sich der 1674 im siebenbürgischen Hermannstadt geborene Andreas Pinxner. Wie sein Landsmann und literarisches Vorbild, der aus Kronstadt gebürtige Johann Gorgias (1640-84)[4], studierte auch Pinxner in Wittenberg (1693/94). Nach dem frühzeitigen Abbruch der Studien begab sich Pinxner nach Amsterdam, trat in die Dienste der Vereinigten Ostindischen Compagnie und schiffte sich am 31. Dezember 1694 in Texel zur Fahrt nach Batavia ein. Nach vierjährigem Aufenthalt in der holländischen Niederlassung kehrt Pinxner im Jahre 1699 wieder in seine Heimat zurück. Seine Spur verliert sich nach 1704, dem Jahr, als seine »Hitzige Indianerin« unter dem Titel »Die Erlauchtete Sklavin« eine Neuauflage erlebte. K.K. Walther hat in seinem Nachwort zur »Hitzigen Indianerin«

1 E. van Donzel, Foreign Relations of Ethiopia 1642-1700. Documents relating to the Journeys of Khodja Murād = Uitgaven van het Nederlands Historisch-Archaeologisch Instituut te Istambul 46, Leiden 1979.

2 Herausgegeben von Karl Klaus Walther, Berlin 1991.

3 Ungarischer oder Dacianischer Simplicissimus, herausgegeben von Herbert Greiner-Mai und Erika Weber, Berlin 1978.

4 Johann Gorgias alias Veriphantor, Betrogener Frontalbo. Galant-heroischer Roman aus dem 17. Jahrhundert. Herausgegeben und mit einem Nachwort versehen von Heinz Rölleke, Bonn 1985.

die ansprechende Vermutung geäußert, Pinxner könnte das türkische Exil des siebenbürgischen Fürsten Rákóczi geteilt haben[5].

Pinxners »Hitzige Indianerin«, eine »Mischung von Erlebnisbericht, Reisebericht und Fiktion«, erschöpft sich keinesfalls, wie der Titel vermuten läßt, in erotischen Bezügen, sondern zeichnet »ein facettenreiches Bild des Lebens in Ostindien und der langen Reise dorthin« und »erweist sich als ein lebendiges und lesenswertes Beispiel literarischer Prosa um 1700«[6].

Die äthiopische Gesandtschaft erscheint in folgendem Kontext: »... die Chinesen werden noch heutigstages in Xantung, Peking und Ochsio das geführte Leben der Portugesen loben. Es ist aber der Holländer ihr Sinn nicht, sub praetextum religionis regiones zu suchen. Sie sein vergnügt, wenn sie ihre Handlung noch Osten fortsetzen können, ja bereit, wenn sie gefragt werden, ob sie Christen sein, um ihren eigenen Nutzen Christum zu verleugnen, wie wir ein sattsames Exempel an ihnen haben, da sie nach Ausbannung der Portugesen mit dem Königreich Japan ihre Handlung befestigten. Sie sind wahrlich aber nicht wenig zu schelten, daß sie allen Sünden, die der gemeine Mann in Indien treibet, durch die Finger sehen und den Stuhl der Justitiae allda nur aus Gewohnheit und zum Schein haben. Dieses sahe der abyssinische Ambassadeur, Guilah Momath genannt, als er Anno 1696 in Batavia war, sehr wohl. Bat derowegen, als er verständiget wurde, daß ein holländischer Legat mit ihm nach Abyssinia sollte reisen, daß die hohe Regierung von Indien züchtig und mäßig Volk beliebten mitzusenden, weiln er anders die in sein Land mitzunehmen sich nicht unterfangen könnt«[7].

Man vergleiche hiermit die überaus positive Einschätzung der Holländer im Bericht einer 1685 nach Siam entsandten persischen Mission:

»It may be mentioned here that of all Christian nations the Dutch stand out as far superior. Their practical intelligence is known to all through the many tales and anecdotes which give a fair account of their exploits. It is clear that they possess a high degree of good sense and they are willing to apply themselves with energy to all their concerns. Stranger still, their particular faith displays a few true religious principles«[8].

Am Ende von Pinxners Buch erfahren wir, daß der Autor selbst eine Zeitlang die Hoffnung hegen durfte, der holländischen Gesandtschaft anzugehören, die Murād auf seiner Heimreise begleiten sollte, daß dieses Vorhaben aber an einer Intrige eines Landsmannes von Pixner scheiterte. Wir lesen:

5 Op. cit. 308. Zu diesen Emigranten vgl. Kelemen Mikes, Briefe aus der Türkei. Ausgewählt und eingeleitet von Gyula Zathureczky, übersetzt von Sybille Baronin Manteuffel-Szöege, kommentiert von Thomas von Bogyay, mit einem literaturgeschichtlichen Beitrag von Antal Szerb = Ungarische Geschichtsschreiber 2, Graz–Wien–Köln 1978.

6 Die Hitzige Indianerin, 310, 318.

7 Op. cit. 188f.

8 The Ship of Sulaiman. Translated from the Persian by John O'Kane = Persian Heritage Series 11, London 1972, 192.

»Du hast Lust, nach Abyssinien mit dem Gesandten zu gehen, bist auch schon bei der hohen Regierung gewesen und hast darum angehalten. Siehe, er wird mitten in der Versammlung auftreten und sprechen, daß es sehr gefährlich wär, dem die Zusagung zu tun, der ohnedies durch allerhand Mittel suchte, der Edlen Ostindischen Compagnie zu kurz zu tun, daß du Verstand gnug hättest, dem Könige in Abyssinia die holländische Etatsstreiche weiszumachen. Es wäre dein Vorhaben ziemlich zu ermessen, als du alles fleißig notiertest und überall die Nase wolltest haben. Es mußten deine Aufmerkungen, die du von dem indianischen Etat genommen, auf was Sonderliches zielen. Siehe, durch diese Umstände wird er die Regierung zu den Gedanken zu bringen wissen, als wärestu ein Abtrünniger. Die Holländer, welche ohnedies von Natur argwöhnisch sein, werden dich gleich ein Zeichen lassen, um durch ein hartes Gefängnis deinen Kompaß zu verrücken.

Diese des Probando Prophezeiung traf wahrhaftig auch ein. Es hat Adolphus Winckler, sobald er nach Batavia gekommen, so viel durch sein falsches Angeben zuwege gebracht, besonderlich weil der Legat von Abyssinia selbsten die Regierung wegen meiner Reise ersucht hatte, daß die Holländer, um dem Bösen vorzukommen, uns alle beide beim Kopf nahmen und nach der Insel Macassi banneten, ein Ort, welcher wohl ein wahrhaftiges Teufelsloch, weil es besonderlich alle Qualitates hatte, die die Hölle haben soll. Nichts mehr schmerzte mich in allen diesen meinen Schmerzen, als daß mein armer alter Vater Probando mit mir leiden sollte, um das darum, weil der Winckler angewiesen, daß er mein Ratgeber gewesen.

Unterdessen würd noch einmal in der Zeit, als der Legat weggezogen war, über uns Rat gehalten. Sie konnten aber, weil sie nur präsumierten, nichts Erhebliches wider uns aufbringen. Darum wurden wir unsers Bannissements entschlagen und wiederum nach Batavia übergeführt. Doch es half dieses Glück uns wenig, weil wir hören mußten, daß die Herren Räte uns nach Europa zu schicken beschlossen hätten ...«[9]

Murād wurde von den Kaufleuten Hugo Henrik van Bergen und Theodorus Zas begleitet, doch soll es Leute in Batavia gegeben haben, die sich höherrangige und kenntnisreichere Teilnehmer ihrer Äthiopienmission gewünscht hätten[10]. Es spricht für die Menschenkenntnis und das Urteilsvermögen Khodja Murāds, daß seine Wahl auf den gebildeten Andreas Pinxner gefallen war.

9 Op. cit. 294f.
10 E. van Donzel, op. cit. 116f.

Mitteilungen

Bibliographie von Prof. Dr. P. Edmund Beck OSB

Zusammengestellt von Stephan Haering OSB

Der verstorbene Orientalist und Ephrämspezialist Edmund Beck OSB (* 6. 11. 1902, † 12. 6. 1991) ist mehrfach in Nachrufen gewürdigt worden[1]. Mit dem vorliegenden Schrifttumsverzeichnis des langjährigen Mitarbeiters des OrChr soll nun das literarische Werk dieses Gelehrten zusammenfassend dokumentiert werden[2].

1. Selbständige Schriften

1.1. Monographien

Die Koranzitate bei Sībawaih, München 1939 (Diss.phil, ungedruckt)
Das christliche Mönchtum im Koran, Helsinki 1946 (Studia Orientalia XIII.3)
Die Theologie des hl. Ephraem in seinen Hymnen über den Glauben, Romae 1949 (StAns 21)
Ephraems Hymnen über das Paradies. Übersetzung und Kommentar, Romae 1951 (StAns 26)
Ephraems Reden über den Glauben. Ihr theologischer Lehrgehalt und ihr geschichtlicher Rahmen, Romae 1953 (StAns 33)
Ephräm der Syrer. Lobgesang aus der Wüste, eingeleitet und übersetzt, Freiburg i. Br. 1967 (Sophia 7)
Ephräms Polemik gegen Mani und die Manichäer im Rahmen der zeitgenössischen griechischen Polemik und der des Augustinus, Louvain 1978 (CSCO 391 = CSCO.Sub 55)
Ephräms des Syrers Psychologie und Erkenntnislehre, Louvain 1980 (CSCO 419 = CSCO.Sub 58)
Ephräms Trinitätslehre im Bild von Sonne/Feuer, Licht und Wärme, Lovanii 1981 (CSCO 425 = CSCO.Sub 62)
Dōrea und Charis. Die Taufe. Zwei Beiträge zur Theologie Ephräms des Syrers, Lovanii 1984 (CSCO 457 = CSCO.Sub 72)

1 OrChr 75 (1991) 262 (Julius Aßfalg); Alt und Jung Metten 57 (1990/91) 207-213 (Trauerrede von Abt Wolfgang M. Hagl); Revue d'histoire ecclésiastique 86 (1991) 469 (Louis Leloir); Studien und Mitteilungen zur Geschichte des Benediktinerordens 103 (1992) 438-440 (Stephan Haering); vgl. auch Klerusblatt 71 (1991) 158.

2 Vgl. auch: Bibliographie der deutschsprachigen Benediktiner 1880-1980, Bd. I, St. Ottilien 1985 (Studien und Mitteilungen zur Geschichte des Benediktinerordens. Ergänzungsbd. 29/I), 35-36. – Neben den allgemeinen Abkürzungen des OrChr werden in der vorliegenden Bibliographie folgende Siglen verwendet:
CSCO.S = CSCO Scriptores Syri
CSCO.Sub = CSCO Subsidia
EC = Enciclopedia Cattolica
StAns = Studia Anselmiana

1.2. Textausgaben mit Übersetzungen

Des heiligen Ephraem des Syrers Hymnen De Fide: a. Text, Louvain 1955 (CSCO 154 = CSCO.S 73); b. Übersetzung, Louvain 1955 (CSCO 155 = CSCO.S 74)
Des heiligen Ephraem des Syrers Hymnen contra Haereses: a. Text, Louvain 1957 (CSCO 169 = CSCO.S 76); b. Übersetzung, Louvain 1957 (CSCO 170 = CSCO.S 77)
Des heiligen Ephraem des Syrers Hymnen de paradiso und contra Julianum: a. Text, Louvain 1957 (CSCO 174 = CSCO.S 78); b. Übersetzung, Louvain 1957 (CSCO 175 = CSCO.S. 79)
Des heiligen Ephraem des Syrers Hymnen de Nativitate: a. Text, Louvain 1959 (CSCO 186 = CSCO.S 82); b. Übersetzung, Louvain 1959 (CSCO 187 = CSCO.S 83)
Des heiligen Ephraem des Syrers Hymnen De Ecclesia: a. Text, Louvain 1960 (CSCO 198 = CSCO.S 84); b. Übersetzung, Louvain 1960 (CSCO 199 = CSCO.S 85)
Des heiligen Ephraem des Syrers Sermones de Fide: a. Text, Louvain 1961 (CSCO 212 = CSCO.S 88); b. Übersetzung, Louvain 1961 (CSCO 213 = CSCO.S 89)
Des heiligen Ephraem des Syrers Carmina Nisibena (Erster Teil): a. Text, Louvain 1961 (CSCO 218 = CSCO.S 92); b. Übersetzung, Louvain 1961 (CSCO 219 = CSCO.S 93)
Des heiligen Ephraem des Syrers Hymnen de Virginitate: a. Text, Louvain 1962 (CSCO 223 = CSCO.S 94); b. Übersetzung, Louvain 1962 (CSCO 224 = CSCO.S 95)
Des heiligen Ephraem des Syrers Carmina Nisibena (Zweiter Teil): a. Text, Louvain 1963 (CSCO 240 = CSCO.S 102); b. Übersetzung, Louvain 1963 (CSCO 241 = CSCO.S 103)
Des heiligen Ephraem des Syrers Hymnen de ieiunio: a. Text, Louvain 1964 (CSCO 246 = CSCO.S 106); b. Übersetzung, Louvain 1964 (CSCO 247 = CSCO.S 107)
Des heiligen Ephraem des Syrers Paschahymnen (de azymis, de crucifixione, de resurrectione): a. Text, Louvain 1964 (CSCO 248 = CSCO.S 108); b. Übersetzung, Louvain 1964 (CSCO 249 = CSCO.S 109)
Des heiligen Ephraem des Syrers Sermo de Domino Nostro: a. Text, Louvain 1966 (CSCO 270 = CSCO.S 116); b. Übersetzung, Louvain 1966 (CSCO 271 = CSCO.S 117)
Des heiligen Ephraem des Syrers Sermones I: a. Text, Louvain 1970 (CSCO 305 = CSCO.S 130); b. Übersetzung, Louvain 1970 (CSCO 306 = CSCO.S 131)
Des heiligen Ephraem des Syrers Sermones II: a. Text, Louvain 1970 (CSCO 311 = CSCO.S 134); b. Übersetzung, Louvain 1970 (CSCO 312 = CSCO.S 135)
Des heiligen Ephraem des Syrers Sermones III: a. Text, Louvain 1972 (CSCO 320 = CSCO.S 138); b. Übersetzung, Louvain 1972 (CSCO 321 = CSCO.S 139)
Des heiligen Ephraem des Syrers Hymnen auf Abraham Kidunaya und Julianos Saba: a. Text, Louvain 1972 (CSCO 322 = CSCO.S 140); b. Übersetzung, Louvain 1972 (CSCO 323 = CSCO.S 141)
Des heiligen Ephraem des Syrers Sermones IV: a. Text, Louvain 1973 (CSCO 334 = CSCO.S 148); b. Übersetzung, Louvain 1973 (CSCO 335 = CSCO.S 149)
Nachträge zu Ephraem Syrus: a. Text, Louvain 1975 (CSCO 363 = CSCO.S 159); b. Übersetzung, Louvain 1975 (CSCO 364 = CSCO.S 160)
Ephraem Syrus. Sermones in Hebdomadam Sanctam: a. Text, Louvain 1979 (CSCO 412 = CSCO.S 181); b. Übersetzung, Louvain 1979 (CSCO 413 = CSCO.S 182)

2. Aufsätze in Zeitschriften und Sammelwerken

Die Sure *ar-Rūm*. In: Orientalia 13 (1944) 334-355, 14 (1945) 118-142
Der ʿutmānische Kodex in der Koranlesung des zweiten Jahrhunderts. In: Orientalia 14 (1945) 355-373
ʿArabiyya, Sunna und ʿĀmma in der Koranlesung des zweiten Jahrhunderts. In: Orientalia 15 (1946) 180-224

Die Partikel *'iḏan* bei al-Farrā' und Sībawaih. In: Orientalia 15 (1946) 432-438

Die Kodizesvarianten der Amṣār. In: Orientalia 16 (1947) 353-376

Eine christliche Parallele zu den Paradiesesjungfrauen des Korans? In: OrChrP 14 (1948) 398-405

Studien zur Geschichte der kufischen Koranlesung in den beiden ersten Jahrhunderten. I-IV. In: Orientalia 17 (1948) 326-355, 19 (1950) 328-350, 20 (1951) 316-328, 22 (1953) 59-78[3]

Erschaffung des Menschen und Sündenfall im Koran. In: Miscellanea biblica et orientalia. Athanasio Miller completis LXX annis oblata, cura Adalberti Metzinger, Romae 1951 (StAns 27-28), 486-503

Die dogmatisch religiöse Einstellung des Grammatikers Yaḥyā B. Ziyād al Farrā'. In: Muséon 64 (1951) 187-202

Die Gestalt des Abraham am Wendepunkt der Entwicklung Muhammeds. Analyse von Sure 2, 118 (124)-135(141). In: Muséon 65 (1952) 73-94

Das Bild vom Spiegel bei Ephräm. In: OrChrP 19 (1953) 5-24

Die Zuverlässigkeit der Überlieferung von außer'uṯmānischen Varianten bei al-Farrā'. In: Orientalia 23 (1954) 412-435

Die Eucharistie bei Ephräm. In: OrChr 38 (1954) 41-67

Die Ausnahmepartikel *'illā* bei al-Farrā' und Sībawaih. In: Orientalia 25 (1956) 42-73

Die b. Mas'ūdvarianten bei al-Farrā'. I-III. In: Orientalia 25 (1956) 353-383, 28 (1959) 186-205, 28 (1959) 230-256

Die Mariologie der echten Schriften Ephräms. In: OrChr 40 (1956) 22-39

Ein Beitrag zur Terminologie des ältesten syrischen Mönchtums. In: Antonius Magnus Eremita 356-1956. Studia ad antiquum monachismum spectantia, cura Basilii Steidle, Romae 1956 (StAns 38), 254-267

Le Baptême chez Saint Ephrem. In: OrSyr 1 (1956) 111-136

Asketentum und Mönchtum bei Ephraem. In: Il Monachesimo Orientale. Atti del Convegno di studi orientali che sul predetto tema si tenne a Roma, sotto la direzione del Pontificio Istituto Orientale, nei giorni 9, 10, 11 e 12 aprile 1958, Roma 1958 (OrChrA 153), 341-362; französische Übersetzung: Ascétisme et monachisme chez saint Ephrem. In: OrSyr 3 (1958) 273-298

Symbolum-Mysterium bei Aphraat und Ephräm. In: OrChr 42 (1958) 19-40

Monotheistische Religion und Religionen im Koran. In: Kairos 1 (1959) 68-77

Philoxenos und Ephräm. In: OrChr 46 (1962) 61-76

Ephraems Brief an Hypatios. Übersetzt und erklärt. In: OrChr 58 (1974) 76-120

Ephräms Rede gegen eine philosophische Schrift des Bardaisan. Übersetzt und erklärt. In: OrChr 60 (1976) 24-68

Iblis und Mensch, Satan und Adam. Der Werdegang einer koranischen Erzählung. In: Muséon 89 (1976) 195-244

Zwei Paradoxa des Glaubens bei Ephräm. In: A Tribute to Arthur Vööbus. Studies in Early Christian Literature and Its Environment, Primarily in the Syrian East, edited by Robert H. Fischer, Chicago 1977, 169-175

Ephräms Hymnus des Paradiso XV, 1-8. In: OrChr 62 (1978) 24-35

Bardaisan und seine Schule bei Ephräm. In: Muséon 91 (1978) 271-333

Die Hyle bei Markion nach Ephräm. In: OrChrP 44 (1978) 5-30

Das Bild vom Sauerteig bei Ephräm. In: OrChr 63 (1979) 1-19

Die Vergleichspartikel »a(y)k« in der Sprache Ephräms. In: Studien aus Arabistik und Semitistik. Anton Spitaler zum siebzigsten Geburtstag von seinen Schülern überreicht, hrsg. von Werner Diem und Stefan Wild, Wiesbaden 1980, 15-41

3 Der dritte und der vierte Teil dieser Artikelserie erschienen unter dem abweichenden Titel »Studien zur Geschichte der kufischen Koranlesung in den ersten zwei Jahrhunderten«.

Die konditionale Periode in der Sprache Ephräms des Syrers. In: OrChr 64 (1980) 1-31

Das Bild vom Weg mit Meilensteinen und Herbergen bei Ephräm. In: OrChr 65 (1981) 1-39

Τέχνη und Τεχνίτης bei dem Syrer Ephräm. In: OrChrP 47 (1981) 295-331

Glaube und Gebet bei Ephräm. In: OrChr 66 (1982) 15-50

Zur Terminologie von Ephräms Bildtheologie. In: Typus, Symbol, Allegorie bei den östlichen Vätern und ihren Parallelen im Mittelalter, hrsg. von Margot Schmidt in Zusammenarbeit mit Carl Friedrich Geyer, Internationales Kolloquium, Eichstätt 1981 (Eichstätter Beiträge 4. Abteilung Philosophie und Theologie), Regensburg 1982, 239-277

Der syrische Diatessaronkommentar zu Jo. I 1-5. In: OrChr 67 (1983) 1-31

Ephräms des Syrers Hymnik. In: Liturgie und Dichtung, 2 Bde., hrsg. von Hansjakob Becker und Reiner Kaczynski, St. Ottilien 1983, Bd. I, 345-379

Grammatisch-syntaktische Studien zur Sprache Ephräms des Syrers. In: OrChr 68 (1984) 1-26, 69 (1985) 1-32

Besrâ (sarx) und *pagrâ (sōma)* bei Ephräm dem Syrer. In: OrChr 70 (1986) 1-22

Zwei ephrämische Bilder. In: OrChr 71 (1987) 1-23

Der syrische Diatessaronkommentar zu der unvergebbaren Sünde wider den Heiligen Geist übersetzt und erklärt. In: OrChr 73 (1989) 1-37

Der syrische Diatessaronkommentar zu der Perikope von der Samariterin am Brunnen. Übersetzt und erklärt. In: OrChr 74 (1990) 1-24

Altsyrische Marienhymnen. In: In unum congregati. Festgabe für Augustinus Kardinal Mayer OSB zur Vollendung des 80. Lebensjahres, im Auftrag der Benediktinerabtei Metten hrsg. von Stephan Haering OSB, Metten 1991, 87-106

Der syrische Diatessaronkommentar zu der Perikope von der Sünderin, Luc. 7, 36-60. In: OrChr 75 (1991) 1-15

Der syrische Diatessaronkommentar zur Perikope vom reichen Jüngling. In: OrChr 76 (1992) 1-45

Ephräm und der Diatessaronkommentar im Abschnitt über die Wunder beim Tode Jesu am Kreuz. In: OrChr 77 (1993) 104-119

3. Lexikonartikel

Dionigi l'Areopagita. In: EC 4, 1950, 1662-1665

Metodio di Olimpo, santo. In: EC 8, 1952, 888-890

Aba Mar, Schüler Ephräms. In: LThK^2 1, 1957, 7

Dichtung, christlich-religiöse III. Im orientalischen Sprachraum 7) Syrisch. In: LThK^2 3, 1959, 361

Ephräm der Syrer. In: LThK^2 3, 1959, 926-929

Jakobos v. Nisibis. In: LThK^2 5, 1960, 844

Éphrem (saint). In: Dictionnaire de Spiritualité 4, 1960, 788-800

Ephraem Syrus. In: RAC 5, 1962, 520-531

4. Buchbesprechungen

Šihāb ad-dīn Yaḥyā as-Suhrawardī, *Opera Metaphysica et Mystica* edidit et prolegomenis instruxit Henricus Corbin. Vol. I (= Bibliotheca Islamica. 16 a), Istanbul 1945. In: Orientalia 18 (1949) 489-493

Oriente ed Occidente nel medio Evo. Convegno di scienze morali, storiche e filologiche, Roma 1956. In: Kairos 1 (1959) 119-120

Ernst Bannerth, Islam, heute-morgen. Orient-Okzident-Reihe d. Österreichischen UNESCO-Kommission 1, Wien 1958. In: Kairos 1 (1959) 123-124

Wolfgang Reuschel, Al-Ḫalīl ibn Aḥmad, der Lehrer Sībawaihs, als Grammatiker (=Deutsche Akademie der Wissenschaften zu Berlin. Institut für Orientforschung. Veröffentlichung Nr. 49), Berlin 1959. In: Orientalia 29 (1960) 352-354

Arthur Vööbus, History of Ascetism in the Syrian Orient. I. The Origin of Ascetism. Early Monachism in Perusia, Louvain 1958 (CSCO 184 = CSCO.Sub 14). In: Kairos 2 (1960) 193-194

Jouko Martikainen, Das Böse und der Teufel in der Theologie Ephraems des Syrers. Abo 1978. In: OrChr 63 (1979) 205-207

Jouko Martikainen, Gerechtigkeit und Güte Gottes. Studien zur Theologie von Ephraem dem Syrer und Philoxenos von Mabbug. Göttinger Orientforschungen I/20, Wiesbaden 1981. In: OrChr 66 (1982) 234-237

5. Herausgeberschaft

Mitherausgeber der StAns 1939-1961 und 1967/68.

The Fifth International Congress of Coptic Studies*

Wie geplant, fand der fünfte internationale Koptologenkongreß vom 12. bis 15. August 1992 auf dem weitläufigen Gelände der Catholic University of America in Washington/District Columbia statt. Der größte Teil der Kongressisten wohnte in Studentenhäusern und konnte die großzügigen Einrichtungen der Universität nutzen. Der Kongreßsekretär David Johnson mit seiner Helferin sorgte unermüdlich für den reibungslosen Ablauf und die Erfüllung aller Wünsche der Teilnehmer. Getagt wurde in zwei Sektionen und morgens in Gesamtsitzungen, auf denen die Hauptvorträge zu Gehör gebracht wurden. Dankenswerterweise waren wieder die betreffenden Fachleute gebeten worden, die Forschungen seit 1988 vorzustellen, die zum Teil von einer zur Verteilung gelangenden Bibliographie begleitet waren.

Nach der Eröffnung durch den Präsidenten Peter Nagel (Halle/Saale) sprachen so Marguerite Rassart-Debergh über die Forschungen zur koptischen Kunst, Tito Orlandi (in Abwesenheit vorgelesen von Stephan Emmel) über diejenigen zur koptischen Literatur, begleitet von Mitteilungen von Marie-Hélène Rutschowscaya über die koptischen Säle im zukünftigen großen Louvremuseum und Jean-Luc Bovot über die »informatisation« dieser Sammlungen. Heinzgerd Brakmann widmete sich am folgenden Tage den Forschungen zur koptischen Liturgie, Gawdat Gabra denjenigen zur koptischen Literatur in arabischer Sprache, Birger A. Pearson den Forschungen zum Gnostizismus, während Lola Atiya den Abschluß der Publikation der großen koptischen Enzyklopädie behandelte. Am 14. August sprach zunächst Włodzimierz Godlewski über die Forschungen auf dem Gebiet der koptischen Archäologie, Bentley Layton über solche bezüglich der koptischen Linguistik, Armand Veilleux bezüglich des koptischen Mönchswesens; dazu Gawdat Gabra über die Arbeit an dem neuen Generalkatalog des koptischen Museums bis 1991, Ashraf-Alexandre Sadek über die Zeitschrift »Le Monde Copte« und Johannes Den Heijer (für Zuzana Skálová) über Konservierungsprobleme in Ägypten am Beispiel der Kirche der Vier geistlichen Tiere im Sankt Antoniuskloster. Am 15. August äußerte sich abschließend Stephen Emmel über koptische Kodikologie, dann Martin Krause zur koptischen Paläographie und C. Detlef G. Müller über das umfangreiche Feld der koptischen Geschichte von den Anfängen des Christentums in Ägypten bis zur Lage und Tätigkeit der Kopten in der Gegenwart. Diese Hauptvorträge sollen in einem gesonderten Band möglichst bald erscheinen.

* Cf. IVe Congrès International d'Études Coptes, C. Detlef G. Müller, ORIENS CHRISTIANUS, Vol. 73 (1989), pp. 221-223.

Spezielle Fragen wurden – wie üblich – in den Sektionen abgehandelt, die gut besucht waren, wenn auch nicht sämtliche angezeigten Vorträge gehalten wurden. Es gab Sektionen zur koptischen Kunst, zu der Liturgie, der Literatur auf Koptisch und auf Arabisch, dem Gnostizismus, der Archäologie und dem Mönchswesen, der Linguistik, der Kodikologie und Paläographie, der Papyrologie, dem Manichäismus, der Kirchengeschichte sowie für aus dem Rahmen fallende Sondervorträge. Man darf feststellen, daß Kunst und Archäologie, auch Literatur und Linguistik nach wie vor im Mittelpunkt des allgemeinen Interesses stehen, während Gnostizismus und Manichäismus natürlich immer ihre Jünger haben, wo hingegen die publikationsmäßig so fruchtbare Geschichtsforschung vortragsmäßig eine eher bescheidene Rolle spielte.

Auf jeden Fall zeigt dieser Kongreß erneut die große Entwicklung und Verzweigung der modernen Koptologie auf. Die Zusammenstellung und Beurteilung der Forschungen seit dem letzten Kongreß stellt sicher auch für andere Wissenschaften ein durchaus nachahmenswertes Beispiel dar. Eine große Rolle spielte natürlich auch »The Coptic Encyclopedia«, die 1991 in acht Bänden von dem inzwischen verstorbenen Aziz S. Atiya herausgegeben wurde. Als erstes derart umfangreiches Werk stellt sie trotz aller Schwächen, die ihr als erstem Versuch auch anhaften, ein wichtiges Monument und einen Meilenstein der Koptologie dar. Daher wurde sie auf dem Kongreß überall gewürdigt und beurteilt.

Am 15. August fand die Sitzung der »International Association for Coptic Studies« statt, die eine gute und konsolidierte Entwicklung der Gemeinschaft dokumentierte. Peter Nagel wurde mit anhaltenden Ovationen für seine erfolgreiche Arbeit als Präsident gedankt. Das Szepter übernimmt nun der bereits in Louvain-la-Neuve gewählte Søren Giversen aus Holte/Dänemark. Martin Krause lud den Kongreß für seine nächste Tagung nach Münster in Westfalen ein. Birger A. Pearson legte eine Resolution vor, die vor dem Neubau der Bibliothek in Alexandrien archäologische Forschungen fordert, da an der projektierten Stelle in der Ptolemäerzeit der königliche Palast gestanden habe. Vorstandsmitglied Dr. Peter Grossmann in Kairo wurde beauftragt, konkrete Schritte vor Ort zu unternehmen.

Der Kongreß war auffallend gut besucht, noch über die Liste der vorangemeldeten Teilnehmer hinaus. Es fehlte kaum jemand, der auf koptologischem Gebiete arbeitet. Die in den Ländern des nordamerikanischen Kontinents zahlreichen und aktiven Kopten waren auch vertreten und stellten ihre Publikationen vor. Aus Ägypten war neben den Repräsentanten des koptischen Museums Bischof Samuel von der Ausbildungsstätte der koptischen Kirche in Abbassia erschienen. Doch hätte man sich eine aktivere Teilnahme der koptischen Kirche gewünscht.

Am 13. August veranstalteten die Gastgeber einen Empfang in der Mullen Library. Eine schöne Ausstellung war hier Henri Hyvernat (1858-1941) gewidmet, die in Photographien, Büchern und Handschriften die Interessen dieses Gelehrten widerspiegelte und einen Überblick über die Wissenschaft vom Christlichen Orient gewährte. Monica J. Blanchard hatte dazu einen Katalog erstellt, der auch Biographie und Bibliographie des Gelehrten enthält. Inzwischen ist eine ausführliche, achtundzwanzigseitige Broschüre über den Kongreß erschienen: Hany N. Takla: Report on The Fifth International Congress of Coptic Studies, Washington/D.C. 1992, Los Angeles December 1992 (St. Shenouda the Archimandrite Coptic Society).

C. Detlef G. Müller

Der Redaktion ging folgende Mitteilung des Centre for Kartvelian Studies (CKS) zu:

The Centre for Kartvelian (Georgian) Studies has been set up at Tbilisi State University by the decision of the government of the Republic of Georgia as an independent cultural-educational unit to facilitate the development of Kartvelian studies abroad and to assist foreign students and scholars interested in this field. The Centre is a self-financing organization partially sponsored by the government and supported by charity funds.

Contracts with leading Georgian and foreign educational and scholarly institutions, well-known scholars, educationalists and translators constitute the basic form of work of the Centre.

The Centre will a) organize summer schools in Kartvelian studies; B) arrange individual consultations and special courses for students and scholars in their specific areas of interest and at a time suitable for them; c) issue regularly a Kartvelological information-bibliographical journal, prepare and publish text-books and teach-yourself manuals in foreign languages for learners of Georgian; d) publish prospectuses of Kartvelian studies and Georgian culture in foreign languages; e) organize international symposia in Kartvelian studies and publish their proceedings; f) translate and publish basic Kartvelian scholarly literature in foreign languages and foreign Kartvelian studies in Georgian.

Academician Thomas Gamkrelidze is the Honorary President of the Centre.

The Centre plans to arrange the second summer school in Kartvelian studies in July-August 1994 (the first was held in 1990) and to take an active part in organizing the third international symposium in Kartvelian studies planned for October 1993.

Those interested in Kartvelian studies are requested to send their curriculum vitae, academic status, address, interests, suggestions and if possible, their offer of financial support to the following address:

Centre for Kartvelian Studies, Tbilisi State University, Chavchavadze ave. 1, 380028 Tbilisi, Republic of Georgia, Eastern Europe
Phone # 290833, 223501

Prof. Elguja Khintibidze, Director of the Centre

Personalia

DR. THEOL. FRIEDRICH HEYER, em. o. Professor der Konfessionskunde an der Universität Heidelberg, konnte am 24. Januar 1993 seinen 85. Geburtstag feiern. Der gebürtige Darmstädter habilitierte sich 1951 in Kiel und lehrte ab 1967 in Heidelberg. Innerhalb seines ausgedehnten Fachgebietes befaßte er sich im Rahmen seiner vielen Veröffentlichungen auch intensiv mit dem Christlichen Orient, besonders mit der äthiopischen und armenischen Kirche.

DR. PHIL. VICTOR H. ELBERN, Honorarprofessor an der Freien Universität Berlin und Hauptkustos der Staatlichen Museen Preußischer Kulturbesitz i. R., Berlin, beging am 9. Juni 1993 seinen 75. Geburtstag. Neben seinen Verpflichtungen in Berlin nahm er zahlreiche Gastprofessuren, meist im Ausland, wahr. Seit 1982 leitet er die Sektion Kunstgeschichte in der Görres-Gesellschaft. Seine mehr als 460 Veröffentlichungen befassen sich mit der Geschichte der mittelalterlichen Kunst einschließlich des Christlichen Orients. (Siehe: Quindecim lustra. Vollständiges Schriftenverzeichnis Victor H. Elbern, Hermes-Verlag GmbH, Heidelberg 1993).

DR. JOHANNES CORNELIUS JOSEPHUS SANDERS, Amsterdam, vollendete am 31. August 1993 sein 75. Lebensjahr. Von 1967 bis 1981 lehrte er als Dozent die christlich-arabische und die syrische Sprache an der Universität Amsterdam und veröffentlichte wichtige Werke auf diesem Gebiet.

PH. D. JAMES NEVILLE BIRDSALL, em. Professor für Neutestamentliche Studien und Textkritik an der Universität von Birmingham, beging am 11. März 1993 seinen 65. Geburtstag. Nach Studien in Cambridge und Nottingham lehrte er in Leeds, dann bis 1986 in Birmingham. Neben seinen neutestamentlichen Studien befaßte er sich eingehend mit den georgischen Bibelübersetzungen und anderen alten Texten der georgischen Literatur.

FRAU DR. PHIL. HELGA ANSCHÜTZ-HARB, Reinbek, wurde am 19. April 1993 fünfundsechzig Jahre alt. Nach ihrer Promotion in Hamburg (1956) lehrte sie an verschiedenen Goethe-Instituten, meist im Vorderen Orient. Hier erwachte ihr lebhaftes Interesse für die orientalischen Christen, besonders im Tur ʿAbdin, und für die Fragen der Religionsgeographie, der Religionssoziologie und des Verhältnisses von Christentum und Islam. Neben einschlägigen Veröffentlichungen drehte sie, zusammen mit ihrem Mann Dr. B. Harb, als freie Journalistin und Wissenschaftlerin auch mehrere Dokumentarfilme für das Fernsehen.

FRAU DR. THEOL. LUISE ABRAMOWSKI, o. Professorin für Historische Theologie an der Universität Tübingen, vollendete am 8. Juli 1993 ihr 65. Lebensjahr.

Nach ihrer Habilitation (1962) lehrt sie an der Universität Tübingen, seit 1974 als o. Professorin. Sie interessiert sich intensiv für den syrischen Teil des Christlichen Orients und fördert auch durch syrische Sprachkurse laufend die wissenschaftliche Beschäftigung mit dem Christlichen Orient.

O. PROF. DR. PHIL. ET HIST.ORIENT. HANS QUECKE, SJ, vertritt den Christlichen Orient am Päpstlichen Bibelinstitut in Rom. Nach seiner Promotion (1970) lehrt er ab 1973, ab 1979 als o. Professor am Bibelinstitut. Seine Arbeiten befassen sich vornehmlich mit koptischen Themen, wie dem koptischen Stundengebet (1970) und saidischen Evangelienübersetzungen und den Briefen Pachoms. Am 21. Juli 1993 wurde Quecke 65 Jahre alt.

PROF. DR. THEOL., DR. JUR.CAN. MICHAEL BREYDY aus Kobayat, Libanon, konnte am 16. November 1993 seinen 65. Geburtstag begehen. Nach Studien in Beirut, Salamanca und Rom lehrte er ab 1953 in Tripoli, Libanon, von 1958-1965 an der Theologischen Hochschule Mar Yaʿqub in Karm Saddé, Nordlibanon. Ab 1966 forschte er – unterstützt von verschiedenen Stiftungen – in Deutschland. 1984 wurde er auf den Lehrstuhl für Nahöstliche Orientalistik an der Privaten Hochschule zu Witten-Herdecke berufen, wo er bis zu seiner Pensionierung lehrte. Breydy veröffentlichte zahlreiche Werke, die sich meist mit dem Libanon und den Maroniten beschäftigten, in französischer, spanischer, italienischer, deutscher und arabischer Sprache.

PROF. DR. PHIL., DR. THEOL. GERNOT WIESSNER, Göttingen, wurde am 2. Februar 1993 sechzig Jahre alt. Der gebürtige Stettiner wurde 1968 in Göttingen Privatdozent, 1971 o. Professor für Allgemeine Religionsgeschichte, Alte Kirchengeschichte und Christliche Archäologie. Den Christlichen Orient pflegt er besonders in Hinblick auf das syrische und iranische Sprachgebiet. Neben der Untersuchung syrischer Texte erforschte er christliche Kultbauten in Nordwestmesopotamien und in der Südosttürkei (Tur ʿAbdin).

DR. THEOL. WILHELM GESSEL, Augsburg, lehrte ab 1976 in Bamberg, ab 1979 in Augsburg als o. Professor Alte Kirchengeschichte, Patrologie und Christliche Archäologie. Bei seinen Forschungen zieht er auch die Literaturen und die Archäologie des Christlichen Orients fachkundig mit ein. Am 28. Februar 1993 konnte er seinen 60. Geburtstag begehen.

PROF. DR. PHIL., DIPL.THEOL. JOHANNES MADEY, Paderborn, wurde am 23. April 1993 sechzig Jahre alt. Er ist wissenschaftlicher Mitarbeiter am Johann-Adam-Möhler Institut für Ökumenik in Paderborn und Honorarprofessor an der Päpstlichen Fakultät des Pontifical Institute of Religious Studies in Kottayam (Indien). Sein Hauptinteresse gilt den syrischen Kirchen in Indien, ihrer Geschichte und ihrer Liturgie.

DR. BOULOS HARB aus dem Libanon vollendete am 25. August 1993 sein 60. Lebensjahr. Nach seinen Studien (1966 Lic.theol. in Louvain, Dr. theol. 1968 in Straßburg) lehrte er 1969-1972 an der Universität in Kaslik/Libanon. 1972-1974 arbeitete er an der Ruhruniversität Bochum. Verheiratet mit Frau Dr. Helga Anschütz-Harb, arbeitet er nun als freier Wissenschaftler und Filmproduzent weiter auf dem Gebiet der Syrologie, der Religionssoziologie und des Verhältnisses der orientalischen Christen zum Islam, worüber er auch Dokumentarfilme geschaffen hat.

PROF. DR. THEOL. ERNST CHRISTOPH SUTTNER, Wien, wurde am 4. Oktober 1993 sechzig Jahre alt. In Regensburg geboren, promovierte er 1966, habilitierte sich 1974 und wurde 1975 als o. Professor für »Theologie und Geschichte des Christlichen Ostens« an die Universität Wien berufen. Sein Hauptinteresse gilt den orthodoxen Kirchen griechischer und slawischer Zunge im Osten und Südosten Europas und den damit zusammenhängenden Problemen der Ökumene.

PROF. DR. THEOL. LIC. PHILOL.HIST.ORIENT. WINFRID CRAMER, Münster, beging am 3. Dezember 1993 seinen 60. Geburtstag. Seit 1976 lehrt er Alte Kirchengeschichte, Patrologie und Christliche Archäologie an der Universität Münster. Im Rahmen seiner Lehrverpflichtungen befaßt er sich immer wieder mit den orientalischen Kirchen, besonders auch mit der frühsyrischen Theologie.

DR. PHIL. LOTHAR STÖRK, Hamburg, 1971 in Tübingen in Ägyptologie promoviert, habilitierte sich 1991 in Hamburg für das Fach »Ägyptologie mit besonderer Berücksichtigung der koptischen Sprache und Literatur«. Seit 1978 ist der am 23. 4. 1941 geborene Gelehrte wissenschaftlicher Mitarbeiter der »Katalogisierung der orientalischen Handschriften in Deutschland« für die Bearbeitung der koptischen Handschriften.

DR. THEOL. ABRAHAM-ANDREAS THIERMEYER, Beilngries, geb. am 1. 10. 1949, schloß nach Studienaufenthalten in Jerusalem und Griechenland seine Studien am Päpstlichen Orientalischen Institut in Rom ab mit dem Lic.theol. (1991) und dem Dr. theol. (1992). Zur Zeit bereitet er sich auf die Habilitation vor mit der Arbeit: »Das Diakonenamt der Frau. Eine liturgiewissenschaftliche Untersuchung der Quellen und ihrer theologischen Aussagen«.

DR. ANDREW NICHOLAS PALMER verläßt am 31. August 1993 seine Stelle als Universitätsdozent für Byzantinische Studien an der Universität Groningen und übernimmt ab 1. September 1993 eine Stelle als Lecturer in the Study of Christianity am Department of the Study of Religions an der School of Oriental and African Studies an der Universität London.

DIPL.-THEOLOGE JOSEF RIST, M.A., geboren am 9.10.1962 in Heimenkirch (Landkreis Lindau), promovierte nach Studien in Rom, München und Würzburg an 21.7.1993 in Würzburg zum Dr. theol. mit der Dissertation »Proklos von Konstantinopel und sein Tomus ad Armenios. Untersuchungen zu Leben und Wirken eines konstantinopolitanischen Bischofs des V. Jahrhunderts«.

DR. THEOL. MARTIN TAMCKE, Uelzen, habilitierte sich am 10.2.1993 an der Theologischen Fakultät der Universität Marburg für das Fach Kirchengeschichte mit besonderer Berücksichtigung der Ostkirchengeschichte mit der Habilitationsschrift »Armin T. Wegner und die Armenier. Anspruch und Wirklichkeit eines Augenzeugen« (bereits erschienen: Göttingen 1993). Tamcke war 1981-1984 Repentent mit Lehrauftrag für Ostkirchengeschichte an der Theologischen Fakultät Göttingen, nach seiner Promotion 1984 Lehrbeauftragter in Göttingen. Dr. Tamcke liest als Pastor in Uelzen zugleich Kirchengeschichte an der kirchlichen Ausbildungsstätte in Hermannsburg, wohin er alsbald ganz überwechseln wird.

Julius Aßfalg

Totentafel

Am 15. August 1992 verstarb in der Abtei Saint-Maurice in L-9737 Clervaux P. DR. DR. LOUIS LELOIR, OSB. Geboren am 26. 12. 1911 in Namur, legte L. Leloir am 25. Mai 1933 die feierlichen Gelübde ab und wurde am 8. September 1935 zum Priester geweiht. Er studierte in Lyon und Rom und erwarb dabei den Doktorgrad in der Bibelwissenschaft (12. 10. 56) und den der Theologie (25. 3. 62), beide mit »summa cum laude«. Von 1959-1961 lehrte er biblische Exegese und armenische Sprache an der Theologischen Fakultät der Benediktiner in San Anselmo, Rom. Von 1961-1970 wirkte er als Novizenmeister seines Heimatklosters in Clervaux, 1976-1982 in gleicher Eigenschaft in der Abtei St.-Paul de Wisques in Pas-de-Calais, Frankreich. Daneben lehrte er an der Katholischen Universität Louvain von 1973-1982 Armenisch und Äthiopisch. An zahlreichen Kongressen nahm er teil, viele Referate hat er gehalten, zahlreiche Artikel veröffentlicht. Von den 17 Büchern, die er veröffentlichte, erschienen 11 im CSCO, 2 in den Chester Beatty Monographs, 2 in der Series Apocryphorum des Corpus Christianorum, je eines in den Sources Chrétiennes und in der Reihe Spiritualité Orientale der Abtei Bellefontaine. Sein Interesse galt vor allem dem Diatessaron, Ephräm dem Syrer, den Wüstenvätern, den apokryphen Apostelakten und der orientalischen Spiritualität und Theologie im allgemeinen. Die Wissenschaft vom Christlichen Orient hat mit P. Louis Leloir einen bedeutenden Forscher verloren.

DR. THEOL. FRANZ JOCKWIG (60), Erzpriester, Familienseelsorger und Ökumenereferent der Diözese Würzburg, ist am 10. Juni 1993 in Würzburg verstorben. Jockwig, in Oppeln geboren, wurde 1962 von Bischof Pavl Meletiev in Rom zum Priester des slawisch-byzantinischen Ritus geweiht. Seit 1977 war er Nationalsekretär der Catholica Unio, eines päpstlichen Werkes, das die östlichen Kirchen unter den Christen des Westens bekannt machen will. Gleichzeitig übernahm er die Chefredaktion der Zeitschrift »Der christliche Osten«, die er bis zu seinem Tode innehatte. (Siehe »Der christliche Osten« 48 [1993] 123-133.)

EM. O. PROFESSOR DR.PHIL. RUDOLF MACUCH, Berlin, verstarb am 23. Juli 1993. Geboren am 16. 10. 1919 in Dolnie Bzince (Tschechoslowakei), Dr.phil. 1948, lehrte er von 1955-63 als ao. Professor in Teheran, ab 1963 als o. Professor und Direktor des Instituts für Semitistik und Arabistik an der Freien Universität Berlin. Er befaßte sich in zahlreichen Veröffentlichungen besonders mit Sprache und Literatur der Samaritaner und der Mandäer sowie mit der Geschichte der spät- und neusyrischen Literatur.

EM. UNIVERSITÄTSPROFESSOR MAG. DDDR. ERNST HAMMERSCHMIDT, M. Litt., D. Litt. (Oxon.), verunglückte am 16. Dezember 1993 in Baden bei Wien tödlich. Am 29. April 1928 in Marienbad geboren, habilitierte er sich 1962 an der Universität des Saarlandes und wurde 1970 als Ordinarius an die Universität Hamburg berufen, wo er bis zu seiner Emeritierung 1991 lehrte. Seine zahlreichen und wichtigen Arbeiten umfassen den ganzen Christlichen Orient mit dem Schwerpunkt Äthiopien. Zusätzlich hat sich Hammerschmidt noch durch die Katalogisierung äthiopischer Handschriften in Äthiopien und Deutschland (z. T. unter Mitarbeit von Frau Dr. Veronika Six) und durch die Gründung (1977) und umsichtige Leitung der Reihe »Äthiopistische Forschungen« große Verdienste um die Äthiopistik erworben.

Julius Aßfalg

Besprechungen

Yiannis E. Meimaris (in collaboration with K. Kritikakou and P. Bougia), Chronological Systems in Roman-Byzantine Palestine and Arabia. The evidence of the dated Greek inscriptions, Athen 1992 (= ΜΕΛΕΤΗΜΑΤΑ, 17), 432 Seiten, 3 Karten.

Der Verfasser gibt einen umfassenden Überblick über die Datierung der griechischen Inschriften Palästinas und Arabiens in den ersten acht Jahrhunderten unserer Zeitrechnung. Die erste Inschrift, die er berücksichtigt, stammt aus dem Jahre 1/2 A.D. (S. 141). Es handelt sich also nicht nur um Inschriften von oder für Christen. Der Beginn mit der christlichen Ära, die natürlich in den Inschriften nirgendwo verwendet wird, erscheint deshalb etwas willkürlich. Es hätte näher gelegen, einen anderen Ausgangspunkt zu wählen, etwa den Anfang der »Pompeianischen« Ära (ab dem Jahr 64 v. Chr.), die in dem Gebiet eher einen Einschnitt darstellt. Die verwirrende Vielfalt der verwendeten lokalen Ären – es sind mehr als dreißig – beruht auf historischen Ereignissen, zunächst dem Niedergang des Seleukidenreichs in der zweiten Hälfte des 2. Jahrhunderts v. Chr., wodurch einige Städte wie Tyros (Beginn der Ära: 126 v. Chr.), Askalon (104 v. Chr.) und Azotos (104 oder 59 v. Chr.) unabhängig wurden, sowie dann dem Verschwinden des Reiches und der Errichtung der römischen Provinz Syrien durch Pompeius (64 v. Chr.), die etwa 15 städtische Ären in dem vom Verfasser bearbeiteten Gebiet zur Folge hatte. Später kamen noch einige weitere Ären hinzu.

Der Verfasser gibt zunächst im ersten Teil (S. 25-50) einen allgemeinen Überblick über die verschiedenen Ären, die Datierung nach Indiktionen, über die unterschiedlichen Kalender (Länge und Beginn des Jahres, Sonnen- und Mondjahr) sowie die Einteilung in Monate, Wochen, Tage und Stunden, wobei er auch die jüdische und islamische Tradtition einbezieht.

Im zweiten Teil (S. 51-332) behandelt er einzeln in zeitlicher Reihenfolge die Ären, die in den Inschriften vorkommen. Er beginnt mit der Seleukidenära, die kaum verwendet wird, während sie in den syrischen Quellen die übliche Zeitrechnung ist; von den acht angeführten Inschriften sind nur zwei sicher danach datiert, die anderen sechs lassen sich nur keiner anderen Ära zuordnen. Die Martyrerära, die die Kopten verwenden, kommt höchstens in fünf Inschriften vor, die bei den Byzantinern und Melkiten ab dem 7. Jahrhundert sehr verbreitete Weltära überhaupt noch nicht. Der Verfasser gibt für jede Ära eine informative Einleitung, aus der alles Erforderliche (Verbreitungsgebiet und -zeit, Beginn, Kalender, Regel für die Umrechnung in unsere Zeitrechnung usw.) zu entnehmen ist.

Nachzutragen ist eine nicht näher bekannte Quelle, die den Beginn der Ären von Tyros und Askalon (sowie der vom Verfasser nicht behandelten Ära von Antiocheia) angibt. Sie wurde in einer anonymen syrischen Weltchronik vermutlich des 7. Jahrhunderts verwendet (I.-B. Chabot, Chronicon Maroniticum, in: Chronica Minora II, Paris 1904 = CSCO 3 [Text] /4 [Übersetzung]) und gelangte durch ein anderes Zwischenglied auch in die syrische Chronik Michaels des Großen (J.-B. Chabot, Chronique de Michel le Syrien, Paris 1899ff.). Hiernach beginnt die Ära von Tyros im Jahre 186 der Seleukidenära (= 125/6 v. Chr; Chron. Maron. 51/42; Michael I 127), die von Askalon im Jahre 208 (103/4 v. Chr.; Chron. Maron. 52/43; Michael I 128) und die von Antiocheia im Jahre 264 (= 47/48 v. Chr.; Chron. Maron nicht erhalten; Michael I 132).

Anschließend druckt der Verfasser jeweils chronologisch die Inschriften (auch einige bisher unpublizierte) griechisch ab (ohne Übersetzung), mit Angabe des Fundortes und der Literatur, rechnet das Datum um und gibt einen knappen Kommentar. Die letzte behandelte Ära ist die islamische (nach der Hiğra), die nur in einer Inschrift zusammen mit der Ära von Gadara vorkommt.

Der Leser hat damit ganz nebenbei einen guten Überblick über die datierten griechischen Inschriften Palästinas und Arabiens. Sie sind meist kurz (etwa die Grabinschriften), enthalten teilweise aber auch historisch durchaus wichtige Mitteilungen, vor allem prosopographischer Art. So habe ich anhand der systematischen Anordnung leicht einige Bischofslisten im zweiten Band von G. Fedalto, Hierachia Ecclesiastica Orientalis, Padua 1988 (einer Art Nachfolgewerk für Le Quiens »Oriens Christianus«) um einige Namen und Daten ergänzen können (z. B. für Bostra und Gerasa). Der praktische Nutzen geht also über Fragen der Datierung hinaus.

Im dritten Teil (S. 333-380) folgen noch Inschriften mit Datierungen nach Konsuln und Kaisern.

Den Schluß bilden eine Bibliographie in Auswahl, chronologische Tafeln, Listen der Ären (zeitlich, alphabetisch), eine chronologische Liste der Kaiser und Konsuln sowie eine Übersicht über die Anzahl der Inschriften in jedem Jahrhundert. Ebenso sorgfältig und eingehend sind die sechzehn folgenden Indizes, die u. a. den griechischen Sprachgebrauch bei der Datierung erschließen.

Der Verfasser berücksichtigt nur griechisches Material. Sein Buch regt aber dazu an, sich auch Zeitangaben in anderen Sprachen zuzuwenden. Bei den im selben geographischen Raum entstandenen christlich-palästinensischen Texten aus dieser Zeit scheint keine Datierung erhalten zu sein (vgl. Chr. Müller-Kessler, Grammatik des Christlich-Palästinensisch-Aramäischen, Teil 1, Hildesheim 1991, 9-13), so daß ein Vergleich nicht möglich ist. Bei den ältesten syrischen Inschriften – weiter im Norden – geht man in der Regel davon aus, daß die Seleukidenära verwendet wurde, wenn in den Inschriften nichts anderes gesagt ist. Soweit ich das Material überblicke, scheint es erst seit dem 8. Jahrhundert aufzukommen, die Seleukidenära ausdrücklich als die »der Griechen« oder »Alexanders« zu bezeichnen (so auch J. Teixidor, in: Syria 45 [1968] 383); in den syrischen Handschriften geschieht das schon seit dem 6. Jahrhundert. Wie H. Pognon aber bereits feststellte, kommt neben der Seleukidenära im Gebiet von Antiocheia stillschweigend auch die dortige Ära vor (Inscriptions semitiques de la Syrie . . ., Paris 1907, 59; vgl. seine Inschriften Nr. 20, 21, 82; nach der Rezension von Nöldeke, in: ZA 21 [1908] 151-161, auch Nr. 19). E. Littmann, der in seinen »Semitic Inscriptions« (Leiden 1934) eine Reihe weiterer Beispiele bringt, meinte sogar: »In the region of Antioch all dates of the Syriac inscriptions up to the Mohammedan conquest belong to the era of Antioch, and so do all Greek inscriptions of that region.« (S. VIII). Vgl. in diesem Zusammenhang auch J. Jarry, Problems de datation en Syrie du nord, in: Syria 58 (1981) 379-385. Im übrigen meinte Pognon aber: »il semble bien que l'ère des Grecs ou d'Alexandre a seule été employee dans l'Osrhoene« (S. 17; vgl. für die Inschriften bis ins 8. Jahrhundert seine Nummern 2, 19, 36, 56, 84; bei den Nummern 13, 52 und 96 – alle 8. Jahrhundert – ist angegeben, daß es sich um die Seleukidenära handelt). Auch H. J. W. Drijvers setzt in seinem Sammelband »Old-Syriac (Edessean) Inscriptions« (Leiden 1972) ohne weiteres die Seleukidenära voraus (in den Nummern 1, 2, 23, 24, 31, 50, 54). Ganz selbstverständlich ist das aber wohl nicht, denn immerhin kommen – abgesehen von den schon erwähnten Inschriften – in alten syrischen Handschriften – wenngleich nur ganz vereinzelt – auch andere Ären vor. So ist der 243 A.D. geschriebene und in Dura-Europos gefundene syrische Kaufvertrag (vgl. etwa Drijvers aaO 54-57) nicht nur nach der Seleukidenära datiert (»im Jahre 554«), sondern auch nach der Freiheitsära von Edessa (»im Jahre 31«), ferner nach Kaiser und Konsuln. Ein erst seit kurzer Zeit bekanntes syrisches Pergament ist ebenfalls nicht nur auf das Jahr 553 »der alten Zählung«, sondern zusätzlich auf das Jahr 30 der Befreiung Edessas datiert (s. J. Teixidor, in: Zeitschrift für Papyrologie und Epigraphik 76, 1989, 220). Die Freiheitsära Edessas beginnt 213 A. D. In zwei Inschriften, die J. B. Segal in Edessa entdeckte (= Nr. 50 und 54 bei Drijvers), sind die Jahreszahlen mit 39 bzw. 20 angegeben (Segal, New Syriac Inscriptions from Edessa, in: BSOAS 22 [1959] 23-40, Nr. 5 und 8). Ist es wirklich richtig, daß »in the date the figure 500 should be supplied, which was occasionally omitted« (Drijvers 44 im Anschluß an Segal 32, 36), so daß sich die Jahreszahlen 539 (=227/8 A.D.) und 520 (=208/9 A.D.) ergeben, oder könnte es nicht eine Datierung nach der Freiheitsära sein? Die Daten lägen übrigens nicht weit auseinander.

Die syrische Hs. British Library Add. 17,176 (Wright, Catalogue III 1072f.) wurde beendet am 14. Juni des Jahres 427 »der Hyparchie von Bosra« (eine Formulierung, die Meimaris 149 in griechischer Sprache nicht erwähnt). Es handelt sich um die Ära der Provinz Arabien. Nach der Umrechnungsregel des Verfassers muß man 105 hinzuzählen, so daß die Handschrift – wie schon Wright angibt – auf 532 A.D. zu datieren ist. Weiterhin taucht die Ära von Antiocheia auf (Vat. Syr. 160 [473 A.D.]; British Library Add. 14,599 [569 A.D.]), ferner die mit der Seleukidenära identische Zeitrechnung von Apameia (British Library Add. 14,571 [A.D. 518]), vgl. auch W.H.P. Hatch, An Album of Dated Syriac Manuscripts, Boston 1946, 18f.

In der denselben Zeitraum umfassenden Liste der datierten griechischen Inschriften bei P. Donceel-Voûte, Les pavements des églises byzantines de Syrie et du Liban, Band 1, Louvain-la-Neuve 1988, 469, erscheinen die Ären von Antiocheia, Sidon, Berytos (jeweils mehrfach) und Tyros, doch überwiegen die Datierungen nach der Seleukidenära.

Häufig ist bei Daten nicht ohne weiteres klar, welche Zeitrechnung gemeint ist, außerdem kann der Beginn der Ära zweifelhaft sein, darüber hinaus muß man bei der Umrechnung die unterschiedlichsten Jahresanfänge berücksichtigen. Das Werk des Verfassers, dem wir u.a. bereits einen Katalog der neugefundenen arabischen Handschriften des Katharinenklosters auf dem Sinai verdanken (Athen 1985), behandelt also ein schwieriges Gebiet. Normalerweise verläßt man sich dabei auf Handbücher und Umrechnungstabellen. Wer sich mit Datierungen in dem vom Verfasser behandelten Bereich befaßt, kann jetzt mit Gewinn auf sein Buch zurückgreifen.

Hubert Kaufhold

Carl Gerold Fürst, Canones-Synopse zum Codex Iuris Canonici und Codex Canonum Ecclesiarum Orientalium, Freiburg–Basel–Wien (Herder) 1992, 214 Seiten, Paperback, 38,– DM.

Als 1917 mit dem Codex Iuris Canonici ein Gesetzbuch für die lateinische Kirche in Kraft getreten war, dauerte es nicht lange, bis der Gedanke auftauchte, auch für die unierten orientalischen Kirchen eine Kodifikation zu schaffen. 1929 wurde deshalb eine Kommission »per gli Studi Preparatori alla Codificazione Canonica Orientale« ins Leben gerufen, in der auch Orientalen mitarbeiteten (ab 1935: Pontificia Commissione per la Redazione del Codice di Diritto Canonico Orientale«). Von besonderer wissenschaftlicher Bedeutung war daneben die bald entstandene »Commissione per la Raccolta delle Fonti dei Diritti«: sie zeichnete für die seit 1930 in drei Serien erschienene Reihe »Fonti« verantwortlich, in der nicht nur orientalische Rechtsquellen in Übersetzungen zugänglich gemacht wurden, sondern auch Einzelstudien und zusammenfassende Darstellungen des orientalischen Kirchenrechts erschienen; die Reihe bildet eine wichtige Grundlage und gab neue Anstöße für die Beschäftigung mit der Geschichte des Ostkirchenrechts. Die gesetzgeberische Arbeit brachte dagegen erst nach dem Zweiten Weltkrieg Ergebnisse: von 1949 bis 1957 traten Teilkodifikationen in Kraft (Eherecht, kirchliche Gerichte, Religiosen, Kirchenvermögen, Personenrecht). Als Papst Johannes XXIII. 1959 das Zweite Vatikanische Konzil ankündigte und gleichzeitig die Reform des Kirchenrechts ins Auge faßte, war ein Weitermachen vorerst nicht sinnvoll.

Nach dem Ende des Konzils nahm man zunächst 1969 die Arbeit am neuen Codex Iuris Canonici (CIC) für die lateinische Kirche in Angriff, der schließlich 1983 promulgiert wurde und in Kraft trat. 1972 berief der Papst auch eine Kommission für die Revision des orientalischen Kirchenrechts (Pontificia Commissio Codicis Iuris Canonici Orientalis Recognoscendo), in der ebenfalls wieder viele Orientalen mitarbeiteten. Ihre Tätigkeit ist ausführlich in der eigens dafür gegründeten Zeitschrift

»Nuntia« (Heft 1, Rom 1975) dokumentiert, die nach dem Erscheinen des neuen Gesetzbuches ihren Zweck erfüllt hatte und mit Heft 31 (1990) eingestellt wurde. Einzelheiten zur Geschichte der Kodifikation lassen sich etwa nachlesen in einem Beitrag von D. Faltin für den Jubiläumsband »La Sacra Congregazione per le Chiese Orientali nel Cinquantesimo della Fondazione, 1917-1967«, Rom 1969, 121-127, oder in der ebenfalls von der Ostkirchenkongregation herausgegebenen »Statistica con cenni storici della gerarchia e dei fedeli di rito orientale« (Vatikanstadt 1932) sowie deren unter dem Titel »Oriente Cattolico« 1962 bzw. 1974 erschienenen Neubearbeitungen (einem auch sonst nützlichen Werk, bei dem man sich eine baldige aktualisierte Auflage wünschen würde!).

Erwähnt sei noch, daß auch die Neubearbeitung des Gesetzbuches für die Ostkirchen der Wissenschaft neue Impulse gab. 1969 wurde auf Initiative von Ivan Žužek, des Sekretärs der päpstlichen Kommission, die »Gesellschaft für das Recht der Ostkirchen« gegründet, die sich dem gesamten Recht der unierten und nichtunierten orientalischen Kirchen widmet. Sie veranstaltet regelmäßig Kongresse und veröffentlicht die Vorträge in ihrem Jahrbuch »Kanon« (Band 1, Wien 1973; bisher elf Bände).

Das Gesetzbuch für die Ostkirchen, der »Codex Canonum Ecclesiarum Orientalium« (CCEO), wurde am 18. 10. 1990 in lateinischer Sprache promulgiert (Acta Apostolicae Sedis LXXXII, N. 11, Vatikanstadt 1990). Schon die Entstehungsgeschichte zeigt die Nähe zum Codex Iuris Canonici. Die Frage, ob nicht der lateinische Einfluß zu stark ist oder ob ein einheitliches Gesetzbuch für alle unierten orientalischen Kirchen mit ihrer durchaus unterschiedlichen Tradition überhaupt sinnvoll und angemessen ist, soll hier auf sich beruhen; im Laufe der Zeit haben sich immer wieder kritische Stimmen erhoben. Das hier anzuzeigende Buch dient jedenfalls dem Zweck, den Vergleich zwischen den beiden Gesetzbüchern, die naturgemäß ungefähr die gleiche Materie regeln, aber doch in ihrer Systematik teilweise eigene Wege gehen, zu erleichtern. Sein Autor, Professor für Kirchenrecht an der Universität Freiburg im Breisgau und seit 1991 Präsident der Gesellschaft für das Recht der Ostkirchen, ist nicht zuletzt durch seine langjährige Tätigkeit (seit 1978) als Consultor in der Kommission für die Revision des orientalischen Kirchenrechts mit der Materie bestens vertraut.

Die Synopse enthält nicht den Wortlaut der Kanones, sondern gibt nur deren Zahlen an, was aber völlig ausreicht, weil die Texte ja leicht zugänglich sind. Sie besteht aus zwei Teilen: im ersten werden den fortlaufenden Kanones des Codex Iuris Canonici die entsprechenden Kanones des Codex Canonum Ecclesiarum Orientalium gegenübergestellt, im zweiten umgekehrt den Kanones des CCEO diejenigen des CIC. Der Bearbeiter gibt zusätzlich auch den Wortlaut der jeweiligen Buch-, Teil-, Titel-, Kapitel-(usw.) Überschriften an, so daß auch hier ein bequemer Vergleich möglich ist. Soweit erforderlich, werden die Kanones nach Paragraphen und Nummern aufgegliedert. Übersichtlicher und »benutzerfreundlicher« hätte man die Synopse nicht machen können. Das Buch ist zweifellos ein unentbehrliches Handwerkszeug für die Kanonisten der orientalischen Kirchen, wenn sie die Vorschriften der lateinischen Kirche zum Vergleich heranziehen wollen, es wäre aber auch sehr wünschenswert, wenn es westliche Kanonisten anregen würde, sich stärker mit dem orientalischen Kirchenrecht und dessen Geschichte zu befassen.

Am Preis des Buches dürfte das nicht scheitern, denn er ist bemerkenswert niedrig. Das war möglich, weil der Autor sich nicht zu schade war, auch noch selbst akribisch die Druckvorlage herzustellen. Dafür gebührt ihm gleichfalls Dank.

Hubert Kaufhold

Robert F. Taft, *A History of the Liturgy of St. John Chrysostom*, Band IV: *The Diptychs* (= OCA 238), Rom 1991, XXXIV + 214.

Prof. R.F. Taft, S.J., Pontif. Instit. Orientale, Rom, hat in den vergangenen 20 Jahren ein reiches liturgiewissenschaftliches Schaffen, hinsichtlich der orientalischen Kirchen, entwickelt. Durch

Analysen von liturgischen Struktureinheiten hat er insbesondere die byzantinische Meßliturgie wegweisend erforscht. 1975 präsentierte er sein Meisterstück: *The Great Entrance* (vgl. dazu die Bespr. von G. Winkler, OrChr 62 [1978] 222-225). Von diesen profunden MSS-Studien (ca. 250 MSS) profitieren von nun an alle folgenden Arbeiten. Was ein Prof. A. Jungmann mit seinem Werk *Missarum Sollemnia. Eine genetische Erklärung der römischen Messe. 2 Bde. [1948] 5., verbes. Aufl. Wien 1962,* einst für die römische Messe war, das ist R. Taft für die byzantinische Meßliturgie. Mit ca. 300 Titeln, einschließlich 5 Büchern, hat er der orientalischen Liturgiewissenschaft und der Ökumene einen großen Dienst erwiesen.

Das liturgiegeschichtliche Gesamtwerk zur Meßliturgie des byzantinischen Ritus, dem das zu besprechende Buch zugehörig ist, ist auf 5 Bände angelegt:

1. Band: ›*Die Liturgie des Wortes*‹. R. Taft ist gerade dabei, die von seinem Lehrer Juan Mateos verfaßte Artikelsammlung *Le célébration de la Parole dans la liturgie byzantine. Étude historique* (=OCA 191), Rom 1971, neu zu schreiben, denn mittlerweile hat die Forschung einige Erkenntnisse überholt oder Ergänzungen notwendig gemacht. 2. Band: *The Great Entrance.* A History of the Transfer of Gifts and other Preanaphoral Rites of Liturgy of St. John Chrysostom (=OCA 200), [1975] 2., verbes. Aufl. Rom 1978. 3. Band: *The Anaphora.* Er behandelt das eucharistische Gebet vom präanaphoralen Dialog (=Einleitung zur Präfation) bis zur »Schlußdoxologie« (*Καὶ δὸς ἡμῖν ἐν ἑνὶ στόματι καὶ μιᾷ καρδίᾳ δοξάζειν καὶ ἀνυμνεῖν*...). Dieser Band ist vollständig erarbeitet, leider noch nicht gedruckt, wohl aber liegen 6 Kapitel als Artikel veröffentlicht vor. 4. Band: *The Diptychs*, ist das hier zu beschreibende Werk. 5. Band: ›*Die Riten vor der Kommunion, die Kommunion, die Danksagung und die Entlassungsriten*‹. Dieser Band ist ebenfalls vollständig geschrieben, leider noch nicht gedruckt. Hierzu sind aber, wie für Band 3, bereits 6 Kapitel als Artikel erschienen.

The Diptychs.

Diese Monographie untersucht den einstmals sehr bedeutenden kirchenpolitischen Faktor, die Diptychen. Sie waren vom 4./5. Jahrhundert bis zum Ende von Byzanz der Indikator der kirchenpolitischen und staatspolitischen Verhältnise und Beziehungen zwischen Ost und West und zwischen den Patriarchaten im byzantinischen Reich. Taft geht wesentlich über die bisherigen Arbeiten hinaus. Zu nennen sind: E. Bishop, Liturgical Comments and Memoranda, I: JTS 10 (1909) 446-449; III: JTS 11 (1910) 67-73; IV-VII: JTS 12 (1911) 384-413; VIII-IX: JTS 14 (1913) 23-50; O. Stegmüller, Diptychen, RAC 3 (1957) 1138-1149; F. Cabrol, Diptyques (liturgie), DACL IV/1, 1045-1094; F.E. Brightman, Chronicle, JTS 12 (1911) 319-323; J.-M. Hanssens, Institutiones liturgicae de ritibus orientalibus III, Rom 1923, 467-469; R.H. Connolly, Pope Innocent I ›De nominibus recitandis‹, JTS 20 (1919) 215-226; R. Cabié (Hg) La lettre du Pape Innocent Ier à Décentius de Gubbio [19 mars 416] (=Bibliothèque de la Revue d'Histoire ecclésiastique, fasc. 58) Löwen 1973, 40-44; F. van de Paverd, Anaphoral Intercessions, Epiclesis and Communion Rites in John Chrysostoms, OCP 49 (1983) 303-339; E. Melia, Les diptyches liturgiques et leur signification ecclésiologique, in: A.M. Triacca, A. Pistoia (Hgg), L'église dans la liturgie (=BELS 18) Rom 1980, 209-229; G. Cozza-Luzi, De sacris collybis et diptychis, in: A. Mai, Nova patrum bibliotheca X/2 Rom 1905, 138-43; und die für den byzantinischen Ritus klassische Arbeit: G. Winkler, Die Interzessionen der Chrysostomus-anaphora in ihrer geschichtlichen Entwicklung, I: OCP 36 [1970] 301-336; II OCP 37 [1971] 333-383; Dies., Einige Randbemerkungen zu den Interzessiones in Antiochien und Konstantinopel im 4. Jahrhundert, OKS 20 [1971] 55-61.

Gliederung: *Einleitung:* Sinn, Zweck und Genesis dieser Studie, Methode, Quellen, Ein Wort zur Nomenklatur (XXV-XXXIV); *1. Kap.:* Die Diptychen: Ihre Eigenart, Name, Zweck (1-21); *2. Kap.:* Der Hintergrund: Östliche liturgische Diptychen in den frühen Quellen (23-59); *3. Kap.:* Die Diptychen außerhalb des byzantinischen Liturgiebereiches [›Byzantium‹] (61-94); *4. Kap.:* Die byzantinischen Diptychen der Verstorbenen: Geschichte und Liturgie (95-120); *5. Kap.:* Die byzantinischen Diptychen der Lebenden: Geschichte und Liturgie (121-163); *6. Kap.:* Quaestiones disputatae zu den byzantinischen Diptychen: wer? wo? und in welcher Abfolge? (165-183); *7. Zusammenfassung:* Eine Taxonomie der Diptychen (185-196); *Index der MSS* (197-199); *General-Index* (201-214).

Hilfreich für eine vergleichende Liturgiewissenschaft ist, daß Taft erst den größeren Kontext, d.h. den geschichtlichen Hintergrund des Bereiches der Diptychen zu erschließen versucht (23-59) und dann die Diptychen im außerbyzantinischen Ritusbereich behandelt: Palästina (61-66), Armenien (61-71), Syrien-Mesopotamien (71-76), Ägypten (76-94). In den Kapiteln 4-6 kommt er dann zum Hauptteil seiner Arbeit: Die byzantinischen Diptychen: Geschichte und Liturgie (95-183). Das Kapitel 4: Diptychen für die Verstorbenen (95-117) und das Kapitel 5: Diptychen für die Lebenden (121-158) behandelt er jeweils unter dem Aspekt: »Historische Quellen« und »Liturgische Quellen«.

Ergebnisse:

1. Die konstantinopolitanischen Diptychen für die Verstorbenen tauchen in ihrer uns bekannten Struktur im 5. Jahrhundert, unter Patriarch Gennadius I [458-471] auf (119f.): Sie begannen mit der marianischen Ekphonese *'Εξαιρέτως...* durch den Hauptzelebranten, dann werden die Diptychen laut vom Diakon proklamiert, es findet sich schon die Schlußformel: *Καὶ ὧν ἕκαστος κατὰ διάνοιαν ἔχει καὶ πάντων καὶ πασῶν*. Und das Volk schließt diese liturgische Einheit mit der Wiederholung von *Καὶ πάντων καὶ πασῶν* ab. Dazwischen gab es viele Möglichkeiten, hinsichtlich der Anzahl und der Reihenfolge, in der Erwähnung von verstorbenen geistlichen und weltlichen Obrigkeiten (182): (1) Die offizielle Reihe der verstorbenen Diözesanbischöfe. (2) Vielleicht die Patriarchen des Patriarchates, wenigstens die jüngst verstorbenen. (3) Bei einigen Gelegenheiten wahrscheinlich auch die jüngst verstorbenen Patriarchen der Pentarchie. (4) Eine Auswahl der frühesten und beachtenswertesten sowie die am letzten verstorbenen Herrscher und ihrer Ehegatten.

2. Die gleiche Struktur findet sich auch bei den Diptychen für die Lebenden (158f.): Der Hauptzelebrant beginnt mit der Ekphonese *'Εν πρώτοις...* die Kommemorationen, wobei der Hauptzelebrant seinen unmittelbaren kirchlichen Oberen, d.h. den örtlichen Diözesanbischof erwähnt. Steht der Patriarch der Liturgie vor, wird der Episkopat in genere genannt. Bei einer bischöflichen Konzelebration wird der Patriarch zuerst genannt und dann jeder anwesende Patriarch, ohne Rücksicht auf seinen patriarchalen Rang. Bei einem »Großen Fest« proklamiert der Diakon, der das Evangelium verkündet, auch die Diptychen vom Ambo, wobei nur die vier Patriarchen: Konstantinopel, Alexandrien, Antiochien, Jerusalem – dies ist sicherlich eine Neuerung – zusammen mit dem örtlichen Hierarchen, dem Hauptzelebranten und den gerade Regierenden genannt werden. Zusammenfassend kann hier gesagt werden, daß in den Diptychen folgende Personen genannt wurden (182): (1) Die Patriarchen der Pentarchie. (2) Die gerade aktuelle Hierarchie einer lokalkirchlichen Communio: Patriarch, Groß-Erzbischof, Hl. Synod. (3) Der örtliche Ordinarius: Bischof, Exarch, manchmal auch ein äbtlicher Exarch, der Protos des Berges Athos. (4) Irgendwelche Hierarchen, die als Besuch beim Gottesdienst anwesend sind. (5) Der Hauptzelebrant. (6) Der regierende Herrscher. (7) Sein Ehegatte. (8) Seine Mitregenten und manchmal andere Mitglieder des Herrscherhauses.

Alle anderen Personen galten als eingeschlossen in übergreifenden Formeln wie: für das Presbyterat, das Diakonat, die Mönche, für Frieden und Wohlergehen für die ganze Welt und für die hll. Kirchen, für die Befreiung der Gefangenen und für alle Leidenden, für das Heer und für die Diensttuenden, für alle Rechtgläubigen (= »orthodoxe Gläubige«) auf der ganzen Welt und für alles und für jeden.

Diese Liste wird also ebenfalls, wie bei den Diptychen für die Verstorbenen, geschlossen mit: *Καὶ ὧν ἕκαστος... καὶ πάντων καὶ πασῶν*. Und das Volk schließt diese liturgische Einheit mit der Wiederholung von *Καὶ πάντων καὶ πασῶν* ab.

Später, vor allem im italo-griechischen Raum, kam die Tendenz auf, diese diakonalen Listen schweigend zu reduzieren bis hin zu einer nur schweigenden Kommemorierung derer, für die der

Diakon zu beten wünschte. Dies kann man als eine Bewegung weg von den wirklichen byzantinischen »Communio«-Diptychen und hin zu einem mehr »pfarrlichen« Stil bezeichnen, der mehr lokal und individual war, wie er eher im Westen gepflegt wurde.

3. Die Frage, bei welchem Abschnitt der byzantinischen Liturgie die Diptychen proklamiert wurden, kann nur soweit beantwortet werden, daß sie im Gefolge der Anaphoral-Interzessionen vollzogen wurden und nicht wie in einigen anderen östlichen Traditionen zur Präanaphora gehörten (183).

4. Auf die Frage, in welcher Reihenfolge die Diptychen proklamiert wurden, ist zu sagen: Über die frühe Periode kann keine gesicherte Auskunft gegeben werden, aber es ist möglich, daß einst das Gedächtnis der Lebenden dem der Toten voranging. Dies ist die traditionellere Ordnung. Wenn dem so ist, dann hat der Wechsel sich zu Beginn des 7. Jahrhunderts vollzogen. Denn von da an gilt die heutige Reihenfolge: Die Interzessionen/Diptychen der Toten gehen denen der Lebenden voran (183).

Von kleinen »Beeinträchtigungen« durch Druckfehler: Akzent-, Schreib- und Jahreszahlenfehler abgesehen, ist diese respektable Arbeit ausgezeichnet in der Methode, im Stil und im Inhalt. Die Sprache ist ansprechend und verständlich. R. Taft ist klar in seinen Gedankengängen und dementsprechend in seiner Art der Darlegung. Er erfüllt voll und ganz »... the promise of order, simplicity, and meaning« (185). Jedes Kapitel beschließt er mit einer Zusammenfassung. Taft arbeitet seit einigen Jahren verstärkt an einer liturgischen Taxonomie (= Typenbeschreibung, Strukturanalyse), und anhand der Diptychen (186-191) hat er einen weiteren Beitrag dazu geliefert. Die Literatur wird, wie bei Taft gewohnt, polyglott berücksichtigt und verarbeitet.

Es bleibt zu danken für solche Arbeiten, und es bleibt zu wünschen, daß Prof. R. Taft noch viele Jahre vom Herrgott geschenkt bekommt, um die oben erwähnten Projekte sowie noch viele andere Arbeiten, an denen er gerade studiert und schreibt, verwirklichen zu können.

A.-A. Thiermeyer

Albrecht Wezler – Ernst Hammerschmidt (Hrsg.), Proceedings of the XXXII International Congress for Asian and North African Studies, Hamburg 25th-30th August 1986, Stuttgart 1992 (= Zeitschrift der Deutschen Morgenländischen Gesellschaft, Supplement IX), LXXI, 719 Seiten.

Mit einiger Verspätung sind jetzt die Akten des 32. Internationalen Orientalistenkongresses erschienen, der 1986 in Hamburg stattfand. Weil das Wort »Orientalist« wegen des angeblich dahinterstehenden Eurozentrismus inzwischen verpönt ist, heißt er jetzt »Internationaler Kongreß für Asiatische und Nordafrikanische Studien«. Nun gut, »wenn es der (wissenschaftlichen) Wahrheitsfindung dient«...! Folgerichtig müßten wir Europäer uns jetzt allerdings auch umbenennen, gilt als Ursprung des Namens Europa doch das semitische Wort für »Abend«, also Westen, griechisch ἔρεβος (Der kleine Pauly, Art. Europa). Immerhin heißt aber die vierte der 15 Sektionen, die uns hier in erster Linie interessiert, noch immer »Christian Orient«, und auch diese Zeitschrift wird ihren Namen »Oriens Christianus« weiter behalten.

Die Beiträge der Sektion »Christlicher Orient«, die unter Vorsitz von Ernst Hammerschmidt tagte, finden sich auf S. 223-300. Dabei ist meist deren vollständiger Text abgedruckt. Sonst enthält der dicke Band in der Regel nur Zusammenfassungen.

Johannes Irmscher begann mit »Oriental Christian Writing as a Component of the Literature of Late Antiquity«. Dann befaßte sich Michel Breydy mit »Les extraits syriaques de Proclus dans l'exposé de la foi de Jean Maron« (bereits abgedruckt in: Parole de l'Orient 13 [1986] 95-110). In ihrem Beitrag »Bemerkungen zur äußeren Form der Textgestaltung äthiopischer Handschriften« zeigte Veronika Six das Verhältnis zwischen dem Aussehen der Handschriften (Größe, Sorgfalt der

Schrift u. ä.) und den Inhalt auf. Lothar Störk ging der Frage nach, wie eine Kirche in einem Ortsteil von Koblenz zu ihrem koptischen Patron kommt: »St. Menas in Stolzenfels – ein ägyptischer Heiliger am Rhein«. Manfred Kropp sprach über seine Vorarbeiten für eine Neuausgabe des Zeremonienbuchs des Königshofes von Gondar, das sich dem Verständnis manchmal schwer erschließt (»Older Amharic translations of the *Śerʿāta mangeśt* and their contributions to the interpretation of the Geʿez-version«). F. A. Dombrowskis Beitrag »Internment of Members of the Royal-Family in Ethiopia, Turkey and India« liegt nur in einer kurzen Zusammenfassung vor. Einer heute stark diskutierten Frage galt der Vortrag von Kristin Arat: »Die armenische Diakonissin und die Rolle der Frau in der Kirche (Kirchenrechtliche und ökumenische Perspektiven)«. Otto F. A. Meinardus berichtete über »The Renaissance of Coptic Monasticism«. Ebenfalls mit dem Thema »Frau«, nämlich mit »Women in Ethiopic Society«, befaßte sich Barbara Kryst. Mekerdich Chahin versuchte, angebliche armenische Könige aus vorchristlicher Zeit, die im Geschichtswerk des Moses von Choren aufgelistet sind, historisch in das 8.-4. Jahrhundert v. Chr. einzuordnen (»Some legendary Kings of Armenia. Can they be linked to authentic history?«). Der Beitrag von Costas P. Kyrris galt den Beziehungen zwischen dem Christlichen Orient und Zypern vom 4.-7. Jahrhundert n. Chr. (»Cypriot Ascetic and the Christian Orient«). Die georgische hagiographische Literatur stellte Nikolos Dschanelidse kurz vor (»Hagiographisches in der georgischen kirchlichen Literatur«). Susanne Albrecht schilderte Lage und Probleme der syrisch-orthodoxen Christen in Deutschland (»Syrian-Orthodox Christians in the Federal Republic of Germany in Search of Identity«). Rainer Voigt sprach über »The Gemination of the Present-Imperfect Forms in Old Ethiopic«. Zum Schluß zeichnete Siegbert Uhlig die Entwicklung der kirchlichen Eheschließungsform nach (»Die Krönung im Trauungsritus der orientalischen Kirchen«).

Die Beiträge von Carsten Colpe (»Beziehungen zwischen Samaritanern, Judenchristen und Arabern [5.-7. Jahrhundert]«) und Bertold Spuler (»The Copts and the State«) sind nicht dokumentiert, der von Peter E. Pieler (»Lex Christiana«) erschien an anderer Stelle (Akten des 26. Deutschen Rechtshistorikertages, hrsg. von D. Simon, Frankfurt am Main 1987, 485-503). Ein zweiter Beitrag von Michel Breydy (»Einfach tot oder hingeschieden«), der das syrische Begräbnisrituale der Hs. Vat. Syr. 59 zum Gegenstand hat, soll in einem Buch über »Die Sterbe- und Begräbnisliturgie der Maroniten« in St.-Ottilien erscheinen.

Auch in anderen Sektionen wurden Vorträge gehalten, die für den Christlichen Orient von Interesse sind. So ist aus der Sektion 6 (Iranistik) auf zwei Referenten aus Tbilisi hinzuweisen: Grigoriy G. Beradze, »Georgian Seals of the 17th-18th Centuries With Bilingual and Multilingual Inscriptions« und Aleksandr A. Gvakharia, »The Persion Versions of the ›Romance of Balawhar and Budasaf‹ (›Balavariani‹)«, der auch die georgische Version erwähnt (Zusammenfassungen S. 403f. bzw. 409). In Sektion 7 (Islamkunde) berichtete Nelly P. A. van Doorn über das Buch eines Kopten: »An Unusual Christian View of Islam in Modern Egypt« (Zusammenfassung S. 426f.). Takamitsu Muraoka referiert in Sektion 9 (Semitistik) über »Some Issues in Classical Syriac Syntax« (Zusammenfassung S. 459f.). Schließlich sei noch George F. Baumann, »The Oriental Collection at the University Library, Tübingen« (S. 585-590) und Oleg F. Akimushin, »Collections of Eastern Manuscripts of the Institue of Oriental Studies of the USSR Academy of Sciences and Their Research« (Zusammenfassung S. 592) erwähnt (Sektion 14: Bibliothekswissenschaft).

Den Schluß bildet das Teilnehmerverzeichnis und ein – bei dem Umfang des Bandes notwendiges – Personenregister. Das Gesamtprogramm ist vorn den S. XXXV-LXXI zu entnehmen.

Am Anfang sind die in der Eröffnungs- und Abschlußveranstaltung gehaltenen Reden und Grußworte abgedruckt (S. XI-XXXIII). So informativ der Band insgesamt ist: diese Seiten wären entbehrlich gewesen, denn schließlich weiß ja ohnehin jeder, was Festredner bei derartigen Gelegenheiten pflichtgemäß von sich zu geben pflegen.

Hubert Kaufhold

APHRAHAT, Demonstrationes – Unterweisungen. Aus dem Syrischen übersetzt und eingeleitet von Peter Bruns (= Fontes Christiani 5/1-2), Freiburg–Basel–Wien–Barcelona–Rom–New York 1991. 2 Bde., 629 S.

Die seit 1990 erscheinende Reihe *Fontes Christiani*, die sich als »Bibliothek christlicher Klassiker« versteht und eine zweisprachige Neuausgabe wichtiger Quellentexte aus Antike und Mittelalter beabsichtigt, dokumentiert mit der Aufnahme des in syrischer Sprache schreibenden Aphrahat eindrucksvoll, daß sich die Christenheit des Altertums keineswegs nur in den beiden großen Kultursprachen Griechisch und Latein artikuliert hat. Man wird den Herausgebern dafür danken, daß sie so zur Erschließung der frühsyrischen, wegen ihrer weitestgehend von westlichen Einflüssen unberührten semitisch-orientalischen Originalität überaus wichtigen Literatur und Theologie beitragen. Zugleich ist es aber zu bedauern, daß hier – letzlich wohl nur wegen der höheren Druckkosten – das Prinzip der Zweisprachigkeit der *Fontes Christiani* aufgegeben wurde; denn damit wurde die Chance vertan, endlich einen leicht greifbaren und trotz allem noch erschwinglichen syrischen Originaltext bereitzustellen, wodurch vielleicht sogar ein Anreiz zur Überwindung der von den Herausgebern zu Recht beklagten »vergleichsweise geringen Kenntnis der syrischen Sprache« gegeben wäre.

Die beiden Aphrahat-Bände erstellte P. Bruns, der sich bereits in seiner in Bochum vorgelegten theologischen Dissertation »Das Christusbild Aphrahats des Persischen Weisen (= Hereditas 4, Bonn 1990)« mit dem Autor beschäftigt hat, was ihm jetzt insofern zugute kommt, als er in der Einleitung ganze Passagen daraus fast wörtlich übernehmen kann.

In der Einleitung führt Bruns den Leser zunächst hinreichend ausführlich an die 23 »Darlegungen« des Aphrahat heran: Er bespricht kurz ihre Textüberlieferung, Datierung auf 337-345, gesicherte literarische Integrität, ihren paränetischen und apologetischen Charakter und ihre stilistische Form. Die wenigen erreichbaren Daten zur Person des im westlichen Sassanidenreich beheimateten »Persischen Weisen« faßt er zusammen und sucht sein stark vom asketischen Ideal der »Bundessöhne« geprägtes geistiges Profil aus seinem Werk zu erschließen. Durch Aufweis seiner Beziehung zum heidnischen Perserreich und zum dortigen Judentum skizziert er sein kulturelles Umfeld und stellt die Quellen und die Eigenart seiner abseits von Nikaia entwickelten Theologie, die weniger spekulativ als auf gelebte christliche Frömmigkeit ausgerichtet ist, in Grundzügen dar; Glaubensverständnis, Christologie, Ethik und Frömmigkeit, Sakramente, Anthropologie und Eschatologie Aphrahats werden besonders gewürdigt.

Die Übersetzung – die lateinische von Parisot und (obwohl S. 72f. nicht eigens erwähnt) die französische von M.J. Pierre, SChr 349 und 359, boten gute Anhaltspunkte – will den Sinngehalt des syrischen Originals verständlich machen und zugleich im Deutschen einigermaßen lesbar sein. Dieses schwierige Ziel dürfte, soweit die von mir kontrollierten Stellen ein Urteil erlauben, insgesamt erreicht sein, wenngleich die bei Aphrahat noch sehr untechnische syrisch-theologische Sprache sowie die Inkongruenz der Bedeutungsfelder syrischer und deutscher Wörter zuweilen nur eine eingeschränkt entsprechende Wiedergabe zuläßt und die bewußte Auflösung der syrischen Juxtapositionen in adversative oder konsekutive Unterordnungen notwendig ein hohes Maß an subjektiver Deutung einschließt.

Den einzelnen »Darlegungen« sind Zusammenfassungen ihres Inhalts vorangestellt, die den Leser schnell auf darin behandelte Themen aufmerksam machen, die ja angesichts der zahlreichen Gedankenassoziationen des Aphrahat nicht in den Überschriften erfaßt werden. Die Anmerkungen informieren nur kurz, aber doch meist sachgemäß und zuverlässig. Bibliographie und Indices sind in entsprechendem Maß vorhanden.

Wenige kritische Bemerkungen mögen hier genügen: Die syr. Bibelübersetzung Peshitta (S. 25) / Peschitta (S. 47) hätte eine einheitliche Schreibweise verdient. Hennecke/Schneemelcher (S. 19) sollte nach der überarbeiteten Neuauflage angeführt werden. Bickell legte seine Übersetzung bereits

1874 (S. 73) vor. »Polemik« und »polemisch« sind beliebte, oft gebrauchte Vokabeln, die die apologetische Intention des Aphrahat und seine zur Darstellung der eigenen Position notwendig kritische Auseinandersetzung mit anderen Meinungen nicht objektiv genug beschreiben. Im Zusammenhang mit Aphrahat und den »Bundessöhnen« von »Mönch«, »mönchischer Weltentsagung«, »monastischer Existenz« oder »monastischer Spiritualität« (z. B. S. 60f., 249 Anm. 13, 255, 279 Anm. 7) zu sprechen, erscheint mir zu undifferenziert, da dabei gerade das Besondere der frühsyrischen innergemeindlich gelebten Askese übersehen wird. Der für Aphrahat typische angelologische Terminus *ʿīrā = Wacher, Wachender,* scheint in der Übersetzung unberücksichtigt zu bleiben und wird keiner erklärenden Anmerkung gewürdigt; wie bedeutsam er ist, zeigt z. B. M. J. Pierre, der in seinem Index (SChr 359, S. 1020) von *Ange* nach *Veilleur* verweist und dort die ihm wichtig scheinenden angelologischen Stellen zusammenfaßt.

Winfrid Cramer

Columba Stewart, OSB, ›Working the Earth of the Heart‹. *The Messalian Controversy in History, Texts, and Language to AD 431.* Clarendon Press, Oxford 1991, p. XI-340 p. [= Oxford Theological Monographs]

Sous un titre imagé emprunté à un passage du Corpus de Macaire, *«Travaillant la terre du cœur»*, l'étude de Colomba Stewart sur le Messalianisme répond à une nécessité réelle. L'histoire du «messalianisme» est dominée par trois découvertes qui en ont rendu les contours de plus en plus problématiques. Dom Villecourt en 1920 découvrait les Homélies spirituelles attribuées à Macaire faisaient partie d'un Corpus messalien. M. Kmosko lors de son édition du *Liber Graduum* syriaque en 1926, observait que des citations du dossier messalien du concile d'Ephèse coïncident avec des passages du *Livre des degrés*. Enfin R. Staats en 1968 remarquait que, contrairement à l'édition de W. Jaeger, c'est Grégoire de Nysse qui adapte la *Grande Lettre de Macaire* dans son *De Instituto christiano*, et le démontrait dans sa double édition critique de 1984. Aucune des nombreuses publications sur la question n'a échappé à l'œil vigilant de l'auteur. Pour mieux voir où se trouve la réalité dans l'appréciation de ce mouvement de spirituels si difficile à saisir, l'auteur s'est astreint à une méthode rigoureuse. Dans un premier temps, il dresse le tableau comparatif des témoignages à partir des deux relations de Théodoret de Cyr, et de celles de Timothée de Constantinople et de Jean Damascène, et les confronte aux divers autres témoignages. Dans un deuxième temps, et c'est ici sûrement la partie la plus nouvelle de l'étude, il étudie dans le Corpus du Pseudo-Macaire les quelques termes techniques qui ont donné lieu aux diverses accusations, et qui en général concernent la cohabitation du bien et de mal comme deux forces dans l'âme du croyant, et les mots qui touchent à l'union mystique du croyant avec le Christ. Et après avoir repéré l'originalité messalienne de certains mots en grec, (πληροφορία αἴσθησις et πεῖρα), il les recherche dans la littérature syriaque originale, où il montre que la plupart de ces expressions appartiennent au vocabulaire natif religieux où ils ne créent pas de problème. D'où la question majeure posée par cette étude: les suspicions éveillées par les courants messaliens en zone grecque ne proviennent-elles pas d'abord de la distance culturelle entre le monde sémitique et le monde grec? Comme le dit très bien l'auteur à la p. 76 : *The concerns of those anti-Messalian doctrines preserved in John of Damascus' De Haeresibus doubtless arose from the application of a hermeneutical key different from that intended by Ps. Macarius himself.* Selon une méthode qui rappelle celle de R. Murray pour les symboles dans la littérature syriaque, l'auteur dresse en appendices les tableaux comparatifs des usages des termes étudiés, avec leur fréquence. En effectuant toutes ces comparaisons, C. Stewart est toujours parfaitement conscient de la distance par laquelle Grégoire de Nysse, par exemple, épure quelques expressions de son modèle. Babai n'avait pas agi différemment pour les *Centuries gnostiques* d'Évagre, comme A. Guillaumont l'a si bien montré. Mais ce qui fait l'intérêt particulier du Corpus macarien, c'est qu'ici la gnose n'est jamais en cause. Il s'agit plutôt d'un sens aigu de la responsabilité personnelle dans le combat spirituel de quiconque prend au sérieux l'idéal de la perfection chrétienne. Par là, l'étude de C. Stewart touche également l'occident, où les homélies de Macaire eurent une influence très considérable.

Michel van Esbroeck

Giorgio Levi della Vida, Pitagora, Bardesane e altri studi siriaci, a cura di Riccardo Contini, Bardi Editore, Roma 1989, XXI-194 p. [=Università di Roma. «Studi Orientali» pubblicati a cura del dipartimento di Studi Orientali, vol. VIII].

L'idée de rassembler sept contributions du grand Orientaliste G. Levi della Vida (1886-1967), successeur d'Ignacio Guidi à l'université de Rome, est des plus heureuses. R. Contini, qui nous offre ce recueil, retrace en une vingtaine de pages le contexte contemporain de la recherche dans le cadre de chaque étude. De fait, la plupart de ces études ont été trop peu remarquées, et les spécialistes qui se sont ultérieurement intéressés à ces questions ont parfois manqué à reconnaître en G.L.D.V. le précurseur de leurs conclusions. La première étude touche les sentences pythagoriciennes en syriaque, dont G.L.D.V. en 1910 déjà reprend l'édition à partir du codex Borgia 17 jusque là non utilisé en améliorant plus d'une leçon. Les trois contributions suivantes sont consacrées à Bardesane, et comportent notamment une traduction du *Livre des Lois des Pays*, où G.L.D.V. s'éloigne de l'interprétation conciliante de l'éditeur F. Nau, et rejoint à travers Ephrem un portrait du philosophe qui ressemble davantage au personnage ultérieurement replacé dans le syncrétisme philosophico-religieux d'Edesse par H. Drijvers. Ces trois études des années 1920 ont été provoquées par la personnalité d'Ernest Buonaiuti, qui lança, comme le rappelle R. Contini, la série éphémère mais active des *Scrittori Cristiani Antichi*. D'un intérêt non moins évident sont les deux contributions touchant un texte difficile à classer, que G.L.D.V. rencontra d'abord en 1910 comme un *Pseudo-Bérose* syriaque. En 1947 et 1951 il revint sur ce texte et l'édita finalement en syriaque et en arabe: l'ouvrage se présente comme une collection de sentences de douze légats, attribuée à Doustoumos Thylassos, disciple d'Apollonius de Tyane. Comme le remarque justement R. Contini, le texte arabe a attiré l'attention de plus d'un spécialiste, et dernièrement celle d' U. Weisser qui lit *Soustoumos* pour Doustoumos d'après une version arabe des *Apotelesmata* de Balīnus ou Apollonius, et qui semble considérer l'attribution comme valable. L'existence d'un modèle grec reste ouverte. Car déjà G.D.L.V. avait noté les affinités avec le pseudo-Denys, la *Caverne des Trésors* et le dossier syriaque d'Alexandre, dont G. Reinink, rappelle Contini, a bien décrit les contours à l'époque d'Héraclius. Le dernier article inclus dans le recueil est un peu excentrique par rapport aux autres: il s'agit de la présence, dans un manuscrit syriaque, de l'Amérique *amlīqā*. Le lecteur se sera déjà rendu compte, qu'au-delà des éditions critiques arabes et syriaques contenues dans ce recueil, il y a un rappel de l'actualité de l'œuvre de G.L.D.V. comme syriacisant dans la recherche d'aujourd'hui. Et R. Contini l'a souligné avec dextérité dans son excellente introduction.

Michel van Esbroeck

Michael Breydy, Etudes Maronites, Glückstadt 1991 (=Orientalia Biblica et Christiana, Band 2), 140 Seiten, 64,– DM.

Der Verf. legt im 2. Band der neuen Reihe »Orientalia Biblica et Christiana« zwei Studien zur Geschichte der maronitischen Literatur vor. Die erste (S. 9-79) trägt den Titel: »L'Apologie de Duayhy. Ses differentes rédactions et sa version latine« und befaßt sich mit der für die Geschichte und das Selbstverständnis der Maroniten so wichtigen »Apologie« der Patriarchen Stephan Duwayhī (1630-1704). Eigentlich handelt es sich um drei Werke, deren erstes die Geschichte der Maroniten behandelt, das zweite gilt der Verteidigung der bestrittenen »immerwährenden Orthodoxie« dieser Kirche und im dritten setzt Duwayhī sich mit der Kritik des päpstlichen Legaten Giovanni Battista Eliano und des Karmeliten Thomas a Jesu an den Maroniten auseinander (vgl. Graf III 364-369). Der Verf. zeigt anhand der vorliegenden Handschriften, daß es verschiedene Redaktionen dieses Werkes gibt und daß es Duwayhī selbst noch überarbeitet hat; auch die jeweiligen Titel unterlagen Veränderungen. Einen Teil seiner Ausführungen zum dritten Teil der »Apologie«, nämlich die Seiten 39-47, hatte der Verf. bereits 1980 auf dem Kongreß für christlich-arabische Studien in Goslar vorgetragen und in den Kongreßakten veröffentlicht. Der jetzt gedruckte Text ist – wenn auch nur geringfügig – überarbeitet und zeigt damit, daß nicht nur die »anciens auteurs chrétiens arabes rédigeaient progréssivement leurs ouvrages« (so S. 14), sondern legitimerweise auch die modernen. Der Verf. geht ferner auf die Quellen Duwayhīs ein. Darunter finden sich z. B. die Rechtsbücher der ostsyrischen Katholikoi Timotheos und Īšōʿbarnūn; aufgrund der – leider nicht sehr zahlreichen – Zitate daraus läßt sich an einigen Stellen Sachaus Ausgabe dieser Quellen verbessern. Weiterhin behandelt der Verf. die lateinische Übersetzung der »Apologie«, die von dem maronitischen Jesuiten Petrus Mubārak (»Benedictus«; 1663-1742) stammt und deren Textzeuge (Vat. Lat. 7411) Graf noch nicht kannte. Die Untersuchung des Verf. ist eine willkommene Vorarbeit für eine neue und kritische Ausgabe der »Apologie«, die angesichts der verschiedenen Textstufen aber keine leichte Aufgabe sein wird.

Der zweite Teil des Bandes ist dem bekannten maronitischen Sammelwerk moralischen und rechtlichen Inhalts gewidmet: »Les problèmes de la littérature compilée en Proche-Orient. Rectifications autour de Kitab al-Huda« (S. 81-140). Es handelt sich laut Verf. um die aktualisierte Fassung seines Vortrags auf dem 21. Deutschen Orientalistentag in Berlin (1980), den er bisher – soweit ich sehe – nicht veröffentlicht hatte. Der Verf. ist wohl zu Recht der Meinung, daß das jetzt vorliegende Kitāb al-Hudā eine der im Orient üblichen, im Laufe der Zeit gewachsenen Sammlungen (*kunnāš*) darstellt, nicht ein von einem Redaktor von vornherein bewußt so angelegtes Werk. Zu Beginn befaßt er sich mit den verschiedenen Titeln, unter denen es bezeugt ist, sowie denen ähnlicher Werke (vor allem dem Kitāb al-Qawānīn des Periodeuten Georg von Ehden). Der nächste Abschnitt gilt der Verschiedenartigkeit des Inhalts der Sammlung, die aus einigen mehr oder weniger abgrenzbaren Teilen unterschiedlicher Herkunft besteht. Der Verf. listet sie auf und gruppiert sie neu. Schließlich geht er näher auf die Handschriften ein, in denen das Werk überliefert ist, und auf deren Geschichte. Auch diese Untersuchung stellt einen weiteren Schritt auf dem Wege zu einer besseren Kenntnis des Kītab al-Hudā dar, dessen Kompositionsgeschichte wir wohl immer noch nicht wirklich durchschauen.

Hubert Kaufhold

Jacob Kollaparambil, The Babylonian Origin of the Southists among the St. Thomas Christians, Roma 1992 (= Orientalia Christiana Analecta, 241), XXVIII, 150 Seiten.

Die Thomaschristen in Kerala bilden zwei Gruppen, die »Nordisten« und die »Südisten« (oder Knaniten). Nach der Tradition gehen die ersteren auf die Mission des Apostels Thomas zurück, während die Angehörigen der zweiten Gruppe als Nachkommen von 72 jüdisch-christlichen Familien aus der Linie des Königs David gelten, die auf Anweisung des Katholikos in Seleukeia-Ktesiphon unter Leitung des Kaufmanns Thomas Kinayi und des Bischofs Uraha Mar Yausef im Jahre 345 A. D. nach Cranganore in Südindien gekommen seien, um die indische Kirche, die ohne geistliche Leitung gewesen sei, zu unterstützen. Diese Angaben beruhen auf mündlicher Überlieferung, schriftliche Quellen fehlen.

Der Verfasser, selbst Südist, geht der Tradition seiner Gruppe nach und versucht, sie zu beweisen oder zumindest ihre Plausibilität zu zeigen. Er zieht dabei in erster Linie Volksgesänge heran, die auf Palmblatthandschriften überliefert sind und erstmals 1910 herausgegeben wurden. Es liegt auf der Hand, daß der historische Wert solcher Lieder, die 1500 Jahre alte Ereignisse besingen, zweifelhaft ist. Immerhin finden sie aber eine gewisse Stütze in zahlreichen Berichten von Europäern, beginnend mit den portugiesischen Eroberern im 16. Jahrhundert, die Erzählungen über die Einwanderung des Thomas in Indien gehört hatten. Der Verfasser hat die meisten dieser Quellen bereits geschlossen in einem Sammelband herausgegeben: Historical Sources on the Knanites, in: J. Vellian (Hrsg.), Symposion on Knanites, Kottayam 1986. Er zitiert sie im vorliegenden Band immer wieder, doch wäre es gut gewesen, wenn er die wichtigsten nochmals im Zusammenhang vorgestellt hätte, weil der genannte Sammelband wohl nur schwer zugänglich ist.

Der weltliche Führer der Auswanderer, Thomas, trägt nach der malabarischen Überlieferung den Beinamen Kinayi, Knāyi (Knāy) oder Kinān. Die in den europäischen Berichten erscheinenden Formen Canana, Caná, Cananeo u.ä. sind sicher sekundär. Sie haben aber Anlaß gegeben, den Beinamen als Herkunftsbezeichnung zu deuten. Danach soll Thomas aus Kana in Galiläa gestammt haben. Diese Annahme ist historisch von vornherein ebenso unwahrscheinlich wie der Vorschlag von Hambye, wonach eine Hafenstadt Cana nördlich von Aden gemeint sei. Historisch und geographisch durchaus möglich wäre dagegen die neue, erstmals auf dem Symposium Syriacum in Leuven vorgetragene Annahme des Verfassers, Thomas habe aus (Dairā ḏ-) Qōnī (Qōnai? Gräzisiert: Kynai) gestammt, einen 35 km südlich von Seleukeia-Ktesiphon liegenden Ort, der in der fraglichen Zeit und bis in das zweite Jahrtausend hinein ein wichtiges kirchliches Zentrum der Ostsyrer war (vgl. »V. Symposium Syriacaum 1988« ed. R. Lavenant [= OCA 236] 383-391). Ich kann – des Malayalam unkundig – nicht beurteilen, ob die indische Form mit dem kurzen Vokal bzw. der Vokallosigkeit in der ersten Silbe aus einem syrischen *Qōnāyā* entstanden sein kann. Es wäre hilfreich gewesen, wenn der Verfasser Beispiele für die Wiedergabe entsprechender syrischer Nominalformen im Malayalam angeführt hätte (sofern vorhanden).

Für die Herkunft des Thomas aus Südmesopotamien bringt der Verfasser ein weiteres wichtiges Argument bei. In einem der Lieder heißt es, Thomas sei vor der Abreise zu Esra gegangen und habe dort Segen erhalten. Der Verfasser verweist auf den Ort al-ʿUzair am Tigris, wo nach jüdischer Tradition das Grab des alttestamentlichen Esra verehrt wird. Er findet hier zugleich auch eine Bestätigung für die judenchristliche Herkunft der Südisten. Problematisch ist allerdings, daß die Verehrung des Esra-Grabes erstmals durch Benjamin von Tudela (1168 A.D.) bezeugt wird. Ein Beleg dafür, daß die Tradition schon vorher, im 4. Jahrhundert bestand, fehlt. Auszuschließen ist das allerdings nicht.

In den Liedern heißt es ferner, daß Thomas aus dem Land »Uz« aufgebrochen sei. Dies setzt der Verfasser mit Huz (vgl. Ḫūzistan, syr. Bēṯ Huzāyē: Land der Huz) gleich. Geographisch ergäben sich keine Schwierigkeiten, aber auch hier wären Beispiele dafür wünschenswert gewesen, daß im Malayalam das syrische *h* (oder *ḫ*) verschwinden kann.

Der Verfasser untermauert die einheimische Tradition noch mit einem weiteren Stein. Der Bischof, der Thomas begleitete, wird Uraha Mar Yausef genannt. Man geht davon aus, daß Uraha den früheren Bischofssitz bezeichnet. Der Anklang an Urhai verführte dazu, Edessa ins Spiel zu bringen. Dies weist der Verfasser mit Recht als unwahrscheinlich zurück. Er schlägt dagegen das aus der alten Geschichte gut bekannte und ebenfalls in Südmesopotamien liegende Uruk vor und kann sich sogar darauf berufen, daß in den Akten der Synode des Ḥnānīšōʿ (8. Jahrhundert) der dortige Bischof als »Bischof von Urak und Kaškar« bezeichnet wird.

Dieser Befund ist in der Tat auffällig. Gleichwohl kann ich im Ergebnis erhebliche Zweifel nicht unterdrücken. Die Hinweise, die der Verfasser beibringt, sind nicht ohne weiteres abzutun, aber – jeweils für sich genommen – letztlich auch nicht besonders beweiskräftig. Sie verblüffen durch ihr Zusammentreffen.

Daß die heutigen Südisten, die – wie der Verfasser mehrfach mit Nachdruck betont – seit jeher in strenger Endogamie leben, von jüdisch-christlichen Vorfahren aus Mesopotamien stammen sollen, wird durch ihr äußeres Erscheinungsbild keineswegs nahegelegt. Für mein europäisches Auge unterscheiden sie sich nicht oder nicht wesentlich von anderen Südindern und haben jedenfalls keine besondere Ähnlichkeit mit Bewohnern des Nahen Ostens. Es kommt hinzu, daß die Angaben in den Liedern und den europäischen Berichten nicht vollständig zusammenpassen; sie enthalten offensichtlich legendäre Züge (was der Verfasser nicht bestreitet) und Ausdrücke, die aus späterer Zeit stammen (es wird etwa *abūna* für »Bischof« verwendet, was aus dem Arabischen kommt).

Im übrigen können die Deutungen der Namen, die der Verfasser anbietet, durchaus richtig sein, ohne daß man daraus auf eine Einwanderung im 4. Jahrhundert schließen müßte. Die Jahreszahl 345 n. Chr. erscheint in den Liedern, doch kommen in den europäischen Berichten auch andere, spätere Zahlen vor. Derartige mündliche Überlieferungen bieten sicher keine Gewähr gerade für die Richtigkeit von Zahlen. Es ließe sich auch eine spätere Einwanderung eines Thomas aus Qōnī, zusammen mit einem Bischof Joseph denken. In diese Richtung sind bereits Spekulationen angestellt worden, die allerdings – wie der Verfasser richtig zeigt – zu keinem überzeugenden Ergebnis geführt haben, soweit sie konkrete Zeiträume angeben.

Im übrigen lassen sich Angaben in den Liedern auch anders deuten. Der Beiname »Kinaya« des Thomas erinnert mich an den syrischen Beinamen »Knānāyā« des Apostels Simon (Matth. 10,4; Mark. 3,18; griech. Σίμων ὁ Καναναῖος), der ja keineswegs ein »Kanaanäer« war, sondern ein ζηλωτής »Eiferer« (vgl. Luk. 6,15; Apostelgesch. 1,13). Der Beiname ist von der semitischen Wurzel *qn'* »eifern« abgeleitet. Warum sollten bibelfeste Leute nicht einem so eifrigen Mann wie unserem Thomas diesen Beinamen beigelegt haben? Es handelt sich also vielleicht gar nicht um eine Herkunftsbezeichnung.

Könnte weiterhin das »Uraha« im Namen des Bischofs nicht ein etwas verfremdeter »Abraham« sein? Das Fehlen des *m* am Schluß kommt bei diesem Namen auch sonst vor. Das *Ab* am Anfang kann im Dialekt zu *O* werden (belegt ist z. B. Oraham und Odišo für Abraham und ʿAḇdīšōʿ). Wieweit *o* im Malayalam zu *u* werden kann, vermag ich allerdings nicht zu beurteilen. Wir hätten dann den Namen: Abraham Mar Joseph, wobei Abraham der eigentliche Name wäre und Joseph der Bischofsname, dem bei den Thomaschristen westsyrischer Tradition zumindest seit dem Beginn des vorigen Jahrhunderts der Titel *Mar* »mein Herr« vorangestellt werden kann (vgl. etwa: Matthäus Mar Athanasius [1843-1866]). Etwas Ähnliches begegnet uns schon bei den Syrern im Nahen Osten, etwa in der Form »Matthaios, das ist Mar Athanasios«. Wann sich diese Form eingebürgert hat, wäre noch zu untersuchen. Es entzieht sich auch meiner Kenntnis, seit wann es im Dialekt die Verschiebung des *aw* zu *o* gibt. Wenn meine Deutung richtig ist, kann die Tradition über den Bischof aber jedenfalls nicht sehr alt sein. Dazu paßt, daß er, zumindest sein Name, in den europäischen Berichten überhaupt nicht auftaucht. Wenn ich recht sehe, ist er nur in den Liedern bezeugt. Überhaupt fällt auf, daß der Bischof gegenüber dem Laien Thomas so in den Hintergrund tritt. Es ist bekannt, daß die Leitungen der syrischen Kirchen von den Indern mehrfach um Bischöfe gebeten wurden. Dazu könnte auch ein Abraham mit dem Bischofsnamen Joseph gehört haben, beides ja geläufige Namen. Sollten zwei verschiedene Ereignisse in den Liedern zusammengeflossen sein? Die Tradition kann deshalb durchaus einen historischen Kern haben und dann in das 4. Jahrhundert zurückverlegt worden sein. Auch das sind natürlich nur Spekulationen.

Der Verfasser setzt sich weiterhin noch mit einer Reihe von Einwänden auseinander, etwa der Frage, ob der Oberbischof von Seleukeia-Ktesiphon im Jahre 345 schon den Titel Katholikos trug. Entgegen der allgemeinen Meinung hält er das für möglich. Für die Frage, ob Thomas 345 auswanderte, ist sie allerdings nicht von entscheidender Bedeutung, weil die Lieder später entstanden oder überarbeitet sein und dann einen anachronistischen Titel enthalten können (wie z. B. auch *abūna*, s. oben).

Auch wenn der Verfasser, der bereits mehrere wichtige Arbeiten zur Geschichte der Thomaschristen veröffentlicht hat, letztlich die Richtigkeit der Tradition über die Ankunft der Südisten nicht nachweisen und meines Erachtens nicht einmal wahrscheinlich machen kann, so muß man ihm doch zugestehen, daß er in streng wissenschaftlicher Weise, mit viel Scharfsinn und Originalität sowie mit bemerkenswerter Quellen- und Literaturkenntnis eine ganze Reihe von Argumenten dafür beibringt, die man keineswegs ohne weiteres von der Hand weisen kann.

Hubert Kaufhold

Pauly Kannookadan, The East Syrian Lectionary. *A Historico-Liturgical Study*, Mar Thoma Yogam (The St. Thomas Christian Fellowship, Rome), Rome 1991, XXVI-215 p. [Copies available at Centre for Indian and Inter-Religious Studies, Corso Vittorio Emmanuele 294/10. I-00186 Roma].

L'étude de P.K. s'inscrit dans la ligne des travaux déjà entrepris par W.F. Macomber du côté syriaque, à savoir le repérage des manuscrits liturgiques syriaques et leur classification d'après les lectures choisies au cours de l'année, tant pour l'Ancien Testament que pour les Epîtres et les Evangiles. Dès l'abord, on ne peut qu'admirer la fermeté avec laquelle le chemin est tracé: énumération des manuscrits p. 10 à 22, description et classification. Celle-ci se réalise dans le cadre si caractéristique de l'année syrienne orientale: sept pentecôtes respectivement pour la Nativité, l'Epiphanie, la Semaine sainte, la Résurrection, la Pentecôte, la Croix avec Élie et Moïse et enfin la Dédicace de l'Eglise. S'appuyant sur une étude de H. et J. Lewy parue en 1943 à Cincinnati sur un calendrier asianique et assyrien archaïque, lequel comportait 350 jours pour sept cinquantaines et 14 jours intercalaires, les auteurs apportent par là même un appui externe à la lecture de *accadien* »ḫamuštu« comme signifiant *»cinquantaine«* (A. Goetz, *Kulturgeschichte des Alten Orients*, München 1957, p. 71). L'analyse des lectionnaires a permis à P.K. de repérer quatre systèmes de lectures dont le principal est celui du Couvent Supérieur (Daira ʿEllaita) au Nord-Ouest de Mossoul, dont la structure reflète directement l'activité du Catholicos Išoʿyahb III (mort en 657-58), et les dérivés ceux du diocèse de Mossoul, de Beth ʾAbhe, et de la Cathédrale de Kokhe. L'auteur n'explicite guère pourquoi il n'a pu classifier les manuscrits indiqués sous les numéros 61 à 89. Ces 29 entrées concernent d'ailleurs un nombre nettement plus élevé de manuscrits, quelques uns de ces témoins étant présentés avec plus d'une copie. Le lectionnaire persan au numéro 77 est signalé d'après la description soignée de Fr. Richard: il suffit de comparer les données de ce dernier (dans *Acta Iranica*, 10 [1981], p. 230-237) sur cet évangéliaire pour constater la coïncidence avec les lectures du Couvent Supérieur. Une partie moins grande de l'ouvrage tente de repérer les origines du système liturgique syrien oriental. Pour cela, il est fait appel surtout au lectionnaire arménien. Les coïncidences avec le système de Jérusalem sont heureusement soulignées. Elles témoignent sûrement d'une ancienneté remontant au IVe siècle, avant les ruptures dramatiques des années 450. En fermant ce livre, tout spécialiste se rendra compte qu'il y trouve une masse de renseignements que l'on chercherait vainement ailleurs. Même si le temps d'une synthèse sur la base d'un système organisé au VIIe siècle est encore prématuré, on saura gré à P.K. d'avoir indiqué les directions dans lesquelles le contexte historique des réformes liturgiques aide à les comprendre davantage.

Michel van Esbroeck

Christa Müller-Kessler, Grammatik des Christlich-Palästinisch-Aramäischen. Teil 1. Schriftlehre, Lautlehre, Formenlehre. Georg Olms Verlag, Hildesheim–Zürich–New York, 1991, XXXIV-342 p. incluant 14 planches (= *Texte und Studien zur Orientalistik* 6).

L'ouvrage de Chr. M.-K. fait, après de longues années, le point sur un domaine assez spécialisé, certes, mais dont l'importance se mesure néanmoins non seulement par la fréquence des inscriptions, l'originalité de la grammaire au sein des divers types d'araméen, la paléographie singulière de ses débris manuscrits, mais aussi par la variété des textes transcrits, qui n'incluent pas seulement l'Ancien et le Nouveau Testament, mais un répertoire liturgique, homilétique et hagiographique non négligeable. La chose était d'autant plus nécessaire que les premiers éditeurs au dernier siècle imprimèrent encore beaucoup d'erreurs de lecture. C'est donc par un répertoire des textes accessibles – ou hélas inaccessibles comme les fragments géorgiens mentionnés p. 21, 8 – que Chr. M. K. ouvre son étude. L'odyssée des fragments Duensing, comme le note l'auteur, avait déjà été étudiée par J. Aßfalg en 1963 dans son catalogue des manuscrits syriaques en Allemagne. Avant que les 72 feuillets géorgiens ne fassent partie d'une collection privée à Philadelphie, nous les avions consultés grâce à la gentillesse de H. P. Kraus à New-York, mais seulement pour la partie géorgienne, car ces fragments étaient jadis le ms. géorgien Tsagareli 81 du Sinaï (Bedi Kartlisa, 39 [1981], p. 64-65). La partie la plus neuve est l'épigraphie, trop souvent dispersée dans la littérature spécialisée des archéologues, mais le classement des fragments, dûment distingués en deux périodes, Ve-VIIIe siècle et Xe-XIIe siècle, n'avait jamais été effectué de manière aussi claire en quelques pages denses, illustrée par quatorze excellentes planches à la fin du volume. Les premiers éditeurs n'étaient pas encore totalement conscients des particularités propre à l'araméen palestinien. L'auteur signale notamment p. 65-66, qu' A. Spitaler fut un des premiers à désolidariser, à partir du dialecte de Maʿlūla, l'araméen palestinien de ses voisins samaritains ou galiléens. La caractéristique principale et la formation de substantifs en **qēṭil* ou **qūṭil*. Les différentes catégories verbales sont ensuite systématiquement passées en revue et évaluées, laissant entrevoir là où il y a lieu de reconnaître une faute de copiste plutôt qu'une forme originale. Car la deuxième période des manuscrits syro-palestiniens est si entâchée d'arabismes et de grécismes qu'elle témoigne davantage du sort liturgique d'un syro-palestinien désormais éteint. Chaque forme est suivie des ses attestations, et le tout est repris dans un index à la fin du volume p. 263-323. On ne saurait clore ce compte-rendu sans souligner sa présentation admirable: les caractères syro-palestiniens créés par l'auteur sont pratiques, élégants et propres à préparer l'utilisateur à la compréhension d'un texte que le hasard lui ferait rencontrer. Personne ne s'étonnera de ce que cette dissertation ait obtenu le prix 1989 de la fondation Ernst-Reuter à l'université libre de Berlin.

Michel von Esbroeck

Ḥannā Šaiḫū, Kaldān al-qarn al-ʿišrīn. Dirāsa muǧmala ʿan al-muǧtamaʿ al-Kaldān (Nebentitel: J. H. Cheikho, Chaldeans in the 20th Century), Detroit, Mi. 1992, 272 Seiten.

Diese arabisch geschriebene Darstellung der gegenwärtigen Lage der Chaldäer ist populärer Natur, aber in einigen Bereichen trotzdem sehr informativ. Der Verfasser, 1944 in Alqōš geboren, gibt zunächst die Städte und Dörfer im Iraq an, in denen Chaldäer wohnen (mit zwei Kartenskizzen) und beschreibt dann ausführlich deren Sitten und Gebräuche, bei Eheschließung, Geburt und Tod, ihre Feste, das häusliche Leben, Arbeit und Beruf sowie ihre Kleidung (S. 11-56). Anschließend befaßt er sich mit der Binnenwanderung der Chaldäer im Iraq und der Emigration in andere Länder. Das folgende Kapitel gibt einen nicht ganz gleichgewichtigen und manchmal zu knappen Überblick über das kulturelle Leben: Bücher und Zeitschriften, Klöster, Kirchen, Kunst (Malerei, Glasfenster, Ornamente, Schreibkunst), Musik, Prosa, Theater u. ä. (S. 77-131). Dann stellt der Verfasser bedeutende ostsyrische Schriftsteller und Gelehrte der letzten Jahrzehnte in kurzen Biographien vor: u. a. Addai Scher, Samuel Giamil, Thomas Audo, Eugen Manna, Timotheos Maqdisi, Abraham Šekwana, Alphonse Mingana, Paul Bedjan, Joseph Kellaita (S. 133-148). Im nächsten Kapitel (S. 150-195) beschreibt er die im Iraq bestehenden Klöster und ihre Geschichte: Mar Abraham bei

Baṭnāya, Mar Elias bei Mosul, Rabban Hormizd, Muttergottes von den Saaten, Mar Giwargis sowie Mar Michael (beide bei Mosul), Mar Behnam (syrisch-uniert) und Mar Matta (syrisch-orthodox). Für das Muttergotteskloster und Mar Giwargis gibt er eine Liste der Äbte aus den letzten beiden Jahrhunderten. Die chaldäische »Amtskirche« kommt sonst eigentlich nicht vor. Ein weiterer Abschnitt gilt vor allem dem Kirchenjahr, der Hl. Messe, der Marienverehrung. Dann kommt der Verfasser auf die Wissenschaft zurück, insbesondere die philosophischen Arbeiten der Ostsyrer, und berichtet über den ersten Kongreß für syrisch-aramäische Studien in Amerika, der 1991 in der Brown University in Providence, Rhode Island, stattfand. Im letzten Kapitel stellt er bedeutende Gestalten der syrischen Kirche vor: Ephräm den Syrer (S. 228-237), Narsai (S. 237-239), Timotheos I. (S. 239-243) und Ḥunain ibn Isḥāq (S. 243-263). Das Buch ist mit zahlreichen Photos und einigen Zeichnungen illustriert.

Der Verfasser, der 1968 zum Priester geweiht wurde und 1983 in Rom promovierte (Dialectique du langage sur Dieu. Lettre de Timothée I (728-823) a Serge. Étude, traduction et édition critique, Rom 1983), lebt jetzt in Amerika. Es wundert deshalb nicht, daß er zum Teil besonders auf die dortigen Verhältnisse eingeht (z.B. Auswanderung nach Amerika, syrisches Theater in Detroit). Das Buch dient wohl nicht zuletzt dazu, bei den in Amerika lebenden Chaldäern die Erinnerung an die alte Heimat und ihre Traditionen wachzuhalten. Das ist schon verdienstlich genug. Natürlich läßt sich vieles, was in dieser zusammenfassenden Darstellung über Geschichte und Kultur steht, anderswo besser nachlesen. Soweit der Verfasser aber über das tägliche Leben und die augenblickliche Situation berichtet, hat sein Buch durchaus eigenen Wert, denn schließlich gehören auch die heutigen orientalischen Christen und ihr tägliches Leben zum Gegenstand der Wissenschaft vom Christlichen Orient, auch wenn man das in unserem Fachgebiet oft vergißt und sich in der Regel auf die Zeugnisse längst vergangener Zeiten beschränkt.

Hubert Kaufhold

Joseph Nasrallah, Histoire du mouvement littéraire dans l'Église Melchite du Ve au XXe siècle. Vol. II, tome 2 (750-Xe S.), XXXI + 217 S., (avec la collaboration du Pr. Rachid Haddad), Paris (1988), 125 F.F.; Vol. III, tome 1, (969-1250), 416 S., Paris 1983, 250 F.F.; Vol. III, tome 2 (1250-1516), 217 S., Paris 1981, 125 F.F.; Vol. IV, tome 1, (1516-1724), 316 S., Paris 1979, 125 F.F.; Vol. IV, tome 2 (1724-1800), (avec la collaboration du Pr. Rachid Haddad), XXXI + 407 S. + 6 planches, Paris 1989, 300 F.F. Zu beziehen direkt vom Verfasser: Mgr. Dr. Joseph Nasrallah, 17, Rue du Petit Pont, F-75005 Paris.

Mit diesen fünf Bänden legt der unermüdliche Forscher Mgr. Dr. Joseph Nasrallah – inzwischen schon über 80 Jahre alt – das Kernstück eines umfassenden Werkes über die gesamte literarische Tätigkeit der Melchiten in der Zeit von 750 bis 1800 vor, ein grundlegendes und unentbehrliches Werk für jeden, der sich mit der Geschichte und der gesamten literarischen Tätigkeit der Melchiten befaßt. Es fehlen freilich noch die Bände über die Jahre 451-750 und 1800 bis in die Neuzeit und besonders der Registerband, der den erstaunlichen Materialreichtum des umfassenden Werkes erst so richtig erschließen wird. Aber man ist dankbar, daß nunmehr der zusammenhängende Zeitraum von 750-1800, also über 1000 Jahre, dem Interessierten zur Verfügung steht.

Auch Georg Graf hatte in seiner fünfbändigen »Geschichte der christlichen arabischen Literatur« (Città del Vaticano, 1944-1953) die christliche arabische Literatur der Melchiten behandelt, aber entsprechend seiner Zielsetzung nicht das ganze von Christen geschriebene Schrifttum, sondern nur die christlich-orientierten Werke, also besonders Theologie im weiteren Sinne und die Geschichtsschreibung, aber das rein weltliche Schrifttum wie die verschiedenen profanen Wissenschaften und die sog. schöne Literatur, ausgeschlossen. Nasrallah dagegen sucht das gesamte Schrifttum der Melchiten zu erfassen, und das nicht nur in arabischer, sondern auch in griechischer, syrischer und koptischer Sprache, und nicht nur Werke religiösen Inhalts, sondern auch das weltliche Schrifttum, Wissenschaft und Dichtung. So ergibt sich gegenüber Graf ein bedeutend größerer Umfang an Zahl der Autoren und Werke. Die einzelnen Werke werden zum größten Teil ausführlicher beschrieben als bei Graf. Schließlich sind in den fast 50 Jahren seit den Arbeiten von Graf, zum Teil sogar angeregt durch seine Literaturgeschichte, eine Reihe weiterer Handschriften wissenschaftlich beschrieben, nicht zuletzt durch Nasrallah selbst, zahlreiche neue Texte ediert und übersetzt und Untersuchungen zu Autoren und Werken veröffentlicht worden. Das alles ist von Nasrallah in seine Geschichte eingearbeitet worden, die so Grafs Geschichte erweitert, zum Teil verbessert und den neuesten Stand der Forschung bietet.

Graf hat den einzelnen christlich-orientalischen Literaturen jeweils einen kurzen Überblick über die politische Geschichte und die Kirchengeschichte der einzelnen Kirchen vorangestellt und dann Autoren und Werke in zeitlicher Reihenfolge aufgeführt mit reichlichen Angaben der damals vorhandenen und ihm trotz der schwierigen Kriegs- und Nachkriegsverhältnisse zugänglichen Literatur. Hier ist Nasrallah natürlich in einer weitaus besseren Ausgangslage mit seinen engen Beziehungen zu den Melchiten, denen er ja selbst angehört und deren Bibliotheken ihm offenstehen, in denen er auch zahlreiche Handschriften selbst katalogisieren, zumindest einsehen und für seine Geschichte auswerten konnte. So ist durch die erstaunliche Arbeitskraft Nasrallahs eine wirklich umfassende, grundlegende Darstellung der gesamten literarischen Tätigkeit der Melchiten entstanden, wie man sie auch den anderen christlich-orientalischen Literaturen wünschen möchte.

Die fünf Bände sind nach dem gleichen Schema gegliedert, was die Benützung erleichtert: Das Vorwort gibt Aufschluß über die Schwierigkeiten, die zu überwinden waren, und über die von der Numerierung abweichende Reihenfolge des Erscheinens. Darauf folgen in jedem Band das Verzeichnis der benutzten Handschriftenkataloge sowie eine Liste von Bibliotheken, deren Handschriften noch nicht katalogisiert sind, aber vom Verfasser benutzt werden konnten. Darauf folgt die Darstellung der politischen Lage der jeweiligen Periode, die Kirchengeschichte der Melchiten, der drei melchitischen Patriarchate Antiochien, Jerusalem und Alexandrien, des Mönchtums und der Klöster, die ja für die kulturelle und literarische Tätigkeit von großer Bedeutung waren, und schließlich die Liste der Patriarchen des jeweiligen Zeitraums. Der folgende Hauptteil ist der literarischen Produktion der jeweiligen Periode gewidmet, beginnend mit der literischen Tätigkeit der melchitischen Patriarchen, die zunächst noch meist griechische Werke umfaßt, bis das Arabische sich auch hier durchsetzt.

Sind diese Werke noch nach Verfassern und chronologisch geordnet, so ordnet Nasrallah die gesamte melchitisch-arabische Literatur jeder Periode nach Sachgebieten, zunächst die weltliche Literatur, etwa Dichtung, Prosa, Geschichtsschreibung, Geographie, Mathematik, Naturwissenschaft, Medizin, Philosophie und Übersetzungsliteratur. Die religiöse Literatur umfaßt Theologie, Hagiographie, Aszetik und Homiletik, Liturgie, Bibelübersetzung, Exegese und Kirchenrecht. Dankenswert ist noch die abschließende Liste wichtiger Kopisten der verwendeten Handschriften.

Wie man sieht, will sich Nasrallah nicht wie Graf auf das theologische Schrifttum beschränken, sondern möglichst umfassend an Hand des gesamten Schrifttums den Beitrag der Melchiten zur arabischen Literatur und zur arabischen Kultur insgesamt darstellen.

Gegenüber den entsprechenden Abschnitten bei Graf ist festzustellen: neu ist die Aufnahme der Profanliteratur, die theologische Literatur ist ausführlicher behandelt, neue Autoren und Werke mit aufgenommen, die neuesten Werke sind berücksichtigt, die in den 50 Jahren seit Graf erschienen sind. Für die Überblicke über die politische und kirchliche Geschichte der Melchiten zeigt sich Nasrallah auf dem neuesten Stand der Forschung. Sein Werk ist eine wahre Fundgrube für die Geschichte und die gesamte literarische Tätigkeit der Melchiten.

Da die einzelnen Bände bereits ausführlich in zuständigen wissenschaftlichen Zeitschriften wie Orientalia Christiana Periodica, Le Muséon, Proche-Orient Chrétien, Bulletin d'arabe chrétien besprochen worden sind, mag hier eine kurze Inhaltsübersicht genügen, um die große Bedeutung dieses Werkes zu zeigen.

Band II/2: 750-10. Jahrhundert.

Diese Epoche umfaßt politisch Beginn und Glanzzeit der Abbasiden. Bei den Melchiten setzt sich allmählich das Arabische als Umgangs- und bald auch als Literatursprache durch. Griechisch und Syrisch bleiben Liturgie- und Gelehrtensprache. Bald setzt eine lebhafte Übersetzungstätigkeit ein, um Melchiten, aber auch Muslimen wichtige Werke der griechischen Literatur in arabischer Sprache zugänglich zu machen. Anhand der Abschnitte etwa über Theodor abū Qurra (S. 104-134), Patriarch Eutychius I. von Alexandrien (S. 23-34), Agapios von Manbiğ (S. 50-52), Qusṭā ibn Lūqā (S. 52, 57-64, 66-70) kann man sehen, wie weit Nasrallah über Graf hinausführt. Bei dem vielseitigen Qusṭā ibn Lūqā fühlt man allerdings auch die Schwierigkeit, seine über mehrere Literaturgebiete verteilten Werke zusammenzufinden, solange noch kein Registerband, sondern nur das knappe Inhaltsverzeichnis des Bandes zur Verfügung steht. Diese Beobachtungen gelten auch für die übrigen Bände.

Band III/1: 969-1250.

Für den Vorderen Orient eine unruhige Periode: 969 Rückeroberung Antiochiens durch die Byzantiner, 1098 Eroberung Antiochiens durch die Kreuzfahrer, Fatimiden, dann Ayyubiden in Ägypten, Einfälle der Seldschuken. Erstaunlicherweise gelingt es den Melchiten, eine beachtliche literarische Tätigkeit zu entfalten. Unter der byzantinischen Herrschaft regt sich wieder Beschäftigung mit der griechischen Literatur, nicht nur bei den Patriarchen (S. 81-108), sondern auch bei anderen Autoren, besonders Klerikern (S. 109-128). Mit den Kreuzfahrern (1098 bis etwa 1250) drangen auch einige westliche Einflüsse ein, z.B. das Buch der Wunder Mariens, das übers Arabische bis ins Äthiopische gelangte (S. 129f.). Die arabischen Werke dieser Periode zeigen die Vielfalt der von den Melchiten damals gepflegten Gebiete der profanen (besonders Medizin) (S. 139-191) und religiösen (S. 191-400) Literatur. Interessant auch die Zusammenstellung der aus dieser Periode stammenden liturgischen Handschriften in griechisch-arabischer, syrischer, syrisch-arabischer, arabischer und syropalästinensischer Sprache (S. 368-386).

Band III/2: 1250-1516.

Die Herrschaft der Mamluken führte für den Vorderen Orient eine dunkle Epoche herauf, sowohl für die muslimische Kultur als insbesondere für die orientalischen Christen: Unterdrückung, Plünderung von Klöstern und Kirchen, Massaker. Dadurch verursachte vermehrte Übertritte zum Islam und Auswanderung von Christen waren die Folge. Im 14. Jahrhundert wird der Sitz des Patriarchen von Antiochien nach Damaskus verlegt, wodurch das griechische Element in der höheren Geistlichkeit und auch in der Literatur der Melchiten noch weiter zurückgedrängt werden. Das Schrifttum dieser Periode hat nur wenige bedeutende Werke aufzuweisen. Das kann man, rein äußerlich betrachtet, schon daraus ersehen, daß dieser Band nur etwa den halben Umfang von Band III/1 aufweist, obwohl der behandelte Zeitraum etwa gleich lang ist. Statt neuer Werke werden oftmals schon vorhandene Werke bearbeitet, verkürzt, in Enzyklopädien und Wörterbücher eingearbeitet.

Abgesehen von der Medizin wurde in der Profanliteratur (S. 92-112) kaum ein wichtiges Werk geschaffen. Nicht besser sieht es in der religiösen Literatur (S. 112-198) aus, wo sich besonders der Niedergang der Klöster als geistiger Mittelpunkt im literarischen Schaffen nachteilig auswirkt. Hier sind Kontroversen, liturgische Werke und Kirchenrecht die wichtigsten Fachgebiete. Interessant die liturgischen Handschriften in verschiedenen Sprachen, zum Teil mit musikalischer Notation (S. 157-172).

Band IV/1: 1516-1724.

Dieser 1979 als erster erschienene Band IV/1 legte die Gliederung und den Aufbau für das Gesamtwerk fest, dem alle bisher erschienenen Bände dieses umfangreichen Werkes folgen.

Nach der Mamlukenzeit beginnt die Ottomanische Epoche von 1516 bis zum Beginn des 20. Jahrhunderts und mit ihr wieder ein beachtlicher Aufschwung der literarischen Tätigkeit.

Trotz der zeitweise schwierigen Verhältnisse entfalten die Melchiten in dieser Zeit eine umfangreiche literarische Tätigkeit. Dabei gehen mehrere Patriarchen mit gutem Beispiel voran. Von Antiochien sind vor allem zu nennen Patriarch Euthymius Karma (1572-1635, S. 70-86), Makarius III. Zaʿīm (1647-1672, S. 87-127) und Athanasius Dabbās (1720-1724, S. 132-146). Auch hier kann man bei einem Vergleich mit Graf sehen, wie weit N. über die GCAL hinausführt. Die Patriarchen von Jerusalem und Alexandrien bedienen sich meist der griechischen Sprache und sind literarisch weniger aktiv. Die religiöse Literatur umfaßt Kontroversen (S. 181-205), in denen jetzt auch Katholiken und Protestanten als Gegner auftauchen. Eine rege Übersetzungstätigkeit, vor allem aus dem Griechischen, setzt ein, die Geschichtsschreibung wird gepflegt (S. 218-228), die Medizin (S. 242-244) tritt gegenüber früher zurück, die Predigt (S. 249-256) gewinnt, wohl durch die Tätigkeit der lateinischen Missionare, an Bedeutung, Liturgie (S. 256-273) und Kirchenrecht (S. 273-289) werden gepflegt. Eine ansehnliche Reihe von Kopisten (S. 300-309) beschließt den Band.

Band IV/2: 1724-1800.

Das Jahr 1724 ist als Anfangspunkt dieser Periode gewählt, weil sich in diesem Jahr die melchitische Kirche von Antiochien in zwei Zweige spaltet, einen katholisch-melchitischen (»mehr römisch als katholisch«) und einen orthodox-melchitischen (»mehr konstantinopolitanisch als antiochenisch«, wie N. S. 7 vermerkt). Die literarische Tätigkeit der nunmehr vier melchitischen Patriarchen ist eher bescheiden (S. 43-104). In der religiösen Literatur nehmen nun die Kontroversen (S. 105-251) einen breiten Raum ein: katholische und orthodoxe Melchiten gegeneinander, weiter Kontroversen gegen Nichtchalzedonenser, Muslime, Juden, aber auch gegen Maroniten und Lateiner. Hier sind besonders ʿAbdallah Zāḫer (1680-1748, S. 111-138) und Germanos Ādam (1725-1809, S. 161-180) zu nennen. Demgegenüber treten Werke über Philosophie, Homiletik und Exegese zurück. In der Profanliteratur sind Dichtung, Medizin und Arbeiten über die arabische Sprache vertreten. Beliebt sind Reisebeschreibungen (S. 300-304), gepflegt wird eifrig die Geschichtsschreibung (S. 305-329). Für weitere Forschungen wichtig sind die Verzeichnisse von Archivmaterialien in den Archiven der Patriarchate, Bistümer und Klöster (S. 329-353). Es folgen Werke zur Liturgie (S. 353-369) und zum Kirchenrecht (S. 369-387), wo Entscheidungen der Patriarchen, der Konzilien und des Apostolischen Stuhles zusammengestellt sind.

Damit umfassen die fünf vorliegenden Bände den zusammenhängenden Zeitraum von 750 bis 1800 und stellen die gesamte literarische Tätigkeit der Melchiten in diesem Zeitraum zusammen, und damit auch den Beitrag, den die Melchiten zur arabischen Literatur insgesamt geleistet haben. Nach dem Gesamtplan dieser umfassenden Literaturgeschichte fehlen nur noch die Darstellungen der Perioden 451-750 und 1800 bis Anfang des 20. Jahrhunderts. Es wäre sehr zu wünschen, daß Mgr. Joseph Nasrallah, zusammen mit Prof. Rachid Haddad, noch die Schaffenskraft hätte, dieses umfassende Werk abzuschließen. Für wichtiger als die Veröffentlichung der noch fehlenden Bände würde ich allerdings die Schaffung eines möglichst ausführlichen Registerbandes halten, damit die erstaunliche Materialfülle dieses Werkes erst so richtig erschlossen und leicht zugänglich gemacht wird.

Nasrallah hat mit diesem Werk sicher ein grundlegendes *instrument de travail* (Vol. IV/1, S. 7) geschaffen, auf das kein Forscher auf diesem Gebiet in Zukunft wird verzichten können. Es ist seiner Meinung nach aber nicht *une œuvre définitive*, sondern *perfectible*. Möge es viele Forscher anregen, auf dem Gebiet der christlich-arabischen Literatur weiter zu arbeiten! Das wäre für Mgr. Nasrallah wohl der schönste Dank für seine große Mühe.

Julius Aßfalg

S. P. Cowe, *Commentary on the Divine Liturgy by Xosrov Anjewacʿi. Translated with an Introduction* (New York 1991), 263 S.

Der Autor hat hier eine äußerst wichtige Quelle für die Entwicklungsgeschichte der armenischen Athanasiusanaphora ins Englische übersetzt, wobei auch der armenische Text (Venedig 1869) reproduziert worden ist, was einen raschen Vergleich zwischen Original und der gelungenen Übersetzung ermöglicht. Damit ersetzt diese Veröffentlichung die von P. Vetter im letzten Jahrhundert erschienene lateinische Übertragung (*Chosroae magni episcopi monophysitici explicatio precum missae* [Freiburg 1880]). Die neue Übersetzung ist jedoch weit mehr als nur eine Übertragung des armenischen Textes in eine westliche Sprache. Eine äußerst informative Einleitung, die sich in fünf Teile gliedert (1. Biographische Angaben über Xosrov, 2. Xosrov und die Gestalt der armenischen Liturgie, 3. seine Methode und sein Stil, 4. Überblick über Xosrovs Theologie, 5. die Kommentare nach Xosrov), läßt erkennen, daß der Autor nicht nur mit dem spannungsreichen historischen Hintergrund bestens vertraut ist, sondern auch auf liturgiewissenschaftlichem Gebiet wesentliche Dinge zur Sprache bringen möchte.

Zu begrüßen ist auch die Tatsache, daß der Autor (auf S. 93) die einzelnen Paragraphen in Xosrovs Kommentar dem von T. Nersoyan herausgegebenen *Textus receptus* mit einer englischen Übersetzung (New York 1950) gegenüberstellt, was einen Vergleich zwischen Xosrovs Kommentar mit der jetzigen Athanasiusliturgie für westliche Liturgiewissenschaftler, die des Armenischen nicht mächtig sind, erleichtert.

Die englische Übersetzung des Kommentars ist darüber hinaus mit wichtigen Anmerkungen versehen, die weitere Auskunft über die armenischen liturgischen Gebräuche gibt. Die Arbeit wird mit bibliographischen Angaben und zwei Sachregistern abgerundet.

Besonders geglückt scheint mir der geschichtliche Überblick über das Leben Xosrovs und seine Zeit; aber auch die Zusammenschau über die verschiedenen armenischen Anaphoren (S. 19-25) und die verschiedenen Kommentare nach Xosrov (S. 87-90) verdienen besonders hervorgehoben zu werden.

Ich möchte nun noch auf einige *Errata* hinweisen und zudem einige liturgiewissenschaftliche Vorschläge machen.

Die Transliteration: tʿ, čʿ, cʿ, pʿ und kʿ (nicht: t’, č’, c’, p’ und k’) in der gesamten Veröffentlichung

S. 26:	fehlt die Anm. 51 (die Angaben der Anm. 51, S. 46 bedürfen zudem der Klärung; so z. B. S. 500-501)
S. 35 Anm. 81:	scheint mir nicht mit dem in der Anm. 81 angegebenen Artikel übereinzustimmen
S. 41 Anm. 8:	Sahak (nicht: Sahaks)
S. 43 Anm. 27:	besser als Ms *17* (*olim 15*) anzuführen, denn in einigen Veröffentlichungen wird diese Hs als Nr. 17, in anderen als Nr. 15 angegeben; s. dazu die Beschreibung in Catergian/Dashian, *Die Liturgien bei den Armeniern* .. (Wien 1897), p. 81.
S. 45 Anm. 35:	königlichen [so im Titel] oder kgl. (nicht: k.), Staatsbibliothek (nicht: Stadtsbibliothek
Anm. 40:	Der volle Titel lautet: *Girkʿ or kočʿi* meknutʿiwn ... (nicht: Meknutʿ iwn ...); cf. H. S. Anasyan, *Hay hnatip grkʿi matenagitakan cʿucʿak 1512-1800* (Erevan 1963), p. 97 (377).
	Außerdem ist der Kommentar 1730 herausgekommen (nicht 1730-1737); so in Anasyan, *op. cit.*, p. 97 (377)
S. 46 Anm. 42:	Titel und Seitenangaben sind ungenau; es sollte heißen: »Žamakargutʿean meknutʿiwn əndarjak Stepʿannosi Imastasiri Siwneacʿ episkoposi«, *Ararat* (1915), p. ... 485 (nicht: 495)-496

S. 255-256: S. Salaville, »Consécration ... Nersès (nicht: Nerses) ...«, *Les Échos d'Orient* 16 (nicht: 46); *idem*, »Explication«, *EO* 39 (1940-1942) [nicht: 1940].

Die strukturelle Gliederung der Anaphora scheint mir nicht immer ganz geglückt zu sein (cf. S. 24, 31, *passim*). Aus einer liturgiewissenschaftlichen Perspektive würde ich folgende Vorschläge machen: Bei der Gliederung der liturgischen Bausteine sollte die Terminologie für die strukturellen Bestandteile verwendet werden, die sich in der liturgievergleichenden Analyse durchgesetzt haben: so z. B. »Transfer of gifts« als Überschrift anstelle von »Holy Sacrifice« (S. 31).

Bei den Diptychen (S. 34), d. h. dem *anaphorischen Fürbittgebet*, sollte nicht von »Intercessions« und »Litany of Intercessions« gesprochen werden, sondern von der Tatsache, daß sich die Diptychen in das Fürbittgebet für die Lebenden und Verstorbenen gliedern (darüber noch mehr weiter unten).

Für das Trishagion am Anfang und Ende des armenischen Stundengebetes (s. des Autors Erläuterung zu »*čašu žam*«, S. 26) sollte die ausführliche Analyse in G. Winkler, »The Armenian Night office I ...«, *Journal of the Society for Armenian Studies* I (1984), p. 97-99 konsultiert werden, denn hier kommen *armenische* liturgische Gebräuche zur Sprache. Erwähnenswert wäre bei Nersēs Lambronacʿi vielleicht auch noch die Tatsache gewesen, daß weite Teile dieses Kommentars von B. Talatinian (mit gegenüberliegendem armenischen Text) ins Italienische übersetzt wurden: »Florilegio dall'opera ›Spiegazione della Santa Messa‹ di Nerses Lambronatzi arcivescovo armeno di Tarso (1152-1198)« in: G. C. Bottini (Hrsg.), *Studia Hierosolymitana III. Nell'ottavo Centenario Francescano (1182-1982)* [= Studia biblica francescana. Collectio maior 30, Jerusalem 1982), p. 9-245. Über die Gestalt der Anaphora zur Zeit des Lambronacʿi hat außerdem J. Sab einen Artikel verfaßt: »La forma dell'eucharistia e l'epiclesi nella liturgia armena secondo Nerses Lambronatzi«, *Studia Orientalia Chr. Collectanea* 4 (Kairo 1959), p. 131-184.

Zu den Interzessionen (S. 30, 33, *passim*) wäre vielleicht ganz generell folgende Information wünschenswert gewesen:

Kʿaroz (»Fürbittgebet«, »intercessions«) und *Ałōtʿkʿ* (»collect«) bilden eine Einheit. *Kʿaroz* ist ein Lehnwort aus dem Syrischen. Zum syrischen Fürbittgebet (*Kārōzūtā*) sind vor allem die Arbeiten von J. Mateos und A. Baumstark heranzuziehen.[1] Zum armenischen Fürbittgebet mit der Kollekte bietet sich auch ein struktureller Vergleich mit der byzantinischen *Synaptē* (und der *Aitēseis*) und *Ektenē* an.[2] Zur Entwicklungsgeschichte der armenischen Interzessionen sind z. B. auch die Schriften des Yovhannēs Ōjnecʿi zu konsultieren.

Außer *Kʿaroz* und *Ałōtʿkʿ* existieren im Armenischen auch noch *Małtʿankʿ* (»Supplikationen«),[3] die mit *Kʿaroz* und *Ałōtʿkʿ* eine innere Einheit bilden. Auch den *Małtʿankʿ*, die z. B. im Nacht- (*Gišerayin*) und Sonnenaufgangs-Offizium (*Arewagali*) vorkommen, muß noch nachgegangen werden, denn sie tauchen zwar im Kommentar des Xosrov auf,[4] scheinen jedoch Stepʿanos Siwnecʿi und Yovhannēs Ōjnecʿi noch unbekannt gewesen zu sein. Im 10. Jahrhundert zur Zeit des Xosrov hat es

1 Cf. J. Mateos, *Lelya-Ṣapra. Les offices chaldéens de la nuit et du matin* (= OCA 156, Rom 1976), p. 489; A. Baumstark, *Festbrevier und Kirchenjahr der syrischen Jakobiten. Eine liturgiegeschichtliche Vorarbeit* ... (Paderborn 1910), p. 86, 116, 117 ff., *passim*.

2 S. dazu L. Clugnet, *Dictionnaire grec-français des noms liturgiques en usage dans l'Église greque* (Paris 1895), p. 4, 45, 145; J. Mateos, »La synaptie et l'origine des trois antiphones« in: *La célébration de la parole dans la liturgie byzantine. Etude historique* (= OCA 191, Rom 1971), p. 29-33; *idem*, *Le Typicon de la Grande Église* ... II (= OCA 166, Rom 1963), p. 279, 293, 320; *La prière des heures* I ... (Chevetogne 1975), p. 505, 507, 512. Zum armenischen Fürbittgebet cf. M. Ōrmanean, *Cisakan bararan* (Antilias 1957), p. 216-218.

3 Cf. Ōrmanean, *Cisakan bararan*, p. 269.

4 Cf. *Girkʿ or kočʿi meknutʿiwn ałōtʿicʿ* (1730), p. 48.

offensichtlich sogar unterschiedliche *Małtʻankʻ* für verschiedene Anlässe gegeben.[5] Hacʻunis Hinweis, daß die *Małtʻankʻ* im 14. oder 15. Jahrhundert aufgekommen sind,[6] bedarf aufgrund des Zeugnisses von Xosrov einer Korrektur.

Mit dem mißglückten Unterschied zwischen »Intercessions« und »Litany of Intercessions« (cf. S. 34, *passim*) ist das *anaphorische Fürbittgebet* (oder Diptychen) gemeint, das in die Fürbitten *für die Lebenden und die Toten* gegliedert ist, nach Xosrov jedoch bereits folgende Struktur aufweist:

1. für die Lebenden: §§ 106-109,
2. für die Toten: §§ 110-115,
3. nochmals für die Lebenden: §§ 116-130,
4. nochmals für die Toten: § 131.

Somit sind folgende Fragen zu klären:

I. Das genaue Verhältnis zwischen Xosrovs Angaben und dem *Textus receptus* bedarf einer eingehenden Untersuchung. Für den *Textus receptus* hat bereits H. Engberding an einigen Stellen eine große Affinität mit der byzantinischen Basiliusanaphora festgestellt (worauf auch der Autor hingewiesen hat).

II. Bereits zur Zeit des Xosrov Anjewacʻi ist es offensichtlich zu einer Überlagerung von zwei verschiedenen Traditionssträngen gekommen, was noch genau untersucht werden sollte, denn bei 3-4 handelt es sich eindeutig um eine *Wiederholung* der Fürbitten für die Lebenden und die Toten (s. dazu H. Engberding in *REA* 4 [1967], p. 53-55).

In seinen Anmerkungen zur englischen Übersetzung heißt es (auf S. 233) bei § 15,1:

> More recent manuscripts add here:
> The people says [*sic*] »Amen.«
> The priest says, »Blessed be our Lord Jesus Christ.« etc.

Zu »Blessed be our Lord Jesus Christ« (armenisch: *Ōrhneal Tēr mer Yisus Kʻristos: Amēn*) ist folgendes zu sagen:

Diese den Armeniern eigene christologische Doxologie hat an sich ein sehr hohes Alter[7] und ist über das armenische Stundengebet auch in die Meßliturgie eingedrungen. Xosrov ist diese Doxologie an dieser Stelle noch unbekannt, jedoch Nersēs Lambronacʻi kennt sie bereits.[8] Somit kann angenommen werden, daß sie zwischen dem 10.-12. Jahrhundert in die Meßliturgie Eingang gefunden haben dürfte.

In § 137, dem Beginn von Xosrovs Kommentar zum *Hayr mer*, dem »Vater unser«, könnte darauf hingewiesen werden, daß das Herrengebet vom Initiationsritus aus dann auch *zuerst* in die Eucharistiefeier (wie Anjewacʻis Kommentar zur Anaphora belegt) und *später* erst ebenso in das Stundengebet Eingang fand.

Yovhannēs Ōjnecʻi und Stepʻanos Siwnecʻi schweigen über das »Vater unser« in ihren Kommentaren zum Offizium. Das gleiche gilt für Xosrov Anjewacʻis Erläuterung des Offiziums. In meiner Untersuchung hatte ich aufgrund einer liturgievergleichenden Analyse angenommen, daß das Herrengebet noch zwischen dem 10.-11. Jahrhundert das Offizium einleitete und beendete.[9]

Es zeigte sich jedoch, daß die armenischen Quellen des 13.-15. Jahrhunderts das »Vater unser« offensichtlich nur für das Ende des Offiziums vorsahen (s. z. B. die in Hacʻuni zitierten Quellen: Makʻeneacʻ Xratkʻ, Yovhannēs Erznkacʻi, Grigor Tatʻewacʻi, Tʻovma Mecopʻecʻ). So ist vielleicht

5 *Ibid.*
6 Cf. V. Hacʻuni, *Patmutʻiwn Hayocʻ ałōtʻamatoycʻin* (Venedig 1965), p. 304-305.
7 Cf. Winkler, »Armenian Night Office I«, p. 94-105.
8 S. dazu Catergian/Dashian, p. 274 (Krit.App.).
9 Cf. Winkler, »Armenian Night Office I«, p. 6-7 und Anm. 61.

anzunehmen, daß das »Pater noster« zuerst das Offizium abgeschlossen hat und daß es erst nach dem 15. Jahrhundert dann auch noch zu Beginn zum Vortrag kam.[10]

Abschließend möchte ich nochmals betonen, daß wir dem Autor mit der Übersetzung dieser hochbedeutsamen Quelle und mit den zahlreichen informativen Anmerkungen einen neuen Zugang zur Evolution der Athanasiusliturgie verdanken.

Gabriele Winkler

Bernard Coulie, Répertoire des bibliothèques et des catalogues de manuscrits arméniens, Brepols-Turnhout, 1992, XIII-255 pages (*Corpus Christianorum*).

Les manuscrits arméniens ont partagé le sort de la nation arménienne, si souvent repoussée de son propre territoire. Ils ont voyagé plus encore que les manuscrits grecs. Leur histoire compliquée coïncide bien souvent avec l'interminable exode auquel les Arméniens se sont trouvés livrés dès le premier millénaire. En répertoriant les catalogues et les fonds aujourd'hui existants, nul n'est plus conscient que B. C. de toucher plus d'une fois à une histoire si contemporaine, que plus d'un manuscrit en possession privée hésite à se voir dévoilé. Le nombre croissant des connaisseurs de la littérature arménienne autant que la parution des deux tomes de Yerevan pour plus de 10000 manuscrits rendait la question des origines pressante. De la masse et de l'émiettement des données, B. C. a tiré un ensemble d'une clarté exceptionnelle, plaçant au début les catalogues antérieurs ou spécialisés par matière ou par pays, où se distingue l'apport pratique de J. Aßfalg dans le cas de l'Allemagne, pour aboutir au catalogue topographique, p. 13 à 229. Pour donner une idée de l'ampleur de l'enquête, on notera quelque 550 entrées, où cependant plus d'un nom de ville intervient deux fois, avec renvoi à l'orthographe française du nom là où elle s'impose. Plus d'une ville possède une série de fonds: Paris y emporte la palme avec 33 entrées. L'intérêt du classement topographique réside dans le fait que souvent un manuscrit n'est pas toujours demeuré au même endroit. Dès que c'est le cas, un renvoi indique la résidence ultérieure du manuscrit. La multiplication de ces poteaux indicateurs est d'ailleurs reprise dans l'index, p. 231-265, où le dépôt antérieur du manuscrit est indiqué. Sans doute le Matenadaran d'Erevan, grâce aux index des deux tomes généraux, permettait de transcrire assez aisément en trente-trois pages les fonds d'origine. Plus d'une fois cependant, on remarquera que les enquêtes ont été menées au-delà des indications des catalogues de Yerevan. On a ainsi l'amorce d'une histoire général des transferts de fonds de manuscrits. Nombre de fonds disparus sont décrits, tels celui de H. Č'erk'ezian (1731-1796) à Merzifon, dont d'après une liste manuscrite 62 mss allèrent d'abord à l'Institut Lazareff à Moscou en 1822, avant que ceux-ci aboutissent à Erevan en 1925. On nous permettra de noter ici qu'à Moscou, Bibliothèque Lénine, il y avait en 1975 quelques suppléments en sus des 21 manuscrits notés en 1947 par L. Xačikyan (p. 131): les deux grands feuillets catalogués Fonds Arménien 180, n° 24 furent alors transférés à Erevan et replacés dans le ms. 7729, le gros manuscrit de Muš, dont ils avaient été arrachés. Il serait impardonnable de terminer de compte-rendu sans mentionner la haute tenue de l'impression, qui fait de ce répertoire une œuvre d'art du seul point de vue bibliophile. Le répertoire de B. C. prolonge et perfectionne l'instrument jadis créé par Marcel Richard pour les fonds de manuscrits grecs.

Michel van Esbroeck

10 Cf. Ōrmanean, *Cisakan bařaran*, p. 206; Hac'uni, *Patmut'iwn*, p. 246-248.

Alexander Böhlig: Gnosis und Synkretismus, 1. und 2. Teil, J. C. B. Mohr (Paul Siebeck), Tübingen 1989 (Wissenschaftliche Untersuchungen zum Neuen Testament 47/48), XXII, 1-370 und 371-765; 128,– DM und 118,– DM.

Alexander Böhlig hat – ausgehend von seiner Editionsarbeit an den koptischen Manichaica[1] – sich in immer wieder neuen Ansätzen mit dem Manichäismus auseinandergesetzt, zu dem Problem der Gnosis und seiner Erhellung Entscheidendes und Bleibendes beigetragen. So ist es nur zu begrüßen, daß nach der Aufsatzsammlung »Mysterion und Wahrheit«[2] nun in zwei Bänden ein erheblicher Teil seines Lebenswerkes leicht zugänglich ist. Vor allem handelt es sich um keinen einfachen Nachdruck weit verstreuter Aufsätze, ein immer wieder nützliches Unterfangen, sondern um eine einheitliche, durchgesehene Neuedition von Arbeiten aus den Jahren 1966-1988, in vier Abteilungen geordnet und mit ausführlichen Registern der Stellen, der Autoren sowie der Namen und Sachen versehen. Zu begrüßen ist, daß die Register auch den Band »Mysterion und Wahrheit« einschließen und so das Gesamtwerk leicht erschließen.

In einem ausführlichen Vorwort zeigt Alexander Böhlig die Bedeutung des Oriens Christianus auf, weist seinen Arbeiten ihren Platz in der Geschichte der Forschung an und stellt die Zusammenhänge klar. Angesichts so mancher Verwirrung in der Gegenwart ist das klare Wort eines ausgewiesenen Kenners zum Manichäismus zu beachten: »Nicht manichäische Ideen sind in der kirchlichen Christologie zu finden, sondern die Christologie ist für Mani, der sich ›Apostel Jesu Christi‹ nennt, der Ausgangspunkt« (P. XVII).

Nach dem Abkürzungsverzeichnis folgt dann der erste Hauptteil »Allgemeine Probleme«. Hier finden wir seine Arbeit zur Struktur des gnostischen Denkens, in der er die gnostische Haltung als religiöse definiert, die Trennung von der Welt, die Bedeutung des Dualismus und die Notwendigkeit der Offenbarung durch einen himmlischen Gesandten betont. Da diese Haltung sich der religiösen und philosophischen Bewegungen, ihrer Vorstellungen und Begriffe bedient, kann ihr ein parasitärer Zug nachgesagt werden. Böhlig lehnt die Vorstellung von einem Urmythos der Gnosis ab und sieht den gnostischen Mythos als variabel an, was selbst für die Manichäer gelte. Teilmythen sind immer schon Bestandteile eines Gesamtweltbildes, also eines Gesamtmythos. Griechisch ist das Ordnungsprinzip der gnostischen Mythen, also die Bedeutung der Zahl: Dreiheit in erster Linie. Einheit und Zweiheit sieht Böhlig weiter als metaphysische Voraussetzung für das Enkratieverständnis in der Gnosis. Der dem Gnostizismus nachgesagte Libertinismus geht wahrscheinlich nur auf Verleumdung durch die Antignostiker zurück (p. 27). Vielmehr gilt es, die Dualität der Geschlechter zu überwinden (p. 28). Zu beachten ist, daß Erlösung durch Information stattfindet, auf Grund deren der Gläubige zu handeln versteht (p. 42). Auch das Problem der Widergötter im Gnostizismus wird behandelt. Hier liegt ebenfalls ein Denkschema mit dualistischem Ansatz vor. Weiter wird der Name Gottes in Gnostizismus und Manichäismus behandelt. Böhlig zeigt, daß der ferne Gott, der hinter dem Schöpfergott steht, ebenfalls schöpferisch tätig ist. Er schafft nicht aus dem Nichts, sondern bringt aus sich selber Lichtgrößen hervor, so daß eine transzendente Götterwelt entsteht (p. 80). Aber auf jeden Fall soll der ferne Gott, der Vater, nicht zu nahe an die Schöpfung herangerückt werden. Die gnostische Vorstellungswelt nutzt bei der Nomenklatur bei göttlichen

1 Manichäische Handschriften der Staatlichen Museen zu Berlin, herausgegeben im Auftrage der Preußischen Akademie der Wissenschaften unter Leitung von Prof. Carl Schmidt: Band 1, KEPHALAIA, 1. Hälfte (Lieferung 1-107), mit einem Beitrag von Hugo Ibscher, Stuttgart 1940, p. IV: Die ersten beiden Doppellieferungen hat Dr. H. J. Polotsky bearbeitet. Von S. 103 ab ist Dr. A. Böhlig an seine Stelle getreten.

2 Institutum Iudaicum Tübingen Otto Michel: Arbeiten zur Geschichte des späteren Judentums und des Urchristentums, Band VI, MYSTERION UND WAHRHEIT, gesammelte Beiträge zur spätantiken Religionsgeschichte von Alexander Böhlig, Leiden 1968.

und Engelfiguren entweder Umschreibungen der Funktion bzw. der Eigenschaften oder mythologische Namen (p. 97). Markante Beispiele für die Übersetzung von Namen in der Mission liefert der Manichäismus (p. 100). Manichäische Texte in unterschiedlichen Sprachen nutzen unterschiedliche Nomenklaturen (p. 101). Weiter befaßt sich Böhlig mit der Frage von Prädestination in Manichäismus und Christentum. Er betont dabei, daß Mani Paulos als den großen Apostel Jesu betrachtet und auch sich selbst als Apostel Jesu ansieht (p. 110). Wie Paulos fühlt er sich dazu berufen, das Werk Jesu als Paraklet zu vollenden (p. 112). Wille und Vorherbestimmung, Prädestination und Werkgerechtigkeit bleiben jeweils in ihrem Spannungsverhältnis bestehen (p. 125). Weiter wird konsequent nach den gnostischen Grundlagen der Civitas-Dei-Vorstellung bei Augustinus gefragt. Als ehemaliger Manichäer war er Gnostiker einer besonders profilierten Richtung (p. 127). So stellt Böhlig einen Parallelismus der Gedanken bei Augustinus und den Verfassern der gnostischen Sethschriften fest (p. 134). Außerdem wird die interessante Vorstellung vom Lichtkreuz in Gnostizismus und Manichäismus behandelt. Dabei ist bemerkenswert das Problem der Glorifizierungstheologie und der Leidenstheologie (pp. 135/36). Das Lichtkreuz wird als Mythologumenon bezeichnet, als eine kosmologische Spekulation, deren Wurzeln in griechischer Philosophie liegen (pp. 160/61). Außerdem geht es um Jakob als Engel in Gnostizismus und Manichäismus. Byzanz und der Orient, Gedanken zu ihrer Begegnung hingegen geht von Konstantinopel als Stadt zwischen Europa und Asien aus. Für Byzanz ist ein ständiger Austausch zwischen griechischer Denkrationalisierung, orientalischem Radikalismus und gläubiger Hingabe charakteristisch (p. 197). Den syrischen Liber Graduum zeigt Böhlig als nach rhetorischen Formen aufgebaut (pp. 198-209).

Der nächste Hauptteil trägt die Überschrift »Nag Hammadi« und ist Zeugnis der Leistung des Verfassers in der Erschließung der koptischen Bibliothek von Chenoboskion. Zunächst geht es um die Typen des Gnostizismus und seines Schrifttums. Wichtig ist der Zug zum Spiritualisieren bei den Gnostikern. Bei mancher Erwähnung von dem, was wir »Sakrament« nennen würden, ist die Frage nach dem konkreten Inhalt sehr schwer zu lösen (p. 215). Böhlig gelingt hier eine plausible Einteilung des vorhandenen Schriftgutes und vor allem eine Charakterisierung des Gnostizismus in seinen konkreten Ausprägungen. Damit im Zusammenhang steht dann die Behandlung des »Pluralismus« in den Schriften von Nag Hammadi. Das Verhältnis von Form und Inhalt zu analysieren, ist für die Gnosisinterpretation eine notwendige Aufgabe (p. 229). Das pluralistische Nebeneinander, besonders in Ägypten, ist zu beachten (pp. 231/32). Neben dem Pluralismus ist der freie Umgang mit Mythologemen zu beachten (pp. 232-250). Eine Arbeit über die griechische Schule und die Bibliothek von Nag Hammadi sucht die hellenischen und hellenistischen Einflüsse zu erkennen. Böhlig betont die Notwendigkeit einer gewissen Bildung für den Gnostiker. Das gnostische Schrifttum kann nur richtig analysiert werden, wenn man den Einfluß der griechischen Schule von der Elementarschule bis zur Philosophenschule beachtet (p. 256). Angefangen von dem Alphabet, dessen Buchstaben kosmische Elemente sind (Bedeutung der Zahl), behandelt der Autor in diesem wichtigen Aufsatz das Problem gründlich. Ohne seine Beachtung fehlen dem modernen Leser wesentliche Kenntnisse, um die Texte verstehen zu können (pp. 251-288). Eine weitere Arbeit widmet sich Triade und Trinität in den Schriften von Nag Hammadi und versucht urchristliche und gnostische Trinitätslehre in ihrem Zusammenhang zu schildern. Weiter wird der Gottesbegriff des Tractatus Tripartitus (Nag Hammadi I,5) behandelt. Die Vorstellung von einer göttlichen Urdreiheit ist für den Gnostizismus durchaus charakteristisch (p. 313). Judentum, Christentum und griechische Philosophie spielen eine Rolle. Böhlig sieht in Folge der starken Hinwendung zum Christentum in dem behandelten Abschnitt einen bedeutsamen Beitrag zur altchristlichen Theologie bei der Durchsetzung ihres Kerygmas (p. 340). Das Ägypterevangelium wird als Dokument des mythologischen Gnostizismus abgehandelt. Wie kann diese mythologische Arbeit als Evangelium bezeichnet werden? Der Mythos des Ägypterevangeliums umfaßt den Weg vom Anfang bis zum gegenwärtigen Heil (p. 351). Die zusätzliche Bezeichnung der Schrift als ein Evangelium dient als Zeichen für die Bedeutung, die ihr bei den Sethianern beigelegt wurde (p. 362). In vier Exkursen wird durch entsprechende Tabellen das mythologische Geschehen verstehbar und vor allem auch durchschaubar gemacht (pp. 363-370).

Der nächste Teil enthält Philologisches zu Nag Hammadi. Da geht es zunächst um die Ursprache des Evangeliums Veritatis. Böhlig setzt sich hier mit dem immer wieder auftauchenden Problem einer Direktübersetzung aus dem Syrischen in das Koptische auseinander. In diesem Falle scheint Böhlig sogar eine griechische Urschrift anzunehmen (p. 391). Bisher ist es überhaupt noch nie gelungen, eine Direktübersetzung aus dem Syrischen nachzuweisen. Syrische Literatur erreicht das Koptische stets über eine griechische Zwischenübersetzung. Das entspricht auch der wirklichen Situation. Griechisch ist Amtssprache und Lingua franca. Noch in arabischer Zeit korrespondieren die Ägyptische und die Westsyrische Kirche auf Griechisch (in der Tendenz ähnlich Böhlig auf p. 392). Umgekehrt ist das Koptische eine betont lokal-ägyptische Sprache, die nicht für den Außenverkehr genutzt wird, wohl außerhalb Ägyptens auch kaum verstanden wird. Man nimmt viel Fremdes auf und – was wichtig ist – verarbeitet es koptisch. Auch Äthiopien erreicht koptische Literatur nur über das Medium der arabischen Übersetzung. Selbst in Nubien, wo Direktübersetzung aus dem Koptischen historisch wahrscheinlicher ist, scheint nach G. Browne viel aus dem Griechischen übersetzt worden zu sein. In Anbetracht der stets relativ großen syrischen Kolonie in Ägypten ist die Konsequenz aus diesem Befund nicht ohne Interesse. Man muß annehmen, daß dem allgemeinen Verkehr stets das Griechische diente und es nicht zu seiner sprachlichen kopto-syrischen Symbiose kam. Eine weitere Arbeit gilt der Apokalypse des Petrus und hier speziell dem auf das Gruß- und Mahnwort Jesu folgenden, oft mißverstandenen Schlußsatz. Böhlig vermag an diesem Satz zu zeigen, daß der Verfasser dieser gnostischen Schrift bei der Gestaltung des Werkes auf eine Erzählung der Apostelgeschichte zurückgegriffen habe (p. 398). In der »Autogenes« (ein Gott besitzt in gnostischen Texten die bestimmte Qualität dazu) betitelten Schrift widmet er sich der Stellung des adjektivischen Attributs im Koptischen, indem er von Elmar Edels Altägyptischer Grammatik ausgeht. Es geht um die Konstruktion des vorangestellten Attributs zwecks Abgrenzung des betreffenden Nomens. Ein wichtiges Problem stellen die aramäischen Elemente in den Texten von Nag Hammadi dar. Böhlig stellt fest, daß auch die christlichen Theologen ihre Werke auf Griechisch verfaßten. Das Koptische diente in erster Linie dem liturgischen Gebrauch und außerdem zur Verbreitung erbaulicher Literatur. Der koptischen Sprache sagt er Unbeholfenheit nach (p. 414). Böhlig behandelt zunächst die Frage der Manichaica, bei denen auch eine Übersetzung aus dem Griechischen und nicht direkt dem Syrischen anzunehmen sei. Genau sucht er aramäische Namen zu analysieren und geht auch der Frage nicht mehr verstandener Volksetymologien nach. Weiter geht es um aramäischen Einfluß, wenn man annimmt, daß gewisse gnostische Schriften »vielleicht in Edessa« syrisch verfaßt worden seien. Böhlig erweist sich in seiner Besprechung als sehr vorsichtig, in einigen Fällen als übermäßig skeptisch. Seine sechs Thesen (p. 453) zeigen, daß er eine Rückführung koptisch-gnostischer Texte auf syrische Originale für nicht notwendig hält (p. 453). Im Grunde sieht er alles mehr oder weniger durch den damaligen Stil Heiliger Sprache erklärt und lehnt alle bisherigen Versuche ab, Originale aramäischer Herkunft hinter den gegenwärtigen griechisch-koptischen Texten zu finden. Trotz einiger Bemerkungen bleibt dann aber die Frage nach Edessa als Zentrum der Apostel-Thomas-Tradition und der mit ihr zusammenhängenden syrischen Literatur im weiteren Sinne ungeklärt. Hier fehlt uns die original syrische Textüberlieferung.

Der Schlußteil ist dem Manichäismus gewidmet; einem Forschungsgebiet, auf dem der Autor als Nestor bezeichnet werden kann. Er widmet sich hier zunächst der religionsgeschichtlichen Einordnung des Manichäismus, einem seit F. C. Baur zuweilen erbittert diskutierten Problem. Böhlig sieht – worin ihm voll zuzustimmen ist – bei aller Bekanntschaft mit anderen Religionen und Weltanschauungen Mani in seinem Glauben und seinem System von einem häretischen Christentum initiiert (p. 458). Mani war von Jugend auf in einer christlichen Gruppe erzogen worden. Auch nach seinem Bruch mit ihr war er Christ, wenn auch heterodoxer Art geblieben (p. 473). Mani's Kenntnis des Buddhismus bezeichnet Böhlig als oberflächlich (p. 480). Mani's Thema ist die Erlösung des Erlösers und damit 1. Kor. 15,28. Mani schuf, ausgehend von einem häretischen Christentum, eine eigene Kirche, die sich in Folge ihrer antikosmischen Haltung über den Dualismus des Mazdaismus radikal hinaus entwickelte und sich vom Christentum emanzipierte: Manichäer, nicht Christen (p. 481). Weiter geht es um den Synkretismus des Mani – und zwar um denjenigen der Persönlichkeit Mani. Bardesanes von Edessa war nicht ohne Einfluß auf ihn (p. 488). Mani hat Beten, Fasten und Almosengeben wahrscheinlich schon in seiner judenchristlichen Periode angenommen. Den Gebrauch der Bibel und insbesondere der Worte Jesu und des Apostels Paulos hat er erst in seiner Begegnung mit den christlichen Häretikern recht entwickelt (p. 505). Er ging einst von den Elkesaiten, die er reformieren wollte, weg und gründete eine neue Kirche, die an die Stelle der christlichen treten sollte. Er suchte Christentum, iranische Religion und Buddhismus zu ersetzen, indem er als Paraklet an die Stelle Jesu trat (p. 518). Für Böhlig ist Mani einer der souveränsten Synkretisten (p. 519). Von Mani schreitet er weiter zum Selbstverständnis (= Selbstzeugnis) des Manichäismus. Dabei ist wichtig, daß der historische Jesus unter den Vorläufern Manis die bedeutendste Rolle gespielt hat (p. 526). So sehr betont Mani sich auch Apostel Jesu Christi nennt, so stark ist doch die Verselbständigung als eigene Religion durch ihn (p. 531). Mani faßte seine Lehre als die Summe aller vorhergehenden Religionen auf, da er ja in der ganzen Welt missionierte (p. 532). Der Manichäismus sieht sich in dem riesigen geographischen Umfang der Ökumene als eine Macht, die den Mächten der Welt überlegen ist. Das Glaubensdenken des Gnostizismus ist Vorform des Manichäismus. Die Rolle des auch in Mesopotamien präsenten Valentinianismus scheint nicht unbedeutend gewesen zu sein (pp. 534, 549/50). Weiter werden Denkformen hellenistischer Philosophie im Manichäismus behandelt. Der Manichäismus kann als die Krönung des Gnostizismus betrachtet werden (p. 551). Böhlig hat nachgewiesen, daß der manichäische Mythos das Erlösungswerk Gottes mit Hilfe seines Sohnes darstellt, was die bewußte Verbindung Manis mit dem Christentum klarstellt (pp. 551/52). Böhlig widmet sich nun dem alten Streit, ob Manis Gedankengänge aus dem orientalischen oder dem griechischen Denken gespeist sind. Für Schapur I. (241-271) hätte der Manichäismus die einheitliche Reichsreligion sein können (p. 554). Wichtig ist die Bedeutung des Nus für Mani, ganz im Sinne der Stoa (p. 564). Beträchtliche Beziehungen bestehen zur stoischen Philosophie des Poseidonios. Auch ein Einfluß von Neupythagoräismus und Platonismus (wie bei Numenios von Apamea) ist zu erkennen (pp. 581/82). Böhlig vermag die Bedeutung der hellenistischen Philosophie für Mani klar aufzuzeigen. Dazu kommt, daß nicht nur sein geistiger Hintergrund, sondern auch derjenige gewisser Philosophen vom Gnostizismus beeinflußt ist (p. 585). Weiter geht es um das Neue Testament und die Idee des manichäischen Mythos. Hier zeigt Böhlig, daß die Grundtendenz der Lehre Manis auf die Grundgedanken der christlichen Erlösungslehre zurückgeht. Der Manichäismus ist in System und Kirchenbildung der Höhepunkt der Gnosis. Die iranischen Einflüsse sind nicht konstitutiv. Er beginnt vielmehr als gnostisches Christentum (p. 587). Alle anderen religiösen Strömungen kommen hinzu, sind jedoch nicht zentral (pp. 610/11). Ein wichtiger Punkt ist schließlich die Frage nach dem Bösen in der Lehre des Mani und des Markion. Die Verknüpfung dieser beiden Gestalten ist insofern gerechtfertigt, als Mani, der »Apostel Jesu Christi« sein Christentum in einer Form übernahm, die von Markion stark angeregt war (doppelte Gerechtigkeit, Verkündigung eines neuen Gottesreiches (p. 613). Das Böse gibt es für Mani in der Zeit vor der Erschaffung der Welt, in der Kosmologie, in der Anthropologie und in der Eschatologie (p. 614). Manis Vorstellungen umfassen so den Weg von der Urzeit bis zur Endzeit, während es bei Markion noch strittig ist, ob wir einen wirklichen Mythos vor uns haben (p. 623). Markion denkt komplizierter als Mani mit dem Dualismus von Lichtreich und Finsternisreich. Bei ihm stehen dem guten Gott zwei Größen gegenüber: Der Weltschöpfer und die Materie (p. 625). Bei Markion ist im Gegensatz zum Gnostizismus die Beziehung des zu erlösenden Menschen zum höchsten Gott nicht vorhanden (p. 626). Wie bei Paulos, findet sich auch bei Markion das Gefühl der Ohnmacht, dem Gesetz gegenüber (p. 627). Markion hat auf der Paulos-Basis eine eindeutigere und noch konsequentere Haltung einzunehmen versucht. Mani verkündet weniger ein Erlösungserlebnis, als ein durch Offenbarung ihm kundgewordenes Erlösungsmysterium. Er hat es als gnostisches System erarbeitet und konnte somit die Stellung und das Wirken des Bösen schärfer umreißen (p. 633). In dem Schlußabschnitt wird Mani mit Makarios/Symeon verglichen und ein gleicher Unterschied festgestellt, wie er zwischen Mani und Markion besteht. Mani, der bewußte Religionsstifter und ausgeprochene Gnostiker, hat mit Symeon die Bedeutung des Gebetes gemeinsam. Neben mythologischer Spekulation steht bei ihm eine Fülle inniger Psalmdichtung (p. 637). Abschließend geht es noch um Ja und Amen in manichäischer Deutung. Böhlig publiziert hier Seite 292 der leider steckengebliebenen Edition der koptischen Kephalaia mit Übersetzung und erweitert diese Teilausgabe durch den gesamten, bisher zugänglichen Teil des Kapitels 122 mit dem Versuch einer Interpretation. Entsprechend Ruf und Hören bzw. Antwort, werden dem Ja eine aktive, dem Amen aber eine passive Funktion zugeschrieben (p. 651).

Seinen Abschluß findet das zweibändige (durchpaginierte) Werk durch die zu Anfang erwähnten Register. Alexander Böhlig hat mit diesen Aufsätzen ein Lebenswerk von erstaunlicher Geschlossenheit vorgelegt. Einzelne Aufsätze ergänzen sich und passen so gut zusammen, daß man oft den Eindruck hat, zu einem neuen Kapitel in einer Gesamtdarstellung vorzuschreiten. Auf wichtige Erkenntnisse und Einsichten wurde hier aufmerksam gemacht. Weitere Schätze können mit Hilfe des Registers oder durch intensive Lektüre gehoben werden. Wir stehen nicht an, diese Aufsatzsammlung auch für die beste Gesamtdarstellung zu erklären, die wir für das große Gebiet der Gnosis bis hin zum Manichäismus zur Zeit besitzen. Mögen diese Schätze also gehoben werden!

C. Detlef G. Müller

Tito Orlandi, Evangelium Veritatis. Testi del Vicino Oriente antico 8, Letteratura egiziana gnostica e cristiana 2, Brescia, 1992.

In der Reihe Testi del Vicino Oriente antico von Paolo Sacchi ist in der von Tito Orlandi herausgegebenen Abteilung zur gnostischen und christlichen Literatur Ägyptens der 2. Band mit der vom Herausgeber selbst übersetzten und ausführlich kommentierten Ausgabe des Evangelium Veritatis (Nag Hammadi Codices I,3 und XII,2) erschienen. Die bibliographische Einführung, unterteilt nach Texteditionen, Übersetzungen, Kommentaren und Einzelbearbeitungen, fällt nur sehr knapp aus und enthält einen Verweis auf die sehr ausführliche Literaturliste im 1. Band dieser Abteilung mit dem Titel »La Testimonianza Veritiera« von Claudio Gianotto, der bereits 1990 erschienen ist. Das folgende Einleitungskapitel geht nur kurz auf die bekannten Fakten der Fundgeschichte und Datierung des gesamten Fundkomplexes ein. Wichtiger erscheint es Orlandi, die theologischen und philosophischen Hintergründe der Texte und ihre Reflexion in den häresiologischen Traktaten aufzuzeigen. So beziehen sich seine Fragestellungen nicht nur auf die gnostischen Gruppen selbst, die hinter diesen Texten standen, sondern auch auf ihre generelle Bedeutung innerhalb Ägyptens und ihre Anziehungskraft auf die Christen. »Ma questo poco ci dice, perché da un lato molti intellettuali cristiani si considerarono veramente gnostici; e dall'altro un gruppo dalla denominazione tecnica di »gnostici« dovette essere marginale rispetto al fenomeno che ci interessa.«[1]

Der folgende Teil beschäftigt sich mit der Sprache der Texte und ihrer Dialektzuweisung, aber auch mit dem individuellen Sprachbewußtsein und der Zielrichtung der unterschiedlichen Verfasser. Als ein wesentliches, für ein inhaltliches Verständnis zwingend notwendiges Element der Texte hebt Orlandi die Literaturstruktur hervor und verweist dabei auf die Möglichkeit der metrischen Ansätze von Gerhard Fecht.[2] »A nostro avviso, invece, è proprio il riconoscimento, in base ad

1 S. 23.
2 G. Fecht, in: Orientalia 30, 1961, 371 ff.; 31, 1962, 85 ff.; 32, 1962, 298 ff.

elementi per quanto è possibile formali ed obiettivi, della suddivisione in elementi minimi, che può fornire la chiave per la comprensione del testo.«[3]

Die Ausführungen, die sich mit dem Evangelium Veritatis selbst beschäftigen, beziehen sich auf die Bezeichnung des Textes, seine Herkunft und gnosiologische Einordnung, seine Bedeutung bei den Häresiologen sowie die Besonderheiten der Schrift und Sprache.

Die anschließende Übersetzung ist ausführlich kommentiert und bringt einige neue Vorschläge und Erweiterungen zur Lesung und Interpretation, die noch Detaildiskussionen erwarten lassen.

In seinem inhaltlichen Kommentar bemüht sich Orlandi darum, die generellen Tendenzen der Literaturstruktur aufzuzeigen, wobei er auf die grundsätzliche Problematik verweist, die aus den zahlreichen grammatikalisch wie inhaltlich ungeklärten oder zweideutigen Stellen resultiert. Auch die nachweisbaren Veränderungen im Gliederungspunktesystem tragen nicht zur Vereinfachung der Situation bei. Aus diesen Gründen versucht Orlandi, die Aussagemuster zu ermitteln und daraus ein funktionales Gliederungsschema abzuleiten.

So unterteilt er in apodiktische, narrative und interpretierende Aussagen, denen häufig noch eine abschließende Wiederholung der Grundbehauptung folgt.

Die gesamte Abhandlung unterteilt er in zwei Abschnitte, einen ersten von exegetischer und einen zweiten von homiletischer Form.

Kennzeichnend für den ersten Teil ist eine Wechselstruktur, die jeweils von einer kürzeren, vorangestellten Grundaussage und einem längeren Kommentar bestimmt ist. Schwerpunkte bilden dabei Ermahnungen (z. B. zur Selbsterkenntnis), grundsätzliche Äußerungen (z. B. über das geistige Vermächtnis, Licht und Finsternis, Vater und Sohn, das zukünftige Geschehen) und Gleichnisse (z. B. von den Menschen als gute und schlechte Gefäße).

Im zweiten, homiletischen Teil ändert sich das Schema. Einer Einleitung mit Aufforderungen und Ermahnungen an die Gläubigen folgen eine Reihe von inhaltlich aufeinander aufbauenden Aussagen und Gleichnissen. Jeder dieser Abschnitte endet mit einem besonderen Begriff, der zur Thematik des nächsten wird und dort gleich zu Beginn wieder erscheint. So ist es der »Duft« Gottes, der zum ersten Gleichnis überleitet und mit den Kindern des Vaters gleichgesetzt wird. Die Wärme oder Kälte dieses Duftes entspricht der Nähe oder Ferne zu Gott.

Die »Trennung« vom Vater leitet zur nächsten Schilderung über, mit der zentralen Aussage, daß diese durch die Gnade Gottes überwunden werden kann. Diese Gnade wird als eine »Salbe« bezeichnet, die im folgenden Gleichnis den gefüllten menschlichen Gefäßen Schutz bietet. All dies geschieht ausschließlich durch den göttlichen »Willen«, den der nächste Abschnitt thematisiert. Er allein bewirkt es, daß alle, die vom Vater abstammen, auch zu ihm zurückkehren werden, zur Freude und Ehre seines »Namens«. Von der Gleichsetzung dieses Namens mit dem Sohn, seiner Charakterisierung und Aufgabe handelt die vorletzte, sehr ausführliche Texteinheit. Der Sohn soll den Menschen den »Ort der Ruhe« beschreiben, an den sie zurückkehren werden.

Den Ausklang der Homilie und damit des gesamten Evangeliums bildet die Schilderung dieses Ortes sowie der dorthin gelangenden auserwählten Menschen.

Eine abschließende, zusammenfassende Beurteilung des Textes verweist auf die Dominanz christlichen Gedankengutes, das sich deutlich auch in der Terminologie widerspiegelt. Trotzdem ist die gnostische Ausrichtung des Evangeliums generell nicht zu verkennen. Auch die offensichtlichen Beziehungen des Textes zu den Oden Salomos wird von Orlandi durch zahlreiche Beispiele gut belegt. Aus diesen Gründen verweist er das Evangelium in ein monastisches Umfeld des 4.-5. Jahrhunderts, in dem, angeregt von verschiedenen religiösen und philosophischen Vorstellungen, aus mehreren Textvorgaben ein neues Werk entstand.

Im Anhang befindet sich die Textwiedergabe sowie eine überaus nützliche Zusammenstellung der

3 S. 31.

unterschiedlichen Einleitungsmöglichkeiten der Verse. Zwei Indices schließen an, die zum einen die im Kommentar angesprochenen Termini zusammenstellen und zum anderen die wichtigsten in der Übersetzung verwendeten Begriffe aufführen.

Trotz ihrer bedauerlichen Kürze, die oft nur ein kurzes Anreißen der Probleme ermöglicht, muß die Bearbeitung Tito Orlandis als ein wesentlicher Schritt zu einem besseren Verständnis des Textes gelten. Insbesondere seine auf bedeutungsorientierten Kriterien basierende Neustrukturierung wirkt sehr überzeugend und wird bei jeder zukünftigen Bearbeitung oder Diskussion nicht außer Acht gelassen werden dürfen.

Regine Schulz

Jan Zandee, The Teachings of Sylvanus (Nag Hammadi Codex VII, 4), Text, Translation, Commentary = Egyptologische Uitgaven VI, Nederlands Instituut voor het Nabije Oosten, Leiden 1991; 601 S.

Mit dem 6. Band der Egyptologischen Uitgaven hat Jan Zandee eine ausgezeichnete und sehr hilfreiche Bearbeitung der Lehren des Sylvanus vorgelegt.

Der Text selbst beschäftigt sich mit der Erlösung des Menschen, die aus dem durch Belehrung angeregten Streben nach ethischer Vervollkommnung und aus der Erkenntnis der eigenen Beschaffenheit resultiert. Diese Erkenntnis basiert auf der Bewußtwerdung der göttlichen Abstammung und der menschlichen Trichotomie, wobei das seelische Bewußtsein entweder vom vergänglichen Leib oder vom göttlichen Verstand bestimmt werden kann. Da die Lösung aus der tödlichen Umklammerung der Materie vielen Schwierigkeiten unterworfen ist, bedarf es klarer Verhaltensmaßregeln zur Unterstützung der um Befreiung ringenden Seele. Die Seele des mit Christus verbundenen Menschen wird erleuchtet und somit vom göttlichen Verstand erfüllt. Diese Seelen können ihren Kampf bestehen und werden der Hölle der irdischen Welt entrückt.

Zandee gibt in der Einleitung seiner Bearbeitung einen kurzen Überblick über Herkunft, zeitliche Stellung, Einflußfaktoren, zentrale Themenstellung und Gestaltung des Textes. Er siedelt die Lehre im geistigen und zeitlichen Umfeld der alexandrinischen Theologie eines Clemens von Alexandrien und eines Origenes an, obwohl er durchaus die volkstümlichere Gestaltung und eine der Orthodoxie stärker verbundene Vorstellungswelt berücksichtigt. Die Geisteshaltung wird von verschiedensten Einflußfaktoren bestimmt, zu denen neben christlichen, jüdisch-hellenistischen und gnostischen Elementen auch die der Stoa und des Platonismus gehören. In einzelnen Exkursen, die sich Text, Übersetzung und Kommentar anschließen, belegt Zandee diese Faktoren durch zahlreiche Vergleichsstellen. Die aus dem biblischen Kontext entstammenden Passagen unterteilt er dabei in Belege, die vom Autor als solche ausgewiesen wurden, in direkte und freie Bibelzitate (einschließlich Apokryphen und Pseudepigraphen) sowie Bibelreminiszenzen. In Zusammenhang mit den Schriften des Philo von Alexandrien untersucht er vergleichbare Aussagen zur Gotteskonzeption, der Theologie des Logos, der Weisheit als göttlicher Personifikation, der Erschaffung des Menschen, der Anthropologie, den ethischen Werten sowie dem Symbolismus und den Allegorien. Der Einfluß der Stoa läßt sich in der Auffassung von der Lehre nachweisen, aber ebenso in der Anthropologie, den ethischen Werten und der Gottesvorstellung. Der Platonismus zeigt sich dagegen im strukturellen Aufbau von Wirklichkeit, der Transzendenz und Immanenz Gottes und der Beziehung von Gott zu Christus. Darüber hinaus entstammen Ansichten, wie z. B. über die Gleichsetzung von Vergeßlichkeit und Dummheit oder über die Göttlichkeit des Menschen ebenfalls platonischem Gedankengut. Besonders ausführlich werden die Ansätze des Albinus, eines Hauptvertreters des mittleren Platonismus aus dem 2. Jahrhundert n. Chr., auf Übereinstimmung mit Sylvanus untersucht.

Zandee betont nachhaltig, daß er in der Lehre des Sylvanus zwar eine Reihe gnostischer Vorstellungen erkennen kann, den Text selbst aber keinesfalls für rein gnostisch hält. Sein Hauptargument ist dabei, daß eine Anzahl gnostischer Grundthemen fehlen, wie die Beschaffenheit des Pleroma aus Aeonen als Emanationen des Vaters, der Fall der Sophia oder die Gestalt eines negativen Schöpfergottes. Auch besitzen einige zentrale Begriffe eine andere Tendenz; so bezieht sich z. B. der Begriff »Geist« (Pneuma) nicht auf einen göttlichen Funken im Menschen, der aus dem Pleroma stammt und nach erlangter Selbsterkenntnis dorthin zurückkehrt, sondern eher auf den göttlichen Geist, der hilfreich den Menschen zur Seite steht, um seine verstandesorientierten Fähigkeiten zu stützen, damit er ethische Vollkommenheit erlangen kann.

Trotzdem arbeitet Zandee eine Reihe von vergleichbaren Vorstellungen heraus, so z. B. in der Auffassung von der wahren Erkenntnis als Gegenpol zum Unverstand, der als Sünde aufgefaßt wird und zahlreiche vergleichbare Synonyme besitzt. Vergleichbar sind aber auch einige Aspekte in den entscheidenden Fragestellungen nach Herkunft und Identität des Menschen, in seinen positiven und negativen Fähigkeiten, in der Auffassung vom fernen und unbekannten Gott, der Ähnlichkeit von Gottes und Christi Eigenschaften, der dreiteiligen Beschaffenheit des Menschen, der Männlichkeit des Verstandes und der Weiblichkeit der Seele, der negativen Deutung der Welt, der Personifizierung von Abstraktem sowie den Vorstellungen von richtigen und falschen Verhaltensweisen des Menschen.

Als letzten Exkurs befaßt sich Zandee mit der Patristik und zieht dabei vor allem die Lehren des Origenes und die Leidensgeschichte des hl. Justus vergleichend heran. Hier sind es u. a. Themen wie der Kampf gegen körperliche Leidenschaften und Süchte, gegen Dummheit, gegen die tierische Natur, die Hinterlist des Teufels. Bedeutsam sind aber auch die positiven Komponenten wie z. B. die Rückkehr zur göttlichen Natur, die Überwindung des Todes mit Christi Hilfe, Vertrauen in Gott, aber nicht in die Menschen, und Synonyme für Christus wie Lebensbaum, Engel oder Wort Gottes.

Der Text selbst ist im Stil einer antiken Weisheitslehre verfaßt, in welcher der Lehrer zum Schüler in Gestalt eines Vaters zu seinem Sohn spricht. Zandee unterteilt die Schrift in zwei Hauptabschnitte, einen ersten eher didaktischen und einen zweiten mehr theologisch-abstrakten Teil. Insgesamt unterscheidet er 19 Themenkomplexe, die er aber nicht stärker gliedert, sondern ausschließlich nach funktionalen Erwägungen von einander abgrenzt. Aus dieser Gliederung, die aus zum Teil aufeinander aufbauenden Abschnitten besteht, aber auch Wiederholungen in sich birgt, geht die Gesamtstruktur des Textes leider nicht deutlich hervor. Ein hierzu geeignetes Kriterium wäre sicherlich die Berücksichtigung des Gliederungspunktsystems, aus der man folgende Grobgliederung erschließen könnte:

1.	Strophe (121 Verse)	:	Die Lehre
1.1		:	Funktion der Lehre
1.2		:	Richtlinien und Ratschläge der Lehre
2.	Strophe (150 Verse)	:	Das Wesen des Menschen
2.1		:	Die Wurzeln des Menschen
2.2		:	Die Gefährdungen des Menschen
2.3		:	Warnung vor den Menschen, aber Vertrauen in Christus
3.	Strophe (96 Verse)	:	Das Wesen Gottes
3.1		:	Wahrhaftigkeit und Allgegenwart Gottes
3.2		:	Aufforderung den Weg Christi zu wandeln
4.	Strophe (150 Verse)	:	Kampf gegen das Böse
4.1		:	Warnung vor der eigenen Verwerflichkeit
4.2		:	Gefährdung durch den Widersacher
4.3		:	Das Wesen und die Aufgabe Christi
5.	Strophe (121 Verse)	:	Der Weg zur Gotteserkenntnis

5.1 : Mit Läuterung und Selbsterkenntnis zur Gotteserkenntnis
5.2 : Abkehr vom Herrn der Finsternis durch Christus
5.3 : Abschließende Richtlinien und Kolophon

Die Bearbeitung der Lehren des Sylvanus durch Jan Zandee ist ein überaus hilf- und ideenreiches Werk mit einer Reihe neuer und weiterführender Übersetzungen. Die ausführlichen Vergleiche bilden eine ausgezeichnete Grundlage für jede weitere Diskussion um die Einordnung dieses Werkes.

Regine Schulz

Cäcilia Wietheger, Das Jeremias-Kloster zu Saqqara unter besonderer Berücksichtigung der Inschriften. Arbeiten zum spätantiken und koptischen Ägypten 1, Altenberge 1992. XVI u. 509 S., IV. Tf., 51 Abb., 1 Plan.

Die neue, von Martin Krause initiierte und herausgegebene Reihe »Arbeiten zum spätantiken und koptischen Ägypten« soll Texteditionen und Untersuchungen zu allen Bereichen der Kultur Ägyptens von der Spätantike an beinhalten.

Als erster Band dieser Reihe ist nun die umfangreiche und sehr nutzbringende Arbeit von Cäcilia Wietheger über das Jeremias-Kloster erschienen. Den Schwerpunkt der Untersuchung bilden die im Bereich dieser Anlage entdeckten koptischen Inschriften, die zum Teil zwar bereits veröffentlicht, aber in verbesserter Lesung präsentiert werden, zum Teil aber auch Erstpublikationen einschließen.

In einem achtzig Seiten umfassenden Einleitungskapitel stellt die Autorin das architektonische, rund- und flachbildliche Programm des Klosters und seine Entwicklung vor. Sie stützt sich dabei weitgehend auf Vorgängerarbeiten, die sie kurz und gut überschaubar zusammenfaßt. Allerdings kann es sich hierbei keinesfalls um eine ausführliche Behandlung der einzelnen Themen handeln, da eine gründliche kunsthistorische Analyse noch aussteht und auch weitere feldarchäologische Untersuchungen noch abgewartet werden müssen. So entsteht leider ein Mißverhältnis zwischen dem folgenden, die Inschriften behandelnden Teil und diesem für eine bloße Einführung zu aufwendigen, für eine Analyse nicht ausreichenden Einführungskapitel, dem außerdem die für ein besseres Verständnis notwendigen Abbildungen fehlen. Die Bearbeitung der Inschriften des Jeremias-Klosters unterteilt sich in eine formale und eine inhaltliche Analyse, wobei nach Schriftträgern und Beschriftungsmittel in gravierte Inschriften einerseits sowie Dipinti und Graffiti andererseits unterschieden, innerhalb der beiden Gruppen aber jeweils nach Schriftgattungen, wie Grab- oder Bittinschriften etc., getrennt wird.

Die Besonderheiten der Paläographie werden, wenn auch nur punktuell, so deutlich herausgearbeitet, daß sich Kriterien für sekundäre Inschriftenzuweisung ergeben.

Die Dialektanalyse basiert auf dem System von R. Kasser und ermittelt einen sahidischen Basisdialekt mit bohairischen und faijumischen Einflüssen. Nicht ganz einleuchtend erscheint mir allerdings die zweifelsfreie Bestimmung einiger Beispiele mit fehlender Konsonanten- oder Vokaldoppelung als Bohairizismen, die meines Erachtens auch als lokale Schreibvarianten gelten dürfen. So kann ein ⲉⲧⲟⲩⲁⲃ auch als sahidische Variante neben ⲉⲧⲟⲩⲁⲁⲃ auftreten, ein ⲙⲁⲩ für ⲙⲁⲁⲩ ist ebenfalls nicht zwingend als bohairisch aufzufassen und ⲙⲉⲩⲉ gilt bislang eher als eine sahidische, achmimische oder lykopolitanische Form, wogegen die bohairische ⲙⲉⲩⲓ lauten sollte. Auch erscheint mir der status pronominalis der Präposition ⲛ̄, ⲙ̄ⲟ = ohne Konsonantendoppelung weit häufiger im Sahidischen als im Bohairischen beheimatet.

Die sehr ausführliche Analyse der verschiedenen Inschriftengruppen, speziell die Untersuchung der einzelnen Bestandteile des Formulars ist sehr hilfreich und bietet einen vorzüglichen Überblick über das vorhandene Material. Sie umfaßt neben den Hauptgruppen der Grab-, Bitt- und Verehrungsschriften auch vereinzelt Biographien, Kalender und Listen, Hymnen, Lieder, Bibelzitate und einige profane Texte und Fragmente.

Bei der Vorstellung der einzelnen Formulare (S. 132ff.) möchte ich die auch von vielen anderen Autoren verwendete Übersetzung »Oh, guter Gott« für ⲡⲛⲟⲩⲧⲉ ⲡⲁⲅⲁⲧⲟⲥ im Formular II bemängeln. Sowohl der attributive anstatt eines appositionellen Charakters als auch die wenig aussagekräftige, allgemeine Bezeichnung »gut« erscheinen mir wenig glücklich, insbesondere in Zusammenhang mit den von der Autorin herausgestellten Zusätzen »menschenliebend und barmherzig«, so daß mir eine Übersetzung »Oh Gott, oh Wohlmeinender« besser gefallen würde.

Auch für das Formular III möchte ich eine leichte Übersetzungsvariante vorschlagen. Inhalt der hier mit »oh Gott aller Geister und Herr allen Fleisches« übersetzten Passage ⲡⲛⲟⲩⲧⲉ ⲛ̄ⲛⲉⲡⲛⲉⲩⲙⲁ ⲁⲩⲱ ⲡϫⲟⲉⲓⲥ ⲛ̄ⲥⲁⲣⳍ ⲛⲓⲙ dürfte doch der Gegensatz von Körper und Geist sein, wobei gezielt die Verbindung zwischen Gott und Geist, Herr und Fleisch gewählt worden ist. Trotz der pluralischen Gestalt des Artikels vor ⲡⲛⲉⲩⲙⲁ sollte übersetzt werden »Oh Gott allen Geistes und Herr allen Fleisches«, um nicht die Hervorhebung irgendwelcher nicht näher definierter Geister zu präjudizieren.

Weitere Kapitel widmen sich der Datierung der Inschriften und den zugrundeliegenden Kalendern, den verwendeten Sigeln, Symbolen und Zeichen. Leider findet die verwendete Interpunktion nur eine sehr untergeordnete Betrachtung, so daß deren Strukturierungsfunktion nicht näher nachvollzogen werden kann. Ausführliche Listen mit den Namen der Heiligen, den Namen, Titeln und Berufen von Lebendenen und Verstorbenen ermöglichen einen guten Einblick in Leben und Verwaltung des Jeremias-Klosters, wobei die einzelnen Fragestellungen und Ergebnisse von der Autorin deutlich herausgearbeitet werden.

Die Untersuchung dieser Inschriften bietet ein ausgezeichnetes Beispiel dafür, daß auch kurze, auf den ersten Blick oft wenig inhaltsreich erscheinende Texte in ihrer Gesamtheit zu beachtlichen Ergebnissen führen können.

Der abschließende Katalog enthält alle notwendigen Daten und Verweise und ist in seiner prägnanten Kürze, wenn auch auf den ersten Blick mit einiger Mühe, gut zu verwenden.

Besonders interessant erscheint mir die auch in der Auswertung mehrfach herangezogene Inschrift Kat.-Nr. 82, die im Anschluß an eine Bittformel ein Gebet enthält. Die schwer zu übersetzende einleitende Aufforderung ϣⲡⲕ̄ wird in Ableitung von ϣⲓⲙⲉ mit »sei beschämt?« übersetzt und das wenig später folgende ⲧⲟϣⲕ̄ mit »tadle dich«. Ich möchte diese Eingangspassage anders verstanden wissen und insbesondere ϣⲡⲕ̄ eher in Ableitung von ϣⲱⲙ mit »fasse dich« oder »gedulde dich« übersetzen. Die ganze Passage würde meines Erachtens besser folgendermaßen zu verstehen sein: »Fasse dich und prüfe dich, sei genügsam und schränke dich ein, gehorche und sei demütig ...«

Schade ist insgesamt, daß diese sehr nützliche und interessante Arbeit wohl aus Kostengründen in einem sehr kleinen Schrifttypus vorliegt und die Zahl der Abbildungen extrem reduziert ist.

Regine Schulz

H.J. Polotsky, Grundlagen des koptischen Satzbaus – Erste Hälfte (American Studies in Papyrology 27, 1987 Scholars Press Decatur, Georgia); – Zweite Hälfte (American Studies in Papyrology 28, 1990 Scholars Press Atlanta, Georgia). S. XI und XI, 272.

Die Arbeit des herausragenden Sprachwissenschaftlers Hans Jakob Polotsky über die Grundlagen des koptischen Satzbaus muß als beeindruckendes Alterswerk und konsequentes Ergebnis seiner über sechzig Jahre währenden Beschäftigung mit der koptischen Sprache gelten. Noch kurz vor seinem, trotz seines hohen Alters, viel zu früh eingetretenen Tod am 10. August 1991 gelang es ihm, dieses Werk zu Ende zu führen. Ähnlich wie er selbst im Vorwort zu dieser Publikation P.V. Jernstedt für seine großen Verdienste dankte und die Bedeutung von dessen 1986 erschienener koptischer Grammatik hervorhob, kann man ihm nicht genug für seine unermüdlichen, weite Bereiche seiner Forschungsgebiete revolutionierenden Arbeiten danken, die sich mit einer erstaunlichen Vielzahl verschiedenster orientalischer Sprachen beschäftigen. J. Osing schrieb nicht umsonst in einem Nachruf »mit ihm hat unser Fach seinen bedeutendsten Gelehrten, der in der Erforschung des Ägyptischen,« aber auch anderer Sprachen wie »des Äthiopischen und des Neu-Syrischen, über Jahrzehnte Entdeckung an Entdeckung gereiht hat, nach Verdienst und Ansehen seinen Patriarchen verloren«.[1]

Seine Forschungen über die koptische Lautlehre, das Konjugationssystem und den Satzbau haben völlig neue Sichtweisen bewirkt. Der Gedanke eines viergliedrigen Transpositionssystems wird in der vorliegenden Arbeit konsequent zu Ende geführt und aus den altägyptischen Wurzeln heraus entwickelt. Besonders interessant ist sein einführender forschungsgeschichtlicher Überblick, wobei er sich vor allem mit den Problemen auseinandersetzt, die sich aus der funktionalen Scheidung von nominalem und pronominalem Subjekt ergeben sowie aus den Versuchen, den Adverbialsatz den Nominalsätzen zuzuordnen.

Die Abhandlung ist in sieben Abschnitte gegliedert:

I. Grundzüge des Nominalsatzes.
II. Grundzüge der nominalen Transposition.
(A) die adjektivische Transposition, (B) die substantivische Transposition
III. Der kausative Infinitiv und die kausativen Konjugationen oder das prospektive Hilfsverb -ⲣⲉ.
IV. Die Wortklasse Verbum.
V. Grundzüge des Verbalsatzes.
VI. Grundzüge des Adverbialsatzes.
VII. Grundzüge der adverbialen Transposition.

Als wesentlichste Grundlage des *Nominalsatzes* begreift Polotsky die reine Nominalität ohne jede verbale Komponente und als gleichzeitiges Charakteristikum die »präsentische« Bedeutung. Er unterteilt in binäre (zweigliedrige) Sätze der Erscheinungsform A-Z und Z-A, in Sätze mit binärem Kern und Erweiterung vom Typ A-Z-a (a = geschwächtes A) und Z-a-A sowie in echte ternäre (dreigliedrige) Sätze vom Typ A-c-Z (c = Kopula). Die echten ternären Sätze nehmen dabei eine Sonderstellung ein und haben eigene Gebrauchsweisen, trotzdem können sie einander im Sprachgebrauch syntaktisch vertreten.

Ausführlich widmet er sich den *adjektivischen Transpositionen* und verweist auf deren Eigenschaft, sich aus jedem beliebigen Satztyp heraus zu entwickeln. An zahlreichen Beispielen wird die Adjektivierung des Präsens und der Tempora (Perfekt, Aorist und Futur), des Nominalsatzes mit seinen unterschiedlichen Ausprägungen sowie des Existenz- und Besitzanzeigesatzes (»haben« und »nicht haben«) vorgestellt. Er definiert die Rolle des so entstandenen Adjektivsatzes (hier für Relativsatz gebraucht) als die eines adjektivischen Satzgliedes, nicht aber als die eines Neben- oder Teilsatzes. Der freie, von einem substantivischen Bezugswort nicht abhängige, generelle Adjektivsatz (mit pronominalem Einführungselement ⲡ-/ⲧ-/ⲛ- als Determinativum – von Polotsky für »der-/diejenige/n« verwendet – oder Artikel und dem Adjektivierungstransponent, z.B. ⲉⲧ-) ist dabei einem undeterminierten Substantiv mit unbestimmten oder gar keinem Artikel gleichzusetzen. Zur Verleihung des bestimmten oder unbestimmten Status können Artikel, Demonstrativa oder Possessiva vorangesetzt werden.

1 J. Osing, in: ZÄS 120, 1993, III.

Beim explikativen Adjektivsatz unterscheidet Polotsky eine attributiv-spezifizierende (bei allgemeinen oder ungenauen Bezugsworten zur näheren Erklärung) und eine appositiv-explikative Funktion (zur Informationserweiterung bei klar bestimmtem Bezugswort). Zwei gesonderte, kurze Abschnitte behandeln die vergleichenden (von einer Vergleichsphrase abhängigen) und hermeneutischen (zur Wort- und Sacherklärung dienenden) Adjektivsätze.

In der adjektivischen Cleft Sentence wird ein im Ursprungssatz nicht prädikatives Nomen oder Pronomen zum Prädikat gemacht. Deutlich unterscheidet Polotsky davon die substantivische Cleft Sentence, bei der eine Adverbiale des Ursprungssatzes zum Prädikat erhoben wird; die hierfür übliche und mißverständliche Bezeichnung »Zweites Tempus«, bemängelt er zu Recht. Als kennzeichnend beschreibt er, daß bei dieser Konstruktion »der Verbalvorgang« als »geschehen vorausgesetzt« wird und »die Satzaussage« angibt »unter welchen Umständen er stattgefunden hat.«[2] Dieser bereits geschehene Verbalvorgang wird durch die *substantivische Transposition* zum Ausdruck gebracht. Eine Ausnahme bildet dabei Präsens II. Da es selbst schon adverbial aufzufassen ist, kann es diese Adverbiale lediglich verstärken. Ähnlich wie bei der adjektivischen Cleft Sentence besitzt auch die substantivische zwei unterschiedliche Bezugsebenen, den Hauptnexus zwischen adverbialem Prädikat und subjektischem Substantivsatz und einen Subnexus innerhalb des Subjektes. Den Unterschied zwischen Ursprungssatz und substantivischer Cleft Sentence arbeitet er deutlich am Beispiel der negierten Formen heraus. Wird nämlich der Hauptnexus negiert, setzt man den Verbalvorgang als positiv geschehen voraus und die Satzaussage wird verneint, wird aber der Subnexus negiert, gilt der Verbalvorgang als nicht geschehen und die Satzaussage klärt nur die jeweiligen Umstände.

Die scharfe Trennung von adjektivischer und substantivischer Transposition durch Polotsky wirft allerdings ein Problem auf. Da der freie Gebrauch der adjektivischen Transposition (sonst auch als substantivierter Relativsatz bezeichnet) substantivisch aufzufassen ist, müßte er stärker von der von einem Bezugswort abhängigen Form getrennt werden. Gerade die Eigenständigkeit und variable Einsatzmöglichkeit der freien Formen sowie die rein substantivische Nutzung trennt sie stärker von den gebunden adjektivischen Transpositionen als von den substantivischen, auch wenn letztere ausschließlich auf das Subjekt eines Satzes beschränkt sind. Auch wenn sich bei den Relativformen die Nominalisierung auf ein Pronomen als Satzglied konzentriert[3], so handelt es sich doch um ein Substantiväquivalent, was bei abhängiger Nutzung nicht der Fall ist.

Ein weiteres Kapitel beschäftigt sich mit dem *kausativen Infinitiv* und den *kausativen Konjugationen*, die sich aus der altägyptischen Konstruktion *rdj* mit prospektivem *sḏm=f* entwickelt haben und deren Eigenarten deutlich herausgearbeitet werden. Demzufolge ist für den kausativen Infinitiv charakteristisch, daß der dem Kausativverbum folgende Infinitiv wie ein Objekt reagiert. Die kausativen Konjugationen ⲧⲁⲣⲉ- und ⲙⲁⲣⲉ- unterscheiden sich deutlich von den übrigen dreiteiligen Konjugationen, da sie zusätzlich zur Personalflexion innerhalb ihrer Basis eine weitere pronominale Person mit sich führen; ⲙⲁ- impliziert die 2. Person, ⲧⲁ- dagegen die 1. Pers. Sing. Beide Formen können demzufolge nur in der direkten Rede eingesetzt werden und die mit der auxiliaren Flexionsbasis -ⲣⲉ verbundene Person darf nicht mit der zur Basis gehörigen identisch sein.

Besonders verdienstvoll ist die von Polotsky vorgenommene Darstellung der Gemeinsamkeiten und Unterschiede von kausativem Infinitiv, kausativen Konjugationen und den zum Teil mit ihnen austauschbaren Formen des Konjuktivs sowie der Präposition ⲉ- mit Infinitiv. Als Vergleichsindikator nutzt er die postimperativen Einsatzmöglichkeiten. Zwar ist eine solche Nutzung in allen Fällen möglich, aber nur für den Konjunktiv und ⲧⲁⲣⲉ- charakteristisch sowie für ⲙⲁⲣⲉ- häufig belegt; ⲉ- mit einfachem Infinitiv und ⲉⲧⲣⲉ- können dagegen auch indikativisch-narrativ aufgefaßt werden. Berücksichtigt man zur exakteren Bestimmung neben der postimperativen Funktion auch

2 Op.cit. 130.
3 Op.cit. 129.

noch die mögliche Kausalität, so ergeben sich folgende Zuweisungen: Der Konjunktiv ist typisch postimperativisch, aber nicht kausativ, ⲉⲧⲣⲉ- dagegen kausativ, aber weit eher postnarrativ als -imperativ, ⲉ- mit einfachem Infinitiv ist weder kausativ noch spezifisch postimperativ und nur ⲧⲁⲣⲉ- ist beides.

Die Zweite Hälfte der Grundlagen des koptischen Satzbaus beschäftigt sich einleitend zu den Verbal-und Adverbialsätzen mit der *Wortklasse des Verbums*. Polotsky verweist hier in knapper Form auf die Ergebnisse seiner früheren Arbeiten über den dreigliedrigen Prädikationstyp der Tempora (Konjugationsbasis + [pro]nominales Agens + infinitives Lexem) und den zweigliedrigen des Präsens [(pro]nominales Subjekt bzw. Agens + Prädikat). Er hebt hervor, daß das Prädikat des Präsens anders als bei den Tempora nicht nur durch den Infinitiv, sondern auch durch den Stativ[4], das Instans[5] oder die Präposition mit Nomen vertreten werden kann, worin sich der adverbiale Charakter des Präsens widerspiegelt. Hierbei umschreibt der Stativ den »verbalen Zustand, in dem sich sein Subjekt befindet«, das Instans ebenfalls einen grammatikalisierten Stativ, dem zwar prädikative Kraft innewohnt, der aber einer lexikalischen Ergänzung durch einen Infinitiv bedarf, und der präsentische Infinitiv bezeichnet ebenfalls eine Adverbiale, wobei die ursprünglich notwendige altägyptische Präposition *ḥr* ausgefallen ist.

Beim *Verbalsatz* sieht Polotsky in der Konjugationsbasis als Träger der Flexion das Element, welches den verbalen Charakter bestimmt. Als Besonderheit der ägyptischen Sprache hebt er die Austauschbarkeit von Personalsuffixen und nominalen Lexemen hervor, die sich direkt mit der Konjugationsbasis verbinden lassen, sowie die Möglichkeit der nominalen Erweiterung des Personalsuffixes durch Voran- oder Nachstellung des Nomens zur näheren Ausführung oder Hervorhebung.

Die Verwendung der 3. Pers. Plur. zum Ausdruck einer unbestimmten oder allgemeinen Person (»man«) spielt vor allem zum Ausdruck des Vorgangspassivs eine große Rolle, wodurch der »reale Patiens« als Objekt eines real ungenannten Agens erscheint. Erstaunlich erscheinen deshalb solche Beispiele, in denen neben dem nicht näher bestimmten Agens der 3. Pers. Plur. zusätzlich ein mittels einer Präposition eingeführter, real genannter Täter auftritt. Die Lösung dieses scheinbaren Widerspruchs sieht Polotsky darin, daß der mittels Präposition eingeleitete Täter nicht mit der 3. Pers. Plur. gleichzusetzen ist; er fungiert als »Werkzeug der allgemeinen Person« und führt »die Verbalhandlung am Patiens« aus.[6]

Eine weitere Besonderheit des Koptischen vermerkt er für das prosodische Verhältnis zwischen Konjugationsbasis und Person. Während der pronominale Täter mit der Konjugationsbasis und dem Infinitiv eine prosodische Einheit bildet, trennt der volltonige nominale Täter die beiden Bestandteile voneinander. Auffällig ist hierbei, daß Personalsuffixe, die selbst schwachtonig sind, sich sowohl an schwach- wie volltonige Basen anhängen können. Bei volltoniger Basis beeinflussen sie prosodisch Quantität und Stellung des Tonvokals, bei schwachtoniger dagegen benötigen sie als volltonige Stütze den Infinitiv. Zweitrangige Partikeln, Verstärker oder Komplemente folgen dabei dem Infinitiv. Anders ist es bei nominalen Akteuren, die der Konjugationsbasis selbst als Stütze dienen, die angesprochenen zweitrangigen Partikeln etc. schließen sich ihnen und nicht dem folgenden Infinitiv an. Charakteristisch ist dabei, daß der nominale Täter durch zahlreiche appositionelle

4 Polotsky zieht den Terminus ›Stativ‹ dem sonst vielfach verwendeten ›Qualitativ‹ vor, da er eine Begriffsüberschneidung mit den Qualitätsverben befürchtet, weil »das ›Qualitativ‹ nicht auf Qualitätsverben beschränkt ist und andererseits Qualitätsverben nicht auf das ›Qualitativ‹ beschränkt sind« (op.cit. 203).

5 Der Begriff Instans basiert auf der Vorstellung, daß das futurische ⲛⲁ- häufig für griechisches Präsens eingesetzt wird und als Hilfsverb der *actio instans* mit folgendem Infinitiv eine in Aussicht gestellte Handlung wiedergibt.

6 Op.cit. 182.

oder attributive Zusätze erweitert werden kann, wodurch Konjugationsbasis und Infinitiv weit voneinander entfernt werden können. Polotsky verweist in diesem Zusammenhang erneut auf die bislang noch offene Fragestellung nach der Herkunft und Entwicklung der Personalsuffixe sowie dem syntaktischen Verhältnis der suffixalen und nominalen Person zur Konjugationsbasis.

Für einen weiteren Problemfall bietet er dagegen eine Lösung an. Die bislang unklare Situation der direkten Objektanknüpfung und der mittels ⲛ̄-, ⲙ̄ⲙⲟ = bei den Tempora könnte prosodische Gründe haben. Demzufolge wären die längere aus zwei Einheiten bestehende Konstruktion mit Präposition von gewichtigerer Bedeutung als die lediglich aus einer Einheit bestehende direkte Anbindung.

Die letzten beiden Abschnitte über die Grundzüge des Verbalsatzes beschäftigen sich mit den Tempora im einzelnen und dem Infinitiv. Zwar behält Polotsky den Begriff der Tempora bei, hält aber »Ereigniszeiten« für geeigneter und gibt zu bedenken, daß diese zwar Ereignisse zum Ausdruck bringen, sich aber »nicht so sehr durch die Zeitstufe, wie durch die Modalität unterscheiden«.[7] Während er dem Perfekt noch am ehesten einen zeitorientierten Aussagewert zubilligt, so betont er für das Futur eher die optativische, energetische Komponente und für den Aorist einen Aussagewert, der ein »apodotisches Geschehen als regelmäßige, naturgemäße Begleiterscheinung oder Folge der protatischen Voraussetzung«[8] darstellt. Als Kennzeichen des Infinitivs beschreibt er die Ausprägungsmöglichkeiten drei verschiedener Status sowie die »verbal-nominale Doppelnatur«. Mit zahlreichen Beispielen belegt er auch den außerhalb der Konjugation der Tempora stehenden Gebrauch z. B. als Befehlsform oder bei reflexiven Verben als Satzglied.

Bei der Untersuchung des *Adverbialsatzes* (Präsens) konzentriert sich Polotsky hauptsächlich auf die adverbialen Verbalformen unter Berücksichtigung des Stativs, Instans und Infinitivs. Dabei bezeichnet der Stativ »den Zustand, der als Resultat des durch den Infinitiv dargestellten ›Ereignisses‹ eingetreten ist. Während der Infinitiv wohl immer die Handlung, entweder als Ganzes oder mit Betonung ihres Eintrittes, bezeichnet, bedarf die allgemeine Charakteristik des Stativs einer gewissen Differenzierung je nach der Bedeutungssphäre des Verbums.«[9] An zahlreichen Beispielen wird der Stativ bei transitiven und reflexiven Verben untersucht, ebenso wie sein Gebrauch bei ungewöhnlichen, mehrdeutigen und eigenständig reagierenden Verben sowie für verschiedene eintretende/eingetretene Zustände und Eigenschaften. Abschließend setzt er sich mit den Prädikaten der Qualitätsverben und qualitativen Stativen auseinander, wobei er eine Bedeutungsgleichheit postuliert und mit einigen Beispielen belegt.

Im Kapitel über das Instans verweist Polotsky auf die Erkenntnis von Jernstedt[10], daß dem ⲛⲁ-des Instans ein Stativ zugrunde liegt, auch wenn er ursprünglich auf die Präposition *m* mit Infinitiv eines Bewegungsverbums zurückzuführen ist. Demzufolge ist das ⲛⲁ- des Instans der grammatikalische Kern und der folgende Infinitiv die lexikalische Erweiterung. Bedeutsam ist die Feststellung, daß das ⲛⲁ- »gehen« mit Infinitiv »das Gegenstück zu ϣⲱⲡⲉ ›werden‹ mit folgendem Umstandssatz« bildet, da »beides, jedes im umgekehrten Sinne zwischen den beiden Konjugationsmodellen vermittelt. Ähnlich wie ϣⲱⲡⲉ als Hilfsverb des Fiens – nicht ausschließlich, aber vorwiegend – bewirkt, daß präsentische Formen temporal konjugierbar werden, so wird durch ⲛⲁ- als Hilfsverb des Instans der temporale Infinitiv befähigt, sich im Präsens (und seinen Transpositionen) konjugieren zu lassen«.[11]

Der prädikative Infinitiv ist, da von der adverbialen Phrase Präposition mit Infinitiv abgeleitet, zweifelsfrei adverbial aufzufassen. Die Anbindung des direkten Objekts geschieht, entsprechend

7 Op.cit. 193.
8 Op.cit. 194.
9 Op.cit. 204.
10 Jernstedt, Doklady Akademii Nauk, SSR 1927, 33 ff.
11 Polotsky, op.cit. 216.

der Stern-Jernstedtschen Regel[12] beim prädikativen Infinitiv meist mittels ⲛ̄-, ⲙ̄ⲙⲟ=, den zahlreichen Ausnahmen fügt Polotsky eine Reihe weiterer Beispiele hinzu. Obwohl Stern und Jernstedt die Regeln für die Verhaltensweisen der Verbalformen herausgearbeitet haben, ist dadurch noch nicht die gesamte Konstruktion geklärt. Polotsky schlägt rückverweisend auf Steindorff[13] vor, die Präposition ⲛ̄-, ⲙ̄ⲙⲟ= partitiv aufzufassen, so daß sich eine »Wechselbeziehung zwischen abgeschlossener/nicht-abgeschlossener Handlung und totalem/partitivem Objekt«[14] ergibt.

Obwohl eine syntaktische Gleichberechtigung zwischen Präpositionalverbindungen und durativen Verbalformen besteht, führt Polotsky aber auch eine Reihe von Unterschieden an. Präpositionalverbindungen gehören zu den adverbialen Satzbestimmungen. Sie sind u.a. mit Umstandssätzen austauschbar und können als Prädikat des Präsens Kern der Satzaussage werden. Zusammen mit ihrem zugehörigen Subjekt (Nexus) lassen sie sich adverbial transponieren, wodurch sie als Umstandssatz und Subnexus erneut als eine adverbiale Bestimmung aufzufassen sind. Auch die durativen Verbalformen können zwar als präsentisches Prädikat zusammen mit dem zugehörigen Subjekt adverbial transponiert werden, außerhalb dieser Konstruktion aber nicht zur adverbialen Bestimmung eingesetzt werden, was in früheren altägyptischen Sprachstufen durchaus noch möglich war.

Der letzte große Abschnitt beschäftigt sich mit den adverbialen Transpositionen. d.h. den mittels eines Transponenten ⲉ- in Umstandssätze überführten Vollsätzen. Den Terminus Zustandssatz lehnt Polotsky ab, da ein solcher auch eigenständiger Vollsatz sein kann, während ein Umstandssatz einen begleitenden Nebenumstand zum Ausdruck bringt. Die nebenumständliche Bestimmung (das zweite Prädikat des Semitischen) kann dabei höchst unterschiedlich ausfallen. »Ihr Wesen und Umfang wird zur Anschauung gebracht durch Ausdrücke, die den durch ⲉ- gebildeten Umstandsformen, bzw. -sätzen im Parallelismus, in der Koordination oder als Variante entsprechen: In erster Linie sind es Verbindungen von Präpositionen mit (Pro)nomen und mit kausativem Infinitiv ⲧⲣⲉ- sowie Gliedsatzkonjugationen.«[15]

Zur terminologischen Klärung beschäftigt er sich im folgenden mit den Begriffen Partizip und Gerundium zum Ausdruck möglicher adverbialer Verhältnisse, wie es im Griechischen durchaus üblich ist. Zwar weist er zu recht die Bezeichnung Partizip in diesem Zusammenhang für das Koptische zurück, betont aber die ursprünglich bei früheren Ägyptologen und Koptologen dahinterstehende Intention einer »Teilhabe« an einem Satzteil zum Ausdruck zu bringen, welches auch das Prädikat sein kann. Auch den Begriff Gerundium als ein in seiner Flexion erstarrtes Partizip hält er aus diesem Grund rein formal im Ansatz für gerechtfertigt. Trotzdem erscheint ihm die Verwendung beider Termini in bezug auf adverbiale Transpositionen ungeeignet und mißverständlich, da ein Partizip deverbal ist, die adverbialen Transpositionen im Koptischen aber sowohl verbale wie nichtverbale Satztypen umfassen. Darüber hinaus ist das Partizip als nominale Transposition transformationsfähig (determinierbar), die adverbiale Transposition dagegen nicht.

Die Teilhabe des Umstandsatzes am Vollsatz unterteilt Polotsky in drei Kategorien: disjunkt, konjunkt und attributiv. Beim disjunkten Umstandssatz liegt keine spezifische Beziehung auf irgendeinen Bestandteil des übergeordneten Satzes vor. Beim konjunkten Umstandssatz findet sich die Bezugsebene innerhalb des vom determinierten Subjekt oder Objekt vorausgesetzten Prädikates. Der attributive Umstandssatz bezieht sich dagegen auf ein indeterminiertes Nomen des übergeordneten Satzes und besitzt somit eine Ersatzfunktion für eine adjektivische Transposition, da diese

12 Vgl. Stern, Koptische Grammatik, Leipzig 1880, §§332, 339, 490-494; P.V. Jernstedt, Das koptische Praesens und die Anknüpfungsarten des näheren Objekts, Doklady Akademii Nauk SSSR, 1927, 69ff. (Übersetzt von A.S. Tchetveroukhine, in: Issledovanija 1986, 389ff.).

13 Spiegelberg, in: RecTrav 26, 1905, 34f.

14 Polotsky, op.cit. 221.

15 Op.cit. 226.

nur für ein determiniertes Bezugswort einsetzbar ist. Hier stellt sich allerdings die Frage, ob dieser attributive Gebrauch dem eigentlichen Charakter des Umstandssatzes nicht entgegensteht und man nicht eher wie beim konjunkten Umstandssatz einen Nebenumstand zu einer Aussage über das im übergeordneten Satz befindliche Substantiv annehmen muß. Demzufolge wäre der Umstandssatz hier nicht eingesetzt worden, weil das Bezugswort indeterminiert ist, sondern weil ein indeterminiertes Substantiv nicht ohne weiteres attributiv erweitert werden kann; die nähere Bestimmung wäre auf die Gesamtaussage bezogen, oder wie bei Umstandssätzen nach ⲧ-ϩⲉ (wie sie im Saidischen üblich sind) auf die vorhergehende Gesamtphrase (ⲕⲁⲧⲁ ⲧ-ϩⲉ oder ⲧⲁⲓ ⲧⲉ ⲧϩⲉ). Bei einer Reihe weiterer Beispiele für den vordergründig attributiven Gebrauch z. B. beim Vergleichssatz mit Prolepsis und Umstandssatz oder dem koordinierten Umstandssatz bestätigt Polotsky selbst die Nähe zur konjunkten Auffassung.

Abschließend beschäftigt sich Polotsky noch mit dem vorangestellten Umstandssatz und betont den funktionalen Unterschied zum nachgestellten. Während er in letzterem Falle als Satzglied »Adverb« fungiert und die nähere Bestimmung zum Prädikat bezeichnet, fungiert er vorangestellt als Exposition für den übergeordneten Satz und nimmt meist ein vorangegangenes Verbum oder seine Entsprechung wieder auf.

Die vorliegende Arbeit ist zweifelsfrei ein Werk von herausragender Güte mit sehr kompakter Darstellungsweise und ausführlichen Belegen. Das Transpositionssystem wird als logische Basis für den ägyptischen Satzbau aufgefaßt und entsprechend dargestellt. Polotsky setzt sich bei seiner Argumentation vor allem mit älteren Autoren auseinander, wodurch dem Leser deren Bedeutung verstärkt ins Gedächtnis gerufen wird. Trotzdem ist ein wenig zu bedauern, daß sich dieser einzigartige Wissenschaftler in den letzten Jahren nicht mehr mit den vielen neuen Ansätzen und Entwicklungen innerhalb der ägyptologischen Sprachwissenschaft auseinandersetzen konnte, zu denen gerade seine Meinung von höchstem Interesse gewesen wäre. Auch wenn die vorliegende Publikation für jeden an der koptischen Sprache Interessierten eine wichtige Grundlage bietet, so ist der Zugang nicht für jeden ganz unproblematisch und bedarf insbesondere im terminologischen Bereich der Gewöhnung.

Bedauerlich ist, daß alle griechischen und koptischen Passagen nur in Umschrift erscheinen, ein Umstand, der mit Sicherheit nicht dem Autor anzulasten ist.

Regine Schulz